Vom gleichen Autor erschienen außerdem
als Heyne-Taschenbücher

Schneesturm · Band 5247
Weiße Sonne · Band 5297
Steppenwind · Band 5347
Am Rande der Winde · Band 5407
Im Strom · Band 5562
Das Ahornblatt · Band 5603
Aus dem Dornbusch · Band 5633
Menschen an meinen Wegen · Band 5693
Gewinn und Verlust · Band 5757
Abenteuer der Ferne · Band 5804
Die Wildnis · Band 5828
Unterwegs · Band 5923
Wo ich die Erde am schönsten fand · Band 7104

A. E. JOHANN

ANS DUNKLE UFER

Roman

WILHELM HEYNE VERLAG
MÜNCHEN

HEYNE-BUCH Nr. 5904
im Wilhelm Heyne Verlag, München

2. Auflage
Genehmigte, ungekürzte Taschenbuchausgabe

Printed in Germany 1981
Umschlagfoto: ZEFA, Düsseldorf
Umschlaggestaltung: Atelier Heinrichs & Schütz, München
Gesamtherstellung: Mohndruck Graphische Betriebe GmbH, Gütersloh

ISBN 3-453-01400-6

Erstes Buch
Abschied

I

Um ein Haar hätte ich ihn totgeschlagen, dachte er.

Er stolperte über eine der Kiefernwurzeln, die quer zum Pfad durch den sandigen Boden zogen. Er hatte das Hindernis kaum wahrgenommen, fing sich wieder und hastete weiter.

Es wäre fürchterlich gewesen, wenn ich ihm etwas angetan hätte! Mein Bruder bleibt Hartwig doch, wenn ich auch nichts mit ihm gemein habe, gar nichts gemein haben will. Das brauchte nicht zu sein. Aber es ist nun einmal so. Es ist nie anders gewesen.

Der elende Zank ist noch glimpflich abgelaufen, es hätte viel schlimmer kommen können. Es ist gut, daß der Vater all dies nicht mehr erlebt hat. Mein Gott, es hätte ihn entsetzlich gekränkt. Er hätte es nicht ertragen. Aber er ist tot. Wenn der Vater dagewesen wäre – er hätte sicherlich einen Ausgleich zwischen mir und Hartwig zustande gebracht. Er hätte auch schließlich zu Anke ja gesagt, ich weiß es. Auch Mutter stammt ja nicht aus unserer Gegend, sondern von weither.

Jetzt ist alles vorbei. Ich gehe fort. Ich komme nie mehr zurück – und wenn ich wieder irgendwo Sold nehmen muß! Dies ist das letzte Mal, daß ich diesen Weg gehe. Das letzte Mal!

Ihm wurde plötzlich bewußt, was er da gedacht hatte. Es war wie ein Stoß vor die Brust.

Er hielt an und setzte das schwere Bündel mit seinen Habseligkeiten von der Schulter auf die Erde. Die Schulter schmerzte, und der Arm, der das Bündel gestützt hatte, war lahm. – Ich werde das anders tragen müssen. So schaffe ich es nicht nach Celle, habe noch gut fünf Stunden Wegs bis dahin.

Konnte das wirklich wahr sein? Sah er dies alles zum letztenmal?

Der schmale Fahrweg trat hier aus dem dichten Wald hervor. Es duftete nach Harz, jungen Blättern und frischen Kräutern. In den Kronen der Birken und Kiefern sang ein leichter Wind. Auch die Eichen hatten schon ihr Blätterkleid angelegt; sie lassen sich am längsten Zeit damit. Erst wenn der Mai strahlend ins Land kommt, zögern auch sie nicht mehr und zaubern sich goldgrüne Flitter über ihr Astwerk.

Vor den Augen des Mannes breiteten sich weithin wie ein kostbarer Teppich die wilden Moorwiesen der Marloher Heide. Kleine Gehölze hier und da, ein paar Büsche – und über allem der unermeßliche Glanz des jungen Tages. Kein Zeichen menschlichen Lebens, so weit das Auge reichte. In der Ferne einige schwärzliche Tupfen: dort ist Torf gestochen worden und zum Trocknen geschichtet.

Noch funkelt der Tau von abertausend Gräsern. Bald wird die Sonne ihn getrunken haben. Der Himmel blaut ins Unendliche, und die Luft geht süß und herb über das einsame Land – ist wie Wein.

Der Mann, der da regungslos steht, hat nicht allzuoft in den sechsundzwanzig Jahren seines Lebens Wein gekostet – und der hat ihm nicht einmal besonders gut geschmeckt, denn es war ein schlechter Wein. Aber jetzt sagt er sich: die Luft ist wie Wein, so wie Wein schmecken kann und schmecken sollte.

Dies ist mein Land: Wald und Moor, Heide und Weide, Wiese und Feld. Hier bin ich zu Hause. Es gibt nichts Besseres. Die Rehe dort hinten, die nicht einmal den Kopf nach mir aufwerfen, der Bussard, der in der Höhe segelt. Und der Brachvogel ruft, als läutete wer im Bruch eine süße Glocke – dies alles ist mein Land und rechtens so!

Es ist verloren, als hätte es mir nie gehört. Heute, hier, in diesem Augenblick muß ich es aufgeben, gebe ich es auf.

Um den unerträglichen Jammer zu überwinden – als begänne sein Auszug aus der Heimat erst jetzt – fing er an, sein Bündel, einen Kornsack, der seine Habe enthielt, aufzuschnüren und den Inhalt umzupacken, damit sich die Last besser tragen ließ – auf beiden Schultern und nicht nur auf einer. Sein Sonntagsrock, aus grauschwarzem, grobem Wollstoff, kam zum Vorschein. Die großen silbernen Knöpfe, von denen jeder einen halben Taler wert war, hatte er von seines Vaters Kirchenrock geerbt. Eine silberne Litze zog sich um den Rand des breiten Rockkragens, die schweren Stulpen und die Taschenklappen – ein prächtiges, unverwüstliches Stück. Damit wollte er sich noch viele Jahre wohl herausstaffieren, vielleicht solange er lebte; man mußte es nur ein wenig pflegen und vor den Motten schützen. Und dann die gute lederne Hose dazu; sie stammte aus seiner Soldatenzeit und war mit ihm bei Fontenay am 11. Mai 1745 in französische Gefangenschaft geraten. Er hatte sie sehr geschont und sich mit altem Drillichzeug beholfen, wo immer es ging. Schließlich hatte er sie nach Hause, in das heimatliche Dövenbostel an der Wilpe, mitgebracht; sie war nicht mehr neu, aber sie würde ihm noch lange dienen.

Die Gamaschen, die er dazu trug, wenn er sich feiertags fein machte, verrieten ebenfalls ihre Herkunft von der englischen Infanterie, zu der er sich von den kurfürstlich-hannoverschen Werbern hatte anwerben lassen, als die im Sommer 1742 ins Dorf gefahren kamen mit Trommelklang und dem Gequiek der Querpfeifen. Der Vater war damals erst seit wenigen Wochen unter der Erde, und der Hoferbe, der um zehn Jahre ältere Bruder Hartwig, ein Hüne an Gestalt und Kraft, hatte ihn geschlagen, um ihn ›Mores zu lehren‹ und ihm zu zeigen, wer Herr auf dem Corss-Hof wäre. Die Werber hatten Walther Corssen angenommen, obgleich er eigentlich noch zu jung war. Sie nahmen es nicht sehr genau mit dem Alter, und Walther war kräftig und geschickt; man konnte ihn nicht einen ›Bauernflegel‹ nennen wie die meisten anderen Rekruten. Denn er hatte beim Lehrer und Kantor Wiedenholt lesen und schreiben und sogar das kleine und das große Einmaleins, dazu viele Bibelsprüche, den lutherischen Katechismus und zahllose Kirchenlieder mit unglaublich vielen Versen gelernt. Ja, dieser junge Walther Corssen hatte gewiß kein Stroh im Kopf. Die Werber hatten ihn liebend gern für die Royal Fusiliers, die Infanterie Georgs II., des Königs von England und Kurfürsten von Hannover, angenommen und ihm sein Handgeld ausgezahlt – und der böse Bruder Hartwig hatte das Nachsehen gehabt und seinen besten Knecht eingebüßt. Gegen die kurfürstlich-hannoverschen, königlich-englischen Werber kam er nicht an. Die Mutter allerdings hatte geweint. Aber Mütter weinen immer, wenn die Söhne sich selbständig machen, ohne je damit den Lauf der Welt zu ändern.

Dann holte er aus dem Sack Arbeitskleider aus grobem Zwillich, einige Paar warme Wollsocken, schweres Unterzeug für den Winter, einen wollenen Schal, zwei Unterwesten und einiges andere, ein Paar grobe Halbschuhe mit Schnallen für den Sonntag, ein Rasiermesser, einen Pinsel und einen großen Riegel Seife, wie sie seit alters auf dem Corss-Hof aus Hammelfett und Holzasche herausgekocht wurde.

Fein säuberlich reihte Walther Corssen den vielfältigen Inhalt seines Reisesacks im frischen Kraut auf – eins neben dem anderen – auch Proviant war nicht vergessen worden: Speck, eine Mettwurst und ein Laib Brot.

Aus der untersten Ecke des Sackes aber förderte schließlich der Mann ein kleines, schweres Beutelchen aus Hirschleder zutage, das mit einer festen Lederschnur verschlossen war. Walther Corssen hob das Säckchen an sein Ohr und schüttelte es ein wenig. Ein leises, metallisches Scheppern wurde vernehmbar. Ein grimmiges Lächeln überzog sein Gesicht:

Mein Erbteil! Ich habe es endlich! Er hat es herausrücken müssen. Von Vater und Mutter mir zugedacht, da ja Hartwig als der Ältere den Hof geerbt hat mit allem, was dazugehört. Zweiundfünfzig Dukaten aus gutem Gold; sie waren sein!

Mutters Mitgift war ungeschmälert in dieser Summe enthalten. Vater hatte nie etwas davon fortgenommen, sondern immer nur hinzugetan, jedes Jahr ein paar Dukaten, je nachdem, was die Hämmel, der Torf, der Buchweizen, die Gerste und der Hafer eingebracht hatten. Aber Walther Corssen hatte nie recht glauben wollen, daß das Geld, das er ererbt und endlich auch bekommen hatte, Dukaten zu Dukaten im Schweiß des Angesichts mühsam zusammengespart worden war.

Den Grundstock hatte der Vater aus dem Türkenkrieg mitgebracht. Auch er war ein zweiter Sohn auf dem Corss-Hof gewesen und war aus Ärger über den Hoferben den österreichischen Fahnen zugelaufen, als die Kunde bis in die Heide drang, daß der Kaiser in Wien Soldaten gegen den türkischen Erbfeind warb.

Irgendwie und -wo war der Vater dann im tiefen Süden über seinen Sold hinaus zu Dukaten gekommen, hatte den Mund gehalten, den Soldatenrock, sobald es ging, wieder ausgezogen und war 1716 in die Lüneburger Heide, in das weltentlegene Dorf Dövenbostel zurückgekehrt. Er hatte nie verraten, wie er seinen kleinen Reichtum erworben hatte

Der Vater war sicherlich nicht nach Dövenbostel heimgekehrt, um dort zu bleiben, er hatte nur wissen wollen, was die

Heimat ihm noch zu sagen hatte nach den Jahren der Abwesenheit. Sie hatte ihm viel zu sagen! Der Bruder des Vaters, der den Hof als der Älteste geerbt hatte, war von seinem Hengst erschlagen worden. Das Pferd hatte in einem Anfall von Jähzorn seinem allzu ungeduldigen Herrn die Hinterhufe in den Unterleib geschmettert. Der Bauer war nach wenigen Tagen voller gräßlicher Schmerzen den schweren inneren Verletzungen erlegen. Der aus dem Türkenkrieg heimkehrende Soldat kam gerade noch zurecht, dem sterbenden Bruder ein Vaterunser hinterherzubeten und ihn dann auf dem kleinen Friedhof unter den gewaltigen Eichen zu begraben, wo die zwei Dutzend Dövenbosteler Höfe von jeher ihre Toten begruben – kein Mensch vermochte anzugeben, seit wie vielen Jahrhunderten schon. Denn wahrscheinlich war diese Begräbnisstätte noch viel älter als die wehrhafte, massige Kirche mit den meterdicken Mauern aus Feldsteinen und dem viereckigen, klobigen Turm. Jahrhunderte hindurch war sie katholisch gewesen, in der Reformation jedoch war sie unbeugsam lutherisch geworden und seither diesem Glauben treu geblieben.

Der heimgekehrte Soldat war ganz gegen alle Erwartung zum Hoferben aufgerückt, denn der Verunglückte war zwar schon seit längerer Zeit verlobt, aber noch nicht verheiratet gewesen. Hoferbe – plötzlich hatte das Leben Sinn bekommen, den einzigen wahren Sinn, den es für die Menschen der kargen Heideerde gab.

Der neue Bauer bestellte sein Eigen für eine Weile, so gut es eben ging, und machte sich dann wieder auf die Wanderschaft nach Süden. Er hatte auf dem Rückweg aus dem Südosten Europas einige Wochen bei einem Bauern im Salzburgischen gearbeitet, um sich ein paar Taler für die Weiterreise zu verdienen – und auch, weil ihn schon nach dem dritten Tage die zweite Tochter des Bauern, Judith, auf eine noch nie erlebte Weise in Unruhe versetzt hatte. Seinen verschwiegenen Schatz an Dukaten anzugreifen, daran hatte dieser Sohn der niedersächsischen Erde nie gedacht. Er machte sich keine Illusionen. Dazu fehlte ihm jedes Talent. Ja, er besaß eine Handvoll Dukaten. Aber das war so, als besäße er einen Edelstein. In seinen Verhältnissen konnte man nicht viel damit anfangen. Land mußte man haben. Bauer sein. Nichts anderes galt. Und

Land hatte er nicht, war nicht viel mehr als ein entlassener Soldat. Was hätte er Judiths Vater anbieten können, um ihm die Tochter abzudringen? Nichts! Denn wenn auch Judiths Familie protestantisch war wie er selbst, so war doch Judiths Vater auch Bauer und vergab seine Tochter nicht an einen fremden, landlosen Mann, mochte der auch sonst noch so gut zu leiden sein.

Jetzt war alles verändert. Der Mann aus dem Norden kam nicht mehr als ein armseliger Landfahrer von irgendwoher und irgendwohin, sondern als ein Bauer mit großem Besitz, der sich zwar nicht an Schönheit, gewiß aber an Gediegenheit mit dem der Familie Steinwanger vergleichen ließ.

So war also die dunkeläugige Judith Steinwanger Bäuerin auf dem Corss-Hof in der Heide geworden, war aber im kargen Nordland nie wieder ganz glücklich gewesen, wenn auch ihr Mann, der Corss-Bauer, sie sein Leben lang wie ein unverdientes Geschenk des Himmels auf Händen getragen und ihr das arbeitsharte Dasein so erträglich wie möglich gestaltet hatte. Einen Sohn hatte sie dem Hof geboren, sie nannten ihn Hartwig. Dann bekam sie Zwillinge, Mädchen, die beide nur wenige Wochen lebten. Erst zehn Jahre nach dem ersten Sohn war die Hoffnung der Eheleute Corssen auf ein weiteres Kind erfüllt worden: Walther hatte das Licht der Welt erblickt – und schon sehr früh wurde deutlich, daß er ganz und gar in die mütterliche Familie zu schlagen schien. Kräftig und sehnig wuchs er heran, war aber kleiner von Wuchs und zierlicher als der ältere Bruder, der sich nach Dövenbosteler Weise ungeschlacht und riesig, zu einem zähen, listigen und rechthaberischen Heidebauern entwickelte. Seltsamerweise gehörte die Liebe der Mutter dem Erstgeborenen, so als wollte die in eine härtere und dürftigere Welt verschlagene Frau ihm den Mangel an mütterlichem Blut durch ein Mehr an Liebe ersetzen.

Der Vater dagegen hatte in seinem nachgeborenen Sohn Walther das Wesen der geliebten Frau erspürt und schloß das Kind von klein auf in sein Herz. Das Wertvollste, was er besaß, den angestammten Corss-Hof, hätte er sicherlich gern dem Lieblingssohn vermacht. Aber gegen die uralt-starre Regel, daß des erstgeborenen Sohnes Anrecht auf den Hof nicht bestritten werden darf, konnte und wollte er sich nicht auflehnen.

Doch hatte er sich etwas Besonderes ausgedacht, seinen Jüngsten zu entschädigen: jener Schatz an Golddukaten, die er aus dem Türkenkrieg mitgebracht hatte, der sollte ungeschmälert seinem Walther erhalten bleiben – und die Mitgift seiner Frau, welcher der Sohn so ähnlich war, sollte dazugetan werden; er hatte beides nicht anzugreifen brauchen, denn der Hof war, als er ihn übernahm, gut im Schuß gewesen. Außerdem steckte er jeden Dukaten, der über den Bedarf des Corss'schen Anwesens hinaus verdient wurde, ebenfalls in das Säckchen aus Hirschleder. Das hatte auch seiner Frau eingeleuchtet, sosehr sie auch sonst darauf achtete, daß der weniger liebenswürdige und liebenswerte Hartwig nicht geschmälert wurde.

Die Existenz des Säckchens war in der Familie kein Geheimnis, wenn man auch selbstverständlich allen Außenstehenden, selbst dem altgedienten Großknecht und der Großmagd gegenüber nie auch nur ein Sterbenswörtchen davon verlauten ließ. Der Hof, das war Hartwigs Teil, das schwere kleine Säckchen, das fast von Jahr zu Jahr ein wenig schwerer wurde, das war unbezweifelbar für Walther bestimmt.

Der Vater war allzu früh gestorben. Walther hatte damals erst siebzehn Jahre gezählt – und zunächst war die Welt für ihn untergegangen. Er konnte sie sich ohne den Vater kaum vorstellen. Er merkte auch bald, daß keine Dukaten mehr in das Säckchen gesteckt werden würden; die Mutter hatte den Schatz in Verwahrung genommen. Der geheime, bis dahin stets verdeckt gehaltene Zwist, der in ihren Naturen angelegte Gegensatz zwischen den Brüdern, flammte zum erstenmal offen auf. Hartwig saß gut im Sattel und würde ein gewissenhafter, ja geiziger Haushalter werden; der Hof sollte dabei florieren. Was aber wurde aus Walther?

Als Walther die Mutter deshalb drängte, verwies sie ihn schließlich an den älteren Bruder, der sei jetzt der Bauer. Walther hatte den Bruder zu stellen versucht, und es war ihm nach einigen vergeblichen Versuchen auch gelungen. Hartwig war viel zu steif und ungelenk, auch im Grunde geistig zu träge, um dem manchmal hitzköpfigen und voreiligen jüngeren Bruder das, was er dachte oder vorhatte, auf sanfte und schonende Weise beizubringen.

Auf dem Scheunenflur polterte er eines Abends heraus –

Walther hatte ihn wieder einmal dringlich befragt: »Was mit dir wird, Walther? Was ist da lange drüber zu reden! Du wirst der Großknecht, wenn du weit genug bist und Martin nicht mehr kann. Deinen Platz auf dem Hof wird dir keiner streitig machen. Dein Erbteil geht in den Hof. Wir kaufen Bohns Hof dazu, denn der läuft aus, wenn der alte Bohn stirbt. Der Sohn ist Pfarrer bei Minden und will den Hof nicht haben. Wir bewirtschaften beide Höfe zusammen. Du wirst auf beiden der Großknecht. Aber du kannst nicht heiraten. Damit der Besitz beisammen bleibt. So ist das immer gehalten worden, und so soll es bleiben. Was willst du also? Es ist alles schon vorbestimmt. Es braucht nichts geändert zu werden.«

Der jüngere Bruder hatte dagestanden wie vom Donner gerührt. Dann war es aus ihm herausgebrochen, zornig und maßlos: »Ich? Knecht bei dir? Niemals! Ich gehe fort!«

Hartwig hatte nur mit den Achseln gezuckt: »Du wirst es dir noch überlegen. Sprich nur erst mit der Mutter!«

Aber auch die Mutter hatte ihm nicht helfen können. Auch sie hielt das alte, wenn auch ungeschriebene Gesetz für heilig, daß der Älteste ›der Bauer‹ werden, daß der Besitz ›zusammengehalten‹, möglichst vergrößert werden müßte. Die nachgeborenen Söhne, wenn sie ihre ureigentliche Pflicht erfüllen wollten, hatten dem Hof als Knechte zu dienen. Sie durften keine Nachkommen zeugen, die vielleicht einmal Ansprüche auf den Hof erheben und ihn damit zersplittern würden.

Walther Corssen war also wie sein Vater der Trommel der Soldatenwerber gefolgt. Daß die Mutter ihm sein Säcklein mit den Dukaten, sein Erbteil, sicher verwahren würde, daran zweifelte er nicht. Anders aber als sein Vater brauchte Walther nicht fremden Fahnen zuzulaufen. Die Kurfürsten von Hannover waren auf den verschlungenen Wegen dynastischer Erbfolge Könige von England geworden und suchten Soldaten, sowohl für ihre hannoverschen wie für ihre englischen Regimenter. Mehr aus Zufall als mit Absicht war Walther in Gifhorn auf die englischen Werber gestoßen und merkte zu spät, daß er nicht in ein hannoversches, sondern in ein englisches Regiment Georgs II. geraten war. Es bedeutete nicht viel. Er war nicht der einzige, dem es so ergangen war, und es stellte sich auch schnell heraus, daß sich das Plattdeutsch, das Walther zu sprechen gewohnt war, von dem einfachen

Soldaten-Englisch nicht allzusehr unterschied. Da er einen hellen Kopf hatte und der Drill und Dienst wenig Gnade kannten, blieb ihm gar nichts anderes übrig, als die neue Sprache zu lernen.

In der Schlacht bei Dettingen zwischen Aschaffenburg und Hanau erhielt der junge Soldat aus der Lüneburger Heide seine Feuertaufe. Da es schlecht stand um den Ausgang der Schlacht gegen die an Zahl überlegenen Franzosen unter dem Herzog von Noailles, hatte sich König Georg II. mit gezogenem Degen zu Fuß selbst an die Spitze der hannoverschen Garde gesetzt und hatte gerufen: »Jetzt, Burschen, laßt uns für Englands Ehre fechten!« und hatte sich mit den Seinen in die Schlacht geworfen. Walther hatte den später berühmt gewordenen Ausruf nicht gehört. Aber auch der Herzog von Cumberland, Wilhelm August, der Sohn Georgs II., hatte die englische Garde und die englisch-hannoversche Infanterie mit kaltem Blut vorangebracht, darunter auch den zunächst ängstlichen, dann grimmig entschlossenen Walther Corssen: Die Schlacht war unter schweren Verlusten auf beiden Seiten von den englisch-hannoverschen und österreichischen Truppen gewonnen worden; die Franzosen, die sich in wilder Flucht befanden, warf man über den Main.

Aus dem hübschen, geschickten und gescheiten Knaben Walther Corssen hatte die Einsicht, wie bitter blutig mit Menschen Schindluder getrieben werden kann, einen Mann werden lassen. Obwohl der Stock der Drillmeister ihm schon in den Monaten der Rekrutenausbildung ins junge Fell gebleut hatte, daß Soldatsein alles andere als Zuckerlecken war und daß am Ende ein schmutziger und qualvoller Tod auf dem Schlachtfeld stehen konnte – das Erleben selbst war doch noch anders: Die neun Stunden währende Schlacht, das schonungslose Gemetzel, das Gebrüll der Offiziere und Feldwebel, das Schreien, Stöhnen und Jammern der Verwundeten und Sterbenden, der Donner der Kanonen, das Krachen der Musketen, und dieser entsetzliche Zwang, entweder in andere Menschenleiber zu stechen – oder selbst abgestochen zu werden. Und es gab kein Zurück.

Allerdings mußte er die fünf Jahre, zu denen er sich verpflichtet hatte, nicht ganz abdienen. Das englisch-hannoverisch-österreichische Heer, anstatt den Sieg über die Franzosen auszunutzen, hatte in den österreichischen Niederlanden, also etwa dem heutigen Belgien, Winterquartiere bezogen. Die Franzosen erklärten nun auch England in aller Form den Krieg. Louis XV. ließ ein Heer von hunderttausend Mann in die österreichischen Niederlande vordringen. Der französische Marschall Moritz Graf von Sachsen stellte die Verbündeten zur Schlacht und errang dank seiner starken Überlegenheit am 11. Mai 1745 bei Fontenay einen vollständigen Sieg. Tausende von Engländern, Hannoveranern, Österreichern und Holländern – und gewiß auch viele Franzosen blieben als Leichen auf dem Schlachtfeld zurück. Allein über zweitausend Hannoveraner fielen verwundet in französische Gefangenschaft.

Unter ihnen gab es auch einen Walther Corssen, dem ein Bajonettstich die linke Schulter durchstoßen hatte und ein Granatsplitter in den linken Oberschenkel geprallt war. Er war zusammengebrochen und liegengeblieben. Die gegen die französischen Garden und Schweizer Regimenter mit wütender Bravour anrennende hannoversche und englische Infanterie unter dem Herzog von Cumberland war weiter vorgedrungen. Walther Corssen war wieder zu sich gekommen und hatte sich an den Rand des Schlachtfeldes in den Schutz eines mit einer Hecke bestandenen Erdwalls geschleppt. Hier übermannte ihn abermals der Blutverlust; er wurde bewußtlos. Er konnte von großem Glück sagen, daß er am Tage darauf gefunden wurde, als der Sieger die nicht allzu schwer verwundeten Gegner einsammelte. Was hoffnungslos schien, blieb liegen, starb einen elenden Tod und wurde schließlich von den Bauern, die ja wieder ihre Felder bestellen mußten, verscharrt, nachdem sie sich für die Schäden, die ihnen zugefügt worden waren, an den Resten der Montur und des Lederzeugs schadlos gehalten hatten. Die leichter Verwundeten aber ließen sich vielleicht zurechtflicken und dann in das französische Heer einreihen.

Des jungen Corssen Schulterwunde heilte schnell. Aber das faustgroße Loch im linken Oberschenkel wollte sich nicht schließen. Die Wunde eiterte hartnäckig; wildes Fleisch mußte mehrfach weggeschnitten werden. Der französische Feldscher verlor schließlich die Geduld und jagte den englischen Infanteristen, der als solcher kaum mehr zu erkennen war, davon: »Scher dich, Kerl! Bist nicht zu gebrauchen. Wirst ewig humpeln. Weg mit dir!«

Der abgemagerte Bursche ließ sich das nicht zweimal sagen und machte sich noch am gleichen Tage davon. Er wollte nichts weiter als nach Hause, nach Hause.

So humpelte er aus der Gegend von Roubaix, wo man ihn entlassen hatte, ostwärts davon, ein abgezehrtes, gelbgesichtiges Wrack, dem man seine jungen Jahre nicht mehr ansah. Er bettelte und stahl sich irgendwie durch, vermied die großen Städte, schlich sich an Wesel, wo ihn ein mitleidiger Fischer über den Rhein setzte, an Münster, an Minden vorbei. Er war längst klug genug geworden, um sein Humpeln, seinen Stock, auf den er sich bei jedem Schritt stützte, sein abgerissenes und abgezehrtes Aussehen als einen Schutzmantel zu benutzen. Er erregte keinen Verdacht, wenn er sich abseits über die vielen Grenzen schlich, die er zu überqueren hatte. Er war ganz offenbar außerstande, irgendwem ein Leid anzutun. Bauern, die selbst erfahren hatten, was Krieg und Elend bedeutet, halfen ihm weiter. Nur aufhalten, das sollte er sich nicht bei ihnen, höchstens einmal über einen Sonntag; ihr Mißtrauen blieb immer wach. Aber der Heimkehrer war weit davon entfernt, verweilen zu wollen.

Merkwürdigerweise begann die Beinwunde unterwegs von selber zu heilen. Vielleicht tat es dem verletzten Bein wohl, sich trotz aller Schmerzen ständig bewegen zu müssen. Seine zähe Natur trug schließlich den Sieg über die schwere Verletzung davon. Die Wunde eiterte zwar immer noch, begann aber von den Rändern her langsam zu vernarben. Doch behielt Walther Corssen das schwere Humpeln bei, mit dem er aus Flandern abgezogen war. Es bewahrte ihn vor Werbern, vor Konstablern und Gendarmen – und auch vor Räubern. Wer wollte einem hinkenden, als unbrauchbar davongejagten Soldaten mit schwärender Wunde den Weg in den einzigen Hafen verwehren, der sich ihm noch bot: nach Hause.

Bis dann kurz vor dem Ziel das Schicksal abermals zuschlug, wenn auch auf eine ganz andere Art.

Der Mann auf dem Wege nach der Stadt Celle, der eigentlich seinen Reisesack hatte umpacken wollen und dabei schließlich auf das Beutelchen mit Goldstücken gestoßen war, hatte vergessen, was er verrichten wollte. Er hatte auch den Tag vergessen, der um ihn leuchtete mit allem Glanz der grünen Einsamkeit, der ihn an Heimweh schon leiden ließ, bevor er die Heimat überhaupt verlassen hatte, so als wollte er ihn warnen, Unersetzliches aufzugeben. Walther Corssen hatte auch das Beutelchen vergessen. Er hatte sich lang ins frische Gras und Kraut gestreckt im Schatten eines Postbusches – ach, er brauchte nicht zu hetzen, er würde Celle allemal am Nachmittag erreichen. Was bedeutete eine Stunde mehr oder weniger! Bisher war es nur darauf angekommen, sich mit Anstand und unter Wahrung des Seinigen vom heimatlichen Hof zu lösen. Das war geschafft. Was nun weiter? Wohin?

Noch nie, so wollte es ihm scheinen, war er so verlassen gewesen. Bisher hatte er jederzeit und immer noch auf den väterlichen Hof zurückkehren können. Ein Obdach wenigstens wäre ihm dort nie verweigert worden. Jetzt hatte er die Herausgabe seines Erbteils erzwungen und damit das Band gelöst, das den Hof mit ihm und ihn mit dem Hof verknüpft hatte.

Wieder Soldat werden? Das kann ich jeden Tag! Dummköpfe, die Soldat werden wollten, die waren überall gesucht, bekamen ein stolzes Handgeld, wenn sie unterschrieben hatten, und saßen dann in der bösen Falle, aus der es für Jahre kein Entrinnen gab – es sei denn, zu entlaufen und mit großer Sicherheit wieder eingefangen und durch die Spießruten gejagt zu werden, eine schreckliche und manchmal tödliche Marter. Nein, Soldat zu werden und sich von den Drillmeistern schinden zu lassen – so dumm darf man nur einmal sein! Aber was sonst?

Hinter den festgeschlossenen, zitternden Lidern des Mannes, der im Grase liegt wie gefällt, tanzen die Bilder.

War das überhaupt noch er selbst gewesen, der in namenloser Wut dem Bruder gegenübergestanden und zwischen zusammengebissenen Zähnen hervorgeknurrt hatte wie eine bedrängte Raubkatze kurz vor dem tödlichen Ansprung: »Du willst sie mich nicht heiraten lassen, Hartwig, damit dein Sohn den Hof bekommt! Dabei hast du noch gar keinen Sohn, bist noch nicht einmal verheiratet! Neidest mir die Frau. Dich will ja keine haben, grob und mürrisch wie du bist. Aber wirst dir schon irgendeine reiche einhandeln früher oder später. Und mein Erbteil, Vaters und Mutters Dukaten, willst du mir vorenthalten, damit der Hof, dein Hof, größer wird. Und was bietest du mir dafür? Arbeit tagein, tagaus, jahrein, jahraus – und wenn ich keinen Forkenstiel mehr halten kann: ein schäbiges Gnadenbrot noch hinter deinen Kindern am Tisch und eine kalte Kammer im Gesindehaus. Nein, nichts da, Hartwig, und wenn es zehnmal hier in der Gegend so üblich ist, wie du und Mutter sagen! Lieber verzichte ich auf mein Heimatrecht. Gib mir mein Erbe heraus – und du wirst mich niemals wiedersehen!«

Sie hatten sich neben dem riesigen Eichentisch in der Deele gegeneinandergestellt. Ein kümmerliches Talglicht hatte den braundunklen hohen Raum nur spärlich erhellt. Hartwig stand dem um eine Handbreit kleineren Bruder mit halbgesenktem Kopf gegenüber, ein gereizter Stier, ein Gebirge von einem Mann, gewohnt, daß alle sich vor ihm fürchteten. Er hatte nur einmal den Kopf geschüttelt und gemurrt: »Das Geld bleibt, und du bleibst. Ich bin der Bauer. Ich allein habe zu sagen!«

»Das werden wir sehen!« hatte Walther gezischt und den anderen im gleichen Augenblick wie ein Tiger angesprungen. Er hatte ihm den Unterarm unters Kinn geschmettert und das Knie in den Unterleib gerannt, ein sehr gefährlicher Angriff, den er von den Schotten in seinem Regiment gelernt hatte. Hartwig, ohnehin langsam und schwer, hatte der urplötzlichen Attacke nichts entgegenzusetzen gehabt, war zu Boden gestürzt wie ein Mehlsack. Sein Hinterkopf schlug auf die harte Tenne der Deele. Die Sinne schwanden ihm.

Als er wieder zu sich kam, mit dröhnendem Schädel und stechenden Schmerzen in den Eingeweiden, hatte der Bruder hoch über ihm gestanden, das Messer gezückt. Die Füße des Gefällten waren mit einem Strick an das Tischbein gefesselt. Als Hartwig begriff, daß er nur um den schmalen Rücken dieser Messerklinge vom Tode entfernt war, packte den ungefügen Mann zu aller Übelkeit ein tiefes Entsetzen. Er war kein Soldat gewesen, ihm hatte der Tod noch nie um die Ohren gepfiffen, hatte noch nie haarscharf an seinem Leben vorbeigestoßen. Zum erstenmal in seinem engen Dasein blinzelte ihn das Ende an, eine kurze Spiegelung des Lichts der Kerzenflamme in der Messerklinge – und in den weitaufgerissenen Augen des über ihn gebeugten Bruders, den er, wie alles andere, den Hof, die Tiere, die Mägde und Knechte, wie auch die betagte Mutter, unter seinen Willen hatte zwingen wollen.

Er spürte: diesmal habe ich den kürzeren gezogen. Er stößt zu, wenn ich mich wehre – so wie ich zustoßen würde! Er hörte den Bruder fragen, mit einer Stimme, wie er sie noch nie von ihm gehört hatte: »Zum letztenmal, Hartwig: Wo ist der Beutel mit meinem Erbteil? Her damit! Und ich gehe fort, heute Nacht – und wir sind quitt! Oder du bist des Todes, das schwöre ich dir!«

Der Sieger hatte noch gar nicht verstanden, daß er gewonnen hatte, so schnell gab Hartwig Bescheid: »Über dem zweiten Balken, rechts vom Herd, ist ein Ziegel lose. Dahinter ist der Beutel. Geh du nur! Kannst alle deine Sachen mitnehmen. Aber komm nie wieder!«

Walther hatte das Beutelchen schnell gefunden. Es war prall und erstaunlich schwer. In fliegender Hast hatte er seine Kleider und was ihm sonst noch wichtig erschien, in einen Hafersack gestopft, hatte nach einer Sekunde des Zögerns auch noch Gesangbuch und Katechismus dazugetan; sie hatten ihn auch in seinen Soldatenjahren begleitet. Er hatte nicht mehr nachgesehen, ob der Bruder sich von seiner Fußfessel befreite. Er hatte das große Haus mit dem hohen rietgedeckten Giebel und den gekreuzten Pferdeköpfen durch den Stall verlassen, war noch einmal um das Haus herumgetappt und hatte auf der anderen Seite an das niedrige Fenster geklopft, hinter dem die Mutter schlief: »Ich bin es, Mutter: Walther! Kannst du ans Fenster kommen?«

Kurze Zeit danach schlug das Fenster nach außen auf. »Was ist, Walther, um Gottes willen? Warum klopfst du mich aus dem Schlaf, mitten in der Nacht?«

»Die Sterne werden schon blaß, Mutter. Ich habe mich mit Hartwig auseinandergesetzt, Mutter. Ich gehe fort, Mutter, für immer.«

»Ich wußte, daß es so kommen würde!« jammerte die alte Frau leise; schattenhaft erschien ihr Antlitz unter der großen Nachthaube im dunklen Fensterviereck. Dann: »Hast du dein Erbteil mitbekommen, Walther?«

»Ja, er hat es mir geben müssen!«

»Das ist gut. Das erleichtert mein Gewissen. Vater hat immer gewollt, daß du allein darüber bestimmen und entscheiden sollst.«

»Ja, das hat er wohl, Mutter. Aber das ist nun alles vorbei und hinter mir. Leb wohl, Mutter!« Er sagte es härter als nötig. Die alte Frau empfand, wie sie zurückgewiesen wurde. Sie flüsterte kaum hörbar: »Leb wohl, mein Jüngster! Jeden Tag werde ich für dich beten!«

Walther deckte für einen Augenblick seine Hand auf die verarbeiteten alten Hände, die auf der Fensterbank gefaltet lagen, schulterte mit einem Schwung seinen Reisesack und stapfte durch den eben erst zu ahnenden Morgen davon.

Walther richtete sich verwirrt auf. Eine Weile hatten dichte Kräuter sein Gesicht beschattet. Aber dann hatte die volle Sonne seine Augen getroffen und ihn geweckt. Ihm war wohlig und warm zumute. Die Stunde tiefen Schlafs hatte ihn erfrischt und ihn die durchwachte Nacht vergessen lassen.

Er blickte sich um und mußte den Kopf schütteln über sich selbst. Der Schlaf hatte ihn so leise und plötzlich angefallen wie die Katze die Maus. Alles lag noch da, wie er es aus seinem Beutel ausgepackt hatte: sein Sonntagszeug, die Wäsche, die Schuhe, das Gesangbuch und – ja, wo waren seine Dukaten? Ein heißer Schreck durchfuhr ihn. Aber alles war da! Das Säckchen aus Hirschleder hatte dicht an seinem Körper gelegen. Er atmete auf und sprach laut aus, was ihm im Schlaf, im Unbewußten, zum Entschluß geworden war: »Ich nehme sie mit! Ich nehme meine Anke mit!«

Während er sorgfältig seine Habseligkeiten wieder in den harten Leinensack zurückpackte, das Hirschlederbeutelchen ganz nach unten in den rechten Zipfel, Gesangbuch und Katechismus obenauf, überlegte er die Entwicklung seiner Beziehung zu Anke Hörblacher, ohne die er sich eine sinnvolle Zukunft nicht vorzustellen vermochte. Auch diese Einsicht hatte sich ihm erst in der stillen Stunde geschenkt, die er am Wegrand im duftenden Gras und Kraut verschlafen hatte. Ganz klar sah er es nun, was sein Bruder mit ihm vorgehabt hatte: Knecht auf dem väterlichen Hof hatte er sein sollen – der Hof ging vor; ihm hatte jeder zu dienen, der darauf geboren wurde. Auch sein Geld hätte nur den Hof begünstigt – was wäre sonst mit ihm anzufangen gewesen? Der Hof sog alles wieder an sich, er war das Beständige: der Corss-Hof – beständig wie die Corssens auch. Nur ihre Vornamen wechselten, wiederholten sich aber gewöhnlich nach jeder zweiten oder dritten Generation mit Hartwig und Walther, Heinrich, Karl und Dietrich.

Aber auf Anke verzichten, das ging nicht. Dann lieber auf Heimat und Heimatrecht. Sie hatte ihm damals das Leben neu geschenkt. Ohne sie gäbe es Walter Corssen gar nicht mehr!

Was war damals geschehen, spät im November 1746?

Im Dorfe Mandelsloh mit seiner uralten, dem heiligen Osdacus geweihten Kirche, hatten die Leute dem Soldaten, der nach Hause wollte, gesagt, es wären noch sieben bis acht Stunden Weges nach Celle, wenn man den Weg durch den Wietzenbruch nähme, über Lindwedel und Wieckenberg. Sie selber benutzten um diese Jahreszeit lieber den gut zwei Stunden längeren Umweg über Schwarmstedt. Denn von da ab bliebe die Straße nach Celle einigermaßen auf dem Trockenen und Festen, wäre auch reichlicher begangen und befahren. Aber der Wietzenbruch sei jetzt im November, nachdem es so viel geregnet hatte, nicht zu empfehlen. Es sei ja auch schon kalt, es habe schon zweimal nassen Schnee gegeben – und mit dem Weg sei auch nicht viel los, schmal und mit vielen Sumpflöchern und nur an den allerschlimmsten Stellen ein wenig aufgeschüttet. Die Leute aus der Gegend befuhren ihn nur, wenn es lange trocken gewesen war; dann kam man mit Pferd und Wagen ganz gut durch. Zu Fuß oder im Sattel gäbe es natürlich immer ein Fortkommen, wenn man sich in den Tücken der Moorwege auskannte. Aber dazu mußte man sehen können. Der Wietzenbruch aber sei weit und breit berüchtigt wegen des dichten Nebels, und manchmal weiche der den ganzen Tag nicht von seinen Torfstichen und weiten, weglosen Mooren, seinen dunkelbraunen Wassertümpeln und den raschelnden Schilfwiesen. Wenn er nun also den Weg über Schwarmstedt nehmen wolle –, so rieten es ihm die guten Leute von Mandelsloh – dann käme er vielleicht nicht mehr vor Dunkelheit nach Celle; aber das brauche ihn nicht besorgt zu machen, denn in Wietze oder Hambühren finde er sicherlich ohne große Mühe ein Unterkommen für die Nacht. Er sei ja nun nicht mehr in fremder Herren Land, sondern in heimatlichen Gefilden – und es habe sich längst herumgesprochen, wie hart und grausam die Franzosen nach der unglücklichen Schlacht bei Fontenay die englischen und hannoverschen Gefangenen und Verwundeten geschunden hätten.

Ja, es waren gute Leute gewesen, damals in Mandelsloh, die ihm erlaubt hatten, seine Beine unter ihren Tisch zu strecken. Sie hatten ihn zu ihrer Hafergrütze und Milch, ihrem Brot und Speck eingeladen und dann in der Scheune warm und trocken im Stroh schlafen lassen.

Aber Walther Corssen hatte ihren Rat nicht befolgen mögen. Es war auf dem weiten Weg von Roubaix bis hierher, trotz vieler Aufenthalte und Umwege, die ihm Mißtrauen und Vorsicht aufgenötigt hatten, alles merkwürdig glatt und gefahrlos verlaufen. Die Wunde am Bein machte ihm kaum noch Beschwer; sie würde über kurz oder lang zu einer faustgroßen Narbengrube verheilen – wie auch die Schulterwunde schon verheilt war; sie schmerzte ihn nur noch, wenn er naß und kalt wurde.

Nein, Walther Corssen konnte die Sehnsucht, das lang entbehrte Dach mit den zwei gekreuzten Pferdeköpfen zwischen den hohen Eichen um den Corss-Hof auftauchen zu sehen, nicht mehr bezähmen. Wenn er es an einem Tag nach Celle schaffte – in Celle war eine Schwester seines Vaters an einen der Schloßgärtner verheiratet –, dann brauchte er nur noch einen weiteren Tag bis nach Hause zu rechnen, einen langen Tag zwar, aber in einer Gegend, in welcher ihm jeder Weg und Steg vertraut sein würde.

Anstatt sich also nordwärts zu wenden, war er gleich ostwärts über die hochgehende Leine auf Vesbeck und dann auf Hope zu marschiert und hatte sich dort noch einmal nach dem Weg über Wieckenberg nach Celle erkundigt. Wieder hatten die Leute gemeint: »Das machst du besser über Schwarmstedt oder Marklendorf. Durch den Bruch – das ist um diese Jahreszeit nicht geheuer!«

Auch ihnen hatte er gesagt, daß er noch am gleichen Tag Celle erreichen müsse. Sie hatten erwidert: »Wenn du immer die Nase gegen Sonnenaufgang steckst, dann kannst du nicht fehlgehen. Es gibt nur diesen einen Weg, und er bringt dich nach Wietze oder nach Wieckenberg. Das ist beides gleich gut, wenn du nach Celle willst. Und sieh zu, daß dich nicht die Nacht erwischt oder der Nebel, bevor du den Bruch hinter dir hast! Wir haben gerade Neumond, und, Junge, dann ist es finster, daß du die Hand vor Augen nicht siehst!«

Am Vormittag machte sich Walther Corssen von dem Dörfchen Hope aus ostwärts auf den Weg. Es ging ein bitterkalter Wind aus Nordwest. Der Himmel hing grau in grau über der trostlos öden Heide mit ihren armseligen kleinen Föhrenwäldern, den braunen sandigen Heideflächen mit dem harten Kraut und den Wacholdern, die verloren und ratlos umherstanden, wie frierende, eng in schwarze Tüchter gewikkelte trauernde Weiber.

Dem einsamen Wanderer war dies ein heimatlich anmutendes Bild. Er fürchtete sich nicht in dieser grenzenlosen Einsamkeit. Die Wagenspuren des unbefestigten Weges zogen unverkennbar deutlich vor ihm her. Was hatten ihm die Leute in Hope gesagt?

»Halte dich nur an die am tiefsten ausgefahrene Spur und immer ostwärts, dann kannst du nicht fehlgehen!«

Das war leicht zu befolgen. – War es das wirklich?

Solange der Weg durch die trockene, sandige Heide kroch und durch schütteren Kiefernwald, der nur hier und da durch einige Birken, die ihr goldenes Herbstkleid schon verschlissen hatten, erhellt wurde, solange brauchten dem Wanderer keine Zweifel über den richtigen Weg zu kommen. Am Nachmittag – so war ihm geraten worden – sollte er sich an der Wegegabelung links halten. Dann käme er schnurstracks nach Wietze und vermiede den Übergang über das Flüßchen gleichen Namens. Das würde er dann erst später im Verlauf der größeren Fahrstraße von Nienburg nach Celle überqueren.

Der Weg senkte sich, verließ Wald und Heide und trat in das Bruch hinaus: weite, verwachsene Wildwiesen mit grobem Kraut, Schilfinseln hier und da in Tümpeln mit schwarzbraunem Wasser, Sumpfstrecken, wo dicke, runde Bülten aus storrem Gras auf dem Morast zu treiben schienen. Dann wieder undurchdringliches Erlen- und Weidengestrüpp. Der Weg, der an den tiefsten Stellen aufgeschüttet war, folgte einem schmalen, auf dem unsicheren Grund gleichsam schwimmenden Damm.

Walther gelang es nun nicht mehr, so kräftig auszuschreiten wie bisher. In den tiefen Radspuren stand Wasser, und die Stiefel wollten bei jedem Schritt im schwarzen Schlamm haftenbleiben.

Walther Corssen geriet trotz der feuchtkalten Luft ins Schwitzen. Er war nun schon manche Stunde unterwegs. Der Mittag hatte sich unmerklich ins Grau des lastenden Himmels davongestohlen. Eigentlich hätten nun die ersten Höfe von Wietze auftauchen müssen. Hatte er eine falsche Richtung eingeschlagen? Der Weg, auf dem er mühselig entlangstolperte, mochte nur deswegen so tief zerfahren sein, weil er zu den Torfstichen von Hope oder Esperke oder Lindwedel führte. Die Bauern drangen manchmal sehr, sehr weit in die Moore vor, wenn sie guten Torf abbauen wollten; das kannte er ja aus seinem Heimatdorf Dövenbostel an der Wilpe gut genug.

Dies alles ängstigte ihn kaum. Verlaufen kann man sich zwar in der Heide leicht, wenn der Tag eintönig grau ist und man nicht erkennt, ob man sich nach Süden oder Norden, Westen oder Osten bewegt. Aber früher oder später findet man sich auch wieder zurecht, weil sich dann doch ein Anhaltspunkt bietet. Dies allerdings nur, solange es Tag ist oder wenn des Nachts Mond und Sterne heraustreten mit der nach Norden weisenden Polaris.

Etwas anderes trieb Walther Corssen voran: zu seiner Rechten, über feuchteren Niederungen, lagerte mit silbernem Grau, heller als das des Himmels, eine Nebelbank und verhüllte die Landschaft vollkommen.

Walther schickte ein Stoßgebet zum Himmel: O Gott, keinen Nebel! Es wird bald dunkel! O Herr im Himmel, bewahre mich vor Nebel! Laß mich nicht den Weg verlieren! Vater im Himmel, keinen Nebel! Aber hatte er nicht selber die gutgemeinten Ratschläge und Warnungen der Einheimischen in den Wind geschlagen?

Und plötzlich hatte ihn der Nebel überwältigt. Er verschluckte jede Ferne, jede Richtung, jedes Merkmal, verdunkelte den ohnehin nicht mehr sehr hellen Tag, entwandelte jeden Busch und jede sich an den Wegrand duckende Weide zu blassen Schemen.

Wenn jetzt die Nacht mich einholt, bin ich verloren, kann

die Spur nicht halten, gerate – verhüte das Gott! – ins Moor, am besten lasse ich mich dann an einer leidlich trockenen Stelle nieder und warte den Morgen ab. Aber vierzehn Stunden in dieser Dunkelheit und Nässe! Das halte ich nicht aus. Vielleicht wird es klar über Nacht. Unsinn! Ich kann mich nicht verlaufen haben. Es muß bald ein Hof auftauchen. Immer sind die Wege länger, als man gesagt bekommt. Das ist mir schon ein dutzendmal passiert. Es wird ja noch nicht dunkel. So weit kann der Tag nicht vorgeschritten sein!

Er war es doch. Unmerklich langsam, doch mit erbarmungsloser Beharrlichkeit senkte sich die Nacht durch den sachte ziehenden Nebel und verschluckte schließlich auch die blasseste Linie. Der Wanderer fühlte den Weg nur noch, sehen konnte er ihn nicht mehr. Er hob sich sein mageres Bündel vor die Augen: nichts! Es war nicht einmal zu ahnen. Oben, unten, rechts, links, nichts war mehr wahr und wirklich. Er hatte die Augen weit aufgerissen, aber das half ihm nichts.

Der Mann, der nach Hause wollte, gab nicht auf. Die tief in den Boden geklüfteten Radspuren waren der einzige Hinweis, wie der Weg sich fortsetzte. Walther Corssen zog den linken Fuß in der Kerbe der Räderspur nach und hielt sich mit dem rechten Fuß auf dem wesentlich höheren Mittelrücken zwischen den beiden Radspuren, eine beschwerliche Fortbewegung, aber die einzige, die ihm in der Finsternis die Gewähr gab, daß er sich noch immer auf dem vorgezeichneten Karrenweg befand.

Die Welt hatte aufgehört. In der vollkommenen Dunkelheit, die sich dicht wie schwarze, feuchte Watte um den mit schmerzenden Füßen und Beinen durch formloses Nichts hinkenden Wanderer legte, wurden Zeit und Raum nach und nach ganz unwirklich. Angestrengt überlegte der Verirrte, ob eine, drei oder fünf Stunden vergangen waren, seit der Tag erloschen war.

Schließlich vermochte er keinen klaren Gedanken mehr zu fassen. Nur eine vage Formel blieb noch übrig: ich darf die Spur nicht verlieren, ich darf die Spur nicht verlieren! Manchmal verlor er sie, schreckte auf aus seinem Stolpern, tastete verzweifelt mit dem Fuß umher in der Schwärze: da war sie wieder, war sie es wirklich? Hatte er eine andere erwischt?

Aber irgendwohin mußte sie schließlich führen. Irgendwo mußte dieser fürchterliche Marsch, dieser taube, blinde Maulwurfsgang ein Ende nehmen!

Bis er zum erstenmal wirklich stolperte. Sein linker Fuß verfing sich hinter einer Wurzel, an einem Stein, oder was sonst es gewesen sein mochte. Er versuchte verzweifelt für ein paar Sekunden, sein Gleichgewicht zu wahren mit wild fuchtelnden Armen – dann stürzte er doch der Länge nach zu Boden, während sein linker Fuß noch immer gefangensaß, mit schmerzhaft überdehnten Sehnen. Er war platschend in ein unsichtbares Wasser gefallen. Als er sich aufrichten und aufstützen wollte, fand er keinen Halt. Die Hände versanken in zähem, nachgebendem Morast. Panik ergriff ihn: Zur Rechten mußte der aufgeschüttete Weg zu finden sein. So war es. Er fand fester eingewurzelte Grasbüschel und zerrte sich auf den Weg zurück. Auch sein Bündel ließ sich wieder ertasten. Sonderbar benommen blieb er im nassen Grase hocken. Seine Hände waren mit klebrigem Schlamm bedeckt. Sehen konnte er sie nicht. Wenn die Augen nicht prüfen können, was die Hände tun, dann scheint nichts zu gelingen. Ob er seine Augen nun offenhielt oder geschlossen, nichts um ihn her war auszumachen.

Als er wieder zu sich gekommen war, fragte er sich abermals, ob es nicht ratsamer wäre, einfach hockenzubleiben und abzuwarten, ob der Nebel sich über Nacht heben würde. Manchmal geschah das unerwartet. Aber schon nach kurzer Zeit fror er in seinem zerschlissenen Soldatenrock, fror in den formlosen, dicken Wollhosen, die er einem flämischen Bauern verdankte, fror bis ins Mark. Er hatte keinen trockenen Fetzen mehr am Leibe. Stöhnend stellte er sich wieder auf die Beine. Er schwankte, die Finsternis machte es ihm schwer, das Gleichgewicht zu gewinnen. Sein linker Fuß schmerzte.

In der Radfurche humpelte er weiter. Er war nun nicht mehr so fest auf den Beinen. Er taumelte zum zweitenmal, konnte sich nicht fangen und rollte mit dem ganzen Unterkörper in den Sumpf. Mit aller Gewalt hatte er sich, plötzlich wieder hellwach, nach rechts geworfen, um nicht ganz vom Wege abzukommen; so konnte er sich wieder auf festeren Grund zurückarbeiten. Grenzenlos erschöpft lag er lang im Gras des Wegrückens. Wo ist mein Bündel? Mein Bündel! Er fühlte umher, fand es wieder, betastete es; er hatte es gut verschnürt. Es war unversehrt geblieben.

Er versuchte gar nicht, sich klarzumachen, daß die Vernunft gebot, auf diesem leidlich festen Grund sitzen zu bleiben. Irgendwann mußte es wieder hell werden!

Als sein Herz sich einigermaßen beruhigt hatte, quälte er sich abermals hoch und humpelte weiter. Er geriet an einen besonders tief gelegenen Abschnitt des Weges; das Wasser schien die Radfurchen ganz zu füllen. Aber er torkelte weiter durch das Nichts.

Beim dritten Fall fing er sich nicht mehr und landete in ganzer Länge in einem grundlosen Moorloch. Zu Tode erschrokken versuchte er sich freizuzerren. Aber wenn er sich auf ein Bein stützen wollte, um das andere aus dem saugenden Schlamm zu ziehen, so sank er nur noch tiefer. Bald stak er bis zu den Schenkeln im stickenden Morast.

Quälend langsam sank er und sank er. Er tobte dagegen an; es nutzte nichts. Schon hatte der Schlamm seine Lenden erreicht. In der fruchtlosen, wütenden Anstrengung fiel er vornüber. Die Arme, die ihn stützen wollten, sanken ins Weiche, tiefer und tiefer ...

Endlich stießen die Hände auf etwas Hartes. Eine Wurzel, ein vergessenes Brett, ein Pfahl? Was es auch sein mochte, es war endlich ein Halt. Er griff zu, zog und brachte das Holz an die Oberfläche. Bemüht, die Planke aus dem Schlamm zu lösen, war er noch tiefer gesunken, nun schon bis über die Hüften. Mit einer Anstrengung, die ihn fast zerriß, schwenkte er den Knüppel in die Richtung, aus der er nach seiner Erinnerung gefallen war, zum Weg also, der ihn bis dahin notdürftig getragen hatte. Als er sich mit den abgespreizten Ellenbogen auf den Pfahl stützte, überkam ihn ein Gefühl unsagbarer Erleichterung, als sei er bereits gerettet. Der Pfahl hielt stand, er trug.

Und plötzlich schrie er – schrie wie ein Tier, das die Todesfurcht überwunden hat und sich zu neuem Angriff stellt. Daß er nicht mehr tiefer sank, daß dem erbarmungslosen Saugen des Moores Einhalt geboten war, flößte dem Verunglückten die trügerische Hoffnung ein, daß seine Not nun bald ein Ende nehmen würde.

Walther Corssen hatte begriffen, daß jede gewaltsame Bewegung ihn nur tiefer sinken ließ, daß er sich mit eigener Kraft aus der Umschlingung des Sumpfes nicht zu lösen vermochte, daß ihm nichts weiter übrigblieb, als sich so breit wie möglich auf seinen rettenden Pfahl zu stützen. Deshalb verhielt er sich jetzt ganz still. Die Kälte des nächtlichen Moors drang von allen Seiten in ihn ein, trübte ihm das Bewußtsein, machte den zu Tode erschöpften Mann schläfrig. Aber wenn die Muskeln der Arme erlahmten, dann sank er sofort wieder tiefer – und schreckte jählings auf.

Ins Unendliche dehnte sich die lichtlose Nacht, ohne oben und unten, ohne vorher und nachher. Er nahm nicht wahr, daß er ständig matter wurde, daß er sich gar nicht mehr auf den Pfahl stützte, daß er nur noch über ihm hing.

Jenseits der Mitternacht ereignete sich das Wunder, das im späten Herbst über dem Moor zuweilen geschieht. Ein Wind kam auf, brachte Wallung in die Nebelschwaden. Sie zerrissen, verwehten, vergingen, als hätte es sie nie gegeben. Die Sterne tauchten aus dem Nichts, funkelten wie im Triumph und schütteten ihr zartes Licht zur Erde. Ganz lautlos vollzog sich die Verwandlung, so daß der zu Tode erschöpfte Mann im Sumpf zunächst nicht erfaßte, wo er sich befand, als er nach einer langen Zeit des Hindämmerns wieder aufschreckte. Vielleicht hatte ihn der eisige Wind geweckt, der den Nebel vertrieb.

Und dann sah er die Sterne! Das entsetzliche Gefängnis absoluter Finsternis war zerbrochen. Der furchtbare Alpdruck, keine Augen mehr zu haben, war von ihm genommen. Es war, als werde dem Mann im Sumpf ein Zeichen des Lebens gegeben. Er kehrte aus der verzehrenden Kälte für ein paar Herzschläge lang in die Wirklichkeit zurück. Er sah: Da war der Damm des Weges, von dem er in dies gar nicht sehr große Moorloch hinabgetaumelt war. Und der rettende Pfahl war wohl ein Heubaum, der einem Bauern vom Wagen gerutscht sein mochte, als er die Ernte von den sauren Wildwiesen im Moor einbrachte. Und dort vor ihm, was war das? Dort stieg der schmale Karrenweg plötzlich an und schwang sich zu einer hölzernen Brücke auf. Dort mußte der Weg also ein Gewässer kreuzen. Das konnte nur die Wietze sein! Also hatte er den richtigen Weg verfehlt. Er begriff es nur noch halb – etwas anderes jedoch ganz deutlich: Wenn er am Abend zuvor nur noch zwanzig, dreißig Schritt weitermarschiert wäre, hätte er von der geländerlosen Brücke ins Wasser des Flusses hinunterstürzen können. Das Sumpfloch, in dem er steckte, hatte ihn also vor dem sicheren Tod bewahrt.

Der leichte Wind, der nun wehte, machte die Kälte noch eisiger. Seine Zähne klirrten aufeinander, unaufhörlich. Im Osten, geradeaus vor seinen Augen, dämmerte es, dort erblaßten die Sterne schon. Ein neuer Tag kündigte sich an. Er dachte: Wenn einer jetzt den Weg entlangkommt und findet mich, dann holen sie mich heraus, und ich komme davon, wie damals in der Schlacht. O mein Gott im Himmel, sei mir gnädig! Vergib mir alle meine Sünden! Hilf mir noch einmal zum Leben, Vater im Himmel!

Bald darauf übermannte ihn die bleierne Müdigkeit. Er nahm nichts mehr wahr, er verlor das Bewußtsein.

Doch ein heller, gellender Schreckensschrei von der Brücke her weckte ihn aus der Ohnmacht. Er riß die verkrusteten Augen auf:

Dort auf der Brücke stand sie, scharf gegen die Morgensonne abgezeichnet, hatte die Hände entsetzt vor den Mund gehoben und im ersten Schrecken laut aufgeschrieen. Ein Toter aufrecht im Sumpf?! Nein, er lebt noch, hebt den Kopf, winkt und versucht zu rufen, bringt aber keinen Laut heraus. Sie erkennt sofort, was geschehen ist und daß sie Hilfe braucht, um helfen zu können, daß sie allein nichts auszurichten vermag.

Sie schreit, so laut sie kann: »Halte noch aus! Ich hole meinen Vater! Und ein Pferd. Und Stricke!«

Er nimmt noch wahr, wie eine weibliche Gestalt mit fliegenden Haaren und Röcken in weiten Sprüngen davonhetzt, drüben, auf der anderen Seite des Flusses. Und in der Ferne sieht er das hohe, riedgedeckte Dach eines Bauernhofes, dort, wo der Boden aus der Niederung des Bruches aufsteigt und wieder fest wird.

Jetzt erst gibt Walther Corssen nach. Gott hat ihm Gnade erwiesen, wie er es ihm im lutherischen Katechismus und in den Versen aus dem Psalter und den Evangelien, die er im Konfirmanden-Unterricht gelernt hat, so oft zugesagt hat. Er denkt nur noch: Dies Mädchen hat Er geschickt ...

Und verliert abermals das Bewußtsein.

Es dauerte Tage und Wochen, bis Walther Corssen seinen Rettern Auskunft darüber geben konnte, wer er wäre. Bei den verzweifelten Versuchen, ihm einen Strick unter den Armen um die Brust zu schlingen und ihn von einem Pferd vorsichtig aus dem Sumpf ziehen zu lassen, waren die beiden kaum vernarbten Wunden wieder aufgeplatzt, und er hatte viel Blut verloren. Dazu kam eine schwere Lungenentzündung. Es war ein Wunder, daß er mit dem Leben davonkam. Seine Rettung verdankte er einzig und allein dem jungen Mädchen, das ihn auf der Suche nach zwei verlaufenen Kälbern im Bruch jenseits der Wietze entdeckt hatte.

Dies Mädchen war die ältere der beiden Töchter des Bauern. Karl Hörblacher saß auf dem abgelegenen Lüders'schen Hof am Rand des Bruchs, der aber noch zur Wieckenberg'schen Gemarkung gehörte. Der Bauer hatte nicht daran geglaubt, daß der zu Tode erschöpfte Mann aus dem Moor am Leben bleiben würde. Da er ein enttäuschter, vom Schicksal mißhandelter Mann war, dachte er, es wäre vielleicht besser und auch barmherziger gewesen, wenn das Moor den fremden Mann verschlungen hätte – wie es im Laufe der Jahrhunderte immer wieder einen unvorsichtigen, glücklosen Menschen in seine feuchten Arme zwingt und auf Nimmerwiedersehen verschwinden läßt.

Er hatte der Tochter schon am Abend des Tages, an dem Walther Corssen gerettet worden war, auf seine harte, aber nicht unfreundliche Art bedeutet: »Er wird nicht mit dem Leben davonkommen, Anke. Aber er gehört dir, und ich werde dem lieben Gott nicht ins Handwerk pfuschen. Wenn du willst, kannst du versuchen, ihn gesund zu pflegen. Aber ins Haus kommt er uns nicht. Man weiß nicht, wer er ist und wo er hingehört. Hier im Kuhstall ist es warm, da kann er liegen und in Frieden sterben.«

Die Tochter hatte den Vater aus blassem Antlitz angeschaut und geflüstert: »Er wird nicht sterben. Er hat ja ausgehalten, bis ich kam!«

Der Bauer hatte mit den Achseln gezuckt und sich abgewendet. Die Tür des Kuhstalls schlug hinter ihm zu. Das Mädchen Anke hob die Laterne mit dem Talglicht vom harten Lehmboden des Stalles auf und leuchtete dem fiebernden Mann auf dem Strohlager ins Gesicht. Es war eine peinliche und schmutzige Arbeit gewesen, den Bewußtlosen von seinen verschlammmten Kleidern zu befreien, mit einigen Eimern Wassers notdürftig zu säubern, die sickernden Wunden mit altem Leinen zu verbinden, schließlich den hilflosen Körper auf das Strohlager zu betten und mit einer wollenen Decke vor der Zugluft im Stall zu schützen. Auf einem abgelegenen Bauernhof ist für Zimperlichkeit kein Platz, es wird getan, was getan werden muß.

Den beiden Töchtern Hörblacher, Anke und Irmgard, war die Mutter schon früh gestorben, ein Verlust, den die Kinder verwunden hatten, mit dem der Vater jedoch nicht fertig wurde. Im Alter nur durch ein Jahr getrennt, hatten sie schon früh in die Rolle der Bäuerin hineinwachsen müssen. In die Dorfschule nach Wietze zu wandern, dazu hatten sie, außer im Winter, wenn der Schnee nicht zu hoch lag, kaum Gelegenheit gehabt, doch hatten sie immerhin gelernt, zu lesen, zu schreiben und ein wenig zu rechnen, dazu viele Kirchenlieder und Bibelsprüche.

Die Luthersche Bibel war das einzige ›Lesebuch‹, das auf dem Hof am Bruch zu finden war.

Die achtzehnjährige Anke, viel zierlicher gewachsen als sonst die Weiblichkeit in Niedersachsen, ein Mädchen ›bräunlich und schön‹, aber zugleich durch frühe und harte Arbeit gekräftigt und so zäh wie echte Seide, diese Anke hatte aus den Worten des verehrten, aber auch gefürchteten Vaters nur einen einzigen Satz herausgehört, nämlich:

»Er gehört dir!«

Der Vater hatte wahrscheinlich – ohne sich viel oder gar Feierliches dabei zu denken – nur zum Ausdruck bringen wollen, daß der Mann verloren gewesen wäre, hätte das Mädchen nicht für schnelle Hilfe gesorgt. Anke aber, der in ihrem Dasein, in der Stille des Lüders'schen Einöd-Hofes, das Außerordentliche bis dahin nur sehr selten, wenn überhaupt je, begegnet war – jenes Außerordentliche, nach welchem jeder junge Mensch sich sehnt –, Anke war wie von einem elektrischen Schlag getroffen worden.

»Er gehört mir! Er darf nicht sterben!«

Zunächst sah Anke nichts weiter als die Aufgabe, dieses fiebernde, schmutzige, blutende Stück Mensch. Noch nie in ihrem bisherigen Dasein war sie von den Umständen und Ereignissen so hart herausgefordert worden wie in dem Augenblick, als sie von der Brücke die schwarz verschlammten Schultern, den verschmierten, matt zur Seite hängenden Schädel des Mannes in der Moorlache wahrgenommen hatte. Ein Anblick, der ihr das Herz für Sekunden hatte stocken lassen, um ihr dann die Worte auf die Lippen zu drängen: »Jetzt fängt es an . . .«

Was sollte da anfangen? Das Leben? Das Schicksal? Sie hatte keine Zeit gehabt, darüber nachzudenken, mußte all ihre Aufmerksamkeit sammeln, den Versinkenden zu retten.

So fanden sowohl Anke als auch der alte Hörblacher keinen Widerspruch darin, daß sie sich, als gelte es ihr eigenes Leben, abmühte, dies fremde, erschöpfte Leben zu bewahren.

Sie war dem Sohn des zum Dorf hin anschließenden Hofes, den die Leute in der Gegend den ›lüttjen‹ Lüders-Hof nannten, versprochen: dem Heinrich Lüders, mit dem sie winters zur Schule gepilgert war, den sie auch gern mochte und den sie, nachdem die Väter sich beredet hatten, ohne viel Aufhebens als ihren Verlobten hinnahm. All dies war Anke vernünftig und richtig vorgekommen, wenn es ihr auch noch nicht sehr dringlich schien. Irgendwann würde sie dem scheuen und ungeschickten Werben von Lüders' Heinrich nachgeben – und wenn dann nicht mehr zu bezweifeln war, daß ein Kind in ihr wuchs, der Hof also nicht ohne Nachkommenschaft bleiben würde, dann konnte auch mit großem Pomp und Trara geheiratet werden, und der Herr Pastor hatte sich damit abzufinden, daß über gewisse Dinge, vor allem, wenn es sich um den Fortbestand der Höfe und Geschlechter handelte, mit den Bauern nicht zu reden war. Fand er sich nicht damit ab, so hatte er sich die Folgen selbst zuzuschreiben und, um es lutherisch auszudrücken, ›Gesetz und Evangelium‹ nahmen nur noch ärgeren Schaden . . .

Anke wußte, daß es der geheime, ihn ganz beherrschende Herzenswunsch des Vaters war, die beiden Lüders-Höfe, den eigenen ›groten‹ und den benachbarten ›lüttjen‹, wieder zu ›dem‹ Lüders-Hof zu vereinen. Damit würde zwar der Name Hörblacher aus der Gegend verschwinden, aber dem eigenen Blut wäre dann der Lüders-Hof für alle Zeiten gesichert.

Denn Hörblacher – ein solcher Name mußte ewig fremd bleiben in diesem Land der dunkeln Wälder, der Moore, der weiten Heide, der gemächlich wandernden Schafherden, der tief zerfahrenen Sandwege mit den wehenden Birken, diesen einsamen, endlosen Wegen in dem menschenarmen Land, in dem die Sachsenstämme weitverstreut unter ihren hohen Giebeln mit den gekreuzten Pferdeköpfen siedelten und Heinrich der Löwe immer noch durch die Geschichten am Herdfeuer geisterte.

Im Dreißigjährigen Krieg, der schon mehr als hundert Jahre zurücklag, war auch diese Landschaft von der Kriegsfurie fürchterlich verwüstet worden. Nach dem Westfälischen Frieden lagen auch hier unzählige Höfe in Schutt und Asche. Vielen Menschen fehlte der Mut, wiederaufzubauen und das Feld zu bestellen. Allzuoft schon waren sie in den vorausgegangenen Jahrzehnten um die Früchte ihrer Arbeit geprellt worden.

Den großen alten Lüders-Hof am entlegenen Rand der Wieckenbergschen Dorfgemarkung hatten die Soldaten der protestantischen und der ligistischen und kaiserlichen Armeen nicht gefunden; selbst für die Schweden hatte er allzu weit abseits hinter seinem Eichenwald gelegen, in dem zur Herbstzeit die Schweine sich mit Eicheln ihren kernigen Speck anmästeten. Wenn auch der Hof noch stand wie seit je, so war doch der Bauer vom Kriege hart geschlagen worden. Der einzige Sohn hatte sich von der Lust am Abenteuer verführen lassen, den Werbetrommeln des Bernhard von Weimar nachzulaufen und war nie wieder aufgetaucht. Die Bäuerin war aus Gram über den verlorenen Sohn früh gestorben und hatte den Lüders-Bauern mit der einzigen Tochter alleingelassen.

Auf dem Lüders-Hof hatte sich im letzten Viertel des Dreißigjährigen Krieges ein entlaufener Landsknecht angefunden, der nach seinen Erzählungen von einem unterfränkischen Bauernhof stammte. Den väterlichen Hof, so berichtete er, hätten die Schweden ebenso verbrannt wie das ganze Dorf. Vater, Mutter und Geschwister seien grausig vom Leben zum Tode gekommen; er selber sei dem Gemetzel durch einen bloßen Zufall entgangen. Schließlich habe er keine andere Wahl gehabt, als bei den Kaiserlichen Sold zu nehmen. Aber das Kriegshandwerk sei ihm bald fürchterlich zuwider geworden. Er habe sich bei guter Gelegenheit davongemacht, sei weit gewandert, alle Städte nach Möglichkeit meidend, stets in der Hoffnung, irgendwo und irgendwann wieder zu bäuerlicher Arbeit zurückkehren zu können. Als seinen Namen hatte er Michel Hörblacher aus der Gegend von Kitzingen angegeben. Oder hatte er sich nur Michel genannt und Hörblach als den Ort seiner Herkunft bezeichnet?

Hundert Jahre später wußte das in der Heide am Wietzenbruch niemand mehr mit Sicherheit anzugeben. Jener Mann aus der Fremde hatte sich auf dem Lüders-Hof bewährt. Es hatte sich dann beinahe von selbst so gemacht, daß er die Tochter des Hofes heiratete und bald dem alten, längst müde gewordenen Lüders als neuer Lüders-Bauer folgte. Hörblacher war mit seiner Frau in den lutherischen Gottesdienst gegangen, als es erst wieder einen Pfarrer und eine Kirche in der Gegend gab – und keiner hatte gefragt, ob der Mann, der auf den Lüders-Hof geheiratet hatte, nicht vielleicht als Katholik auf die Welt gekommen war. Ein solches Gerücht kam erst sehr viel später auf, als die Leute allmählich gewahr wurden, daß es mit Gewalttat, mit Recht- und Gesetzlosigkeit vorbei war. Doch da hatten sich die Leute, deren Sippen seit alters in der Gegend ansässig waren, schon an den arbeitsamen, freundlichen Fremdling auf dem Lüders-Hof gewöhnt. Gab er sich doch redliche Mühe, wenn auch ohne viel Erfolg, das in der Südheide übliche Plattdeutsch zu sprechen. Überhaupt bewies er sich als ein heiterer, gesprächiger, umgänglicher Mann, der Spaß an Späßen hatte und bei allem Fleiß und aller Ehrbarkeit auch gern einmal fünfe gerade sein ließ.

Eben deshalb blieb er Zeit seines Lebens ein Fremder unter den starrsinnigen, im Grunde nur sich selbst achtenden, mißtrauischen, ja mißgünstigen Heidjern, diesen Leuten vom alten Sachsenstamm, die mit zusammengekniffenen Augen auf alles Fremde und Ungewohnte wie auf etwas Urfeindliches schauen und denen schon verdächtig ist, wer gerne laut und herzlich lacht.

Hörblacher – was für ein unmöglicher Name! Dortzulande hießen die Leute eben Lüders oder Kuhls, Dirks oder Grotjohann oder Thies. Der Hof blieb weiter der Lüders-Hof, der ›grote‹, im Gegensatz zu dem auch schon seit alten Zeiten und keineswegs kleineren ›lüttjen‹ Lüders-Hof. Und wenn schon einer den Bauern selbst nennen wollte, ob nun den Vater, den Sohn, Enkel oder Urenkel, so war der stets nicht einfach der Hörblacher, sondern der Hörblacher-Lüders, als mache erst der Hofname ihn zu einem Einheimischen.

Nach hundert Jahren wußten die Einsässigen noch ganz genau, daß auf dem Lüders-Hof ein Bauer saß, der ›von anderswo‹ zugewandert war, der ›keiner von uns‹ war – und das, obgleich, nun schon in der dritten oder vierten Generation, nur Mädchen aus der Gegend als Bäuerinnen auf den Hof geheiratet hatten. Aber das ›fremde Blut‹ vom Main schlug immer noch durch, denn die Kinder auf dem Lüders-Hof fielen meist eher bräunlich, lustig, zierlich aus und unterschieden sich deutlich von der flachsblonden, blauäugigen, oftmals klobigen und sturköpfigen Brut auf den anderen Höfen.

Karl Hörblacher, der Urenkel jenes Michel aus dem Kitzingischen, hatte sein Leben lang unter dem stets leise spürbar bleibenden Mißtrauen gelitten, das ihm – nicht aus böser Absicht, sondern einfach, weil er nicht recht dazugehörte – von den Alteinsässigen mit den niedersächsischen Sippennamen entgegengebracht wurde.

Er nahm es sehr genau mit seinem lutherischen Glauben, war ein frommer, bibelkundiger Mann und hatte tausendmal jenes Wort in seinem Sinn bewegt, wonach die Sünde der Väter an den Kindern heimgesucht wird ›bis ins dritte und vierte Glied‹. Vielleicht war er deshalb heimatlos – noch immer, nach mehr als hundert Jahren –, weil jener frühe Vorfahr, von dem man mit Sicherheit nur den Namen Michel kannte, etwas Böses und Schlimmes zu sühnen gehabt hatte? Und als dann hundert Jahre später nur Töchter auf dem Hof heranwuchsen, war dem Karl Hörblacher dies schließlich wie ein Wink des Himmels vorgekommen. Das ›vierte Glied‹ war ja erreicht. Die Hörblachers gehörten nicht hierher – und der ›grote‹ Lüders-Hof sollte wieder ein Lüders-Hof werden ohne weiteren Beinamen.

Auf dem ›lüttjen‹ Lüders-Hof gab es nur einen Sohn, den Heinrich. Ja, der gute Gott ließ es nun genug sein und hatte ihm, dem Karl Hörblacher, den Weg klar vorgezeichnet. Wenn seine Anke, die den ›groten‹ Hof erben sollte, den Heinrich, der den ›lüttjen‹ bekam, heiraten würde, dann gäbe es in Zukunft nur noch einen einzigen sehr ›groten‹ Lüders-Hof, den größten weit und breit, und es säßen echte Lüders-Leute darauf – ohne daß sein ›fremdes‹ Blut ganz verloren wäre, wie er sich heimlich mit verborgener Genugtuung ausmalte, so als würde ihm doch noch ein wenig Rache für all die Abweisung gelingen, mit der man ihn häufig genug gekränkt hatte. Anke war in diese Vorstellung früh hineingewachsen. Der Vater genoß unbedingten Respekt, auch eine scheue Liebe. Eine Zukunft als Bäuerin auf einem großen Vollhof erschien ihr verlockend – und Heinrich, der Nachbarssohn, war ihr von klein auf vertraut.

Bis dann aus dem Nichts das Schicksal den schon vom Tode gezeichneten Mann mit dem hageren Antlitz und dem dichten braunen Haar auf das Strohlager im Kuhstall legte.

Und bis der Vater den unbedachten Satz sprach: »Er gehört dir, Anke!«

Es kam, wie es kommen mußte. Bald gehörte Walther nicht mehr der schon einem anderen versprochenen Anke, sondern das erwachende Mädchen gehörte ihm. Sie hatte ihm das Leben zum zweitenmal geschenkt. Sie war dieses Leben! Weder der Bauer noch Anke merkten zunächst, was sich ereignen wollte. Als Walther Corssen endlich genas und den Mut fand, in einer verschwiegenen Minute auszusprechen, was er empfand, überfiel Anke die Erkenntnis, daß er recht hatte. Und alles war entschieden! Der Lüders-Hof, der Wunsch und Wille des Vaters, der Nachbarssohn, die stattliche Zukunft – das alles löschte aus, als wäre es nie gewesen.

Walther Corssen wußte, daß er nicht schlechter war als der Sohn vom ›lüttjen‹ Lüders-Hof, und daß sich der Corss-Hof neben diesen Höfen sicherlich sehen lassen konnte. Als er erst wieder zu Kräften gekommen war und im Stall, auf Feld und Heide zugreifen konnte, um seine Retter für die Unterkunft und Pflege zu entschädigen, zögerte er nicht, sich dem alten Hörblacher-Lüders zu erklären. Was aber darauf geschah, bestürzte ihn so sehr, daß er gar nicht darauf verfiel, Widerstand zu leisten.

Mit den Hunden jagte ihn der Bauer am gleichen Tage vom Hofe. Der alte Hörblacher dachte nicht daran, sich von einem im Moor aufgelesenen Burschen den Plan seines Lebens, die abschließende Bereinigung seines Schicksals, zerstören zu lassen. Die rasende Wut des Bauern über den Kerl, der ›sich eingeschlichen‹ hatte, ihm seine Älteste abspenstig zu machen, tobte so urplötzlich los, daß Walther Corssen sich sagen mußte: Vorbei! Alles verloren! Nie wird er nachgeben!

Nicht einmal ein Abschied wurde ihm gegönnt. Seine Anke war in ihre Kammer eingesperrt worden. Mehr wußte er nicht, als er sich auf den Weg nach Osten machte und schließlich nach zwei weiteren Tagen die Heimat erreichte.

Erst als der Bruder das Ansinnen an ihn stellte, als Großknecht auf dem väterlichen Hof zu bleiben und nach der Sitte des Landes auf Frau und Kinder, das heißt auf Erben zu verzichten – es gab ja Mägde und Kätnerstöchter genug –, erst da erwachte er aus der tiefen Betäubung seines Herzens. Er nahm den Kampf um sein Recht und seine Unabhängigkeit mit dem Bruder auf und gewann. Er schüttelte die letzten alten Bindungen ab. Er hatte sich entschlossen, nur noch er selber zu sein.

Und während er in der Frühlingsheide rastete, kam es über ihn: Was er getan hatte, war nur der erste Schritt gewesen. Der zweite, wichtigere, hatte darin zu bestehen, auch Anke aus ihren Fesseln zu lösen, sie mitzunehmen. Ohne sie würde ihm nie ein volles Leben gewährt sein; das wußte er so genau, als wäre es ihm verbrieft und versiegelt worden.

Ehe er jedoch das Mädchen ihrer Welt entreißen konnte, mußte er selbst wissen, was er unternehmen wollte, wohin er sich wenden konnte. Weit weg mußte er sie bringen, vor dem Zugriff des Vaters mußte sie sicher sein.

»Ich werde es schon schaffen!« sagte er vor sich hin. »Ich bin ja nicht ganz arm, Gott sei Lob und Dank dafür! Und ich bin auch nach all den Jahren nicht mehr ganz dumm!«

Er schulterte seinen Habersack, in dem ein Beutelchen voller Goldstücke verwahrt war, und nahm den Weg wieder unter seine Füße. Bunkenburg konnte nicht mehr fern sein, und dann waren es durch die Allerheide nur noch drei bis vier Stunden bis nach Celle, der Stadt mit dem gewaltigen Schloß und den hohen, stolzen Fachwerkhäusern.

2

Anke stand vor ihrem Vater mit hängenden Armen. Aus ihrem Gesicht war alles Blut gewichen. Seit Monaten schon hatte sie sich vor dieser Aussprache gefürchtet – manchmal so von dieser Furcht geschüttelt, daß der Schlaf sie floh. Sie war dem Verhängnis immer noch ausgewichen.

Ja, wie ein Verhängnis fühlte sie den Streit mit dem scheu respektierten Vater herannahen. Mit ein wenig List konnte sie ihn wohl noch für eine Weile vermeiden, aber entgehen konnte sie ihm nicht.

Allmählich war in ihr der Mut gewachsen, sich dem Unvermeidlichen zu stellen – so wie ein Tier, das den Kreis der Verfolger immer enger auf sich eindringen spürt, schließlich nach keinem Fluchtweg mehr sucht, sondern sich wendet und angreift. Langsam reifen bei den Menschen der Heide die Entscheidungen, sehr langsam manchmal. Aber sind sie gefallen, so sind sie unwiderruflich.

Es kam darauf an, Farbe zu bekennen an diesem Sonntag des Erntedanks im Jahre 1747, und dies an einem Ort, der eigentlich zu einem so entscheidenden Gespräch nicht recht geeignet war. Für einen Bauern wie Karl Hörblacher war ein ordentlich gehaltener, sauber aufgeräumter Kuhstall allerdings ebenso wohl geeignet für eine ernsthafte Auseinandersetzung, wie die Deele oder die Wohnstube.

Die Knechte und Mägde des Hofes hatten an diesem Tage Ausgang. Der Bauer und eines seiner Kinder versahen dann das Vieh und würden sich erst, wenn das Haus, der Stall und Hof sonntäglich bestellt waren, ins Dorf auf den Weg machen. So war es von jeher Sitte gewesen. Anke und der Vater waren allein. Irmgard, die jüngere Schwester, gesellig und lustig, wie sie veranlagt war, hatte sich gleich nach dem Mittagessen den Leuten der Hofgemeinschaft angeschlossen.

Anke fühlte, daß der Vater diesen Tag und diese Stunde mit Bedacht gewählt hatte. Sie konnte ihm hier nicht entgehen. Es gab keine fremden Ohren in der Nähe. Ausflüchte boten sich nicht mehr an. Die Arbeit des Tages war verrichtet.

Obgleich so lange schon erwartet, hatte die Frage des Vaters das Mädchen doch wie unter einem Donnerschlag zusammenzucken lassen. Dabei hatten die Worte ganz ruhig und sachlich geklungen, waren ohne einen Unterton von Ungeduld oder Gereiztheit gesagt worden: »Anke, hör einmal ernsthaft zu, lauf mir nicht wieder davon. Wie ist das nun mit dir? Du bist jetzt neunzehn, und Heinrich ist vierundzwanzig geworden. Das ist das richtige Alter. Neulich erst hat mich Heinrichs Vater gefragt, als wir uns beim Torfabfahren begegneten, ob wir nicht die Hochzeit für die zweite Woche nach Neujahr ansetzen wollen. Das würde ihnen auf dem anderen Lüders-Hof gut passen.«

Der Vater stützte sich auf den Forkenstiel, nachdem er der letzten Kuh frisches Stroh untergebreitet hatte. Er blickte die Tochter nicht an, während er sprach, als vermöchte er sich einer sonderbaren Befangenheit nicht zu erwehren. Er nahm also nicht wahr, daß Anke sich wie in einem Anfall von Schwäche an den Türpfosten lehnen mußte. Die Stunde der Wahrheit hatte geschlagen.

Anke war sich im klaren darüber, daß sie jetzt zu bekennen hatte. Die Angst würgte ihr den Hals. Doch raffte sie sich schnell zusammen, bedurfte auch des Halts am Türpfosten nicht mehr. Mit heiserer Stimme brachte sie heraus: »Ich habe mich nicht getraut, es dir zu sagen, Vater. Aber es wird nichts mit der Hochzeit. Ich habe nichts gegen Heinrich Lüders. Aber heiraten kann ich ihn nicht.«

Sie hielt inne, fügte aber ein paar Herzschläge später leise und wie verlegen hinzu: »Irmgard würde den Heinrich, glaube ich, wohl gleich heiraten, wenn du es erlaubtest. Sie mag ihn gern. Und dann könnten die beiden Höfe, unser groter und der lüttje dahinter, ja auch zum neuen Lüders-Hof zusammengelegt werden.«

Der Bauer stand auf seinen Forkenstiel gestützt und blickte in eine ferne Ecke des fast schon nachtdunklen Stalles. Zuweilen schnaufte eine Kuh, satt, zufrieden. Eine Halskette klirrte.

Hatte der Bauer Anke gar nicht vernommen? Warum antwortete er nicht? Warum ließ er seinen Zorn nicht lostoben?

Anke wagte nicht, sich zu bewegen. Jetzt ist es soweit, dachte sie, brennend vor Furcht. Er wird nicht zulassen, daß ich etwas anderes will als er.

Aber des Bauern Stimme klang ganz ruhig, wenn auch von Trauer beschattet, als er nach langem Schweigen schließlich weiterfragte: »Du hast den Landstreicher von damals nicht vergessen, Anke?«

Anke hatte keine Wahl mehr. Sie blieb bei dem, was für sie Wahrheit war: »Er war kein Landstreicher. Er kommt von einem Hof, ähnlich dem unseren. Du hast mir verboten, Vater, an ihn zu denken. Es geht nicht. Ich werde ihn ja nicht wiedersehen, den Mann, den ich hier im Kuhstall gesund pflegen mußte, weil du ihn nicht einmal im Gesindehaus haben wolltest. Aber den Heinrich – ich kann ihn nicht heiraten. Ich täte ihm Unrecht. Ich will Heinrichs Frau nicht sein.«

»Du weißt doch, Anke, daß ein Mädchen hierzulande, das seine Verlobung aufgibt, kaum jemals wieder gefreit wird. Sie muß fortgehen, wenn sie heiraten will, in die Fremde!«

Sie flüsterte kaum hörbar: »Ich weiß das alles, Vater. Ich kann es nicht ändern.«

Der Bauer stieß den Stiel der Forke beiseite, so daß das Gerät an die Wand prallte und zu Boden polterte. Anke fuhr zusammen.

Der Alte trat auf das Mädchen zu, packte sie an beiden Schultern, schüttelte sie. »Wenn du lieber Magd sein willst auf diesem Hof, wo du Bäuerin sein könntest, gut! Du warst mir lieb. Das ist vorbei. Komm mir so wenig wie möglich unter die Augen! Bis du dich besonnen hast! Ich weiß sonst nicht, was ich tun werde. Du vergißt, daß ich dem Lüdersbauern im Wort bin.«

Er schlug ihr den Handrücken so hart ins Gesicht, daß sie zur Seite taumelte. Die Tür fiel hinter ihm knallend ins Schloß. Anke bedeckte die Augen. Ihr Gesicht brannte, die Tränen quollen. Allmählich aber wogte ein Gefühl namenloser Erleichterung in ihr auf. Endlich hatte sie bekannt, was ihr längst Wahrheit war. Der Vater hätte mich nicht hier im Kuhstall fragen dürfen, nicht hier. Dort in der Ecke hat *er* gelegen. Dort habe ich *ihn* gewaschen, verbunden, gepflegt, gefüttert wie eine Mutter ihr Kind. So genau kenne ich seinen geschundenen Leib. Dort hat er mich zum erstenmal angesehen, als er wieder zu sich kam, hat mich angesehen, wie mich noch keiner angesehen hat. Ich sehe es vor mir: das abgemagerte Gesicht, die braunen Haare, den schwachen elenden Leib. Er gehört mir, hat der Vater am Anfang gesagt. Was schlägt er mich nun?

Der Schlag ins Gesicht hatte besiegelt, was bislang noch nicht endgültig entschieden war.

Der Weg vom Dorf nach Westen war gut gehalten. Von beiden Lüders-Höfen wurde darauf gesehen, daß morastige Stellen mit den faustgroßen Rundsteinen aufgefüllt wurden, die man von den sandigen Feldern las und die immer neu aus der Tiefe des Erdreichs nachzuquellen schienen, langsam und lautlos, so oft und so sorgfältig man sie auch nach jeder Ernte absammeln mochte. Auf den sandigen Abschnitten des Weges hielten sich die Wagen und Karren der beiden Lüders-Höfe genau an die Spur, damit sich zwischen und neben den Radfurchen Gras ansetzen und das allzu lockere Erdreich festhalten konnte.

Für die Lüders-Höfe, den ›groten‹ und den ›lüttjen‹, bildete dieser Weg die einzige zuverlässige Verbindung mit der Außenwelt, denn jenseits des ›groten‹ senkte sich der Weg zu den moorigen Niederungen der Wietze hinunter und wurde – besonders in nassen Herbsten und Frühlingen – höchst unsicher und gefährlich. Der aus französischer Gefangenschaft heimwärts strebende Soldat, Walther Corssen aus Dövenbostel, einem Dorf gut sechs hannoversche Meilen* weiter im Osten, hatte hier beinahe sein Leben verloren – und seither war der Weg durch den Bruch noch verrufener, als er es schon vorher gewesen war. Es kam kaum noch vor, daß einer der Bauern allein zu den Torfstichen jenseits der Wietze hinausfuhr; man fuhr zu zweien, besser zu dreien.

Nur eine war, für die hatte der Weg, über den bis zum Bruch hinunter alte, starke Birken ihre schwanken Zweige wehen ließen, gar nichts Unheimliches. Das war Anke, die Älteste vom groten Lüders-Hof. Für sie war es der Weg, über den *er* zu ihr gefunden hatte, von dem sie *ihn* gerettet hatte, den Fremdling mit der blutenden Schulter und den blutverkrusteten Wunden. Dieser Mann, ihr Geschöpf, dem sie zum zweitenmal das Leben geschenkt, den der Vater ihr achtlos mit

* eine damalige Meile: etwa siebeneinhalb Kilometer

seinem »Er gehört dir!« vor die Füße geworfen hatte, den sie nun weder hergeben wollte noch konnte.

Es war deshalb auch keine Strafe für Anke gewesen, was der Vater beschlossen hatte: Er nahm sie nicht mehr, wie Irmgard, des Sonntags im Wagen zur Kirche mit, brachte sie auch nicht zurück. Wenn sie sich dem Beschluß des Vaters, den Nachbarssohn zu heiraten, nicht fügen wollte, so schied sie damit zunächst aus der engeren Familie aus. Sie mußte zu Fuß in die Kirche gehen, wie die Knechte und Mägde der beiden Lüders-Höfe, hin und zurück ein Marsch von etwa anderthalb Stunden. Sie wußte es stets so einzurichten, daß sie nicht mit den anderen zusammen, sondern allein zur Kirche wanderte. Tausendmal dachte sie dann: Über diesen Weg ist er gekommen und gegangen, von diesem Weg her, drüben, von der fernen Seite der Brücke, hat er mir aus dem schwarzen Wasser zugewinkt, daß ich ihn rette. Und ich habe ihn gerettet. Mag der Vater mich verdammen, mögen sie alle mich verdammen: er ist mein, und ich bin sein. Heiß wallte es in ihr auf, wenn sie sich dies zuflüsterte.

Seit der Vater damit begonnen hatte, seine älteste Tochter so kühl und nüchtern zu behandeln, als wäre sie eine eben zur Erntearbeit angeworbene Kleinmagd, seit er, der einzige Mensch, dem sie sich stets ganz nahe gefühlt hatte, nie mehr das Wort an sie richtete, es wären denn knappe Anweisungen, hatte Anke in einer immer dichter gesponnenen Traumwelt gelebt. Gewiß, sie hatte kein Sterbenswörtchen mehr von ihrem Walther vernommen, seit der Bauer ihn vom Hof gejagt hatte wie einen Vagabunden. Aber sie vertraute felsenfest darauf, daß er früher oder später wieder eine geheime Brücke schlagen würde – und sie würde dann nicht zögern, sie zu beschreiten, wohin sie auch führen mochte. Hielt der Vater mit dem ganzen Starrsinn seiner Jahre an dem Plan fest, die beiden Lüdershöfe zu vereinen und damit sein ›fremdes Blut‹ durchzusetzen und zu verewigen, so wollte sie noch viel starrsinniger sein und sich diesen von ihr dem Tode abgerungenen Mann nicht nehmen lassen, den sie allein und im geheimen hatte pflegen müssen. Keiner hatte ihr beigestanden, der Vater nicht, der das Ganze nicht viel wichtiger genommen hatte, als wenn ein Stück Vieh ins Moor geraten wäre, und die Schwester nicht – die hatte sich gefürchtet und geekelt – und das Gesinde erst recht nicht. Dem war der Fremde keineswegs geheuer. Wo war er hergekommen, wie war er ins Moor geraten, wo hatte er sich seine Wunden geholt? Es war besser, sich nicht mit diesem Menschen einzulassen. Mochte die närrische Anke sehen, wie sie mit diesem Landstörzer, diesem heimatlosen Zigeuner fertig wurde.

Ich bin damit fertig geworden, triumphierte Anke stets von neuem, wenn sie sonntags zur Kirche pilgerte oder wenn sie des Abends in das Hoftor trat und einen Blick in die Niederung warf. Dort, wo die Plankenbrücke über der Wietze zu erkennen war – wenige Schritte weiter, dort hatte es sich ereignet, jenes Große und Unerwartete, durch das ihr Leben ganz und gar verwandelt worden war. Und auch dies wagte sie dann zu denken: ich habe ihn ja ganz genau kennengelernt, oh, so viel besser kenne ich ihn als viele Frauen ihren Mann kennen, mit dem sie längst verheiratet sind. Keiner hat sich im letzten November und Dezember darum gekümmert, wie ich es angestellt habe, ihn zu verbinden, zu reinigen und zu füttern. Unsere Leute fürchteten sich, allein mit ihm im Stall zu bleiben, abergläubisches Pack, das sie sind. Wir beide nur, er und ich, wir ganz allein haben den Tod abgewehrt und schließlich verjagt. Er für mich, ich für ihn. Was könnte ich da noch mit Heinrich anfangen? Heinrich Lüders – das ist schon so weit hinter mir, daß ich es kaum noch zu erkennen vermag.

Der Vater hatte versucht, den Beistand des Seelsorgers zu erwirken. Der sollte ihm helfen, seine Anke wieder zur Vernunft zu bringen. Der alte Pastor Burmeester hatte sich schweren Herzens bereit erklärt, sein Bestes zu versuchen. Er kannte ja Anke von Kindheit an, hatte sie getauft, hatte sie drei Jahre im Konfirmanden-Unterricht gehabt, hatte sich an dem klugen und schönen Kind gefreut – und hatte sich gesagt: sie ist wie ihr Vater, besonnen und zuverlässig, aber ungemein hartnäckig, wenn sie glaubt, etwas als richtig oder notwendig erkannt zu haben; sie kennt dann keine Rücksicht, setzt notfalls alles aufs Spiel. Hoffentlich kommt sie früh unter die richtige Haube, sonst gibt es Unheil.

Und nun war da der Hörblacher-Lüders mit seiner Bitte. Der alte Pastor unternahm, was er für seine Pflicht hielt, und rief nach einem Gottesdienst im November Anke zu sich in sein Studierzimmer. Zwei riesige Eichen blickten dort ins Fenster, die nach der Weise einer in der Heide häufig vorkommenden Art noch immer ihr goldbraunes Herbstkleid trugen und es auch im Winter nicht ablegen würden.

Anke verehrte und liebte den alten Mann mit den dünnen, silbrigen Greisenlocken, von dem sie nie anders hatte sprechen hören als mit größter Achtung und Zuneigung. Zwar wachte er voll Eifer darüber, daß in seiner Gemeinde die reine lutherische Lehre nicht verwässert oder verbogen wurde – aber er hatte auch in seinem langen, einsamen Leben – er war schon genauso lange Witwer, wie Anke auf der Welt war – oft genug erfahren, daß der Teufel nicht immer wie ein brüllender Löwe umgeht, sondern zuweilen auch wie eine lautlos gleitende Schlange. Und er wußte, daß auch in den Herzen der Menschen die göttlichen Gebote zuweilen gerade dann in bitteren Widerstreit geraten, wenn die Menschen ehrlich willens sind, ihnen zu folgen.

Anke ahnte bereits, was Pastor Burmeester von ihr wollte, als er sie bat, auf dem harten Holzstuhl neben seinem Schreibtisch Platz zu nehmen. Sie blickte den alten Mann nicht an, starrte aus dem Fenster in das regungslos im Novembergrau schwebende Laub der Eichen. Zwischen den beiden Bäumen ging der Blick zu den fernen schwarzen Wäldern. Anke spürte, daß ihr Nacken sich versteifte; unwillkürlich hatte sie das Kinn ein wenig angezogen; sie war gewappnet.

Der Seelsorger begann sehr vorsichtig und ohne seine Besucherin zu drängen, vom vierten Gebot zu sprechen, nach welchem die Kinder ihren Eltern folgen sollen, ›auf daß dir's wohlgehe und du lange lebest auf Erden‹. Anke mußte sich daran erinnern lassen, daß ihr Vater für mehr als die Hälfte ihres bisherigen Daseins nicht nur Vater-, sondern auch Mutterstelle an ihr vertreten hatte und daß sie ihm Gehorsam nicht nur in der Erfüllung eines Gebotes, sondern auch aus Liebe und Dankbarkeit schuldete. Was könnte sie also bewegen, den Nachbarssohn als Ehemann abzulehnen; sie war ihm schon versprochen, war auch zu dieser vorläufigen Bindung keineswegs gezwungen worden. Auch hätte er, der Pastor, sich den Heinrich Lüders ins Gebet genommen, denn an nichts läge ihm mehr, als daß ›meine liebe Anke‹ eine glückliche Ehefrau und Kindsmutter würde – womit sie wiederum nicht nur den

Ehemann, sondern ganz besonders auch ihren Vater glücklich machen würde – und das würde ihrem ganzen späteren Leben Wärme und Zufriedenheit verleihen. Heinrich Lüders aber wäre ihr, der Anke, treu ergeben, liebte sie von ganzem Herzen und könnte und wollte sich keine andere Ehefrau vorstellen als eben Anke; beiden Höfen wollte er ein guter Haushalter sein, wollte für Anke und die Kinder, die er sich erhoffte, sein Leben lang arbeiten, viel mehr für sie als für sich selber!

Es wäre Anke nie eingefallen, den alten Mann zu unterbrechen. Sie ließ die freundliche Ermahnung an sich vorbeirauschen; sie wußte, was sie antworten wollte, wenn er nur erst seine Lektion beendet haben würde. Als sie dann mit klarer Stimme zu ihrer Antwort ansetzte, begriff der alte Hirte und Menschenkenner sofort, daß kaum eines seiner Worte ihr inneres Ohr erreicht hatte.

»Das vierte Gebot ist mir wohl bekannt, Herr Pastor. Aber es steht auch geschrieben: Eine Frau wird Vater und Mutter verlassen und dem Manne anhangen und werden die zwei ein Fleisch sein.«

Im ersten Augenblick war der alte Pastor Burmeester sehr verdutzt: Ich hätte mir denken können, daß jemand wie Anke versuchen wird, mich mit den eigenen Waffen zu schlagen. Er mußte heimlich lächeln und erwiderte beinahe heiter: »So geht es nicht, Anke! Es steht etwas anderes geschrieben, nämlich, daß der Mann Vater und Mutter verlassen wird und dem Weibe anhangen, und nicht umgekehrt. Und werden die zwei ein Fleisch sein!«

Anke war ein paar Augenblicke lang verwirrt wie ein Schulkind, das etwas Falsches gelernt und aufgesagt hat. Sie sagte sich sofort: Da habe ich also die Bibel umgedreht, daß sie mir zupaß kommt. Aber das tut nichts; so machen es die Pastoren auch. Laut sagte sie: »Ist nicht das eine wie das andere, Herr Pastor? Mein Vater hat Ihnen sicherlich erzählt, Herr Pastor, daß ich beständig an den fremden Mann denke, den wir aus dem Moor gezogen haben. So ist es, Herr Pastor! Ich habe nichts gegen Heinrich Lüders; er ist ein guter Junge und war niemals anders als freundlich und hilfreich zu mir. Und wenn der liebe Gott mir nicht den Fremdling in die Quere geschickt hätte, dann hätte ich den Heinrich gewiß geheiratet, wenn auch nur, um Vaters Wunsch zu erfüllen. Vielleicht wäre es ganz gut gegangen, vielleicht auch nicht. Das weiß ich nicht. Kinder will ich schon gerne haben. Aber wenn ich heute daran denke, daß ich sie mit Heinrich haben sollte, und dann daran denke, daß es zuvor heißt: ›Und werden die zwei ein Fleisch sein‹ – mit Heinrich, Herr Pastor! – dann, ja dann schaudert mich.«

Sie hatte sich in eine zitternde Erregung hineingesteigert. Der alte Seelsorger saß ganz still und hatte die Augen geschlossen. Anke erschrak, als sie es endlich wahrnahm: war er denn noch bei sich?

Gewiß war er das! Er dachte den Dingen nach. Seelsorger, ach, sorgen zwar kann ich mich um meine Seelen, aber etwas ausrichten nur selten. Ja, wenn es immer nur die eine Wahrheit gäbe, aber allzuoft gibt es zwei oder mehr, und alle sind sie echt!

Man hörte vom Flur her durch die geschlossene Tür die große Standuhr ticken, so still war es im Raum.

Noch einen Anlauf nahm der alte Mann: »Dein Vater hat den Fremden vom Hof gewiesen und ich möchte meinen, du hast inzwischen nichts von ihm gehört. Hängst du dich nicht an ein Trugbild? Ich muß deinem Vater recht geben, daß er dich davor bewahren will. Und dem Heinrich machst du das Leben schwer, sehr schwer sogar!«

Anke wischte das alles beiseite: »Wer will wissen, wie er seine Heimat und seine Umstände vorgefunden hat! Gewiß braucht er Zeit, um mit den Seinen ins reine zu kommen. Aber so wahr ich hier sitze, Herr Pastor, so gewiß kehrt der Meine wieder, um mich einzufordern. Darauf warte ich, Herr Pastor, und wenn es hundert Jahre dauert!«

Das hatte sie sehr ruhig gesagt, aber mit so viel Sicherheit und Selbstgewißheit, daß Pastor Burmeester verwundert die Augen hob, um das Gesicht des jungen Menschen forschend zu betrachten, als sähe er es zum erstenmal: Das Haar glatt zurückgestrichen, braun wie Kastanien, und im Nacken zu einem schweren Knoten geschürzt. Die Augenbrauen unter einer Stirn, beinahe zu hoch für eine Frau, dunkel und geschwungen wie Schwalbenflügel. Die Augen, braun auch sie, weit und groß und wie von innen leuchtend. Kaum merklich gebogen die schmale Nase, doch mit betonten Nüstern. Ein starker, gar nicht kleiner Mund mit vollen Lippen. Ein kräftig umrissenes Kinn, gleichwohl zierlich geformt, durch welches dies schöne, klare Antlitz, doppelt so hoch wie breit, auf vollkommene Weise beschlossen wurde: Für ein Bauernmädchen ein ungewöhnlicher Kopf über schlankem Hals, wie eine wunderbare Blume sich aus den geraden, zierlich kräftigen Schultern hebend!

Der lebenskluge Greis nahm das alles wahr, hellsichtig fast. Welche Wunder doch der allmächtige Gott immer wieder von neuem auf dieser trüben Erde werden ließ! Sie würde es nicht leicht haben, Anke, sie würde die Männer für sich und die Frauen gegen sich haben ihr Leben lang, und sie würde, wenn sie aus der Heimat ausbrechen sollte, viel Verwirrung stiften. Der Alte hatte begriffen, obgleich das eigentlich außerhalb seines Bereiches lag, daß dies Mädchen, daß dieser Kopf mit den klassisch einfachen Umrissen schön war, sehr schön. Und er sagte sich auch: Dieser Fremde muß es gewesen sein, der sie so zu sich selbst gebracht hat.

Der Alte rief sich zur Ordnung. Er sagte mit einer Stimme, als bitte er die so viel Jüngere um Entschuldigung: »Nun gut, meine liebe Anke, möge Gott dich segnen. Aber tu mir die Liebe, dem Heinrich reinen Wein einzuschenken. Er meint es ehrlich, und er verdient auch deine Ehrlichkeit!«

»Das will ich tun, Herr Pastor. Ich verspreche es.«

»Danke, meine kleine Anke! Und nun wollen wir zum Schluß noch ein Vaterunser beten.«

Anke senkte das Haupt: »Und erlöse uns von dem Übel! Denn Dein ist das Reich und die Kraft und die Herrlichkeit, in Ewigkeit. Amen!«

Der Alte schloß das Mädchen für einen Augenblick in seine Arme und ließ sie gehen. – Auf dem Nachhauseweg schritt Anke so leicht dahin, als hätte sie Flügel.

Schon am Sonntag darauf, am ersten Advent des Jahres 1747 machte Anke ihr Versprechen wahr. Sie hatte es bis dahin möglichst zu vermeiden gewußt, mit den Leuten vom anderen Lüders-Hof auf dem Wege zur Kirche zusammenzutreffen. Die gingen, wenn das Wetter nicht allzu schlecht war, stets zu Fuß, hatten sie es doch wesentlich näher als die Leute vom groten Lüders-Hof.

An diesem frostigen, glasklaren Morgen schloß sich Anke

dem Trüppchen vom Nachbarhof an. Es ergab sich fast von selbst, daß sie an Heinrichs Seite zu gehen kam. Es war ja längst in der Gegend bekannt, daß die Väter auf den beiden Höfen sich geeinigt hatten, ihre Ältesten, Sohn und Tochter, miteinander zu verheiraten. Und eigentlich jedermann fand das in Ordnung. Man klatschte wohl ein wenig hier und da in den Gesindestuben, daß Anke, obgleich allemal alt genug dazu, noch ›nicht recht warm‹ geworden wäre. Aber das würde sich schon noch finden. Bei manchen fand es sich erst in der Ehe.

Anke und Heinrich schritten im Schwarm der anderen nebeneinander her. Sie sprachen über das, was die vergangene Woche gebracht hatte und daß man wohl schon an Weihnachten denken müßte. Es gab keine Möglichkeit, ein paar vertraulichere Worte miteinander zu wechseln. Erst als die Gruppe sich vor der Kirchentür auflöste, um dort schon umherstehende Freunde und Verwandte zu begrüßen, konnte sie ihre Nachricht loswerden: »Ich muß dich sprechen, Heinrich. Nach der Kirche wollen wir die anderen eine Viertelstunde vorausgehen lassen, damit wir allein sind.«

Dann war sie schnell in das halbdunkle Schiff des altersgrauen Gotteshauses getreten und hatte ihren Platz im Gestühl gesucht, neben der Schwester und dem Vater, die mit Pferd und Wagen schon etwas früher eingetroffen waren. Irmgard rückte ein wenig näher an den Vater heran, als wollte sie andeuten, daß Anke Abstand zu halten hätte.

Anke nahm es kaum wahr. Während sie noch stand, um ihr Eingangsgebet zu murmeln, wie es die Sitte verlangte – man setzte sich vor dem Gottesdienst nicht einfach nieder, als wäre man daheim in der Küche – fuhr ihr der Gedanke durch den Kopf, während ihre Lippen sich weiter mechanisch bewegten: Seine Augen haben richtig geleuchtet, als ich sagte, wir wollen allein nach Hause gehen. Heinrich denkt natürlich . . . Aber was soll ich machen? Ich tue nur, was ich tun muß. Sie setzte sich und schlug im Gesangbuch das erste Lied auf, das an der Tafel angezeigt war. Sie las, halb abwesend, den Anfang: »Der Bräut'gam wird bald rufen: Kommt all, ihr Hochzeitsgäst!« Sie schlug das Buch wieder zu. Nein, das konnte sie nicht singen, obgleich da ein ganz anderer Bräutigam gemeint war. Sie war wie ins Herz getroffen mit einmal, hörte kaum, was vom

Altar her und dann von der Kanzel gesprochen wurde, starrte mit weit offenen Augen vor sich hin, leer, ganz weit fort. Nur gegen Ende, als der Pastor im schwarzen Talar die Arme zum Segen breitete, sammelten sich ihre Gedanken: Der Heinrich, wie er da stand, breit und knochig. Und so blond. Die Augenbrauen beinahe weiß. Und die Augen, die blauen, als ob sie mich schlucken wollten. Nein, Herr im Himmel, nein, nein, nein!

Anke kümmerte sich nicht um Vater und Schwester nach dem Gottesdienst. Es war der Wille des Vaters, daß sie zum Gesinde gehörte, solange sie sich seinem Wunsch nicht fügte, nun gut, dann verhielt sie sich eben entsprechend. Sie wandte sich ins Dorf, als hätte sie noch etwas zu besorgen. Erst als der Schwarm der Kirchgänger sich verlaufen hatte oder abgefahren war, machte sie sich auf den Heimweg. Noch in der Mitte des Dorfes gesellte sich Heinrich zu ihr, als lege er Wert darauf, mit Anke gesehen zu werden. Niemand sollte sich darüber den Mund zerreißen. Er nahm nur wahr, was ihm rechtens zustand.

Ein ungleiches Paar, dachte mancher, der sie den Weg zu den Lüders-Höfen hinauswandern sah, Heinrich, riesig, breit, ein Hüne mit mächtigen Händen und mächtigen Schultern, Anke, einen Kopf kleiner als er, leichtfüßig und mit schmalen Fesseln, kräftig zwar, doch zierlich.

Sie wird ihn regieren, sagte sich die alte Mattessen, als sie vom Fenster ihres Altenteils auf dem Mattess-Hof die beiden zum Dorf hinauswandern sah.

Erst als sie den Kern des Dorfes hinter sich gelassen hatten und die schwarze Brache der Felder sich vom Wegrand in die Ferne dehnte, fand einer von ihnen den Mut, das auszusprechen, worauf es ihnen ankam.

Heinrich wagte sogar, den Arm um Ankes Schulter zu legen; die verschwand in seiner Hand. Es war Anke, als würde sie kleiner unter diesem Arm. Heinrich gab sich einen Stoß. Ein Feigling war er nicht. Doch mit Worten vermochte er nicht besonders gut umzugehen. Es kam etwas heiser heraus: »Mein Onkel Bernd von meiner Mutter Seite hat mich nach der Kirche gefragt, Anke, wann wir denn wohl das Aufgebot bestellen. Oder ob wir erst nächste Ostern heiraten wollen?«

Anke besann sich gut ein Dutzend Schritte lang, ehe sie antwortete: »Nimm lieber deinen Arm von meiner Schulter, Heinrich. Er ist so schwer.«

Gehorsam hob er den Arm fort. Sie zögerte und sagte dann, so leise, daß er sie kaum verstand: »Das ist es ja gerade, Heinrich, was ich mit dir bereden wollte. Ich habe es meinem Vater schon gesagt. Ich habe es auch dem Herrn Pastor schon gesagt. Es wird nichts mit unserem Aufgebot. Ich will nicht heiraten, Heinrich. Ich kann dich nicht heiraten.«

Es war, als hätte dies feingliedrige Geschöpf dem riesigen Burschen einen weit über ihre Kraft hinausgehenden Schlag vor die Stirn versetzt. Der Mann blieb – wie gegen eine unsichtbare Mauer gestoßen – mitten im Schritt stehen. Dann riß er das Mädchen mit hartem Griff zu sich herum: »Was sagst du da?«

»Laß mich los! Bist du von Sinnen! Du tust mir weh!«

Er ließ sie los und wandte sich ab, fragte dann mühsam: »Warum hast du dann überhaupt erst ›ja‹ gesagt am Anfang? Jetzt wissen es alle Leute. Sie werden über mich lachen und über deinen und meinen Vater auch!«

Sie war bereit, sich zu verteidigen. »Wenn du genau nachdenkst, Heinrich, habe ich niemals ›ja‹ gesagt. Ich habe nur nicht ›nein‹ gesagt, als mein Vater es mir vorschrieb und du mir in den Ohren lagst. Ich hatte ja auch keinen rechten Grund, ›nein‹ zu sagen. Ich wußte nichts Besseres. Ich wußte es einfach nicht besser.«

»Und jetzt weißt du es besser!«

»Ja, jetzt weiß ich es besser!«

Er stapfte wieder neben ihr her, denn sie hatte sich nur für wenige Augenblicke aufhalten lassen. Sie meinte körperlich zu fühlen, wie Zorn, Enttäuschung, Rat- und Hilflosigkeit in dem ungefügen, aber keineswegs – wie sie wohl wußte – ungescheiten Mannsbild wühlten. Sie begann sich zu fürchten. Aber um so härter wurde ihr Wille, jetzt nicht nachzugeben. Sie durfte sich nicht vom Mitleid mit diesem großen Mann nasführen lassen.

Er knurrte, ein gereizter Bär: »Ist es der Fremde, der verfluchte Landstreicher, den dein Vater im vergangenen Frühjahr vom Hof gejagt hat? Seit der Zeit hast du mit mir nicht mehr richtig geredet, nicht mehr unter vier Augen. Sag mir die Wahrheit: Ist es der entlaufene Soldat?«

Sie entgegnete kalt: »Was soll das heißen: Ist es, ist es ...? Ich bin dir darauf keine Antwort schuldig.«

Plötzlich schüttelte der Mann im Gehen seine beiden riesigen Fäuste vor sich her und stampfte den Boden im Schreiten: »Wenn ich den Hund zu fassen kriege, erwürgen werde ich ihn, erwürgen! Er hätte im Moor ersaufen sollen, hätte dann kein Unheil angerichtet bei uns allen hier. Erwürgen werde ich ihn, wenn er sich noch einmal blicken läßt.«

Obgleich die Angst ihr Herz zerpreßte, vermochte sie doch mit kühler Stimme zu entgegnen: »Dazu gehören zwei, Heinrich. Das laß dir gesagt sein!«

Nach einer Weile versuchte er es noch einmal. Seine Wut schien zerblasen zu sein: »Was hast du gegen mich, Anke? Wir waren gute Freunde von Kindesbeinen an. Warum bist du jetzt auf einmal gegen mich?«

Er rührte sie. Nicht nachgeben, nicht nachgeben, befahl sie sich. »Ich bin nicht gegen dich, Heinrich. Ich habe auch nichts gegen dich. Was wir waren, können wir bleiben, solange du willst, Heinrich, gute Freunde. Aber heiraten? Das ist ganz etwas anderes, das weiß ich jetzt. Heiraten will ich dich nicht – und das ist mein letztes Wort!«

Wieder stapfte er eine Weile wortlos neben ihr her und wieder spürte sie körperlich, wie er mit sich rang. Noch einmal faßte er nach ihrer Schulter, hielt inne und drehte sie zu sich herum. An Widerstand war nicht zu denken. Sie hatte ihm in die Augen zu sehen.

»Hör gut zu, Anke! Ich weiß nicht, was in dich gefahren ist, Anke. Aber dies weiß ich: Du bist mir versprochen, hast zugestimmt – oder, meinetwegen, hast nicht ›nein‹ gesagt. Das hättest du sagen müssen, wenn du mich ablehnen wolltest. Du bist mir versprochen, und ich halte dich im Wort. Du wirst meine Frau, und wenn ich hundert Jahre darauf warten muß. Und wenn sich wer dazwischenmengt, werde ich ihn beseitigen.«

Gewann die Furcht nun doch die Oberhand im Herzen des Mädchens? Anke war es, die sich aufs Bitten verlegte: »Warum ich, Heinrich? Mit Irmgard kämst du viel besser zurecht als mit mir. Du brauchtest ihr nur zu winken. Das weiß ich ganz genau. Auch dann würdest du der Lüders-Bauer. Ich bin ja nur noch Magd bei uns.«

Der Mann hielt das Mädchen mit eisernem Griff, blickte sie lange an: »Daß du das sagen kannst! Irmgard, der Lüders-Hof, verdammtes, dummes Zeug! Dich will ich, und keine andere und nichts anderes. Und daß ich dich bekomme, dafür werde ich sorgen. Und da du mich verunglimpft hast – da!«

Er schlug ihr mit den Rücken der freien Hand flach ins Gesicht. Er hatte es wohl nicht allzu hart gemeint. Aber es war genug, sie zur Seite taumeln und stürzen zu lassen.

Benommen lag sie ein paar Augenblicke im klammen gelben Gras. Als sie sich aufrichtete, war er schon weit. Er stampfte den Weg entlang wie ein schwerer Baum, der Füße bekommen, aber noch nicht gelernt hat, sie richtig zu bewegen. Sie dachte in ohnmächtigem Zorn: sie haben mich beide geschlagen: der Vater und Heinrich, als ob ich geprügelt werden müßte. Haben mich fortgejagt wie ihn.

Der Winter 1747/48, der auf diesen freudlosen Advent folgte, dehnte sich für alle endlos lang. Am längsten für Anke. Ganz so, als habe sich eine eiserne Klammer um ihre Brust, ihr Herz gelegt. Und jede Nacht zog sie sich unerbittlich ein wenig enger zusammen. Würde er sich wieder melden? Wann forderst du mich endlich ein, du mein Eigentum . . .?

3

Erst als er der Heimat abgerungen hatte, was sein war, erst als er sich die vielen feinen Widerhaken aus der Haut gerissen hatte, mit welchen die Heimat in ihn verklammert gewesen war, erst als er seinen Packsack im kalten Morgengrauen geschultert und sich auf den Weg nach Celle gemacht hatte, erst seit dieser bösen und traurigen Stunde wußte Walther Corssen in aller Deutlichkeit, daß er das Mädchen, das ihn vom Tode gerettet hatte, nicht vergessen konnte. Ihr Bild war in ihm verhaftet, als wäre es eingebrannt. Die Einsicht, daß er sie nicht hätte heiraten können, es sei denn, er verließe den heimatlichen Hof, hatte ihn schließlich bewogen, sich lieber von dem angestammten Sitz der Corssens zu trennen, als auf die

Dauer ein Antlitz entbehren zu müssen, eine dunkel getönte Stimme nicht mehr vernehmen zu können – diese Stimme, die als erste in sein nur zögernd wiedererwachendes Bewußtsein eingedrungen war, als Fieber und Krankheit dank ihrer Fürsorge endlich verebbten. Diese Stimme, der er sofort wieder zu lauschen meinte, wenn er des Abends vor dem Einschlafen die Augen schloß und ein wenig in sich hineinhorchte ... Schließlich hatte ihn die Erinnerung überwältigt; er mußte sie gewinnen, koste es, was es wolle.

Die Erfahrungen, die er sich als Soldat auf dem Drillplatz, in der Schlacht und in der Gefangenschaft und während der mühevollen armseligen Heimkehr erworben hatte, sie machten sich jetzt bezahlt. Er gab sich nicht der blassen Hoffnung hin, daß Ankes Vater ihn noch einmal anhören würde, nachdem ihn der Bauer in unbegreiflich wildem Zorn vertrieben hatte. Auch durfte er Anke nicht gefährden. Unter gar keinen Umständen durfte offenbar werden, daß er sich ihr wieder nähern wollte. Wo Leute auch nur zu vermuten waren, die ihn kannten und vielleicht, wenn auch nur auf Umwegen, dem Hörblacher-Lüders verraten konnten, daß er wieder in der Gegend wäre, dort durfte er sich nicht sehen lassen. Tückenreich und mühsam war die Aufgabe, mit Anke wieder Verbindung aufzunehmen. Er wurde sich darüber klar, daß er völlig auf sich allein, seine List, Bedachtsamkeit, Zähigkeit angewiesen war, daß keiner ihm helfen konnte, daß er sich mit äußerster Sorgfalt einen Feldzugsplan zurechtzulegen hatte.

Am ehesten würde Ankes Wohnsitz von der gleichen Richtung anzupirschen sein, aus der er Ende 1745 gekommen war – und um ein Haar das Leben verloren hatte. Das große Moor drängte sich als breites Hindernis zwischen Ankes Heimat und das Gebiet weiter im Westen und wurde nur höchst selten querüber begangen oder befahren.

Walther hielt sich nur wenige Tage bei den Verwandten seiner Mutter in Celle auf, verriet nur, daß er dem Corss-Hof Lebewohl gesagt habe und weiter im Westen, im Westfälischen vielleicht, sich Arbeit und Unterkunft suchen wollte. Er entnahm heimlich dem Wildleder-Beutelchen einen seiner zweiundfünfzig Golddukaten – schweren Herzens, denn jetzt blieben ihm nur noch einundfünfzig – und bat den Oheim, ihm das Goldstück in der Stadt in kleinere Münzen umzuwechseln. Der Oheim war in der Stadt gut bekannt und besorgte das Geschäft ohne Schwierigkeit.

Walther brauchte nun kein ›Landstreicher‹ mehr zu sein, wie er es notgedrungen bei der Rückkehr aus der Gefangenschaft bei den Franzosen gewesen war. Er konnte auf bescheidene Weise bezahlen, was er brauchte – und der Dukaten sollte ihm lange reichen. Vor allem kam es jetzt darauf an, westlich des Wietzenbruchs Arbeit und Unterkunft zu finden, also von der Straße und aus den Gasthäusern, wo man zuviel gefragt werden konnte, zu verschwinden. Aber weder in Hope noch in Vesbeck noch in Mandelsloh durfte er sich zeigen. Dort erinnerte sich vielleicht einer seines Gesichts. Auch lagen diese Orte noch weit vom Bruch entfernt. Ich muß näher an den Feind heran, sagte er sich auf dem langen Marsch von Celle über Winsen nach Schwarmstedt – Wietze umging er lieber in weitem Bogen; dort mochte ihn wer erkennen.

In Schwarmstedt hörte er, daß es am Westrand des Bruchs drei große einsame Höfe gäbe, die in der Hauptarbeitszeit des Jahres gewöhnlich um gute Arbeiter verlegen wären, da so weit entfernt von jeder größeren Siedlung außer den dort Ansässigen niemand gern verweilte: den Eek-Hof, den Reet-Hof und den Peer-Hof. Dort würde man einen kräftigen Helfer, der sich auf alle Arbeit in Feld, Wald, Wiese und Moor verstand, sicherlich gern bis zum Herbst einstellen.

So war es. Gleich auf dem ersten Hof, auf dem Walther es versuchte, dem Eek-Hof, ließ der Bauer – er hieß Hasselbühring – nur einen kurzen prüfenden Blick über den sehnigen jungen Mann mit dem dichten braunen Haar gleiten, das im Nacken, immer noch nach Soldatenweise, zu einem festen Zopf geflochten war. Das genügte ihm. Dies war ein ordentlicher und brauchbarer Mann.

»Ja, du kannst bleiben. Morgen früh, sowie der Tau abgetrocknet ist, fangen wir mit dem Grasmähen an. Ich werde dem Großknecht Bescheid sagen, und die Bäuerin wird dir eine Schlafkammer im Insthaus zurechtmachen. Ich kann dir einen Taler im Monat zahlen.«

Walther wußte, daß auf dem Corss-Hof auch nicht mehr gezahlt wurde. Er wäre auch für weniger geblieben. Er war froh, daß er auf dem Eek-Hof den Ansatz gefunden hatte, den er suchte. Er stellte eine Bedingung: »Das ist gut und recht,

Bauer, und ich verstehe mich auf jede Art Arbeit. Aber eines will ich gleich vorweg sagen: Am Sonntag bin ich für nichts zu haben. Da lieg' ich im Wald herum oder im Moor. Das ist so mein Spaß. Spätestens Montag früh vor Sonnenaufgang bin ich wieder da.«

Der Bauer blickte ein wenig verwundert. Aber in diesem Land der Querköpfe und Spintisierer läßt man jeden gewähren, solange er niemandem zu nahe tritt, und hält Neugier nicht für eine Tugend. Der Bauer stellte fest: »Wenn du nicht wilderst und am Montag früh nicht zur Arbeit fehlst, soll es mir recht sein. Das Vieh wird sowieso nur vom ständigen Gesinde besorgt. Dahinten ist die Küche. Dort laß dir etwas zu essen geben.«

Schon am nächsten Sonntag, einem strahlenden Junitag des Jahres 1748, fand Walther nach wenigen Stunden des Marschierens die Stelle wieder, wo er zweieinhalb Jahre zuvor den Weg verloren und ins Moor getaumelt war. Da streckte sich auch fünfzig Schritte weiter die grobe Brücke über die Wietze. Und in der Ferne, am Rande des Sichtkreises, wo das Land sich aus dem Moor erhob, dort waren einige spitze Giebel zu erkennen. Sie gehörten zu dem ›groten‹ Lüders-Hof. Dort lebte, wenn nicht alles anders geworden war, Anke. Ein wildes Heer von Zweifeln stürmte plötzlich auf den einsamen Beobachter ein. Er hatte es bis dahin für selbstverständlich gehalten, daß sie dort noch zu finden wäre wie früher, daß sie auf ihn gewartet hatte.

Aber konnte das überhaupt wahr sein? War es nicht gegen alle Vernunft, solches zu erwarten?

Er war nun hier. Er wollte jeden Sonntag des Sommers hierher kommen, bis er sich Gewißheit verschafft hatte. Vielleicht kam sie manchmal zur Brücke über die Wietze hinunter, um den Ort zu sehen, von dem ihre Gemeinsamkeit – sollte man es gemeinsames Schicksal nennen? – seinen Ausgang genommen hatte.

Er vermochte nicht, sich vorzustellen, daß Anke viel unerbittlicher gezwungen worden war, sich zu dieser Gemeinsamkeit zu bekennen, als er ...

Sie ertrug es kaum noch. Mit allerletzter Kraft hielt sie ihren Stolz und ihre Selbstbeherrschung aufrecht. Nichts wollte sich ändern. Woche für Woche, Monat für Monat war vergangen. Die Menschen in der weiten, wegearmen Heide sind genauso geartet wie das Land, in dem sie wurzeln: wortkarg, sehr geduldig, ernst, von schier unheimlicher Zähigkeit, Beharrlichkeit. Der Vater sprach kein einziges vertrauliches Wort. Die Schwester hielt sich hochmütig abseits, nahm es Anke übel, daß der Vater sie nicht wie selbstverständlich an Ankes Stelle rücken ließ. Das Gesinde hatte natürlich – was ist auf einem Hof schon geheimzuhalten! – längst erraten, daß und warum sich eine Kluft zwischen dem Bauern und seiner ältesten Tochter aufgetan hatte. Die Knechte und Mägde gaben sich der Hoferbin – denn das war Anke ja immer noch – halb mitleidig, halb höhnisch. Das eine war ebenso unerträglich wie das andere. Dutzende von Nadelstichen, beabsichtigte und unbeabsichtigte, machten für Anke das Leben auf dem Hof zur Qual.

Es kam ein Sonntag, an dem Anke mit dem Vater in der Deele ohne Zeugen zusammentraf. Sie war später als die anderen aus der Kirche zurückgekehrt und hatte ihr gutes Kopftuch, das sie nur zur Kirche trug, in der Lade ablegen wollen, in der sie ihre feiertäglichen Kleider aufbewahrte. Danach wollte sie dann der Großmagd in der Küche bei der Bereitung des Mittagessens zur Hand gehen, wie es von ihr erwartet wurde.

Anke hatte nicht voraussehen können, daß allein der Vater in der Deele anwesend sein würde. Plötzlich sah sie sich ihm gegenüber. Er stand ihr im Wege. Sie konnte ihre Lade nicht erreichen. Der Bauer blickte die Tochter an, ernst. Er brauchte die Frage nicht auszusprechen. Er sagte nur und schüttelte leicht den Kopf dazu: »Anke, Anke ...«

All ihre Ungewißheit, all ihre Angst davor, sich getäuscht zu haben, umklammerten ihr Herz und schnürten ihr den Atem ab. Zweimal nur hatte er ihren Namen genannt. Doch lauter und schrecklicher als ein Donner war ihr damit zugerufen worden: Du bist auf einem falschen Wege, du belügst dich selbst. Kehre um und gehorche dem Vater, »auf daß es dir wohlgehe und du lange lebest auf Erden«.

Nein, sie gab nicht nach. Um die aufwallenden Tränen zu

verbergen, wandte sie sich und rannte wie gehetzt aus der Deele ins Freie. Nur fort, damit niemand entdeckte, daß sie weinte. Sie hielt ihr gutes Kopftuch immer noch in der Hand und achtete nicht darauf, daß ein Zipfelchen am Boden schleifte. Daß mir keiner begegnet! Wohin? Wohin?

Dorthin, wo am seltensten ein Mensch zu finden war, schon gar nicht am Sonntag, zum Moor hinunter!

Dorthin, wo alles seinen Ausgang genommen hatte, das kurze, scheue Glück und die lange Qual.

Das Tuch in der Hand kam ihr gerade recht, die Tränen abzuwischen, während sie, nun sich Zeit lassend, langsam den zerfahrenen Weg zum Bruch entlangwanderte. Sie hob den Blick, ihn über die vertraute Landschaft schweifen zu lassen, das weite Ödland, das Moor, durch das die Wietze sich schlängelte, als könnte sie sich niemals schlüssig darüber werden, welche Himmelsrichtung sie bevorzugte. Inseln von Gebüsch und Bäumen schwammen wie eine Flotte unter vollen Segeln, doch kamen sie nie vom Fleck, waren sicher verankert. Da unten schob sich auch die grobe Holzbrücke über das Flüßchen, über welche der Weg zu den Torfstichen des Dorfes und weiter zu den fernen Dörfern Hope und Esperke führte, nach Vesbeck und Mandelsloh. Aber das waren nur Namen für Anke. Wann fuhr man schon jemals quer durchs ganze Moor!

Am jenseitigen Ufer der Wietze zog sich von der Brücke flußab eine Reihe von alten Korbweiden entlang, die vom Korbmacher aus dem Dorf jeden zweiten Herbst genutzt wurden. Jetzt standen sie in vollem duftigen Laub und bildeten mit dem Kraut und Schilf am Boden eine lichte und durchsichtige Galerie.

Ankes Herz wollte stocken – und schlug dann ein paar Sekunden lang wie rasend. Sie hatte stehenbleiben müssen, von einer jähen Schwäche angewandelt. Sie kannte ja den Anblick vor sich genau, war hundertmal schon zur Brücke hinuntergewandert, zu jeder Tageszeit, zu jeder Zeit des Jahres.

Irgend etwas war dort heute anders. Da bei den Weiden! Hinter dem Stamm der ersten Weide verbarg sich ein Mensch, hatte sich eben dahinter zurückgezogen, war jedoch immer noch zu erkennen. Man mußte nur zuvor die Bewegung wahrgenommen haben.

O mein Gott, er ist es! Walther! Er ist gekommen! Wer sonst sollte da unten bei der Brücke an den Weiden warten, nur wenige Schritte von der Stelle entfernt, wo jener fürchterliche Abschnitt unergründlicher Sumpflöcher begann, wo der Weg auf eine Bohlenlage hatte aufgeschüttet werden müssen. Dort, dort war es ja geschehen, daß Walther . . .

Herr im Himmel, es konnte nur Walther sein, der an der Stelle wartete, wohin sie, wie er wohl glauben mochte, manchmal zurückkehrte.

Walther – sie hätte den Namen schreien können vor unsagbarer Freude. Sie hätte die hundert oder zweihundert Schritt, die sie noch von der geländerlosen Plankenbrücke trennten, wie im Sturm durcheilen mögen, um ihn vor sich zu haben, ihn berühren zu können, in seinen Augen zu erforschen, ob er . . .

Doch sie war Anke, Anke vom Hörblacher-Lüders, war kein dummes Ding. Sie gewann gerade im Augenblick höchster Beanspruchung eine blendendklare Helligkeit des Geistes, die sie zu den jeweils klügsten, vor allem auch schnellen Entscheidungen befähigte. – Obgleich eine Woge des Glücks sie umbrandete, befahl sie sich: Nicht laufen, nicht rufen! Es könnte mich einer beobachten vom Hofe her. Er ist nicht vorsichtig genug. Er darf nicht gesehen werden. Wird er erkannt, so ist es aus mit ihm und mit mir. O mein Gott, ich danke dir! Er ist also gekommen. Jetzt dürfen wir nichts falsch machen, nichts riskieren. Wenn er nur stehenbleibt, wo er steht, im Schutz des Weidenstammes!

Er blieb stehen. Auch er war kein Narr. Er kauerte sich vielmehr zusammen und verschwand fast ganz im Kraut.

Gezwungen langsam wanderte Anke weiter. In ihrem Herzen schrie es: Bleib wo du bist, Walther! Halte dich verborgen, Walther! Ach, daß du endlich gekommen bist, mein Walther, meiner!

Auf der Brücke blieb sie stehen und wendete sich wie unabsichtlich flußab. Sie war nun keine zehn Schritte mehr von der ersten Weide entfernt. Sie rief leise: »Walther?«

»Ja, Anke, ich bin es«, kam es ebenso verhalten zurück.

»Niemand darf es merken, daß wir uns getroffen haben. Alle sind gegen uns!«

»Aber wir sind für uns, Anke, meine Anke!«

»Ja, ja, mein Walther! Wo kommst du her?«

»Von meinen Leuten bin ich fort, für immer. Und ich wollte erkunden, ob du noch zu mir hältst. Und ob du mit mir kommst, wenn ich fortgehe, weit fort.«

»Ich komme mit dir, Walther, jederzeit. Wir dürfen uns nie mehr allein lassen. Sie haben mich beinahe zerbrochen. Es war höchste Zeit, daß du kamst. Was tust du jetzt?«

»Ich habe Arbeit auf dem Eek-Hof, eine Stunde von Elze, drei Stunden von hier.«

»Walther, ich muß jetzt umkehren. Sonst werden sie mißtrauisch. Kannst du nächsten Sonntag wiederkommen?«

»Kannst du es, Anke, ohne daß jemand Verdacht schöpft?«

»Ich hoffe es. Aber wir wissen jetzt, daß wir für uns da sind. Keiner sonst darf das wissen, sonst gefährden wir alles. Mache dich heute erst bei Dämmerung fort. Von hier eine halbe Stunde weiter ist Mattes sein Torfstich, rechts vom Wege. Dahinter nicht weit ein Erlengebüsch. Dort kann man sich gut verbergen. Am nächsten Sonntag, Walther. Aber erst kurz vor der Dunkelheit! Wir haben dann ungefähr Vollmond.«

»Gut! Und wenn einer von uns nicht kommen kann, ohne Verdacht zu erwecken, dann nächsten Sonntag, und übernächsten. Ich werde immer auf dich warten, Anke. Wir müssen Geduld haben. Aber jetzt trennt uns keiner mehr, Anke!«

»Nein, keiner. Geduld, gewiß! Und Vorsicht! Klug wie die Schlangen und ohne Falsch wie die Tauben!«

Sie hörte ihn leise lachen. Er rief: »Anke, ich liebe dich!«

»Auf nächsten Sonntag, Walther, Lieber!«

Eine andere Anke, als vom Hof zum Fluß hinuntergeschritten war, wanderte wieder dorthin zurück.

Als sie schon unter den alten Eichen und Birken, den Kiefern und Linden hinschritt, die den großen Lüders-Hof gegen die Westwinde schützten, warnte sich Anke: Ich darf nicht zeigen, daß ich froh bin. Es darf keiner merken, daß ich recht behalten habe. Ich muß weiter abgesondert bleiben und muß ein verschlossenes Gesicht machen wie bisher. Den Vater muß ich meiden. Er wäre der einzige, der etwas merken könnte. Doch wird mir keiner mehr nehmen, was mir gehört.

Am Sonntag nach diesen Ereignissen wartete Walther vergeblich im Schutz des ihm bezeichneten Erlenbuschs. Anke war vom Vater auf eine Hochzeit aus der mütterlichen Verwandtschaft nach Hornbostel geschickt worden, um dort die Familie zu vertreten und zu helfen. Anke hatte nicht widersprochen, hatte es nicht gewagt. Seit sie wußte, daß sie sich nicht getäuscht hatte und nicht im Stich gelassen war, herrschte sie sich manchmal im stillen an: gedulde dich! Jetzt darf es auf ein paar Wochen oder selbst Monate nicht ankommen. Es gibt nichts Wichtigeres, als daß unser Geheimnis Geheimnis bleibt! Sie ahnte nicht, welches der Umstand war, der ihr so entscheidend half, ihr inneres Gleichgewicht zu wahren, sich in Vorsicht und Geduld zu üben: Walther war vom Lüders-Hof vertrieben worden, ehe die Zuneigung der beiden Liebenden sich in die volle körperliche Vereinigung hineingesteigert hatte.

Gerade deshalb aber hatte ihr noch unerfülltes Verlangen nach dem anderen die lange Trennung überdauert. Gerade deshalb aber konnten sie nun, nachdem sie sich voreinander bestätigt hatten, dem Gebot der Vorsicht gerecht werden.

Abermals sieben Tage später war es Anke, die vergeblich nach Walther Ausschau hielt. Aber sie fand an der Stelle, wo sie von dem Bruchweg her auf das Erlenwäldchen stoßen mußte, vier Stecken zu einem W zusammengelegt – und ein paar Schritte weiter, damit sie nicht an einen Zufall glaubte, nochmals ein solches W. Er war also an dem Tage, an dem sie in Hornbostel hatte feiern müssen, an der verabredeten Stelle gewesen, erschien jedoch an diesem Sonntag nicht. Anke wartete bis in die Dunkelheit hinein, ehe sie sich auf den Heimweg machte. Sie benutzte sechs der gleichen Stecken, die Walther ausgelegt hatte, um zwei große A zu formen.

Walther hatte an diesem Tage als der dienstjüngste Arbeiter auf dem Eek-Hof das Anwesen bewachen müssen, da sich alle übrigen, die bäuerliche Familie und das ganze Gesinde, zum Begräbnis des Probstes von Sankt Osdacus in Mandelsloh begeben hatten, eines Predigers, der bei allen in höchstem Ansehen gestanden hatte und den zu Grabe zu leiten sich alle Welt zur Ehre anrechnete.

So war schon der Juli warm und leuchtend ins Land geschritten, als die Liebenden sich endlich in die Arme schließen konnten. Noch am gleichen Abend allerdings wurden sie darüber belehrt, daß ihre Vorsicht keineswegs unnötig war. Zwei Wagen kamen dicht an ihrem Versteck vorbei. Sie hatten die Gespanne rechtzeitig erkannt, so daß sie sich abschirmen konnten. Der Moorweg war jetzt im Sommer trocken und fest, und manch einer, der aus dem Celleschen her die Gegend von Mandelsloh besuchen wollte, oder umgekehrt, ersparte sich im Sommer den großen Umweg über Schwarmstedt.

Ihr Treffpunkt im Moor war also – wie sie zugeben mußten – keineswegs vor Entdeckungen sicher. Außerdem schwärmte es jetzt in der warmen Zeit von Mücken bei den Erlen und von anderem blutsaugerischem Geschmeiß. Auch durfte Anke niemals lange verweilen. Die kurzen und seltenen Treffen im schwülen oder regennassen Moor wurden beiden bald zur Qual.

Vergeblich bemühte sich Walther – festgenagelt wie er während der Woche auf dem Eek-Hof war –, irgendwo weiter im Westen für Anke und sich Verdienst und Unterkunft auszukundschaften.

Es wurde ein regnerischer Herbst. Der November, der Nebelmond, kündigte sich an mit dichten Nebeln. Manchmal wollten die kalten, feuchten Schleier tagelang nicht weichen. Bei so schlechtem Wetter fiel es Anke schwer, an den Sonntagen zu erklären, wo und warum sie unterwegs gewesen war. Daß gar in mondlosen Nächten das Nebelmoor zur Todesfalle werden konnte, das brauchten beide nicht zu erörtern.

Walther sah ein, daß es so nicht weiterging. Fünf- oder sechsmal hatten sie sich für Viertel-, höchstens für halbe Stunden gesehen, stets wie gehetzt, geduckt, ins Unrecht gesetzt. Er sagte an einem triefendnassen Abend, während ihnen der Regen aus dem Haar in den Hals rann: »Ich muß den Eek-Hof aufgeben, Anke, obgleich der Bauer mich behalten möchte. Ich muß mich auf die Wanderschaft machen, uns irgendwo, aber nicht im Hannoverschen, etwas Bleibendes zu suchen. Im Winter ist das Moor sowieso nicht zu begehen. Willst du noch einmal warten, vielleicht bis zum nächsten April? Bis dahin werde ich etwas gefunden haben. Ich bin nicht ganz arm und habe alle Taler dieses Jahres aufgespart. Von Frühlingsanfang nächsten Jahres ab, wenn die Sonne sich wieder wendet – der

Pastor weist in der Kirche stets darauf hin – sollst du hier nach meinem W Ausschau halten, jeden Sonntag. Aber sicherlich werde ich selber da sein. Anke, willst du noch so lange warten?«

Anke umarmte ihn. Sie flüsterte: »Ja, ich will.«

Ihre nassen, kalten Lippen fanden sich. Was scherte sie der Regen! Ihre Leiber und Herzen waren warm. Anke löste sich aus der Umarmung. Wenn er mich jetzt fragen oder bitten würde, ich würde nicht widerstehen. Sie wandte sich und stolperte schnell davon, als müßte sie fliehen.

4

Walther hatte keine rechte Vorstellung davon, was er eigentlich finden wollte in diesem Winter, der das Jahr 1749 einleitete. Gewiß, er besaß ein schönes Geld, und es hätte wohl gereicht, ein bescheidenes Höfchen irgendwo zu erwerben, im Hessischen oder im Fränkischen, wohin er sich aus dem heimatlichen Niedersachsen langsam hatte treiben lassen. Stets hatte er Augen und Ohren offengehalten, hatte, so oft sich Gelegenheit dazu bot, Arbeit jeder Art angenommen, wenn er nur ein paar Heller dadurch sparen, ein paar Batzen dabei verdienen konnte.

Aber die kleinen Anwesen weiter im Süden behagten ihm nicht. Sie paßten nicht zu Anke und sie paßten nicht zu ihm. Zudem waren die meisten dieser Bauern nicht frei, sondern zinspflichtig oder gar hörig irgendeinem Großen oder Adligen, einem Kloster, einer Stadt. Vor allem waren sie für seinen Geschmack, der sich an der königlichen Weite der Heidehöfe ausgebildet hatte, allesamt zu winzig. Die Bäuerchen pflügten mit ihren Kühen – und die Kühe gaben entsprechend weniger Milch. Pferde schienen ein Vorrecht der Gutsherrschaften, der wenigen Reichen und Mächtigen zu sein. Und überhaupt kam es ihm so vor, im Fränkischen wie im Pfälzischen, als wäre es sehr eng dort, als hätten die guten Leute dort alle nicht genug Platz um sich her – so dicht hockten in den Dörfern die Höfe und Höfchen beieinander, daß man kaum mit dem Ackerwagen auf der beschränkten Hofstatt wenden konnte. Das war in der Heide anders. Da gab es Platz überall.

Auf dieser langen Winterwanderung, die ihn schließlich ins Jahr 1749 brachte, hatte Walther Corssen manche Grenze überschreiten müssen. Aber er war Soldat gewesen und hatte sich viel Wind um die Nase wehen lassen. Er wußte, wie Grenzen abseits der Schlagbäume zu überwinden waren, erkannte schon von weitem, wo Soldatenwerber die jungen Männer von der Straße fingen oder wo die Wächter an den Toren allzu neugierige Fragen stellten. Er hielt sich aus allen Händeln heraus und blieb nüchtern und klar – und lernte, lernte jeden Tag von neuem, daß in dieser Welt die Wenigen alle Macht und allen Reichtum besaßen, für die Vielen aber, die sich zu bücken hatten, das Dasein gemeinhin recht jämmerlich ablief. Immer stand ihm Anke vor Augen, die Tochter eines großen Hofes, die alles für ihn aufs Spiel gesetzt hatte. Sie war stolz und schön. Dort auf den abgelegenen Höfen in der niedersächsischen Heide war man frei, kannte nur den fernen Landesherrn über sich. Anke brauchte Raum um sich her. Alles Kleinliche war ihr nicht gemäß. Kein Wunder also, daß Walther in den hessischen Ländern und erst recht in der ›Pfaffengasse‹ zwischen Würzburg und Bamberg keinen Ort zu entdecken vermochte, der seiner Anke zusagen würde. Manchmal fragte er sich, ob er nicht besser im Osten oder Norden hätte suchen sollen. Aber dort regierte der Preußenkönig, der schon zwei Kriege geführt hatte und dem Vernehmen nach ein unruhiger Geist war, so daß er weiterer kriegerischer Abenteuer für fähig gehalten wurde. Krieg! – das Wort allein erfüllte Walther mit Grausen. Kriege führten die Könige und Herren um ihrer Eitelkeit und ihrer Machtgelüste willen. Die Kleinen bissen dabei ins Gras. Kanonenfutter! Dazu gab Walther sich nicht mehr her. Er wußte Bescheid.

Allmählich bemächtigte sich seiner eine gelinde Verzweiflung. Schon taute der Schnee, und die Straßen wurden zu Sümpfen. Er ließ sich niedergeschlagen und ratlos wieder in die heimatlichen Gefilde treiben. Er haßte sich, weil er nichts gelernt hatte außer dem bäuerischen Handwerk, wozu zwar auf den abgelegenen Heidehöfen eine beträchtliche Kenntnis fast aller anderen Handwerke gehörte – aber natürlich verstand er von keinem genug, um sich damit selbständig machen zu können. Zwar hatte er wie alle Kinder der größeren Höfe beim gestrengen Kantor Wiedenholt lesen, schreiben und rechnen gelernt, aber wiederum längst nicht genug, um daraus einen Beruf zu machen. Er fühlte sich zu alt, sich noch einmal auf die Schulbank zu setzen – und obendrein: Auf welche Schulbank und wo? Das einzige, was er beinahe buchstäblich von der Pike aufwärts, gründlich gelernt, notfalls eingebleut bekommen hatte, war das Soldaten-Handwerk. Das aber war ihm gründlich zuwider, ja er haßte es.

Er hatte in Celle den Verwandten ›Guten Tag!‹ gesagt, war willkommen geheißen worden mit jenem besorgten, heimlich entrüsteten Unterton, den brave Bürger lieben; er bedeutete etwa: Treibst du dich immer noch herum? Bleibe im Lande und nähre dich redlich!

Walther spürte diesen Vorwurf wohl heraus und hielt ihn nicht einmal für unberechtigt. Wenn er nur erkunden könnte, wo, ja, wo im Lande man sich redlich nähren konnte, ohne daß er und Anke den Kopf allzu tief würden beugen müssen, er wollte mit Vergnügen seßhaft werden. Er war nun fünfundzwanzig Jahre alt und hatte immer noch keinen festen Boden unter den Füßen. Manchmal war ihm, als stehe er vor dem eigenen Gewissen am Pranger. Er war mit sich selbst zerfallen. Bald würde er Anke auf dem vereinbarten weiten Umweg Nachricht geben müssen. Er durfte sie nicht warten lassen. Doch hatte er nichts anzubieten. Nichts, womit er Ehre einlegen konnte.

Man schrieb den 15. März 1749. Er wird das Datum nie vergessen. Die Verwandten hatten ihm am Morgen bedeutet, daß er seine Habseligkeiten – sie steckten noch immer in dem Habersack aus Dövenbostel vom Corss-Hof – nicht länger bei ihnen unterstellen könne; sie benötigten die Kammer für andere Zwecke. Das kam einer gar nicht besonders verblümten Aufforderung gleich, den Abschied nicht mehr lange hinauszuschieben.

Walther hatte sich verdrossen in die Stadt treiben lassen. Er wollte erfragen, ob und wann vielleicht eine Pferdepost nach Hamburg ginge. Dorthin zu marschieren fehlte ihm die Zeit, wenn er Anke nicht warten lassen wollte. Zu Frühlingsanfang, wenn die Sonne wendete, wollte er sein ›W‹ an der Wietze auslegen. Bis dahin mußte Hamburg die Entscheidung und Lösung für sie beide bringen.

Er wanderte von der Neustadt, wo die Verwandten wohnten, durch die Mauernstraße und die Poststraße zum Rathaus. Am Giebelende des Rathauses auf der Stechbahn stand doch wirklich einer im Halseisen, und die Schusterjungen trieben ihren Spott und Schabernack mit ihm, und selbst mancher Erwachsene hielt sich nicht für zu gut dazu. Walther ging schnell vorüber. Ihn dauerte der arme Tropf, der so schmerzliche Grimassen schnitt, denn das Halseisen drückte. Vielleicht hatte man ihn beim Betteln erwischt oder betrunken aufgelesen. In der alten herzoglichen Residenz Celle herrschten strenge Sitten – und das schwere, breite Wasserschloß, das am Ende der Stechbahn durch die alten Bäume schimmerte – ihr Astwerk war noch winterlich leer – stand über der Stadt wie eine ständige Mahnung zu Anstand und Gehorsam. Walther ließ den städtischen Pranger hinter sich und schritt weiter zur schönen Front des Rathauses. Dort wurden die Neuigkeiten und Erlasse angeschlagen, die das Schloß und der Rat den Bürgern bekanntzugeben hatten.

Walther versäumte nie, die Anschläge zu lesen. Sie enthielten oft genug gerade für ihn, der ins Treiben geraten war, mancherlei Wissenswertes, seltener Brauchbares. Er las, daß die Aller-Deiche oberhalb der Stadt auf Befehl der herzoglichen Residenz erhöht werden müßten und daß die anliegenden Dörfer, also Altencelle, Lachtehausen, Bockelskamp, Oppershausen und Offensen, zu Hand- und Gespanndiensten herangezogen würden; nur Wienhausen mit dem Kloster wäre ausgenommen, da die adligen Damen im Stift es selbst übernommen hätten, Kloster, Park und Klostergut zuverlässiger als bisher gegen die Aller-Hochwässer zu sichern.

Walther hatte das reichlich verschnörkelte und umständliche Handschreiben, das da unter der Holzlaube am Nagel hing, ausstudiert. Er sagte sich, dort gäbe es Arbeit in Hülle und Fülle – und vielleicht hätten die adligen Damen des Klosters Wienhausen für ein ordentliches junges Paar wie Anke und ihn sogar eine leidliche Dauerstellung anzubieten. Aber er schlug sich das sofort aus dem Kopf: Hier war man zu nahe an Ankes Heimat! Der Vater käme uns auf den Hals mit der hohen Obrigkeit – und den Heinrich Lüders, nach allem, was

Anke mir erzählt hat, den muß man fürchten. Walther war ja selbst aus dem Holz dieses Landes geschnitzt und wußte wohl, was tollkühnen Burschen drohte, die sich in ein Verlöbnis eindrängten, das unter den Familien bereits abgesprochen war. Die Allerdeiche oder Wienhausen – die konnten für ihn ebensogut auf einem anderen Stern liegen. Er wollte sich verdrossen abwenden, als ihm jemand kräftig auf die Schulter schlug. Er fuhr herum.

»Da soll dich doch dieser und jener! Das ist doch der Walther Corssen aus meinem Regiment. Kerl, ich dachte, du wärest längst vermodert, damals bei Fontenay oder nachher in der Gefangenschaft bei den verdammten Franzosen.«

Walther erkannte den Mann unter dem Dreispitz, im blauen Rock mit Silberknöpfen, hellen Lederhosen und ausgiebigen Stulpenstiefeln, auf der Stelle wieder. Das war der Herr von Hestergart, Jonas von Hestergart, seinerzeit Leutnant in der englischen Infanterie, doch nicht in Walther Corssens, sondern in einer benachbarten Kompanie. Walther hatte ihn fallen sehen, gleich am Anfang der Schlacht, und es war ihm ein Stich ins Herz gewesen, denn dieser Offizier, so hatte er gehört, sei immer menschlich mit seinen Leuten umgegangen, habe die schlimmsten Drillmeister und Feldwebel in Schach gehalten und auch den gemeinen Mann zu seinem Recht kommen lassen.

Mit einem Schlage war die vergessen geglaubte Soldatenzeit wieder da; böse und hart war sie gewesen, aber oft genug auch unbekümmert und lustig. In der Truppe wäre Walther wohl kaum so kameradschaftlich von einem Offizier begrüßt worden. Aber der Herr von Hestergart hatte offenbar ebenfalls die Uniform an den Nagel gehängt. Walther, überrascht und auch erfreut, rief: »Oh, Lieutenant Hestergart, Sir, glad to see you alive! I thought you were killed at Fontenay!«

Unwillkürlich war Walther ins Englische gefallen, wie er es in den gut zweieinhalb Jahren seines aktiven Dienstes gelernt hatte. Er wunderte sich im gleichen Augenblick, daß ihm das noch so leicht von der Zunge ging. Aber was ihm damals eingeprägt, ja eingehämmert worden war, das saß für alle Zeiten fest: Ob er den Kolben der Flinte fest an Schulter und Kinn zu ziehen hatte, wenn er zielen und abdrücken wollte, oder ob es der Zwang war, englisch zu verstehen und zu antworten und das respektvolle »Sir« hinter der Anrede nicht zu vergessen, wenn man an einen Offizier das Wort zu richten hatte.

Der breitschultrige, wohlgebaute Mann – er mochte zwei, drei Jahre älter sein als Walther Corssen – ließ ein vergnügliches Lachen hören, antwortete aber auf deutsch: »Sieh einer an, Kerl, das sitzt dir ja noch mächtig in den Knochen! Er hat sein Englisch nicht vergessen. Aber wir können deutsch reden. Unser gnädigster Kurfürst, der König von England, redet auch lieber deutsch als englisch. Bin jedoch noch zum Captain, also Hauptmann, avanciert, bevor ich mit halbem Sold entlassen wurde, weil der Frieden ausbrach. Der wird wohl nicht lange vorhalten. Aber was ist mit dir, Corssen? Du bist wohl ein vornehmer Mann geworden, studierst hier am hellen Vormittag, wenn alle anderen braven Leute arbeiten, die Anschläge eines hochwohllöblichen Rats der Stadt Celle? Bist du damals in Gefangenschaft geraten, oder hast du deine fünf Jahre abgedient? Hab' nie wieder was von dir gehört nach dem verdammten Fontenay, wo uns die elenden Franzosen in die Pfanne gehauen haben. Es kommt auch wieder anders herum!«

So ausgefragt zu werden, war Walther gar nicht recht. Gewiß, der Herr von Hestergart war nicht mehr sein Vorgesetzter – und die freien, alteingesessenen Bauerngeschlechter der Heide, wie die Corssens, hielten sich durchaus nicht für etwas Minderes als der oft genug hoch verschuldete und gar nicht so alte Adel. Und schließlich war dieser Captain der englischen Infanterie – Royal Fusiliers – ebenso ein zweiter Sohn wie er selber auf dem Corss-Hof – und sicherlich nicht viel besser dran. Doch der Respekt, der ihm als einem blutjungen Burschen auf dem Exerzierplatz anerzogen worden war, wirkte auch jetzt noch weiter, obgleich schon vier Jahre seit seiner Kriegsgefangenschaft vergangen waren.

»Ich bin damals verwundet in französische Gefangenschaft geraten, Euer Gnaden, und auf dem Nachhauseweg nochmals verunglückt. Zu Hause konnte ich nicht länger bleiben. Ich habe mich so umgetrieben, wie es gerade kam.«

Die Heiterkeit war plötzlich vom Antlitz des schmucken jungen Herrn gewichen. Unnachsichtig fragte er weiter: »So, so, umgetrieben, wie es gerade kam? Hast gar nicht daran gedacht, dich wieder bei deinem Regiment zu melden, wie?«

»Nein, Euer Gnaden, die Wunde hat lange nicht heilen wollen. Ich war sehr schwach. Der französische Feldarzt hat mich fortgejagt und mir gesagt, ich wäre zum Soldatsein verdorben.«

»Die Franzosen hatten das nicht zu entscheiden, Kerl. Aber lassen wir das vorderhand. Du mußt mir noch ein bißchen mehr von dir erzählen. Hier können wir nicht auf die Dauer herumstehen. Wollen wir einen Schoppen Bier miteinander trinken? Weißt du eine brauchbare Kneipe in der Nähe?«

Walther wußte eine, nicht weit vom Steintor an den Fritzenwiesen. Die beiden jungen Männer schlenderten durch die Zöllnerstraße, am Heiligen Kreuz vorbei, zum Tor hinaus. Im Ratskeller oder sonst einem angesehenen Wirtshaus der Stadt konnten sich ein Bauernbursch und ein adliger Herr kaum zusammensetzen. Aber draußen vor dem Tor, wo vieles Volk sich mischte und die Allerfischer den Ton angaben, da fragte man nicht nach Rang und Würden – wie überhaupt in diesem Lande der Unterschied zwischen adligen und nichtadligen Grundeigentümern von jeher nicht besonders wichtig genommen wurde.

Walther hatte den ersten Schock, sich urplötzlich mit einer für abgetan gehaltenen Vergangenheit konfrontiert zu sehen, bald überwunden. Der andere begegnete ihm kameradschaftlich, fast als wäre er ein Gleichgestellter – und bei Licht besehen war er's ja auch. So geriet er ohne recht zu merken, daß er ausgefragt wurde, allmählich ins Erzählen. So gut wie nie hatte er Gelegenheit gehabt, sich mit einem Mann gleichen Alters auszusprechen, der sich wirklich angelegen sein ließ, was man auf dem Herzen hatte. Hinzu kam, beiden jungen Männern unbewußt, jene nur Soldaten eigentümliche Gemeinsamkeit, die entsteht, wenn man den Tod um die Ohren hat pfeifen und krachen hören.

Die Gaststube im Wirtshaus ›Zum Fischerdeich‹ war voller Rauch und Lärm. Es roch nach nassen Sachen, nach billigem Tabak, nach Suurkohl und Pökelfleisch, nach vergossenem Bier und Doppelkorn. Der Wirt erkannte sofort, daß ihm ein ungewöhnlich vornehmer Gast ins Haus geschneit war. Eilfertig machte er einen kleinen Tisch in der Fensterecke frei. Die beiden Handwerksgesellen, die dort gesessen hatten, Zimmerleute offenbar, nach dem Zollstock, dem Winkeleisen und der Wasserwaage zu schließen, die aus ihren Wandersäkken hervorschauten, machten saure Gesichter, ließen sich aber vom Wirt an den großen Tisch in der Mitte des Schankraumes verweisen. Der Herr Jonas von Hestergart wartete, bis der Wirt den Tisch und die eichenen Stühle mit seiner nicht eben blütenweißen Schürze abgewischt hatte, bestellte dann zwei Krüge Wittinger Starkbiers, Brot und Rauchschinken. Der Wirt eilte davon.

»Setz dich, Walther! Wir wollen uns ein wenig stärken. Weißt du, mir scheint, als wäre es kein bloßer Zufall, daß wir uns getroffen haben, beide noch lebendig und den französischen Kugeln entgangen. Ich glaube, die Vorsehung ist gerade wieder dabei, die Karten neu zu mischen!«

Walther hatte keine Ahnung, wo der andere hinauswollte, begriff es schließlich nur zögernd, blieb zunächst ungläubig. Es war ihm nie so recht bewußt geworden, daß das ferne, große England jetzt hannoversch regiert wurde. Jetzt in dieser wie vom Himmel gefallenen Stunde wurde es ihm deutlich.

Das starke braune Bier aus Wittingen lockerte die beiden jungen Männer auf. Sie saßen nun einander gegenüber als das, was sie eigentlich waren: zwei nicht allzu unbescheidene Glücksritter, die an ihrer Zukunft schmiedeten, ein jeder allein auf sich gestellt. Der junge Hauptmann auf Wartegeld, Jonas von Hestergart, hatte den Mann aus seinem früheren Regiment reden lassen. Er war sich bald nicht mehr im Zweifel darüber, daß er zwar einen Bauernsohn, aber zugleich einen Mann von natürlichem Anstand, nicht geringer Erfahrung und Besonnenheit, und darüber hinaus – ja, es blieb ihm nichts übrig, als es in seinem Stil, wenn auch ein wenig widerwillig, auszudrücken – ›von Familie‹ vor sich hatte. Allerdings durfte er ihn noch immer, wie bei den Soldaten, mit ›Kerl‹ anreden.

Allmählich rückte auch Hestergart mit der Sprache heraus: Er sei eigentlich auf der Suche nach einem oder zwei tüchtigen Burschen, die ihm zur Hand gehen könnten. Denn auch er habe den Wehrdienst satt. Man könnte dabei nicht viel verdienen, käme zu nichts, vielleicht zwar von Zeit zu Zeit zu einem höheren Rang, sei aber immer in Gefahr, Leib und Leben zu verlieren oder gar als elender Krüppel bei jämmerlichem Gnadengeld darben zu müssen.

Hestergarts Familie war in der schönen Gegend von Gandersheim begütert, wovon dieser Jonas nicht viel hatte, denn er war, genau wie Walther, der jüngere von zwei Brüdern und hatte außer einer standesgemäßen Erziehung und notfalls untadeligen Kavaliersmanieren nicht eben viel aufzuweisen. Aber als Hannoveraner sollte man endlich begreifen, daß man eigentlich halb und halb Engländer geworden war, denn das gleiche Fürstenhaus regierte hier und da; man brauchte also nur in den Dienst des Kurfürsten zu treten, der jenseits des Ärmel-Kanals zum König aufgerückt war, um sich der besten Möglichkeiten in beiden Bereichen zu vergewissern.

England sei ja in Wahrheit viel größer, als sich das die unkundigen und engstirnigen Leute in den hannoverschen Bereichen vorstellten. Da sei das ferne Indien, wo es sagenhafte Reichtümer, Elefanten und haarige Wundermänner gäbe. Aber dort sei es sehr heiß und ungesund – und die scheußlichsten Krankheiten lägen im Hinterhalt. Das wäre nichts für ihn, den Captain Hestergart. Aber auch auf dem amerikanischen Kontinent hätten sich die Engländer festgesetzt und der Wildnis und den Indianern wunderbare Länder abgerungen. Leider sei England in Nordamerika keineswegs allein. Natürlich, was sonst, wieder die verdammten Franzosen, die ihnen hier in die Quere kamen!

Die Franzosen, bei all ihrer Eitelkeit und Überheblichkeit doch auch wieder erstaunliche Leute, hätten sich schon seit hundert Jahren und mehr im Nordosten des großen Erdteils angesiedelt. Sie wären einen großen Strom, den Sankt Lorenz, aufwärts ins Innere vorgedrungen und hätten offenbar vor, die englischen Kolonien an der Ostküste im Westen zu überflügeln und eine breite französische Barriere von Nordosten, der Mündung des Sankt Lorenz, bis nach Südwesten zum mexikanischen Golf, am riesigen Mississippi entlang, den Engländern sozusagen von hinten her vor die Nase zu bauen. Das natürlich müßte ihnen versalzen werden. Darüber sei man sich im Rate des Königs in London einig.

Walther hatte Bier und Schinkenbrot vergessen beim Zuhören. Da hatte er sich im Hessischen und Fränkischen und auch im Westfälischen umgetan, während draußen jenseits der Meere unerhört großartige Gebiete nur darauf warteten, von Männern, die sich nicht fürchteten, in Besitz genommen zu werden! Aus dem, was der Captain ihm erzählt hatte, schien ihn eine freie, frische Luft anzuwehen, wie er sie noch nie verspürt hatte. Warum nur war er nicht selbst darauf verfallen, seine Englischkenntnisse zu nutzen, um außerhalb des Bereichs der deutschen Zunge sein Glück zu versuchen? All die Ängste, Bedenken und Schranken, die sich hier in der Heimat vor ihm, und erst recht vor Anke, aufrichteten, die würde es in den fernen Ländern unter königlich englischer Flagge sicherlich nicht geben. Er und seine Anke, waren sie nicht schon für vogelfrei erklärt, da sie sich den starren Ordnungen ihrer angestammten Welt nicht fügen wollten? Vogelfrei ... Aber fliegen die Vögel nicht, wohin sie wollen?

Der junge Herr von Hestergart hatte den ersten Krug schon geleert und schlürfte bereits den Schaum vom zweiten. Er war nicht nur ein tapferer Soldat und ein wohlerzogener und auch gebildeter Edelmann, sondern dazu ein schlauer Fuchs, wie es jeder sein muß, der ganz auf sich allein steht und mit irdischen Gütern nicht gesegnet, wohl aber entschlossen ist, sie sich zu erwerben, und Macht und Einfluß dazu. Dieser Mann aus der Heide, wo die Höfe größer und älter sind als manches Adelsgut, dieser ehemalige Soldat, der englisch sprechen konnte, wenn auch nur ein grobes und wortarmes Soldatenenglisch, dieser offenbar in ungeordneten Verhältnissen lebende Walther Corssen kam ihm gerade recht. Aber zu zwingen war er nicht; er war unabhängig. Man mußte versuchen, ihn sich auch noch auf andere Weise zu verpflichten. Er hatte ihm ganz offensichtlich den Mund wässerig gemacht. Das genügte fürs erste. Jetzt wollte er ihn, eben auf andere Weise, ans Bändel nehmen.

Jonas von Hestergart setzte den Krug ab und wischte sich den Schaum von den Lippen. Dann schoß er aus eben noch so heiterem Himmel die Frage ab: »Weißt du auch, mein Bester, daß ich den nächsten Büttel von der Ecke oder die Stadtwache rufen könnte, um dich verhaften und in Eisen legen zu lassen? Du hast dich nämlich nach deiner Gefangenschaft nicht wieder bei deinem Regiment gemeldet, obgleich deine Dienstzeit noch längst nicht um war. Du würdest durch die Spießruten geschickt – und mit deinem Rücken könntest du hinterher keinen Staat mehr machen. Und natürlich müßtest du danach die ganze Dienstzeit wieder von vorn anfangen!«

Walther war weiß geworden wie die Wand, an der er saß. Es stimmte, was ihm da angedroht wurde. Er hatte diese Möglichkeiten seit langem in den hintersten Winkel seines Bewußtseins abgedrängt, hatte sich auch für sicher gehalten, seit die fünf Jahre abgelaufen waren, von denen er die zwei letzten nicht mehr unter der Fahne verbracht hatte. Er hatte mit dem Ablauf dieser Zeit die Gefahr für vergangen gehalten, sich aber gehütet, irgend jemand, der ihm zuverlässig Bescheid hätte erteilen können, danach zu fragen. Denn wer das wirklich konnte, der konnte ihn auch gleich in Gewahrsam nehmen. Er stotterte schließlich: »Aber die Zeit ist doch vergangen. Und ich war auch verwundet und lange krank. Und das Regiment ist aufgelöst, wie ja Euer Gnaden mir gesagt haben.«

»Alles schön und gut, Kerl! Aber daß du dem König von England noch zwei Jahre Dienst schuldest, so oder so, das wäscht dir kein Regen ab.«

Hestergart hatte seiner Stimme den harten, herrischen Ton verliehen, als spräche er zu einem Gemeinen auf dem Exerzierplatz. Walther war mit neunzehn Jahren zu den Soldaten gestoßen, in einem Alter, in dem sich alle Erlebnisse besonders nachhaltig einprägen, und so schüchterte ihn der Ton des Vorgesetzten, den mehr als Musketen und Kanonen zu fürchten man ihn gelehrt hatte, noch immer ein.

Jonas von Hestergart war kein böser Mensch. Er empfand etwas Ähnliches wie Mitleid, als er ein beinahe unverhülltes Entsetzen in Walther Corssens Gesicht bemerkte:

»Aber du glaubst doch nicht im Ernst, daß ich hinlaufe, dich ins Loch zu bringen, Walther! Wir waren beide bei Fontenay. Beide haben wir dort einen Denkzettel abgekriegt. Beide haben wir einsehen müssen, daß Kling-klang-Gloria nicht viel einbringt. Aber es ist gut, daß gerade ich dich getroffen habe und nicht ein anderer, der sich ein Kopfgeld verdienen will. Aber du solltest aus dieser Gegend, wo man dich kennt, gänzlich verschwinden. Mal kommst du doch an den Unrechten!«

»Das will ich schon lange! Wenn ich nur wüßte, wie ich es anstellen soll. Und wohin?«

Hestergart verfiel wieder in den Ton des alten Kriegskameraden und Vorgesetzten: »Ich glaube, ich kann dir raten, wie du alle Fliegen mit einer Klappe schlagen kannst. Ich gehe schon bald über das große Wasser, und zwar unter meinem alten Kommandeur, der auch bei Fontenay gefochten hat, Cornwallis heißt er, Edward Cornwallis, hat den Rang eines Colonel, also Oberst. Ich bin herübergekommen, um für meinen Freund Richard Bulkeley, der auch zum Stabe von Cornwallis gehören wird, und auch für mich einen oder zwei Pferdepfleger und Leibdiener anzuwerben. Ich will nur Deutsche dazu haben, und auch Richard Bulkeley, der Captain bei den Dragonern gewesen ist, hat im Felde die Deutschen schätzengelernt. Wenn du dich entschließen könntest, mitzukommen, Walther, dann würdest du, erstens, dieses gefährliche Pflaster hier weit hinter dir lassen, du würdest, zweitens, in ein Land kommen, wo für einen fixen Kerl mehr zu holen ist als hier, und, drittens, könntest du dich gewissermaßen wieder ehrlich machen, wenn du dich für zwei Jahre dem Stab des Cornwallis verpflichtest, wobei du aber nur für mich und Bulkeley oder für Cornwallis persönlich abgestellt sein würdest. Damit du aber siehst, worum es sich im einzelnen handelt, will ich dir aus einem Erlaß vorlesen, der am 7. März bekanntgegeben und in der Londoner ›Gazette‹ veröffentlicht worden ist. Ich habe durch meine guten Freunde schon früher davon erfahren, konnte mich darauf einrichten und bin dann gleich hierher gereist, um die passenden Leute zu finden.«

Hestergart hatte in seine Rocktasche gegriffen und entfaltete ein großes Blatt beschriebenen Papiers.

Walther hatte atemlos zugehört, saß ganz still. Es war ein bißchen viel auf einmal, was da auf ihn einstürmte. Hatte er überhaupt in vollem Umfang begriffen, was ihm angeboten wurde? Wurde ihm überhaupt etwas angeboten? Noch saß ihm der Schreck in den Knochen, den ihm die versteckte Drohung eingejagt hatte, daß er als Deserteur ans Messer zu liefern wäre, wenn Hestergart es so wollte. Walther Corssen neigte nicht dazu, sich zu fürchten. Aber vor der Gefahr, die Hestergart angedeutet hatte, empfand er eine geradezu panische Furcht; er hatte allzu häufig erlebt, wie schreckenerregend, wie im wahrsten Sinne des Wortes unmenschlich bei Pfeifenklang und Trommelgedröhn mit dem gemeinen Mann in Seiner Majestät Armee umgesprungen wurde. Für einen Augenblick lang haßte er den Mann an der anderen Seite des groben Tisches, der im Bewußtsein seines überlegenen Standes auf ihn, der ja nur ein ›gemeiner Mann‹ gewesen war, eingeredet hatte, gewiß leutselig, doch auch hochmütig und herablassend. Er haßte ihn ein paar Herzschläge lang mit so sinnloser Wut, daß er seine Fäuste zittern fühlte. Wieso hielt sich der geschniegelte Hanswurst mit dem Galanterie-Degen an der Seite für etwas Besseres? Wieso? Nur, weil er mit dem Wörtchen ›von‹ vor dem Namen geboren ist? Ich darf mich nicht betölpeln lassen. Wenn diese Blase freundlich mit einem tut, dann will sie was. Ich muß mich vorsehen.

Der Herr von Hestergart hatte nichts von der Veränderung gemerkt, die mit seinem Tischgenossen vorgegangen war. Er setzte den Dreispitz ab und zerrte an seinem weißseidenen Halstuch, um sich ein wenig mehr Luft zu verschaffen. Unter dem Hut kam ein sorgsam frisierter Kopf zum Vorschein. Das kräftige, braune Haar erforderte keine Perücke, es war, ungepudert, im Rücken zu einem festen Zopf geflochten, den eine schwarze Schleife beschloß, immer noch ganz militärisch. Er achtete nicht darauf, daß er in dieser Minute von Walter Corssen kalt und mißtrauisch beobachtet wurde.

Unwillkürlich entspannten sich Walthers Züge. Das breit und kräftig angelegte Gesicht des eben noch besinnungslos gehaßten Mannes zeigte so gar keine Bösartigkeit, war aufgeschlossen und freundlich mitteilsam.

Hestergart fragte: »Kannst du lesen, Walther? Oder soll ich dir die Geschichte vorlesen?« Wieder diese gönnerhafte Hoffart, als wenn der Mann mit der schönen, silberdurchwirkten Damastweste immer noch sein Vorgesetzter wäre!

Aber Walther bezwang sich: ruhig Blut, ruhig Blut! Es kostet nichts, den Mann anzuhören. Vielleicht ist doch Sinn in dem Gerede. Wenn nötig, hänge ich den Captain wieder ab. Mich bekommst du nicht so leicht. Laut sagte er, scheinbar ganz ruhig: »Bei uns lernt jedes Kind von den alten Höfen lesen und schreiben; sonst könnten wir Bibel und Gesangbuch nicht lesen. Und rechnen lernen wir auch, Euer Gnaden!«

Hestergart war überrascht und zögerte. Er hätte wohl gern vorgelesen. Das hätte seine Überlegenheit noch vermehrt. Damit war es nun nichts. Er rief: »Sieh mal einer an! Na, um so besser! Hier, lies selbst und mach dir deinen Vers darauf!

Ich will inzwischen sehen, ob ich hier herum Tabak erstehen kann. Meiner ist ausgegangen. Ich bin bald wieder da.«

Er stülpte seinen Dreispitz auf den Kopf, erhob sich, befragte sich beim Wirt und verließ die Schenke. Der Wirt trat an Walthers Tisch: »Der stolze junge Herr will sich Tabak besorgen, sagt er. Hoffentlich stimmt's. Hast wenigstens du Geld im Sack?«

Walther wehrte den feisten Mann ab: »Ja, das habe ich. Du kannst mir noch einen Krug bringen!«

Der Wirt walzte befriedigt davon und erschien sogleich wieder. Walther verlangte: »Stell's beiseite! Und wisch mir den Tisch trocken, damit ich das Papier darauf ausbreiten kann!«

Er fragte sich im stillen: Warum ist Hestergart weggegangen? Will er mich in Ruhe lesen lassen, damit ich mir alleine schlüssig werde? Vielleicht meint er es doch ehrlich?

Er hatte einen englischen Text erwartet. Aber am Kopf der Seite standen die Worte ›Übersetzung einer Proklamation des Amtes für Handel und Pflanzungen, Präsident Lord Halifax, London, Whitehall, am 7. März 1749‹.

Walther überlegte: Der Captain hatte das Dokument schon wesentlich früher, als darin angegeben war, zur Kenntnis bekommen. Das hatte er auch angedeutet. Er mochte es dann für sich oder seine Leute übersetzt haben und hatte sich sofort damit auf den Weg ins heimatliche Kurfürstentum Hannover gemacht. Walther begann mit dem Studium des Textes.

»Seiner Majestät ist ein Vorschlag unterbreitet worden, in der Provinz Neu-Schottland in Nord-Amerika eine Zivil-Regierung einzurichten, wie auch besagte Provinz besser zu bevölkern und aufzusiedeln, dazu dort die Fischerei auszudehnen und zu verbessern. Zu diesem Ziel soll in selbiger Provinz Land vergeben werden. Auch soll den Offizieren und dem gemeinen Mann, soweit letzthin entlassen aus dem Dienst Seiner Majestät zu Lande und zur See, noch andere Ermutigung gegeben werden, solche Zuweisungen von Land anzunehmen und darauf allein oder mit Familie in Neu-Schottland ansässig zu werden . . .«

Walther hatte die Sätze einigermaßen mühsam entziffert. Der Federkiel, mit dem die Übersetzung niedergeschrieben war, schien nicht besonders sorgfältig geschnitten gewesen zu sein. Er hob den Blick von dem gelblichen Papier, bedeckte es mit seiner flachen Hand. Ob er es wollte oder nicht, ein Gedanke war nicht abzuweisen: Offiziere und Soldaten Seiner Majestät, dazu würde ich auch gehören – und wenn Hestergart irgendwie die noch nicht abgerissenen zwei Jahre ausgleichen könnte, dann ...«

Und schon las er weiter. Heiß wurde ihm dabei. Es war nicht ganz einfach, den Sinn der verschachtelten Sätze zu erfassen. Aber dies wurde klar:

Jedem gewöhnlichen Siedler wurden fünfzig Morgen Land und dazu zehn weitere Morgen für jedes Glied seiner Familie zugesagt. Er und Anke würden also zunächst sechzig Morgen bekommen – und wenn Kinder kämen – er merkte gar nicht, wie kühn es war, überhaupt schon an Kinder zu denken – jeweils zehn Morgen mehr!

Aber auch Waffen und Munition wurden zugesagt. Warum das? Gegen wen sollten sie benutzt werden? Gegen die wilden Tiere, gegen die Indianer, gegen die Franzosen? Walther hatte in der Armee, aber auch danach hier und da, manches davon läuten hören, wie es in den amerikanischen Kolonien Englands zuging, hatte auch Namen wie Virginia, New York, Massachusetts gelegentlich gehört und gerade wegen ihrer Fremdartigkeit behalten, aber Neu-Schottland – das war ihm neu. Wahrscheinlich lag es im Norden von den Neu-England-Kolonien, wie Schottland auch im Norden von England lag. Waffen und Munition, das sollte zu denken geben. Vor allem wird man sie wohl wegen der wilden Tiere in den Wäldern, der Bären und Luchse und Wölfe, nicht entbehren können. – Es hieß weiter:

»Zugesagt werden fernerhin Materialien und Utensilien für den Ackerbau, für das Roden und Bestellen der Felder, für den Bau von Behausungen, für das Betreiben des Fischfangs und was sonst noch notwendig ist, damit die Siedler ihren Unterhalt finden.«

Anschließend wurde festgestellt, daß Fähnriche Anträge auf achtzig Morgen, Leutnants auf zweihundert, Oberleutnants auf dreihundert, Hauptleute auf vierhundert Morgen Landes stellen könnten. Offiziere von noch höherem Rang aber hätten Anspruch auf sechshundert Morgen, zuzüglich dreißig Morgen für jedes Familienglied.

Walther sagte sich mit leisem Ingrimm, während er dies las, vierhundert Morgen, sechshundert Morgen – die zu bearbeiten brauchen sie Dutzende von Leuten. Woher sollen sie die nehmen, wenn jeder, auch der einfachste Mann, schon fünfzig bekommen kann, mehr also, als er zum Leben nötig hat! Walther hatte unversehens begonnen, als Amerikaner zu denken – und saß doch noch in Celle über den Fritzenwiesen an der Aller.

Und weiter las er, daß jeder Siedler für ein Jahr nach seiner Ankunft in Neu-Schottland auf Regierungskosten gespeist und getränkt werden würde. Und dann:

»Es wird jedermann zugesagt eine zivile Regierung, unter welcher sich die Bürger besagter Provinz Neu-Schottland der gleichen Freiheiten, Vorrechte und Steuervorzüge erfreuen werden wie die Untertanen Seiner Majestät in allen anderen amerikanischen Kolonien und Siedelgebieten unter der Regierung seiner Majestät, auch angemessene Vorkehrungen für ihren Schutz und ihre Sicherheit.«

Dies alles war den Neusiedlern feierlich von Amts wegen versprochen, den Bauern also, aber nicht nur ihnen, sondern auch »Tischlern, Bootsbauern, Schmieden, Maurern, Zimmerleuten, Ziegelbäckern und Ziegellegern sowie allen anderen Handwerkern, die für Hausbau und Landwirtschaft vonnöten sind«.

Am 20. April schon sollten die Schiffe mit den Auswanderern sich auf die große Reise machen, hieß es am Schluß des Dokuments.

Jonas von Hestergart tauchte wieder auf, als Walther Corssen das Studium des Schriftstückes bereits beendet und das Papier sorgfältig wieder zusammengefaltet hatte. O mein Herr und Gott, wenn das alles stimmt, was da geschrieben steht, und wenn Anke nicht inzwischen den Mut verloren hat – grundgütiger Heiland, wir brauchten nicht mehr weiter zu suchen und zu sorgen! Neu-Schottland – wie mag es da wohl aussehen? Aber schließlich gab es schon andere Menschen dort, Christenmenschen, wie es sich gehört. Und der Hauptmann von Hestergart wollte ja auch hingehen!

Hestergart fragte: »Nun, Walther, was sagst du zu der Sache?«

»Ja, Euer Gnaden, das klingt alles viel großartiger, als man glauben möchte. Aber ich denke mir, die fünfzig Morgen, die jedem Siedler versprochen werden, sind sicherlich mit wildem Wald bedeckt, der erst gerodet werden muß, ehe man etwas pflanzen kann. Sonst brauchten ja auch den Siedlern keine Rationen für das ganze Jahr versprochen zu werden. Und Roden, Euer Gnaden, das ist eine nackenbrechende Arbeit. Das weiß ich aus der Heide. Wir sagen, wenn der Bauer in seinem Leben einen Morgen Wald und Heide in Ackerland verwandelt, dann ist er fleißig gewesen und braucht sich beim Jüngsten Gericht vor Gottes Thron nicht zu schämen. Und wir sagen auch, daß ein Feld auf frischer Rodung erst im achten Jahr eine wirklich volle Ernte bringt. Aber mit all dem würde man schließlich fertig werden. Wir werden ja hier auch damit fertig und brauchen nicht zu hungern. Und gewiß ist der Boden in Amerika oder Neu-Schottland, wie es genannt wird in diesem Papier, viel fruchtbarer als unser Sand. Aber gilt das ganze Angebot nicht nur für englische Untertanen? Würde denn ein Deutscher überhaupt angenommen werden?«

Hestergart erkannte, daß seine Vermutung zutreffend gewesen war: Dieser entlaufene Soldat hatte seine fünf Groschen beieinander und noch einiges mehr. Der war nicht dumm. Der würde gut zu gebrauchen sein. Er erwiderte: »Mit Vergnügen werden Deutsche genommen. Der englische König ist ja auch ein Deutscher. Ich bin es auch. Cornwallis, der Kommandeur des ganzen Siedelwerks, hat nicht ein einziges Wort darüber verloren, als er mich mit Bulkeley, Gates und anderen in seinen Stab aufnahm. Es kommt nur darauf an, daß man protestantisch ist, auf keinen Fall katholisch, denn die Franzosen sind alle katholisch. Und das ganze Unternehmen ist dazu bestimmt, den Franzosen Widerpart zu leisten, damit sie die englischen Kolonien in Amerika von Boston über New York bis nach Virginia hinunter nicht weiter von Norden bedrohen.«

»Mit den Franzosen habe ich nichts im Sinn, nach allem, was ich bei ihnen erlebt habe. Und lutherisch bin ich auch.«

»Also! Hör zu, ich mache dir einen Vorschlag, Walther, und du kannst ihn dir überlegen, hast zwei Tage Zeit. So lange bin ich noch hier. Dann muß ich wieder nach London zurückreisen und mich bei Cornwallis zum Dienst melden. Ich will zwei gute Pferde mitnehmen nach drüben. Bulkeley nimmt sogar drei mit. Dafür brauche ich einen verständigen Pfleger und Bereiter, der mir auch sonst zur Hand geht, notfalls auch dem Kommandeur auszuhelfen hat. Du verpflichtest dich für zwei Jahre. Damit machst du dich erstens als ehemaliger Füsilier Seiner Majestät wieder ehrlich, und zweitens gewinnst du Zeit, dich im Lande umzusehen und mit den Umständen vertraut zu machen, bist auch während dieser Zeit vor allen Brotsorgen geschützt. Wenn die zwei Jahre um sind, kannst du dich entscheiden, ob du weiter im Dienst bei mir und Cornwallis bleiben willst. Ich zahle dir eine Guinee im Vierteljahr. Ich sorge für angemessene Kleidung und dein Essen und Trinken. Das ist mein Vorschlag, und er ist nicht schlecht, wie du zugeben wirst, wenn du mit den Verhältnissen einigermaßen vertraut bist.«

Daran vermochte Walther nicht zu zweifeln. Doch waren sein Argwohn und sein Mißtrauen – nach den vielen vergeblichen Versuchen, die schon hinter ihm lagen – noch nicht behoben.

»Aber warum gerade ich, Euer Gnaden?«

»Das will ich dir sagen: Ich brauche jemand, auf den ich mich verlassen kann und jemand, mit dem ich deutsch reden kann, dem aber auch das Englische nicht fremd ist. Du warst ein guter Soldat, das weiß ich. Das sollte in einem wilden Land viel wert sein. Du bist mit Pferden groß geworden, kommst aus einer Pferdegegend. Und du bist nicht einer vom gewöhnlichen Pack, wie man's an jeder Ecke auflesen kann. Zwei Leute für den Leibdienst habe ich schon, einen für Bulkeley und einen für mich. Wenn du dich schnell entschließt, kannst du gleich mit mir nach England mitkommen. Eine halbe Guinee gebe ich dir als Handgeld.«

Konnte er überhaupt noch ablehnen? Walther fühlte sich umstellt von lauter verlockenden Möglichkeiten. Es ging ihm nur alles zu schnell. Und außerdem: »Da ist noch etwas, Euer Gnaden, was mir wichtiger ist als alles andere. Ich bin nicht allein. Ich bin mit einem Mädchen versprochen. Wenn ich sie nicht mitnehmen kann, dann wird nichts mit Neu-Schottland.«

Herr von Hestergart hatte erstaunt und dann belustigt die Augenbrauen hochgezogen bei diesen Worten: Er rief: »Ist sie hübsch, Walther?«

Die vergnügte Frage gefiel Walther gar nicht. »Darüber habe ich noch nicht nachgedacht, Euer Gnaden. Sie soll meine Frau werden, sobald wir nur aus dieser Gegend fort sind. Deshalb wollen wir weg von hier, möglichst weit weg.«

»Noch nicht nachgedacht, ob sie hübsch ist? Darüber braucht man doch nicht nachzudenken. Das sieht man doch, und deshalb verliebt man sich. Oder hast du so wenig Talent zum Liebhaber? Du siehst mir gar nicht danach aus, Walther. Sicherlich kannst du sie mitbringen. Einige der Herren sind verheiratet und nehmen ihre Damen mit. Die werden wahrscheinlich erfreut sein, wenn ich ihnen sage, ich hätte eine zuverlässige Kammerfrau für sie. Aber ich gebe dir den guten Rat, Walther, heirate sie mit Brief und Siegel, noch vor der Ausreise! Es werden mehr unverheiratete Männer mit von der Partie sein als verheiratete. Und wenn sie hübsch ist, wie du sagst, Walther, und noch keinen Ring am Finger trägt, dann sehe ich schwarz, sehr schwarz sogar, mein Bester!«

Walther kreuzte die Arme und sah den Captain mit Augen an, aus denen der letzte Rest von Unterwürfigkeit verschwunden war. »Für dergleichen ist meine zukünftige Frau nicht zu haben, das lassen sich Euer Gnaden nur gesagt sein. Außerdem bin ich nicht einer, der sich die Butter vom Brot nehmen läßt. Dann – wegen der zwei Jahre, die ich noch abdienen müßte, Euer Gnaden: Ich habe mich zerstechen und zerschießen lassen und bin nachher beinahe doch noch zu Tode gekommen. Ich glaube, ich habe damit meine Schuldigkeit getan. Und wenn dennoch jemand mehr von mir verlangt – ich weiß, wie man über die Grenzen kommt –, und es findet mich keiner wieder, wenn ich nicht will. Wäre ich nur allein für mich verantwortlich, so würde ich wohl gleich nach London mitreisen. Das bin ich aber nicht. Anke muß erst ihre Zustimmung geben. Anke, Euer Gnaden, so heißt das Mädchen – und sie ist nicht irgendwer, den man einfach kommandiert. Wenn Euer Gnaden nicht noch ein paar Tage warten mögen . . .?

»Das kann ich nicht. Aber ich habe noch einiges in Rotterdam zu erledigen, was etwa eine Woche in Anspruch nehmen wird. Ich wohne im ›König von Schweden‹. Das Gasthaus ist leicht zu finden. Wann kannst du deine Anke um ihre Zustimmung bitten?«

»Am kommenden Sonntag!«

»Also übermorgen! Gut, dann wird keine Zeit verloren. Ich glaube, Walther, wenn ihr euch einig seid, wird sie ›ja‹ sagen. Habt ihr genug Geld für die Reise nach Rotterdam?«

»Das haben wir allemal, Euer Gnaden!«

Erschreckend fast war es, wie bedenken- und bedingungslos Anke ›ja‹ sagte, als Walther sie am Sonntag darauf bei den Erlen im Bruch wiedersah. Sie schien ohne jeden Zweifel damit gerechnet zu haben, daß Walther am ersten verabredeten Tage auftauchen, daß er einen fertigen Plan und ein festes Ziel mitbringen würde.

Sie hatte im geheimen ihr Bündel schon geschnürt. Sie war bereit, mit Walther auf und davon zu gehen, bei Tag oder bei Nacht, jederzeit.

»Nicht warten, nicht warten, Walther!« drängte sie. »Hier hält mich nichts mehr. Ich kann es nicht mehr ertragen. Wo hast du deine Sachen?«

»Ich habe sie auf dem Wege von Hope hierher im Walde versteckt. Ich habe alles Notwendige von Celle mitgenommen, auch mein Geld.«

»Das rühren wir nicht an, Walther. Ich besitze ein paar Taler, die mir meine Paten zur Konfirmation geschenkt haben. Die werden uns ein großes Stück weiterhelfen.«

»Wir müssen, denke ich, bis Minden zu Fuß reisen, damit uns keiner aufhält. Wir nehmen nur Nebenwege. Von Minden aus werden wir mit der Post weiterkommen. Da sind wir schon aus dem Lande. Wir kommen rechtzeitig nach Rotterdam, hoffe ich. Ich denke sogar, der von Hestergart wird warten, auch wenn wir uns ein paar Tage verspäten. Er braucht Leute wie uns – vielleicht sogar braucht er uns nötiger als wir ihn. In einem wilden Lande, ich sage dir, Anke, so ist es, da werden wir alle gleich sein, und es gilt nur, wer etwas kann und wer Courage hat. Und Courage, Anke? Anke, mit dir habe ich jede Courage!«

Die Liebenden hatten vereinbart, sich noch am gleichen Abend bei den Erlen im Bruch zu treffen.

Anke schlief nicht mehr im Haupthaus, sondern im Anbau, wo das Gesinde wohnte. Immerhin besaß sie eine Schlafkammer für sich allein. Die Tür öffnete sich unmittelbar ins Freie, auf den Hof.

Glühend vor innerer Spannung hielt Anke sich den Abend über ganz im Hintergrund. Kein hastiges Wort, keine Geste sollte sie verraten. Nach dem Essen sprach der Vater den Abendsegen. Die Leute polterten aus der Stube. Man ging früh zu Bett und stand noch früher auf. Mit den Talglichtern in den Kammern mußte gespart werden.

Anke hatte mit einer Magd das Geschirr zu reinigen. Sie sprach kein Wort dabei, und die Magd wunderte sich. Anke hatte eben immer ihre Launen.

In der Deele, bei dem einzigen Licht im Hause, saß der Vater. Er hatte sein abgegriffenes Wirtschaftsbuch hervorgeholt und rechnete. Das Buch, in unverwüstliches Schweinsleder gebunden, diente dem Lüders-Hof schon seit Generationen, verzeichnete Jahr für Jahr auf je zwei bis drei Seiten die wesentlichen Ereignisse im Leben des Hofes. Die Menschen, die den Hof bewirtschafteten – sie wechselten; der Hof blieb, als sei er für die Ewigkeit bestimmt. Das war er auch – und alles, was geschah, mußte in dem großen Buch getreulich festgehalten werden: Saat und Ernte, Frost und Hitze, die Menge des Saatguts und die Erträge, die gewonnen wurden, die Zahl der in jedem Jahr geborenen Kälber, Ferkel und Fohlen, und was ihr Verkauf gebracht hatte – und manches andere, worin sich der Aufschwung oder auch der Rückgang des Hofes verriet.

Wenn der Vater über dem Buche saß und immer wieder mit knirschendem Griffel auf einer Schiefertafel rechnete, ehe er mit kleinen, kantigen Buchstaben sehr langsam und sorgsam einige Zahlen in das große Buch übertrug, dann wagte niemand, ihn zu stören. Jeder wußte: Wohl und Wehe des Hofes spiegelten sich getreu auf diesen harten gelben Blättern.

Anke mußte über die Deele gehen, wenn sie ums Haus herum zu ihrer Kammer gelangen wollte. Vielleicht war der Vater so beschäftigt, daß er sie gar nicht bemerkte. Er hatte den Kopf in die Hand gestützt und rechnete langsam eine Zahlenreihe nach, die er schon addiert hatte. Das Licht der Kerze lockte harte Schatten aus dem geneigten Gesicht. Der Vater hatte Sorgen. Als Anke ihn so reglos vor der brennenden Kerze sitzen sah, durchfuhr es sie wie ein Schlag: Er grämt sich.

Sie wollte sich mit einem geflüsterten: »Gute Nacht, Vater!« vorbeistehlen – da hob er den Kopf: »Anke, du wirst morgen eine Stunde früher aufstehen, beim ersten, nicht erst beim dritten Hahnenschrei, und ins Dorf gehen zu Altmaiers. Wir brauchen Bruteier von der neuen Hühnersorte. Ich habe heute nach der Kirche mit Altmaier darüber gesprochen. Nimm einen Korb mit. Zwei Mandeln gibt er uns ab. Ich schicke dich, weil auf dich mehr Verlaß ist als auf Christina und Eicke; die Jungmägde sehen sich nicht vor. Ich gebe dir das Geld gleich mit. Einen Silbergroschen für die Mandel.« Er reichte ihr zwei kleine Geldstücke. »Knüpfe sie dir in die Ecke des Kopftuchs, damit du sie nicht verlierst. Halte dich nicht auf im Dorf, sondern kehre gleich um. Am halben Vormittag brauche ich dich hier beim letzten Drusch.«

Anke war stehengeblieben. Sie hielt den Kopf gesenkt. Sie erwiderte – und ihre Stimme war ein wenig heiser: »Ja, Vater!« Nichts weiter.

Sie wollte sich fortwenden, wagte es aber nicht, denn der Vater hatte sich erhoben. Was wollte er noch?

Das Schweigen dröhnte in ihren Ohren. Endlich kam seine Stimme – ohne Vorwurf, nur traurig: »Willst du mich nie mehr ansehen, Kind?«

Im Innersten zitternd hob Anke die Augen, ließ sie über sein Gesicht gleiten.

Nein, sie vermochte ihn nicht anzusehen. Sie schlug die Augen nieder, stand plötzlich wie erstarrt.

Noch einmal kam seine Stimme: »Noch immer halsstarrig?«

Er wandte sich wieder seinem Wirtschaftsbuch zu. Dann sagte er, über die Schulter hinweg: »Geh jetzt und tu, was ich dir sagte.«

Als die Tür der Deele hinter Anke zufiel, war ihr, als bräche mit dem harten Schlag des einrastenden Schlosses das letzte Band, das sie mit der Heimat noch verbunden hatte. Und sie dachte nur: Morgen wird, weil der Vater mich ins Dorf geschickt hat, meine Abwesenheit überhaupt nicht auffallen. Und wenn sie was merken, sind wir längst über alle Berge!

Sie wartete, bis sich nichts mehr regte im Gesindehaus.

Sie nahm die beiden Bündel auf, in denen sie ihre Habseligkeiten verpackt hatte. Die zwei Silbergroschen, die der Vater ihr für die Bruteier gegeben hatte, legte sie auf den Tisch. Der Vater oder die Schwester würden sie finden und wissen, daß sie davongegangen war und nicht wiederkehren wollte.

Sie schlich über den Hof. Der Hund schlug nicht an, er kannte sie ja. In der Deele war das Licht noch nicht erloschen. Durch das kleine Fenster, das eine Glasscheibe hatte, sah sie den Vater am Tisch sitzen wie zuvor. Er rechnete nicht mehr. Er las in der Bibel wie jeden Abend. Obgleich das Bild des Mannes schnell vor Ankes Augen vorüberhuschte, prägte es sich unverwischbar in ihr Hirn ein. Dort saß der, den sie verließ!

Seine Schuld, nicht meine!

Fort jetzt, nur fort!

Die Würfel waren gefallen. Eine wilde, atemlose Begeisterung trug die Fliehenden fort. Sie wanderten die Nacht hindurch und weit in den nächsten Tag hinein. Walther kannte sich aus, ganz genau! Er ging nicht fehl. Gegen Mittag des nächsten Tages kreuzten sie ungesehen die Grenze gegen Schaumburg-Lippe. Ein Bauer gab ihnen Quartier, glaubte ihnen, daß sie in Minden Arbeit suchen wollten. Dies waren keine Landstreicher, das war leicht zu erkennen. Sie schliefen sich aus.

Von Minden aus, rechnete Walther, würden sie mit der Post weiterkommen, wenn ihnen das Glück treu blieb.

Es blieb ihnen treu.

In einem Städtchen unterwegs, dessen Name ihnen nichts besagte – die Post war verspätet in regnerischer Nacht dort angekommen –, wies ihnen der verschlafene Wirt, der sie für Eheleute hielt, eine gemeinsame Schlafkammer an.

»Anke, meine Anke!«

»Du!« . . .

In Rotterdam fanden sie den ›König von Schweden‹ und im Gasthof Jonas von Hestergart, der gar nicht verbarg, wie erleichtert er war, die beiden zu sehen.

In der großen Hafenstadt, wo die meisten Leute Calvinisten sind, fand sich auch ein lutherischer Pastor, und der gab schon am nächsten Tag in einer kleinen Kapelle Anke Hörblacher und Walther Corssen als Mann und Frau zusammen. Jonas von Hestergart und Hans Haubolt, einer der beiden Bedienten, die der Captain ebenfalls in Celle angeworben hatte, waren die Zeugen.

Zwei Tage danach warf der Segler, der sie alle und eine Anzahl weiterer Passagiere zur Themse-Mündung und nach London bringen sollte, die Halteleinen los und legte ab. Drei Stunden später überfiel die Seekrankheit die vier Männer und die Frau aus dem Hannoverschen; nur Hestergart hielt sich einigermaßen wacker.

5

Am 14. Mai 1749 hatte die ›Sphinx‹, eine wohlbestückte Korvette Seiner Majestät des Königs von England, in der Themse vor London die Anker gelichtet, war mit der kräftig laufenden Ebbe den Strom hinuntergeglitten, unterstützt von einem leichten Nordnordwest, hatte die offene See erreicht und noch am gleichen Abend um Nord- und Süd-Foreland in die Straße von Dover und damit in den Kanal wenden können, vor beständigem Wind.

Einen so mühelosen und angenehmen Anfang ihrer langen Reise in ein nur eben dem Namen nach bekanntes, wildfremdes Land hatten Besatzung und Passagiere dieses schnellsegelnden, wendigen Kriegsschiffes für ein gutes Vorzeichen genommen. Sie hatten sich auch nicht getäuscht. Kaum einmal hatten sie auf dem Nordatlantik wirklich schlechtes Wetter, und nach genau einem Monat hob sich im Westen ein feiner, dunkelblauer Streif über die Kimm, der keine Wolkenbank sein konnte. Land, Land! Aber die Küste Neu-Schottlands war es noch nicht, was sich da zeigte, sondern Cape Race, die Südost-Ecke Neufundlands, jener einsame Punkt im Nordatlantik, der von England aus gewöhnlich angesteuert wurde. Der Kapitän der ›Sphinx‹ freute sich über die genaue Navigation und veränderte den Kurs des Schiffes um einige Grad weiter nach Süden.

Schon zwei Tage später drängte von neuem ein schmales dunkles Band an Steuerbord des Schiffes zart und zunächst beinahe unglaubhaft über der Wasserweite hoch: Neu-Schottland endlich! Nichts anderes konnte es sein!

Niemand an Bord des guten, sich sachte in einer südwestlichen Dünung wiegenden Schiffes hatte diese Küste je zu Gesicht bekommen. Der Kapitän und auch Cornwallis, der Kommandant der Expedition, wußten wohl, daß sie die geschützte und sichere Bucht von Chebucto anlaufen sollten.

Aber wo lag Chebucto? Keine Karte verriet, woran man den Eingang in diesen natürlichen Hafen erkennen konnte. Zuverlässige Beschreibungen dieser Küste, nach denen sich der Kapitän hätte richten können, gab es noch nicht. Vielleicht hatten die Franzosen den Verlauf der Ufer schon in ihre Seekarten eingezeichnet. Die Engländer tappten noch ziemlich im dunkeln. Der Kapitän der ›Sphinx‹ war vom Ersten Lord der Admiralität in London beauftragt, diese Küste, so gut er es vermochte, zu skizzieren. Vorläufig traute er sich nicht sehr weit unter Land. Es war immerhin bekannt, daß die Ostküste Neu-Schottlands felsig, zerklüftet, klippenreich, gefährlich war. Es empfahl sich also, Abstand zu halten und auf einen glücklichen Zufall zu hoffen – wenn man nicht bei ruhigem Wetter ein Ruderboot aussenden wollte, um mühsam Meile für Meile die Küste zu erkunden und nach einem geschützten Ankerplatz in ausreichend tiefem Wasser zu suchen.

Das Glück, das die einer neuen, noch rätselschweren Welt entgegenstrebenden Reisenden bis dahin einigermaßen begünstigt und vor zerstörerischen, sie weit aus der Bahn treibenden Winden bewahrt hatte, blieb ihnen auch hold, da nun schon die ersehnte Küste an Steuerbord ferne vorüberzog.

Ein Segel schob sich über den Horizont. Die ›Sphinx‹ wendete darauf zu und hatte den fremden Segler bald seitab. Die Schaluppe drehte bei. Es stellte sich heraus, daß das Schiff aus den englischen Kolonien weiter im Süden, aus Boston kam, um zwei mit der Küste einigermaßen vertraute Lotsen nach Louisbourg zu bringen. Louisbourg – das war die gewaltige von den Franzosen erbaute Seefestung auf der ›Insel des Bretonischen Kaps‹ – ›Cape Breton Island‹ –, die sich nordöstlich unmittelbar an die große Halbinsel Nova Scotia anschließt, nur durch die schmale Meeres-Straße von Canso vom neuschottländischen Festland getrennt.

Die Yankees nämlich, die ungehobelten, mit Vergnügen

unbotmäßigen Bewohner der neu-engländischen Kolonien im Süden hatten sich 1745 aufgemacht und die für uneinnehmbar gehaltene französische Festung an der Südost-Kante der Cape-Breton-Insel im unverschämt kühnen Handstreich erobert. Sie hatten damit eine schwere Gefahr für ihre Wohnsitze beseitigt und die Franzosen des südlichen Flankenschutzes für die Mündung des Sankt-Lorenz-Stroms beraubt, dieses tief ins amerikanische Innere hineinweisenden, den Ottawa-Fluß aufwärts, zu den Großen Amerikanischen Binnenseen und weiter zum Mississippi zielenden Wasserweges, über den die Franzosen, viel beneidet, den unerhörten Reichtum an Pelzen aus dem fernen Westen anzapften. Louisbourg war englisch geworden. Der Union Jack wehte über seinen Mauern, Glacis und Bollwerken.

Jonas von Hestergart stand neben Walther Corssen an der sich leise in der Dünung hebenden und senkenden Verschanzung der ›Sphinx‹, hatte seine aristokratische Reserve vergessen, die er während der Reise gewahrt hatte. Wollte doch jeder an Bord wissen, was da an Neuigkeiten in dem langsam herantanzenden Beiboot von der Yankee-Schaluppe herüberkam. Der junge, der Seereise gründlich überdrüssige Hestergart spürte die gleiche Wißbegier und Erregung wie Walther, sein nun schon bewährter und tüchtiger Diener und Pferdepfleger, den nicht als gleichwertigen Kameraden zu betrachten ihm von Tag zu Tag schwerer fiel.

Jetzt lag das ersehnte, das ›gelobte Land‹, in Sichtweite, aber es ließ sich nicht erreichen. Vielleicht wußte der amerikanische Segler Hilfe und Rat. Sie verfolgten das langsame Nahen des Beiboots; es brachte zwei fremde Männer von dem kleineren Schiff herüber. Hestergarts Herz floß über; er vermochte der Versuchung nicht zu widerstehen, war in das vertraute Deutsch abgeschwenkt, hatte einige zögernde Fragen Walthers beantwortet und fuhr nun fort:

»Aber dann hat es großen Spektakel gegeben, in London, aber viel mehr noch in Neu-England von Boston über Providence und New York bis nach Philadelphia. Unser hannoverscher König von England besitzt kaum eine Vorstellung von seinen fernen Besitzungen an der anderen Seite des Ozeans, weder von Massachusetts, noch von Pennsylvania, höchstens von Virginia, weil da sein Tabak herkommt. Für den König war viel wichtiger als Louisbourg, das den Louis von Frankreich fürchterlich viele Louisdor gekostet hat, daß Frankreich immer noch Bonnie Prince Charlie beherbergte und stützte, seinen gefährlichsten Gegner, den Anwärter auf den englischen Thron aus dem Hause Stuart. Der König hat also den Franzosen die Rückgabe von Louisbourg angeboten, wenn sie den schottischen Prinzen Charlie fallenlassen und ausweisen. Die Franzosen haben sofort zugegriffen, haben den Stuart-Prinzen aufgegeben und werden nun Louisbourg wieder besetzen, nachdem die Engländer den Platz noch großartig verstärkt haben. Natürlich meinen die Yankees in Boston, dieser ganze im Frieden von Aachen im vorigen Jahr, im April 1748, vereinbarte Kuhhandel sei ein sehr jämmerliches Geschäft gewesen. Ihnen ist es gleichgültig, ob im fernen London unser Georg der Zweite, Kurfürst von Hannover, oder ein Stuart auf dem englischen Thron sitzt. Die Yankees hatten sich mit der Eroberung von Louisbourg schon als Herren am Sankt Lorenz, in Quebec und im ganzen Canada der Franzosen gefühlt. Und in England gibt es immer noch eine starke Minderheit, die lieber einen schottischen Prinzen auf dem englischen Thron sähe als unseren kleinen, aufgeblasenen Kurfürsten – ja, Walther, so ist das: In Amerika nimmt man kein Blatt vor den Mund, habe ich mir sagen lassen, und mit dir kann ich ja offen reden! Also hat die englische Regierung, um die Yankees zu beruhigen, den amerikanischen Kolonien alle Kriegskosten ersetzen und außerdem versprechen müssen, an der neuschottländischen Küste ein englisches Gegenstück zu Louisbourg zu errichten, eine starke Seefestung mit gutem Hafen, als Warnung für die Franzosen. Und wenn du und deine Anke es genau wissen wollen – ich habe das selbst auch erst unterwegs einigermaßen begriffen, seit Cornwallis abends in der Kajüte gelegentlich gesprächig geworden ist –, wenn du es ganz genau wissen willst: Wir und die vielen Schiffe, die nach uns abgesegelt sind, schaffen die Menschen heran, dieses englische Gegenstück zu Louisbourg einen oder zwei gute Segeltage südwestlich von Louisbourg entfernt an der neuschottländischen Küste zu errichten und zu bevölkern. Chebucto heißt der Platz, wo das geschehen soll. Wenn wir nur wüßten, wo Chebucto liegt. Aber vielleicht erfahren wir es jetzt.«

Das Beiboot hatte an der Korvette festgemacht. Die See war

kaum bewegt. Die beiden fremden Männer, die von der Yankee-Schaluppe übergesetzt waren, kletterten ohne Mühe an Bord und wurden sofort nach achtern zum Kapitän geleitet. Bald verbreitete sich die erfreuliche Kunde, daß die Yankee-Schaluppe zwei Lotsen, eben die beiden Männer, die soeben über das Schanzkleid gestiegen waren, an Bord gehabt hatte. Die zwei Piloten sollten der englischen Garnison von Louisbourg zur Verfügung stehen, wenn diese von den wieder in ihre früheren Rechte eingesetzten Franzosen abgelöst werden würde. Der Friede von Aachen hatte zwar schon 1748 die Rückgabe der mächtigen Seefestung an den König von Frankreich verfügt, dessen Namen sie trug, aber es dauerte lange, bis solche Bestimmungen über die Meere hinweg wirksam wurden. Der wilde Nordatlantik verbot in den Wintermonaten jede Seefahrt.

Herr von Hestergart war hinter den Lotsen aufs Kapitänsdeck am Achterende des Schiffes emporgestiegen. Das Kapitänsdeck stand nur den Herren offen. Ihren Bedienten und Helfern nur, wenn sie dort oben gebraucht wurden.

Den an Walthers Seite leer gewordenen Platz hatte Anke eingenommen. Auch sie wollte wissen, was sich ereignete. Die lange Seereise hatte sich zur Qual für die junge Frau ausgewachsen. Zwar hatte sie nur wenig unter der Seekrankheit gelitten und das Schlimmste schon auf der Überfahrt von Rotterdam nach England überstanden. Aber die Enge auf dem Schiff, das ständige Einander-im-Wege-Sein, das unablässig schwankende Deck, das grobe und eintönige Essen, vor allem aber die unabsehbare Leere, die feindlich wilde Öde der ewig wallenden See, der in der scheinbaren Wirrnis der Takelage unaufhörlich weinende oder pfeifende Wind, das harte Knarren der Rahen und Blöcke – dazu das Getrenntsein von dem eben erst angetrauten Mann, der doch räumlich so nahe war –, all dies hatte ihr hart zugesetzt.

Zwar trug die ›Sphinx‹ an Passagieren nur Cornwallis und seinen Stab, darunter Bulkeley, Gates und Hestergart und einige Damen, samt ihren Bedienten, Sekretären, Butlern und Pferdepflegern, dazu fünf verheiratete Frauen. Aber das Schiff war nur klein, bedurfte, wie alle Kriegsschiffe, einer zahlreichen Besatzung, hatte auf dem Zwischendeck acht Pferde unterbringen müssen, die der Seefahrt durchaus keinen Geschmack abgewinnen konnten, und hatte schließlich noch ein kleines Gebirge von Bündeln, Kästen, Kisten, Körben, Truhen zu verstauen gehabt. Auch an Waffen und Munition, an Sätteln und Werkzeugen fehlte es nicht – wußte doch keiner genau, ob in dem fernen Neu-Schottland oder Nova Scotia auch nur die allereinfachsten Bedürfnisse des Daseins, so, wie man es bisher gewohnt gewesen war, zu befriedigen sein würden.

Der Kapitän der ›Sphinx‹ ließ es auf nichts ankommen. Die fünf verheirateten Frauen des einfachen Volkes im Zwischendeck wurden des Nachts in einen ausgeräumten Lagerraum unterhalb des Kapitänsdecks nicht gerade eingesperrt, aber doch gesondert untergebracht, streng getrennt von aller Männlichkeit. Eine bewaffnete Wache wurde vor ihrer Tür postiert, die ihrerseits wieder von dem auf der Poop wachegehenden Offizier ständig im Auge behalten wurde.

Den drei Damen unter den Passagieren ging es ein Deck höher nicht viel besser. Auch sie hausten gemeinsam in einem allerdings viel größeren und wohnlicheren Raum; ein kleiner Teil des Oberdecks war für sie abgegrenzt, und der Offizier der Brückenwache versah den Aufpasserdienst vor ihrer Tür nur ganz unauffällig.

Cornwallis hatte sich allen Anweisungen des Kapitäns der ›Sphinx‹ ohne Widerspruch gefügt. Ein Kriegsschiff Seiner Britannischen Majestät war kein Ballsaal und ganz gewiß kein Haus weltlicher Freuden. Dies Kriegsschiff trug den Kommando-Stab einer erst im Werden begriffenen Kolonie des Vereinigten Königreichs über das Weltmeer. Die Beteiligten hatten sich des Ernstes ihrer Aufgabe und Lage bewußt zu sein – wenn das auch den vielen jungen Leuten in so peinlicher Enge nicht immer gelang.

Anke drängte sich ein wenig an Walther heran. Er spürte, wie ihr Arm durch das Tuch seiner Jacke den seinen wärmte. Seine Hand stahl sich über die ihre, die sich an der Verschanzung festhielt. Es war selten geworden, daß sie sich so nahe kamen. Eine große Scheu hielt vor allem Anke davon ab, andere Leute merken zu lassen, daß sie ihrem Mann so eng verbunden war. Sie hatte sich noch nicht daran gewöhnt – und wußte bereits, daß sie sich nie daran gewöhnen würde –, mit fremden Frauen, die ihr nichts besagten, oder mit Männern, groben, gierigen, wie den Matrosen, oder glatten, hochmütigen, aber nicht minder lüsternen, wie den Herren vom Stabe, auf alltägliche, gleichgültige Weise umzugehen. Die peinliche Notwendigkeit, selbst intime Verrichtungen nicht ohne, zumindest weibliche Zeugen, erledigen zu müssen, erfüllte sie mit Ärger und Scham. Die säuerlich riechende Luft in dem kalten Raum, auf den sie sich mit den anderen Frauen beschränkt sah, das nie abreißende Geschwätz, die Ungewißheit der Zukunft, die harte Gewißheit aber, daß an ein Zurück nicht mehr zu denken war, das alles zehrte an Ankes Kraft und Gesundheit. Sie hatte an Gewicht verloren; die Kleider waren ihr weit geworden. Ihr Gesicht hatte die robuste Frische eingebüßt. Doch war es, als ob gerade dadurch ihr eigentliches Wesen viel deutlicher zum Ausdruck gelangte. Ihre Wangen waren schmal geworden. Die Augen blickten groß und dunkel, sie schienen das Lachen verlernt zu haben. Aber ihre Lippen blühten voll und farbig, verrieten das warme, sehnsüchtige Leben. Ein Bauernkind aus Niedersachsen? Nein, von des Vaters Seite her mußte das fränkische Blut durchgeschlagen sein. Eine zarte, dunkle Anmut zeichnete sie jetzt aus – nur sehr grobe, dumpfe Naturen konnten davon unberührt bleiben.

Oberst Cornwallis war während der Seereise eines Tages, als leidliches Wetter auch den Frauen den Aufenthalt an Deck erlaubte, bei Anke stehengeblieben, hatte sie angesehen, als sähe er sie zum erstenmal, und hatte gefragt: »Wer bist denn du? Habe ich dich überhaupt schon kennengelernt?«

Cornwallis war ein stattlicher Junggeselle von sechsunddreißig Jahren. Auch er hatte bei Fontenay, der unglückseligen Schlacht, gefochten, hatte im schottischen Hochland ein Regiment gegen Bonnie Prince Charlie befehligt, als der von Frankreich herübergekommen war, sich des englischen Throns zu bemächtigen (auf dem schon der Hannoveraner saß), hatte dann aber mit Begeisterung nach dem Kommando zur Verteidigung und Besiedlung der Kolonie Nova Scotia gegriffen, hatte sich tüchtige, meist im Krieg erprobte Adjutanten und Stabsoffiziere, wie Bulkeley und Hestergart, ausgesucht, hatte dazu aber auch eine Anzahl vornehmer junger Tunichtgute wie den liederlichen John Salisbury, auch den unzuverlässigen Horatio Gates mitnehmen müssen, die von ihren einflußreichen Eltern und Gönnern fortgelobt waren, um sich in Fremde und Wildnis zu bewähren und ein Vermögen zu erwerben – auf wie unstandesgemäße Art und Weise auch immer – oder schließlich in einem Urwaldwinkel zu vermodern. Cornwallis war Aristokrat, ein Gentleman, wie er im Buche steht. Er war unbestechlich, tapfer, besonnen und von außerordentlicher Beharrlichkeit. Er gab sich kühl, oft förmlich und steif. Auch auf das peinlich enge Beisammensein der gut einhundertfünfzig Menschen an Bord der ›Sphinx‹ hatte er schon nach wenigen Tagen einen guten Einfluß ausgeübt. Jedermann war bemüht, ›sich zu benehmen‹. In Cornwallis' Gegenwart war nichts anderes denkbar. Konnte er doch, wenn ihm etwas gegen den Strich ging, von rasendem Zorn gepackt werden. Er war mit außerordentlichen Vollmachten ausgestattet; es empfahl sich, seinen Unwillen nicht zu erregen.

Cornwallis also sah die sich selten an Deck zeigende Anke in einem windgeschützten Winkel hinter dem Schanzkleid stehen und auf die gleichmütig rollende See hinausstarren; er hatte sie erstaunt gefragt, wer sie denn sei, er könne sich nicht erinnern, sie schon kennengelernt zu haben.

Daß er dies fragte, war ein Zeichen dafür, daß er Anke nicht einzuordnen vermochte. Sie trug zwar nur ein schmuckloses Kleid, um die Hüften gegürtet, mit halblangen Ärmeln, das sie noch selbst aus dem Flachs, dem Lein, der auf ihres Vaters Feld gewachsen war, geriffelt, geröstet, gehechelt, schließlich gesponnen und gewebt, zuletzt dann auf einfache Weise geschneidert hatte. Ihr Hals stieg aus dem runden Ausschnitt der nicht gebleichten, gelb-bräunlichen Leinwand wunderbar schlank herauf. Gerade verrieten sich noch unter der durchsonnten Haut die Ansätze des Schlüsselbeins. Hoch und frei trug sie den Kopf, das dunkelbraune Haar war glatt zurückgekämmt, lag aber trotzdem duftig und locker und gab die zierlich gerundeten, kleinen Ohren frei. Im Nacken waren die schweren Flechten zu einem festen Knoten gedreht. Das glatt fallende, reichlich bemessene, lediglich in den Hüften gegürtete Kleid deutete die Umrisse, die schönen Linien dieses vollkommenen Mädchenleibes nur eben an. Man durfte die Behauptung wagen: Keine Dame von Welt konnte raffinierter einfach angezogen sein als Anke in dem simplen Leinenkleid, das ihre Anmut, gerade weil der Stoff ein wenig starr geblieben war, im Kontrast hervorhob.

Anke wußte davon nichts. Doch so ehrlich bewundernde Blicke wie die dieses Kavaliers, der, sie hatte es sofort begriffen, der geachtete, gefürchtete Kommandant des waghalsigen Unternehmens war, solche Blicke waren ihr schon nicht mehr neu, nachdem als erster ihr Walther damit begonnen hatte, sie so bewundernd, fast andächtig anzuschauen. Die Frage des Herrn von Hestergart nämlich ging ihm noch oft durch den Sinn: »Ist sie hübsch?« Er hatte begriffen, daß das Wort nicht paßte. Seine Frau war nicht hübsch, sie war schön. Und längst wußte er, daß ihm unverdientermaßen, als ein Gottesgeschenk, ein kostbarer Schatz anvertraut worden war, ein Schatz, um den ihn andere beneiden mußten.

Ankes Englisch steckte noch in den Kinderschuhen. Aber sie hatte doch erfaßt, daß sie nach ihrem Namen gefragt worden war. Ein leichtes Rot stieg ihr ins Gesicht: Der mächtige Cornwallis hatte sie noch nicht ›kennengelernt‹ – so, als gehörte sie zu den ›Damen‹ und nicht ins Zwischendeck. Sie nahm ihre mageren Kenntnisse zusammen und stotterte: »I am Anke, Walther Corssen's wife. My husband, he is groom of Herr von Hestergart.«

»I am Edward Cornwallis, as you know. You are serving one of the ladies on the upper deck?«

Ob sie zu der Bedienung einer Dame des Oberdecks gehörte, hatte er gefragt. Daß er sich ihr tatsächlich vorgestellt hatte, obgleich sie keine Dame war, nahm sie als selbstverständlich hin.

Die Frage hatte sie verstanden, aber die Antwort fiel ihr schwer. Sie vermochte nur den Kopf zu schütteln und stammelte: »No, only wife of Walther.«

»Only wife of Walther, only . . .?« wiederholte der große Kavalier. Er war gerührt. Eine sonderbare Wärme beschlich sein Herz. Er dachte: Auch für dieses liebenswerte Geschöpf bin ich also verantwortlich. »Should you ever get into difficulties, Anke, you may have recourse to me directly and don't forget it! Good luck to you and Walther!«

Sie versuchte einen Knicks, da diese Worte offenbar der Abschied waren. Verstanden hatte sie nichts. Der Knicks mit leicht abgespreizten Armen und um eine Spur abgewinkelten

Händen fiel ein wenig ungeschickt aus und war doch entzükkend. Cornwallis lächelte, deutete eine Verbeugung an, tippte mit zwei Fingern an den Dreispitz und wandte sich zum Gehen. Mit Absicht hatte er die letzten Worte lauter als notwendig gesprochen. Aber er hatte aus den Augenwinkeln wahrgenommen, daß zwei der anderen Frauen in der Nähe standen und der Szene mit mundaufsperrender Neugier gefolgt waren. Sie sollten seine Worte hören, würden sie auf dem Schiff verbreiten, würden sie auch Anke übersetzen.

In der Tat wurde Anke auf der langen Reise von niemandem belästigt. Cornwallis' Angebot, sich in Schwierigkeiten direkt an ihn zu wenden, hatte die Runde gemacht. Allerdings hatte Ankes scheue Zurückhaltung auch keinen Menschen ermutigt, ihr zu nahe zu kommen. Man wußte auch, daß dieser Walther Corssen breite Schultern hatte. Während einiger Tage schlechten Wetters war er nicht von seinen Pferden gewichen, hatte die geängstigten Tiere beruhigt, ja, es wurde beobachtet, wie er eines der Tiere mit der Schulter stützte, als es zu fallen drohte, und wie er den Kopf eines anderen mit eiserner Hand zu Boden zwang, als es sich bäumen und in seiner Panik über Bord gehen wollte. Walther verfügte offenbar über außerordentliche Kräfte. Es war besser, ihn nicht herauszufordern.

Jetzt waren die vielen Beschwerden der Reise vergessen. Land, endlich Land schimmerte aus Westen herüber: Neu-Schottland. Ankes Blicke hatten sich an dieser unbekannten Küste festgesogen, Furcht und Bedrücktheit wollten schwinden. Tröstend lag, als sie an der Reling standen, ihres Mannes Hand auf der ihren.

Sie flüsterte: »Daß die lange Reise sich dem Ende nähert, Gott sei Dank, Walther! Ob man uns ein Dach über dem Kopf anbieten wird, wenn wir erst an Land kommen?«

»Das glaube ich nicht, Anke. Das Dach werden wir uns erst selber zimmern müssen. Und das ist wahrscheinlich gut so. Dann ist es unser Dach.«

»Wenn ich nur mit verdienen könnte, dann kämen wir schneller voran, Walther!«

»Das sollte dich nicht bekümmern. Wenn sich nichts für dich findet – ich bin Manns genug, uns beide zu versorgen.«

Sie spürte, wie seine Hand sich fester um die ihre schloß – und wurde so urplötzlich von einem Gefühl des Glücks überflutet, daß ihr fast die Knie schwach wurden.

Die Pfeife des Bootsmanns schrillte über das Deck. Die Matrosen der Wache holten die Segel des Schiffes dichter an den Wind. Die beiden Lotsen, die der Kapitän von der Yankee-Schaluppe übernommen hatte (das kleine Schiff schwenkte ins Kielwasser der Korvette ein), hatten dem Schiffsführer Bescheid gegeben. Die ›Sphinx‹ hatte Nordkurs genommen, hielt auf das Land zu. Bald begann die Küste über den Horizont heraufzuwachsen, immer höher und dunkler.

6

Die strenge Disziplin, der sich nicht nur die Besatzung, sondern auch alle Passagiere auf der ›Sphinx‹, einem Kriegsschiff Seiner Britannischen Majestät, zu unterwerfen gehabt hatten, lockerte sich, seit Land in Sicht gekommen war. Das Wetter zeigte sich freundlich. Der Wind hatte auf Südwest bis Süd gedreht und brachte warme Luft heran, die nach Land roch, unverkennbar nach Land.

Die Frauen des niederen Decks sperrten sich nicht mehr ängstlich ab; sie suchten die Gemeinschaft ihrer Männer, mochte auch manch anderes Mannsbild neidische Blicke werfen. Und auf dem Oberdeck machten sich die wenigen Damen so schön wie möglich und genossen die Huldigungen der jungen Herren, die sich durchaus nicht genierten, den Ehegatten nach bester Kavaliersmanier den Rang abzulaufen.

Der Kapitän des Schiffes sagte zu Cornwallis: »Es wird Zeit, daß wir unser Ziel erreichen, Sir! Keiner ist mehr seekrank. Wenn Sie Ihre Leute in Chebucto an Land gesetzt haben, wird es so viel zu tun geben, daß aller Welt der Übermut vergehen sollte. Wenn nur die Transporter mit der Hauptmasse der Neusiedler nicht allzu lange auf sich warten lassen!«

Cornwallis erwiderte nachdenklich: »Sie haben recht,

Kapitän. Es werden an die dreitausend Leute sein auf den dreizehn Transportschiffen. Die habe ich in den vier Monaten, die mir vor der Kälte noch verbleiben, unter Dach und Fach zu bringen, eine nicht sehr aussichtsvolle Aufgabe.« Er seufzte und sah in diesem Augenblick viel älter aus, als er war.

Außer den beiden an erster Stelle Verantwortlichen war jedermann an Bord der ›Sphinx‹ von Gefühlen der Erleichterung und auch Hoffnungsfreude beherrscht. Niemand war auf der langen Seereise ernsthaft zu Schaden gekommen. Das ›Schiffsfieber‹ hatte sich nicht durch die im Seegang knarrenden Räume geschlichen, um seinen schrecklichen Zoll einzufordern. Auch wurde ruchbar, daß die beiden Männer, die man an Bord genommen hatte, mit dem Auftrag nach Louisbourg unterwegs waren, die dortige englische Besatzung nach Chebucto zu geleiten, sobald die Franzosen die ihnen im Frieden von Aachen erneut zugesprochene Seefestung wieder übernehmen würden.

Es war also von London aus gut vorgesorgt worden. Man würde in Chebucto nicht ohne militärischen Schutz bleiben, würde den Indianern oder brandschatzenden Piraten nicht hilflos ausgeliefert sein. Weder Anke noch Walther, noch eigentlich alle anderen an Bord, Cornwallis eingeschlossen, vermochten sich von den ›Indianern‹ eine lebendige Vorstellung zu machen. Nur eines war bekannt: Die Indianer standen alle auf der Seite der Franzosen; jedes nicht französische, nicht katholische Bleichgesicht schlugen sie tot, wo sie seiner habhaft werden konnten, und schnitten ihm, ob Mann, ob Weib, ob Kind, die Kopfhaut samt den Haaren vom Schädel. Die Franzosen, so hieß es, zahlten den Indianern für jeden ›Skalp‹ eines Engländers fünf blanke Louisdor!

Die ›Sphinx‹ war, wenn sie die ›Chebucto‹ genannte Bucht erreichen wollte, schon zu weit nach Süden vorgedrungen.

Die Lotsen brachten das Schiff zunächst dicht unter Land, um zu sehen, wo man sich befand. Eine Bucht öffnete sich, von Inseln und Landzungen vorzüglich gegen die hohe See geschützt. Vorsichtig tastete sich die ›Sphinx‹ hinein. Der Kapitän ließ den Anker fallen. Die Lotsen waren sich nicht darüber im klaren, ob dies schon die gesuchte Bucht von Chebucto wäre. Während sie sich noch mit Cornwallis und dem Kapitän im Kartenraum des Schiffes berieten, bat Herr von

Hestergart um die Erlaubnis, eintreten zu dürfen. Sie wurde gewährt, Hestergart gehörte ja zum engsten Stabe von Cornwallis. Er meldete – und die Erregung war ihm anzumerken –, daß sein Mann, der dienstverpflichtete Walther Corssen, über dem Südufer des Hafens Rauch in der Luft beobachtet habe, wie von einem Herdfeuer. Auch seien für kurze Zeit zwei Kühe aus dem Wald am Südufer hervorgetreten, hätten das Wunder des Schiffes für eine Weile angeglotzt und seien dann wieder im Unterholz verschwunden.

»Die andern haben meinen Mann ausgelacht! Wo sollten hier Kühe herkommen! Wahrscheinlich habe er Kühe mit Hirschen verwechselt. Aber Walther ist kein Dummkopf und erzählt keine Märchen. Er kommt aus der Heide und hat scharfe Augen. Wenn er Rauch eines Herdfeuers und Kühe gesehen hat, dann stimmt das!«

»Ist das der Mann jener jungen Frau mit dem dunklen Haar vom unteren Deck, die, wenn ich mich recht erinnere, Anke heißt?«

Hestergart blickte erstaunt. Cornwallis schien wieder einmal alles zu wissen. Hestergart erwiderte: »Ja, Sir, Walther ist Ankes Ehemann.«

»Nun, wenn ein Mann eine solche Frau zu gewinnen weiß, ist er sicherlich nicht irgendwer. Darin stimme ich Ihnen durchaus bei, Hestergart. Ich schlage vor, daß der Kapitän Sie sogleich mit einem Beiboot an Land setzt, damit Sie der Sache auf den Grund gehen. Jedoch: Vorsicht! Nehmen Sie vier bewaffnete Seeleute außer den beiden Ruderern mit. Zwei davon bleiben bei dem Boot, das jederzeit fahrfertig zu sein hat. Die beiden anderen lassen Sie unterwegs an geeigneter Stelle zurück, wenn Sie Ihr Ziel gesichtet haben, damit Sie und Ihr Walther, den Sie natürlich mitnehmen, von fern und unauffällig gedeckt werden. Dann sehen Sie zu, wer da an jenem Herdfeuer wohnt.«

Als Walther festen Boden unter den Füßen fühlte, fuhr ihm der Gedanke durchs Hirn: Erde von Neu-Schottland, dies ist sie also, unter meinen Sohlen, gut, unsere Erde! Er half seinem Herrn durchs seichte Uferwasser an Land. Wo hatte er die Kühe gesehen? Dort etwa, zwanzig Schritte weiter. Hestergart wies zwei der Seeleute an, beim Boot zu bleiben. Kurz darauf wurde Walther bestätigt. Ein deutlich erkennbarer Fußpfad trat aus dem Waldrand, schlängelte sich zum Wasser hinunter und folgte dann der sichtbar abgezeichneten Hochwasserlinie – wohin, das war nicht zu erkennen. Die Kühe hatten diesen Weg benutzt. Die unverkennbaren Anzeichen ihrer Anwesenheit waren noch frisch.

Hestergart und Walther folgten dem Pfad in den Wald hinein: dichter, dunkler Fichtenwald mit wirrem, stellenweise undurchdringlich scheinendem Unterholz. Doch wurde der Pfad offensichtlich freigehalten; er war gut zu passieren.

Walther dachte und sprach es aus: »Die Auenwälder an der Aller im alten Land bei uns sind auch so dunkel und verrammelt, Euer Gnaden!«

»Ja, und ich hoffe nur, daß wir auf Christenmenschen stoßen und nicht auf Indianer. Ich möchte nicht gleich beim ersten Landgang dies hier benutzen müssen.« Er schlug mit der flachen Hand auf den Kolben seiner schweren Pistole im Gürtel.

Ohne jeden Übergang trat der Pfad aus dem dichten Wald ins Freie. Walther war überrascht stehengeblieben – und die anderen folgten seinem Beispiel. In den dunklen Fichtenwald bettete sich hier eine weite, feuchte Wildwiese. An ihrem Rande zur Rechten, leicht erhöht, war der Wald gerodet worden. Einige Felder breiteten sich dort aus, trugen Gerste, grün und so hoch schon, daß ein Hase sich darin verstecken konnte. Daneben sproßten in geraden Reihen kräftig die Stauden von Kartoffeln. Ein Acker mit vielfältigem Grün schloß sich an, Bohnen und Erbsen wahrscheinlich, Kohl vielleicht und Karotten. Im fernen Hintergrund duckte sich unter den Schirm mächtiger Fichten ein niedriges, langgestrecktes Blockhaus mit einem Dach, das mit groben Schindeln gedeckt zu sein schien, soweit es sich aus der Ferne erkennen ließ. Darüber hinaus ragte ein Schornstein. Bläulicher Rauch kringelte ins Gezweige der Fichten empor. Die Kühe grasten am fernen Rand der Wiese. Noch erhob sich ein Schober vorjährigen Heus unweit des Hauses. Wer auch immer dort wohnen mochte, er hatte sich nicht zu sorgen brauchen, sein Vieh durch den Winter zu bringen.

Und wirklich: Der Himmel hatte sich während des Marsches der Männer durch den Wald – seit Tagen war er grau bedeckt gewesen – gelichtet, hatte sich in unbeschreiblich reines, tiefes Blau gekleidet. Weiße Wolkengebirge schwebten in diesem überirdisch strahlenden Blau. Die Sonne, die sich schon in den Mittag hob, überschüttete Wiesen, Felder und den hütenden, dunklen Kranz der Wälder ringsum mit einer die Augen beinahe schmerzhaft füllenden Flut warmen Lichtes. Ein bunter Falter taumelte durch diesen Überschwang von Helle, als wüßte er, vor lauter Lust an seinem kurzen Leben, nicht, wohin er sich zuerst wenden sollte.

Frieden, Stille, Geborgenheit teilte sich den vier Männern mit, die staunend innegehalten hatten. Selbst den beiden Seeleuten, rauhen Burschen, die von Gefühlen nicht viel hielten, weil sie ihnen längst ausgetrieben waren, verschlug der Anblick die Sprache. Auch ihre Augen tranken sich satt.

Walther Corssen aber und auch Jonas von Hestergart – nach all den Wochen auf der leeren, kalten, ungewissen See – begriffen mit einem Schlage, warum sie sich auf einen so weiten Weg gemacht hatten. Da lag vor ihnen hingebreitet, was Sinn und Ziel der ganzen weiten Reise gewesen war: Heimat, eine neue Heimat, eine Insel im weiten Wald, niemandem untertan, sich selbst genügend!

Eine überwältigende Gewißheit bemächtigte sich des Mannes Walther Corssen aus der Lüneburger Heide: Ein Werk wie dieses hier wird auch uns gelingen, Anke und mir! Dazu sind wir hergekommen! Hier werden wir das alte Land vergessen, das nichts von uns wissen wollte!

Hestergart besann sich darauf, daß er der Anführer war, daß er einen Befehl auszuführen hatte. Er wies die beiden Matrosen an: »Ihr bleibt hier, unauffällig, versteckt, haltet Ausschau, was mit uns geschieht. Wenn wir schießen oder rufen, kommt zu Hilfe, aber am Waldrand entlang, so schnell wie möglich – doch so, daß ihr nicht gleich gesehen werdet! Du gehst mit mir, Walther! Wir wandern offen über die Lichtung, mit umgehängter Waffe, zum Zeichen, daß wir nichts Feindliches im Sinne haben.«

Die beiden Matrosen kletterten mit erstaunlicher Gewandtheit in einen hohen, vielverzweigten Ahorn neben dem Austritt des Pfades aus dem Walde, von wo aus sie sicherlich die gesamte Rodung mühelos überblicken konnten. Walther und Hestergart verließen den Waldrand und schritten auf die

Lichtung hinaus. Hestergart nahm das Wort. Er sprach deutsch, wie es sich zwischen den beiden jungen Männern allmählich eingebürgert hatte, wenn sie vertraulich und persönlich miteinander reden wollten.

»Ist das nicht beinahe wie bei uns zu Hause, Walther?«

Aber Walther war nicht ganz einverstanden. Während sie auf das grüne Gras der Wiese hinausschritten – es drängte sich von beiden Seiten üppig an den Fußpfad, erwiderte er nach einer Minute des Überlegens: »Ach, eigentlich nicht, Euer Gnaden! Bei uns in der Heide ist viel Platz – und wo Euer Gnaden herkommt – bei Gandersheim, ich kenne das Land da herum – dort ganz gewiß auch. Und doch wandert man dort immer nur von einem Dorf, von einem Hof zum andern, und manchmal kann man das andere Dorf schon sehen, wenn man das eine verläßt. Und es gibt Wege und Straßen. Das wäre ja nicht schlimm. Doch an den Wegen gibt es Schlagbäume und Zollhäuser, Soldaten und Grenzwächter, und wenn man nicht beweisen kann, wer man ist, dann wird man hinter Schloß und Riegel gestoßen oder ins Militär gepreßt. Wenn ich dies alles hier anschaue, dann spüre ich gleich, daß es solche Plagen für den armen Teufel und gemeinen Mann hier nicht gibt. Man spürt es in der Luft. Hier ist so viel Platz vorhanden, und jeder ist ganz allein auf sich selbst gestellt. Kein Büttel und kein Kurfürst und kein König mischt sich ein. Denen ist man hier aus dem Griff gelaufen. Und ich bin ganz sicher, daß auch Euer Gnaden dies spüren!«

Jetzt war die Reihe an dem anderen, eine Weile nachzudenken, ehe er antwortete. Jonas von Hestergart schritt neben Walther hin, schien mit zusammengezogenen Augenbrauen den Boden vor sich abzusuchen. Was Walther sagte, mußte ihm gegen den Strich gehen. Er war als Junker geboren und erzogen und mit dem Recht auf die Epauletten in den Dienst des Kurfürsten und Königs getreten. Was war schon ein Offizier, wenn nicht andere, mindere, vorhanden waren, die die Befehle auszuführen und alle notwendigen – und nicht notwendigen – Dienste zu verrichten hatten!

Aber auch dieser Jonas war im Begriff, den Bauch des Walfisches zu verlassen, in dem er gefangen war wie Walther, wenn auch auf etwas andere Weise. Jonas von Hestergart fühlte sich versucht, in den Ton des Vorgesetzten, des Offiziers, des nach Gottes Willen Vornehmeren zurückzufallen. Doch war er klug genug, sich zurückzuhalten. Er sagte: »Walther, als ich dich am Rathaus in Celle wiedererkannte, habe ich gleich gewußt, daß ein Aufrührer in dir steckt, ein Meuterer, du weißt wahrscheinlich gar nichts davon. Aber es ist so, und es machte mir Spaß, dich wieder an die Leine zu legen. Doch du hast recht! Dies ist ein neues Land und macht alles neu. Man muß von vorn anfangen. Die alten Regeln gelten hier nicht mehr. Ich bin gespannt, wie alles ausgehen wird und was am Schluß aus uns geworden sein wird.«

»Ja, Euer Gnaden, das möchte ich auch gerne wissen. Aber keiner kann es voraussehen!«

»Weißt du, Walther, vergiß das ›Euer Gnaden‹. Wir stehen beide allein, und uns gegenüber ist die Wildnis. Wenn wir deutsch miteinander reden, sollst du ›Jonas‹ zu mir sagen.«

Walther kam nicht dazu zu antworten. Es wäre ihm auch schwergefallen. Die beiden jungen Männer hatten die Breite der feuchten Wildwiese durchmessen und schritten nun zwischen den Äckern dahin. Jetzt erst waren sie vom Blockhaus her wahrgenommen worden. Ein großer, dickbepelzter Hund bellte auf und stürzte ihnen auf dem Weg zwischen den Feldern mit lautem Geläut entgegen wie eine Wollkugel auf Beinen. Einige Schritte vor den Fremden verhielt er tanzend und bellte meldend. Aber zugleich wedelte er mit dem buschigen Schwanz. Walther verstand sich gut auf diese Sprache. Er rief das Tier mit freundlichen Worten an und wunderte sich gar nicht, daß der Hund sein Gebell aufsteckte, langsamen Schritts würdevoll und auch vertraulich näher kam und sich, offenbar sehr befriedigt, von Walther Kopf und Schulter klopfen ließ, immer noch eifrig mit dem Schwanze wedelnd.

Jonas von Hestergart war der Szene erstaunt gefolgt. Er hatte bereits nach seiner Pistole gegriffen, als das mächtige Tier ihnen entgegengestürmt war. Mit so wilden, großen Hunden war er nicht vertraut. Nicht ohne Bewunderung hatte er wahrgenommen, wie Walther mit dem ungestümen Tier fertig wurde, wie er die Bedrohung in ein freundliches Willkommen verwandelt hatte – und er wunderte sich noch mehr, als Walther erklärte:

»Melden müssen sie den Fremden. Dazu sind sie da; aber

dann sollen sie nur so tun, als ob sie böse wären. Dieser Hund kommt von guten Leuten, Jonas!«

Hestergart wunderte sich auch darüber, daß dem anderen das ›Jonas‹ so leicht von den Lippen kam, als hätten sie nie ›Euer Gnaden‹ zu sagen brauchen. Eine merkwürdige Unsicherheit wollte ihn beschleichen. Kam er ohne die Krücke seines Ranges, seines Titels noch nicht aus? Ist es dieses neue Land, das mir solche Gedanken eingibt? Er verstand sich nicht ganz und beneidete den Jüngeren, Simpleren um seine Sicherheit; aber war er wirklich simpel?

Ein hochgewachsener Mann war, vom Gebell des Hundes hervorgelockt, aus der niedrigen Tür des Blockhauses getreten. Er schirmte die Augen mit der Hand. Dann kam er den beiden auf dem Fußpfad entgegen. Der Mann trug eine grobgewebte, rauhe Hose aus ungefärbter dunkler Wolle, ein bauschiges, grobes Leinenhemd und an den nackten Füßen Schuhe aus dem hellen Holz der Birke, mit denen er mühelos und schnell ausschritt. Ein schmaler Kopf, bartlos, eine ausgiebige Nase über einem geraden, dünnlippigen Mund, blaue Augen unter dunklen, dichten Brauen, ein Schopf blonden Haares, im Nacken mit einer Schnur fest an den schmalen Schädel gezogen. Der Mann war unbewaffnet. Auf dem harten Gesicht zeigte sich weder Scheu noch Überraschung. Der Mann war seiner sicher. Er begrüßte die Besucher, als wäre es ganz selbstverständlich: »Bon jour, messieurs! Soyez les bien venus!«

Ein Franzose also! Ein Franzose, der die Besucher, als müßte es so sein, ebenfalls für Franzosen hielt. Walther war es, der sich schneller faßte. In den langen Monaten seiner Gefangenschaft bei den Franzosen hatte er mehr als nur ein paar Brocken der fremden Sprache aufnehmen müssen. Er erwiderte: »Bon jour, monsieur! Mais nous ne sommes pas français. Nous sommes anglais.«

Das war zwar kein besonders vorzügliches Französisch, aber es wurde verstanden. Es war, als senke sich ein feiner Schleier über das Antlitz des Mannes, der Walther und Jonas soeben willkommen geheißen hatte. Die beiden Deutschen, die als Engländer hatten auftreten müssen, bemerkten diese plötzlich aufkommende Reserve wohl und empfanden ein unbestimmtes Bedauern. Sie waren glücklich gewesen beim unerwarteten Anblick dieser Heimstatt auf dem fremden Boden, den auch sie sich erwählt hatten, der aber zunächst nichts weiter als unermeßliche Einöde anzubieten schien. Und dieser Mann hatte sogleich ihr Vertrauen erweckt, schien kein Wildfremder, sondern irgendwie von ihrem Schlage zu sein.

Der Franzose hatte sich schnell gefaßt. In einem stockenden Englisch, als hätte er die Sprache lange nicht gesprochen, sagte er: »Ja, ich war einige Jahre auf der Westseite der Halbinsel bei Annapolis Royal unter dem Gouverneur Paul Mascarene, aber dann haben wir lieber hier Land aufgenommen. Ich hatte geheiratet, und wir wollten in der Nähe unserer Familie bleiben. Die siedelt schon lange in La Have, eine Stunde zu Fuß westlich von hier und dann über den Fluß.«

Sie waren inzwischen auf das Haus zugeschritten. Der große, schwarzbraune Hund mit dem dichten buschigen Fell machte gemächlich den Beschluß, offenbar sehr zufrieden damit, seine kleine Herde so friedlich eingebracht zu haben.

Eine zierlich gebaute Frau mit schwarzem Haar trat aus der Tür des Blockhauses.

»Das ist meine Frau Jeanne«, sagte der Franzose und fügte hinzu: »Mein Name ist Charles Maillet.«

Das wurde mit natürlichem Anstand vorgebracht. Jonas von Hestergart stellte sich und seinen Gefährten ebenfalls vor und erklärte mit einigen Worten, daß ihr Schiff nur der Vorläufer von mehr als einem Dutzend weiterer Schiffe wäre, die eine Schar von Siedlern übers Meer brächten, um eine Stadt zu gründen und in diesem Lande Nova Scotia heimisch zu werden. Sie beide aber, die ausgeschickt wären, um zu erkunden, wessen Herdrauch über den Wipfeln des Waldes aufgestiegen und wer der Besitzer der zwei Kühe sei, die Walther Corssen hier beobachtet haben wollte, sie beide, die nun zu ihrer Freude die Maillets als die ersten Menschen an dieser Küste kennengelernt hätten, sie wären zwar Untertanen des Königs von England, aber der Nation nach wären sie Deutsche. Dies erwähnten sie nur, damit die Maillets genau wüßten, wen sie vor sich hätten. Ihr Schiff, die ›Sphinx‹, mit dem künftigen Gouverneur von Nova Scotia an Bord, hätte die Bucht von Chebucto suchen sollen. Aber nun wäre dieser vorzügliche Hafen erreicht und man sei sich nicht sicher, ob nicht er schon die gesuchte Landestelle darstellte.

Die beiden Maillets hatten sich kein Wort dieser mit liebenswürdiger Breite vorgetragenen Erklärung entgehen lassen. Was ihnen eröffnet worden war, mußte für sie eine ganz außerordentliche Neuigkeit bedeuten. Jeanne Maillet rief: »Mehr Menschen hier in unserem Land? Das ist gut! Wir sind ja nur sehr wenige hier, wir und die Nachbarn jenseits des Hügels, und dann unsere Leute in La Have jenseits des Flusses und in Petite Rivière, das ist alles!« Die Röte war der jungen Frau in die Stirn gestiegen. Sie stellte einen Tonkrug mit Milch auf den Tisch, hölzerne Becher dazu und schnitt von einem großen Brotlaib einige handfeste Scheiben herunter, die sie den beiden Fremden anbot: »Essen Sie nur, meine Herren! Wir haben keinen Mangel und freuen uns, daß Sie den Weg zu uns gefunden haben.«

Ihre Herzlichkeit und Freude waren ganz echt. Jonas und Walther griffen mit Vergnügen zu. Nach der langen Seereise mit ihrer eintönigen Kost mundeten den beiden Besuchern das kräftige, zugleich lockere Gerstenbrot und die frische Milch wie Manna vom Himmel.

Inzwischen gab Charles Maillet sich Mühe, auseinanderzusetzen, daß die ›Sphinx‹ gar nicht in die Bucht von Chebucto eingelaufen, sondern in der Bucht von Merliguesche vor Anker gegangen sei. Chebucto liege weiter im Nordosten an der gleichen Küste, um das Kap Sambro herum. Wenn man guten Wind hätte, wäre das jetzt, da die Tage länger dauerten als irgendwann sonst im Jahr, wohl an einem Segeltage zu schaffen. – Man hatte sich aneinander heran und auch warm geredet. Jonas von Hestergart bestritt im wesentlichen die Unterhaltung von seiten der Besucher; er wurde sich seines dienstlichen Auftrags wieder bewußt und wollte vor allem eine Frage beantwortet haben. Dem Walther Corssen war nicht ganz wohl dabei, aber Hestergart mußte sie wahrscheinlich an die freundlichen Gastgeber richten, wenn er seinen Auftrag vollständig ausführen wollte.

»Als was betrachtet Ihr euch nun, Maillet? Als Untertanen des Königs von Frankreich oder als Untertanen Seiner Majestät des Königs von England?«

Maillet warf dem Frager einen schnellen Blick zu, als wollte er feststellen, ob die Frage einen Hintersinn enthielt. Er zögerte nicht mit der Antwort.

»Wir sind englische Untertanen, Sir! Paul Mascarene in Annapolis ist unser Gouverneuer im Namen des englischen Königs schon seit vierzig Jahren. Wir kommen gut miteinander aus. Er achtet darauf, daß wir unseren Treueid geschworen haben mit zwei uns gewährten Vergünstigungen: erstens, bei unserer katholischen Religion bleiben zu dürfen und Priester aus Frankreich zu haben, und, zweitens, nicht gegen Frankreich mit der Waffe kämpfen zu müssen.«

Sowohl Jonas wie Walther hatten genau zugehört. Jonas erwiderte ein wenig gedehnt: »So, so? Das sind sehr wichtige Vergünstigungen. Cornwallis wird sich ganz gewiß sehr dafür interessieren.«

Die Frau mischte sich ein. Ihre großen dunklen Augen beherrschten das hübsche Gesicht. »Sehen Sie, Herr, niemand hat uns geholfen, dieses Land urbar zu machen. Sie sollten einmal unsere schönen Dörfer anschauen auf der Westseite der Halbinsel am Minas-Becken und im Annapolis-Tal. Die Deiche gegen das Salzwasser, die Obstgärten, die Kornfelder und Flachsfelder und die Viehweiden. Das alles ist unser Werk. Wir sind nur ein kleines Völkchen, Acadier, und wir wollen mit jedermann in Frieden leben. Die Engländer haben uns einen guten Gouverneur geschickt, das sagen alle, eben Mascarene – und er spricht ja auch französisch, man kann ihn für einen Franzosen halten. Wir Acadier kamen aus Frankreich, manche auch aus Irland, wir sprechen französisch. Wie könnten wir gegen die Franzosen kämpfen! Wir wünschen uns nichts weiter, als unserer Arbeit nachzugehen und in Frieden unsere Kinder großzuziehen.«

Und ihr Mann fügte hinzu: »So ist es wirklich, Sir! Es ist so viel Platz im Lande! Warum sollte man sich bekriegen!«

Dies alles, einfach und eindringlich vorgetragen, verfehlte seine Wirkung auf die beiden Fremden nicht, wenn auch in sehr verschiedener Weise. Jonas von Hestergart hatte nicht vergessen, daß er zum Stabe des Cornwallis gehörte. Er war noch allzu befangen in der Vorstellung, daß ›Untertanen‹ ihrem ›Souverän‹, dem Landesherrn, Gehorsam schulden, ohne Bedingungen zu stellen oder Begünstigungen beanspruchen zu dürfen. So ruhig und bescheiden die Maillets auch zu Gehör gebracht hatten, was nach ihrer Meinung erwähnt zu werden verdiente – es schmeckte dem jungen Adligen und Offizier ein wenig nach Unbotmäßigkeit, nach Eigensinn, beinahe schon nach Rebellion. Dergleichen aber – Hestergart hatte nie etwas anderes vernommen – war beim ›Volke‹ unbedingt verwerflich und durfte nicht geduldet werden.

»Lassen wir das, Maillet!« sagte Hestergart mißmutig. »Ob Friede oder Krieg, nur der König und seine Regierung vermögen zu entscheiden, was jeweils für Land und Volk das Bessere ist. Wir andern haben nur auszuführen, was befohlen wurde. Aber jetzt, bevor wir zum Schiff zurückkehren – Er soll mitkommen, damit ich Ihn dem Gouverneur vorstelle –, möchte ich ganz gern Sein Anwesen und was dazu gehört, genauer gezeigt und erklärt haben.«

Hestergart war aufgestanden, trank seinen Milchbecher leer und verließ die Hütte. Er hielt es für selbstverständlich, daß Maillet ihm folgte und wohl auch Walther. Maillet konnte den selbstsicheren Fremden nicht allein gehen lassen. Walther Corssen jedoch blieb in der Hütte zurück, allein mit der schwarzhaarigen Frau in weißem Leinenhemd und rotem Rock aus grober Wolle. An den Füßen trug auch sie Schuhe aus weißlichem Birkenholz. Aber die Knöchel ihrer nackten Füße zeigten sich schmal, gebräunt und wohlgebildet. Befangenheit fiel die beiden an. Um sie zu überwinden, redete Walther eifriger und schneller, als es seine Art war.

»Als Sie vorhin darüber sprachen, Madame Maillet, daß Sie und die Ihren Haus und Hof und Äcker allein aus dem Busch geschlagen hätten und daß alles ganz allein Ihrer Hände Werk wäre – und dann, daß Sie nur den einen Wunsch kennen, in Frieden gelassen und von den Streitereien und Kriegen der Fürsten und Herren verschont zu werden, da mußte ich an meine Heimat im alten Lande denken. Dort geht es uns genauso. Meine Frau und ich, wir sind überall angestoßen, konnten uns nicht rühren und nicht zueinanderkommen. Und immerwährend war die Angst da, daß irgendwer, den man nie gesehen hatte und den man auch gar nicht sehen wollte, plötzlich Rechenschaft von uns fordern konnte und daß dann wie Missetat aussehen würde, was doch in Wahrheit nur aus Liebe zueinander und aus dem Wunsch nach einem ruhigen und rechtschaffenen Leben entstanden war. Wir sind nun über das große Meer gekommen – und gleich am Anfang finde ich Sie hier und Ihren Mann und diese Heimstatt, Felder, Wiesen und Vieh, alles das, was wir uns vorgestellt haben. Wir wissen ganz genau, wieviel Arbeit und Mühe es kostet, bis dergleichen unter Dach und Fach ist. Aber wenn Sie und die Ihren es geschafft haben, warum sollten wir es nicht auch schaffen – wenn uns keiner dazwischenredet. Aber Ihnen hat ja auch niemand dazwischengeredet. Sie haben sich Ihre Religion und das Recht, nicht gegen Ihren Willen Waffen tragen zu müssen, bewahrt. Das, was Sie gerodet und bestellt haben, macht Ihnen keiner streitig!«

Zum erstenmal hatte Walther klar auszudrücken vermocht, was ihm und Anke in all den Jahren auf dem Herzen gelegen hatte. Diese Maillets hatten es ihm sozusagen vorgesprochen, und wie von selbst hatten sich seine eigenen dunklen Wünsche und noch gestaltlosen Sehnsüchte zu Worten und klaren Vorstellungen kristallisiert. Er war erregt wie noch nie. Sein Herz klopfte schneller. Dieser junge Boden, dieser neue Erdteil, diese fremde Frau mit fremder Sprache hatten ihn wie mit einem Zauberschlag begreifen lassen, was eigentlich der Antrieb war, der ihn und Anke bewegt hatte, die angestammte Heimat zu verlassen. Und zugleich meldete sich zu Wort, was ihm von Kindheit auf eingeprägt worden war: Die Verse des Gesangbuchs und die Sprüche der Luther-Bibel. Er hatte einen Augenblick innegehalten, als hätte ihn völlig erschöpft, was er zu sagen gehabt hatte. Aber nun fügte er seinen Worten hinzu, wie um Verständnis bittend: »Wie es ja auch geschrieben steht: ›In der Welt habt ihr Angst!‹ Wir dachten uns, vielleicht befreit uns dieser neue Erdteil von der Angst? Und als ich Sie und Ihren Mann sprechen hörte, da wußte ich: Hier werden wir nicht so viel Angst zu haben brauchen.«

Walther hatte nicht überlegt, ob die junge Frau, mit der Hestergart ihn alleingelassen hatte, überhaupt genug englisch verstand, um seinen Worten folgen zu können. Vielleicht hatte sie nicht jede Einzelheit begriffen, aber der Ausdruck auf dem Gesicht des Besuchers hatte genügt, um ihr klarzumachen, daß dieser fremde Mann darum warb, in ihre Welt aufgenommen zu werden.

Jeanne Maillet wußte daher nichts Besseres zu antworten als: »Ich sagte es Ihnen schon, Herr: Wir würden uns freuen, wenn sich hier Leute ansiedelten, auf die wir uns verlassen können. Ist Ihre Frau nicht mit an Land gekommen? Haben Sie Kinder?«

»Nein, wir haben noch keine Kinder. Wir haben erst vor kurzem geheiratet. Meine Frau hätte nie die Erlaubnis erhalten, mit mir an Land zu kommen. Wir sind ja sechs bewaffnete Leute und auf Kundschaft aus, unter militärischem Befehl. Unser Anführer, der Herr von Hestergart, gehört zum engsten Stab des neuen Gouverneurs Cornwallis und hat viel zu sagen. Nein, meine Frau mußte an Bord bleiben.«

Jeanne Maillet schien gar nicht zu erfassen, was sich um sie her abgespielt hatte. Sie fragte, offenbar aufs höchste erstaunt, ja verwirrt: »Sechs bewaffnete Männer, oh, mon Dieu, warum? Gegen wen? Und wo sind sie? Sie sind doch nur zu zweien gekommen. Bewaffnet? Wozu? Gegen uns? Mein Mann hat noch nie eine Flinte auf einen Menschen gerichtet und ich auch nicht. Da hängt unser Gewehr!« Sie wies auf eine grobschlächtige Büchse mit langem Lauf, die über der Tür auf zwei gekrümmten Zapfen ruhte. »Damit schießt mein Mann im Herbst einen Bären oder zwei. Bärenfett ist unser bestes Fett. Oder er vertreibt die Hirsche, wenn sie in die Saat eindringen wollen. Von Hirschfleisch läßt sich gut leben. Aber auf Menschen ein Gewehr anzulegen, das ist uns noch nie in den Sinn gekommen.«

Lebten diese Menschen so weit von aller Welt entfernt, daß sie gar keine Vorstellung davon besaßen, wie es in ihr herging?

Es war nun an Walther, verwirrt oder verlegen zu sein. Er versuchte zu erklären, warum man mit aller Vorsicht die unbestimmte Küste erkunden mußte. Und dann: »Man hätte ja auch auf Indianer stoßen können. Und wie man uns gesagt hat: Indianer sind immer feindlich und man darf nicht riskieren, ihnen anders als mit der schußbereiten Waffe in der Hand entgegenzutreten.«

»Ach«, rief sie, »das stimmt gar nicht! Wir kommen gut mit den Indianern aus. Wir wenigen Siedler nehmen ihnen ja nichts weg. Sie behalten das ganze Land zum Fischen und Jagen. Sie bebauen keine Felder. Sie lernen von uns. Sie hören auch gern unseren Priestern zu und lassen sich taufen.«

Das hörte Walther zum erstenmal. Nicht wenige Dinge nahmen sich in den Augen dieser mit dem Lande vertrauten

Menschen ganz anders aus, als man sie ihm an Bord des Schiffes geschildert hatte. Er sagte: »Liebe Madame Maillet. Ich wollte, meine Frau hätte dies alles gehört – ja, es wäre gut, wenn Sie mit ihr sprechen könnten. Denn hier auf Ihrem Hof und in Ihrem Haus, da ist das, was wir selber suchen. Die Seereise war schrecklich für meine Frau. Wir waren ständig getrennt voneinander. Hier würde sie gern wohnen und arbeiten. Sie versteht sich auf jede Arbeit, die in Haus und Feld anfällt. Haben Sie keine Kinder, Madame?«

»Doch, wir haben zwei Söhne, zehn und elf Jahre alt. Die beiden sind bei meinen Eltern in La Have. Dort gibt es eine Kirche und einen guten Abbé. Er lehrt die Kinder lesen und schreiben und die Wahrheiten des katholischen Glaubens. Unser drittes Kind, eine Tochter, ist nach der Geburt gestorben. Ich war sehr lange krank und schwach. Aber wir hoffen sehr, daß uns noch weitere Kinder geschenkt werden. Im Spätsommer und Herbst kommen unsere beiden Knaben nach Hause, um uns bei der Ernte zu helfen. Nach Neujahr können sie dann wieder zu den Großeltern wandern, um sich dort nützlich zu machen und noch mehr zu lernen.«

Walthers Herz war weit geworden bei diesem einfachen Bericht. Es wäre schön, wenn Anke und er zu diesen Menschen ein herzliches Verhältnis gewinnen könnten. Was tat es, daß die Maillets eine andere Sprache redeten, daß sie, wie er wohl wußte, das heilige Altar-Sakrament auf andere Weise gereicht bekamen, als es bei den Lutherschen üblich war! Stand nicht auch geschrieben: ›In meines Vaters Hause sind viele Wohnungen‹?

Er spürte es in jeder Faser: Hier, auf diesem Boden, in diesen Wäldern, unter diesen Menschen könnten Anke und ich heimisch und glücklich werden. Hier würden sie nicht abgelehnt, nicht beargwöhnt werden, hier wären sie willkommen, und es würde ein leichtes sein, sich einzufügen. Er hätte dies übermächtige Empfinden gern mitgeteilt. Aber dazu reichte weder sein Englisch noch gar sein Französisch. Allerdings hätte er das wohl auch auf Deutsch kaum ausdrücken können. So sagte er nur: »Wenn meine Frau hier wäre, sie würde wohl am liebsten gleich bleiben. Was wollten wir Besseres suchen! Hier ist alles, was wir uns vorgestellt haben.«

Der Frau entging die Sehnsucht nicht, die diesen fremden

Mann, und sicherlich auch seine Frau, antrieb, eine Frau, die offenbar zu ihm paßte. Sie war damit in ihrem Kern angesprochen. Es kam ihr seltsamerweise vor, als wäre ihr dieser Mann schon lange bekannt und vertraut. Ohne auch nur einen Herzschlag lang zu zögern, gab sie zur Antwort – und Walther brauchte nicht daran zu zweifeln, daß Jeanne Maillet auch meinte, was sie sagte: »Wenn Ihre Frau hierbleiben wollte, sie wäre uns ebenso willkommen wie Sie selbst auch. Gute Nachbarn, das ist es, was wir brauchen, ja, was ich und mein Mann beinahe noch nötiger haben als das tägliche Brot!«

Unmittelbar nach diesen Worten hörte Walther sich von draußen gerufen: »Walther, wo bist du? Wir müssen aufbrechen!«

Fast konnte man meinen, Hestergart hätte sich nur so lange im Freien umgetan, bis Walther sein Gespräch mit der Französin beendet hatte. Französin . . . sollte er sie nicht besser ›Acadierin‹ nennen – mit dem Namen, mit dem sie sich selbst bezeichnete? Was war Acadia? Und woher stammte die Bezeichnung?

Aber auch Hestergart wußte keine rechte Antwort darauf. Man hatte sich verabschiedet und auf den Rückweg gemacht. Maillet, der die Männer der ›Sphinx‹ über das Wasser begleitete, wußte nur zu sagen, daß das Land eben von jeher Acadia oder L'Acadie geheißen hatte.

An Bord der ›Sphinx‹ hatte man schon daran gedacht, ein verstärktes Suchkommando dem Landetrupp hinterherzuschicken und war nun sehr befriedigt zu hören, wie friedlich das so mißtrauisch begonnene Unternehmen verlaufen war. Cornwallis beschloß sofort, am Tage darauf selbst an Land zu gehen und sich von der Richtigkeit der Hestergartschen Aussagen zu überzeugen. Maillet sollte die weiteren Nachbarn an der Bucht von Merliguesche zusammenrufen, Cornwallis wollte mit ihnen sprechen.

Walther war so erfüllt von all dem Neuen, was er gesehen und gehört hatte, daß er die eigentümliche Veränderung, die sich während seiner Abwesenheit an Anke vollzogen hatte, nicht gleich wahrnahm. Er war fast ärgerlich geworden, als er sie nur mit Mühe hatte bewegen können, die Frauenkammer unterhalb des Kapitänsdecks zu verlassen und zu ihm ins Freie zu treten, um zu erfahren, was er erlebt hatte. Er merkte, daß sie nur mit halbem Ohr zuhörte, daß sie verschüchtert war – oder gar verängstigt? Endlich erfaßte er, daß etwas Böses sie beunruhigte; er drang in sie, ihm zu sagen, was geschehen sei. Schließlich kam sie mit der Sprache heraus, stockend nur und immer noch tief verstört.

Gegen Mittag, als alle Welt an Bord sich schon mit dem Essen beschäftigte, hatte jener Aston Basford, der schon einmal – bald nach der Abreise von London – zudringlich geworden war, in einer Ecke des Decks, unweit der Tür zur Frauenkammer, Anke gestellt und sie mit einer höchst eindeutigen Forderung überfallen. Dabei hatte er sich so schamlos aufgeführt, daß Anke es nicht über sich brachte, den Hergang in Einzelheiten zu schildern. Anke habe mit ihm handgemein werden müssen, aber er habe sich als der Stärkere erwiesen. Dann habe sie sich in ihrer Angst und ihrem Ekel keinen Rat gewußt, als laut zu schreien. Dann erst habe der Belästiger wütend von ihr abgelassen, um so mehr, als Ankes Schrei den wachhabenden Offizier auf dem Oberdeck herbeigelockt hatte. Aber Basford habe, so im Vorbeigehen, dem Offizier nur zugewinkt, und der habe verständnisvoll gegrinst. Anke hatte sich schnell in die Frauenkammer zurückgeflüchtet. Eine der anderen Frauen hatte von dorther die ganze Szene beobachtet und Anke mit den Worten empfangen: »Du stellst dich an, als solltest du gebraten werden. Du bist schön dumm. Der Basford ist ein hübscher junger Herr, und Geld hat er auch.«

Wenn es nach Walther gegangen wäre, hätte er sich auf dem Absatz umgedreht, hätte den Burschen ausfindig gemacht, ihm die ›hübsche‹ Visage zertrümmert und den Rest des Kerls über Bord geworfen. Aber Anke hing sich an ihren Mann, achtete auch gar nicht darauf, daß andere zusahen, und beschwor ihn, nichts zu unternehmen. Da ja ›nichts passiert‹ wäre, würde man ihn auslachen und schwer bestrafen, wenn er gewalttätig würde.

»Du bist nur Diener bei Hestergart, Walther!« flüsterte Anke, heiser vor Erregung. »Die geben dir kein Recht. Wir sind in der Fremde. Du kannst nur mit Hestergart sprechen, weiter nichts!«

Sie hatte vollkommen recht. Auch jetzt blieb sie besonnen. Walther überwand sich und gehorchte ihr.

Eine Stunde später erst bekam er Herrn Hestergart zu fassen, berichtete ihm kurz, was sich zugetragen hatte und schloß: »Jonas, bei uns zu Hause würden wir den Burschen halbtot prügeln – und dann dürfte er sich nie wieder in der Gegend blicken lassen. Anke will keine Gewalttat. Aber du mußt den Kommandeur benachrichtigen und dich für uns beschweren.«

Jonas von Hestergart zog ein saures Gesicht. Es paßte ihm nicht, in so alberne Liebeshändel verstrickt zu werden. Vielleicht hatte sie dem Basford schöne Augen gemacht – und als er darauf hereinfiel, laut geschrieen, das ist so die Art mancher Frauenzimmer; ich werde mich hüten, mich da einzumischen. Laut sagte er: »Walther, nehmt das nicht so tragisch. Du warst ja lange genug Soldat und weißt, wie es zugeht. Cornwallis würde gar nichts unternehmen. Er hat sich den Basford nicht ausgesucht. Basford hat den Lord Halifax zum Onkel, und Cornwallis kann es sich nicht erlauben, diesen mächtigen Mann zu verärgern. Wir sind in wenigen Tagen an Ort und Stelle. Wenn erst die Transporter mit der Masse der Neusiedler ankommen, werden die Herren vom Schlage Basfords sich über mangelnde Gelegenheit zu amouröser Betätigung nicht mehr zu beklagen brauchen. Bis dahin sollte Anke sich auf ihre Kammer beschränken. Das ist der beste Rat, den ich euch geben kann. Und du, Walther, solltest besser als bisher auf deinen Schatz aufpassen. Und jetzt darf ich Cornwallis nicht warten lassen. Ich soll ihm angeben, wer morgen früh mit von der Partie zu sein hat, wenn wir wieder an Land gehen, um uns von den acadischen Bauern begrüßen zu lassen. Und noch einmal, Walther, spiele nicht den wilden Mann! Hier bist du nicht mehr der Corssen aus der Heide, sondern nur noch der Groom des Hestergart – und das ist vorläufig nicht viel, das weißt du selbst.«

Wenn er es noch nicht gewußt hatte, so wußte er es jetzt.

Es ergab sich dann, daß Cornwallis auch Walther Corssen mit an Land haben wollte; er habe sich gut mit den Maillets verstanden und könnte vielleicht nützlich sein. Walther sah sich also verhindert, ›besser als bisher auf seinen Schatz aufzupassen‹. Doch sorgte Hestergart dafür, daß auch Basford mit an Land zu gehen hatte, also nicht von neuem lästig werden konnte. Walther war seinem Brotherrn dankbar dafür und wich deshalb auch dem Basford während des Landgangs weit aus dem Wege. Er wollte nicht in die Versuchung geraten, doch noch zuzuschlagen.

Maillet hatte tatsächlich die fünf acadischen, also die französisch-sprachigen Siedler, die weit verstreut auf der nördlichen Seite der La Have-Mündung saßen, zusammengerufen. Die Männer begrüßten Cornwallis ehrerbietig, gaben bereitwillig jede Auskunft und zeigten sich allesamt von der Aussicht erfreut, daß ihrer weiteren Nachbarschaft ein Zustrom neuer Ansiedler und sogar der Bau einer Stadt bevorstand.

Walther Corssen fand keine rechte Gelegenheit mehr, das Gespräch mit den Maillets fortzusetzen und die Bekanntschaft, die, wie er meinte, eine Freundschaft werden konnte, zu vertiefen. Doch kam Charles Maillet neben Walther zu stehen, als man schon zum Ufer zurückgekehrt war, um die Beiboote zu besteigen, in denen Cornwallis und seine Begleiter von der ›Sphinx‹ herübergebracht worden waren. Die Matrosen, die bei den Booten gewartet hatten, luden sich je einen der Herren auf die Arme und trugen ihn durch das seichte Uferwasser in die Boote, damit sich keiner die schönen Schnallenschuhe und die Seidenstrümpfe naß zu machen brauchte. Denn Cornwallis hatte es für richtig befunden, sich mit seinem Stabe diesen simplen Acadiern in der ganzen Pracht eines Beauftragten Seiner Majestät des Königs von England zu präsentieren, und hatte auch nicht geringen Eindruck damit erzielt. Es verging einige Zeit, ehe die stolzen Herren in den schönen Tuchröcken mit den silbernen Tressen und Knöpfen, den Kniehosen und den dreispitzigen Hüten trocken auf die Bänke der Boote gepackt waren.

Maillet, der darauf verzichtet hatte, sich tragen zu lassen und mit den anderen Acadiern der ebenso feierlichen wie lächerlichen Einschiffung beigewohnt hatte, wandte sich halblaut an Walther: »Das habe ich noch nicht gewußt, daß die vornehmen Herren durchs Wasser getragen werden müssen. Meine Frau hat mir von eurem Gespräch erzählt, Walther, und daß ihr auch vom Lande seid. Wir sagen es dir nochmals: Kommt hierher in unsere Gegend! Du wirst bald französisch sprechen wie wir. Ihr seid uns willkommen, wenn ihr den Frieden liebt und die Unabhängigkeit.«

Indépendance, er hatte das französische Wort gebraucht in dem englischen Satz, aber im Englischen lautete es fast genauso. Walther hatte geantwortet: »Das werden wir nicht vergessen, Charles!« und war dann durch das Wasser zu seinem Boot gestapft.

Am gleichen Abend noch entwarf Cornwallis einen ersten Bericht an das ›Amt für Handel und Pflanzungen‹, dessen Präsident Lord Halifax war. Darin heißt es:

»Wir fanden guten Ankerplatz in der Bucht Merliguesche, wo, wie ich erfuhr, eine französische Siedlung zu finden war. Ich begab mich an Land, um mir die Häuser und die Lebensweise der Bewohner anzusehen. Es leben dort nur wenige Familien in erträglichen, mit Borke gedeckten Häusern. Die Leute haben nicht wenig Vieh und verfügen über mehr gerodetes Land, als sie zu ihrem Unterhalt bedürfen. Sie machen einen sehr friedlichen Eindruck und bekennen, daß sie sich stets als englische Untertanen betrachtet haben. Ihr Land ist ihnen von Oberst Mascarene gewährt worden, dem Gouverneur von Annapolis. Sie zeigten ungeheuchelte Freude, als sie von der neuen Ansiedlung hörten. Sie versicherten uns auch, daß die Indianer hier herum friedlichen Sinnes wären und daß man sie nicht zu fürchten brauchte.«

7

Am 21. Juni 1749 hatte die ›Sphinx‹ das Kap Sambro umrundet, hatte auf Nord gewendet und war zwischen dem dunkel bewaldeten Festland und einer größeren Insel (die später den Namen McNabs-Insel erhielt) in die weite, wunderbare Bucht von Chebucto eingelaufen, die im Osten wie im Westen zu zwei eng werdenden Zipfeln auslief. Hinter dem westlichen Zipfel erweiterte sich die Bucht abermals zu einem riesigen, vollkommen gegen die hohe See abgeschirmten, tiefgrundigen Wasserbecken. In der Tat, der Anlegeplatz, der hier den Menschen und ihren Schiffen von der Natur angeboten wurde, suchte seinesgleichen. Kein noch so rasender Sturm des bösen nord-atlantischen Meeres vermochte diesen Hafen zu gefährden.

Wer an Bord der ›Sphinx‹ nicht durch dringende Aufgaben abgehalten wurde, der war an Deck und blickte zu den waldigen Ufern hinüber, an denen man nun – so Gott es zuließ – Fuß fassen sollte. Die weite Wasserfläche der Bucht war leer, von leichtem Wind kaum gekräuselt, als hätte noch nie der Kiel eines Schiffes sie durchfurcht. Die ›Sphinx‹ machte bei der spärlichen Luftbewegung nur geringe Fahrt. Ganz sachte, kaum merklich, rückten die Ufer näher, dunkle Ufer wahrlich, von unabsehbaren Wäldern wie mit schwärzlich-grünem Samt verhüllt.

Die Gespräche waren leiser geworden. Die Freude, endlich das Ziel erreicht zu haben – ohne jeden Verlust an Menschen oder Gütern – äußerte sich nur gedämpft und schließlich wurde die Unterhaltung sogar sehr ernst. Die Sonne verschüttete Fluten von Licht über den im Widerschein flirrenden Wasserspiegel, hob das grüne Dunkel der Waldsäume wie Polster schwellenden Lebens über das Schwarzblau des Wassers, verstärkte noch das Gelb der Sände, das Grau der Uferfelsen – es war trotz der Fülle des Lichtes beinahe eine Geisterlandschaft! Kein Zeichen menschlichen Lebens, wohin das Auge sich auch wenden mochte.

Oder doch? Es wollte Walther und Anke so scheinen, als weise hier und da die glatte Linie der Wälder Lücken auf, als seien dort einzelne Bäume geschlagen worden. Aber das mochte nur auf einen Windbruch hindeuten.

Kein Zeichen menschlichen Lebens! Niemand, der sie hier empfing. Abweisend leer und still dehnten sich die dunkel bewaldeten Ufer in die Ferne. An Backbord tauchte ein dicht bewaldeter Hügel auf, der sich deutlich über das Land hinaushob. Aller Augen wanderten zu dieser Erhebung hinüber, als böte sich hier ein Ruhepunkt in der weiten, menschenleeren Einöde.

Anke flüsterte, als wäre es nötig, leise zu sprechen in dieser überhellen Einsamkeit: »In der Bucht von Merliguesche hattest du gleich die beiden Kühe entdeckt, Walther. Und dann trafst du die Maillets, von denen du mir so viel erzählt hast. Aber hier ist gar nichts, nur Wald!«

Walther stand neben seiner Frau am Rande des Decks. Er mußte sich Mühe geben, sich nicht von Ankes leiser Furcht vor diesem dunklen Ufer anstecken zu lassen.

»Zu sehen ist nichts, du hast recht. Aber es ist viel Platz, und es gibt Holz in Hülle und Fülle. Und Fische im Wasser und sicherlich viel Wild in den Wäldern. Wenn wir uns an die Arbeit machen, werden wir nicht zu hungern brauchen und zu frieren auch nicht. Wenn wir nur erst an Land gehen könnten, ich glaube, alles wird anders aussehen, wenn wir erst wieder festen Boden unter den Füßen fühlen.«

Jäh schlug die Stimmung um. Das Stichwort war gefallen. Sie faßte seinen Arm. »Ja, Walther, keinen Tag länger als nötig auf diesem Schiff! Nie kann man hier allein sein. Und wir sind immer getrennt. Ich halte es kaum noch aus.«

»Nun ist es soweit, Anke. Ich werde dafür sorgen, daß wir so bald wie möglich von Bord kommen!«

Aber an diesem ersten Tage in der Bucht von Chebucto kam noch niemand von Bord. Der Abend sank. Die beiden Beiboote des Schiffes waren unterwegs gewesen, um die Wassertiefe voraus zu loten. Schließlich glaubte der Kapitän, eine sichere Stelle gefunden zu haben, wo das Schiff festen Ankergrund hatte, auch unbedenklich würde schwoien können. Über dem Ufersaum hob sich hier jener Hügel auf, der am Nachmittag die Blicke der Reisenden auf sich gezogen hatte. Im Süden schwamm mitten in der Hafeneinfahrt eine Insel auf dem Wasser, dunkel und still. In der Höhe glitzerte und funkelte verschwenderisch der Sternenhimmel.

Anke lag lange wach. Walther erging es nicht anders. Die Stille rings um das Schiff stand wie eine Mauer aus Glas. Kein Rauschen der Bugwelle, der überkämmenden Seen war mehr zu vernehmen, auch das Summen, Pfeifen und Knarren der Blöcke, Rahen und Segel war verstummt, als hätte es dieses mürrische Geräusch, das Tag für Tag den Reisenden in den Ohren gelegen hatte, nie gegeben. Die meisten Menschen an Bord vermochten vor lauter Stille – und ungewisser Erwartung – nicht zu schlafen.

Und dann – alle merkten es: es roch nach Land. Die Luft, die durch die offenen Luken in die Schlafkammer drang, war nicht mehr die kalte, wie gewaschene der hohen See, sondern eine warme, mit würzigen Düften beladene, die von tausendfachem Leben kündete: vom Harz der Fichten, das in der Sonne des gewesenen Tages flüssig geworden war, vom üppigen Kraut am Waldrand mit seinen abertausend Blüten, vom

Atem fallenden süßen Wassers über bemoosten Steinen, vom duftigen Laub der Gebüsche über kristallenen Waldbächen.

Ja, es duftet nach Land! Anke sagte es sich wieder und wieder, während sie auf ihrem harten Lager die balsamische Luft einsog, die von der weit offenen Luke ihr Antlitz überströmte. Morgen, seufzte sie, morgen sind wir an Land, Walther und ich! Dann schlief sie so glücklich und tief, wie sie seit ihrer Flucht aus Haselgönne nicht mehr geschlafen hatte.

Mehr noch als alle anderen Wesen an Bord der ›Sphinx‹ schienen es die Pferde zu empfinden, daß man nun nicht länger zögern sollte, wieder festen Boden unter die Füße zu bekommen. Auch sie hatten Land gerochen, frische Waldweide. Sie trampelten, verstreuten ihr Heu, verschütteten den Hafer und zerrten an ihren Ketten. Es kostete Walther nicht viel Worte, seinen Dienstherrn Jonas von Hestergart zu überzeugen, daß die Pferde so schnell wie möglich an Land geschafft werden müßten. Die Tiere hatten unter der langen Seereise, während welcher sie ihren Stand an Deck nie hatten verlassen können, sehr gelitten, und wenn Bulkeley und Hestergart sie nicht verlieren wollten, so mußten sie endlich Bewegung haben, mußte ihnen grünes, frisches Futter angeboten werden.

Doch konnten die Tiere keinesfalls an Land allein gelassen werden. Es ergab sich also ganz von selbst, daß Walther und damit auch Anke, die nicht an Bord zurückbleiben wollte, zu den allerersten Leuten gehörten, für die an Land ein Unterkommen bereitet werden mußte. Das konnte zunächst nur ein Zelt sein, wenn Walther auch ohne jeden Verzug daran gehen wollte, eine erste kleine Hütte aus Baumstämmen zusammenzuzimmern. Bäume in jeder Höhe gab es ja genug.

Anke hatte in fliegender Eile die eigene Habe und die ihres Mannes in die beiden Truhen verpackt, die sich die jungen Eheleute schon in Rotterdam angeschafft hatten. Die geräumigen Behälter waren aus hellem Lindenholz gefügt und mit zwei starken eisernen Handgriffen an den Schmalseiten versehen. Auf den Deckeln trugen sie, kunstreich eingebrannt, die Namen ihrer Eigentümer W. Corssen und Anke Corssen. Warum der Tischler ›Anke‹ vollständig, von Walther aber nur den ersten Buchstaben auf die Truhen gesetzt hatte – dieses Rätsel hatte schon Anlaß zu manchem vergnügten Streit der

Eheleute geführt – und so blieb es, solange sie lebten. In Ankes Truhe hatte der geschickte Handwerker in einer der Seitenwände ein flaches Geheimfach angelegt. Darin war das Beutelchen mit den Goldstücken, beider wertvollster Besitz, sicher aufgehoben.

Während der Schiffszimmermann ein Lattengestell baute, in welchem das Pferd einem der Beiboote anvertraut werden sollte, trug Walther Werkzeuge, Leinwand, Schnüre, alles, was für ein Zelt nötig war, zur Bordwand, dazu einigen Proviant und die Schlafdecken, die ihnen zu Beginn der Reise geliefert worden waren. Das hohe Amt in London, die Lords of Trade, hatte die Expedition nach Nova Scotia mit großer Sorgfalt und auch reichlich ausgerüstet. Galt dies schon für die Transporter, welche die Masse der Auswanderer über das Meer herantrugen, so erst recht für die ›Sphinx‹, die den Kommandostab voraus nach Chebucto befördert hatte.

Endlich war alles im Boot. Der Vormittag war weit vorgeschritten. Wie schon an den Tagen zuvor, schien warm die Sonne. Im leuchtendblauen Himmel schwebten ein paar Wolken, so weiß und leicht, als wären sie geträumt. Noch hatte niemand an Bord der ›Sphinx‹ Augen für diese Pracht. Jeder war voller Neugier und Sorge, ob die Pferde sicher an Land gelangen würden.

Der enge Käfig hob sich vom Deck, die Matrosen legten sich kräftig ins knarrende Spill, das Pferd schwebte über die Bordwand und senkte sich dann in das Beiboot, aus dem einige Ruderbänke entfernt worden waren. Walther erwartete das Tier im Boot. Anke saß mit Truhen und Packen bereits im Achterende. Walther sprach dem Tier gut zu; es ließ die großen, schwarzen Augen rollen, so daß das Weiße sichtbar wurde; es konnte sich in seinem Gefängnis kaum bewegen. Es beruhigte sich ein wenig, als es die vertraute Stimme seines Pflegers vernahm. Als das Beiboot vom Schiff ablegte, stieß das Tier ein helles, schmetterndes Wiehern aus, was eine höchst unerwartete Folge hatte. Das zweite Tier, mit dem das an Land fahrende während der ganzen Reise beisammen gestanden und sicherlich Freundschaft geschlossen hatte, riß sich an Deck der ›Sphinx‹ mit einem gewaltigen Bäumen von seinem Haltering, brach ihn aus dem Holz und setzte mit einem mächtigen Satz über Bord, um dem Gefährten an Land zu folgen.

Nach dem ersten Schrecken sagte sich Walther: Gut, das erleichtert die Sache. Ich bringe gleich alle beide an Land. Die Tiere wollen beieinander bleiben.

Die hundert Meter bis zum Ufer wurden glücklich überwunden. Walther stieg ins Wasser, watete aufs Trockene, nahm eine lange Leine mit sich, die am Halfter des Pferdes festgemacht war. Dann gab er den Matrosen ein Zeichen, die Vorderwand des Gestells, die dazu eingerichtet war, fortzuheben. Er lockte das Tier freundlich: »Komm, Foxy, komm!« und schlenkerte die Leine. Das Pferd setzte so plötzlich aus seinem Käfig über die Kante des Ruderboots ins Wasser, daß das jäh entlastete Schiff gefährlich ins Schwanken geriet. Anke und ihr Gepäck wurden kräftig bespritzt.

Aber dann konnte Walther seinem Schützling dankbar und anerkennend den Hals klopfen und gleich darauf das zweite Tier am Halfter greifen, das sich nach der ausgiebigen Schwimmpartie schüttelte und einen Sprühregen von silbernen Tropfen um sich her wirbelte.

Die Tiere schienen ganz närrisch vor Freude, daß nicht mehr hohles Holz unter ihren Hufen hallte, sondern warme, gute Erde sie sicher trug. Sie drängten sich aneinander, rieben auch ihren Kopf an Walthers Schulter, wieherten, daß es hallte, tänzelten und schlugen sich sausend die Flanken mit den langen, schönen Schweifen. Aber bald senkten sich ihre Mäuler ins duftende Kraut und Gras und ließen sich die Gaben des neuen Erdteils schmecken.

Es war unmöglich, sich von diesem Vergnügen der Kreatur nicht anstecken zu lassen.

»Wo stellen wir unser Zelt auf, Anke? Fürs erste! Wenn wir noch ein paar Tage gutes Wetter behalten, dann bringe ich uns richtig unter Dach und Fach. Holz gibt es hier genug.«

Anke, lachend, strahlend plötzlich, wie das Leben selbst: »Abseits, Walther, möglichst weit abseits! Damit wir endlich allein sind.«

Wer hätte einem solchen Vorschlag widerstehen können! Walther ganz gewiß nicht! Er band die Köpfe der Pferde zwei Ellen voneinander entfernt aneinander und legte dann Foxys Halfter an die lange Leine. So blieben die Tiere dicht zusammen und hatten zugleich Auslauf genug, sich nach Herzenslust satt zu fressen. Gerade kamen Bulkeleys Pferde an Land.

Auch da hatte man nur eines der Tiere in das Gatter zu zwängen brauchen. Doch hatte man den beiden anderen die Halfter gleich von den Ringen gelöst; auch sie hatten nicht gezögert, über das Schanzkleid zu setzen und dem eingeschifften Gefährten an Land zu folgen.

Walther und Anke hatten nun Zeit, sich um ihr Lager zu kümmern. Denn die Herren und Damen des Stabes wollten zunächst noch an Bord wohnen, bis Cornwallis sich entschieden hatte, wo mit dem Bau der Stadt begonnen werden sollte. Da die Pferde an Land nicht ohne Aufsicht gelassen werden konnten, war Walther nicht zu den Leuten eingeteilt worden, die unter der Führung von Cornwallis, Bulkeley, Hestergart und Gates die Ufer der Chebucto-Bucht auf ihre Eignung, die geplante Siedlung zu tragen, erforschen sollten. Welch ein Geschenk des Himmels für Walther und Anke, sich endlich nur mit sich selber beschäftigen zu können, ein erstes Obdach ›für uns zwei‹ zu errichten, Steine zu einer ersten Herdstatt zusammenzufügen und aus den Kartoffeln, der Grütze, dem Salzfleisch des Schiffes ein erstes eigenes Mahl zu bereiten, das Anke mit Sauerampfer, Kresse und Löwenzahn zu würzen wußte. Es machte die junge Frau auf ganz unvernünftige Weise glücklich, diese einfachen Gewürze ohne jede Mühe gefunden zu haben; sie hatten sich ihr beinahe von selbst am Rande eines Bachtals angeboten, in dessen Mitte ein heller Wasserlauf vom Hang des über dem Hafen gelegenen Hügels herniederplätscherte. Hier an dem Übergang zwischen Wald und Lichtung hatten die beiden nahe am Strand ihr Zelt errichtet, hatten sich darin aus duftenden Fichtenzweigen eine erste Lagerstatt bereitet.

Gerade jetzt, um die Zeit des Sommeranfangs, stand das Land in voller Blüte – und es gibt kaum ein anderes Land unter der Sonne, das sich dann an Schönheit mit Nova Scotia vergleichen ließe. Anke war glücklich. Dieses Land war viel herrlicher und wunderbarer, als sie in ihren kühnsten Träumen erwartet hatte. Die Schiffsreise war ein quälendes Fegefeuer gewesen. Aber nun war sie vorbei; Anke hatte sie bestanden. Und während all der schwierigen und angstvollen Wochen und Monate seit ihrer – wie sie nun wohl wußte – eigentlich tollkühnen Flucht aus der heimatlichen Landschaft hatte sich der Mann, ihr Mann, in jedem Augenblick des Zweifels und der Sorge bewährt. Als kluge Frau wußte Anke, daß selbst der herrlichste Geliebte nicht das Unmögliche möglich machen kann, daß man sich in die Verhältnisse zu schicken hat und daß sich Glück und Seligkeit dem gleichgültigen Gang der Dinge nur abzwingen oder ablisten lassen. Hier nun endlich, in diesem leuchtenden Lande, an so geschützten Buchten würden sie beide ungehindert zu sich selber finden.

Sie hielt inne, nachdem sie mit Walther, auf zwei großen sonnenwarmen Steinen hockend, behaglich ihr erstes eigenes Mahl auf dem Boden des ersehnten Landes verzehrt hatte. Im westlichen Himmel badete sich die Sonne in purem Gold und Purpur. Die Luft hatte alle Hitze und Schwüle des Mittags verloren, war nur noch wohlig warm und voll von Düften jungen Lebens. Anke blickte um sich.

»Walther, unsere Heide war arm. Dies ist ein reiches Land, und es ist sehr schön. Wenn man uns nichts in den Weg legt, Walther, hier wollte ich wohl mit dir bleiben. Und wir werden glücklich sein, so Gott will!«

Es war einer jener Augenblicke, in dem für einige Herzschläge lang alle Dinge wie durch einen Zauber durchsichtig werden und ihre wahre Bedeutung enthüllen. Den Mut und die Treue, die Anmut und die Liebe dieser Frau – er sah sie in ihrem innersten Wesen, und zugleich war ihm, als wüchse seine eigene Kraft ins Ungemessene: Ja, er wollte nicht versagen; für sie würde ihm nichts zu schwer sein. Eine lange Minute schwiegen sie beide. Ihre Blicke hatten sich lächelnd getroffen; aber dann wichen sie sich aus, beinahe scheu.

Walther raffte sich auf: »Ich muß noch nach den Pferden sehen, werde sie näher heranholen, damit wir sie des Nachts bei uns haben. Dann sollten wir noch ein wenig am Ufer entlanggehen. Wir müssen erforschen, wie das Land hinter dem Vorsprung da aussieht. Es wird warm bleiben über Nacht. Aber das Zelt müssen wir dicht halten, damit wir nicht von Schnaken belästigt werden.«

Die Pferde hatten sich rund und voll gefressen, schnupperten nur noch ab und zu im Kraut und Gras und konnten, obgleich längst übersatt, der Versuchung nicht widerstehen, hier und da noch ein verlockend duftendes Blatt abzuzupfen und genießerisch zu zermahlen. Auch sie hatten die Leiden der Seereise vergessen. Gern folgten sie dem vertrauten Pfleger und ließen sich in der Nähe des Zeltes am Rande des Baches erneut anpflocken. In langen schlürfenden Zügen hatten sie zuvor ihren Durst gelöscht. Das frische Wasser schmeckte um so viel besser als das abgestandene, flaue, das ihnen auf dem Schiff vorgesetzt worden war.

Noch hatte das Licht nicht nachgelassen. Das hellere Grün des jungen Ahorns, der Birken, Espen, Pappeln und Weiden schimmerte vor dem dunkleren der Tannen und Fichten. Manche Gebüsche waren wie große, silbrig-grün schwellende Kissen in den Rand des Waldes eingeschmiegt.

»Sieh nur!« rief Anke. Wo der Wald neben dem Bachtal zurücktrat, war der grasige Boden übersät von abertausend weißen Blüten wilder Erdbeeren.

»Hier wird man bald Körbe voll sammeln können und braucht wirklich nicht zu suchen!« meinte Walther.

Und sie fanden Büsche, die ihnen ganz wie Heidelbeer- und Preißelbeer-Kraut vorkamen, von zu Hause her wohlbekannt. Auch sie waren überzuckert mit unzähligen winzigen Blüten und versprachen reiche Ernte. Frauenschuh und Sternblümchen blühten am Waldboden, wo die Sonne noch Zugang fand. Am Rande des Baches aber waren Veilchen in großen Polstern angesiedelt. Wenn der Abendwind die Luft bewegte, so umwehte ihr unverkennbarer Duft die beiden Glücklichen wie ein süßer Nebel. An feuchteren Stellen verschwendeten Schwertlilien ihre nachtblaue Pracht. Vogelstimmen aus den Zweigen, fröhliche Kadenzen – sie waren den beiden nicht vertraut –, aber man würde ihre Rufe bald kennenlernen.

Das Wasser der großen Bucht schien viele Fische zu bergen. Überraschend oft warf sich ein blitzender schlanker Leib aus dem blanken Spiegel hoch und fiel, Tropfen versprühend, mit lautem Klatschen wieder zurück. Walther lachte: »Morgen werden wir frischen Fisch zum Abendessen haben. Das kann ich dir versprechen, Anke.«

Sie hing an seinem Arm und entgegnete vergnügt: »Gut, gut, ich nehme dich beim Wort, Walther, und wenn dir eine Gräte im Hals stecken bleibt, dann muß ich sie herausklauben, und du beißt mir dabei den Finger ab.«

»Mir ist dein Finger zu schade, Anke! Und was passiert, wenn sich bei dir eine festsetzt?«

»Ach, das möchtest du wohl, wie? Daß ich dir dann hilflos

ausgeliefert bin! Aber das gibt es nicht! Mir bleibt nie eine Gräte im Hals stecken.«

»Schade!« meinte er und wußte so viel tiefe Enttäuschung in seine Stimme zu legen, daß sie laut auflachte. Noch nie, solange sie sich kannten, waren sie so ohne jede Einschränkung heiter miteinander gewesen.

Anke, nach einer Weile, ernster: »Als ich diese Ufer von ferne erblickte, als wir in Merliguesche und jetzt hier in Chebucto einfuhren, kamen sie mir sehr dunkel und feindselig vor. Aber jetzt, da wir sie aus der Nähe sehen, erwecken sie gar keine Furcht mehr. Man ist schon wie zu Hause.«

So sonderbar es auch erscheinen mochte – Walther mußte es bestätigen.

Sie waren nachdenklich geworden. Die Sonne wollte sich bereits hinter den Baumkronen im Westen verstecken. Sie hatten den Vorsprung des felsigen Strandes, den sie sich bei ihrem kleinen Ausflug zum Ziel genommen hatten, in gemächlichem Schlendern umrundet. Die Bucht erstreckte sich vor ihnen weiter nach Norden. Die Ufer rückten in der Ferne enger zusammen und bildeten, wie es schien, keine Bucht mehr, sondern eine Wasserstraße. Die vor Anker liegende ›Sphinx‹ war den Blicken der beiden entschwunden. Es war ihnen, als befänden sie sich allein auf der Welt. Die Stille war groß. Sie dachten daran, umzukehren, verhielten den Schritt und ließen die Augen noch einmal die dunkelnden Waldränder, die einsamen Ufer entlanggleiten. Der Abendschein übergoß die Wasserfläche mit lautlos spielenden Farben.

Anke faßte Walthers Arm so plötzlich und mit so hartem Griff, daß Walther unwillkürlich erschrak. »Siehst du das, Walther? Mein Gott, da sitzt wer!«

Anke hatte die merkwürdige Figur als erste gesehen. Doch jetzt nahm auch Walther sie wahr. Zwei starke Bäume waren aus dem Rande des Waldes über das Ufer gestürzt und bildeten einen spitzen Winkel. Ihre längst vertrockneten Kronen reichten bis zum Wasser hinunter und wurden von jeder Flut benetzt, wie sich leicht erkennen ließ. Im innersten Winkel, wo die beiden Stämme sich kreuzten, saß die Gestalt reglos am Boden wie in einer Sesselecke, ganz zusammengesunken. Der Kopf, auf dem ein zerdrückter Dreispitz windschief klebte, hing so tief auf die Brust hinunter, daß das Gesicht verborgen blieb. Die Arme ruhten leicht angewinkelt auf den beiden Fichtenstämmen. Die Beine lagen langgestreckt neben den Stämmen am Boden, ebenso gespreizt wie die von einem längst verwehten Sturm gefällten Schwarzfichten.

Die reglose Figur war voll bekleidet. Aber die Farbe des Rocks, der Hosen, der Stiefel war kaum noch zu erkennen, war vermodert, war grünlich und schwärzlich gesprenkelt. Der Rock mochte ursprünglich weiß gewesen sein. Auf den ledernen Stiefeln ebenso wie auf dem dunkelfarbigen Hut hatte sich das ins Gelbe spielende Weiß des Schimmels angesiedelt. Über die Schultern des Mannes hinaus ragte der Lauf einer Muskete.

Der Anblick war von grausiger Lächerlichkeit. Als Walther das Bild in sich aufgenommen hatte, huschte ihm die Vorstellung durchs Hirn: Ein schwer betrunkener Soldat! Hat sich zwischen die Bäume geklemmt, um Halt zu finden und seinen Rausch auszuschlafen. Ist nicht wieder aufgewacht. Denn der Mann – Herr im Himmel, es konnte kein Mensch daran zweifeln – der Mann war tot!

Walther hatte seinen Arm um Ankes Schulter gelegt und die vor Entsetzen Bebende fest an sich gezogen. »Ein toter Soldat, Anke. Der tut uns nichts Böses mehr. Seiner Uniform nach, soweit ich sie noch erkenne, muß es ein Franzose sein. Wie kommt der hierher? Wie lange mag er schon da sitzen?«

Viele Fragen, keine Antwort. Der Abend verschwendete sein Rot und Gold weit umher. Noch war es ungemindert hell. Die große, warme Stille ringsum schien plötzlich und auf rätselhafte Weise vom Nachhall eines harten Glockenschlags zu dröhnen. Der Friede über Wald und Wasser und sanft sich hinschwingendem Ufer – ein wortloser Hohn!

Anke klagte leise: »Wir waren glücklich bis vorhin, Walther! Dies schöne Land! Und jetzt ein toter Soldat! Warum wurden wir so erschreckt?«

Ja, warum? Darauf gab es keine Antwort.

Walther besann sich auf seine Pflicht. »Ich muß das melden, Anke! Cornwallis und die anderen werden bald zurückkommen. Es wird Abend. Sie haben die Boote nicht weit von unserem Lagerplatz liegen. Dort muß ich sie abfangen und Meldung machen!«

Er führte Anke langsam den Weg zurück, den sie gekommen waren. Sie sollte das schreckliche Bild aus den Augen verlieren. Sie hatte sich inzwischen gefaßt. Sie war kein Schwächling.

Er bat sie: »Geh nur langsam voraus, Anke. Ich muß den Toten genauer anschauen. Cornwallis wird eine zuverlässige Beschreibung haben wollen.«

Anke erwiderte nichts, machte sich aber mit zögernden Schritten auf den Rückweg. Sie blickte sich nicht um. Walther stolperte den Uferhang hinauf, um den Toten aus der Nähe zu betrachten. Es stimmte: es war eine französische Uniform. Walther besaß ja Erfahrung zur Genüge, was französische Uniformen anbetraf. Aber das Regiment, dem der Tote angehört hatte, war nicht festzustellen. Die Uniform hing über einem Gerippe. Alles Fleisch war verkommen oder vertrocknet. Die Fingernägel waren unverändert geblieben, auch die Haare, die unter dem Hut hervorquollen. Die Schnur hielt den Hut am Totenschädel fest. Zerfallen würde das Ganze erst, wenn die Kleidung völlig vermodert war. Aber soweit war es noch nicht. Als Walther sich niederbeugte, um dem Toten ins Gesicht zu sehen, drang ihm der Geruch des Todes in die Nase; er war ihm nur allzugut bekannt. Er zuckte zurück, überwand sich und bückte sich tiefer. Von einem Gesicht war nichts mehr zu erkennen. Nur noch der Tod selber grinste unter dem Dreispitz.

Warum wurde unser erster Tag zerstört? Ach, Anke! Er sah sie in der Ferne langsam um den Ufervorsprung schreiten, auf dem blassen Sandstreifen dicht über dem Wasser, den die Ebbe freigelegt hatte. Arme Anke! Ich habe dich nicht vor diesem Schrecken bewahrt. Wieviel Schrecken noch werde ich dir nicht ersparen können!

Das Herz war ihm bleischwer in der Brust. Er beeilte sich, bald wieder neben ihr zu sein. Wieder legte er den Arm um ihre Schulter, hielt sie mit der Hand fest umschlossen, wie um sie zu bergen. Sie waren sich nahe, waren sich näher noch, als sie einander zuvor in der Freude gewesen waren. Sie sprachen kein Wort miteinander. Aber unaufhörlich ging ein Spruch durch Walthers Hirn, den er vor Jahren gelernt hatte, ohne daß er eine deutliche Beziehung zwischen diesen Worten und dem Erlebnis der letzten halben Stunde herstellen konnte. Immer wieder die wenigen Worte:

Die Traurigkeit aber der Welt wirket den Tod.

Warum war das so sehr richtig und warum hatte das mit diesem Abend zu tun?

Er kam nicht dazu, sich darüber klar zu werden, konnte auch zu Anke nicht darüber sprechen. Denn als sie bei den Pferden und ihrem Lager angekommen waren, liefen sie Cornwallis und seinen Leuten in die Arme, die weit in der Gegend umhergestiegen waren, um sich ein Urteil darüber zu bilden, ob die in London vorentworfenen Pläne für die Gründung einer Stadt an der Bucht von Chebucto verwirklicht werden konnten.

Die Meldung von dem vermoderten Toten erregte nicht das Aufsehen, das Walther erwartet hatte. Er vernahm, daß vier weitere Leichen gefunden worden waren. Niemand hatte danach gesucht. Aber man hatte sie am Ufer der Bucht nicht übersehen können. Doch waren diese anderen Leichname ihrer Kleider beraubt gewesen. Cornwallis und Bulkeley glaubten auch, erklären zu können, wie und warum die sterbenden Soldaten an den Ufern der Bucht zurückgeblieben waren. Einer der Lotsen aus Boston, der an der Erkundung des Geländes teilgenommen hatte, wußte eine Anzahl von Einzelheiten beizusteuern, die wohl nicht alle zuverlässig, jedoch bezeichnend waren.

Cornwallis befahl: »Hestergart, sorgen Sie dafür, daß auch dieser Tote gleich begraben wird, wie wir die anderen begraben haben. Nehmen Sie Walther und zwei Mann dazu. Ich schicke Ihnen das Boot wieder herüber, in einer Stunde. Sie wollen sicherlich an Bord übernachten.«

Walther hatte zuvor schon für den eigenen Bedarf einige kienige Fichtenknorren bereitgelegt. Die dienten nun als Fakkeln, denn die volle Dunkelheit war nicht mehr fern. Schon blinkten die ersten Sterne.

Sie betteten den Toten mit den Kleidern in ein schmales, flaches Grab. Die Last war schaurig leicht.

Auf dem Wege zu dem Toten hatte Walther von Hestergart erfahren, was dieser selbst im Laufe des vergangenen Tages vernommen hatte. Es ging weit über das hinaus, was Hestergart bis dahin über die Tragödie des französischen Expeditions-Korps gewußt hatte.

Die gesamte mit dem nordamerikanischen Festland verbundene Halbinsel Nova Scotia war im Frieden von Utrecht (1713) von den Franzosen, deren Hauptbesitzungen am unteren Sankt Lorenz ›Canada‹ genannt wurden (und nur sie trugen damals diesen Namen), an die Engländer abgetreten worden. Tatsächlich hatten weder die einen noch die anderen das Land wirklich in Besitz genommen. Es gehörte in Wahrheit den Stämmen der Micmacs, die vielfach unter sich zerstritten waren, und wurde an seinen Küsten, besonders an der atlantischen Seite, vielfach von den bretonischen, schottischen, englischen, auch portugiesischen Fischern besucht, die von dem außerordentlichen Reichtum an Fischen auf den Neufundland-Bänken angelockt wurden. Die Cape Breton-Insel, die sich, phantastisch zerlappt, im Nordosten dicht an das neuschottländische Festland anschließt, war französisch geblieben. Auch hier trockneten die Fischer auf den großen Felsen der Küste gern den Kabeljau, den sie im wilden Nordwesten des Atlantik gefangen hatten.

Die einzige Siedlung von einiger Bedeutung in Nova Scotia war die allmählich zerfallende kleine Seefestung Annapolis Royal auf der westlichen, der dem nordamerikanischen Festland zugekehrten Seite der Halbinsel, eine alte Gründung der Franzosen schon seit 1605. Die Franzosen hatten den Platz an die Engländer verloren, hatten ihn auch nicht wieder gewonnen. In den ersten Jahrzehnten des achtzehnten Jahrhunderts hielt der vorzügliche Paul Mascarene als englischer Gouverneur von Annapolis, von der Regierung in London fast vergessen, den englischen Anspruch auf ganz Neu-Schottland wenigstens dem Namen nach aufrecht. Seiner Herkunft nach ist er wahrscheinlich selbst Franzose gewesen, aber in seiner Treue zur englischen Krone wurde er niemals wankend.

Schon lange vor ihm aber hatten sich von Annapolis aus nach Osten, das weite, fruchtbare Tal des Annapolis-Flusses aufwärts bis hinüber zu den feuchten Senken im Westen des Minas-Beckens, leise und unauffällig französische Bauern vorgeschoben. Es fehlte ihnen nicht an gesundem Nachwuchs, aber sie nahmen zuweilen auch Iren oder Basken in ihre Gemeinschaft auf, gelegentlich sogar Schotten oder aus England stammende Leute, die sich aus den älteren englischen Kolonien weiter im Süden an der amerikanischen Küste in die leeren, weglosen Waldländer im Nordosten hatten verschlagen lassen. Besonders willkommen waren ihnen natürlich Menschen französischer Zunge, deren Vorfahren in der Bretagne oder der Normandie beheimatet gewesen waren. Ganz allmählich, und auch den Beteiligten anfangs kaum bewußt, hatte sich aus diesen sich selbst genügenden, sich selbst verwaltenden und regierenden Urwaldsiedlern an der dem offenen Atlantik abgekehrten Flanke der Halbinsel Neu-Schottland ein eigenständiges Völkchen entwickelt. Eine neue Nation bildete sich auf jungfräulicher Erde, eine Erkenntnis, die sich erst zweihundertundfünfzig Jahre später langsam durchzusetzen begann, nachdem sie zwei Jahrhunderte hindurch von der offiziellen Geschichtsschreibung der Engländer übersehen worden war. Hatte doch England dies werdende Volk, als es ihm in seiner imperialen Politik lästig wurde, aus seinem Wurzelgrund gerissen und zerstreut, ohne es indessen völlig vernichten zu können.

Auch ein eigener und nicht aus dem alten Europa hergeleiteter Name war diesem neuen Volk französischer Sprache zugewachsen, ohne daß irgendwer noch genau anzugeben vermochte, wie das Wort entstanden war. Sicherlich stammte es aus der Sprache der indianischen Ureinwohner, der Micmac-Stämme, die zu der großen Sprachfamilie der Algonquin gehörten. Die Silben ak-a-de oder acadie kommen noch heute in vielen Ortsnamen vor, die sich in Nova Scotia oder Neu-Braunschweig finden, und bedeuten etwa ›der Platz, wo ...‹ oder ›dort, wo ...‹ sich dies oder das ereignet hat, wo das Land so oder so aussieht – denn die meisten indianischen Ortsbezeichnungen sind beschreibender Natur. Da aber diese Silben den ersten, aus Frankreich stammenden Siedlern, Fischern, Abenteurern so häufig in den Ohren klangen, mögen sie sie für den ursprünglichen Namen dieser Gebiete um die Bucht von Fundy gehalten haben. Sie eigneten sich den Namen an, buchstabierten ihn, schon seit 1600, ›la cadie‹ oder ›La Cadye‹ und einigten sich schließlich auf die Form ›Acadie‹ oder ›Acadia‹, im Deutschen also Akadien, von den Akadiern bewohnt.

Von Anfang an war diesen unerschrockenen Pionieren bewußt, daß sie alles, was da um sie her aus den nie berührten Wäldern und versumpften Flußauen entstanden war – nächst der Güte Gottes – ihrer eigenen Kraft und Arbeit verdankten: Die Felder, die schön entwässerten Weiden, die das Salzwasser abdämmenden Deiche, die Obst- und Gemüsegärten, die kräftigen, standhaften Häuser, Scheunen und Ställe, die Wege und Pfade durch die Wälder. Auch die Birkenkanus, deren Bau sie von den Indianern gelernt hatten, und die stärkeren Holzboote gehörten dazu, vor allem aber das Gefühl unverbrüchlicher Zusammengehörigkeit der Familien und Sippen, das selbst stärksten Belastungen standhielt und sich durch natürliche Autorität und strenge Sitte zuverlässiger als durch eine obrigkeitliche Ordnung regulierte. Weder der König von Frankreich noch der von England hatte ihnen dabei geholfen; sie waren von ihnen höchstens belästigt worden.

Dieses Akadien (immer wieder ist man versucht, Arkadien zu sagen, denn in der Tat war hier in einem abgelegenen Winkel des großen Nordamerika ein dem altgriechischen ähnliches, ein neues, einfaches, friedlich-glückliches Arkadien im Entstehen), dies Akadien also hatte sich ganz unabhängig von dem Kern ›Neu-Frankreichs‹, dem damaligen ›Canada‹ am unteren Sankt Lorenz-Strom, entwickelt. Es war ja auch durch unabsehbare, weglose Wälder, durch unbekannte Ströme und zerklüftete Gebirge, durch unerforschte, gefahrvolle Wildnis vom französischen ›Canada‹ mit seiner wehrhaften Hauptstadt Québec getrennt und nur auf weitem, oftmals umstürmten Seeweg um Kap Sable im Süden und das Nord-Kap der Cape Breton-Insel im Norden zu erreichen.

Akadien und die Akadier haben bis zu ihrer Austreibung (1755) die Engländer und die Franzosen mit ihren Hoheits-Ansprüchen mehr als ein dutzend Mal kommen und gehen sehen. Schließlich nahmen sie weder die einen noch die anderen sehr ernst und waren froh, daß Québec oder Paris, Boston oder London weit entfernt lagen. Sie waren sie selbst, sie sprachen französisch, hatten aber auch nichts gegen die englische Sprache; sie verlangten im Grunde nur eins: In Ruhe sich selbst überlassen zu bleiben, damit das höchst gesunde Pflänzchen Akadia wachsen könne.

Diese Bauern am Minas-Becken und am Annapolis-Fluß, bald auch auf der atlantischen Seite in der Gegend von Merliguesche, erkannten zu spät, daß die Heimat, die sie sich friedlich erarbeitet hatten, an einem Angelpunkt lag, um den sich, ganz unvermeidlich, das englische und französische Streben nach Vorherrschaft auf dem nordamerikanischen Kontinent drehte. Es ist nicht verwunderlich, daß der französische König ihnen mißtraute, da sie offenbar stets mit den Engländern gut ausgekommen waren – und daß die Engländer sie erst recht nicht für zuverlässig hielten, da sie bei aller Loyalität gegenüber dem guten Mascarene, Gouverneur der zerfallenden Feste Annapolis, französisch sprachen, katholisch waren und gegen Franzosen nicht kämpfen wollten.

In den ersten Jahrzehnten des achtzehnten Jahrhunderts hatten die Franzosen auf der ihnen im Frieden von Utrecht (1713) verbliebenen Cape Breton-Insel die in ganz Nordamerika ihresgleichen suchende Seefestung Louisbourg errichtet, um den Zugang zu ihrem kostbaren, wertvolle Pelze liefernden Neu-Frankreich und Québec zu sichern. Akadien auf der englisch gebliebenen Halbinsel Neu-Schottland war von den Franzosen ebenso vergessen wie von den weiter im Süden viel stärker engagierten Engländern. Dort aber, in Massachusetts, in Rhode Island und New York, spürte man deutlich, daß Louisbourg nicht nur nach Norden schützte, sondern auch nach Süden drohte. Also bemächtigten sich die Neu-Engländer des französischen Stützpunkts im Handstreich (1745), nachdem zuvor die Franzosen, die von dem neuen Ausbruch der Feindseligkeiten in Europa früher Kunde erhalten hatten als die Englischen in Boston, versucht hatten, Annapolis zu überwältigen. Der unerschrockene Mascarene hatte mit seinen zerlumpten, vom fernen England sträflich vernachlässigten Soldaten den französischen Angriff abgewehrt. Den Neu-Engländern aber war ein gehöriger Schrecken eingejagt worden, fühlten sie sich doch auch von Québec aus über Land durch die mit den Indianern verbündeten Franzosen bedrängt. Ihr Gegenzug war dann die über alles Erwarten leicht geglückte Einnahme von Louisbourg.

Eigentlich jetzt erst begriffen die beiden stärksten Mächte Europas, England und Frankreich, daß der Entscheidungskampf um Nordamerika begonnen hatte. Es sollte noch vierzehn Jahre dauern, ehe mit der Einnahme von Québec (1759) der Streit um die Vorherrschaft in Nordamerika zu Gunsten der Engländer entschieden war (wobei, was bei uns immer noch weithin übersehen wird, Friedrich der Große im Siebenjährigen Krieg – weltpolitisch gesehen – nichts weiter gewesen ist als der ›Festlandsdegen‹ Englands gegen Frankreich; ohne Friedrich hätte Frankreich mehr Truppen zur Verfügung gehabt und wahrscheinlich in Nordamerika festen Fuß gefaßt. Dann sähe der Kontinent heute völlig anders aus).

Die Franzosen wollten zunächst durchaus nicht daran glauben, daß mit dem Fall von Louisbourg auch Neu-Schottland verlorengegangen war. Sie durften die Südkante des Eingangs zum Sankt-Lorenz-Tal nicht in feindlichen Händen belassen. Auch schmerzte sie noch ein anderer Mißerfolg: Der von Frankreich entschieden unterstützte schottische Anwärter auf den englischen Königsthron, Bonnie Prince Charlie, war bei seinem kühnen Versuch, über die Nordsee hinweg vom schottischen Norden her England anzugreifen und die Hannoveraner vom englischen Thron zu verjagen, bei Culloden geschlagen worden (1746). Dem Hause Hannover war die Krone Englands nicht zu entreißen gewesen.

Die Franzosen hatten im Frühling 1746 in Brest eine große Flotte von Kriegsschiffen zusammengezogen, die ein starkes Landungsheer nach England hinüberbringen sollte, um Bonnie Prince Charlie, sobald er einen Anfangssieg erfochten hatte, tatkräftig zu unterstützen – und natürlich die französischen Interessen im verhaßten England nachhaltig zu wahren.

Da sich aber das Kriegsglück dem ›prächtigen‹ Stuart-Prinzen verweigert hatte, die Flotte und das Expeditionskorps indessen schon in Brest versammelt waren, beschloß die französische Regierung, mit dieser Streitmacht, wenn schon die Engländer im Mutterland selbst nicht zu treffen waren, wenigstens Louisbourg und das übrige englische Neu-Schottland zurückzuerobern. Frankreich wollte mit einer Streitmacht vor der amerikanischen Nordost-Küste aufkreuzen, wie sie dort noch niemals gesehen worden war. Nicht weniger als 37 Kriegsschiffe, dazu 34 Transport- und Versorgungsschiffe waren in Brest vereint, mit insgesamt weit über 6000 Leuten an seemännischer Besatzung. Die Transporter trugen außerdem über 3000 Soldaten, nämlich zwei Bataillone des Regiment de Ponthieu und je ein Bataillon der Regimenter Fontenay le Comte, Saumur und Royal de la Marine. Diese Landungstruppen unterstanden dem General Pommeril, das

Ganze wurde von dem Herzog von Anville befehligt, wie sich herausstellen sollte, einem der glücklosesten Admirale, in der an glücklosen Admiralen nicht gerade armen Geschichte der Seekriege.

Die bei Culloden erbarmungslos geknickten Hoffnungen der Schotten erwachten zu neuem Leben, als sich in Schottland wie ein Lauffeuer die Kunde verbreitete, die französische Flotte unter d'Anville habe den Hafen von Brest verlassen. Doch das Ziel der Schiffe war nicht Alt-Schottland – es hieß Neu-Schottland. Außer dem Herzog von Anville kannte niemand an Bord der 71 Segler dieses Ziel – und als es auf hoher See endlich bekanntgegeben wurde, verbreitete sich Schrecken unter den Seeleuten – nicht minder als unter den Soldaten. Der Nordatlantik war eine wilde Wasserwüste. Nie ließ sich vorhersagen, mit welch fürchterlichen Überraschungen er aufwarten würde. Die Soldaten waren nahe an Meuterei. Was hätte sie ihnen genutzt! Mit Meuterern wurde kurzer Prozeß gemacht. Wenn nicht schon auf See, würde man sie doch nach der Rückkehr durch die Spieße schicken und dann hinrichten.

D'Anville erklärte den Offizieren den Feldzugsplan. In der Theorie war er nicht ohne Größe. Die von Brest um Schottland herum westwärts segelnde Flotte sollte im Hafen von Chebucto sich mit einer zweiten aus den französischen Antillen unter dem Admiral Conflans treffen. Die vereinten Seekräfte sollten Louisbourg zurückerobern, dann den alten englischen (ursprünglich auch französisch gewesenen) Stützpunkt Annapolis einnehmen. Irgendwo in Neu-Schottland sollte sich das französische Landekorps mit einem starken Kommando von französischen Waldkämpfern und Indianern vereinen, das von Québec aus schon im voraus in Marsch gesetzt worden war. Danach aber sollte nach Süden vorgestoßen und schließlich Boston erobert werden, das Herzstück der englischen Kolonien in Amerika.

So war die große Unternehmung vorzüglich ausgedacht. Sie scheiterte auf grausige Weise. In der rauhen Wirklichkeit wollte nichts mit jener Präzision ablaufen, die auf dem Papier überzeugt hatte.

Schwere Stürme und lähmende Flauten hielten d'Anvilles Flotte, die im Mai 1746 der französischen Küste ›au revoir!‹

zugewinkt hatte, den ganzen Sommer über auf dem hohen Atlantik fest. Der Schiffsverband war sicherlich viel zu groß, um zu einer schnellen Reise fähig zu sein. Die Flotte hatte sich stets nach dem langsamsten und am ungeschicktesten segelnden Schiff zu richten. Trotzdem war keine Vorsorge für den Fall getroffen worden, daß die Überfahrt länger dauern würde, als man gewöhnlich für die Segelreise über den Nordatlantik rechnete, nämlich vier bis höchstens acht Wochen. Auch standen Leben und Gesundheit des ›gemeinen Mannes‹ – mochte er nun Matrose oder Soldat sein – bei der Oberschicht in Paris, in deren Köpfen die kühnen Pläne ausgebrütet worden waren, ebenso niedrig im Kurse wie in London oder sonstwo. An gesunde und frische Nahrung an Bord der vielen Schiffe, an Sauberkeit, an Hygiene (um einen damals nicht bekannten Begriff zu gebrauchen) war nicht gedacht worden. Schon die vornehmen Leute hielten nicht viel von Körperpflege, die ärmeren erst recht nicht.

Nach wenigen Wochen auf See begann den in die Bäuche der Schiffe gestopften Männern das Zahnfleisch zu bluten, und schließlich fielen ihnen die Zähne aus. Der Skorbut schlich durch die von den Ausdünstungen ungewaschener Leiber stickig gefüllten Decks.

Und dann fing bald hier einer zu fiebern an und bald dort, und die Krankheit hatte nicht den geringsten Respekt vor Rang und Titel. Das wie die Pest gefürchtete ›Schiffsfieber‹ erfaßte manchen, der noch vor kurzem als stolzer Kavalier herumkommandiert hatte. In der drangvollen Enge auf den Schiffen, von denen keines über vier- bis fünfhundert Tonnen faßte, war es unmöglich, die Typhus-Kranken abzusondern. Auch wußte man nicht, wie die Krankheit übertragen wurde, begriff nicht, warum einzelne, die nicht anders wie alle übrigen aßen, tranken, schliefen, sich entleerten, von der Krankheit nicht angefallen wurden. Selbst wenn sich die Kranken nach vier bis fünf Wochen wieder erholten, blieben sie schwach und anfällig, waren auch nicht gegen eine Wiederkehr des Fiebers gefeit.

Schließlich begann der Tod seine gründlich vorbereitete Ernte einzuheimsen. Zunächst wurde noch eine Andacht abgehalten, ehe man die Leichen ins Meer versenkte. Aber bald mußte jeder Rest von Feierlichkeit aufgegeben werden; es waren zu viele, die man Tag für Tag der grünen, gleichgültigen See zu übergeben hatte.

Erst im September des Jahres – weit über drei Monate war die Flotte unterwegs gewesen – tauchte endlich Kap Sable, die Südspitze Neu-Schottlands, über den Horizont.

Eine ungünstigere Zeit als den September um die Tage der Tagundnachtgleiche hätte sich die d'Anvillesche Armada kaum aussuchen können, um an der ohnehin niemals zuverlässigen Nordostküste Nordamerikas anzukommen. In der Zeit der Aequinoktien brechen dort zuweilen erbarmungslose West- oder Nordweststürme aus den unermeßlichen Weiten des gewaltigen, weit in die Arktis hinaufreichenden Erdteils hervor und brausen mit einer Gewalt sondergleichen kalt und wild auf den Nordatlantik hinaus. Die gesamte Ostküste Neu-Schottlands liegt dann im Schatten dieser ablandigen Stürme, sie wird zu einer einzigen, von Segelschiffen kaum und auch von heutigen Motorschiffen nur schwer anzusteuernden Lee-Küste.

Noch hatte d'Anville die 71 Schiffe seiner Flotte leidlich beisammen – wenn auch nur noch mit einer Mannschaft, die durch Tod und Krankheit sehr geschwächt war. Neu-Schottland war endlich in Sicht, aber Chebucto noch weit – und man hatte von der an Klippen, Vorgebirgen und Untiefen reichen Küste respektvollen Abstand zu halten –, als der erste Aequinoktial-Sturm des Jahres wie ein riesiges Raubtier aus dem Hinterhalt urplötzlich über die vor Kap Sable unschlüssig kreuzende Flotte herfiel und die Schiffe vom eben erst gesichteten Land wieder in die schäumende Leere des Ozeans hinausblies.

Auf einigen der Schiffe hatten die Segel nicht mehr rechtzeitig geborgen werden können; die geschwächte Mannschaft war nicht mehr schnell genug in die Wanten gegangen. Masten und Takelung gingen über Bord, die Schiffe – Schiffchen nur, nach heutigen Begriffen – legten sich quer zur See, kenterten und versanken mit Mann und Maus in der kalten Tiefe.

Eine Reihe von weiteren Schiffen wurde so weit verweht, daß sie es aufgaben, jemals wieder zum Gros der Flotte zu stoßen. Der September war schon zu weit vorgeschritten. Die Kapitäne verloren den Mut, hatten genug von der ungastlichen Küste Neu-Schottlands, hinkten mit ihren angeschlagenen Fahrzeugen in die Häfen der französischen Antillen im wärmeren, freundlichen Süden oder kehrten einfach, nur noch mit der Hälfte der Mannschaft und der Soldaten, nach Frankreich zurück.

Nach dem großen Sturm war wenig mehr als die Hälfte der großen Flotte imstande, die Fahrt nach Chebucto wiederaufzunehmen. Am 10. September gingen die Schiffe in der geschützten Bucht von Chebucto vor Anker, das heißt nur die stärksten und tüchtigsten von ihnen, die der Sturm mehr oder weniger ungeschoren gelassen hatte.

Zu seinem Entsetzen fand der Admiral in den Buchten von Chebucto außer einigen Kanus der Micmacs und einem Transporter der eigenen Flotte, den eine wohlwollende Laune des Windes vor allen anderen Schiffen in den Hafen gepustet hatte, kein weiteres Fahrzeug vor. Die lange und breite Straße des Hafens, durch Inseln gegen die offene See abgeschirmt, das weite, später Bedford-Becken genannte Wasser jenseits der ›Narrows‹, der ›Engen‹, das die Hafenbucht landein so ausgiebig fortsetzt, als wollte es allen Flotten der Welt einen Ankerplatz bereiten, war leer! Leer war auch die wie ein Schlauch langgestreckte Wasserstraße, heute ›Nordwest-Arm‹ genannt, welche die zweite Seite des an seiner schmalen Grundlinie mit dem Festland zusammenhängenden Dreiecks bildet, jener Halbinsel, auf welcher die heutige Stadt Halifax steht. – Alle diese eiligst von d'Anvilles Offizieren abgesuchten Gewässer waren leer!

Was hatte sich ereignet? Was war aus dem so klug und siegesbewußt ausgeklügelten Kriegsplan geworden?

Wo waren die beiden Fregatten ›L'Aurore‹ und ›Castor‹ geblieben, die d'Anville schon im April von Brest abgesandt hatte – als Vorausabteilung, um den Hafen für die vielen Schiffe und Soldaten vorzubereiten? Diese beiden Fregatten, unter dem Kommando von du Vignan, hatten auch die von den französischen Antillen heranbeorderte Flotte empfangen sollen, die Befehl erhalten hatte, sich unter ihrem Admiral Conflans in Chebucto mit d'Anville zu vereinen.

Auch von der Flotte des Conflans war weit und breit nichts zu entdecken.

Und von der eigenen fehlten immer noch zahlreiche Schiffe.

Sie hinkten – soweit noch vorhanden – in den ersten Tagen nach der Ankunft des Flaggschiffes von d'Anville langsam in den Hafen und legten sich vor Anker. Auf allen Schiffen fieberten die Kranken, stöhnten die Verletzten. Es war zuviel des Elends und Unglücks für den armen Herzog von Anville. Er legte sich hin und starb ohne jede Vorbereitung. Sein Stellvertreter, der Vizeadmiral d'Estournel, war an Bord eines der letzten noch manövrierfähigen Segler am Abend des 27. September in Chebucto angekommen, nur um zu erfahren, daß der Kommandant am gleichen Tage, wenige Stunden zuvor, das Zeitliche gesegnet hatte und daß nunmehr ihm, dem Vizeadmiral, die Leitung des ganzen Unternehmens – wenn man es überhaupt noch ein Unternehmen nennen konnte – zugefallen war.

Wohin aber hatten sich die Schiffe verirrt, die sich im sicheren Hafen von Chebucto mit des unglücklichen d'Anville Flotte hatten treffen sollen? Die beiden Fregatten waren nach schneller Reise schon im Frühsommer in Chebucto eingetroffen. Ihr Anführer du Vignan begriff nicht, warum das Gros der Seestreitkräfte unter d'Anville Woche für Woche und schließlich Monat für Monat ausblieb. Aus Langeweile beschäftigten sich die beiden Fregatten damit, sich vor der Küste auf die Lauer zu legen und britische Handelsschiffe, die von London oder Plymouth nach Boston oder von Boston nach dem nun in englischer Hand liegenden Louisbourg unterwegs waren, zu kapern und in den Hafen von Chebucto einzubringen. Sogar ein kleines englisches Kriegsschiff mit zehn Kanonen an Bord war du Vignan in die Hände gefallen.

Im Sommer pflegten sich die Indianer von der anderen, der westlichen Seite der Halbinsel Neu-Schottland um die Bucht von Chebucto zu versammeln, um die dann zur Küste drängenden Schwärme von Fischen abzufangen, große Feste zu feiern und Glooscap, die höchste der Gottheiten ihres indianischen Himmels, zu ehren.

Die gekaperten englischen Schiffe kamen du Vignan sehr gelegen. Aus ihren Ladungen, lebendem Vieh, Trockenfisch, Obst, Wein und Rum, konnte er den Indianern reichlich Geschenke machen und ihnen wieder einmal beweisen, daß es sich für sie stets lohnte, mit den Franzosen gute Freundschaft zu halten. Für jeden englischen Skalp zahlten die Franzosen schon seit langem zehn blanke Louisdor. Und stets waren sie mit Vergnügen bereit, die Goldstücke auf der Stelle in Feuerwasser, in bunte Glasperlen, Spiegelchen, rotes Tuch und auch in Flinten, Pulver und Blei umzusetzen, die dann bald wieder zu weiteren englischen Skalps verhelfen mochten.

Du Vignan aber hatte auf seiner ›L'Aurore‹ ein Geschenk mitgebracht, das den Micmacs noch besser gefiel als der geliebte Rum, das war der bei den Engländern berüchtigte Le Loutre, ein französischer Priester, der es sich zur Lebensaufgabe gemacht hatte, die Micmacs zum katholischen Glauben zu bekehren. Während er sie in gehorsame Kinder der allein seligmachenden Kirche verwandelte, erfüllte er sie zugleich mit einem wilden Haß gegen die irrgläubigen, protestantischen Engländer und versicherte ihnen, daß es kein gottgefälligeres Werk geben könne, als Engländer umzubringen und damit dem Lilienbanner des ›allerchristlichsten‹ Königs, eben des großen Louis, tatkräftig beizustehen. Dieser Priester Le Loutre hat, bei Licht besehen, den Engländern für gut zwei Jahrzehnte mehr zu schaffen gemacht als das ganze französische Militär.

Du Vignan hatte bis zum 12. August in Chebucto gewartet. Dann blieb ihm nichts anderes übrig, als anzunehmen, daß die ganze Expedition unter d'Anville aus irgendeinem Grunde ins Wasser gefallen war. Wie oft änderte der Hof in Versailles seine Meinung und seine Anordnungen von heute auf morgen! Zwei lumpige Fregatten, die man nicht mehr benachrichtigen konnte, spielten keine Rolle: Du Vignan besprach sich mit seinen Offizieren. Man wurde sich einig, daß man den Engländern schon genug Schaden zugefügt hatte. Außerdem würde man ihnen den unübertrefflichen Le Loutre dalassen. Der würde dafür sorgen, daß ihnen Frankreich ständig in unangenehmster Erinnerung blieb. Und obendrein verspürte niemand auf der ›L'Aurore‹ und der ›Castor‹ auch nur die geringste Lust, es mit den zu erwartenden Septemberstürmen aufzunehmen. Also Anker gelichtet und zurück nach la douce France!

Du Vignan hatte von den Schiffen, die er gekapert hatte, 168 Engländer heruntergeholt, die nach Frankreich mitzunehmen er nicht die geringste Lust verspürte; die Enge auf seinen Schiffen war auch ohne Gefangene spürbar genug. Freilassen aber wollte du Vignan die armen Teufel nicht. Sie hätten sich nach Annapolis durchschlagen und dort die englische Garnison verstärken können. Die einzige Lösung war, die gekaperten Seeleute und Passagiere nach Québec über Land in Marsch zu setzen, an die sechshundert Meilen weit durch wegelose Wälderödnis. Ein gewisser Repentigny erhielt Befehl, mit den englischen Gefangenen, geleitet und bewacht von 150 Indianern, nach Québec zu marschieren. Ob und wie die Gefangenen nach fünf- oder sechshundert Meilen Marsch durch die dunklen Wälder in Québec angekommen sind, darüber ist nirgendwo und niemals später auch nur ein Sterbenswörtchen zu hören gewesen. Sicherlich haben es die indianischen Bewacher viel praktischer und lukrativer gefunden, dem nächsten französischen Gouverneur 168 englische Skalpe à zehn Louisdor anzubieten, als sich mit den halb verhungerten Gefangenen Meile für Meile durch den Urwald zu quälen. Jener Repentigny ist vielleicht der Vater des ganzen Geschäfts gewesen – es sei denn, die Indianer haben sich gesagt, ein Skalp mehr ist eine gute Zugabe – und man konnte den behaarten Hautfetzen keineswegs ansehen, ob sie von einem englischen oder französischen Schädel stammten ...

Drei Wochen nachdem du Vignan Chebucto Adieu gesagt hatte, erschien Admiral Conflans aus Westindien, von den französischen Antillen, mit vier Kriegsschiffen in der Bucht von Chebucto, um sich hier, wie ihm befohlen war, mit der Flotte aus Frankreich zu vereinen. Von dieser Flotte war weit und breit nichts zu hören und zu sehen. Doch erfuhr ein Landekommando, das der Admiral Conflans ans Ufer gesetzt hatte, von einigen Indianern, daß zwei französische Kriegsschiffe vor kurzem erst nach Frankreich zurückgesegelt wären, nachdem sie von Chebucto aus drei Monate lang der britischen Schiffahrt eifrig und mit gutem Erfolg Schaden zugefügt hätten. Conflans wußte sich auf diese offenbar zuverlässige Nachricht keinen Reim zu machen, kreuzte noch einige Tage an der Neu-Schottland-Küste auf und ab und gab dann kurzentschlossen den Befehl zur Rückkehr nach Frankreich. Denn auch Conflans war nicht begeistert von der Aussicht, mit seinen Schiffen in die Aequinoktial-Stürme zu geraten, die ihn ohnehin ostwärts verwehen würden, ihn aber Masten, Segel, Ruder, ja ganze Schiffe kosten konnten.

Es ist erheiternd – aber auf eine schaurige Weise –, den alten Dokumenten zu entnehmen, daß der von du Vignan wie von Conflans so sehnlich erwartete d'Anville mit immerhin noch über vierzig Schiffen auf der Reede von Chebucto aufkreuzte, als die Schiffe des Admirals Conflans gerade erst unter den östlichen Horizont getaucht waren. D'Anville begriff ebensowenig, warum seine Vorausabteilung unter du Vignan wie seine Verstärkung von den Antillen unter Conflans entschwunden waren, wie du Vignan und Conflans nicht begriffen hatten, warum d'Anville nicht längst eingetroffen war . . .

D'Estournel, in der Nachfolge des glücklosen d'Anville, fühlte sich alles andere als beglückt und geehrt. Typhus und Skorbut wüteten weiter unter seiner Mannschaft, unter Seeleuten wie Soldaten. Zwar unterstand seinem Befehl immer noch eine Flotte von so vielen Segeln, wie sie in solcher Zahl noch nie an der nordamerikanischen Küste aufgetaucht waren. Aber unter diesen Segeln lagen die Decks voll von kranken, schmutzigen Menschen, die nicht richtig behandelt oder gepflegt wurden und von denen auch die gesündesten oder wieder gesundeten kaum noch stark genug waren, die Leinwände zu bedienen.

Am 28. September 1746 versammelte d'Estournel alle maßgebenden Armee- und Marine-Offiziere auf seinem Flaggschiff und legte dar, daß nach seiner Meinung, angesichts der schon erlittenen Verluste durch Sturm und Seuche, vor allem auch wegen der fortgeschrittenen Jahreszeit, die Rückkehr der gesamten Flotte nach Frankreich das einzig Ratsame wäre. Wie sich später erwies, wäre dies in der Tat das einzig Vernünftige gewesen. Doch die Vernunft setzt sich in solchen Situationen nur selten durch, damals wie heute. Im Kreise der übrigen Offiziere erhob sich Widerspruch: Es gehe gegen die Ehre, das Unternehmen so sang- und klanglos aufzugeben, und es wäre keineswegs erwiesen, daß das Lilienbanner Frankreichs nicht doch noch über die verhaßten Engländer triumphieren könnte.

Unter den Offizieren, die lauthals opponierten und auch nicht zögerten, d'Estournel ihre Ablehnung und Verachtung so gut wie unverhüllt ins Gesicht zu schleudern, tat sich ein Marquis de la Jonquière, Jacques Pierre de Taffanel, besonders hervor, ein untersetzter, wenig gebildeter Edelmann, dessen Jähzorn und brutaler Tatkraft schwer zu widerstehen war. Jonquière war seinen vornehmen Erziehern schon mit zwölf Jahren entlaufen, war zur See gegangen und hatte sich hochgedient, indem er sich als noch härter erwies, als die damalige Seefahrt ohnehin schon war.

Dieser Jonquière setzte dem Vize-Admiral derart zu, daß dieser, ein empfindlicher, allzu wohlerzogener Aristokrat, wortlos und totenbleich die aufrührerische Versammlung verließ, sich in seine Admiralskammer schloß und dort voller Verzweiflung in seinen Degen stürzte.

Als d'Estournel gar nicht wieder erscheinen wollte, brach man seine Kammer auf und fand ihn sterbend. Seine letzten Worte werden berichtet:

»Meine Herren, mögen Gott und der König mir vergeben, was ich getan habe. Ich beteuere dem König: Es war allein mein Anliegen, meine Feinde an der Behauptung zu hindern, ich hätte des Königs Befehl nicht ausgeführt. Zu meinem Nachfolger im Kommando dieses Unternehmens ernenne ich Jonquière!« Denselben Jonquière also, der ihn, den rechtmäßigen Befehlshaber, in den Tod getrieben hatte. Das war beinahe ein Witz in dieser an schaurigen Scherzen nicht gerade armen Affäre des großen Flottenangriffs Frankreichs auf das englische Amerika. Jonquière jedoch wischte Bedenken jeder Art beiseite und übernahm das Kommando mit der ihm eigenen Tatkraft.

Zunächst mußten Soldaten wie Seeleute so schnell wie möglich wieder auf die Beine gebracht werden. Jonquière schickte auf der Stelle zwei seiner Offiziere unter indianischer Führung auf die andere, die westliche Seite von Neu-Schottland zu den akadischen Siedlern am Minas-Becken und ließ frische Nahrungsmittel heranschaffen. Die Indianer kannten seit alters zwei Kanu-Routen, die freilich unterbrochen wurden von nicht besonders bequemen ›Portagen‹, an denen die Boote aus dem Wasser gehoben und getragen werden mußten. Vielleicht gab es auch schon einen Pfad durch die Wildnis, der durchlaufend begangen oder beritten werden konnte; die Akadier waren Leute, die sich in der Wildnis vor keiner Mühe scheuten. Und der Überfluß an Fischen war an der atlantischen Seite Neu-Schottlands in manchen Jahreszeiten so groß, daß es sich lohnte, einen mit Lastgut begehbaren Weg von der Bay-of-Fundy-Seite her anzulegen.

In der Tat trafen schon nach kurzer Zeit frische Nahrungsmittel bei den Leuten Jonquières ein. Jonquière hatte alle Schiffe durch die ›Narrows‹, die Engen, in das Bedford-Bekken einlaufen lassen, das durch die etwa dreieckige Halbinsel, auf der später die Stadt Halifax entstand, vollkommen gegen die weiter seewärts liegenden Wasserarme und gegen die hohe See abgeschirmt ist. Dort setzte er in der heute Birch-Cove, das heißt Birken-Bucht, genannten Bucht die Soldaten und alle Kranken an Land, um ihnen frische Luft und frisches Wasser zu verschaffen. An Land würden die frischen Nahrungsmittel wohl auch eher ihre heilende Wirkung ausüben können als auf den überfüllten Schiffen, die nun erst einmal gründlich gereinigt werden mußten.

In der Tat ging der Skorbut schnell zurück; er tritt nur dort auf, wo frische Nahrung für längere Zeit entbehrt wird. Was aber nicht mit Obst und Gemüse geheilt werden konnte, war der Typhus, das ›Schiffsfieber‹. Das wollte durchaus nicht weichen. Die Kranken starben daran an Land genauso, wie sie an Bord der Schiffe gestorben waren. Von den annähernd zweiundeinhalbtausend Soldaten und Seeleuten, welche die Flotte des unglückseligen d'Anville, dann des d'Estournel und schließlich des Jonquière seit der Abfahrt von Brest schon verloren hatte, erntete der Tod fast die Hälfte an den schönen stillen Ufern der Buchten von Chebucto. Es gab schon kaum mehr genug gesunde Mannschaften, um die nötigen Wachen und Vorposten am Eingang der Bucht Tag und Nacht besetztzuhalten. Denn wenn auch von den Indianern nicht viel zu befürchten war, so mochten doch die Engländer in Louisbourg oder Annapolis längst Kunde davon erhalten haben, was die Franzosen im Schilde führten – und in welch jämmerlicher Verfassung sich ihre stolze Streitmacht befand . . .

Gnade oder Mitgefühl waren Vokabeln, die es in Jonquières Wortschatz nicht gab. Wer noch eben aufrecht stehen konnte, war gesund und wurde zum Wachdienst oder zu sonstigen Arbeiten eingeteilt. Die Männer fielen vor Schwäche auf ihren Posten um und gaben den Geist auf. Kam die Ablösung – wenn sie überhaupt kam! –, so waren die neuen Posten zu schwach, die Vorgänger zu begraben. Zwischen den dicht verschlungenen Fichtenwurzeln war ohnehin ein Grab nur mit äußerster Mühe aufzubrechen. So blieben die Toten liegen oder hocken und wurden vergessen. Die Indianer kamen schnell dahinter, sie zogen den Leichen die Uniformen aus, auch Hosen, Stiefel und Hemden, und stahlen vor allem die Musketen, wo sie nur konnten. Die Franzosen waren außerstande, gegen diese Leichenfledderei irgend etwas zu unternehmen. Um alles in der Welt durfte man die Indianer nicht verärgern.

Die meisten der Kranken, die im Zeltlager an der Birken-Bucht starben, wurden hinausgerudert und in tieferem Wasser versenkt. Große Steine, die Leichen zu beschweren, gab es genug. Doch blieben immer noch andere Tote übrig, die beraubt und entkleidet werden konnten.

Den gestohlenen Plunder schleppten die Indianer in ihre entlegenen Dörfer – und mit ihm die furchtbare Seuche!

Es wird geschätzt, daß die Micmac-Stämme im Osten der neuschottländischen Halbinsel drei Viertel ihrer Menschen verloren. Wenn also die Franzosen auch die Engländer nicht besiegten – ihre Hauptmacht bekam überhaupt keine englische Uniform zu Gesicht –, so räumten sie wenigstens unter den Urbewohnern des Landes so gründlich auf, daß die Indianer niemals mehr zu einer ernsthaften Gefahr für das Siedelwerk der Europäer werden konnten . . .

Die Indianer merkten zu spät, daß mit ihren Freunden, den Franzosen, auch für sie der Tod an Land gestiegen war. Sie flohen. So konnte es geschehen, daß einige der letzten Posten, die Jonquière noch ausgestellt hatte, und die dann an Ort und Stelle zusammensanken und nicht mehr abgelöst wurden, von den Indianern nicht mehr entdeckt und beraubt wurden.

Selbst der steinharte Jonquière vermochte schließlich nicht mehr zu glauben, daß er mit dieser Truppe von Siechen und Entmutigten das von den Engländern gehaltene Louisbourg zurückerobern würde. Aber vielleicht ließ sich Annapolis noch überwältigen? Die von Québec aus in Marsch gesetzte kleine Streitmacht von Waldläufern und Indianern hatte tatsächlich die vielen Urwaldmeilen hinter sich gebracht und war – wie Jonquière durch Boten erfuhr – in der Nähe von Annapolis in Stellung gegangen. Ihr Anführer, Ramesay, wagte es jedoch nicht, den gefürchteten Mascarene anzugreifen, obgleich die Befestigungen von Annapolis verfallen und mit den abgerissenen, schlecht bezahlten und von London schon fast vergessenen englischen Soldaten gewiß kein Staat zu machen war. Ramesay meinte, die französische Flotte abwarten zu müssen, bevor der Angriff auf Annapolis ernsthaft unternommen werden konnte.

Jeden Tag rückte der unerbittliche Winter näher, ein Feind, der erst recht kein Erbarmen kennen würde. Erschüttert und heimlich bis ins Herz geängstet, hatte die Truppe die ersten Nordlichter in den Nachthimmel flammen sehen. Dergleichen hatten die französischen Soldaten aus Burgund und der Auvergne noch nie erlebt. Was war dies für ein Land mit seinen unermeßlichen Wäldern, den fürchterlich gewaltsamen Stürmen, den weglosen Einöden, den geisterblau und purpurn überzuckten nächtlichen Himmeln! Die Kranken froren des Nachts in den fadenscheinigen Zelten. Des Morgens hatten sich die Felsen ringsum in weißen Frost gehüllt. Und die armseligen Menschen waren kaum getröstet, wenn sie in der nicht mehr wärmenden Sonne der Abende das Laub an Birken, Espen und Ahorn wie bunte Fackeln leuchten sahen, um dann zu erleben, wie die Blätter nach einer einzigen totenstillen Frostnacht alle gefallen waren, die nackten Zweige enthüllend. – Plötzlich schien höchste Eile geboten. Jonquières Nerven waren nicht aus Stahl. Die Streitmacht aus Québec unter Ramesay konnte nicht den ganzen Winter über vor Annapolis liegenbleiben. Was an Kranken noch laufen konnte, wurde auf fünf Schiffen zusammengedrängt, die zu Hospitälern erklärt worden waren. Was nicht mehr laufen konnte, blieb liegen. Manch ein entfernter Außenposten, der nicht auf eigene Faust den Weg ins Lager zurückgefunden hatte, wurde vergessen. Schiffe, die nicht mehr seetüchtig zu sein schienen, auch all die gekaperten Schiffe, wurden einfach angesteckt. Sie verbrannten zur Verwunderung der wenigen inzwischen noch nicht geflüchteten oder erkrankten Indianer als riesige Opferfeuer auf dem Wasser der Bedford-Bucht.

Endlich war es soweit. Überstürzt verließ die französische Flotte – sie zählte immer noch an die vierzig Schiffe aller Art – die Bucht von Chebucto, nahm Kurs nach Südwesten, um schleunigst Kap Sable im Süden westwärts zu umschiffen und schließlich – so Gott es wollte – die Bay of Fundy und Annapolis zu erreichen.

Gott wollte es anders. Ebenso wie d'Anville, wurde Jonquière in der Nähe des Kaps von einem der schweren Herbststürme dieser gefürchteten Meeresgegend überrascht, gegen den auch seine Tatkraft nichts auszurichten vermochte. Wie es d'Anville gegangen war, erging es auch ihm: Die Flotte wurde weit in den tobenden Atlantik hinaus verweht. Einige Schiffe wurden von der See verschlungen. Andere Kapitäne fragten nicht mehr nach Jonquière, dessen Flaggschiff längst außer Sicht getrieben war. Der Sturm hatte sie ostwärts geblasen, auf den Weg in die Heimat, nach Europa. Sie machten, daß sie nach Hause kamen. Andere schleppten sich mühsam unter Behelfssegeln und mit schlecht geflickten Rudern nach Westindien, zu den Antillen.

Als der Sturm endlich nachließ, verfügte Jonquière außer dem eigenen nur noch über ein einziges Schiff, das in Sichtnähe bei ihm ausgehalten hatte. Jeder andere wäre entmutigt gewesen, nicht dieser unerhörte Jacques Pierre de Taffanel, Marquis de la Jonquière. Wiederum nahm er Kurs auf die Südspitze Neu-Schottlands, umrundete sie in weitem Bogen, wendete in die Bay of Fundy und fand auch die Einfahrt zu dem langgestreckten Meeresbecken, an dessen innerster Enge Annapolis Royal, befehligt von dem furchtlosen Mascarene, gelegen war. Ramesay mit seinen Waldläufern und Indianern steckte irgendwo im Hinterland. Es hätte gelingen können, mit ihm Verbindung aufzunehmen und dann Annapolis zu Wasser und zu Lande anzugreifen. Einem solchen Doppelangriff hätte Mascarenes übelgelaunte kleine Truppe sicherlich nicht widerstanden.

Aber auch noch in dieser letzten Minute ließ das Unglück die Franzosen nicht aus seinen Fängen. Kurz vor Jonquières Ankunft waren zwei starke englische Kriegsschiffe mit vielen Kanonen und kerngesunder Besatzung vor Annapolis eingetroffen. Sie hätten die schwachen Jonquièreschen Schiffe, ihre morschen Leiber, ihre geschwächten Matrosen schnell zerschlagen. Jonquière war immerhin klug genug, zu erkennen, wann ein Spiel endgültig verloren ist. Jetzt war es verloren. Er befahl sofort, die Schiffe auf Gegenkurs zu legen und das

Heil in der Flucht zu suchen. Er konnte von Glück sagen, ungeschoren davongekommen zu sein.

So endete die große französische Expedition gegen das englische Nordamerika. Ende 1746 lief auch Jonquière wieder in Brest ein. Das Unternehmen hatte Tausende von Menschenleben und weit mehr als die Hälfte der Schiffe gekostet. Am Hofe von Versailles gab es einige Bestürzung. Aber sie hielt nicht lange an. Man hatte zuviel mit Bällen, Opern, Intrigen und Schäferspielen zu tun. Immerhin hatte sich der wilde Marquis de la Jonquière einen solchen Namen gemacht, daß er bald danach zum Gouverneur von Canada ernannt wurde.

An den Ufern von Chebucto bleichten die Gebeine manches französischen Musketiers und Seemanns. Einige der Gestorbenen, die von den entsetzten Indianern nicht mehr gefunden und entkleidet worden waren, wurden von ihren Uniformen und ihrem Lederzeug zusammengehalten, bis drei Jahre nach dem großen Elend die englische Fregatte ›Sphinx‹ mit Cornwallis und seinem Stabe in Chebucto auftauchte, um an den Ufern der Bucht das englische Gegenstück zu dem – kampflos – den Franzosen wieder zugefallenen Louisbourg zu errichten.

Als Anke und Walther mit als erste an Land gingen, wollte es das Geschick, daß sie solch einen vergessenen französischen Wachtposten entdeckten. Ihre Freude, das neue Land endlich betreten zu haben, ging unter in der Erkenntnis, daß die Bosheit und der Streit der alten Heimat diese fernen Ufer schon längst vor ihnen erreicht hatten.

Die Männer von der ›Sphinx‹ hatten den Toten, der Anke erschreckt, der dann von Walther Corssen gemeldet worden war, begraben – samt der halb vermoderten Uniform und der ganz verrosteten Muskete. Darauf hatten die drei Männer das Bedürfnis gespürt, sich mit dem reinen Sand am Ufer im Wasser der Bucht die Hände zu scheuern. Auch von Hestergart, der das Begräbnis beaufsichtigt und dafür gesorgt hatte, daß der Tote tief genug unter die Erde kam, hatte sich an der allgemeinen Säuberung beteiligt wie unter einem Zwang.

Von Hestergart befahl den Rückmarsch zu dem Platz, wo Anke und Walther ihr Lager aufgeschlagen hatten. Die Jolle von der ›Sphinx‹ würde schon warten. Die Kienfackeln, die den Männern geleuchtet hatten, waren abgebrannt. Aber Walther nahm zwei der noch glimmenden Stümpfe mit. Anke würde aus der Glut leicht wieder ein Feuer entfachen, wenn sie noch etwas kochen wollte – und Walther verspürte nach all der Bewegung und Aufregung des Tages einen rechtschaffenen Hunger. Streifen trockener Birkenrinde, die sofort lichterloh brannten, hatte Anke längst gesammelt.

Jonas von Hestergart und Walther Corssen waren hinter den anderen beiden Männern zurückgeblieben. Sie verspürten das Bedürfnis, noch ein paar vertrauliche Worte deutsch miteinander zu reden.

Ein halber Mond hatte das Tageslicht abgelöst und goß eine Glitzerbahn über das kaum gekräuselte Wasser der Bucht. Schwarz zogen sich die Waldränder an den Ufern entlang ins Ungewisse. Der Sand des Strandes, in dem Walther und Jonas entlangstapften, knirschte zuweilen unter ihren Stiefeln. Jonas fragte: »Du schickst Anke wieder mit zurück aufs Schiff, Walther? Sie würde wohl frieren, wenn sie hier auf der Erde schlafen müßte.«

Die im Tone freundlicher Besorgnis vorgebrachte Frage beunruhigte Walther auf unbestimmte Weise. Er gab etwas gepreßt zur Antwort: »Ich glaube nicht, Jonas, daß sie zum Schiff zurückkehren will. Sie ist froh, daß sie endlich wieder festen Boden unter den Füßen hat. Das Schiff ist ihr verleidet. Ich werde schon dafür sorgen, daß sie nicht zu frieren braucht. Vielleicht halte ich die ganze Nacht über ein Feuer in Gang.«

Nach einer Weile fragte Jonas weiter: »Fand sie das Schiff wirklich so unerträglich? Es ist doch alles gutgegangen.«

»Arbeit und Härte ist sie wohl gewohnt. Das Leben bei uns in der Heide ist nicht leicht. Aber Enge ist sie nicht gewohnt. Enge auszuhalten, mit Leuten zusammengesperrt zu sein, die sie nichts angehen, das ist ihr im Innersten zuwider.«

»Selbst Cornwallis ist freundlich zu ihr gewesen – und das ist er nicht sehr häufig. Ich habe mir auch Mühe gegeben. Und du hast natürlich auf sie aufgepaßt, soweit es überhaupt nötig war. Daß der Basford sich einmal schlecht benommen hat, ja, was soll man dazu sagen – ein Kriegsschiff ist kein Nonnenkloster. Sie hätte sich notfalls an Cornwallis wenden können. Die Frechheit wäre Basford schlecht bekommen.«

Was sollte dieses Gespräch? Walther war gar nicht wohl dabei. Er versuchte, es zu beschließen: »Nun ist die Reise ja beendet, und wir sind ohne Schaden angekommen. Anke weiß sich schon zu verteidigen und ich weiß auch, was ich zu tun habe. Mich beschäftigt eine andere Frage. Ich habe es übernommen, für die Pferde zu sorgen. Jetzt gibt es noch reichlich Futter. Was aber, wenn der Winter kommt? Wir haben zwar noch einen Vorrat von Hafer und brauchen den nicht anzugreifen, bei dem vielen guten Gras und Kraut an den Waldrändern hier. Aber im Winter? Wir können doch nicht nur schieren Hafer füttern?«

Jonas von Hestergart verriet ein wenig Ärger und Ungeduld, als er zur Antwort gab: »Das wird sich alles finden, Walther. Die Maillets an der Merliguesche-Bucht hatten Heu genug auf Stapel. Vielleicht verkaufen sie uns etwas. Bei gutem Wetter würde es nur einen Tag kosten, das Heu im Boot heranzusegeln. Aber was Anke anbelangt, wollte ich dir noch sagen: Du solltest ihr nicht zuviel zumuten. Du mußt Rücksicht darauf nehmen, daß sie eine Frau ist.«

Walther wollte zornig werden. Er hielt nur mühsam an sich. Solcher Ratschläge bedurfte er nicht. Es war ihm gar nicht recht, daß ein anderer offenbar mehr Verständnis für Anke aufzubringen meinte als ihr Mann. Aber er hielt an sich. Hestergart war ein Herr und bis auf weiteres sein Herr. Kein Mensch konnte voraussagen, was sich hier auf diesem fremden Boden entwickeln würde. Wahrscheinlich meinte Hestergart es nicht schlecht. Walther sagte also gar nichts. Man konnte schon das Zelt erkennen, das Walther am Ufer errichtet hatte. Auch die wartende Jolle von der ›Sphinx‹ war deutlich auszumachen.

Eine Gestalt stand auf einem kleinen Hügel und blickte den im blassen Mondlicht nahenden Männern entgegen.

Walther hatte die Luft eingesogen und für ein paar Sekunden angehalten, als er Anke erkannte. Meine Frau, dachte er, meine Anke!

Anke sprang von ihrem Hügel herunter und kam den beiden Männern schnell entgegen. »Ich dachte, du kämst gar nicht mehr. Ich hatte schon Sorge, Walther!« Dann erst schien sie den anderen zu bemerken. »Ach, Herr von Hestergart!« Sie deutete einen Knicks an.

Jonas versuchte noch einmal: »Willst du nicht lieber auf dem Schiff schlafen, Anke? Es wird hier sicherlich kalt und feucht werden.«

Sie lachte: »Nein, das glaube ich nicht, Euer Gnaden. Zurück aufs Schiff in die Kammer mit den drei anderen Frauen? Nicht um alles in der Welt, Euer Gnaden!«

»Dann gehabt euch wohl!« erwiderte Hestergart unwillig, drehte sich auf dem Absatz um und schritt schnell zu der wartenden Jolle hinüber, in welche die beiden anderen Soldaten schon eingestiegen waren.

»Was ist mit ihm?« wollte Anke wissen.

»Ich weiß es nicht«, gab Walther zurück. Er wußte es wirklich nicht. Aber eine leise bohrende Ungewißheit blieb zurück. Er sprach es aus: »Wir sind allein, Anke. Jetzt kommt das Beiboot nicht mehr vom Schiff herüber, und bis zu Frank mit den Bulkeleyschen Pferden ist es gut eine Viertelstunde! Kochst du uns noch etwas? Ich habe Hunger.«

»Ich habe schon alles vorbereitet.«

Sie entfachten das Feuer vor dem Eingang zu ihrem Zelt. So wärmte es das Innere ein wenig und hielt mit seiner Glut und seinem Rauch die Schnaken fern.

Sie hatten ihre Gerstensuppe, in die Kartoffeln und Salzfleisch geschnitten waren, verzehrt. Das Feuer flackerte rot. Manchmal zersprang eines der Fichtenscheite und sprühte ihnen dabei mit leichtem Knall ein paar Funken vor die Füße. Sie waren beide müde und sehnsüchtig. Doch eine seltsame Scheu hielt sie ab, ihr Lager im Zelt aufzusuchen. Es war eine feierliche Stille ringsumher unter dem mattsilbernen Dämmerlicht des halben Mondes. Anke saß auf einem gestürzten Baum, hatte die Hände um die Knie geschlungen und blickte versonnen in die langsam zusammensinkenden Flammen. Walther konnte die Augen nicht von ihr lassen. Die Flackerlichter des Feuers lockten kupfernen Glanz aus dem straff an den Kopf gezogenen Haar, das sich über Tag ein wenig gelokkert hatte und nun in leisen Wellen ihr Gesicht umspielte.

Walther wußte nun: Dies ist die schönste Frau, die ich je gesehen habe, und nie werde ich einer schöneren begegnen. Und sie ging in diese Einöde, weil sie mich liebt. – Ungewollt schloß sich ihm der Satz an: Jonas weiß es auch. Was weiß er, was? Daß sie jeden Tag schöner wird?

Eine Eule rief schrill von gar nicht weit. Anke fuhr zusammen. Das Tier mochte erbost oder erschrocken sein, weil sein einsames Revier von diesen Fremdlingen und ihrem Feuer gestört wurde. Der Ruf aus dem Dunkel, wem hatte dieser Ruf gegolten? Sie lächelte zu Walther hinüber. Er war ja da. Aber ihr Lächeln war nicht heiter. Nur ihr Mund lächelte. Ihre Augen blieben verhangen.

»Woran hast du gedacht, liebe Anke?« fragte Walther.

Sie erwiderte gedehnt und leise, daß er ihre Worte kaum verstehen konnte: »Ich habe über den vergangenen Tag nachgedacht, Walther, und über alles, was ihm vorausgegangen ist und was uns hierhergebracht hat. Und wie wir dann nach diesem allerschönsten Tag den Toten entdecken mußten und die lange, schreckliche Geschichte erfuhren von den Franzosen und ihrem Untergang und der fürchterlichen Pestilenz, an der dann auch die Indianer umkamen, so daß wir jetzt hier keine zu fürchten brauchen. Und da fiel mir ein, was mir einmal mein Vater gesagt hat – oder war es unser Pastor Burmeester im Konfirmanden-Unterricht in Haselgönne; ich kann es nicht genau sagen –, Kinder, sagte er, glaubt nicht allzufest an die schönen Zeiten im Leben. Die Welt ist böse. Hinter allem Schönen lauert immer der Jammer irgendwo und letzten Endes der Tod.«

Ein wenig benommen vom Ernst dieser Worte sagte Walther leise: »Hinter allem Schönen lauert der Tod? Hinter dir nicht, Anke. Bei dir ist das Leben!«

Sie flüsterte: »Es ist spät geworden, Walther. Wer weiß, was uns morgen erwartet. Wir sollten schlafen gehen.

Als Walther sich gegen Morgen vorsichtig, um sie nicht zu wecken, von ihrem tannenduftenden Lager erhoben hatte, mußte das Feuer abermals entfacht werden; der Morgen wurde sehr kühl, fast kalt. Als er sich dann wieder ins Zelt zurückbeugte, blickte sie ihm mit weitoffenen Augen entgegen, die aber doch noch nicht wach zu sein, sondern in ein jenseitiges Land zu sehen schienen. Sie flüsterte: »In dieser Nacht, Walther – unser erstes Kind. Du darfst mich nie im Stich lassen, Walther!«

Die Worte trafen ihn. Er entgegnete, ebenso leise, als verrate er ein Geheimnis: »Niemals, Anke, niemals! Du solltest jetzt weiterschlafen, Anke. Es ist noch viel zu früh zum Aufstehen. Ich werde dich schon rechtzeitig wecken.«

Sie murmelte, während ihr die Augen wieder zufielen: »Ja! Aber auch du! Lege dich wieder neben mich und wärme mich. Dann weiß ich, daß du da bist.«

Er folgte ihr. Schon nach wenigen Sekunden verrieten ihre gleichmäßig wehenden Atemzüge, daß sie noch einmal in tiefen Schlaf gesunken war.

8

Seit die ›Sphinx‹ mit Cornwallis und seinem Stabe, dazu Sekretären und Bedienten – und auch einigen Ehefrauen, ›Damen‹ sowohl wie ›Weibspersonen‹ – in der Chebucto-Bucht unter dem sich über dem Westufer der Bucht erhebenden runden Hügel vor Anker gegangen war, seit man zuerst die Pferde und ihre Pfleger aufs feste Land verlegt hatte, seit Cornwallis und seine Offiziere versuchten, sich mit dem dunkel abweisenden Wäldermeer ein wenig vertraut zu machen, hatten sich die Verhältnisse unter den Menschen, die gemeinsam die Fahrt über den Ozean glückhaft schnell und ohne Verluste überstanden hatten, merkwürdig verändert, ohne daß dies den einzelnen zu Bewußtsein kam, vielleicht abgesehen von Cornwallis.

Auf See hatte die aus dem alten Europa übernommene Rangordnung unter den vielen Seefahrern sich noch mit aller Selbstverständlichkeit behauptet. Offiziere waren Offiziere, Damen waren Damen und als solche gottgewollt etwas Besseres und Wertvolleres als Butler oder Pferdeknechte. Etwas anders lag es bei der eigentlichen Besatzung des Schiffes, den Seeleuten. Unter ihnen konnte Offizier nur werden, wer wirklich mit Wind und Wetter, der überaus verwickelten und vielfältigen Ausrüstung und Handhabung eines Hochsee-Seglers von Grund auf Bescheid wußte, sie praktisch beherrschte. Die Seeleute blieben an Bord. Für sie änderte sich mit der Ankunft in dem jungen Land wenig oder gar nichts. Sie hatten ihre Pflicht getan, indem sie Cornwallis und seine Leute sicher an den Rand dieses fremden Kontinents gebracht hatten.

Die Aufgabe der Passagiere aber begann erst jetzt. Es gab für Cornwallis keine altbekannten Erfahrungen und Regeln dafür, was nun zu geschehen habe. Jede Entscheidung mußte rasch und sicher getroffen werden. Hundert Aufgaben, an die bei aller vorausgegangenen Planung – man hatte sich in London wirklich Mühe damit gegeben – keineswegs zu denken gewesen war, mußten alle zugleich in Angriff genommen werden. Niemand hatte sich bis dahin vorstellen können, was es bedeutete, auf völlig unberührtem Boden für sich selbst und sehr bald auch für dreitausend weitere ahnungslose Menschen die Voraussetzungen für ein einigermaßen menschenwürdiges Dasein zu schaffen – ja, zunächst nur fürs nackte Überleben zu sorgen.

Cornwallis hatte mit einigen Leuten seines Stabes den Hügel erstiegen, der sich vom Wasser aus überdeutlich in den Blick drängte. Sie hatten auf der Höhe einen Ort gefunden, wo ein Windbruch eine Bresche in die Baumwildnis geschlagen und die Sicht in die Ferne freigegeben hatte. Doch soweit das Auge reichte, war nichts als dunkler Wald zu erkennen gewesen, Wald über runde Wellen des Bodens gebreitet wie ein dichter Pelz, hier und da durchblitzt von einer fernen Wasserfläche – wie Spiegelscherben verstreut in einem wolligen Fell –, unermeßlicher Wald und kein Zeichen menschlichen Lebens bis an den äußersten Horizont – es sei denn, man nähme die Knochen und Skelette, die man hier und da gefunden hatte, für ein solches Zeichen. Das Schicksal der d'Anvilleschen Expedition war den Männern des Cornwallis bis dahin nur als Bericht von einem schmählichen Versagen des verhaßten Gegners, als ein kampflos erfochtener großer eigener Sieg bekanntgeworden. Schon der erste Ausflug ans dunkle Ufer hatte die Seefahrer darüber belehrt, daß sich hier eine Tragödie abgespielt hatte, eine Tragödie, die auch ihnen drohen konnte.

Wald, unermeßlicher Wald! Überall im schwarzgrünen Schatten, zwischen den groben Felsen, hinter dem undurchdringlichen Unterholz mochte der Feind lauern: Indianer, lautlos und listig wie die Schlangen, nackt, glatt, furchterregend bemalt, und allem, was englisch sprach, tödlich verfeindet.

Wo sollte man anfangen, wo versuchen, in die dunkle Front der Wälder einzubrechen?

Mit einem Mal waren Fertigkeiten und Künste gefragt, die bis dahin keine besondere Achtung genossen hatte. Mit einem Mal kam es darauf an, sich auf die Herausforderung nie zuvor erlebter Umstände ohne Verzug die richtige Antwort einfallen zu lassen. Beinahe auf der Stelle, am zweiten und dritten Tage schon, ergab es sich, daß die Männer – und auch die Frauen –, die in kühner Verwandlung mit den neuen Verhältnissen ohne Zögern und ohne Furcht handgemein wurden, sich deutlich von jenen – zahlreicheren – anderen schieden, die es beklagten, daß ›nun alles anders‹ wäre und daß alles und jedes ›zu Hause besser‹ gewesen wäre, daß es also nicht recht lohnte, sich mit aller Kraft in die ungewohnten Sielen zu legen.

Cornwallis, der Captain-General des ganzen, bei Licht besehen naiv-tollkühnen Unternehmens, Cornwallis wurde erst angesichts dieser leeren, von Wäldern verbarrikadierten Küste der beängstigenden Vielfalt von Schwierigkeiten inne, die seinem Auftrag, hier im Handumdrehen noch vor dem Winter mehr als zweieinhalbtausend unerfahrene Leute seßhaft zu machen, entgegenstanden. Von kaltem Verstande ebenso gelenkt wie von zäher Tatkraft gespornt, begriff Cornwallis in wenigen Tagen, daß die Scheidelinie zwischen Tüchtigen und Untüchtigen, zwischen Besonnenen hier, Voreiligen oder Zaghaften dort, mitten und quer durch die aus Europa mitgebrachten Schichtungen verlief. Bulkeley, von Hestergart, auch Gates waren zu gebrauchen, bewährten sich um so besser, je wilder und gefährlicher die Umstände sich anließen. Salisbury, Basford und andere bewiesen von Anfang an, daß sie keinen Schuß Pulver wert waren (weswegen man sie ja auch von London fortgejagt oder fortgelobt hatte).

Und wer von den minderen Leuten zuzupacken verstand, sich nichts verdrießen ließ und Courage zeigte, der rückte beinahe von selbst schnell auf. Adel, Rang und Eleganz waren wenig hilfreich, wenn es galt, sich in der Einöde heimisch zu machen. Walther und Anke waren nicht mehr auf das Schiff zurückgekehrt. Wie ein Berserker hatte Walther die nächsten geeigneten Bäume – und an solchen war kein Mangel – angefallen, hatte sie entästet und entrindet, hatte Säge, Axt und Beil aus der Schiffsausrüstung gewaltig werken lassen – und schon am vierten Tag nach der Landung auf der freigeschlagenen Lichtung in einer Falte des Hügelhanges über dem Ufer ein kleines Blockhaus errichtet. Was er von dem Franzosen Maillet gelernt hatte, nämlich das Dach mit sorgsam geebneten und gleichmäßig zugeschnittenen Placken von Birkenrinde zu decken, hatte er sich sofort zunutze gemacht. Anke hatte im Nu gelernt, worum es ging, hatte überall zugegriffen, hatte ebenso schnell und geschickt geholfen, wie Walther selbst gearbeitet hatte. Es war eine Lust, ihr zuzusehen. Walther bewunderte nicht nur ihr Geschick und ihren unverdrossenen Eifer, sondern auch die Kraft, die in ihren schlanken Armen, in ihrem ganzen geschmeidigen Leibe verborgen war. Wenn sie einmal aufblickten, um sich den Schweiß von der Stirn zu wischen, dann strahlten sie sich an. Sie bauten ja ihr erstes Haus, und war es auch nur eine armselige Blockhütte von kaum mehr als einem Dutzend Fuß in der Länge und Breite.

Walther hatte natürlich in erster Linie seinem Jonas von Hestergart zur Verfügung zu stehen, hatte die Pferde zu versorgen und mit dem Diener Hans Haubolt aus Celle das umfangreiche Gepäck seines Herrn an Land zu schaffen und es dort durch einen kleinen Schuppen vor Regenfällen rechtzeitig zu sichern. Hestergart fand nicht viel Zeit, sich um Walther zu kümmern. Cornwallis beanspruchte ihn von früh bis spät, denn noch konnte man sich in der Führung nicht darüber einig werden, wo mit dem Bau der Stadt begonnen werden sollte, wo und wie also die ersten Straßenzüge, die ersten Grundstücke zu markieren sein würden.

Am Abend des vierten Tages nach der Ankunft, also am 25. Juni 1749, hatten Walther und Anke den Arbeitstag schon beschlossen und saßen müde nach vielen Stunden angestrengter Mühe bei ihrem Feuer, müde – und glücklich, denn in der bevorstehenden Nacht würden sie zum ersten Mal nicht mehr im Zelt zu schlafen brauchen, sondern, wie Anke lächelnd sagte, ›die eigenen vier Wände‹ um sich haben. Das Feuer flakkerte im Freien ein wenig abseits vom Eingang zu der neuen Blockhütte. Walther hatte aber an einer der Seitenwände schon den Platz vorgesehen, wo er den Kamin aufrichten wollte, falls das ›Corssen-Schloß‹ – so hatten die beiden die grobe Unterkunft übermütig getauft – an dieser Stelle stehenbleiben durfte. An Steinen jeder Form und Größe, die zu einer wärmenden Herdstatt getürmt werden konnten, war kein Mangel.

Walther und Anke hatten die Frage erwogen, die ausgesprochen oder unausgesprochen alle bewegte, die mit der ›Sphinx‹ in Chebucto eingetroffen waren: Alle waren froh, daß sie ihr Ziel erreicht hatten, aber noch zögerten sie, die vertraut gewordenen Planken des Schiffes aufzugeben und sich an einem Ufer niederzulassen, an dem die Fluten hier und da menschliches Gebein ans Licht gewaschen hatten. Und so fragten sie sich: Wann werden die Transporter mit der Menge der Auswanderer endlich auftauchen? Haben sie die Reise ebenso wie wir ohne Verluste überstanden? Solange dies nicht beantwortet war, blieb alles, was hier getan wurde, nur vorläufig. – Das Gespräch nahm eine andere Wendung, als eines der beiden Pferde, die ganz in der Nähe noch einmal zu weiden begonnen hatten, die kluge Fuchsstute nämlich, mit der sich Walther besser verstand als mit dem etwas törichten Wallach Browny, den Kopf aufwarf, zum gegenüberliegenden Rande des flachen Bachtälchens hinüberstarrte und leise durch die Nüstern schnaubte.

»Was hat Foxy?« fragte Anke.

»Ich weiß es nicht. Vielleicht ein wildes Tier drüben am Waldrand. Sie regt sich ja gern auf.« Walther vermochte am Waldrand gegenüber keine Bewegung, auch sonst nichts Ungewöhnliches zu entdecken. Auch steckte das Pferd seine zierliche Nase bald wieder ins Gras, blickte aber immer wieder in die gleiche Richtung wie beim erstenmal, wenn es kauend den schönen Kopf hob.

»Es ist wohl nichts«, meinte Walther obenhin. »Was sollte uns hier beunruhigen? Cornwallis ist noch mit einigen Leuten unterwegs. Aber die müssen von der anderen Seite kommen. Es wird ein Hirsch gewesen sein oder ein Bär.«

Walther hatte schon zweimal Braunbären zu Gesicht bekommen. Doch waren die pelzigen Genossen nicht viel größer gewesen als ein Hütehund und hatten schleunigst Reißaus genommen, als Walther mit einem hölzernen Prügel nach ihnen geworfen hatte. Etwas anderes fiel ihm ein: »Ich muß mit den Pferden etwas unternehmen. Sie sind schon zu lange nicht mehr unter dem Sattel gegangen oder im Geschirr. Jonas kommt nicht zum Reiten. Wahrscheinlich war es überhaupt verkehrt, die Pferde mitgenommen zu haben. Dies ist kein Land zum Reiten.«

»Ohne Pferde wird es auch hier auf die Dauer nicht gehen, Walther. Aber es stimmt schon, was du sagst. Von Spazierreiten kann hier keine Rede sein. Und für schwere Arbeit sind diese Pferde zu leicht. Aber Pferde sind wie zu Hause. Ohne sie hätte dich auch Jonas gar nicht in Dienst genommen, und wir wären nicht hier. Ich bin froh, daß die Pferde da sind und wir uns um sie kümmern können.«

Es war nicht das erste Mal, daß Anke in Worte faßte, was Walther nur empfand. Walther fuhr fort: »Wenn erst die vielen Leute von den Transportschiffen an Land gekommen sind, wird sowieso hier alles anders werden. Dann können die Pferde hier nicht bleiben, meine ich. Sieh – da kommen vier Männer den Strand entlang. Sie wollen sicherlich zu uns. Wenn ich mich nicht täusche, sind das Hestergart, Cornwallis, Basford und Gates.«

Sie waren es.

Walther erhob sich und ging ihnen entgegen, blieb dann in respektvoller Haltung am Wege stehen, um den Captain-General zu erwarten. Auch Anke war aufgestanden und hatte sich neben die Tür des Blockhauses zurückgezogen; vorlaufig war es keine richtige Tür mit Angel und Schloß, sondern nur ein Stück alten Segeltuchs.

Cornwallis blieb vor Walther stehen. »Guten Abend, Walther. Hestergart hat mir erzählt, daß ihr schon ein Haus fertig habt, daß ihr Leute aus der Heide euch auf alle Werkzeuge gut versteht. Ich wollte mir das Haus ansehen. Du warst es doch auch, der in der Merliguesche-Bucht den Rauch über dem Ufer als Herdrauch erkannte?«

»Yes, Sir!«

Sie kamen an den Pferden vorbei. Aber als Cornwallis mit

der Hand die Fuchsstute streicheln wollte, tänzelte das Tier an seiner Leine nervös beiseite, legte die Ohren an und mochte sich nicht berühren lassen.

Hestergart meinte entschuldigend: »Sie ist lange nicht geritten worden, Sir. Walther müßte sie reiten, damit sie sich wieder an die Hand gewöhnt. Aber er hatte noch mit seinem Haus und meinem Gepäck zuviel zu tun.«

»Daß jemand ausprobiert, wie schnell sich leichte Häuser mit hiesigen Mitteln zusammenbauen lassen, ist mir wesentlich wichtiger, als daß Pferde bewegt werden. Das werden Sie verstehen, Hestergart. Ich habe Ihnen und Bulkeley von Anfang an gesagt, daß ich es für verfehlt halte, verwöhnte Reitpferde in dieses wilde Land mitzunehmen.«

»Meine Pferde sind leicht, Sir. Aber sie lassen sich auch anspannen. Wenn man sie nicht überanstrengt, werden sie vielleicht noch gut zu gebrauchen sein.«

»Nun gut, wir werden sehen. Das ist also deine Hütte, Walther? Die erste auf diesem Boden. Guten Abend, Anke!«

Anke trat einen Schritt vor, deutete einen Knicks an und sagte: »Willkommen, Sir!«

Cornwallis blickte überrascht. Er lachte: »Willkommen sagst du, Anke? Ja, natürlich, ich verstehe. Willkommen in eurer neuen Behausung, meinst du. Du bist die erste, die mich in diesem Lande willkommen heißt. Das freut mich!«

Anke lächelte und nickte leicht mit dem Kopf.

Cornwallis sah sich das Werk des jungen Paares genau an, ließ sich ausführlich erklären, wie Walther sich den Kamin vorstellte, wie er auf die Blasenhaut eines Hirsches hoffte, um das vorgesehene, aber noch nicht ausgeschnittene Fenster luftdicht zwar, aber lichtdurchlässig zu verschließen, wie er die Ritzen zwischen den aufrecht in die Erde gerammten Stämmen mit Moos oder Werg und darüber mit Lehm oder Teer abzudichten gedachte, wie er die Dachschindeln aus Birkenrinde dem Franzosen Maillet abgesehen hatte, wie er aber noch eine Zimmerdecke in den Raum einziehen wollte, damit die Wärme nicht in den Giebel stiege, sondern weiter unten beisammengehalten würde, auch daß er den moosigen Boden noch zwei Fuß tief ausheben und mit trockenem Sand vom Strande auffüllen wollte.

Cornwallis hatte genau zugehört. Zuletzt meinte er: »Aber

die Tür, Walther! Dies Stück Leinwand mag jetzt noch genügen; im Winter wird es nicht zu gebrauchen sein.«

Walther erwiderte: »Den Rahmen habe ich schon fertig, Sir. Einen einfachen hölzernen Riegel kann ich auch schnitzen. Aber ich habe keine eisernen Angeln. Zwei, drei Streifen derben Leders würden für einige Zeit als Angeln genügen.«

»Wenn erst die Transporter kommen, dann kannst du eiserne Angeln haben, Walther. Unsere Ausrüstung ist sorgfältig zusammengestellt worden.«

Anke war während des Gesprächs ins Innere der Hütte getreten, hatte sich aber nicht beteiligt. Hestergart, Gates und Basford hatten vor der Tür, etwas abseits, beisammen gestanden und sich unterhalten. Dabei hatte sich Basford so aufgestellt, daß er Anke mit einem spöttischen, anzüglichen Lächeln um die Mundwinkel ständig fixieren konnte. Anke hatte sich diesen Blicken entzogen.

Jonas von Hestergart hatte die Szene beobachtet. Er sagte mitten in das Gespräch hinein: »Ich darf Sie nochmals warnen, Basford. Sie sind auf einer völlig falschen Fährte. Die Sache könnte übel für Sie ausgehen.« Er hatte es sehr hart gesagt.

»So?« erwiderte Basford eisig. »Sie scheinen diese Person für eine Dame zu halten. Ich irre mich da weniger. Aber, natürlich, vielen Dank für Ihre Warnung!«

Er löste sich aus der Runde und schlenderte zur Seite, um sich den niedrigen Schuppen anzusehen, den Walther für Hestergarts Gepäck errichtet hatte.

Cornwallis hatte das Haus wieder verlassen und winkte Hestergart und Gates heran. Auch Basford beeilte sich, herbeizukommen. Walther blieb etwas im Hintergrund.

Cornwallis sagte: »Meine Herren, Sie wissen, daß jeden Tag deutlicher wird: Wir haben für dieses Land nur wenige brauchbare Leute mitgebracht. Das wird noch viel schlimmer werden, wenn erst die Transporter die Masse der Auswanderer an Land setzen. Das meiste, was man uns mitgegeben hat, ist Gesindel aus Londons Hintergassen. Daß diesem Pack hier Zucht und Arbeitsamkeit einzuprügeln sein wird, möchte ich bezweifeln. Wir müssen trotzdem etwas auf die Beine bringen, schon in unserem eigensten Interesse. Hestergart, es geht einfach nicht, daß ein vielfältig brauchbarer Mensch wie Ihr Walther Corssen sich lediglich um zwei Pferde zu kümmern hat. Ab morgen wird Bulkeleys Groom, Frank heißt er wohl, Ihre Pferde mit übernehmen und Walther wird mir ständig zur Verfügung stehen. Ich setze Ihre Zustimmung voraus, Hestergart. Wie lange ist Walther noch im Soldateneid?«

»Bis Ende 1751, Sir!«

»Gut! Also Walther tritt ab sofort zu meinem Stab, sagen wir als Kurier, damit das Kind einen Namen hat. Hast du verstanden, Walther?«

»Yes, Sir!«

»Und Anke muß ebenfalls sinnvoll eingesetzt werden. Sie ist zu schade dafür, ›only wife of Walther‹ zu spielen.« Er blickte mit einem Lächeln zu Anke hinüber. Sie stand in der Tür, um sich nichts entgehen zu lassen. Auch sie mußte lächeln, als sie vernahm, daß der Captain-General ihre Worte wiederholte. Er hatte also die erste Begegnung mit ihr nicht vergessen.

Cornwallis fuhr fort: »Die Wäsche meiner Herren, auch meine eigene, Anke – ja, im Laufe der letzten Wochen ist das zu einem Problem geworden. Einige von uns, Bulkeley, Hestergart, Salisbury, ich selbst, haben einen Diener mitgenommen, der für unsere Leib-, Bett- und Tischwäsche sorgt. Andere, wie Gates, Basford, Davidson, haben keine persönliche Bedienung. Das führt zu unerfreulichen Rivalitäten. Die drei Weibspersonen an Bord haben viel zuwenig zu tun, hatten nicht einmal Gelegenheit, richtig für ihre Männer zu sorgen. Wir haben jetzt an Land keinen Mangel mehr an Süßwasser. Der Bach da unten führt sehr weiches Wasser. Ich will die ganze Wäscherei zusammenfassen und dafür sorgen, daß alle Herren, ich eingeschlossen, gleichmäßig versorgt werden. Dadurch werden Kräfte gespart und man braucht nicht mehr darüber nachzudenken, wie oft man es sich leisten kann, das Hemd zu wechseln. Die Leitung dieses ganzen Unternehmens möchte ich dir übertragen, Anke. Du bist fähig, sie zu übernehmen. Mit der genügenden Autorität werde ich dich ausstatten. Wir sind hier ganz auf uns selbst angewiesen. Jeder hat sich der Aufgabe zu widmen, für die ich ihn geeignet halte. Falls dir, von wem auch immer, Schwierigkeiten gemacht werden, wende dich direkt oder über deinen Mann oder Herrn von Hestergart an mich. Ich werde dir zunächst die drei Frauen und die vier Leibdiener unterstellen, also auch meinen eigenen. Alles, was du brauchst, Kochkessel, Seife, Waschbretter und so weiter, kommt morgen an Land. Dafür sorgen Sie bitte, Hestergart. Sie unterrichten auch die drei Frauen und die vier Leibdiener mit entsprechendem Nachdruck, wem sie bis auf weiteres von sieben Uhr morgens bis zum Abend unterstehen, das heißt, solange es Anke für notwendig hält. Natürlich können alle Beteiligten auch für die eigene Wäsche sorgen bei ihrer Arbeit. In einer Woche, Hestergart, erwarte ich von Ihnen einen kurzen mündlichen Bericht darüber, wie die Sache läuft – falls nicht Anke selbst« – er lächelte sie mit all der offenen Herzlichkeit an, über die er verfügte, wenn er wollte – »falls nicht Anke selbst mir das Vergnügen bereiten will, mich darüber ins Bild zu setzen, wie und ob ihr das Direktorat über das Institut zur Bewahrung der Propretät meiner Herren gelungen ist.«

Cornwallis blickte Anke fragend an, noch immer lächelnd. Es war unmöglich, diesem klugen, menschlichen, zielbewußten – und befehlsgewohnten Mann zu widerstehen. Zwar hätte Anke gern widerstanden; sie ließ sich nicht leicht von außen lenken. Aber sie erkannte blitzartig, wie sehr sich der Hauptverantwortliche für das kühne Unternehmen um zahllose Einzelheiten zu kümmern hatte. Sie war nun aufgerufen, ihm für einen kleinen Bereich die Verantwortung abzunehmen. Einer solchen Weisung konnte sie sich nicht versagen. Immerhin zögerte sie mit einer Antwort, obwohl die Augen der Männer auf sie gerichtet waren. Jeder der fünf – Cornwallis, Bulkeley, Hestergart, Gates und Walther Corssen – sah die reglose Frauengestalt in der Türöffnung anders, aber jeder war von dem Anblick auf eigentümliche Weise getroffen. Anke zögerte so lange mit der Antwort, daß das Lächeln auf dem Gesicht Cornwallis' schon verging. Walther und Hestergart spürten seine Unruhe. Endlich erwiderte sie mit klarer Stimme:

»Ich werde mein Bestes versuchen, Sir! Ich werde mir Mühe geben, Sie nicht zu enttäuschen, Sir!«

Ihr Englisch klang echt und war beinahe fehlerlos. Sie hatte viel gelernt in den vergangenen Wochen, hatte jeder englischen Unterhaltung angespannt zugehört. Nun waren die beiden einfachen Sätze plötzlich zur Hand gewesen. Sie wunderte sich nicht einmal darüber.

Cornwallis atmete auf nach dieser Antwort. Anke gefiel ihm, er wollte sich nicht in ihr getäuscht haben. Und doch wußte er jetzt: Auf bedingungslosen Gehorsam kann ich bei dieser Anke Corssen nicht rechnen.

»Gehen wir also, meine Herren! Ich glaube, es gibt keine weiteren Fragen. Ich finde dich morgen früh bei der Anlegestelle des Beibootes, Walther. Versieh dich mit Proviant für den ganzen Tag.«

»Yes, Sir! Good night, Sir!« lautete Walthers Antwort.

Als die Besucher fortgegangen und in der langsam über das Wasser gleitenden Jolle wieder zu dem still vor Anker liegenden Schiff gegondelt waren, schwiegen die Eheleute, unter der Wand ihrer Hütte am Feuer sitzend, lange einander an. So war Cornwallis: Nach Zustimmung oder Ablehnung seiner Untergebenen fragte er nicht viel. Doch war bei einigem guten Willen die Vernunft seiner Anordnungen stets ohne weiteres einzusehen. Er nahm auch wenig Rücksicht auf den vermeintlichen Rang einer Person. Der Ernst, mit welchem er seinen in der Tat kaum zu bewältigenden Auftrag zu verwirklichen suchte, leuchtete ein, auch wenn er Wünsche oder Vorstellungen anderer mit einer knappen Handbewegung beiseite wischte.

Und mußten sich Walther und Anke nicht eigentlich sagen, daß der Captain-General sie soeben beide deutlich ausgezeichnet und befördert hatte? Walther war vom Groom, dem Pferdepfleger und Bereiter eines Stabsoffiziers, zum ›Kurier‹ im Stabe – was auch immer darunter zu verstehen sein mochte! – erhöht worden. War nicht klar zu erkennen, daß Cornwallis diesen Walther Corssen, der immer noch – wie hatte Hestergart es festgelegt? – bis zum Ende des Jahres 1751 unter Soldateneid stand, in seiner Nähe haben und für besondere Aufgaben verwenden wollte?

Und Anke war einfach für fähig erklärt worden, eine Umsicht und Planung verlangende Aufgabe beinahe von heute auf morgen zu lösen, nicht nur selbst hart zu arbeiten, sondern auch die Arbeit von sieben weiteren Leuten richtig einzuteilen und zu überwachen.

Anke und Walther spürten es beide: abermals fing etwas Neues an. Sie waren nicht mehr allein auf sich verwiesen. Sie wurden nun in das Gemeinwesen, das an dieser menschenarmen Küste entstehen sollte, einbezogen – ob sie es wollten oder nicht. Und sie waren sich noch nicht schlüssig, ob sie damit einverstanden sein sollten.

Walther fand endlich ein paar Worte: »Vielleicht ist dies unser letzter Abend allein. Sehr viele von dieser Art sind uns bisher nicht erlaubt worden.«

Anke erwiderte: »Jeden Tag können die Transportschiffe eintreffen. Dann wird es hier von Leuten überquellen. Selbst wenn uns das noch eine Weile erspart bleibt, werden die Frauen und Männer, die mir helfen sollen, mit der Wäsche der Offiziere fertig zu werden, fortab an Land wohnen müssen – und dann auch die Ehemänner der Frauen. Sonst gibt das nichts Gutes, wenn nicht sowieso Ungutes dabei herauskommt.«

Sie erörterten eine halbe Stunde lang, was alles erforderlich sein mochte, die Ober- und Unterwäsche von etwa dreißig Herren – und wahrscheinlich auch der wenigen dazugehörigen Damen – zu besorgen. Anke würde das meiste aus dem Stegreif einzurichten haben. Dann wandten sich die beiden der Frage zu, was Cornwallis wohl von Walther erwartete. Sicherlich hatte der Captain-General nicht an einen weiteren Diener gedacht, als er Walther in seine Nähe befahl.

Während Anke und Walther sich so mit den neuen Umständen vertraut zu machen suchten, von denen sie überrascht worden waren, verwandelte sich ihre anfänglich keineswegs geringe Bestürzung unmerklich in eine sich allmählich steigernde Arbeitslust. Neues würde zu bewältigen sein. Sicherlich würde es Mühe, Ärger und Arbeit kosten. Aber wenn es ihnen gelänge, die Probe zu bestehen, würden sie beide nicht mehr zu der namenlosen Masse der Geringen und Dienenden gehören, sondern durch besondere Leistung ausgezeichnet sein. Schon nach wenigen Tagen hatten sie gemerkt, daß es auf diesem jungfräulichen Boden darauf ankam, sich nichts verdrießen, sich hunderterlei einfallen zu lassen, woran man noch nie gedacht hatte, also Herr der Umstände zu bleiben. An diesem weich herabsinkenden Juni-Abend empfanden es die beiden jungen Menschen vor dem flackernden Feuer wie einen leichten Rausch: Aus dem großen Abenteuer, dem sie sich ausgeliefert hatten, schien die große Aufgabe ihres Lebens zu werden.

Das Zelt, das ihnen bis dahin als Obdach gedient hatte, war zuvor schon abgebaut worden. Nun räumten sie noch den Zeltplatz auf, falteten die schweren Drillichbahnen zusammen und beschlossen, sie auf ihr Lager aus Fichtenzweigen zu breiten; sie würden die Kühle und Feuchte des Bodens zuverlässiger als zuvor abdämmen. Dann trugen sie ihre beiden Truhen – ›W. Corssen‹ und ›Anke Corssen‹ – in ihre Blockhütte. Zwei Holzblöcke als Stühle hatte Walther aus einem gefällten Stamm herausgeschnitten. Damit war ihre Wohnung zunächst eingerichtet. Wie gut, feste vier Wände um sich zu haben und ein Dach über dem Kopf. Zwar war ein Tag wie der andere schön gewesen, seit sie gelandet waren. Das Dach war dicht und würde des Nachts die Wärme im Raum bewahren. Ob es auch einen schweren Regen abhalten konnte, war noch nicht erwiesen.

Es hätte eigentlich schon beinahe dunkel sein müssen. Aber in der Zeit der ›weißen Nächte‹ gelingt es der Nacht nur dann, sich durchzusetzen, wenn der Himmel dicht verhangen ist. Aber der Himmel war klar, von keiner Wolke, keinem Nebelhauch getrübt. Der Mond stand hoch und rundete sich schon, dämpfte die Sterne zu zaghaften Funkelsplittern auf dem schwarzvioletten Samt des Nachthimmels. Die Luft stand ganz still, war weich und warm, fast schwül.

Die beiden jungen Menschen in der silbernen Dunkelheit hätten sich zur Ruhe begeben können, denn ihre Nacht würde nicht lang sein und der kommende Tag sicherlich aufregend und anstrengend. Doch die sonderbar entrückte Heiterkeit, von der sie seit dem Besuch des Captain-Generals ergriffen worden waren, diese Lust an der Zukunft, wollte sie nicht verlassen und hielt sie hellwach.

Anke schlug vor: »Wenn es stimmen sollte, Walther, daß wir hier die letzte Nacht allein sind, dann sollten wir die Gelegenheit benutzen, noch einmal ungestört im Bach zu baden, weiter oberhalb, weißt du, wo der Sand feinkörnig ist, wo der Wald dicht herantritt und wo bei der Krümmung die tiefe Stelle im Bachbett ausgehöhlt ist. Du hältst Wache, solange ich im Wasser bin – und dann halte ich Wache für dich. Willst du?«

Und ob er wollte! Sein Leib war noch warm und die Haut

verschwitzt nach dem langen Arbeitstag, und mehr noch, kam es ihm vor, bedurfte sein Inneres der Kühlung und Entspannung.

Sie war noch scheu. Sie würde es immer bleiben, das ahnte er. Und er wollte es nicht anders haben. Sie hatte sich hinter einem großen bemoosten Felsblock entkleidet, während er zehn Schritte abseits im Schatten einer tief ihre Zweige zur Erde senkenden Weide sich so hingehockt hatte, daß er den Badeplatz, die Waldränder gegenüber und das Tal hinunter bis zur Einmündung des Baches in die Bucht überschauen konnte.

Fast versäumte er sie. Er hatte mit höchster Aufmerksamkeit den Waldrand an der Gegenseite des flachen Bachtals, an welchem er saß, beobachtet. Seine Augen meinten, eine ungewisse Bewegung in den Schatten unter den weit zur Erde hängenden Baumkronen wahrgenommen zu haben. Aber es war nichts. So sehr er auch starrte, der dunkle Saum unter den Zweigen blieb dunkel, verriet keine Linie und keine Form, die nicht dorthin gehörte. Walther atmete auf und ließ seine Augen zu dem Felsen hinübergleiten, hinter dem eben seine Frau zum Vorschein kam. Vorsichtig stieg sie in das Wasser hinein, um die tiefe Stelle in der Bachkrümmung zu erreichen. Sie zögerte. Das Wasser war nicht sehr kalt nach den vielen warmen Sommertagen, und auch die Luft blieb warm in diesen kürzesten Nächten des Jahres. Trotzdem kostete es ein wenig Überwindung, den warmen Leib so plötzlich abzukühlen.

Dies Zögern – wie sie, leicht vorgeneigt, mit der Fußspitze das Wasser prüfte, wie sie dann den Oberkörper beugte . . . Einen sanften Silberblitz zauberte das Mondlicht von ihrer nackten Schulter, wehte als ein huschender Glanz über ihre Hüften. Wie sie mit der hohlen Hand Wasser über Nacken und Schulter schöpfte. Kein Laut weit umher. Sie war tiefer hinuntergestiegen, hatte sich ein wenig gewendet, so daß, als sie sich aufrichtete, das Mondlicht zärtlich die jungen, festen Brüste enthüllte.

Walther saß wie unter einem Bann. Die Gewißheit, daß Gott es gut mit ihm meinte, beglückte ihn tief. Er hatte nicht nur ein neues Land betreten mit Felsen, weiten Gewässern und unermeßlichen Wäldern, sondern zugleich auch etwas ganz Neues erfahren: die Kraft eines liebenden Frauenherzens, das ihn mit allen, auch den geheimsten Beglückungen der Liebe beschenkte. Meine Frau, meine Frau!

Sie stieg aus dem Wasser, hob die Hand zu einem Gruß in die Richtung, in der sie ihn auf Wache wußte, hatte also keinen Augenblick vergessen, daß er sie sah. Bevor sie hinter dem Felsen verschwand, kam ihr Ruf: »Jetzt du, Walther! Es war herrlich!«

Schnell war er aus den Kleidern. Er trug sie über den Wiesenstreifen hinweg zum Bache hinunter und legte sie dort so nieder, daß sie leicht zu greifen waren. Er winkte zu dem Felsen hinüber, neben dem er Anke deutlich erkennen konnte. Sie war schon angezogen, kämmte gerade ihr Haar. Sie winkte zurück.

Er stieg in den sandigen Trog hinunter, den das Wasser ausgehöhlt hatte, als es nach der Schneeschmelze besonders reichlich geflossen war. Es war angenehm, sich abzuseifen und zu scheuern. Aber nach einer Weile empfand auch er die Kühle und stieg aus der Mulde in flacheres Wasser. Er sah sich um: Nichts war verändert: Dort lehnte Anke an dem großen Felsen. Der Mond verschüttete sein silbernes Licht. Die Waldränder hoben sich schwarz und reglos über den helleren Wiesengrund.

Er rieb sich trocken, schlüpfte in Hemd und Hose und in die geräumigen Holzpantoffel, als etwas völlig Unerwartetes ihn zusammenzucken ließ und alle seine Sinne aufstörte:

Mit kurzem, knirschendem Geräusch war zwei Schritte zu seiner Linken ein gefiederter Pfeil in den Sand gefahren, zitterte nach und stak still. Walther bückte sich, zog den Pfeil heraus und bemerkte sofort, daß er eine stumpfe, gerundete ›Spitze‹ hatte, ihn also nur ganz oberflächlich, wenn überhaupt, hätte verwunden können.

Trotzdem überkam es ihn wie Panik. Der Waldrand an der anderen Seite des Baches, aus dem der Pfeil gekommen war, lag dunkel und ohne Bewegung wie zuvor. Ich habe keine Waffe . . . Was war mit Anke? Sie lehnte immer noch an ihrem Felsblock, hatte keinen Verdacht geschöpft. Er winkte ihr zu, sich mit ihm auf den Rückweg zu machen. Sie kam eilig heran, und merkte sofort, daß irgend etwas nicht in Ordnung war.

»Schnell, Anke!« rief er halblaut.

Unmittelbar danach sirrte aus dem Nichts, als zischte er aus dem Himmel herab, ein zweiter Pfeil neben Walther ins Gras und blieb aufrecht stecken. Walther riß ihn heraus. Auch hier das Gleiche: das Vorderende war stumpf.

Anke war neben ihm; sie hatte wahrgenommen, daß ein längliches Etwas neben Walther zu Boden gefallen war. Sie erschrak heftig, als sie die Pfeile in seiner Hand sah. Sie preßte die Hand auf die Brust; ihr Herz schlug wie ein Hammer.

»O Gott, was ist das, Walther?«

»Wüßte ich das, Anke, ich wäre froh. Man muß uns schon lange beobachtet haben. Das Pferd hat sich ja kaum beruhigen können. Als du dich anzogst, war Bewegung im Waldrand drüben. Ich habe mich vorhin eben doch nicht geirrt. Aber wenn man uns ernsthaft übelwollte, hätte man uns längst treffen können.«

»Was sollen wir tun?«

»Wir können nicht viel tun. Meine einzige Waffe ist mein Beil. Es liegt beim Blockhaus. Wir wandern aufrecht zum Haus zurück. Es wäre sinnlos zu versuchen, sich zu verstekken. Wir schüren das Feuer. In der Tür der Hütte kann ich uns vielleicht verteidigen. Wenn wir noch bis dahin kommen!«

Sie waren schon auf dem Rückweg, schritten eilig aus zwischen Waldrand und Bachtal. Ihre Augen tasteten durch die tiefen Schatten unter den Bäumen. Sie hielt sich an seinem Ärmel fest, um bei seinen langen Schritten mitzuhalten. Die Holzschuhe hatten sie in die Hand genommen; barfuß kamen sie im weichen Ufersand schneller voran. Sie erreichten die Hütte. Nichts hatte sich ereignet.

Walther wies sie an: »Bleibe im Haus und beobachte nach hinten. In der Mitte ist eine Ritze etwa in Augenhöhe. Ich schüre das Feuer.«

Trockenes Holz lag reichlich bereit. Das Feuer flammte hell auf, drei Schritte links abseits der Tür. Er wußte: Jeden Augenblick konnte ein neuer Pfeil . . . Aber er schichtete die Scheite so hoch, daß sie noch für zwanzig oder dreißig Minuten den Platz vor der Hütte hell erleuchten würden. Niemand hinderte ihn bei seiner hastigen Bemühung. Endlich war alles getan. Er griff nach seinem Zimmermannsbeil, sprang zu

Anke in die Hütte und ließ die Bahn aus Segeltuch, die vorläufig als Tür diente, niederrollen. Zwischen Pfosten und Tuch blieb ein Spalt, durch den man ins Freie schauen konnte. Was würde geschehen? Denn daß etwas geschehen würde, schien beiden ganz selbstverständlich.

Hatten sie sich getäuscht? Sosehr sie auch lauschten und ihre Augen schweifen ließen, nichts zeigte oder regte sich. Das Feuer brannte hell und hoch und legte einen weiten Lichthof vor die Hütte, der bis zum Rande der Bucht und auch in den Waldrand hineinreichte. Wenn nicht die Flammen ab und zu geraschelt und ein brennendes Holz mit leisem Knall gesprengt hätten, wäre es vollkommen still gewesen.

Walther verlor die Geduld. Er murmelte, mehr zu sich selbst, als zu Anke: »Wenn sie etwas von uns wollen, warum melden sie sich nicht?«

Anke flüsterte: »Vielleicht fürchten sie uns ebenso wie wir sie!«

›Sie‹ – Anke und Walther brauchten sich nicht darüber zu verständigen, daß dieses ›sie‹ die Indianer meinte. Indianer schienen sich wirklich so leise, unfaßbar, schwer begreiflich zu verhalten, wie es immer berichtet wurde.

Gleich darauf, völlig überraschend, erscholl der Liebesruf einer Waldtaube. Anke und Walther hatten ihn schon einigemale gehört und sich darüber gefreut. Der Ruf klang nur um eine Kadenz anders, als die wilde Taube in der Heimat gerufen hatte, friedlich und lockend auch hier. Aber was sollte dieser Ruf mitten in der Nacht? War eine schlafende Taube vom hellen Schein des Feuers geweckt worden und hatte sich den anbrechenden Morgen vortäuschen lassen? Das war wenig wahrscheinlich. Walther und Anke waren aufs äußerste gespannt. Sie starrten jetzt beide durch die schmalen Schlitze neben den Eingangspfosten.

Wieder der gleiche Ruf – und gleich darauf zum drittenmal. Ganz friedlich und sorglos beruhigend erscholl die Stimme des Vogels aus der Dunkelheit herüber. Doch zu sehen war nichts. Ankes Herz wurde leichter. Nein, dies konnte nichts Böses bedeuten.

Der Ruf war von jener Seite des Vorplatzes her erklungen, die Anke am besten überblicken konnte.

Und dann sah sie ihn – oder irrte sie sich?

Sie flüsterte: »Walther, dort blickt jemand zu uns herüber!«

Sofort war Walther an ihrer Seite. Unter den Bäumen des Waldes war eine Gestalt zu erkennen. Wieder der Taubenruf von dorther, friedlich, freundlich. In plötzlichem Entschluß schob Walther die Zeltleinwand beiseite und trat offen in den vollen Schein des Feuers vor die Hütte. Mit betonter Deutlichkeit warf er das Beil, das er bis dahin in der Faust gehalten hatte, vor sich auf den Boden.

Vom Walde her schritt eine hohe Gestalt in das Licht des Feuers: straff nach hinten gezerrtes schwarzes Haar, aus dem eine schwarzweiße Feder ragte. Eine weite Decke um die Schultern – oder war es ein Leder? – verhüllte den Mann mit dem hohen, schmalen Gesicht bis zu den Unterschenkeln. Ein nackter Arm löste sich aus der Umhüllung, eine hochgestreckte Hand gab das Zeichen des Friedens. Walther hob, wie unter einem Zwang, ebenfalls seine geöffnete Rechte: Friede, Fremdling!

Fünf Schritte vor Walther neben dem Feuer blieb der Indianer stehen. Er zeigte mit der Hand auf sich, berührte mit den Fingern seine Brust: »Moi – ami!« und nochmals: »Moi – ami!«

Sprach also Französisch und war ein Freund. Fuhr fort mit fragender Stimme, nun auf sein Gegenüber weisend: »Vous – ami?«

»Oui – ami!« erwiderte Walther. Der Fremde aus der Tiefe der Waldnacht führte nichts Böses im Sinn – und er, Walther, ganz gewiß ebenfalls nicht.

Der Indianer fuhr fort: »Où – femme?« Wo die Frau geblieben wäre, wollte er wissen.

Walther rief verhalten, ohne jedoch den nächtlichen Besucher aus den Augen zu lassen: »Anke, er fragt, ob du noch da bist. Zeig dich ruhig. Er sei ein Freund, sagt er.«

Anke überwand ihre Furcht. Sie trat aus der Tür und blieb neben dem Eingang der Blockhütte stehen. Sie glaubte zu erkennen, daß ein Hauch der Erleichterung über das kantige dunkle Gesicht des nächtlichen Besuchers huschte.

Ohne Übergang trat gleich darauf der Indianer aus seiner bisherigen feierlichen Zurückhaltung heraus, als hätte das Erscheinen Ankes eine Schranke beiseite geräumt. Seine Worte überstürzten sich, ein hartes, holperndes Französisch. Walther mußte sich große Mühe geben, dem erregten Gestammel einen Sinn zu entnehmen. Seltsamer ... nein, eigentlich begreiflicherweise verstand er dies wortarme, ungeschickte, stockende Französisch besser – es ähnelte seinem eigenen –, als wenn der Mann ein reguläres Französisch gesprochen hätte. Der Indianer wiederholte sich unermüdlich, und schließlich gelang es Walther zu begreifen, was der nächtliche Besucher mitzuteilen hatte. Er stellte Gegenfragen, um sicher zu gehen. Aus diesen aufgerissenen dunklen Augen sprachen Not und Sorge. Anke verstand kein Wort von dem, was die beiden Männer in steigender Erregung miteinander verhandelten, aber daß der Mann sich in Bedrängnis befand und etwas von ihnen wollte, das wurde ihr unmittelbar deutlich.

Das Feuer war unterdessen zusammengesunken, aber sein Licht genügte immer noch, das Weiß in den aufgerissenen Augen des Indianers aufblinken zu lassen, wenn der Mann in seiner Erregung die Augäpfel rollen ließ. Anke vermochte den dunklen, sehr scharf geschnittenen Kopf ungestört zu betrachten. Manchmal wandten sich die Augen ihr zu, der Fremde deutete sogar zweimal mit dem Finger zu ihr hinüber; es ging also in dem Gespräch auch um sie. Sie dachte sich: Das sind sie also, die ›Wilden‹? Ich kann nicht viel Wildes an diesem hier entdecken; er ist in irgendeiner großen Schwierigkeit und ist darin genauso voller Angst und so hilflos wie wir. Was will er von uns? Walther sollte mir endlich erklären, was vorgeht. Dieser Mann erweckt keine Furcht in mir. Er ist ein armer Teufel und ist in Not. Wenn wir ihm helfen können, sollten wir ihm helfen. Was redet Walther so lange? Dieser ist ein Mensch, genau wie wir.

Während die beiden Männer stockend, erregt und immer wieder nach Worten suchend, sich abmühten, einander richtig zu verstehen, hatte sie sich fassen, hatte beobachten und ihre Gedanken ordnen können. Die blutrünstigen Geschichten, die man an Bord des Schiffes von den Indianern herumerzählt hatte, sie konnten so nicht stimmen, waren sicherlich nur zur Hälfte oder noch viel weniger wahr. Eine unsagbar wertvolle Lehre hatte sie gewonnen: In diesem unbekannten Land galt nur, was man selbst erfuhr, was man selbst zu seinem Wissen und Können hinzuerworben hatte. Was andere sagten, brauchte nie zu stimmen. Man war gezwungen, sich mit ungeahnter Schnelligkeit den neuen Umständen entweder anzupassen, oder sie seinen eigenen Fähigkeiten entsprechend zu verändern. Anke spürte, was sich da in ihr vollzog, und wurde von einer ruhigen Heiterkeit durchdrungen: Ich werde einig mit dieser neuen Welt; sie wird uns nicht feindlich sein. Dieser Mensch mit dem lederbraunen Gesicht – er braucht unsere Hilfe. Das ist ein Glück für uns. Er soll sie haben, wenn ich es irgend bewirken kann. Dann bin ich schon ein Teil seiner Welt, und Feindschaft wird unmöglich. Ich will keine Feindschaft. – Endlich schienen die beiden Männer ins reine gekommen zu sein. Aus dem Antlitz des fremden Kriegers war die besorgte Spannung gewichen. Er nickte ein paarmal eifrig. Er war verstanden worden.

Walther wandte sich Anke zu. Reichlich ungeordnet versuchte er, wiederzugeben, was er soeben mühsam erfahren hatte: »Dieser Mann, Anke, stammt von den Leuten, deren alte Heimat an dieser Bucht gelegen ist. Weiter landein nach Westen gibt es eine Kette von Süßwasserseen; über die hinweg und dann auf Flüssen führt eine alte Straße für Boote bis hinüber an die Westseite dieser großen Halbinsel. Am ersten dieser Seen lag das Dorf des Mannes. Vor drei Jahren wurden die Leute des Dorfes von der schrecklichen Krankheit überfallen, welche die französischen Schiffe eingeschleppt hatten. Das Dorf starb fast ganz und gar leer. Der Rest der Leute flüchtete zu einem befreundeten Stamm weiter im Innern an die Ufer eines anderen sehr großen Sees. Der See heißt Ponhook, wenn ich den Namen richtig verstanden habe. Dieser Mann und seine Frau gehören zu den Überlebenden. Aber ihre beiden Kinder sind ihnen damals hier gestorben. Nun sind diese zwei Leute mit den Maillets bekannt, die ich an der Bucht von Merliguesche getroffen habe, die uns einluden, bei ihnen zu siedeln, die mit uns Freundschaft schlossen. Dieser Indianer ist von seinen Leuten ausgeschickt worden, um zu erkunden, ob der Stamm nicht wieder an seinen alten Platz zu den Gräbern seiner Vorfahren zurückkehren könnte. Auf dem Wege hierher hat er einen Abstecher zu den Maillets gemacht. Das war ihm aufgetragen worden, denn die Indianer tauschen anscheinend schon seit langem mit den Maillets Nachrichten aus, wohl auch Pelze gegen Pulver und Blei – aber das vermute ich nur. Die Maillets sind offenbar Zwischenträger oder halten die Verbindung zwischen den französischen Akadiern dieser Küste und den Micmac-Stämmen. Ihre Wohnung ist am weitesten in die Wildnis vorgeschoben. Maillet wird von ihnen besonders geachtet als ein Mann, der sie gern über die Sitten und Künste des weißen Mannes belehrt und ihnen stets behilflich ist.

Maillet hat ihm erzählt, was wir hier vorhaben. Einen zweiten Mann, der mit ihm unterwegs war, hat er sofort wieder zum Ponhook-See zurückgeschickt, um dem Häuptling zu melden, daß wir uns hier in ihrem alten Stammesgebiet niederlassen wollen. Er hat mir ziemlich deutlich zu erkennen gegeben, daß sein Stamm uns hier nicht dulden wird, daß aber seine Leute kaum die Kraft haben werden, es mit Gewalt durchzusetzen, denn die große Krankheit hat den Stamm auf ein paar Dutzend Leute zusammenschrumpfen lassen. Die Indianer werden versuchen, uns Schaden zu tun, wo sie nur können. Doch hat Maillet verlangt, daß wir, du und ich, ausgenommen bleiben. Wir wären Maillets gute Freunde und außerdem keine Engländer. Er hat sich sagen lassen, wie wir von den anderen zu unterscheiden wären, und Maillet hat uns zweifelsfrei beschrieben: Ich hätte zwei Pferde zu betreuen und ich hätte eine Frau. Der Indianer hat schon von Anfang an hier im Hinterhalt gelegen, um uns alle zu beobachten. Sein Name ist Kokwee oder ähnlich. Er hat uns sofort erkannt. Wir waren ja mit die ersten, die sich an Land niedergelassen haben. Aber er wußte nicht, ob wir ihn nicht gefangennehmen oder vor Schrecken totschießen würden und hat nicht gewagt, sich bemerkbar zu machen. Außerdem hatte er unsichtbar zu bleiben, bis er Botschaft von seinem Häuptling vom Ponhook-See empfing.«

Anke hatte sich kein Wort von Walthers Erklärungen entgehen lassen. Ihr heller Verstand hatte sofort die Zusammenhänge begriffen, zugleich aber auch die Lücke erkannt, die Walthers bisheriger Bericht trotz vieler Worte nicht geschlossen hatte. Die angstvoll zwischen ihr und Walther hin und her gleitenden Augen des nächtlichen Besuchers offenbarten ihr, daß sie die volle Wahrheit noch nicht erfahren hatte. »Das kann nicht alles sein, Walther! Warum ist er so aufgeregt? Er will doch etwas von uns?«

»Ja, das ist so. Er will etwas von uns, von dir ganz besonders. Ich habe erst gar nicht erfaßt, was er wollte. Sein Französisch ist noch schlechter als meines. Er hat mir auch gesagt, woher er es hat. Sein verstorbener Vater hat den Akadiern in La Have als Jagdhelfer und Kundschafter gedient und hat ihn, den Sohn, von klein auf dorthin mitgenommen, damit er ein wenig Französisch lernte. Die Akadier verstehen es offenbar großartig, das Vertrauen der Indianer zu gewinnen, taufen sie auch auf ihren katholischen Glauben, feiern mit ihnen die Messe und binden sie dadurch nur noch fester an sich. Was er von uns will? Es betrifft seine Frau.

Sie hat nämlich ihren Mann auf dieser Kundschafter-Fahrt begleitet, hält sich auch jetzt gar nicht sehr weit von hier auf, hier am Hang, wo früher die Wohnstatt seiner Sippe gelegen hat. Sie ist schwanger, und er hofft, daß sie wieder einen Sohn gebärt, nachdem die Krankheit ihn kinderlos gemacht hat. Die Frau hat das Kind nicht im Gebiet eines fremden Stammes bekommen wollen. Sie hat darauf bestanden, daß es dort geboren wird, wo die Voreltern begraben liegen. Auch er selber glaubt daran, wie es bei ihnen überliefert ist, daß der Sohn, den er sich erhofft, ewig ein heimatloser Flüchtling bleiben wird, wenn er nicht im Bereich der heimatlichen Ahnen auf dem angestammten Boden der Sippe geboren wird. Daß sie so viele Menschen hier antreffen würden, wußten sie nicht. Die Frau hat den Marsch durch die Wälder gut überstanden. Sie ist stark und gesund, sagt er, und die Tochter eines großen Kriegers. Er will einen Sohn von ihr. Es ist, als ob sein Leben davon abhängt. Nun ist heute vormittag ein Unglück geschehen: Die Frau ist beim Wasserholen von einem angriffslustigen Elch erschreckt worden, ist davongelaufen und gestürzt. Dabei muß irgend etwas in ihrem Leib gerissen sein. Sie blutet und windet sich vor Schmerzen. In seiner Sorge und Ratlosigkeit ist ihm nichts anderes eingefallen, als sich mir als Freund eines Freundes, wie er sagt, zu erkennen zu geben und die Hilfe einer Frau für seine Frau zu erbitten, deine Hilfe, Anke!«

Anke hatte atemlos zugehört und war wie erstarrt. Es war zuviel, was da auf einmal zu begreifen gewesen war. Der erste klare Gedanke, der ihr durch den Kopf schoß, war dies: Jammer und Gewalttat überall auf diesem Boden, nicht weniger als im alten Lande – oder mehr noch in dieser leeren Welt. Und wir bleiben nicht verschont.

Eine Frau ist am Verbluten. Dieser halbnackte Mann weiß sich keinen Rat, sucht meine Hilfe. Warum muß es mich treffen? Aber es hatte sie in seiner ganzen jammervollen Unerbittlichkeit getroffen.

Sie rief, auf einmal wie atemlos: »Wo ist die Frau? Es ist keine Zeit zu verlieren. Wir brauchen den Kessel und die Schüssel, damit wir warmes Wasser machen können, und aus der Truhe, Walther, Leinen und zwei warme Tücher. Und der Indianer soll einen kienigen Scheit entfachen, damit er uns leuchten kann. Und gleich an seinem Lagerplatz ein Feuer entzünden! Schnell! Ich rolle unsere Decken zusammen und mache mich fertig.«

Walther warf dem Indianer einige Worte zu. Der verstand sofort. Während sie beide in ihrer Behausung die Dinge ertasteten, die notwendig waren, sagte Walther: »Anke, was wagen wir da? Hast du schon jemals bei einer Geburt geholfen?«

Ihre Stimme klang hart und nüchtern wie noch nie. »Nein, das nicht! Aber ich war zu Hause die Älteste. Meine Mutter war tot. Ich habe meinem Vater, ich weiß nicht mehr wie oft, helfen müssen, ein querliegendes Kalb oder ein Lamm aus dem Leib des Muttertiers zu ziehen, zweimal sogar zu schneiden. Beim Menschen wird es nicht viel anders sein als bei einem Mutterschaf. Außerdem haben wir gar keine Wahl!«

Zu wieviel kaltem Mut sie fähig war! Walther sagte kein Wort weiter. Sie hatten beide ihr einziges Paar Lederschuhe angelegt. Die harten Holzschuhe wären auf dem unebenen Waldboden, noch dazu des Nachts, sicherlich nicht das richtige gewesen. Walther fragte sich im stillen: Werden wir morgen früh rechtzeitig wieder hier sein können, um den Tag mit dem zu beginnen, was uns aufgetragen ist? Aber er sagte nichts. In der Luft war es zu spüren, daß Anke sich in höchster Anspannung auf das vorbereitete, was diese scheinbar so friedvolle Mondnacht von ihr verlangte.

Nach wenigen weiteren Minuten waren sie auf dem Marsch, der langsam aufwärts durch den Wald führte. Der Indianer leuchtete mit der Kienfackel dicht vor Anke her, wenn der

Boden schwierig wurde. Walther hatte den Eindruck, daß ihr Führer einem kaum erkennbaren Pfad folgte. Je weiter sie den Hang hinaufstiegen, desto deutlicher schien die Wegspur ausgetreten zu sein. Wahrscheinlich durfte er unten am Waldrand über dem Uferstreifen nicht verraten, wo und wie er begann. Er wurde also nie bis zu seinem unteren Ende benutzt, ja, es gab ein solches gar nicht, sondern nur einen weit offenen Fächer möglicher Ausgänge aus dem Wald, aber keiner war so oft begangen worden, daß er auch einem fremden Auge erkennbar gewesen wäre. Zum erstenmal hatte Walther indianische Klugheit durchschaut, hatte vom Wesen des Landes und seiner einheimischen Bewohner etwas gelernt. Er begriff, daß er noch viel würde lernen müssen, und war bereit, sich mit Energie darum zu bemühen. Eine unbestimmte Freude wandelte ihn an. Der Sturmwind des großen Abenteuers umflutete ihn zum erstenmal auf dieser neuen Erde; eine unwiderstehliche Versuchung.

Er ging als letzter. Anke, vor ihm, wurde von Zeit zu Zeit vom rötlichen, wabernden Licht der Fackel wie von einem Saum feiner Strahlung umrissen, wenn der Indianer – wie hatte doch sein Name geklungen? Kokwee, richtig! – die Fackel tief zur Erde neigte, um Anke auf eine grobe Stelle des Weges aufmerksam zu machen. Anke drängte ständig voran. Sie trat nicht ein einziges Mal fehl. Sie wurde nicht abgelenkt von Gedanken an Abenteuer, Nacht und Einöde. Sie war eine Frau. Die Not einer anderen Frau hatte sie gerufen. Sie hatte auf Böses gefaßt zu sein.

Schließlich öffnete sich eine Lichtung, ein kleiner, stiller See, fast nur ein Teich. Der Mond gab genügend Licht, um erkennen zu lassen, daß hier Menschen gewohnt hatten. Alte Feuerstellen zeigten sich. Am Rande der Lichtung erkannte man ein Obdach aus spitz zusammengestellten Stangen, mit Birkenrinde und Fichtenzweigen bedeckt. Der Indianer blieb so plötzlich stehen, als hätte ihn ein Stein vor die Stirn getroffen. Still! Sie lauschten. Auch Anke und Walther vernahmen es jetzt: ein dünnes Quäken wie von einem kleinen Tier des Waldes. Anke rief: »Da schreit ein Kind!« und hastete zu dem Obdach hinüber. Der Indianer überholte sie in langen Sätzen, leuchtete in das Birkenzelt hinein.

Dann war Anke neben ihm, und auch Walther vermochte

durch die gespitzte Eingangsöffnung einen Blick ins Innere der dürftigen Behausung zu werfen.

Zwischen den weit gespreizten, blutigen Beinen einer Frau lag ein winziges Wesen, ein kleiner Mensch, ein Knabe. Seine Füßchen steckten noch im mütterlichen Leibe. Das Körperchen war mit Blut, dem Blut der Mutter, über und über bedeckt. Um die Mutter her zeigte sich der Boden feucht und schwarz. Das Leben der Mutter war fortgeströmt und hatte die Erde getränkt.

Aber das Kind lebte. Ein Knabe!

Die Mutter war tot.

Als der Indianer dies begriff, lehnte er den Kopf weit zurück und schickte einen langgedehnten, das Ohr beinahe spaltenden Schrei der Klage in die schweigende Nacht.

Walther hatte sich abgekehrt. Schwäche wollte ihn anwandeln. So entsetzlich viel Blut! Dieser grausige Schrei! Die große Leere der fremden Nacht . . .

Dann vernahm er die Stimme seiner Frau. Anke rief: »Ich muß das Kind baden. Mache Feuer und stelle den Kessel mit Wasser auf! Es darf nicht sterben!«

9

Sie waren beide noch nicht zur Ruhe gekommen, als der Morgen graute. Aber sie hatten die harte Probe, die ihnen auferlegt worden war, bestanden. Eine dumpfe Zufriedenheit erfüllte sie beide. Sie hatten Schritt für Schritt das jeweils Nächstliegende getan. Zum Nachdenken waren sie noch nicht gekommen.

Anke hatte das Kind gewaschen, in ein Leinentuch und dann in ihren Schal gehüllt. Währenddessen hatten Kokwee und Walther ein flaches Grab ausgewühlt, hatten die tote Mutter darein gebettet, mit Erde und abgehobenem Moos bedeckt, und dann große Steine über die Stätte getürmt, damit die Tiere des Waldes den Leichnam nicht wieder aus dem Boden zerrten und seine Ruhe störten. Das hatte bis weit nach Mitternacht gedauert. Als das traurige und auch mühevolle

Werk beendet war, hatte der Indianer noch einmal die Totenklage seines Volkes angestimmt, ein gellendes, bis ins Mark dringendes Geheul der Qual. Urplötzlich war es aus ihm hervorgebrochen, als am Grabe der Indianerin nichts mehr zu verrichten oder zu verbessern war.

Anke, von der ein Gefühl glühenden Mitleids und überströmende Mütterlichkeit, gewaltsam fast, Besitz ergriffen hatte, erschrak so heftig, als die schrillen Schreie des Schmerzes durch den nächtlichen Wald hallten, daß ihr Herz aussetzte. Unwillkürlich zog sie das Bündelchen in ihren Armen, auf denen sie das Kind in den Schlaf gewiegt hatte, fester an sich. Dabei erwachte das Kind und schlug ihr, zum erstenmal so unmittelbar, die Augen auf, zwei seltsam große, dunkle Sterne, leer noch und ohne einen erkennbaren Ausdruck, aber doch stille Signale eines kleinen Lebens, das erhalten werden wollte. Anke vergaß das klagende Geheul, das der Indianer seinem Weib in die Ewigkeit nachsandte, hob das Bündelchen an die Lippen und hauchte einen Kuß auf den Flaum schwarzen Haares, der das winzige, noch ein wenig faltige Köpfchen krönte. »Ich bin deine Mutter«, flüsterte Anke. »Ich lasse dich nicht im Stich, mein Kleines!«

Eine nie gekannte, überwältigende Zärtlichkeit schlug über ihr zusammen. Gleich darauf aber fuhr ihr die Sorge ins Herz: Wie nähre ich dich, Kind? Was soll ich dir zu trinken geben? Ich muß es gleich versuchen. Du wirst bald Hunger haben. Haferschleim ist alles, was ich dir geben kann, ein Krümchen Salz dazu. Aber süßen kann ich's dir nicht. Wo soll ich Honig hernehmen? Ob ich dich so am Leben erhalte?

Der Schein des Feuers, das Walther entfacht hatte, damit das Wasser warm wurde, verriet Anke, daß das Indianer-Knäblein wieder eingeschlafen war. Sie bettete das Bündel ins Moos und machte sich daran, die Dinge einzusammeln, die sie und Walther mitgebracht hatten. Bald würde der Kleine Hunger bekommen. Sie mußte die eigene Hütte und ihre geringen Vorräte wieder erreicht haben, ehe sie dem Kinde ein Süppchen bereiten konnte.

Als Walther und der Indianer endlich auftauchten, wartete Anke schon ungeduldig auf den Rückmarsch. Der Indianer hatte sich in seinen Umhang gehüllt. Sein dunkles, hageres Antlitz verriet keine Bewegung mehr. Anke nahm das schlafende Kind vorsichtig, um es nicht zu wecken, vom Boden auf und hielt es dem Indianer entgegen:

»Dein Sohn, Kokwee!« sagte sie. All der Trost, den eine Frau gewähren kann, war in ihrer Stimme.

»Ton fils, Kokwee!« übersetzte Walther.

Die drei Menschen standen regungslos beieinander in der lauen, lautlosen Sommernacht. Als im Feuer ein Ast zerbrach, war der leise Knall in der grenzenlosen Stille laut wie ein Gewehrschuß. Er weckte den Indianer aus seiner Erstarrung. Er beugte sich herab und blickte auf das winzige Wesen hinunter, das in Ankes Armen schlief, faltig noch, dunkel, unglaubhaft klein und doch schon ein Mensch. Es erschütterte Anke und Walther, wahrzunehmen, wie die harten Züge des Indianers sich ganz langsam entspannten und wie schließlich sogar ein Lächeln um seine Augen, seine Mundwinkel zu ahnen war. Er hob die Hand unter seinem Umhang hervor, als wollte er das Kind berühren, ließ sie aber gleich wieder sinken. Die gerade erst keimende Freude war aus seinem Gesicht fortgewischt, als hätte es sie nie gegeben. Es fiel ihm offenbar schwer, Worte zu finden. Aber er brachte schließlich die schmalen Lippen auseinander: »Mon fils, il mourir, comme sa mère.«

»Mein Sohn – er wird sterben – wie seine Mutter«, übersetzte Walther.

»Nein!« beharrte Anke und drückte das Bündel an sich. »Nein! Ich werde Mittel und Wege finden, ihn durchzubringen. Du mußt ihn mir überlassen, vorläufig. Vielleicht gelingt es mir. Vielleicht erhalte ich ihn für dich, Kokwee. Du mußt mir nur vertrauen. Und wenn du kannst, beschaffe mir Honig. Mit Honig bringe ich ihn über den Anfang hinweg. Und dann muß man weitersehen.«

Walther gab sich Mühe, zu verdolmetschen, was Anke gesagt hatte. Der hochgewachsene Mann – er stand noch eine Handbreit höher als Walther – begriff schließlich, daß nicht alles verloren war, daß von ihm zunächst nichts weiter gefordert war, als Honig zu beschaffen.

Er leuchtete sorgfältig vor den beiden her, als sich Walther und Anke, die das Kind nicht aus ihren Armen ließ, durch das tiefe Dunkel des Waldes wieder zum Ufer der Chebucto-Bucht zurücktasteten. Anke durfte nicht stolpern, und sie stolperte nicht.

Sie erreichten ihr kleines Blockhaus am Rande des Wassers ohne Zwischenfall. Der Indianer benutzte die Fackel, mit welcher er Ankes Weg erhellt hatte, um das Feuer vor der Hütte erneut zu entzünden. Anke kramte das Hafermehl hervor, mischte es mit Wasser und hing den kleinen Kessel über das Feuer, um das Ganze aufwallen zu lassen. Aber wie sollte sie die Suppe dem Kinde einflößen? Sie riß ein Klümpchen frischen Mooses von der Wetterseite eines großen Uferfelsens, umwand es mit dem Zipfel eines Leinentuchs, so daß eine kleine weiche Kugel entstand. Die würde sie in die Hafersuppe tauchen und dann dem Kinde an die Lippen drücken, damit es die Suppe absaugte. Es würde Geduld erfordern, aber vielleicht ließ sich so dem Kinde fürs erste Nahrung zuführen.

Walther hatte sich darauf besonnen, daß er in wenigen Stunden Hestergart und Cornwallis würde melden müssen, was sich in dieser Nacht ereignet hatte. Also versuchte er noch zu guter Letzt, aus dem Indianer herauszuhören, was er oder seine Leute vorhätten, ob sie sich mit der Ansiedlung der Weißen abfinden würden oder nicht, was überhaupt genau der Auftrag gewesen sei, der Kokwee hierher in das von der großen Seuche leergefegte alte Gebiet des Stammes geführt hatte. Aber Walther erhielt nur ausweichende Antworten. Auch gab der Indianer vor, nicht zu verstehen, was Walther allzu eindringlich zu erfahren suchte. Was Kokwee zu sagen hatte, war immer nur dies:

Ihr seid meine Freunde.
Erhaltet mir meinen Sohn.
Ich werde Honig beschaffen.
Ich werde niemals sehr weit sein.
Ich werde von Zeit zu Zeit mich bemerkbar machen.

Das holprige französische Gespräch hatte sich länger hingezogen, als wohl erforderlich gewesen wäre. Aber beide Männer vermochten den Blick nicht von Anke abzuwenden, die selbstvergessen auf dem Baumstumpf am Feuer saß, mit dem Kind im Schoß und mit unendlicher Geduld den gerundeten Leinenzipfel in die laue Hafersuppe tauchte und dem Kleinen an die Lippen legte. Gierig saugte es seine erste Nahrung ein und quäkte ungeduldig, wenn es einen Augenblick lang auf das nächste Schlückchen warten mußte. Anke schien die Welt vergessen zu haben. Nur diesen winzigen Funken von Leben gab es, den die Mondnacht ihr anvertraut hatte. Sie wußte nichts von der unvergleichlichen Anmut, mit welcher ihr dunkles Haupt über das armselige Bündelchen in ihrem Schoß gebeugt war. Aber Walther prägte sich das Bild unauslöschlich ein. Und wieder dachte er, wie schon sooft: Warum bin gerade ich es, der sie gewonnen hat?

Es war nichts mehr zu besprechen.

Der Indianer hob die Hand zu einem wortlosen Gruß, ließ die Augen noch einmal zum Feuer hinübergleiten. Das Kind quäkte nicht mehr, wenn es den Tuchzipfel abgesaugt hatte, aber wenn er ihm frisch benetzt erneut geboten wurde, nahm es ihn sofort an. Anke blickte nicht hoch. Ihre ganze Aufmerksamkeit gehörte dem Kind.

Der Indianer wandte sich ab und war nach wenigen Augenblicken im Walde verschwunden. Walther spürte plötzlich eine schwere, bleierne Müdigkeit. Im Osten schwebte schon das allererste Grau des Morgens über dem stillen Wasserspiegel der Bucht.

Er sagte: »Komm, Anke, vielleicht finden wir noch eine oder zwei Stunden Schlaf, bevor der neue Tag da ist.«

Cornwallis schien bester Laune zu sein, als er das Ufer betrat. Auch seine Begleiter an diesem Morgen, Bulkeley, von Hestergart und Basford, fanden offenbar die helle Morgensonne höchst erfreulich. Walther Corssen hatte die Herren, wie der Kommandeur am Tag zuvor befohlen hatte, an der Landestelle der Boote erwartet. Die zwei Stunden Schlaf, die sich Walther und Anke nach der durchwachten, aufgeregten Nacht noch hatten gönnen können, hatten sie einigermaßen erfrischt.

Mit ungewohnter Leutseligkeit wandte sich Cornwallis an Walther, der militärisch respektvoll Haltung angenommen hatte: »Da bist du, Walther! Gut! Es wird auch dich freuen zu hören, daß die Transporter vollzählig heute Nacht vor der Küste angekommen sind. Wir können sie vom Schiff aus schon sehen. Doch bleibt ihnen der Hafen noch versperrt. Sie haben widrigen Wind. Aber das kann nicht ewig dauern. Bald wird es hier von Menschen wimmeln. Wir müssen uns jetzt also entscheiden, wo unsere neue Stadt angelegt werden soll. Hast du dir vielleicht ein Urteil gebildet? Wenn ja, dann lasse es hören, Walther.«

Walther kam nicht dazu, über die Ereignisse der vergangenen Nacht Meldung zu erstatten, wie er es als erstes vorgehabt hatte. Zunächst war er nach etwas anderem gefragt worden. Er zögerte nicht, seine Meinung zu sagen: »Man braucht nicht lange zu suchen, Sir. Dies hier ist ein günstiger Ort. Das Wasser ist tief und vollkommen abgeschirmt gegen die hohe See. Auf dem steilen Hügel hinter uns wären ein Ausguck und eine Befestigung sicherlich am Platze. Die Siedlung müßte also zwischen dem Hügel und der Bucht entstehen. Der Bach gibt reichlich süßes Wasser, und gutes Holz zum Häuserbau ist im Überfluß vorhanden.«

Cornwallis wandte sich lachend an Hestergart: »Sehen Sie, Hestergart, Sie wollten Ihren Burschen nicht hergeben. Ich brauche ihn für wichtigere Dinge. Er ist genauso schlau wie wir. Wir haben uns jetzt fast eine Woche gemüht und sind zu keinem anderen Ergebnis gekommen als er. Was ich nur nicht verstehe, ist dies: Allen früheren Berichten ist zu entnehmen, daß es hier nicht wenige Indianer gegeben hat. Viele werden an der Seuche gestorben sein, die d'Anville eingeschleppt hat. Wo sind die anderen geblieben, die von der Seuche verschont wurden?«

Das war das Stichwort für Walther: »Sir, darf ich eine Meldung machen?«

»Wenn es wichtig ist, heraus damit!«

»Die Indianer haben uns ständig beobachtet, ohne daß wir etwas merkten. Mit einem von ihnen haben wir heute Nacht Bekanntschaft geschlossen. Ich glaube nicht, daß wir auf die Dauer unbelästigt bleiben werden. Meine Frau hat ein neugeborenes indianisches Kind in Pflege genommen. Sie fürchtet aber, es nicht am Leben erhalten zu können, weil sie es nicht ernähren kann.«

Cornwallis war einen Schritt näher herangetreten. Die anderen umringten Walther. Cornwallis rief: »Was erzählst du da, Walther? Erkläre dich genauer!«

Walther berichtete. Angefangen mit der verdächtigen Unruhe des Pferdes, bis zum Verschwinden Kokwees im nächtlichen Wald. Keiner der Zuhörer hatte ihn unterbrochen. Walther schloß mit den Worten: »Wir wissen nicht, ob wir das Kind behalten dürfen, Sir. Das hängt von Ihrer Entscheidung ab, Sir!«

Anke hatte ihn nicht beauftragt, dergleichen zu sagen. Doch wußte er besser, daß es sich stets empfahl, jeden Eindruck von Eigenmächtigkeit zu vermeiden. Cornwallis wandte sich an die Herren des Stabes: »Was sagen Sie dazu, meine Herren?«

Aston Basford war der erste, der sich hören ließ: »Anke Corssen soll die Wäscherei einrichten und ihr vorstehen, wie Sie bestimmt haben, Sir. Wenn sie einen Säugling zu versehen hat, wird sie nicht dazu imstande sein. Können wir uns gestatten, auf eine dringend notwendige Arbeitsleistung zu verzichten? Ich verstehe nicht, daß die Corssens überhaupt das Kind angenommen haben, ohne vorher um Erlaubnis gefragt zu haben. Man sollte das Kind dem Indianer zurückgeben. Wenn das nicht möglich ist, es aussetzen.«

Walther wagte einzuwerfen: »Meine Frau wird Ihren Auftrag ungeschmälert ausführen, Sir. Sie hofft, das Kind trotzdem durchzubringen. Sie sagt, es wäre unmenschlich und unchristlich, es sterben zu lassen.«

Die Miene des Captain-General hatte sich verdüstert. Er warf Walther unter zusammengezogenen Brauen einen kalten Blick zu: »So? Unmenschlich und unchristlich, meinst du? Ich möchte dir raten, nicht noch einmal ungefragt zu reden, verstanden? Was meinen Sie zu der ganzen Geschichte, Bulkeley?«

Der hochgewachsene Dragoner-Hauptmann Bulkeley nahm lässig ein wenig Haltung an und erwiderte – der weiche irische Akzent in seiner Aussprache des Englischen war unverkennbar: »Die Indianer sind uns nicht wohlgesonnen, Sir. Sonst würden sie uns nicht aus dem Hinterhalt beobachten. Wir wissen, Sir, daß die Indianer von den Franzosen gegen uns beeinflußt sind. Le Loutre ist irgendwo im Lande und stachelt die Wilden gegen uns auf. Es könnte sein, daß uns mit dem Säugling ein Pfand für ihr Wohlverhalten in die Hand gespielt worden ist. Anke sollte das Kind in ihrer Obhut behalten und es nicht aus den Augen lassen, als eine uns überantwortete Geisel sozusagen.«

Cornwallis wandte sich an von Hestergart: »Was haben Sie dazu zu sagen, Hestergart?

»Ich habe Bulkeleys Ansicht nichts hinzuzufügen. Ich stimme damit überein. Darüber hinaus möchte ich vorschlagen, Walther Corssen anzuweisen, die Bekanntschaft mit dem Indianer, dem Vater des Kindes, nach Möglichkeit zu pflegen und durch diesen Mann Verbindung mit seinem Häuptling und anderen Stämmen des Hinterlandes aufzunehmen.«

Cornwallis starrte eine Weile vor sich zu Boden. Dann richtete er sich auf: »Die ›Wilmington‹ draußen bei den Transportern hat zwei Kühe an Bord. Wenn die Tiere die Reise überstanden haben, kann Anke Milch anfordern für das Kind. Ich glaube auch, daß einige Frauen mit Säuglingen auf den Transportern zu finden sind. Vielleicht hat eine von ihnen Muttermilch genug, den kleinen Indianer mitzuernähren. Walther, du scheinst Geschick dazu zu haben, dich mit den Leuten dieses Landes zu verständigen. Verfahre bis auf weiteres nach Hestergarts Vorschlag. Das ist deine wichtigste Aufgabe. Ich muß sobald wie möglich mit den maßgebenden Eingeborenen zusammentreffen. Inzwischen sind wir vielleicht bedroht. Ich brauche die Truppe aus Annapolis. Ehe die Besatzung von Louisbourg von den Franzosen abgelöst und dann von unseren Transportern herangeschafft ist, können noch Wochen vergehen. Deshalb, Basford, lassen Sie sich zum Schiff zurückrudern und segeln Sie mit der Jolle vor die Einfahrt der Bucht. Viel Wind ist heute nicht zu erwarten; es wird möglich sein. Gehen Sie auf See dann an Bord der ›Wilmington‹. Das große Schiff hat eine seegängige Schaluppe an Bord, die sofort zu Wasser gebracht und bemannt werden soll. Damit segeln Sie um Kap Sable nach Annapolis, holen den dortigen Kommandanten Mascarene, Captain How vom Phillips' Regiment und Captain John Gorham von den ›Rangers‹ aus den Betten und schaffen die drei mit ihren wichtigsten Stabsoffizieren schleunigst hierher. Ein Drittel des Philipps' Regiments und die Rangers sind sofort hierher über Land in Marsch zu setzen. Alles verstanden, Basford? Wiederholen Sie!« Basford wiederholte korrekt und schnell. Dann wieder Cornwallis: »Bulkeley, schreiben Sie einen kurzen entsprechenden Befehl aus, den ich Basford mitgeben kann. Gleich hier. Wir haben keine Zeit zu verlieren.«

Bulkeley griff nach seiner Adjutanten-Tasche, die ihm an der Hüfte hing. Papier, Gänsefeder, Tintenfaß steckten darin. Er schrieb im Stehen. Walther hielt ihm die flache Tasche als Unterlage vor. Cornwallis las und setzte den Schnörkel seines Namens darunter. Bulkeley faltete das Papier und reichte es Basford. Der grüßte knapp und eilte zu dem Beiboot hinüber, das die Herren von der ›Sphinx‹ herangebracht hatte.

Der Tag ging hin – schön und strahlend wie seine Vorgänger. In Körben war die Wäsche vom Schiff geschafft worden, und die Frauen hatten sich an die Arbeit gemacht. Die Männer hatten den Arbeitsplatz am Bach nach Ankes Anweisungen hergerichtet. Anke hatte darauf geachtet, daß der Ort, wo die Frauen am Wasser zu knien hätten, um die Wäsche auf einer flachen Gesteinsbank zu schlagen und zu kneten, nicht allzu weit von der Hütte entfernt war, in welcher der Säugling die Zeit des Tages verschlief. Das Kind nahm den Haferschleim gierig an, schien auch davon gesättigt zu werden, aber Anke war überzeugt, daß ohne die Beimischung von Honig diese Speise auf die Dauer nicht kräftig genug sein würde, das bisher zufrieden glimmende Leben des Kindes zu erhalten.

Wenn Anke für eine Stunde draußen beschäftigt gewesen war, so war es stets, als zöge sie ein starker Magnet an die Lagerstatt des Kindes zurück. Sie sorgte dafür, daß das Feuer an der Kochstelle nie verlöschte, daß reichlich Glut unter der Asche erhalten blieb, damit der Topf mit dem Süppchen nicht erkaltete. Anke besaß nichts, was sich ohne weiteres als Windeln hätte verwenden lassen. Doch wußte sie sich zu helfen. Es gab weiches Moos in Hülle und Fülle, und solche Unterlage hatte auch noch den großen Vorteil, sich schnell auswechseln zu lassen. Leicht ließ sich mit dem sanften und nach vielen Tagen Sonnenschein auch trockenen Moos ein stets wieder sauberes Bettchen bereiten.

Für die Frauen und auch für die Anke unterstellten Männer vom Schiff war es eine aufregende Neuigkeit, daß Anke ein eben geborenes Indianerkind mit noch nicht einmal abgetrocknetem Nabel in Pflege genommen hatte. Anke jedoch wich allen Fragen, mit denen sie bestürmt wurde, möglichst unauffällig aus und verschanzte sich hinter der Angabe, daß sie und Walther das Kind neben einer toten, offenbar im

Kindbett gestorbenen indianischen Frau im Walde gefunden hätten und daß der Captain-General ihr den Auftrag gegeben hätte, sich des Kleinen anzunehmen. Das mußte des langen und breiten erörtert werden und machte die Anke zugeteilten Frauen und Männer ganz und gar die Unlust und Widerspenstigkeit vergessen, mit welcher sie der Befehl des Herrn Cornwallis erst unlängst noch erfüllt hatte. Ihr Ärger hätte sich gegen Anke gerichtet – und Anke hatte sich davor gefürchtet. Nun aber hatte das von allen vorsichtig bestaunte, dies unverkennbar dunkelfarbige Kind mit dem schwärzlichen Haargekräusel und den Mandelaugen den Unwillen der Wäscherinnen und der Helfer abgelenkt, bot reichlich Stoff zu endlosen Erörterungen. Anke mußte also sehr freundlich behandelt werden, wenn man Genaueres von ihr erfahren wollte. Anke war dem hilflosen, winzigen Wesen in ihrer Hütte dankbar, daß es ihr so gut, wenn auch unbewußt, geholfen hatte, den schwierigen ersten Tag als Oberwäscherin hinter sich zu bringen.

Am späten Nachmittag hing die Wäsche, die über Tag gewaschen worden war, an langer Leine von den Pfählen und flatterte lustig im warmen Wind. Die Männer hatten die Wäschepfähle im Walde schlagen und über der Hochwasserkante der Bucht fest einsetzen müssen. Sie hatten sogar Spaß an dieser Arbeit gefunden und kehrten bei sinkender Sonne vergnügt und zufrieden nach vollbrachtem Werk wieder auf das Schiff zurück – nicht ohne daß eine der Frauen der am Ufer zurückbleibenden Anke anvertraute: »Ich würde ja nicht gern so allein zwischen Wald und Wasser hocken müssen. Womöglich kommt ein Wilder und will das Kind wiederhaben.«

Anke hatte müde dazu gelächelt. Sie fütterte noch einmal das Kind und legte sich nieder: Ich will mich nur ein bißchen ausruhen, bis Walther wieder da ist. Im nächsten Augenblick war sie fest eingeschlafen.

Es wollte Walther kaum gelingen, seine Frau zu wecken, als er bei anbrechender Dunkelheit endlich heimkehrte. Die in der abendlichen Windstille reglos an langen Leinen aufgereihte Wäsche, hatte ihn schon von weitem wie helle Signale einer friedlichen und vertrauten Welt gegrüßt. Anke hat es geschafft, Gott sei Dank! war ihm durch den Kopf geschossen. Auch Cornwallis war für einen Augenblick aufmerksam geworden, ehe er an der Landestelle mit seinen Herren und den drei Matrosen, die ihn als Eskorte über Tag begleitet hatten, das Beiboot bestieg, um zum Schiff zurückzukehren:

»Da trocknet unsere Wäsche . . . Unsere Stadt fängt gar nicht schlecht an. Das verdanken wir deiner Frau, Walther. Morgen früh erwarte ich dich wieder hier, wie heute!«

»Yes, Sir!«

Walther Corssen hatte dem Captain-General den Ort zeigen müssen, wo das Dorf des Indianers Kokwee, nun leer und verlassen, zu finden war. Die Männer waren für eine Minute lang nachdenklich geworden, als ihnen Walther das Grab der Indianerin mit den frisch darüber gehäuften Steinen zeigte. Von Hestergart zeigte sich besonders betroffen. Er verstieg sich, während sich die Männer schon wieder abwandten, zu der Bemerkung: »Tote Franzosen, verlassene Dörfer, gestorbene Indianer – wir scheinen diesem Lande nicht besonders gut zu bekommen – hoffentlich bekommt es uns.«

Cornwallis durfte das nicht durchgehen lassen: »Was Sie da eben gesagt haben, Hestergart – viel Logik vermag ich nicht darin zu entdecken. Es kommt auch nicht darauf an. Es kommt nur darauf an, daß wir hier eine Ordre Seiner Majestät zu erfüllen haben. Das verstehen Sie doch, nicht wahr!«

Hestergart verstand es. Wer es aber nicht recht verstand, das war Walther Corssen. In seinem übernächtigten Gehirn war wie mit heißem Stichel eingeritzt das Bild des blutigen Mutterschoßes einer Frau, die er nie gekannt hatte, einer ›Wilden‹, und doch eines ebensolchen Menschen wie er, einer Mutter, wie seine eigene Mutter eine gewesen war und wie Anke, seine Anke, eine werden wollte. In seinen Ohren dröhnte noch ein Nachhall des Klageschreis, den der seiner Gefährtin beraubte Kokwee, der Micmac-Mann, ausgestoßen hatte. In diesem Schrei lag aller Jammer der Kreatur. Auch wurde Walther von der Erinnerung an das Skelett des Grenadiers in französischer Uniform berührt. Oh, mein Gott im Himmel – Ordre Seiner Majestät! Stand nicht geschrieben: ›Du sollst Gott mehr gehorchen als den Menschen‹? ›Ordre Seiner Majestät‹ – das will ich nicht mehr hören, das kann ich nicht mehr. Das nicht!

Aber er sagte nichts. Wie hätte er das wagen dürfen!

Auch die anderen sagten nichts. Die Sache verstand sich beinahe von selbst.

Walther war angewiesen worden, die Führung der Eskorte der drei Herren zu übernehmen, der drei bewaffneten Seeleute also, die mit dem Beiboot vom Schiff herübergekommen waren. Walther verstand: Cornwallis wollte probieren, ob er, Walther, der ehemalige englische Soldat, zu einem solchen Kommando fähig wäre. Die durch den Wald hügelan ziehende Gruppe des Captain-Generals und seiner beiden Stabsoffiziere Bulkeley und von Hestergart gegen Überraschungen abzusichern, das war kein großes Kunststück. Zwei Männer rechts und links in mehr als Pfeilschußweite voraus, einer davon er selber, die beiden anderen an den Flügeln genügend abseits. So konnte nicht viel passieren. Und es passierte nichts. Sie schreckten eine Elchkuh auf mit einem noch ungelenken Kalb. Sie jagten ein paar Reiher mit großen, lässig flatternden Schwingen aus einem sumpfigen kleinen See auf halber Höhe des Hügels in die helle Luft. Das war alles.

Cornwallis fand keinen Anlaß, den Burschen aus der Lüneburger Heide zu tadeln. Er stand nicht an, seinen Adjutanten Bulkeley und von Hestergart gegen Abend zu bekennen: »Der Kerl hat Schick zum Soldaten, kein Zweifel!«

Walther hatte geschlafen wie ein Toter. Aber jetzt war er hellwach. Anke? Ja, ihre Atemzüge wehten sachte und gleichmäßig. Sie schlief noch tief. Vom Schlafplatz des Kindes her kein Laut.

Walther erhob sich vorsichtig, schlüpfte in die Hose, band den Gürtel fest, trat barfuß vor die Hütte. Hart und hornig war die Sohlenhaut an seinen Füßen. Er hatte, ohne sich dessen bewußt zu werden, wie unter einem Befehl gehandelt. Doch als ein Lockruf der Waldtaube vom Waldrande aufklang, begriff er, daß ihn ein solcher Ruf geweckt hatte.

Kokwee tauchte aus dem Schatten.

»Kokwee grüßt dich und die Frau! Hier ist Honig für das Kind. Und Beeren! Gebt ihm den Saft davon. Dann bleibt mein Sohn gesund. Euer Häuptling hat unseren Dorfplatz gesehen, und er hat ihm gefallen. Ich muß es berichten bei meinen Leuten. Dort liegen unsere Ahnen begraben. Du bleibe dort fort! Wohne dort nicht. Du wirst mich einige Tage nicht sehen. Ihr bleibt unsere Freunde. Ihr habt nichts zu fürchten. Lebe wohl!«

Kokwee wartete nicht auf Antwort. Lautlos und eilig wanderte er ins Dunkel fort.

In dem Gefäß, daß der Indianer zurückgelassen hatte – war es aus Ton? – nein, es bestand aus einem ungemein dichten Geflecht feiner Bastfäden – fand Walther eine Anzahl von gelblichen Waben, gefüllt mit Wildhonig. Ein zu einer Tüte gedrehtes Blatt enthielt zwei, drei Handvoll schwarzroter Beeren, etwas kleiner als reife Kirschen.

Plötzlich war Anke neben Walther.

»Es wird wieder Zeit, das Kind zu füttern. Kokwee war hier. Ich habe mich nicht verhört.«

»Ja. Ein Mensch aus diesem Lande, Anke. Er vertraut uns, dir vor allem! Wir sind nicht mehr ganz fremd hier.«

10

Alle Transporter, dreizehn an der Zahl, hatten sich der gemächlich um ihren Anker schwoienden ›Sphinx‹ hinzugesellt. Cornwallis hatte sein Hauptquartier auf die wesentlich größere ›Beaufort‹ verlegt, ohne indessen auf die ›Sphinx‹ ganz zu verzichten; sie stand ihm für seine persönlichen Bedürfnisse weiter zur Verfügung.

Die Transport-Schiffe hatten auf der langen Reise über den Atlantik keinen Seemann, keinen Passagier durch Unfall oder Krankheit verloren. Ein kleines Kind war allerdings, nach kurzem Unwohlsein, gestorben. Die Ursache dieses Todesfalls war unklar geblieben. Aber auch an Land hielt der Tod unter kleinen Kindern seit jeher reiche Ernte. Erstaunlich war es in der Tat und noch nie dagewesen, daß ein gefährliches Weltmeer ohne Ausfälle an Leben und Gesundheit überquert worden war. Die englische Admiralität hatte für diesen Transport von zweieinhalbtausend Auswanderern auf den Schiffen neuartige Ventilatoren einbauen lassen, welche die frische Luft der hohen See in die unteren Decks leiteten, wo die Passagiere dicht gedrängt wie das liebe Vieh auf ewig schwankendem Boden die Tage und Nächte der Reise verbringen mußten; nur bei schönstem und ruhigstem Wetter kamen sie ins Freie – und wann gab es auf dem Nordatlantik jemals ›schönstes‹ Wetter! Die fürchterliche Luft auf den Passagierdecks, geschwängert mit den Ausdünstungen ungewaschener Körper und Fäulnisgasen mannigfacher Art, hatte, verbunden mit ebenso eintöniger wie unzulänglicher Nahrung, in der Vergangenheit viel dazu beigetragen, jede längere Seereise zu einem Tanz mit dem Tode zu machen. Da sich die Ventilatoren auf den Auswandererschiffen, die – eine Meisterleistung – nur rund fünf Wochen von London nach Neu-Schottland unterwegs gewesen waren, so vorzüglich bewährt hatten, führte die englische Admiralität sie bald auf all ihren Schiffen ein.

Das große Unternehmen, an der atlantischen Küste der Halbinsel Nova Scotia oder Acadia – wenn man sich der französischen Bezeichnung bedienen wollte – eine wehrhafte Siedlung aus dem Boden zu stampfen, war von den ›Lords of Trade and Plantations‹ mit einer Sorgfalt vorbereitet worden, die bei der allgemeinen Korruption in den hohen englischen Staatsämtern durchaus nicht selbstverständlich war. Cornwallis und die von ihm später an der Bucht von Chebucto gegründete Stadt Halifax (zu Ehren des Vorsitzenden der ›Lords of Trade‹, des Earl of Halifax, so genannt – und das nicht zu Unrecht!) verdankte diese gründliche Vorbereitung der Expedition dem in Boston residierenden Gouverneur der englischen Kolonie Massachusetts, William Shirley. Dieser ebenso kluge wie handfeste Mann hatte im Namen fast aller ›Neu-Engländer‹ von der amerikanischen Ostküste höchst unverblümt der allgemeinen Stimmung in Boston, in Salem, in Providence, Albany und New York Ausdruck verliehen. Er hatte die Regierung in London nicht im Zweifel darüber gelassen, daß die Kolonien es für eine Schande hielten, wie das von den Neu-Engländern eroberte Louisbourg wieder an Frankreich verschachert worden war. Das war am Ende des ›Österreichischen Erbfolgekrieges‹ im Aachener Frieden von 1748 geschehen – im Rahmen eines großen politischen Kuhhandels. Und das nur, damit die ›Hannoveraner‹ auf dem englischen Thron, die sich immer noch von den katholischen, von Frankreich unterstützten Stuarts bedroht fühlten, ruhig weiterschlafen konnten.

Shirley hatte darauf bestanden, daß England, um seine

amerikanischen Kolonien gegen die Franzosen zu schützen, Seefestungen anlegte – als Ersatz für das nach Meinung der Kolonialen höchst leichtfertig wiederaufgegebene Louisbourg. Da auch sonst in den amerikanischen Kolonien Englands Unruhe aufgekommen, auch harte Kritik an der Londoner Regiererei, sogar schon hier und da der Ruf nach ›Amerikanischer Unabhängigkeit‹ zu hören gewesen war, hatte die Regierung Seiner hannoverschen Majestät nachgegeben und eilig den Transport nach Chebucto ausgerüstet, wo der tüchtige Cornwallis das englische Gegenstück zu dem französischen Louisbourg an der gleichen Küste – nur zwei Segeltage südwestwärts – in die Wälder und felsigen Vorgebirge hineinzaubern sollte.

Shirley wußte, was in den Wäldern Amerikas gebraucht wurde, um aus dem Nichts eine neue Siedlung entstehen und Wurzeln fassen zu lassen. Er hatte es sich nicht nehmen lassen, ausführlich aufzuschreiben, was alles dem Cornwallis und seinen Leuten mitgegeben werden mußte. Den Lords in London war der Schrecken über den lauthals in den Kolonien geäußerten Ärger so nachhaltig in die Knochen gefahren, daß sie nicht nur Shirleys Ratschläge befolgten, sondern auch Sorge trugen, daß die bewilligten Gelder auch tatsächlich für die bestellten Güter verwendet wurden, und daß auch ihre Qualität wirklich den Bestellungen entsprach. Die maßgebenden Leute hatten sich also damit begnügt, nur wenig oder gar nichts in die eigenen Taschen ›abzuzweigen‹.

Shirley hatte weiter verlangt, daß um die Festung oder die Festungen her protestantische Bauern und Handwerker angesiedelt wurden, damit die englische Verwaltung instand gesetzt werde, sich auf verläßlichere Leute als die katholischen, französisch sprechenden Akadier, die sich schon im Lande breitmachten, zu stützen. Dabei hatte Shirley ausdrücklich nicht nur englische, sondern auch deutsche Protestanten gefordert. Doch Deutsche in größerer Zahl anzuwerben, dazu fehlte Anfang 1749 die Zeit. Man hatte die Aufforderung, sich zu dem großen Auszug nach Nova Scotia zu melden, mehr oder weniger nur in London unter die Leute gebracht.

So war also dem Cornwallis eine reichhaltige Ausrüstung gewährt und verladen worden. Vor allem war für Pulver und Blei, Musketen, Pistolen, leichtes und schweres Geschütz gesorgt, aber auch für ein Feld-Hospital, für Instrumente und Arzneimittel. Auch einige Ärzte wurden angeworben; selbst an einen Apotheker und an eine Hebamme hatte man gedacht. In beträchtlichen Mengen wurden Ziegel und Saatgut, Fischereibedarf und Feuerlöschgeräte, Stiefel und Wolldecken, Werkzeuge für alle Handwerke, Nägel, Tauwerk, Türangeln, Stabeisen und noch vielerlei mehr in die Laderäume der Schiffe gepackt, dazu gewaltige Mengen an Pökelfleisch, Speck, Schinken und lang haltbarem, steinhartem Schiffsbrot. Sogar eine Kiste voll französischer Bibeln hatte man an Bord genommen – vielleicht ließen sich die Akadier, könnte man sie bewegen, eifrig die Heilige Schrift in ihrer Sprache zu studieren, vom papistischen Glauben abbringen. Schließlich hatten die Schiffsausrüster auch an die Indianer gedacht, hatten viel bunten Trödel für sie mitgegeben, auch eine Anzahl von Beilen, Messern und Scheren, die, wie es hieß, bei den Rothäuten besonders hoch im Kurse standen.

All dies war dem Captain-General Edward Cornwallis anvertraut worden. Doch gerade das Allerwichtigste, dessen der große Auszug nach Neu-Schottland dringlicher noch als des täglichen Brots bedurfte, war dem blinden Zufall überlassen worden, auf dessen Gunst man keinesfalls hätte vertrauen dürfen. Denn das Wichtigste an dem ganzen Unternehmen waren zweifellos die Menschen.

Es wandert ohnehin niemand aus, der mit seiner Heimat und seinem Dasein einverstanden ist. Gemeinhin wandert einer aus, wenn ihm nichts weiter mehr übrigbleibt, als in einem neuen Land ein neues Leben zu beginnen.

Zwar war die d'Anvillesche Expedition zur Eroberung des englischen Amerika auf groteske und zugleich furchtbar tragische Weise gescheitert. Auf dem europäischen Schauplatz aber hatte Frankreich die Schlachten gewonnen. England war mit einem blauen Auge davongekommen. Londons Armen- und Elendsviertel – und die waren riesengroß! – steckten voll entlassener Soldaten und Matrosen. Ein unbeschreiblich armseliges, ja verkommenes Volk – der große Zeichner Hogarth hat es schonungslos dargestellt – vegetierte, in endlos über- und hintereinander geschachtelten Quartieren, von einem Tag nicht weiter als zum nächsten, schmutzig, krank, hungrig, hoffnungslos, und jeden Penny, den es gelegentlich erübrigte, legte es in billigem Schnaps, in scharfgebranntem Gin an, um den Jammer zu ersäufen.

Diesem armseligen Volk wurde am 7. März 1749 in einer Proklamation der Regierung versprochen, jeder, der nach Neu-Schottland sich einzuschiffen willens wäre, solle ausreichende Nahrung und Unterkunft für ein ganzes Jahr erhalten. Dazu wurden jungfräuliches Land und ›alle die Freiheiten, Vorrechte und Straflosigkeiten‹ zugesagt, deren sich ›Seiner Majestät Untertanen in den anderen Kolonien unter der Regierung Seiner Majestät erfreuen‹.

Freie Überfahrt, freie Unterkunft, freies Land, frei Essen und Trinken – und das alles für ein ganzes Jahr garantiert! – Den abgerissenen kümmerlichen Menschen aus Londons dunkelsten Hintergassen mußten die einigermaßen großmäuligen Versprechungen der Regierung wie himmlisches Manna schmecken. Sie meldeten sich in Scharen im ›Plantation Office‹ in Whitehall oder bei den Marineämtern in Portsmouth und Plymouth. Da die Listen schon am 4. April, also schon vier Wochen nach der Bekanntmachung, geschlossen werden sollten, fand die Proklamation der Regierung kaum genügend Zeit, aufs Land oder in die kleinen Städte der Provinz hinauszudringen. Sie erreichte nur das arme Volk in London, wo sich dergleichen schnell herumsprach. Für die etwa einhundertfünfundsiebzig Meilen von London nach York brauchte die Postkutsche, ein erbärmlich grobes Gefährt, je nach Wind und Wetter und je nach der Tiefe des Drecks auf den Straßen, zehn bis vierzehn Tage. Nachrichten für die Allgemeinheit wanderten nicht schneller.

Wem es auch nur einigermaßen erträglich ging in London, dem klang der amtliche Lobpreis jener neuen Kolonie mit dem lateinischen Namen nicht besonders verlockend in den Ohren. Zudem: Wer, der etwas auf sich hielt, wollte sich mit dem zerlumpten Volk gemein machen, das sich auf den Meldestellen drängte? Nova Scotia – warum konnte das Land keinen vernünftigen, verständlicheren Namen tragen? Nova Scotia – Gott weiß wo das liegen mochte! Die aus der Armee oder der Marine entlassenen Soldaten, die der vergangene Krieg mit einem Leben unter Waffen und grausam harter Zucht vertraut gemacht hatte – sie wußten nur allzu genau, wie peinlich es unter der Fuchtel Seiner Majestät zuging. Sie fühlten sich von Nova Scotia nicht verlockt, obgleich vielleicht gerade unter ihnen viele gewesen wären, die mit solch gefährlichen Umständen hätten fertig werden können. Man hatte auch nur wenige Handwerker für die Fahrt über das große Meer anwerben können.

Aber England hatte schon mehr als einmal zur Besiedelung seiner Kolonien, die ihm bald der Zufall, bald die Gewalt in die Hände gespielt hatten, den Abschaum der Londoner Vorstädte herangezogen. Wer schwach, dumm und faul war, ging an den entlegenen Küsten schnell zugrunde. Wer aber die fürchterlichen Entbehrungen des Anfangs überstand, der wußte sich bald jene fremden Länder untertan zu machen – mit eben der Härte und Rücksichtslosigkeit, der man einst selber schutzlos ausgeliefert war.

Und auch dies darf nicht vergessen werden: Unter all diesen Leuten von der dunkelsten Nachtseite der riesigen, gärenden, stinkenden Stadt London war jeder zehnte, vielleicht auch nur jeder zwanzigste von anderem Schlage. Diese wenigen waren Männer, denen Europa zu eng geworden war, obgleich sie auch auf heimatlichem Boden zu ihrem Recht gekommen wären. Die amerikanischen Kolonien erfreuten sich damals in England keines allzu guten Rufes. Die strengen Winter, die ständige Gefahr, die von den Indianern drohte, der nie abreißende Kleinkrieg mit den Franzosen in den unermeßlichen Wäldern des Hinterlandes, auch die gnadenlose Härte, mit der, oft genug, arme Einwanderer aus dem Mutterland über viele Jahre, manchmal noch bis ins zweite Glied, von den reichen Pflanzern in den südlichen, oder von den reicheren Gewerbeherren in den nördlichen Kolonien ausgebeutet wurden – dies alles hatte dem kleinen Mann und braven Bürger die Wanderung nach Amerika als ein zumeist übel ausgehendes Abenteuer erscheinen lassen.

Und nun gar Nova Scotia! Das mußte noch weiter im Norden liegen als etwa Boston oder New York. Und wie kalt und bösartig waren die Winter nicht schon in New York – nach allem, was man gehört hatte! Allerdings gab es auch manchen, der drüben reich geworden war! Abenteuerlich reich! Und war nicht schon das Abenteuer um des Abenteuers willen eine großartige Sache – wenn man jung ist, stark und furchtlos?

So hatten sich dem großen Unternehmen unter Cornwallis

außer den Herren, die der Captain-General in seinen Stab aufgenommen hatte oder die ihm von dem einen oder anderen der einflußreichen Lords of Trade aufgenötigt worden waren, etwa ein halbes Hundert früherer Armee- und Marine-Offiziere angeschlossen, die sich vor allem von der Möglichkeit, kostenlos großen Landbesitz zu erwerben, hatten verlocken lassen. Das gleiche galt auch für die wenigen Bauern und für manchen Handwerker unter den Auswanderern. Unter ihnen war wohl kein einziger zu finden, der nicht für den Reiz des großen Abenteuers empfänglich gewesen wäre. Hestergart, Bulkeley, Gates, Corssen, auf ihre Weise auch Basford und Salisbury – sie waren es allesamt.

Schon wenige Tage, nachdem die Transportschiffe das bunte Volk aus Londons Hinterhöfen am Strand von Chebucto an Land gesetzt hatte, erließ Cornwallis den Befehl, ein jeder, Frau, Mann und Kind, habe mit anzupacken, damit in den drei, vier Monaten, in denen noch mit freundlichem Wetter gerechnet werden konnte, Wälder gerodet, Häuser errichtet, Straßen gebahnt, Felder abgesteckt und geebnet, Feuerholz für den Winter geschlagen und ein paar erste grobe Möbel gezimmert wurden. Von heute auf morgen schieden sich da die Geister.

Drei Wochen schon nach der Ankunft der Auswanderer schrieb Cornwallis an das ›Amt für Handel und Siedlung‹ – und man hört seine Enttäuschung und Verzweiflung heraus:

»Ich bitte, Euren Lordschaften mitteilen zu dürfen, daß unter den Leuten, die ich mitbekommen habe, die Zahl der fleißigen, tatkräftigen Männer, die geeignet wären, eine neue Siedlung aufzubauen, sehr klein ist. An ehemaligen Soldaten, mit denen man etwas anfangen könnte, habe ich nur etwa einhundert, an Handwerkern, ehemaligen Seeleuten und anderen, die willens und fähig wären zu arbeiten, nur etwa zweihundert.«

Das ist ein betrübliches Eingeständnis. Nur etwa jeder zehnte Einwanderer war nach Meinung von Cornwallis geeignet, den Kampf mit der rohen Wildnis aufzunehmen, die sich vor den Siedlern auftürmte wie eine riesige, undurchdringliche Wand.

Die Seeleute, von denen sich viele an diesen Küsten auskannten, hatten die Expedition nur benutzt, sich auf Kosten des Staates über den Ozean befördern zu lassen. Kaum hatten sie Chebucto und damit das amerikanische Ufer erreicht, so ließen sie sich auf diesem oder jenem Kabeljau-Fischer oder auf einem der kleinen Küstensegler anheuern, die von den englischen Kolonien weiter im Süden, von Boston oder New York oder Norfolk, heraufgesegelt kamen. Die Eigentümer dieser Schiffe wollten erkunden, ob sich an einer so reichlich ausgestatteten Unternehmung, an der, zählte man die bald aus Louisbourg zu erwartenden englischen Regimenter mit, ein paar tausend Menschen beteiligt waren, nicht ein Stück Geld verdienen ließ. Sei es, daß man den Leuten billigen Rum aus Jamaica verkaufte, sei es, daß man die frischen Fische an sie loswurde, die sich vor diesen Küsten, bis nach Neufundland hinauf, offenbar danach drängten, gefangen zu werden.

In der Tat: alles in allem ließ sich kaum eine Auswahl von Menschen denken, die weniger geeignet gewesen wäre, ein so urwildes Land wie Nova Scotia bewohnbar zu machen, als diese Ärmsten aus Londons Elendsvierteln, die nichts gelernt hatten und nie in ihrem trüben Dasein an regelmäßige, gewinnbringende Arbeit gewöhnt worden waren. Sie träumten nur davon, ein Jahr lang frei Essen und Trinken zu haben, in der Sonne zu dösen und soviel Taschengeld zu bekommen, daß man sich seinen geliebten Gin oder Rum leisten konnte – und für alles übrige den Vater im Himmel, beziehungsweise Seine Exzellenz, den Herrn Gouverneur Cornwallis, sorgen zu lassen. Aber Cornwallis konnte nicht zaubern.

Jedoch auch die wenigen, die ernsthaft willens waren, sich ein Bauerngütchen oder auch einen herrschaftlichen Besitz in der Wildnis zu erobern, sahen sich enttäuscht. Die Gebiete an der atlantischen Seite der Halbinsel Neu-Schottland waren keineswegs jenes Paradies der Üppigkeit und Fruchtbarkeit, an das die hochmögenden ›Lords of Trade and Plantations‹ offenbar ebenso geglaubt hatten wie Jim Jones oder Bill Jenkins aus Soho oder Whitechapel. Aber auch Hestergart, Davidson, Hans Haubolt aus Celle und Walther und Anke Corssen aus Dövenbostel und Haselgönne hatten sich falsche Vorstellungen gemacht. Man hatte sich in London täuschen lassen von den Berichten über die reichen Böden im Annapolis-Tal, wo die französisch sprechenden Akadier blühende Siedlungen geschaffen hatten. Doch dieses wunderbare langgestreckte Tal, zwischen dem Minas-Becken und der St. Mary's Bay, lag auf der anderen, der Bay-of-Fundy-Seite der Nova Scotia-Halbinsel und hatte wenig mit den Gebieten am Atlantik gemein. Diese trugen zwar dichten, dunklen Wald, aber die Wurzeln der Fichten und Kiefern, des Ahorns und der Eichen hatten sich um Felsen zu klammern und durch steinigen Boden zu pressen, um Halt und Nahrung zu finden. An abertausend Orten drängte sich der kahle Fels an die Oberfläche, gewährte wohl Flechten und Moosen um sich her, auch Kraut, Gras und wilden Blumen Raum – doch tiefgründiger Ackerboden ließ sich daraus nicht gewinnen. Lediglich in den Tälern der wenigen Flüsse und Bäche bot sich einigermaßen ebenes Gelände mit schwarzer Muttererde an, auf welcher Korn und Kohl gedeihen mochten.

Cornwallis hatte keine andere Wahl, als die arbeitsunwillige Menge der Siedler in Gruppen einzuteilen, jede Gruppe ihren Vormann wählen zu lassen, oder einen Soldaten als Aufseher zu bestellen, und jeder Gruppe ihre Arbeit zuzuweisen.

Die enttäuschten Londoner Gintrinker waren jedoch, wie Cornwallis bald feststellen mußte, viel schwerer zu kommandieren als die Soldaten, deren Mentalität ihm vertraut war. Wenn er etwas aus dem widerspenstigen Volk herausholen wollte, so mußte er ihm mehr an Lohn bewilligen als den Soldaten, die Seite an Seite mit den Siedlern werken und schwitzen mußten. Nach und nach war die englische Besatzung der wieder an die Franzosen ausgelieferten Festung Louisbourg in der sich mühsam in die Wälder vorwagenden ›Stadt‹ Halifax eingetroffen. Die Regimenter Hopson und Warburton wurden sofort nicht nur zum Bau der Schanzen, Palisaden und kugelsicheren Blockhäuser eingesetzt, sondern sie mußten auch Straßen anlegen, Grundstücke freischlagen und simple Behausungen errichten. Die Hütte, die Walther und Anke sich gebaut hatten, diente ihnen als Vorbild.

Cornwallis hatte nicht nur eine vielfältige Ausrüstung und reichen Proviant mitbekommen, sondern auch viertausend Pfund Sterling in Gold- und Silbermünzen, die er nun locker machen mußte, um diese Siedler, die sich durchaus nicht als ›Pioniere‹ fühlten, zu bewegen, beim Bau ihrer eigenen Wohnstätten Hand anzulegen. Das ›Pack‹ aus London, wie die Leute von den ›Herren‹ genannt wurden, bestand auf den ›Freiheiten, Vorrechten und Straflosigkeiten‹, die man ihnen vor der Ausreise zugesichert hatte.

Die Siedler erhielten nun das ihnen versprochene Land zugewiesen: eine Anzahl Morgen draußen am Hang, im Wald, – eine finstere Wildnis voll blutgieriger Insekten und vielleicht auch blutgieriger Indianer, eine Ödnis aus himmelhohen Bäumen, undurchsichtigem Unterholz, dicht besät mit Felsbrocken in allen Größen.

»Nichts weiter als wertloses Unland!« hatte Walther Corssen festgestellt, als er nach langem Suchen am abschüssigen Hang endlich das Waldstück gefunden hatte, das ihm zugesprochen worden war. Er machte sich kaum noch Illusionen. Er war Bauer genug und hatte genug gesehen, nicht nur hier an der Bucht von Chebucto, sondern in seinem ganzen bisherigen Leben, das ihn rücksichtslos angepackt hatte, um zu wissen: Es stimmt meist nur die Hälfte von dem, was die Oberen versprechen, und manchmal nicht einmal ein Zehntel davon. Und wenn man sich darauf verläßt, dann sitzt man als Dummkopf in der Patsche. Am besten ist, man verläßt sich darauf, daß man sich nur auf sich selber verlassen kann.

Anke und Walther beschlossen, an dieses Stück Land, das ihnen zugewiesen worden war, überhaupt nicht mehr zu denken. Die Hütte im Stadtbereich – der Bach, unweit dessen sie sich niedergelassen hatten, verlief mitten durch die geplante Stadt –, diese Hütte machte den beiden niemand streitig, sie war gleichsam das erste Haus von Halifax. Um sie herum hatten Charles Morris und John Bruce, die aus London angereisten Landmesser, zweimal sechs sich rechtwinklig kreuzende Straßen angelegt. Die Soldaten hatten Wall und Graben rund herumgezogen.

Auch von Hestergart mußte sich schließlich sagen, daß der ansehnliche Landbesitz, der ihm nach der Proklamation vom 7. März 1749 zustand – gut achthundert Morgen Ackerland – ebensogut auf dem Mond liegen konnte, so ganz unerreichbar, unbebaubar, unverwertbar erwies er sich, als er endlich vermessen und ihm zugeteilt war. Aber von Hestergart fand nicht viel Zeit, darüber nachzudenken. Cornwallis beanspruchte seinen Adjutanten tagein, tagaus und manchmal bis weit in die Nacht hinein. Auch er hatte einen Traum von stolzer Landnahme als Stellvertreter Seiner Majestät, als Städte- und Festungsbauer, vielleicht sogar als Staatengründer, geträumt. Statt dessen wurde er von hundert Albernheiten und Widrigkeiten, von aberhundert lästigen, kaum lösbaren Problemen bedrängt wie von einem wütenden Hornissenschwarm. Er war sich klar darüber, daß er sich irgendwie mit den Indianern hier am Ort und an der anderen Seite der Halbinsel, ja, mit all den Stämmen, die um die Bay of Fundy wohnten, würde einigen müssen. Aber er hatte keine Ahnung, wie er das bewerkstelligen sollte. Walther Corssens Bericht über seine Begegnung mit dem Indianer Kokwee hatte seine Unruhe nur noch verstärkt.

Walther war es auch gewesen, der ihn zu den Akadiern an der Merliguesche-Bucht geführt hatte, zu Leuten, die zwar ihre Ergebenheit gegenüber England beteuerten, jedoch nur unter Bedingungen, die sie selbst aufgesetzt hatten und auf denen sie selbstbewußt und unnachgiebig bestanden. Also würde Cornwallis Boten in die Hauptsiedlungen der Akadier am Minas-Becken und im Annapolis-Tal schicken müssen, um sie zu Gesprächen, zu kritischer Überprüfung ihrer Haltung als unbezweifelbare Untertanen Seiner Majestät Georgs II. aufzufordern.

Cornwallis hatte sich auch mit Mascarene, mit dem erfahrenen Captain How und mit Captain Gorham auseinanderzusetzen, die bisher – von London so gut wie vergessen – die menschenarme Kolonie Nova Scotia von der langsam verfallenden Urwald-Festung Annapolis Royal aus mehr oder weniger nach ihrem Gutdünken – man kann kaum sagen: regiert oder verwaltet hatten. Es war ihnen lediglich gelungen, den Anspruch Englands auf Nova Scotia notdürftig am Leben zu erhalten. Die Akadier regierten sich allein und fragten nicht viel nach Annapolis Royal. Die Infanteristen unter How und die ›Jäger‹ oder Ranger, die Waldläufer, unter Gorham waren nach Meinung hoher Offiziere der regulären englischen Armee kaum mehr als ein verwahrloster, unbotmäßiger Haufen. Wenn Cornwallis an die Exekutionen, Stockschläge, Spießruten dachte, die er würde anordnen müssen, um aus Hows liederlicher Mannschaft wieder eine disziplinierte Truppe zu machen, dann grauste es ihn; ein Unmensch war er nicht, nur ein Kind seiner Zeit.

Wie der Teufel hinter der armen Seele her, hatten er und seine Offiziere ständig darauf zu drängen, daß die vermaledeiten Cockneys aus London die ihnen zugeteilten Arbeiten auch tatsächlich verrichteten, Bäume fällten, Stämme zurechtschlugen für den Hüttenbau, Birken entrindeten, Schindeln spalteten, Hausplätze ebneten, Straßen planierten, Ausrüstung und Vorräte unter Dach brachten. Und daß sie sich möglichst nur jeden zweiten Tag sinnlos betranken . . .

Befestigte Blockhäuser waren in weiterem Abstand so vorzuschieben, daß ihre Besatzungen jeden Angriff auf die werdende Stadt, bevor er sie noch in ihrem Kern erreichte, aufhalten, melden und abwehren konnten.

Die aus Louisbourg eintreffenden Regimenter trugen wenig dazu bei, die Verhältnisse in Halifax zu verbessern. Ein Schwarm von Rum-Verkäufern, Trödlern und Dirnen folgte ihnen und machte sich an der zerstampften Straße, die am Strand entlangführte, lärmend und unverschämt breit. Schlägereien um die Mädchen aus Louisbourg, die nun mit den schon vorhandenen Schönen aus Londons Eastend in Konkurrenz traten, waren an der Tagesordnung. Cornwallis vermochte sie kaum einzudämmen, obgleich er nicht zögerte, drakonische Strafen zu verhängen. Bald gab es auch den ersten Totschlag. Ein gewisser Peter Carteel, ein Mann ohne Familie, den man im Wirrwarr des Anfangs viel umhergestoßen hatte und der es keinem recht machen konnte, verlor, vom Rum gewaltig angeheizt, den Verstand – viel davon besaß er ohnehin nicht – und erstach in einem Anfall nie zuvor an ihm erlebter zügelloser Wut mit seinem Messer, das bis dahin nur das zähe Pökelfleisch zersäbelt hatte, den Bootsmannsmaat der ›Beaufort‹ und verwundete zwei andere Seeleute lebensgefährlich.

Cornwallis hatte zu Gericht zu sitzen. Kein Zweifel: Aus dem Verhör ergab sich, daß der schon begrabene Bootsmannsmaat während der Überfahrt seinen Spaß daran gehabt hatte, die armseligen Passagiere zu kujonieren. Die Matrosen hatten sich von seinem Beispiel anfeuern lassen und versuchten, ihren Maat noch zu übertrumpfen. Den von Natur mit zwei linken Händen ausgestatteten Peter Carteel hatten sie zur Zielscheibe ihres Spotts und ihrer groben Schikanen auserkoren. Cornwallis erkannte das wohl. Aber wo käme man hin, wenn sich jedes Subjekt gegen einen Unteroffizier Seiner

Majestät Marine eine eigene Meinung, sogar Kritik und Widerstand anmaßen wollte! An diesem Peter Carteel war ohnehin nicht viel verloren. Er war bestenfalls dazu geeignet, daß an ihm ein Exempel statuiert wurde. Peter mußte hängen.

Der Kapitän der ›Beaufort‹ mochte die Rahen seines schönen Schiffes nicht durch den Leichnam einer elenden Landratte entehren. So erhielten die Matrosen den Befehl, den Kerl, der es gewagt hatte, Hand an einen Bootsmannsmaat zu legen, an Land aufzuknüpfen.

Nicht weit von Ankes Hütte und Wäscheplatz breitete eine riesige alte Ulme ihre mächtigen Äste. Anke hatte diesen starken, schön geformten Baum immer gern angeschaut, als sei er ein Sinnbild der starken, großen neuen Welt, in die sie eingetreten war. Der hohe Baum war vom Ufer der Bucht wie von dem Tal des Baches, der den Berg hinuntersprang, gleich gut zu sehen. Eben deshalb hängte das Exekutions-Kommando den Übeltäter an diesen Baum.

Der schreckliche Vorgang war dazu angetan, Anke den Platz, an dem sie arbeiten mußte und auch ihre Blockhütte, in welcher das Indianerkind die längste Zeit der Tage und Nächte friedlich verschlief, ganz und gar zu verleiden. Ohnedies hatte Anke dem Jonas von Hestergart bei der wöchentlichen Kontrolle der Wäscherei schon nachdrücklich klargemacht: »Seit hier Hunderte von Leuten die Gegend unsicher machen und der Bach den größten Teil des Drecks aufzunehmen hat, den dieses Volk von den Schiffen loswerden will, können wir hier kaum noch waschen, Euer Gnaden. Das Wasser ist zu schmutzig geworden. Und von meinen Männern müssen immer zwei am Trockenplatz Wache stehen, sonst werden uns die Hemden von der Leine gestohlen – und wie soll ich dafür aufkommen? Ich bitte Euer Gnaden, dies dem Herrn Gouverneur vorzustellen. Warum können wir den Waschplatz nicht nach oben in den Wald verlegen, dorthin, wo das neue Blockhaus entsteht, also weit vor der Stadt? Da trauen sich die Leute nicht hin, Euer Gnaden. Es ist mir nur recht, daß sie sich vor den Indianern fürchten. Und ich und meine Frauen – wir haben wieder klares Wasser.«

Anke hatte sich vom Rand des Baches erhoben, an dem sie mit den anderen Frauen gekniet hatte. Sie versuchte Hestergart ihren Standpunkt klarzumachen. Sie strich sich mit dem nassen Handrücken eine Strähne des dunklen Haars zurück, die ihr in die Stirn gefallen war. Feine Schweißperlen standen ihr über den Brauen. Das derbe Zwillich-Kleid, das, hoch in der Taille gegürtet, im Schoß und an den Oberschenkeln dunkel durchnäßt, bis zu den Fußknöcheln fiel, konnte keineswegs verbergen, wie fest und schlank der Leib war, den es umschloß.

Hestergart vermochte seine Augen nicht von ihrem bräunlichen Gesicht, ihren nackten Unterarmen, ihren runden Schultern zu lösen. Wollte sie ihn niemals richtig wahrnehmen? War er nach wie vor ›Euer Gnaden‹ für sie? Hatte er nicht ihrem Mann erlaubt, ihn mit ›Jonas‹ anzureden, damit vielleicht irgendwann auch sie . . . ? In Hestergart ging manches vor, was ihm selber kaum bewußt wurde. Er hätte auch nicht zugegeben, daß der Name Anke ihn wie mit Zauberkraft anrührte. Sie war verheiratet – und sie war weit unter seinem Stande. Doch was bedeutete das groß auf diesem Boden, auf dem sich vielerlei auflöste, was im alten Lande für alle Zeiten festgeschrieben schien? Aber er hatte sachlich zu sein wie stets, wenn er sie traf:

»Du hast recht, Anke. Ich sehe es: Im Bach schwimmt allerhand vorbei, was nicht hineingehört. Und was man nicht sieht, ist wahrscheinlich noch schlimmer. Ich werde noch heute dafür sorgen, daß die Wäscherei aus dem Trubel hier nach oben an den Berg verlegt wird. Wir haben jetzt genug Leute, die deinen Männern beim Tragen helfen können. Ich werde mit dem Gouverneur darüber sprechen. Er wird bestimmt nichts einzuwenden haben. Er weiß, daß du nichts Unvernünftiges verlangst. Aber dann müßt ihr eure Wohnung ebenfalls verlegen. Ob Walther dazu Zeit haben wird. Wo ist er?«

»Ich habe ihn zwei Tage lang nicht gesehen, Euer Gnaden. Der Gouverneur hat ihn Captain Gorham und seinen Rangers überstellt. Die sind irgendwo weit im Westen unterwegs, um eine Schutzlinie abzustecken, auf der anderen Seite des Berges. Ich weiß nicht wo. Aber vielleicht kommt er bald wieder.«

»Ich werde auch mit Gorham sprechen, Anke, daß er Walther für zwei, drei Tage freigibt. Fürchtest du dich nicht, allein hier mit dem Kind, in eurem kleinen Haus, das nicht zu verschließen ist? Es ist zum Teil sehr übles Gesindel, was da aus den Schiffen an Land gesetzt wurde.«

»Mit denen werde ich schon fertig, Euer Gnaden. Es sind ja noch die ehemaligen Leibdiener da, die der Gouverneur mir beigegeben hat.«

Sie blickte starr vor sich in den Sand, als wollte sie noch etwas sagen. Hestergart fragte vorsichtig: »Mit dem Pack wirst du fertig. Das glaube ich wohl. Gesindel wird nur gefährlich, wenn man Angst hat und sie merken läßt. Und sonst?«

Anke gab sich einen Stoß. Hestergart nahm es deutlich wahr. »Basford belästigt mich, Euer Gnaden. Vor ihm bin ich nicht sicher. Tag und Nacht nicht. Vor ihm können mich meine Leute nicht schützen, denn er ist Offizier. Ich fürchte mich, Euer Gnaden. Denn wenn Walther das merkt, weiß ich nicht, was passiert. Bis jetzt hat das Kind ihn abgehalten. Aber wie lange noch?«

Hestergart begriff den Zusammenhang nicht. »Das Kind, Anke? Was nützt dir da das Kind?«

Sie lächelte bitter. »Ach, wenn er kommt, mache ich mich mit dem Kinde zu schaffen, füttere es, wasche es, lege es trokken, kehre dem Basford das schmutzige Moos vor die Füße. Dann wird er wütend. Aber er ekelt sich und geht weg. Und jedesmal fängt das Kind an zu schreien, wenn er da ist. Es schreit jetzt schon ganz tüchtig. Es merkt meine Unruhe und schreit wie am Spieß. Das kann er nicht aushalten.«

Jetzt erst blickten sie sich zum erstenmal in die Augen, verstanden sich, lachten sich an. Lachend fragte er weiter: »Stimmt, Anke! Du lernst anscheinend schnell. Für Männer, die auf handgreifliche Poussaden aus sind, sind Säuglinge die zuverlässigste Ernüchterung. Dem Kind geht es also gut?«

Anke wußte nicht, was Poussaden sind, aber sie konnte es sich denken, und das Beiwort ›handgreiflich‹ verriet genug. Sie erwiderte, heiter zunächst: »Ja, der kleine Kerl gedeiht. Macht mir viel Mühe nebenbei. Ich glaube, er kann sogar schon lachen. Aber so klein, wie er ist, hat er mich schon in Verruf gebracht.«

»In Verruf gebracht? Wie kann das sein?«

»Irgendwer hat das Gerücht in die Welt gesetzt, das Kind sei gar kein fremdes Kind, sondern ich hätte es geboren, wäre seine leibliche Mutter. Das wird hin und her getuschelt.

Manchmal bleiben die Leute stehen, wenn sie an unserem Wäscheplatz vorbeikommen, machen sich auf mich aufmerksam und lachen. Ich habe mich also mit einem schmutzigen Indianer eingelassen. Was wäre von einer ›bloody German‹ auch Besseres zu erwarten! So wird geredet, ich weiß es. Frank, der jetzt Ihre Pferde mit versorgt, Euer Gnaden, hat es mir vor ein paar Tagen angedeutet, damit ich etwas dagegen unternehme, sagte er. Was soll ich dagegen unternehmen? Was da jetzt an Land gekommen ist, dieses Volk ist mir so widerlich, daß ich nichts mit ihm zu tun haben will. Entweder sind sie betrunken, auch die Weiber, oft sogar schon die Kinder, oder sie faulenzen und schweinigeln herum.«

Unversehens hatte sie ein zitternder Zorn übermannt und sie Worte finden lassen, die ihr sonst nicht zu Gebote standen. Hestergart war bestürzt. Doch noch nie hatte sich ihm Ankes Wesen, ihre Sauberkeit, auch ihr Hochmut, so unmittelbar gezeigt wie in diesem Augenblick. Eine eigentümliche Schwäche bemächtigte sich des jungen Edelmanns. Ankes Zorn verriet das Selbstbewußtsein, die Unbedingtheit, den Mut, über die sie verfügte, wenn sie auf die Probe gestellt wurde. Ein geheimer Reiz ging von ihr aus, ihr selbst wohl ganz unbewußt, dem sich kaum ein Mann zu entziehen vermochte. Hestergart hatte in diesem Augenblick das Verlangen, Anke zu berühren, ihr die Hand auf die Schulter zu legen, oder ihren Ellenbogen, ihr Handgelenk zu umfassen und über die braune Haut ihres Unterarms zu streichen. Aber zugleich zuckte der Gedanke in ihm auf: Walthers Frau! Ich wäre ihr wie Basford, wenn ich sie anrührte. Er mußte sich räuspern und brachte mit gewolltem Gleichmut heraus:

»Natürlich hast du recht: das meiste ist Gesindel, was man uns da in London auf die Schiffe gepackt hat. Cornwallis ist genauso verzweifelt und zornig wie du. Wie will er die vielen Leute unter Dach und Fach bringen vor dem Winter! Sie machen nicht mit, liegen ihm in den Ohren mit hundert Klagen und Beschwerden. Deshalb kann er auch die Transporter nicht aus der Charter entlassen, wie es die Admiralität verlangt, denn die Leute werden im Winter sicherlich zu einem großen Teil immer noch auf die Schiffe angewiesen sein. Aber das alles wird dir nicht sehr wesentlich sein. Du bist nicht glücklich, Anke?«

Ihre Augen irrten ab. Die Frage kam sehr unerwartet. Aber sie zögerte nicht, zu bekennen: »Nein, wir sind nicht glücklich. Solange wir allein waren und nur mit den Herren und Leuten von der ›Sphinx‹ zu tun hatten, waren wir glücklich, Euer Gnaden. Jetzt wird alles zertreten und zertrampelt. Lärm und Geschrei, Gestank und betrunkenes Elend hören den ganzen Tag nicht auf, und die halbe Nacht dazu. Früher, in der Stille, fühlten wir uns sicher. Jetzt, mit nur einem Fetzen Segeltuch vor der Tür . . . Und Walther ist ständig unterwegs auf Kommando. Basford . . .«

Sie stockte. Sie wandte sich ab. Ihm war, als mache sie ihm bittere Vorwürfe, während er doch nur den heißen Wunsch hatte, diese Frau zu beschützen. Aber so war es eben, für sie gehörte er zu Basfords Schicht, und es war auch nicht vorzustellen, daß er sich daraus lösen könnte. Wirklich nicht? Er suchte nach Worten:

»Ich habe Basford schon mehr als einmal gewarnt, Anke. Ich werde es nochmals tun. Und euer neues Haus oben am Bach wird Tür und Schloß haben. Dafür werde ich sorgen. Schließlich mußt du die Wäsche verschließen können. Und Walther sollte dich nie in der Nacht allein lassen. Du mußt ernsthaft mit ihm reden.«

»Nein, das geht nicht. Er wäre unklug und brächte sich in Gefahr. Er würde den kürzeren ziehen. Sie könnten mich schützen, Herr von Hestergart, Euer Gnaden. Aber ich bin keine Dame, das weiß ich. Und ich habe jetzt keine Zeit mehr. Ich muß mich um meine Arbeit kümmern, sonst werden wir heute nicht fertig.«

Sie ließ ihn einfach stehen. Er wollte, so kurzerhand abgefertigt, aufbrausen, aber das hätte ihn nur noch kläglicher erscheinen lassen. Er zuckte die Achseln und ging ohne ein Wort davon. Aber die bohrende Frage blieb: Schaffe ich ihr den Basford vom Halse? Und wie? Würde sie dann . . .? Unsinn! Niemals! Solange Walther zu ihr hält – niemals!

Daß der Strand der Chebucto-Bucht unterhalb des Hügels von tausend und mehr Leuten überlaufen wurde, dort, wo aus sperrigen Barrieren geschlagener Bäume die Stadt entstehen sollte, deren Name Halifax schon feststand, davon hatte Walther viel weniger gemerkt als Anke. Walther war als Zaungast dabeigewesen, als am 13. Juli Cornwallis in Gegenwart der aus Annapolis herbeizitierten Herren Mascarene, How und Gorham höchst feierlich seine Bestallung zum Gouverneur und General-Kapitän entrollt und vor Mascarene, der bisher als Gouverneur fungiert hatte, den Diensteid geleistet hatte. Das hatte in der großen Staatskabine auf der ›Beaufort‹ stattgefunden, an einem riesigen Eichentisch*, und in Anwesenheit sämtlicher Herren des Stabes und einiger Zivilisten aus Louisbourg, wie zum Beispiel eines gewissen Benjamin Green, der in Harvard die Rechte studiert hatte und dann in Louisbourg ansässig geworden war. Ein paar der geringen Leute, soweit Cornwallis sie zu seinem Stab kommandiert hatte, darunter Walther Corssen, hatten, an die Wände und Türen gepreßt, an dem Staatsakt teilnehmen dürfen – eine hohe Ehre! Im Anschluß daran hatte Cornwallis sofort eine ›Zivil‹-Regierung gebildet, die im wesentlichen aus Offizieren bestand: Mascarene, John Gorham, Edward How, dazu als Beiräte John Salisbury, Hugh Davidson und Benjamin Green.

Walther hatte bereits verlernt, ein ›braves Subjekt‹ zu sein, das unbesehen hinnahm, was ›oben‹ für richtig befunden wurde. Warum gab es nur Offiziere in dieser durchaus nicht ›zivilen‹ Regierung der werdenden Kolonie Nova Scotia? Bestand nicht die weit überwiegende Mehrzahl der Menschen im neuen Lande aus ganz anderen Leuten – allerdings solchen, die kaum befähigt waren, sich selbst zu regieren? Es war verwirrend, was alles an Für und Wider ihn bedrängte. Der donnernde Salut, den die Schiffe zu Ehren des großen Tages in die blaue Luft schossen, so daß die ganze Hafenbucht nach Schwarzpulver roch, und der Gin, der Rum und das Gejohle auf den Schiffen und an Land, mit dem das Volk den vom Gouverneur eigenmächtig ernannten Hohen Rat feiern durfte, beunruhigten ihn nur, waren ihm peinlich, machten ihn unsicher – und Anke nicht minder.

Einer der Herren nötigte ihm Respekt ab, ja, er gefiel ihm sogar, weil er sich ganz anders gab als die übrigen. Schon sein

* Der Schreibtisch wird jetzt noch im Province-House von Halifax gezeigt.

Äußeres wollte gar nicht in den Rahmen passen: Captain John Gorham, Anführer der Rangers, die aus Annapolis Royal mit Teilen des Regiments Philipp heranmarschiert waren. ›Rangers‹ – Walther hatte es bald gelernt – nannte man in Amerika die mit den Wäldern und der Wildnis vertrauten Pfadfinder, Buschläufer, Männer, die sich auf den Einzelkampf verstanden, eine Truppe, die aus dem Zwang der Verhältnisse an der bald hier, bald da aufbrennenden Indianergrenze hervorgegangen war. Dort kam alles darauf an, dem lautlosen, kühnen, aber oft auch unvorstellbar grausamen Gegner auf seine Weise mit gleichen Waffen und Listen zu begegnen, ihn möglichst zu übertreffen. Es verstand sich daher von selbst, daß ›Rangers‹ mit einer Kompanie gut gedrillter Musketiere oder Grenadiere in den strahlend roten Uniformröcken der britischen Infanterie so gut wie nichts gemein haben konnten, schon gar nichts ›echt Soldatisches‹. In den dicht verwachsenen Urwäldern der amerikanischen Unendlichkeit ließ sich kein Gleichschritt halten, kein ›Vordermann‹, kein Salvenfeuer, erst recht kein ›Präsentiert das Gewehr‹ vorexerzieren. Im Busch, bei Nacht, im schwankenden Rindenkanu unter den tiefhängenden Zweigen der Seen- und Flußufer, war jeder ein Einzelkämpfer, jeder sein eigener Feldwebel und Hauptmann. Der Führer einer solchen Truppe konnte nur ein ›Erster unter Gleichen‹ sein; er vermochte wohl die allgemeine Richtung, das Endziel eines Unternehmens anzugeben; dann aber mußte er jeden seiner Ranger sich selbst überlassen, um sie vielleicht erst wieder zum Schluß der Aktion zu sammeln.

Ein günstiger Zufall fügte es, daß Gorhams Rangers sich oberhalb der entstehenden Siedlung in einem sehr unauffälligen Lager niederließen, nur einen Steinwurf weit von dem neuen Waschplatz entfernt, den Anke nach ihrer Aussprache mit Hestergart ausgewählt hatte: Dort, wo der Bach aus einigen kleinen Seen austrat, für eine kurze Strecke noch sachte dahinfloß, ehe er sich über einen Felsenriegel ins Tal und zur Meeresbucht hinunter ergoß.

Walther hatte dort für Anke, für sich und das Kind in wenig mehr als zwei Tagen ein neues kleines Blockhaus errichtet. Schneller als anfangs ging ihm die Arbeit mit Axt, Beil und Säge von der Hand. Auch hatte er die Hilfe von Ankes Leuten beanspruchen dürfen. Hestergart hatte sie entsprechend angewiesen. Es war, als fühlte sich der Offizier in Ankes Schuld. Zwar war in Hestergarts Standes- und ›Kavaliers‹-Bewußtsein Anke wohl noch immer eine ›Bauerntrine‹ und, ganz im Sinne Basfords, als solche ›Freiwild‹. Aber gegen diese überkommenen Vorurteile setzte sich immer stärker ein natürliches Empfinden durch, das Hestergart zwang, Anke als das zu erkennen, was sie in Wahrheit war: eine Gott dem Herrn wunderbar gelungene Schöpfung.

Hestergart war es auch, der dafür gesorgt hatte, daß diesmal Walther aus den wohlsortierten Vorräten der Schiffe Türangeln, dazu ein eisernes Schloß und Riegel geliefert bekam, damit er seine neue Hütte mit einer standhaften Tür versehen konnte. Schließlich mußte, wenn schon nichts anderes, so doch die Wäsche der Herren vor Diebstählen gesichert werden.

Captain Gorham war unversehens dazugekommen, gerade als Walther die Tür in die Angeln hob. Fast erschrocken war Walther herumgefahren, als hinter ihm eine tiefe Stimme aufklang: »Paßt auf den ersten Anhieb, wie? Gut geschneidert! Du verstehst dich auf Axt und Beil, scheint mir.«

Hager und nur mittelgroß war die Gestalt, die hinter Walther aufgetaucht war. In dem mageren Gesicht stand zwischen schmalen Lippen und tiefliegenden, schwer überbuschten Augen eine Hakennase von respektablen Ausmaßen. Walther erkannte den Mann sofort wieder. Bei der Amtseinführung des Cornwallis als Gouverneur von Nova Scotia hatte er ihn gesehen und auch in Erfahrung gebracht, daß er den Captain der Rangers vor sich hatte. Gorham hatte bei der feierlichen Zeremonie in der Hauptkajüte auf der ›Beaufort‹ die gleiche abgewetzte Kleidung getragen – eine Uniform konnte man es gewiß nicht nennen – wie die, in der er jetzt vor Walther stand. Er hatte seine Kappe aus Seeotterfell auch damals nicht gelüftet. Steifes Zeremoniell schien dieser Mann nicht besonders ernst zu nehmen. Er trug einen Rock aus Hirschleder von graubräunlicher Farbe ohne jedes militärische Abzeichen. An den Nähten und den geräumigen Taschen war das Leder zu etwa fingerlangen Fransen ausgezogen; sie sollten dazu dienen, das Regenwasser von den Nähten abzuleiten. Allerdings trugen sie kaum dazu bei, dem Anzug militärischen Schick zu verleihen. An den Füßen trug der Captain der Rangers über engschließenden ledernen Beinkleidern Mokassins nach indianischem Schnitt, weiche, sohlenlose Galoschen. Deshalb hatte Walther das Herannahen des Mannes nicht gehört.

Er faßte sich schnell: »Bei uns zu Hause muß jedermann mit Axt und Beil, Säge und Hammer zurechtkommen. Sonst gehört er da nicht hin, Sir!«

»Hierher erst recht nicht. Das hast du wohl gemerkt. Übrigens: Bei uns Rangers hält man nicht viel von dem ewigen ›Sir‹-Geblase. Die indianischen Mohawks aus dem Hinterland von Massachusetts, die Halbblut-Leute, Mestizen, und die zwei Dutzend weißen Waldläufer unter meinen Leuten wissen dem ›Sir‹ hier und ›Sir‹ da verdammt wenig abzugewinnen. Für die bin ich einfach ›Captain‹ und für die Älteren unter ihnen, die mich schon lange kennen, nur ›John‹. Du kannst ›Captain‹ zu mir sagen.«

Unwillkürlich fuhr es Walther heraus: »Ich bin nicht bei den Rangers, Sir!«

Gorham trat dicht an Walther heran und legte ihm die Hand auf die Schulter. Ein Geruch, gemischt aus Leder, Tabak und Holzrauch, ein Wildgeruch, stieg Walther in die Nase. Gorham lachte und ließ zwei Reihen tadelloser, wenn auch gelblicher Zähne blinken: »Doch, Walther, von heute an! Oder sagen wir lieber: von morgen. Der Gouverneur will uns Rangers nicht in seiner werdenden Residenzstadt haben. Ich kann mir vorstellen, daß wir ihm und seinen schmucken Adjutanten und sonstigen feudalen Herren auf die Nerven fallen. Wir schlampen so dahin, kommen und gehen, wann wir wollen, reden uns mit ›du‹ an, kennen keine Uniformen oder Rangabzeichen und nehmen auch von denen anderer Truppen keine Notiz. Damit verärgern wir natürlich seine rotberockten Tommies und irritieren die Herren Offiziere. Andererseits muß der Gouverneur anerkennen, daß wir die einzigen sind, die sich mit den Wäldern und den Indianern auskennen. Wir sind also nicht zu entbehren. Freilich sollen wir ihm und seinen feinen Herren und Damen möglichst wenig unter die Augen kommen. Der Gouverneur ist sich darüber im klaren, daß am fernen Ende der inneren Bucht, die neuerdings Bedford-Becken genannt wird, eine Befestigung angelegt werden muß, welche die Chebucto-Halbinsel und Halifax gegen das Hinterland abschirmt. Auch muß von dort aus der Pfad zum

Minas-Becken auf der Westseite von Nova Scotia allmählich zu einer zuverlässigen Straße ausgebaut werden. Kurz und gut: Die Rangers sind ans ferne Ende der Bedford-Bucht beordert worden, um dort ein Fort anzulegen, vor allem auch, um mit den indianischen Stämmen im Innern Fühlung aufzunehmen – wovon ich mir übrigens nicht viel verspreche. Den Indianern sind die zahllosen, lärmenden, Bäume umhackenden Leute ein ständiges Ärgernis. Sie haben keine Veranlassung, den Herrschaften aus London Ehrenpforten zu errichten. Du kannst hoffentlich schießen, Walther?«

»Ja, ich bin mit Muskete und Bajonett ausgebildet. Ich schieße gut, Sir.«

»Captain, meinst du. Nun gut, wirst dich schon noch an ›Captain‹ gewöhnen. Du schießt also gut, wie du sagst. Ich will dir nur sagen, daß bei uns getroffen werden muß, wenn am Hahn gerührt wird. Salven ins Ungefähr zu ballern, das steht bei uns nicht hoch im Kurse. Du wirst bald merken, warum. Cornwallis also sagte mir, daß du dich bisher geschickt gezeigt hast beim Umgang mit den Einheimischen und daß du überhaupt ein brauchbarer Bursche bist. Der Gouverneur will dich mir beigeben, damit er ständig einen verläßlichen Kurier für den Verkehr zwischen ihm und mir im äußersten Außenposten hat. Du wärst auch von Anfang als Kurier vorgesehen gewesen. Außerdem sollst du bei uns die indianischen Künste lernen: Fährten lesen, ein Kanu regieren, sich lautlos im Wald bewegen und aus dem Hinterhalt angreifen. Du sollst uns alles absehen, was wir können. Das soll mir recht sein, wenn du Lust und Geschick dazu hast. Anscheinend legt der Gouverneur Wert darauf, einen Mann seines Vertrauens bei uns zu haben, der uns auf die Schliche kommt. Und da wir alle gegenüber dem Louis von Frankreich, dem vermaledeiten Le Loutre und den aufgewiegelten Indianern in einem Boot sitzen, bin ich einverstanden. Und trotzdem, obwohl es sich um einen Befehl vom Gouverneur handelt, möchte ich von dir wissen, ob du einverstanden bist.«

Walther zögerte mit der Antwort nicht. Er war so frei von gleich zu gleich angesprochen worden! Das brauchte also nicht ein blasser Wunsch zu bleiben. Das gab es wirklich, wurde ihm angeboten.

»Bis Ende 1751 bin ich noch zu ›Yes, Sir‹ verpflichtet, Captain. Wenn sich das vorzeitig ändern ließe – ich wäre nur froh! Und je weiter ich und meine Frau von dem schmutzigen Trubel entfernt sind, der sich jeden Tag mehr in der Siedlung und Rodung breitmacht, desto besser! Wir sind von zu Hause an einsame Höfe gewöhnt. Zuviel tratschende und zänkische Leute auf einem Haufen machen uns krank. Mit Vergnügen komme ich zu den Rangers. Wenn andere weiße Leute gelernt haben, sich im Wald und unter Indianern zu bewegen, so werde ich das ebenfalls lernen.«

»Der Meinung bin ich auch, Walther! Aber sei dir darüber im klaren, daß deine Frau hier viel allein bleiben wird. Du kannst sie nicht mitnehmen. Bei uns wird niemand danach gefragt, ob er verheiratet ist – und wenn er es ist, wird keine Rücksicht darauf genommen.«

Das war wie ein Schlag vor die Stirn. Doch ein Zurück gab es nicht. Indessen zögerte Walther mit der Antwort. Schließlich sagte er stockend: »Ich kann es mir denken. Frei bin ich erst von 52 an. Bis dahin müssen wir uns bescheiden. Anke, meine Frau, weiß das auch.«

Es war so viel Kummer im Ton dieser Worte, daß Gorham gerührt wurde. »Es wird bei uns nicht wichtig genommen, wenn dieser oder jener einmal für zwei, drei Tage verschwindet. Das kommt bei uns häufig vor. Die Indianer und was an Halbblut unter uns ist, das ist sowieso nicht anzubinden. Aber sie sind alle freiwillig zu uns gestoßen und sie kommen stets freiwillig wieder, wenn sie sich einmal eine Zeitlang unsichtbar gemacht haben. Wir sind keine Kaserne und kein Exerzierplatz. Wir sind Amerikaner.«

Walther war überrascht. ›Amerikaner‹ – das Wort war plötzlich von Bedeutung. Er hätte nicht sagen können, woran das lag. Aber es ging ihm ein, leicht, angenehm, verführerisch – und leise aufrührerisch . . .

Einige Tage später – noch hatten die Rangers das Lager bei Ankes neuem Waschplatz nicht mit dem fernen Ende des Bedford-Beckens vertauscht, so daß Anke ein wenig Gelegenheit fand, mit Gorham und anderen Rangers, also Walthers neuen Gefährten, Bekanntschaft zu schließen und ihr Wohlwollen zu erwerben – einige Tage später also erfuhr Walther, daß John Gorham nicht aus England stammte, sondern in den amerikanischen Kolonien Englands weiter im Süden geboren, am oberen Hudson unweit der ewig brennenden Indianergrenze aufgewachsen war, daß er die Franzosen ingrimmig haßte, sich mit den Indianern aber so vorzüglich zu stellen wußte, als wäre er selbst ein Sohn dieser Erde. Und das war er ja auch – wie Walther mit einemmal begriff: ein Amerikaner! Zum erstenmal hatte Walther einen Anhauch jenes Geistes gespürt, der fünfundzwanzig Jahre später die amerikanischen Kolonien Englands im Süden von Neu-Schottland dazu anfeuern würde, sich vom Mutterlande, von ›bungling London‹, der ewig stümpernden und wurstelnden fernen Hauptstadt, unabhängig zu erklären. Aber noch standen Gorham's Rangers unter englischem Oberkommando. Gorham war englischer Offizier, wenn er auch verzweifelt wenig danach aussah.

II

Walther war noch keine vier Wochen bei den Rangers, als er schon ganz und gar begriffen hatte, warum der Captain-General Cornwallis oder ›der Gouverneur‹ – wie er nach seiner Amtseinsetzung allgemein genannt wurde, ihn, einen ›gemeinen Mann‹ und nicht einen der ja reichlich vorhandenen Offiziere als Verbindungsmann bei Gorham eingesetzt hatte. Inzwischen hatten die dreizehn Transportschiffe nicht nur ihre Passagiere mit den jedem Schiff zugeteilten Soldaten und Offizieren an Land gebracht, sie hatten auch die von den Franzosen abgelöste englische Garnison von Louisbourg herangeführt. Die englischen Regimenter Hopson und Warburton schwärmten an die Ufer der Chebucto-Bucht, hatten nicht den geringsten Spaß an dem schönen wilden Land und dem Gewimmel lärmender, zänkischer ›Zivilisten‹, schlugen sich um die Mädchen, brachten aber Halifax schneller und besser voran als all das Volk aus Londons Armenvierteln. Denn sie waren gewohnt, Ordre zu parieren und hart und ausdauernd zu arbeiten, wenn es befohlen wurde. Auf Ungehorsam stand der Stock, standen hundert Hiebe mit der ›neunschwänzigen Katze‹, stand der fürchterliche Lauf durch die Spießruten, stand dann, im schlimmsten Fall, der Tod. Die Offiziere dieser regulären Truppen hätten Cornwallis zur Verfügung gestanden, um Gorhams Rangers dem zentralen Kommando unterzuordnen. Doch dergleichen war nicht möglich.

Die sogenannte ›Disziplin‹ glänzte bei den Rangers durch totales Nichtvorhandensein. Gorham genoß allgemeinen Respekt unter den wilden Männern. Aber daß seine gewöhnlich als Bitte oder Vorschlag eingekleideten Anweisungen befolgt wurden, lag nur daran, daß er selbst ein unbestrittener Meister war – des indianischen Buschkriegs, der Fährtenkunde, des lautlosen Anschleichens, des blitzschnellen Angriffs, ja, daß er es auch im unwegsamen Gelände verstand, den Rückzug zu tarnen, ohne Spuren zu hinterlassen. Er vereinte auf großartige Weise indianische List und Verwegenheit mit europäischer Besonnenheit, Zähigkeit und unerschütterlichem Mut. Es gab keinen unter den Rangers, der es mit ihm als Führer oder Einzelkämpfer hätte aufnehmen können. Deshalb allein vermochte er diese unbändige Rotte von Waldläufern, Indianern und tollkühnen Abenteurern, die er gesammelt und der englischen Armee zugeführt hatte, zu befehligen – und zwar so vollkommen, wie es kein noch so gestrenger Drillmeister zustande gebracht hätte. Gorham stand zwar im Range eines Captains, also Hauptmanns der regulären Armee, in Wahrheit aber war er der Häuptling einer Bande von hochbezahlten amerikanisch-indianischen Landsknechten.

Walther Corssen hatte eine solche Gemeinschaft selbstbewußter, im Grunde nur sich selbst verantwortlicher Männer noch nie erlebt. Die bärtigen Burschen in Hirschleder und Biberkappe würden sich eher zerreißen lassen, als daß sie einander bei Gefahr in Stich ließen. Sie bedurften nur selten eines Befehls. Sie brauchten nur zu wissen, worauf es ankam. Dann fanden sie schon einen Weg, das gesteckte Ziel zu erreichen, zuweilen einen sehr ungewöhnlichen, der in keinem Reglement der Armee zu finden gewesen wäre. Oder sie erklärten auch einfach: So geht es nicht; – aber vielleicht geht es so! Jeder aktive Offizier wäre unter einer solchen ›Bande‹ von ›undisziplinierten‹, von keinerlei ›Manneszucht‹ je berührten Buschläufern nach den ersten vierundzwanzig Stunden am Ende seines Lateins gewesen.

Dem Walther Corssen aber öffnete sich bei den Rangers

eine neue Welt menschlicher, männlicher Bestätigung, nachdem er sich erst einmal von der grenzenlosen Verwunderung erholt hatte, daß eine solche Truppe von lauter prächtigen – und hoch entlöhnten – Einzelräubern überhaupt existierte und sogar mit zuweilen unheimlich anmutender Wirkungskraft funktionierte. Jener blinde und eigentlich entmenschende soldatische Gehorsam, der ihm bis dahin als gottgewollte Selbstverständlichkeit abverlangt worden war, hier galt er nichts, gar nichts. Hier galt allein der eigene Verstand, die eigene Leistung, der eigene Mut. Wer da versagte, konnte sich keinen Tag länger unter diesen Männern halten, wurde abgeschoben. »You may saddle up!« hieß es dann ohne Umschweife. »Du kannst aufsatteln«, das heißt, schleunigst verschwinden – eine geläufige Redensart, obgleich in der Truppe von etwa siebzig Mann kein Pferd geritten wurde; die Wälder waren nur zu Fuß oder mit dem Kanu zu durchstreifen.

Gorham hatte den ihm zugeteilten ›Kurier‹ zweien seiner Männer besonders anvertraut, damit Walther wußte, wo und von wem er stets Auskunft und Belehrung erhalten konnte. Von ihnen sollte er aber auch, wie er bald merkte, geprüft werden, ob er notfalls hart im Nehmen und hart im Geben wäre, ob er sich anstellig, schlau und ohne Furcht zeigte. Der eine der Lehrmeister war ein stets ernster, ja finsterer Indianer vom Stamme der Cayuga, namens Niscayu, der offenbar nur widerwillig dem Vorschlag Gorhams gefolgt war, sich Walthers anzunehmen. Das änderte sich jedoch, als Walther bei zufällig sich bietender Gelegenheit auf der Jagd bewies, ein wie guter Schütze er war. Mühelos konnte er mit Axt und Beil umgehen, also das Beil sicherlich auch als tödliche Waffe nutzen, und in wenigen Tagen lernte er den Ruf der Waldtaube, der Eule, des Hähers, des Fischadlers täuschend nachzuahmen. Entscheidend aber war wohl für Niscayu, daß Walther ein Indianerkind in seine Hütte aufgenommen hatte. Die Cayuga, Mohawks, Oneidas, Senecas aus dem Hinterland von Massachusetts, Connecticut und New York waren den Micmacs, Freunden der Franzosen, nicht sonderlich wohlgesonnen. Aber sie waren Indianer, und Walther und Anke bewiesen durch die Tat, daß sie dem roten Mann keineswegs übel wollten.

Der andere Lehrmeister Walthers war ein drahtiger,

beinahe zierlich zu nennender Ranger unbestimmten Alters mit grauem Haar und grauem Bart, aber mit einem jungen Gesicht – soweit es hinter der Bartwildnis zu erkennen war. Er hieß Patrick O'Gilcock, war ein stets vergnügter Mann aus Maryland, von irischer Herkunft, dem der Spaß am Dasein aus den grünlich hellen Augen lachte, ein Mann, listig und gefährlich wie ein Wiesel, gewandt wie ein Wildkater, auftrumpfend furchtlos und angriffslustig wie ein Kampfhahn, was ihm auch seinen Spitznamen, Cock, eingetragen hatte. Cock nahm, anders als der Indianer Niscayu, den neugebakkenen Ranger Walther Corssen sofort als einen gleichwertigen Kameraden auf, der zwar noch einiges zu lernen hatte, aber im übrigen längst als achtbarer Mann bewährt war. Der Zeit blieb es überlassen, das Gegenteil zu beweisen. Da dieser Gegenbeweis ausblieb, Walther sich vielmehr mit ebensoviel Feuereifer wie Geschick bemühte, seiner neuen Rolle gewachsen zu sein, entwickelte sich zwischen dem Deutschen und dem Iren trotz des Altersunterschiedes – Cock hätte dem Alter nach wohl Walthers Vater sein können – bald so etwas wie Freundschaft.

Walther hatte beim Bau des Urwaldforts am fernen Nordwest-Ende des Bedford-Beckens kräftig mitgeholfen und den andern gezeigt, daß er ihnen an Fleiß, Geschick und Umsicht keineswegs nachstand. Er war von den Männern, insbesondere seinen beiden Lehrmeistern, in aller Ruhe und Unauffälligkeit beobachtet worden und hatte die Probe bestanden. Gegen Ende August sagte Gorham im Vorbeigehen:

»Walther, die Kleider, die du trägst, mögen gut sein für einen Siedler oder Bauern. Bei uns sind sie auf die Dauer nicht zu gebrauchen. Ich werde mit Niscayu reden. Seine Frau ist eine vorzügliche Näherin.«

Walther verstand diese Bemerkung zunächst nicht. Doch mußte er sich schließlich belehren lassen, daß die Indianer von ihren Frauen begleitet waren – die freilich niemals sichtbar wurden. Sie folgten der Truppe, wenn diese an einen neuen Standort verlegt wurde – aber immer nur von fern. Im Lager der Ranger erschienen sie nie, wohnten stets weit abseits und möglichst verborgen, in einem gesonderten Camp. Es blieb den Männern überlassen, die Verbindung zu ihnen aufrechtzuerhalten und sich ihrer Dienste, welcher Art auch immer, zu versichern. Walther wußte nun, weshalb ab und zu der eine oder andere Indianer des Nachts nicht mehr im Lager zu sehen, am nächsten Morgen aber wieder vorhanden war. Auch er scheute sich bald nicht mehr, auf jeder Kurierfahrt nach Halifax zu Cornwallis, entweder auf dem Hinweg oder auf dem Rückweg, bei Anke einzukehren.

Bald nach dem Gespräch mit Gorham forderte Niscayu Walther auf, ihn ein Stück in den Wald hinein zu begleiten. Auf einer schmalen Lichtung kam sie ihnen entgegen, Niscayus Frau, eine hochgewachsene Gestalt mit schwarzem glatten Haar, das ihr in zwei schweren Flechten über die Schultern bis zum Gürtel des weichen schmucklosen Umhangs aus bräunlichem Leder fiel. Der Umhang war um die Schultern geschlungen und verhüllte ihre Figur bis zu den Knöcheln. Die Frau wechselte einen schnellen Blick des Einverständnisses mit Niscayu und schlug dann die Augen nieder.

Niscayu wandte sich an Walther: »Sie wird nicht mit dir sprechen. Das ist nicht unsere Sitte. Du bist ein Fremder. Sie muß dich jedoch sehen, um zu ermessen, um wieviel kleiner oder größer, breiter oder schmaler du gebaut bist als ich. Dann kann sie dir den Rock, die Hosen und auch die Mokassins schneidern. Stelle dich neben mich und dann vor mich und breite die Arme. Und dann drehe dich um und mach noch einmal das gleiche.«

Walther war ein wenig sonderbar und auch lächerlich zumute bei dieser Art von Maßnehmen. Niscayus Frau stand fünf Schritte entfernt vor ihm. Der Ernst auf ihrem bräunlich dunklen Gesicht veränderte sich nicht. Die schwarzen Augen tasteten schnell über die Gestalt des fremden Mannes; sein Gesicht berührten sie nicht. Dann wandte sie sich und schritt ohne Gruß davon, tauchte zurück ins Schattendunkel des Waldes, aus dem sie gekommen war. Sie hinterließ in dem Bauernsohn aus der Heide, wo man seit alters unterwürfige Frauen weder kennt noch wünscht, ein sonderbares Gefühl der Beklommenheit. Auch Niscayu hatte kein Wort des Grußes hören lassen oder auf andere Weise zu erkennen gegeben, daß dieses Frauenwesen zu ihm in engerer Beziehung stand. In wortlosem Gleichmut wanderte er mit Walther ins Lager zurück. Walther hätte gern erfahren, wie es im Camp der

Frauen, die zu seinen indianischen Gefährten gehörten, aussah und zuging. Aber der gleiche Instinkt, der ihn allmählich die Zustimmung der Ranger hatte gewinnen lassen, verbot ihm jetzt, nach der Frau, den anderen Frauen und ihrer Lebensweise zu fragen.

Eine Woche später erschien nach Sonnenuntergang Niscayu in der Hütte, die Walther und ›Cock‹, der Ire, für sich gebaut hatten – innerhalb der Wälle, Gräben und gespitzten Palisaden des neuen Forts. Die Rangers hatten es mit höchst zielstrebiger Geschwindigkeit errichtet; Walther hatte dergleichen bei der regulären Truppe nie erlebt. Niscayu warf ein rundliches Leder-Bündel auf Walthers Pritsche und knurrte: »Da, deine Sachen!« Und war wieder verschwunden.

Walther wickelte das Bündel sofort auseinander. Es enthielt einen langen, bis fast zu den Knien reichenden Überrock ohne Kragen, der gegürtet werden mußte, er hatte geräumige Taschen und war an den Nähten mit ledernen Fransen verziert. Vorn schlug er weit übereinander, mit ledernen Bändern konnte er fest geschlossen werden. Die Beinkleider saßen knapp auf den Hüften und lagen nicht allzu fest an. Und Mokassins! Der Fuß kam einem wie nackt vor, so sanft und fest umschlossen sie ihn. Aber Cock belehrte Walther, daß es sich empfahl, die aus sehr dünngeschabtem Wildleder genähten Lederstrümpfe in den Mokassins zu tragen. Die Strümpfe dienten als Gamaschen und umschlossen das Unterende der Hosen bis gut zur halben Wade. Und weiter meinte Cock, dieser Anzug, den die Waldläufer und Pelzjäger auch selber herstellen und flicken konnten, wenn es sein mußte – (genäht wurde in großen Stichen mit dünnem Lederstreifen und einer beinernen Nadel) – dieser Anzug wäre am besten auf der nackten Haut zu tragen. Doch dazu konnte sich Walther nicht entschließen, weder jetzt noch später. Er behielt sein langes Hemd aus grobem Leinen an – es stammte von einem Corssenschen Flachs-Acker aus Dövenbostel an der Wilze. Trotzdem hatte er sich nun auch äußerlich in einen Ranger verwandelt. Denn auch eine runde Biberkappe hatte dem Bündel beigelegen.

Walther bekannte dem Indianer bei nächster Gelegenheit: »Du hast eine tüchtige Frau, Niscayu! Sie hat meine Maße genau getroffen.«

Niscayu gestattete sich nur eine wegwerfende Handbewegung, aber es kam Walther vor, als sei ein Blitz von Freude oder Stolz über die wie gewöhnlich finsteren Züge des Indianers gehuscht. Walther war noch Europäer genug, um weiterzufragen: »Was schulde ich dir, Niscayu, oder deiner Frau?«

Aber er merkte gleich, daß eine solche Frage offenbar der in dieser Welt geltenden Sitte nicht entsprach. Denn Niscayu wandte sich barsch ab und knurrte: »Der Captain entscheidet darüber!«

Früh am nächsten Morgen meldete sich Walther bei Gorham, um, wie jeden Morgen, die Aufträge für den Tag entgegenzunehmen.

Gorham umfaßte den neu eingekleideten Walther mit einem schnellen Blick. Er nickte zustimmend: »Also gut, Walther! Du gehörst zu uns. Du schuldest Niscayu Deinen Sold für drei Monate und ein Pint Marine-Rum Demerara. Die Frau bekommt eine Rolle rotes Tuch. Die Yankees handeln schon an der Uferstraße in Halifax. Rotes Tuch bekommst du dort bestimmt, und Rum auch. Soll ich dir eine Anweisung an Zahlmeister Davidson geben, damit er dir einen Vorschuß auszahlt? Du mußt dich gleich auf den Weg machen. Hier ist die Meldung, daß die Befestigung fertig ist, daß die Späher keine Bewegung im Hinterland melden, daß man sich aber nicht darauf verlassen sollte. Wie steht es also mit dem Vorschuß?«

»Brauche ich nicht, Captain. Ich muß nur bei meiner Frau kurz Station machen – auf dem Hinweg. Ich nehme das Kanu bis zur Fairview Cove und wandere von dort über den Berg nach Halifax. In den Narrows käme ich vielleicht mit dem Kanu nicht gegen die Flut an. Auf dem Rückweg bleibe ich über Nacht bei meiner Frau und bin morgen am halben Vormittag wieder hier.«

»Falls Cornwallis keinen eiligen Auftrag für dich oder mich hat, Walther – einverstanden! Und was ich noch sagen wollte: Du hast zwar noch manches zu lernen, aber Cock ist mit dir sehr zufrieden – und Niscayu muß das auch sein, sonst hätte er dich längst verweigert. Du bist also ein Ranger, worüber ich mich freue. Du stehst fortan bei uns auf der Soldliste. Das habe ich auch an Cornwallis geschrieben.«

Das war wie ein Ritterschlag. Walther war nicht ganz damit

einverstanden: »Danke, Captain! Aber nur bis Ende 1751. Ich bin nicht nach Nova Scotia gefahren, um Soldat zu bleiben. Ich komme vom Bauernhof und will wieder Bauer sein, früher oder später, am besten früher und gleich nach 1751. Und meine Frau auch.«

Gorham nickte nachdenklich. »So habe ich die Deutschen am Hudson erlebt, am Susquehanna und am Shenandoah; sind anscheinend alle gleich. Überlassen wir das der Zeit!«

Walther war entlassen. Er wanderte den Indianerpfad, über den hinweg das Fort errichtet worden war, zum Ufer der Bedford-Bucht hinunter. Der Pfad bildete den letzten Abschnitt der alten Kanu-Route, die vom Minas-Becken an der Westseite der Nova-Scotia-Halbinsel (über Sackville) zur Chebucto-Bucht führte. Das von den Rangers angelegte Fort sollte diesen Bootsweg nach dem neuen Halifax kontrollieren, notfalls blockieren. Niemand hatte bisher begriffen, daß die Indianer noch eine zweite Route kannten, die auf der Ostseite der Narrows endete, dem Hügel von Halifax gegenüber, in der kleinen Dartmouth-Bucht*. Diese zweite Route führte von Westen auf verzwickten Umwegen und über mehrere Portagen (Tragestrecken) vom großen Minas-Becken, dem riesigen südöstlichen Ausläufer der Bay of Fundy, bis unmittelbar vor die Tore von Halifax. Noch für viele Jahre gelang es den Indianern, diese Route über die Dartmouth-Seen Banook, Micmac, Charles und andere vor den Engländern in Halifax geheimzuhalten. Sehr zum Schaden der Engländer, die – eine verhängnisvolle Nachlässigkeit! – völlig vergessen hatten, das Hinterland der für Chebucto geplanten Neusiedlung Halifax gründlich zu erkunden.

Walther ahnte nichts von alledem an diesem schönen Sonntag im August – der Sommer strahlte schon nicht mehr so leuchtend wie bisher –, als er mit langen, gleichmäßigen Streichen des Paddels sein schwankes, schmales Kanu aus Birkenrinde durch die gekräuselte Flut am westlichen und südlichen Ufer des Bedford-Basin entlangtrieb. Zärtlich umflüsterte die Bug-

* Schon damals so genannt nach einem hochgestellten englischen Adligen; heute gehört die Ostseite der Narrows als eine ausgedehnte Stadt Dartmouth zu Groß-Halifax.

welle den Steven des Bootes, bald ein wenig lauter, dann wieder heimlicher. Er war ein Ranger! Anke würde sich freuen. Nun war er den Sergeanten und Drillmeistern, dem Stock und den Spießruten endgültig entronnen. Dergleichen war bei den Rangers undenkbar. Diese wilden, freien Männer gehorchten ohnedies nur dann, wenn sie den Sinn eines Befehls begriffen. Und nur dem gehorchten sie, den sie respektierten, den sie sich selbst zum Anführer gewählt hatten.

Walther lachte ein wenig über sich selbst. Hat mich der Rock aus Leder so verwandelt, daß ich meine, keinen schöneren Tag als diesen auf dieser neuen Erde erlebt zu haben? Warum fühle ich mich heute so wohl? Weil Gorham mich unter seine Ranger gereiht hat, weil Niscayu und Patrick O'Gilcock, genannt Cock, mich als einen der Ihren angenommen, weil arrogante Offiziere wie Bulkeley, Basford, Gates mir nichts mehr zu sagen haben? Und weil ich mein neues Kleid gleich bezahlen kann – Gorham war nicht schlecht erstaunt, als ich seinen Vorschuß gar nicht haben wollte!

Die Sonne leuchtete aus seidenem Blau, schlug Geblitz und Gefunkel aus den kleinen Wellen. Der leichte Wind duftete würzig nach Wald und See. Wie eine Krause aus schwarzgrünem Samt umrahmten die Wälder über dem schmalen Goldband der von der Ebbe freigelegten Ufersände die prangende Bucht. Zwei Fischadler kreisten im Himmel, und wenn Walther zu ihnen hochblickte, schienen sie stets von neuem in den weißen Feuerschlund der Sonne hineinzuzielen. Ich bin ein Ranger! Wie ein Nachhall klang dazu Gorhams: Ich bin ein Amerikaner!

Weiß der liebe Himmel, es ist eine Lust zu leben! Und was ich alles zu erzählen habe – Anke wird sich freuen!

Und Anke freute sich! Es war, als wolle sie vor Vergnügen die Hände über dem Kopf zusammenschlagen. Da Sonntag war, lag der Wäscheplatz am Bach leer und ruhig, ohne die Menschen, die sonst dort tätig waren. Allmählich hatte sich in Halifax der aus der Heimat mitgebrachte Rhythmus wieder durchgesetzt: der Sonntag blieb, bis auf unumgängliche Tätigkeiten, arbeitsfrei, wenn auch von Kirchgang noch keine Rede sein konnte, denn eine Kirche mußte erst einmal gebaut werden. Die armseligen Leute aus Londons Eastend, die sich von der Aussicht auf garantierte Beköstigung nach Nova Scotia hatten locken lassen, pflegten übrigens auch in der Heimat die Kirchen nur von außen zu betrachten.

Anke saß neben der Hütte auf einer Bank, die ihre Helfer gezimmert hatten. Sie hatte das Kind gespeist. Nun lag es neben ihr im Gras und schlief selig und tief. Es hatte sich erstaunlich entwickelt; seine bräunlich dunkle Haut, sein kräftig sprießendes schwarzes Haar ließen über seine Herkunft keine Zweifel aufkommen. Anke war dem Kleinen sehr zugetan und sagte sich manchmal: Er zwingt mich dazu, mich für mein eigenes Kind üben. Wenn ich ihn behalten darf, will ich ihm weiter gut sein wie meinem eigenen. Selbst ein Name für das Kind hatte sich ihr wie unter der Hand angeboten: Sie nannte ihn, und nicht mehr nur bei sich, sondern auch vor fremden Ohren ›Indo‹ und freute sich daran, wie schön die beiden Silben sich aussprechen ließen. Nun hatte sie ihm ein dünnes Tuch über das Köpfchen gebreitet, damit das mit geballten Fäustchen schlummernde Kind nicht von den Fliegen und Schnaken belästigt wurde. – Anke sprang auf und lief Walther ein paar Schritte entgegen. Mit weiten Sätzen sprang er am hier noch schmalen Bach entlang den Berg hinunter.

»Walther, wie siehst du aus! Die Biberkappe! Und Fransen an den Ärmeln! Mokassins! Alles aus Leder! Walther, wo hast du das alles her?« Sie lachte und strahlte: »Walther, das steht dir gut!«

Sie waren ein paar Schritte voreinander stehengeblieben, sie, um den Geliebten zu betrachten, er, um sich in all seiner neuen Pracht und Würde bewundern zu lassen. Bald wurde es ihm zu langweilig. Er breitete die Arme aus, und sie flog hinein. Sie lernten es immer besser, sich zu lieben und bekamen nie genug davon, sich diese Liebe auch zu zeigen. Und da er sich immer wieder von ihr so weit entfernen mußte, wurde das Verlangen nach dem Liebsten stets von neuem gespannt, wie der Bogen für den Pfeil. Ja, es war eine Lust zu leben – und die Lust nahm nie ein Ende. Und dazu war es Sonntag.

Sie saßen gemeinsam auf der Bank. Walther raffte sich zusammen: »Ich kann mich nicht lange aufhalten, habe Kurierpost für den Gouverneuer abzuliefern.« Er schlug leicht auf die Brusttasche seines Rockes. Der Bogen harten Papiers knisterte. »Ich bin am Nachmittag wieder da, bleibe über Nacht, bis morgen in der Frühe. Ich brauche aber einen Dukaten.« Er erzählte, was zu erzählen war.

In diesem Blockhaus, das er für Anke, für sich und das Kind oberhalb des werdenden Städtchens Halifax errichtet hatte, hatte er als erstes den Herdplatz und Kamin aus groben Felsplatten aufgetürmt und von innen mit Lehm verkleidet. Die hölzernen Wände aus passend geschnittenen Baumstämmen waren danach erst um den Kamin herumgebaut worden. Im Winter würden die großen Steine sich über Tag voll Wärme saugen, die im Laufe der Nacht an die Luft in der Hütte abstrahlen sollte. Das Feuer durfte dann verlöschen. Es saugte sonst die erwärmte Luft zum Schornstein hinaus.

Unter einem der schweren Grundsteine des Kamins hatte Walther eine kleine Höhle freigehalten und nach außen mit einem kleineren flachen Stein verschlossen, der, von außen betrachtet, den größeren zu stützen schien. In diesem simplen, aber kaum zu entdeckenden Kämmerchen hatten Anke und Walther ihren noch immer so gut wie ungeschmälerten Schatz versteckt.

Anke fischte ein kleines Goldstück aus dem Beutelchen. »Wird das reichen, Walther?«

»Ich denke, ja, Anke. Notfalls stundet mir der Yankee, Hugh Nichols, weißt du, der sich neulich mit mir hier umgesehen hat. Er hat an der Uferstraße einen Laden aufgemacht, dort gibt es auch rotes Tuch, Nichols stundet mir schon den Rest. Aber nimm gleich noch ein Guinea* aus dem Beutel und gib sie mir morgen früh. Niscayu soll keinen Grund haben, sich etwa über unsere Knauserigkeit zu beklagen.«

»Unsere?« zweifelte Anke, während sie den Beutel ins Licht hielt, um eine Guinea oder eine entsprechende Münze zu finden. Sie lächelte.

»Unsere, natürlich! Alles und immer unsere! Was denkst du dir sonst!«

Es war ein neuerlicher Anlaß, dieses wunderbare Mädchen mit dem schmalen Haupt und den zierlich und eng anliegenden kleinen Ohren, die wie Schmuckstücke unter dem dunklen Haar hervorlugten, abermals zu umarmen, so fest, daß Anke um Gnade bitten mußte.

* Guinea, alte englische Goldmünze (1663–1816) gleich 21 Schilling in Silber

Jedesmal, wenn Walther die junge Siedlung Halifax wieder zu Gesicht bekam, wunderte er sich, wie zügig das Unternehmen vorankam. An die fünfzig Blockhütten mochten schon errichtet sein. Am Ufer der Bucht reihten sich simple Gin- und Rumkneipen, kleine und größere Geschäfte, auch schon einfache Kontore aneinander. Die zerstampften und verschmutzten Straßen, die gradlinig den Berg hinanführten, oder die quer dazu verlaufenden Passagen hatten sogar schon Namen bekommen, natürlich nach hochmögenden Herren in England; sie hießen ›George Street‹ nach Georg II., dem Hannoveraner auf dem englischen Thron, Grafton nach dem Herzog von Grafton, oder Albemarle, Sackville, Barrington, Granville, Hollis oder Bedford Row*.

Für den Gouverneur war ein stattliches Haus unweit der Landestelle im Bau, dicht neben der Hütte, die Walther als erste für Anke und sich errichtet hatte. Weiter oberhalb, wo Raum für einen Platz ausgespart worden war, wurden schon die Fundamente für die erste Kirche gelegt, eine anglikanische, wie sich von selbst verstand. Nach dem heiligen Paulus sollte sie genannt werden.

Walther beeilte sich, denn Anke war ein starker Magnet. Doch Cornwallis war nicht gleich zu sprechen. So erhandelte Walther schnell das rote Tuch bei Hugh Nichols aus Boston. Die Yankees weiter im Süden von Nova Scotia hatten längst Lunte gerochen. Ihre meist kleinen Schiffe schwärmten nach Norden aus. Den vielen Soldaten und Seeleuten in der werdenden Stadt und Kolonie, dem eingewanderten Volk aus London, das gut bezahlt werden mußte, wenn es beim Bau der Stadt einigermaßen tatkräftig zugreifen sollte, den Herren endlich, die noch viel besser bezahlt wurden und obendrein schon mit gefüllten Taschen angekommen waren – ihnen allen saß das Geld locker im Beutel. Und an der ›Regierung‹ ließ sich seit eh und je, und erst recht in einem so wilden Durcheinander, besonders gut verdienen.

Auf dem Rückweg zu Cornwallis lief Walther dem Jonas von Hestergart in den Weg: »Walther! Ich hätte dich kaum erkannt. Jetzt bin ich dich also endgültig los. Fast hätte ich Lust, mich auch bei den Rangers zu melden. Der wüste Betrieb, der

* und so heißen sie noch heute.

sich hier entwickelt, gefällt mir gar nicht. Er wird noch wüster werden, wenn weitere Truppen und Schiffe hierher verlegt werden. Cornwallis ist gar nicht mehr anzusprechen, weiß nicht mehr, wo ihm der Kopf steht, will aber alles selber machen. Das ist längst viel zuviel für einen Mann. Was nutzen mir die vierhundert Acker, die einem Hauptmann zugesagt sind – nichts als Felsen und Wald und steiniges Unland überall. Du scheinst dich bei den Rangers wohl zu fühlen. Vielleicht ginge es mir ebenso.«

Walther schüttelte den Kopf: »Das mußt du dir genau überlegen, Jonas!« Zum erstenmal benutzte er ohne Hemmungen den Vornamen des früheren Vorgesetzten. »Bei den Rangers gibt es keine Offiziere, weder Hauptleute noch Fähnriche noch Sergeanten. Gorham ist kein Vorgesetzter, sondern ein Anführer. Ich weiß nicht, ob du dich in solche Verhältnisse schicken würdest – unter halbnackten Cayugas und Mohawks, frechen und listigen Halbbluts und ungehobelten weißen Waldläufern.«

»Ich weiß es auch nicht«, sagte Hestergart, schwieg und blickte einer Schaluppe nach, die gerade den Ankerplatz der Schiffe verließ.

Walther wartete nicht lange. »Ich muß weiter, Jonas. Habe dem Gouverneur Kurierpost von Gorham zu überbringen. Wenn du Zeit findest, kontrolliere Ankes Wäscherei, sooft du kannst. Es beruhigt mich, wenn ich weiß, daß ein verläßlicher Mensch bei ihr nach dem Rechten sieht.«

»Verläßlicher Mensch, na ja. Vielen Dank, Walther. Ich glaube aber, Anke sieht mich lieber gehen als kommen. Leb wohl!«

Er tippte mit dem Finger an den Hutrand und stiefelte davon, als habe er Unaufschiebbares zu versehen.

Walther zerbrach sich nicht weiter den Kopf. Hestergart schien nicht recht zu wissen, was er wollte. Diesen Eindruck hatte Walther schon seit einiger Zeit. Doch Jonas von Hestergart und auch der Umkreis, in dem dieser Mann sich bewegte, das lag außerhalb seiner Macht. Er wollte sich damit nicht mehr befassen. Er hatte allein seinen Weg zu verfolgen, seinen und Ankes – und der hatte sich schon weit von der Welt Hestergarts entfernt.

Eine Viertelstunde später stand Walther vor Cornwallis.

Auch dem Gouverneur fielen Walthers neue Kleider sofort auf.

»Hat Gorham dich also akzeptiert? Das ist es, was ich erreichen wollte. Dir ist klar, daß die Ranger mir, dem Captain-General, unterstellt sind, daß ich der Vorgesetzte Gorhams bin?«

»Yes, Sir!«

»Gut, du bist Ranger, aber du bleibst mein Kurier. Halte Augen und Ohren offen. Wenn dir irgend etwas auffällt, berichtest du mir persönlich. Hast du das verstanden?«

»Yes, Sir!«

»Gut, ich hoffe es. Ich habe Captain How zu den Indianern gesandt. Ich brauche unbedingt Frieden. Die Häuptlinge sollen kommen und mir den Frieden bestätigen. Wenn sie kommen, sollst du dabeisein. Vielleicht nutzt dein Französisch und deine Beziehung zu dem Indianer, dessen Kind deine Anke pflegt.«

»Yes, Sir. Bei den Rangers gibt es einige, die mit der Micmac-Sprache vertraut sind. Auch Captain How . . .«

Cornwallis unterbrach ihn: »Weiß ich, weiß ich. Aber bei der Zusammenkunft mit den Indianern will ich niemanden dabei haben, von dem die Indianer wissen, daß er schon lange im Lande ist. Sie sollen begreifen, daß eine neue Zeit angebrochen ist, daß die Autorität jetzt ausschließlich hier liegt und nirgendwo sonst. Mit den Rangers im Wald umherlaufen, das ist ein überholter Spaß. Mascarene hat sich nicht rühren können. Seine Soldaten unter How sind verwildert, haben sich mit den Akadiern und den Indianern gemein gemacht und angebiedert. Das hat vorbei zu sein.«

Cornwallis trat dicht an Walther heran, faßte mit zwei Fingern den obersten Verschluß seines Rockes und zupfte leicht daran, fuhr eindringlicher fort:

»Ich rechne auf dich, Walther. Du bist nicht dumm. Ich habe dich nicht nur zu deinem Vergnügen zu den Rangers geschickt. Es wäre gut für dich, wenn du dies in der richtigen Weise verstündest.«

»Yes, Sir!«

Walther hatte keine Miene verzogen. Cornwallis wandte sich ab. »Gut, Walther! Du bist für heute entlassen!«

Es war ein anderer Walther, der gegen Abend aus dem Gedränge des werdenden Städtchens Halifax zurückkehrte, als jener, der Anke ein paar Stunden zuvor verlassen hatte, um sich bei dem Gouverneur zu melden.

Der Sonntag war strahlend dahingegangen. Stille war eingekehrt um Ankes Hütte und Arbeitsplatz. Die wenigen Besucher, die über Tag aus der Stadt heraufgestiegen waren, aus Neugier, wie es weiter oben am Berg aussehen mochte, oder auch nur deshalb, um dem auch sonntags kaum nachlassenden Trubel von geräuschvoller Arbeit und lärmendem Vergnügen in den zertretenen Straßen der Stadt zu entgehen, diese Leute, die Anke mit aufdringlichen Fragen bedrängten, wieso sie hier im Wald allein wohne – und nicht, wie alle anderen, in der Stadt oder auf den Schiffen – all diese wißbegierigen Eindringlinge hatten sich endlich davongemacht.

Auf Hestergarts Anweisung hatten zwei der Männer, die Anke für die Wäscherei zugeteilt waren, ihr Quartier in einer zweiten Blockhütte unweit des neuen Wäscheplatzes aufschlagen müssen. Gern waren sie diesem Befehl nicht gefolgt. Man war sehr allein da oben. Anke hielt sich zurück und war entweder mit ihrer Arbeit oder mit dem Kind beschäftigt. Auch war sie nicht geneigt, die Verantwortung für die ihr übertragene Aufgabe zu vergessen. Man konnte mit ihr nicht warm werden, wie es hieß. Nein, das konnte man nicht.

Die Männer waren also sehr einverstanden, als Anke sie für die Nacht in die Stadt entlassen hatte. Dort war mehr los als oben am Berg bei der Wäscherei. Dafür sorgten die vielen Soldaten und das sich lach- und sauf- und streitlustig mit ihnen mischende Volk aus London. Es war, als gäbe sich alle Welt geradezu verzweifelte Mühe, das traurig wüste Leben aus den Londoner Elendsvierteln, aus Whitechapel und Soho, so unverfälscht wie möglich in diesen anderen Erdteil zu verpflanzen.

Walther hatte sich nach seiner Rückkehr auf der Bank an der Hütte niedergelassen, von der aus man die kleine Lichtung am Bach, wo Anke mit ihren Leuten die Woche über tätig war, überblicken konnte. Anke hatte Walther gefragt, ob sie ihm ein Abendbrot richten solle. Er hatte müde abgewinkt. Sie merkte sofort, wie bedrückt er war, sie spürte, daß er sich mit ihr aussprechen wollte, aber nicht recht wußte, wie beginnen.

Sie hatte das Kind versehen. Das ging jetzt leichter als am Anfang; Anke konnte einen ledernen Saugpfropfen über den Hals einer zinnernen Feldflasche stülpen, die Frank, Walthers Nachfolger bei den Pferden, ihr beschafft hatte. Den Pfropfen aber hatte Kokwee, der Vater des kleinen Indo, eines Nachts bei Anke abgeliefert.

Anke wußte nie, wann Kokwee auftauchte. Doch stellte sich der Micmac-Indianer immer wieder ein, heimlich, lautlos, stets des Nachts, hockte sich für eine Viertelstunde stumm neben seinen schlafenden Sohn, lauschte auf die sanften Atemzüge des Kindes, hinterließ irgend etwas, was Anke für das Kind gebrauchen konnte, was sie andeuten, kaum erbitten mußte, und war wieder verschwunden – lautlos wie er gekommen war.

Anke hatte sich neben Walther auf die Bank gesetzt. Sie sprachen nicht miteinander. Aber ihre auf das Holz gestützten Hände berührten sich leicht und leiteten die feine Strömung tiefen Einverständnisses von einem zum anderen. Walther hatte genau berichtet, was er erlebt, insbesondere, was er mit Gouverneur Cornwallis besprochen hatte. Als Nachsatz fügte er nun leise hinzu: »Offenbar hält es Cornwallis für selbstverständlich, daß ich ihm gehorche und unter den Rangers und gegen Gorham den Aufpasser spiele. Wie kommt er darauf, daß ich als Spitzel geeignet bin? Ich habe ihm keinen Anlaß gegeben. Bei kleinen Leuten wie mir wird eben kein Anstand vorausgesetzt, schon gar nicht, wenn man ihnen obendrein Belohnung, Beförderung oder sonst was verspricht. In meinem Fall hat er sich geirrt – und das gründlich. Ich überlege nur, ob ich Gorham eine Andeutung machen soll oder nicht. Gefährlich wäre es – in jedem Fall.«

Anke erwiderte leise: »Sehr gefährlich, Walther. Es ist besser, du behältst das Ganze für dich.« Und nach einer Weile fügte sie hinzu: »Seit wir die Heide verlassen haben, kamst du mir noch nie so einig mit dir und deinem Schicksal vor wie heute vormittag, als du dich mir als Ranger vorstellen konntest. Doch jetzt ist das nicht mehr so. Er hat dich bloß hin und her geschoben auf seinem Schachbrett, der Gouverneur. Walther, sei du ihm überlegen und lasse dir die Freude an Gorham und den Rangers nicht verderben. Wenn du so weitermachst wie bisher, wirst du viel lernen, was dir immer zugute kommen wird. Noch zwei Jahre, Walther, und es kann uns keiner mehr Vorschriften machen.«

Sie legte ihre Hand über die seine. Sie wollte ihn trösten. Daß sie es wollte, tröstete ihn bereits. Er erwiderte: »Manchmal glaube ich, zwei Jahre sind eine ewig lange Zeit und nicht zu ertragen. Nichts bleibt klar. Selbst das Beste wird verdorben. Und man kann nichts dagegen tun. Man muß fortwährend von vorn anfangen, weil man immer wieder glaubt, nun wisse man endlich, wohin die Reise geht und brauche nur noch der eigenen Nase nachzugehen. Und dann stellt sich nur doch wieder heraus, daß es eine fremde Nase ist, der man nachzugehen hat. Ob man will oder nicht, danach wird gar nicht gefragt. Aber soviel habe ich schon bei den Rangers und Gorham gelernt: Man braucht sich nicht damit abzufinden – nicht in Amerika! Ich jedenfalls finde mich nicht damit ab. Und deshalb sind die zwei Jahre, in denen ich noch ein Hampelmann bin, eine lange Zeit. Wer weiß, ob wir sie aushalten.«

Ankes Stimme klang fest: »Wir halten sie aus. Wir haben lange genug aufeinander warten müssen und haben es bestanden. Jetzt sind wir beieinander, wenn auch nicht jeden Tag. Weil es dort nicht so war, sind wir von zu Hause weggegangen. Ich habe es noch nicht bereut. Und wir stehen erst ganz am Anfang. Wir müssen Geduld haben.«

Walther gab lange keine Antwort. Er wußte nichts hinzuzufügen. Schließlich spann er den Faden weiter: »Wundert es dich nicht auch, Anke, wie wenig wir an das alte Land zurückdenken? Es ist, als wäre es vom Erdboden verschluckt.«

»Der Erdboden hat es auch verschluckt. Ich stelle mir von Zeit zu Zeit die gleiche Frage. Aber zurück? Nein, zurück will ich nicht, weder jetzt noch später, das weiß ich. Irgendwann werden wir allein darüber zu bestimmen haben, was aus uns wird, und kein Cornwallis oder Hestergart oder wer auch immer wird uns dann noch hineinreden. Das Alte von drüben läuft noch eine Weile weiter, aber es verläuft sich auch in diesen weiten Wäldern und in den tausend Winkeln der Küste. Gorham hat es mir gesagt: Wir sind Amerikaner. Das kann ich nicht vergessen. Und er hat damit gemeint, daß man hier frei ist, wie man's im alten Lande nie sein kann.«

Anke hob ihre Hand sachte von der seinen fort und stand auf: »Ach, Walther, laß uns doch die Dinge nehmen, wie sie kommen und das Beste daraus machen! Erwarte nicht zuviel. Die Umstände mögen hier anders sein und für uns beide schließlich günstiger. Aber die Menschen bleiben die gleichen. Es stimmt schon, was du vom ›Freisein‹ sagst, das macht zwar die Guten besser, aber auch die Schlechten schlechter. Und am Ende ist wenig oder nichts gewonnen. Was sicher ist, das sind nur wir beide, Walther. Und mehr braucht auch gar nicht sicher zu sein. Für mich nicht! Daß uns dies hier niemand streitig macht, das ist es, was mich gern hierbleiben läßt. Nur an den Heinrich Lüders denke ich manchmal. Der hat Böses von uns erfahren. Es war nicht zu ändern.«

Heinrich Lüders – gab es den Namen noch? Walther mochte ihn gar nicht gehört haben. Er sagte: »Ja, Anke, so war es wohl. Aber es ist beinahe dunkel. Und morgen früh ist die Nacht zu Ende, sehr früh sogar. Ich muß mich beim ersten Licht auf den Weg machen.«

»Man merkt deutlich, daß die Tage kürzer werden. Und an den Abenden wird es kühl. Aber das Wasser im Bach ist noch lau. Wenn du da bist, kann ich mich ganz waschen im Bach. Hältst du ein wenig Wache?«

Walthers Herz tat ein paar starke Schläge. Er legte seiner Frau den Arm um die Schulter und zog sie an sich. »Natürlich, Anke, wie immer!« Er schwang schon ein in das Ritual der Zärtlichkeit, das sie, seine Frau, im Laufe der Wochen und Monate um ihn und sich, sie beide, gewoben hatte.

Licht zündeten sie nicht mehr an. Jetzt, da der Sommer sich neigte, war die schlimme Plage der Schwarzfliegen und Stechmücken allmählich vergangen, zumal es lange nicht geregnet hatte. So konnte also die feste Tür, die Walther für die Hütte gezimmert hatte, weit offenstehen bleiben, als sie sich auf ihrem duftenden, federnden Lager aus Fichtenzweigen niedergelassen hatten. Der Schimmer der klaren Sternennacht reichte bis auf ihre Bettstatt, gab den Augen Ankes ein zartes Leuchten, als käme es aus ihrem Innern, spiegelte sich in mattem Glanz auf ihren Schultern, ihren Hüften. Ihre Augen schlossen sich. Ihr Antlitz lag vor ihm, ganz hingegeben, wie dem Tode nahe – und doch ganz erfüllt von der bebenden Lust am Leben.

Ohne Übergang war sie in den Schlaf geglitten, unendlich müde, hatte alle ihre Glut und Zärtlichkeit verströmt, unendlich gestillt. Walther bettete die Geliebte sachte aus seinen Armen auf das Lager neben sich und streckte sich aus. Er fühlte ihre warmen Glieder und rührte sich kaum, sie nicht zu stören. Den Kopf hatte er zur Seite geneigt und blickte in die von zartestem Silber durchschleierte Nacht hinaus. Schwarz und reglos standen die Fichten. Zwischen ihren spitzen Wipfeln flimmerten die Sterne. Seine linke Hand tastete noch einmal nach der ihren. Seine Augen fielen zu.

Wie lange er geschlafen hatte, wußte er nicht. Die Nacht regierte noch immer unumschränkt. Er war hellwach, schlug die Decke zurück, schnell, aber auch vorsichtig. Noch wollte er Anke nicht wecken. Seine Bewegungen waren wie vom Unbewußten geleitet. Mit ein paar Handgriffen war er in den Kleidern, in den Mokassins. Nur leise! Anke soll weiterschlafen!

Er trat vor die Tür. Gleich danach drang der Taubenruf, der ihn geweckt hatte, zum zweitenmal an sein Ohr.

Walther schritt auf den Vorplatz der Hütte hinaus. Mit ihm zugleich fast näherte sich vom Waldrand eine lautlose Gestalt.

»Sei gegrüßt, Kokwee. Gut, daß ich gerade hier bin. Soll ich meine Frau wecken?«

»Nein, nicht wecken! Ich habe gesehen, wie du mit dem Kanu den See entlang kamst. Ich dachte mir, daß du hierbleiben würdest. Doch wollte ich erst die Mitternacht verstreichen lassen, um ganz sicherzugehen, daß uns niemand stört. Ich wollte mit dir sprechen. Aber nicht hier auf diesem offenen Platz. Komm mit mir!«

Die beiden Männer schritten lautlos zum Waldrand hinüber und ließen sich im tiefen Schatten nieder.

»Um was geht es, Kokwee? Meine Frau wird früher oder später merken, daß ich nicht mehr da bin und wird beunruhigt sein.«

»Hör zu! Dies ist es, was ich dir sagen wollte: Euer Captain How aus Annapolis, der unsere Sitten kennt, ist bei unseren Häuptlingen gewesen, um sie zu einem Gespräch zu laden – in die Stadt, die dort entsteht, wo meine Leute wohnten, ehe die große Seuche die meisten von ihnen tötete und den Rest, auch mich und meine Frau, vertrieb. Der neue Gouverneur will mit den Häuptlingen verhandeln, mit denen von der anderen Seite der Halbinsel, aber auch mit uns, die wir nichts mehr ausrichten können. Auch mit den Häuptlingen von der Westseite der großen Bucht will er sprechen, den Häuptlingen der Maleciten, die mit uns Micmacs verwandt sind. Er will sich bestätigen lassen, daß Frieden herrscht. Er beruft sich auf ein altes Abkommen, das vor fünf mal fünf Jahren in eurer großen Stadt weiter im Süden geschlossen worden ist. Dies Abkommen will er bekräftigt haben. Unsere Häuptlinge fragen, ob der Gouverneur denn gar nicht begreift, was er da verlangt. Ihr seid hierher gekommen, mit großer Macht, mit vielen Soldaten, ihr habt euch mitten in unserem Lande niedergelassen, ohne zu fragen. Das bedeutet Krieg, nicht nur mit uns, auch mit den anderen Stämmen weiter im Lande. Wir sind die Freunde der Franzosen, nicht der Engländer. Der Gouverneur müßte uns einen neuen Vertrag, müßte Sühne und Entgelt anbieten, um den von euch gebrochenen Frieden wiederherzustellen. Unsere Häuptlinge werden kommen. Auch ich werde dabei sein, um zu hören, was der Gouverneur als Ausgleich gewähren will. Wenn er das nicht tut, werden sie das Kriegsbeil nicht begraben. Ich fürchte, daß es so kommen wird, Walther. Ich fürchte, daß mein Sohn und seine Pflegemutter in Gefahr geraten. Ich bin gekommen, euch alle drei mit mir zu nehmen, in den Schutz des Inneren, den Schutz meiner Leute, zu den Franzosen, unseren Freunden, zu den Maillets vielleicht. Ihr seid keine Engländer. Warum wollt ihr bei unseren Feinden bleiben?«

Walther war nicht ganz sicher, ob er die kaum als solche kenntlichen französischen Sätze richtig verstanden hatte. Aber das, was er verstanden hatte, genügte vollständig, ihn aufs höchste zu beunruhigen. Zugleich vermochte er die Drohungen des Indianers nicht ganz ernst zu nehmen. Walther hatte schon zuviel gesehen und erlebt, um sich nicht zu sagen, daß die Macht der Indianer, der ›Krieg‹, mit dem sie drohen konnten, in Wahrheit ein Nichts war, verglichen mit der Macht Englands. Auch waren sie an Zahl zu gering, lebten zu weit verstreut, waren obendrein unter sich zerstritten – niemals könnten sie den vielen tausend Bewaffneten, die England aufzubieten vermochte, einen entscheidenden Widerstand entgegensetzen. Aber gewiß konnten sie sich am Rande einer so großen Ansiedlung wie Halifax höchst unliebsam bemerkbar machen, und mehr noch: sie konnten überfallen und töten. Die große Landnahme der Europäer in Amerika wurde dadurch freilich kaum aufgehalten.

Walther hatte sich einige Sekunden fassen müssen. Dann entgegnete er: »Wir sind nicht englisch, das ist richtig, Kokwee. Aber noch zwei Jahre lang bin ich verpflichtet, die Befehle auszuführen, die man mir gibt. Und ginge ich jetzt schon fort, könnte ich mich nie wieder blicken lassen. Würde ich irgendwo aufgegriffen, strafte man mich sicherlich an Leib und Leben. Vorläufig also muß ich hierbleiben. Sei unbesorgt! Anke und dem Kind passiert nichts. Der Gouverneur selbst ist meiner Frau wohlgesonnen. Sie kann sich jederzeit mit dem Kind in seinen Schutz begeben. Und könnte es nicht auch sein, daß deine Leute und der Gouverneur sich doch einigen und daß wir schließlich in Frieden miteinander leben?«

Der Indianer zog den weiten Umhang fester um die Schultern und schien nachdenklich zu werden.

»Ich glaube es nicht. Ich habe eure Schiffe gesehen vor Chebucto und wie sie Menschen und immer noch mehr Menschen an Land setzten. Und Soldaten, immer noch mehr Soldaten. Und jeden Tag kommen andere Schiffe, kleine und große – und in jedem Schiff sind mehr Menschen als in zehn oder zwanzig unserer Kanus. Dort, wo sie herkommen, muß es also einen großen Überfluß an Menschen geben, wie wir ihn nicht kennen. Wir bleiben nur wenige. Wenn die Flut kommt, rollt sie über die losen Steine im Sand und ertränkt sie. Anders kann es nicht sein. Vielleicht hast du recht, Walther. Vielleicht ist euer Gouverneur ein gerechter Mann und will uns nichts nehmen. Aber Frieden wird nur dann sein, wenn die Zeichen gegeben werden, die allein den Frieden verbürgen.«

»Was sind das für Zeichen, Kokwee?«

»Dir will ich sie sagen, Walther. Deshalb bin ich gekommen. Du bist der Beschützer meines Sohnes, und deine Frau sorgt für ihn wie eine Mutter. Ihr habt euch also für uns entschieden und seid auch keine Engländer. Was ich dir zu sagen habe, das sage ich nur für dich und deine Frau, niemand sonst. Ich darf nichts tun, was meinem Volke zum Nachteil werden könnte. Du mußt also schweigen.«

»Ich werde schweigen, Kokwee.«

»Dein Wort hat bisher gegolten. Es wird auch weiter gelten. Wenn wir zu euch kommen – wirst du dabei sein, Walther?«

»Ja, Kokwee. Der Gouverneur hat es so befohlen, weil ich vielleicht dolmetschen kann.«

»Warum zieht er nicht Captain How hinzu oder Gorham oder einen von den Rangers? Die verstehen etwas von unserer Sprache und auch von unseren Gewohnheiten und Gesetzen.«

»Der Gouverneur ist der Oberste von uns. Er ist der Stärkste und Klügste, er hat die größte Macht. Was hier einmal war, das gilt nicht mehr. Er muß zeigen, daß fortan er allein regiert, daß niemand außer ihm Entscheidungen treffen darf. Deine Leute sollen erkennen, daß mit ihm eine neue Zeit begonnen hat, eine Zeit, in der neue Sitten und Gesetze gelten, nicht mehr die alten.«

»Warum fragt er uns nicht, ob wir damit einverstanden sind? Seit Menschengedenken haben unsere Vorväter hier auf dieser Erde gewohnt. Jetzt sollen unsere Gesetze nicht mehr gelten?«

»Wer stark ist, hat recht, Kokwee. Das wird bei euch nicht anders sein als bei uns. Die Cayugas und Oneidas unter den Rangers haben mir erzählt, daß es Kriege unter euch gegeben hat, in denen ihr euch nahezu ausgerottet habt.«

»Ja, Kriege gibt es immer. Aber auch Friede muß geschlossen und gehalten werden, und Kriege müssen angezeigt werden, damit ein ehrlicher Kampf geführt werden kann. Ihr habt einfach unser Land genommen, habt die Gräber unserer Vorfahren zerstört – und zugleich den Captain How zu uns geschickt, damit wir euch den Frieden bestätigen. Was sollen wir solchem Verhalten entnehmen? Noch ist kein Blut geflossen. Aber eure Taten meinen Krieg. Unsere Häuptlinge werden im Kleid des Krieges zu euch kommen. Eure Sache wird es sein, euch auf den bislang von euch nicht geachteten Frieden zu verpflichten. Erst dann können unsere Häuptlinge die Zeichen des Friedens geben, die wirklich bindend sind.«

»Ich glaube dich nun zu verstehen, Kokwee. Ich bin kein Engländer, nein, und ich habe nicht nötig, mich unbesehen auf ihre Seite zu schlagen. Anke hat es mir vor einigen Tagen erst gesagt: Was würden wir wohl sagen, wenn wir Indianer wären, und es kämen plötzlich Tausende von lärmenden Fremden in unser Land, ohne uns um Erlaubnis zu fragen, und ließen sich darin nieder, als gehörte es ihnen? Das wäre der Krieg, und er braucht dann nicht erst erklärt zu werden. Aber verrate mir, Kokwee, auf welche Zeichen muß ich achten, um zu wissen, daß deine Leute den Frieden meinen und nicht den Krieg?«

»Die Gesichter der Häuptlinge werden die Farbe des Krieges tragen. Sollten sie erkennen, daß euer Oberster wirklich Frieden haben und halten will, so werden sie in seiner Gegenwart die Farben des Krieges feierlich abwaschen; sie werden mit ihm gemeinsam ein Beil begraben, sie werden den Ausdruck verwenden, daß nun ›die helle Kette der Freundschaft‹ uns verbindet und werden anregen, daß fortan ›Boten des Friedens‹ regelmäßig hin und her geschickt werden sollen, damit alle Streitigkeiten geschlichtet werden, ehe sie zum Krieg führen. Sollten aber unsere Häuptlinge nicht von eurem Friedenswillen überzeugt werden, so werden sie euch zeigen, daß sie euch nicht fürchten. Dann könnt ihr das große Töten haben, wenn ihr es so wollt, sie werden euch verachten und unter euren Augen, mit allen Farben des Krieges angetan, den Kriegstanz tanzen. Geschieht das, Walther, dann solltet ihr fliehen, alle drei! Dann ist hier keiner mehr sicher, der das Lager verläßt. Dir dies schon jetzt zu raten, bin ich gekommen.«

Walther hatte in steigender Erregung zugehört. Was ihm da anvertraut worden war – er mußte sich klarmachen, daß er außerordentlich Wichtiges, ja Entscheidendes erfahren hatte. Doch, hatte er nicht gelobt, unter allen Umständen zu schweigen? Kokwee war nicht erschienen, damit Walther den Gouverneur Cornwallis aufklärte, sondern um seinen kostbaren Sohn einer unaufhaltsam steigenden Gefahr zu entziehen.

Walthers Gedanken überstürzten sich – und kamen doch nicht voran. Ihm blieb zunächst nur übrig, auszuweichen: »Ich sagte dir schon, Kokwee, daß ich gebunden bin. In zwei Jahren erst bin ich frei. Dann wollen wir leben wie die französischen Akadier und mit euch befreundet sein. Bis dahin muß ich mich durchwinden, irgendwie.«

Der Micmac schüttelte den Kopf: »Es möge dir gelingen, Walther! Meiner Freundschaft und auch der meiner Sippe –

soweit sie von der großen Seuche verschont blieb – kannst du sicher sein. Ich habe dir dies hier mitgebracht. Zeige es vor, wenn du in Gefangenschaft gerätst oder mit Indianern zusammenstößt. Es wird dich und die Deinen schützen. Trage es ständig bei dir!«

Er reichte Walther einen kleinen Beutel, der anscheinend aus der Schwimmblase eines Fisches gefertigt war. Darin waren einige harte Stäbchen zu ertasten. An den beiden Enden der Lederschnur, mit welcher das Beutelchen fest verschlossen war, hingen eine Vogelkralle und eine durchbohrte rötliche Nuß, die Walther nicht kannte. Dieses war gewiß ein ›Wampun‹ – soviel hatte er bei den Rangers schon gelernt –, ein Mittel der Verständigung unter den Indianern, in mancher Hinsicht auch dem Geld vergleichbar. Walther bemühte sich, keine Überraschung zu zeigen. Er sagte: »Ich danke dir, Kokwee. Ich werde dein Zeichen stets bei mir tragen. Aber sollte nicht auch Anke, meine Frau, ein solches Zeichen nötig haben, vielleicht nötiger noch als ich?«

»Auch dafür habe ich gesorgt. Ich will sie sprechen. Sie schläft sehr fest?«

Die beiden Männer schritten durch die Nacht zu der Hütte hinüber. Aber Anke war längst wach und hatte sich angekleidet. Aus dem Dunkel hatte sie nach den Männern Ausschau gehalten, hatte sie zwar im tiefen Schatten unter den Bäumen nicht auszumachen vermocht, doch mit feinem Ohr das Gemurmel ihrer Stimmen vernommen. Jetzt hob sie vorsichtig das Kind von seinem Lager und trat, den Kleinen im Arm, vor die Hütte. Es war ohnehin an der Zeit, ihn zu füttern. Jeden Tag brachte eine der Wäscherinnen Milch aus der Stadt herauf. Hestergart sorgte dafür, daß Ankes winziger Pflegling mit der bräunlichen Haut, den dunklen Mandelaugen und dem schwarzen Haargewusel regelmäßig mit einem Anteil der kostbaren Milch versehen wurde, welche die drei aus England mitgeführten Kühe in Halifax lieferten. Im übrigen kam die Milch allein der Küche der Herren zugute. Hestergart hatte oft genug darauf hingewiesen, daß das indianische Kind von Anke gepflegt, gut ernährt und versorgt werden müsse, wenn es weiter als Unterpfand für das Wohlverhalten der Indianer dienen sollte. Da der Gouverneur gleicher Meinung war, hatte sich Hestergart bislang immer noch durchgesetzt, und der kleine ›Indo‹ konnte sich auch weiterhin an der süßen Kuhmilch erlaben.

Trotz aller Behutsamkeit hatte Anke nicht verhindern können, daß das Kind erwachte. Da sein Hunger und Durst nicht wie sonst sofort gestillt wurden, erhob der Kleine entrüsteten Protest. Aus dem Stimmchen war im Laufe der Wochen und Monate unter Ankes sorgsamer Pflege eine recht kräftige Stimme geworden. Niemand pfuschte hier Anke ins Handwerk. Ammenmärchen und weiser Weiber Sprüche waren in den großen Wäldern nicht gefragt. Sie hatte sich allein nach ihrem gesunden Menschenverstand, nach ihren Beobachtungen, auch nach ihren Instinkten richten dürfen. Das hatte durchaus genügt, sie bei der Pflege des mutterlosen Schützlings wesentliche Fehler vermeiden zu lassen.

Anke hielt das Bündelchen, aus dem die zornigen Laute höchst unbekümmert in die stille Waldnacht schmetterten, dem Indianer entgegen. »Hör dir das an, Kokwee! Der Bursche ist sehr energisch und wird gewiß einmal ein großer Häuptling. Wenn ich ihm nicht gleich zu trinken gebe, spektakelt er wie am Spieß. Nachher ist er dann lauter Frieden und Freundlichkeit!« Sie hatte deutsch gesprochen, aber Kokwee bedurfte keiner Übersetzung.

Mit beiden Händen griff er nach dem in eine Decke gebetteten Kind, ungeschickt, aber mit rührender Vorsicht. Der große Umhang glitt ihm von den Schultern. Es zeigte sich, daß der Indianer unter dem Mantel bis auf einen Hüftschurz und die Mokassins nackt war: ein athletischer, glatter Leib. Eine breite Narbe zog sich von der rechten Schulter zur Brust.

Das fremde Gesicht mit dem Haarschopf und der schwarzen Feder darin mochte das Kind überraschen. Es verstummte und blickte mit weit aufgeschlagenen Augen empor in die Augen seines Vaters. Plötzlich huschte etwas wie ein Lächeln über die kindlichen Züge. Man hätte es für ein Zeichen des Erkennens halten können.

Schon kündigte sich im Osten mit lilagrauen Tönen, der Morgen an. Anke und Walther bemerkten, wie die sonst von starrem Ernst beherrschten Züge des Indianers sich entspannten und von echter Freude verwandelt wurden. Alle Härte war fortgewischt. Unter der eingelernten Würde kam der Mensch zum Vorschein: Der Vater, der, zum erstenmal von seinem Kind angelacht, von einem Sturm des Glücks erfaßt wurde. Kokwees Erschütterung übertrug sich auch auf Walther und Anke. Der Indianer flüsterte ein paar zärtliche Worte in seiner Sprache zu dem Köpfchen hinunter, wiegte das Bündelchen träumerisch hin und her, faßte sich dann, nahm sich wieder zurück. Die Furchen in seinem Gesicht wurden wieder sichtbar.

Kokwee legte das Kind wieder in Ankes Arme. Er rührte mit den Fingern seiner rechten Hand an ihre Schulter und stammelte: »Merci, Anke, merci, merci! Moi ne oublier jamais!«

Anke verstand den Dank und das ›ich nicht vergessen jemals‹ auch ohne Walthers Übersetzung. Kokwee hatte sich wieder in seinen weiten Umhang gehüllt, war wieder der unnahbare Indianer, vergaß aber nicht, einen gewichtigen Pakken aus dem Unterholz des Waldrands heranzutragen. Stets brachte er Beeren und Säfte mit, die nach der Meinung seiner Leute dazu beitragen sollten, seinen Sohn zu kräftigen. Anke verwandte diese Gaben nur mit Maßen.

Auf das eigentliche Anliegen seines nächtlichen Besuchs kam Kokwee nicht mehr zu sprechen. Er grüßte Anke mit einer Neigung des Kopfes, als sie das wieder unruhig werdende Kind in die Hütte zurücktrug.

Walther wandte sich an den Indianer: »Ich muß mich bald auf den Weg machen. Gorham erwartet mich am frühen Vormittag.«

»Leb wohl, Walther. Und vergiß nicht: Ich selbst oder einer von uns ist Anke und dem Kind stets nahe, wenn es auch niemand merkt oder vermutet. Seine Mutter war die Tochter eines Häuptlings. Auch ich stamme aus einem Häuptlingsgeschlecht. Die Seuche hat nur wenige von uns verschont. Deshalb ist uns mein Sohn um so teurer. Eine weiße Frau zieht ihn auf. Vielleicht wird er, den Anke ›Indo‹ genannt hat, ein Führer meines Volkes, eine Brücke zwischen euren Leuten und meinen Leuten. Sein Name soll ›Indo‹ bleiben, wie Anke gesagt hat.«

Dann wanderte Kokwee mit weit ausholenden Schritten davon und war nach einer knappen Minute zwischen den Stämmen des Waldes verschwunden.

Anke bereitete das Frühstück. Walther erzählte, was er von

dem Indianer vernommen hatte und verpflichtete auch Anke auf Verschwiegenheit. Bald machte sich Walther auf den Weg, auf diesen schon deutlich ausgetretenen Pfad zur Bedford-Bucht hinüber.

Als Walther sich bei Gorham meldete, um ein Papier abzuliefern, das ihm die Zahlmeisterei in Halifax mitgegeben hatte, erzählte er ihm bei dieser Gelegenheit, daß er an der bevorstehenden Zusammenkunft des Gouverneurs mit den Micmac-Häuptlingen in Halifax werde teilnehmen müssen. Er fügte hinzu: »Wäre es nicht hundertmal besser, Captain, wenn, statt meiner, Männer wie Sie oder How oder zum Beispiel Cock oder Long-Berty, die beide auch gut Micmac sprechen, an dem Treffen mit den Häuptlingen teilnähmen? Ich kann mir denken, daß es da vieles zu beachten gibt, was nur ein Kenner der Indianer richtig beurteilen kann.«

Unter Gorhams respektabler Nase machte sich ein ironisches Lächeln breit: »Du kannst dir denken, sagst du. Du kannst dir also was denken! Das ist es ja gerade. Du hast dir gar nichts zu denken. Und wenn ich mir was denke, behalte ich das auch lieber für mich. Wer höher ist, denkt besser und wer am höchsten ist, noch besser als der liebe Gott. Wer aber unten ist, der denkt am besten überhaupt nicht. Sonst kann es ihn Kopf und Kragen kosten. Und dafür solltest du dir zu schade sein, Walther. Nur bei uns hier, bei den Rangers, können wir auf das Denken nicht völlig verzichten; die Wälder und die Indianer wollen es so.«

Dieser Ton behagte Walther ungemein. Aber mit dem Inhalt der Worte wollte er sich nicht zufriedengeben. »Die Indianer sind der Ansicht, daß wir ohne Erlaubnis in ihr Gebiet eingedrungen sind, dazu bewaffnet und gleich mit einigen tausend Menschen. Das wäre auch bei uns gleichbedeutend mit Krieg. Wir tun so, als gehörte das Land uns, und die Indianer müßten antreten, um unsere Befehle entgegenzunehmen.«

Gorham grinste noch breiter. »Walther, Walther, mit dir wird's ein böses Ende nehmen. Wo kämen wir hin, wollten wir uns dauernd überlegen, ob die Wilden mit unseren Absichten und Taten einverstanden sind! Wir wollen hier an Land und siedeln, und die Wilden müssen weichen, damit basta. Und wir, die Rangers, unter meiner Wenigkeit, dem tressen- und ordenlosen Gorham, wir haben hier draußen Schanzen zu bauen und den Mund zu halten, zwanzig Meilen vor der Stadt, damit unser unvorschriftsmäßiger Aufzug die militärische Etikette der stolzen Herren aus London nicht ständig irritiert. Walther, Walther, du stehst vor der Wahl, vor die sich jeder gestellt sieht, der sich diesem neuen Kontinent anvertraut: Du mußt entweder das Denken ganz und gar aufgeben und nur das verrichten, was sich von Tag zu Tag anbietet – oder du mußt noch viel mehr denken als je zuvor, womit du dann zwar nicht auf den Hund, aber auf die Amerikaner gekommen bist. Weiter im Süden, bei Boston, praktizieren wir das schon eine ganze Weile.«

Auch Walthers Laune besserte sich. Munter erwiderte er: »Wenn man sich schon entscheiden muß, Captain, dann für die amerikanische Tour.«

Gorham nickte vergnügt. »Dachte ich's mir! Die Rangers haben dich angesteckt und verdorben. Also gut, denken wir gemeinsam weiter.«

Er reichte Walther lachend die Hand. Der schlug ein. »Captain, ich habe Ihnen noch etwas zu sagen. Der Gouverneur hat mich beauftragt, bei den Rangers Augen und Ohren offenzuhalten und notfalls zu berichten. Ich weiß zwar nicht, was, aber selbst das wird nicht zu berichten sein ...«

Gorham hatte die Brauen zusammengezogen bei Walthers Geständnis, das dieser eigentlich nicht hatte ablegen wollen; es war ihm so herausgerutscht, weil Gorham reinen Tisch gemacht hatte und Walther schließlich das gleiche tun wollte. Gorhams Heiterkeit war gedämpft, aber nicht verflogen. Gleichmütig sagte er: »Vielen Dank für deine Offenheit, Walther. Ich weiß sie zu schätzen. Doch möchte ich dir verraten, daß mir von Anfang an klargewesen ist, weshalb man dich mir als Kurier beigegeben hat. Du hast mir also nichts Neues erzählt. Cock und Niscayu haben mir indessen berichtet, daß du ehrlich bist und ganz darauf aus, einer von uns zu werden. Und ich selber habe schließlich auch Augen im Kopf. Die Herren vermögen sich noch nicht an die Sitten dieses Landes zu gewöhnen. Aber da wir so simpel aussehen, uns mit ›du‹ anreden und nach vielen Jahren Amerika ein bißchen verroht und verwildert und verdummt sind – das gilt natürlich auch für Mascarene und Captain How – und weil man erwartet, daß wir die Londoner Forschheit und Eleganz nicht recht ernst nehmen – was übrigens stimmt –, hält man uns am liebsten auf einige Dutzend Meilen Distanz. Man will uns beweisen, daß man alles viel besser versteht als wir, die wir nicht über die geringsten Beziehungen zur Admiralität oder zu den Lords of Trade and Plantations verfügen. Mascarene, How und ich und unsere Leute, wir hocken nun schon seit langen Jahren im Annapolis-Tal, haben die Indianer in Schach gehalten und mit freundlichem Zureden auch die Akadier, lauter brave Leute im Grunde, mit denen auszukommen ist. Jetzt erscheinen die stolzen Herren aus London mit königlichen Bestallungen und wissen alles viel besser als wir alten, dummen Hasen. In solchem Falle, mein lieber Walther, zuckt man die Achseln. Soll sich eben jeder auf eigene Faust die Finger verbrennen!«

Und wie sie sich die Finger verbrannten! Sie merkten es anfangs nur nicht. Und es waren andere, die die Zeche zu zahlen hatten.

Walther allerdings merkte es gleich, daß die beiden Parteien, die englische und die indianische, auf groteske Weise aneinander vorbeiredeten. Walther hatte sich auf der ›Beaufort‹ einfinden müssen, wo Cornwallis die Häuptlinge zur Audienz zu empfangen gedachte. Audienz, so muß man es wohl nennen, denn Cornwallis wollte deutlich machen, daß er die Häuptlinge als berufener Vertreter und Beauftragter des Souveräns, des Königs von England, empfing, daß es also eine Gnade und Huld war, wenn er sich herabließ, sich mit den indianischen Häuptlingen zu besprechen und sie zu einem Schutzvertrag zu ermuntern.

Den Häuptlingen lagen solche Vorstellungen weltenfern. Sie befanden sich ja in ihrem Land, in ihren ureigenen Jagdgründen, die sie seit Menschengedenken gegen jeden verteidigt hatten, der sie ihnen streitig machen wollte. Daß irgendwer plötzlich behauptete, diese Küsten und Wälder seien sein Herrschaftsbereich und gegen diesen Anspruch gebe es keine Berufung, das mußte ihnen schlechterdings absurd erscheinen. Aber wenn die Fremden so großen Wert auf die Bucht von Chebucto legten – nun gut, die ansässigen Stämme waren ohnehin von der französischen Seuche so gut wie vernichtet, unendlich viel Platz und Raum war überall vorhanden, warum sollte man die Einladung des sicherlich mächtigen Mannes Cornwallis nicht annehmen? Vielleicht hatte er günstigen Handel, einen laufenden Tribut, vielleicht hatte er Pulver, Blei und Musketen, dazu Rum und Gin anzubieten, um den scheinbar unvermeidlichen Krieg durch einen brauchbaren Frieden noch rechtzeitig abzufangen.

Walthers Dolmetscherkünste wurden nicht benötigt, doch hatte er sich bis zum Schluß bereitzuhalten. Mascarene hatte einen Akadier namens André Labatte aufgetrieben, der des Micmac mächtig war, seine Muttersprache Französisch vorzüglich und das Englische leidlich beherrschte. Mascarene hatte sich auf diesen André verlassen können, hatte er doch, schwach an Rüstung und Soldaten, wie er gewesen war, stets den Ausgleich mit Akadiern wie Indianern suchen müssen, um Englands Autorität wenigstens dem Namen nach aufrechtzuerhalten. André aber war inzwischen längst von Le Loutre, dem französischen Missionar und Aufwiegler der Indianer, instruiert worden: Mit Chebucto und Halifax macht England Ernst; es denkt offenbar nicht daran, den amerikanischen Nordosten, wie es sich gehören würde, Frankreich zu überlassen.

Krieg also mußte sein, und die Indianer durften keine Ruhe geben – waren sie doch ohnehin tief verstört und erregt durch die andrängenden Gewalten, die aus den Weiten des für sie unbefahrbaren Meeres wie aus dem Nichts aufgetaucht waren, ausgerüstet mit übermächtigen Waffen, unerhört wirksamen Werkzeugen und Geräten, dazu im Besitz von starken Getränken, die beglückenden Wahnsinn spendeten. Le Loutre hatte die ständig steigende Sorge, die Verwirrung der Indianer unablässig geschürt, wobei er von weiteren Agenten gleichen Schlages wie eben jenem André Labatte nachhaltig unterstützt wurde. Die Indianer mußten davon überzeugt werden, daß allein die Engländer, und vor allem Cornwallis und seine Einwanderer und Soldaten, die Lebensart und den Fortbestand der Micmacs bedrohten. Sie also durfte man täuschen und hinhalten und ihnen niemals Pardon geben. Die Franzosen,

Le Loutre voran, hatten es verstanden, den um ihre Existenz bangenden, von einem zunächst ziellosen, angstvollen Haß erfüllten Indianern zu weisen, wo sie Vergeltung üben konnten; bei diesem unheimlich bösartigen Gegner: bei allem, was englisch war.

Cornwallis, der hochmütige, gebildete Offizier und Aristokrat aus der etablierten Gesellschaft Londons, in seiner Abneigung gegen die ›verbauerten und verschlampten Kolonialen‹ wie Gorham, How und sicherlich auch Mascarene, wiegte sich in der naiven Überzeugung, daß er und sein Stab nur in all dem Glanz und der pfauenbunten Pracht königlich englischer Offiziere und Kavaliere aufzutreten brauchten, um den Indianern klarzumachen, daß sie sich glücklich schätzen müßten, fortan als gehorsame Untertanen Seiner Britannischen Majestät Georgs II. ein frommes und braves Leben führen zu dürfen.

Die Indianer dagegen nahmen die zu ihrem Empfang veranstalteten Feierlichkeiten von Anfang an nicht ernst, weder die Salutschüsse von den Schiffen, noch die steif wie Holzpuppen exerzierenden und präsentierenden Musketiere, die sich nur auf barsch gebellte Kommandos bewegten, als wären sie nicht Menschen, sondern Aufziehpuppen. Die drei Häuptlinge und neun weitere Krieger, die als Vertreter aller Stämme des Hinterlandes bis über die Bay of Fundy hinaus erschienen waren (unter ihnen Kokwee für die bis auf einen traurigen Rest vernichteten Stämme, die weit um die Chebucto-Gegend gewohnt hatten), diese zwölf mit allen Schlichen und Tücken der Wildnis vertrauten roten Männer wußten mit dem Drill der knallrot berockten englischen Soldaten nicht das geringste anzufangen. Das sollten Krieger sein?

Der indianischen Abgesandten bemächtigte sich eine heimliche Ausgelassenheit, die sie nur mit Mühe hinter ihrer von der strengen Sitte vorgeschriebenen Würde verbergen konnten. Sie waren ja nicht gekommen, Frieden zu schließen oder gar ihre Unterwerfung zu bekunden, sich demütig dem Wohlwollen des großen Königs von jenseits der Meere anzuvertrauen, sondern um sich den ohne ehrliche Kriegserklärung längst gebrochenen Frieden so teuer wie möglich abkaufen zu lassen oder – wenn kein überzeugendes Angebot gemacht wurde – den Kriegszustand in aller Form zu bestätigen.

Walther erschrak, als er die zwölf Indianer an der Landestelle unterhalb der Stadt aus ihren Kanus steigen sah. Er hatte den Befehl erhalten, sich der kleinen Gruppe von Stabsoffizieren und Beamten beizugesellen, welche die Indianer am Ufer begrüßen, dann mit Speise und Trank, vor allem mit Rum, traktieren sollten, um sie schließlich auf die ›Beaufort‹ zu geleiten, wo Cornwallis sie empfangen und ihre ›Huldigung‹ entgegennehmen wollte.

Walther hatte Hestergart, der mit Bulkeley das Empfangskomitee anführte, zugeflüstert: »Sie kommen in voller Kriegsbemalung, Jonas. Sie wollen den Krieg. Sie sind schon mit uns im Krieg. Sie haben Rot und Schwarz auf den Gesichtern!«

So war es. Eine zinnoberrote Schicht war über die Gesichter gebreitet wie eine Maske, quer über die Nase und die Stirn war fingerbreit ein schwarzer Strich gezogen. Hestergart flüsterte zurück, nervös und ungeduldig:

»Behalte deine Ranger-Weisheit für dich, Walther! Diese Hanswurste und Krieg – lächerlich!«

Hanswurste? Ja, wenn Walther nicht längst bei den Rangers gelernt gehabt hätte, ein wie fürchterlicher Gegner der Indianer sein konnte – auch er hätte sich täuschen lassen. Denn diese hochgewachsenen, muskulösen Männer mit den bunt beschmierten Gesichtern und einigen schwarz-weißen Federn im schwarzen Haar waren mit einem Sammelsurium von Fetzen behängt, die alle durch die Hände europäischer Schneider gegangen waren: Stücke aus französischen, auch englischen Uniformen mit verblaßten Tressen, eine schmutzige Brokatweste, zerschlissene Seidenbänder, die zu einer Damenrobe gehört haben mochten, ein leidlich erhaltener, langschößiger Rock aus blauem Tuch, dem jedoch alle Knöpfe fehlten und der seinem Träger – Kokwee war es, wie Walther zu seinem maßlosen Erstaunen erkannte – um die Schultern schlotterte – wahrscheinlich hatte er einem dicken Kavalier gehört. Dann sah man noch zerfetzte Hosen und grobe Jacken aus naturfarbener dicker Wolle, wie sie von den häuslichen Webstühlen der französischen Akadier kamen, und einen Schulterumhang aus einem sehr weiten Damenrock, der wahrscheinlich einmal eine Krinoline beherbergt hatte, und ein Paar ehemaliger Kürassierstiefel mit Stulpen bis hoch über die Knie, in welchen der stolze Häuptling nur einherschreiten konnte, wenn er sich auf einen der neun minderen Krieger stützte.

Aus der Masse des Volkes, das in weiterem Abstand an der Zeremonie teilnehmen durfte, klang angesichts dieser Karnevals-Kostüme Gelächter auf. Auch die im Namen des Gouverneurs die indianische Abordnung empfangenden Herren konnten ihre Belustigung nur schwer verbergen. Salisbury, der ewig freche und sich schlecht benehmende junge Herr, der dem Gouverneur schon mehr als einmal Ärger bereitet hatte, maßte sich sogar an, an einer langstieligen Tonpfeife zu zupfen, die sich einer der Häuptlinge durch ein Loch in der linken Ohrmuschel gesteckt hatte. Salisbury erntete dafür jedoch einen Blick, so fassungslos, aber auch so wutentbrannt, daß er es vorzog, sich schleunigst in die hinteren Reihen des Empfangskomitees zurückzuziehen.

Die Kanonen von den Schiffen donnerten Salut. Die rotberockte Ehrenkompanie vom Regiment Warburton präsentierte das Gewehr. Die indianischen Abgesandten ließen sich am Ufer zu einem Festmahl aus Salzfleisch, Kohl, Brot und Bier nieder. Dann kam der Rum – und bald ging die bunt behängte und bemalte Würde in die Brüche.

Bulkeley jedoch, Hestergart und Walther Corssen hatten den Befehl, die Abordnung in den Barkassen der Schiffe zur ›Beaufort‹ hinüberzubringen, ehe sie sich vollständig um den Verstand getrunken hatte. Die Häuptlinge bestanden darauf, daß André Labatte, der mit ihnen offenbar sehr freundschaftlich verkehrende akadische Dolmetscher, zur Verhandlung beim Gouverneur mitzukommen habe. Walther und Kokwee hatten, ohne es verabredet zu haben, mit keinem Wort oder Blick verraten, daß sie sich kannten.

Wenn Walther in späteren Jahren an die Szene zurückdachte, deren Zeuge er an Bord der ›Beaufort‹ geworden war – in der gleichen Gala-Kajüte, in welcher sich Cornwallis gleich nach der Ankunft der Transporter zum Gouverneur und Captain-General hatte einschwören lassen –, so konnte er sich niemals einer sonderbar schmerzenden Mischung von verzweifelter Belustigung und kopfschüttelndem Unverständnis erwehren. Cornwallis empfing die Indianer in der vollen Pracht seines Amtes, mit Orden geschmückt, in wallender Allonge-Perücke, den Galanterie-Degen an der Seite in silbernem Gehänge, in veilchenblauem Frack mit goldenen Borten, in schwarzen Atlashosen, weißseidenen Strümpfen und blanken Schuhen mit breiten Silberschnallen.

Die Indianer waren sicherlich sehr angetan und auch überwältigt von dem Glanz und dem steifnackigen Stolz des Gouverneurs und seines Stabes, aber sie waren schon zu betrunken, als daß dieser Eindruck sie lange hätte bändigen können. Cornwallis sprach englisch, der gleich ihm hinreißend elegante Kavalier Bulkeley übersetzte ins Französische, und der akadische Waldläufer André Labatte, in einem abgewetzten, befransten Lederrock, übertrug ins Micmac. Was er den Indianern tatsächlich übersetzte, vermochte niemand nachzuprüfen. Doch wollte es Walther scheinen, als ob das, was Cornwallis sagte, auf Micmac viel längere Zeit in Anspruch nahm als auf englisch. André übersetzte also nicht nur, er lieferte die ihm notwendig erscheinenden Erklärungen und Randbemerkungen gleich mit.

Nachdem sich die beiden Gruppen, die indianische und die englische, einander gegenüber aufgestellt hatten, entrollte Cornwallis ein steifes Papier und las: »Mir ist von Seiner Majestät die Anweisung gegeben worden, mit den Indianern Freundschaft und gutes Einvernehmen zu erhalten und ihnen, soweit sie in diesen Provinzen wohnen, durchaus jede Art von Schutz angedeihen zu lassen.«

Weiter bezog das Dokument sich auf einen früheren Vertrag ähnlichen Inhalts aus dem Jahre 1725, den die Indianer damals mit ihren Totemzeichen versehen hatten und der jetzt neu bekräftigt werden mußte, indem sie abermals ihre Totems unter den Text malten. Geschähe das, so würden die indianischen Untertanen des Königs von England, Georgs des Zweiten, sich fortan des größten Wohlwollens Seiner Majestät erfreuen.

Die Indianer schwankten ein wenig bei dieser feierlichen Eröffnung, räusperten sich vernehmlich und rülpsten, traten von einem Fuß auf den anderen, verstanden offenbar gar nichts. ›Freundschaft und gutes Einvernehmen‹ –? Nachdem die Engländer ins Land gefallen waren, ohne um Erlaubnis zu fragen? ›Jede Art von Schutz‹? Vor wem? Vor den französischen Lilien etwa? Mit den Franzosen waren die Indianer befreundet, Le Loutre war ihr kluger Ratgeber und Gönner. Schutz vor wem also? Vor anderen Indianern? Vor denen wußten sie sich selbst zu schützen. Verträge? Was sind Verträge? Krieg herrschte! Die Engländer hatten ihn ins Land getragen – und Kriege fanden erst ein Ende, wenn die Gegner gemeinsam die Farben des Krieges von den Gesichtern gewaschen, das Kriegsbeil in die Erde gegraben, die Friedenspfeife geraucht und das ›leuchtende Band der Freundschaft‹ geknüpft hatten. Erst wenn alle diese Voraussetzungen erfüllt waren, durfte ein Friedensschluß als gültig und verbindlich angesehen werden.

Walther Corssen war nicht der einzige in der weiten, niedrigen Gala-Kajüte der ›Beaufort‹, der die bestürzende Albernheit der feierlichen Szene durchschaute. Auch der Dolmetscher André grinste genüßlich, während er übersetzte, was Bulkeley ihm aus des Gouverneurs Mund weitergab. Hestergart, so schien es Walther, machte ein betretenes Gesicht. Auf den Gesichtern der Häuptlinge aber hatte sich eine ungläubig staunende Heiterkeit verbreitet – der Alkohol hatte die Maske des unbewegten Ernstes zerstört. Von André Labatte ermuntert, setzten die Häuptlinge wiederum ihre Totemzeichen auf das Dokument. Nach ihrem Verständnis bedeutete das keine Anerkennung, sondern lediglich, daß sie dagewesen waren und ihre Meinung kundgetan hatten.

Allein diejenigen, auf die es am meisten ankam, Cornwallis nämlich und sein engerer Stab, befangen in der Würde des historischen Augenblicks, merkten nicht, daß die feierliche Zeremonie ins Leere stieß, daß sie eigentlich nur wert war, mit einem schallenden Hohngelächter beantwortet zu werden.

Um die lange und tragikomische Geschichte kurz zu machen: Der Gouverneur und seine Leute glaubten, nun sei alles in bester Ordnung. Hatten die Indianer doch ›unterschrieben‹! Die erfahrenen Männer aus den eigenen Reihen wie How oder Gorham oder Mascarene, die den Gouverneur eines besseren oder vielmehr schlechteren hätten belehren können, waren ausgeschaltet, ihre langjährige Erfahrung, ihre gewitzte Bedachtsamkeit waren für lästig befunden worden. Wer ein

Amt, einen stolzen Titel verliehen bekommen hatte, wer aus dem innersten Kreis der Regierung Seiner Majestät in diese gottverlassene Kolonie entsandt worden war, den hatte die Natur mit überlegener Weisheit begabt – der wußte alles besser, selbst das, was er nicht wußte ...

Die indianischen Unterhändler aber gelangten zu der Überzeugung, mit einem so aufgeblasenen, dummen Gegner noch nie zu tun gehabt zu haben. Offenbar aus Angst hatte dieser Gegner die indianischen Abgesandten mit größten Ehren empfangen, hatte sie unterwürfig gefeiert und durch ihren obersten Führer begrüßt, obgleich sie – und das war das Entscheidende! – die Farben des Krieges im Gesicht trugen, obgleich ihnen das Kriegsbeil im Gürtel steckte, obgleich die ausführlichen, zu einem Friedensschluß unbedingt erforderlichen Verhandlungen nicht einmal versucht worden waren. Weder war in feierlichem Akt die Farbe des Krieges von den Gesichtern gewaschen, weder ein Tomahawk, eine Streitaxt, zeremoniell in die Erde versenkt, noch schließlich reihum die Friedenspfeife geraucht und damit erst der Friede bestätigt worden.

Cornwallis wollte die zerlumpt und phantastisch herausstaffierten ›Wilden‹ keine Minute länger, als nach seiner Meinung erforderlich, auf dem Gouverneursschiff haben. Sie stanken nach Schnaps und nach Raubtier, betasteten Möbel und Einrichtung, benahmen sich herausfordernd, als gehörte das Schiff ihnen. Aber noch mußten sie, da sie ja ›unterschrieben‹ hatten (obgleich die schriftlosen Männer nicht einmal ahnen konnten, was das nach englischer Auffassung bedeutete) – noch mußten sie weiter gefeiert werden. Das konnte aber genausogut an Deck der ›Sphinx‹ geschehen. Auf der ›Beaufort‹ waren die angetrunkenen Kerle, die bald noch mehr trinken würden, nicht mehr zu ertragen.

Die mühsam gewahrte Höflichkeit erforderte, daß ihnen für den Rest der Feier Vertreter des Gouverneurs beigegeben wurden. Das war eine Aufgabe für die Ranger. Der einzige, der in der Eile greifbar war – ja, gewiß: Walther Corssen ist jetzt ein Ranger!

Bulkeley winkte Walther herbei: »Walther, du vertrittst auf der ›Sphinx‹ den Gouverneur und mich bei den Kerlen. Und wenn sie voll sind, packe sie in ihre Kanus und lasse sie mit der Flut ins Bedford-Becken treiben. Von dort mögen sie sich allein weiterhelfen.« – »Yes, Sir!«

Walther hatte aus dem Hintergrund dem Staatsakt mit unguten Gefühlen beigewohnt. Er war nicht nach seiner Meinung gefragt worden, hatte sich auch gehütet, ihr irgendwie Ausdruck zu verleihen. Seit Cornwallis ihm zugemutet hatte, bei Gorham den Aufpasser zu spielen, war für ihn die letzte Bindung an diesen Engländer gesprengt. Er gehörte nicht mehr dazu, war frei, vogelfrei, ein Amerikaner! Mochten diese hochmütigen Herren aus London veranstalten, was sie wollten! Ihre anmaßende Unwissenheit spielte sich außerhalb seines Bereichs ab, jetzt und für immer.

Hestergart erbot sich, die indianische Abordnung ebenfalls auf die ›Sphinx‹ zu begleiten. Bulkeley ›wollte ihn nicht zurückhalten‹. Auf der Bootsfahrt zur ›Sphinx‹ meinte Hestergart: »Walther, mir ist nicht sehr wohl bei der Geschichte. Die Brüder haben ganz was anderes im Sinn als der Gouverneur.«

Auf dem Deck der ›Sphinx‹, unter der Nase der Gegner, veranstalteten die Indianer mit wildem Geheul, in ungelenken, von Gin und Rum wahrlich nicht beflügelten Sprüngen ihren Kriegstanz, schwangen die Beile, stampften das Deck, besudelten die makellos gescheuerten Planken Seiner Majestät. Und die Engländer nahmen es hin, behaupteten mühsam die Pose des geehrten Gastgebers. Walther Corssen allerdings und Jonas von Hestergart spürten die Verachtung, mit welcher die Indianer auf englischem Boden, befeuert von englischem Rum, den Engländern den Beginn des Krieges vortanzten. – Und so betrunken waren sie nicht, daß sie am Schluß nicht doch noch aus eigener Kraft in ihre Kanus klettern und sich mit einigen schrillen Kampfrufen der hereindrängenden Flut anvertrauen konnten, die sie bald landein in die sinkende Nacht durch die Narrows ins weite, stille Bedford-Becken entführte.

Ganz am Schluß war Kokwee, sicherlich nicht ohne Absicht, neben Walther an der Verschanzung der ›Sphinx‹ zu stehen gekommen, hatte sich lallend, aber unmißverständlich vernehmen lassen: »C'est la guerre, Walther. Prudence maintenant, prudence!«

»Das ist der Krieg, Walther! Vorsicht jetzt, Vorsicht!«

12

Die Haligonier, wie sich die Bewohner der werdenden Hauptstadt von Neu-Schottland damals schon nannten, ahnten nicht, daß der Himmel sie in ihrem Jahr des Beginns, 1749, mit ausnehmend schönem und trockenem Wetter gesegnet hatte. Zwar hatte es eine Reihe von trüben und regnerischen Tagen gegeben, so daß die Bäche, die vom Hügel herniedersprangen, und jene, welche die stillen, glasigen Süßwasser-Seen des Innern zur Bucht von Chebucto entwässerten, niemals zu versiegen brauchten, aber zumeist waren die Haligonier im kräftig sich regenden Halifax von klarem, blauem Himmel, balsamischen Lüften und nur sanften Winden ungewöhnlich begünstigt worden.

Die vielen an Land gesetzten Soldaten hatten im Verein mit dem Elendsvolk aus dem Londoner Osten bei Beginn des Herbstes an die dreihundert Blockhütten errichtet, so daß rund anderthalbtausend Leute ein Dauerquartier beziehen konnten.

Die gleiche Zahl kampierte immer noch auf den Schiffen im Hafen, so gut es eben ging. Die Decks der Transporter waren – soweit der Gouverneur die Schiffe noch nicht nach England entlassen hatte – mit Dächern versehen worden. Die hielten zwar zur Not den Regen ab, auch den Schnee, der nicht ausbleiben würde, aber die so geschaffenen Unterkünfte ließen sich nicht heizen – und schon jetzt, gegen Ende September, gab es kühle, ja kalte Nächte.

Nach wie vor wollte es dem Gouverneur nicht gelingen, mit dem zuchtlosen Pöbel fertig zu werden. Zwar hatte er die Leute mit hohem Lohn und unmenschlich harten Strafen allmählich zu einigermaßen geregelter Arbeit bewogen, aber ihre Trunksucht ließ sich nicht eindämmen. Noch nie hatten sie so viel Bargeld in die Hand bekommen, noch nie waren ihnen Rum und Gin so billig und reichlich angeboten worden wie hier. Mehr als einer trank sich zu Tode und wurde sang- und klanglos verscharrt. Die übrigen hockten beieinander, schimpften auf Gott und die Welt im allgemeinen, auf den Herrn Gouverneur im besonderen und jammerten den kotigen Gassen von Whitechapel nach, als hätten sie dort im Paradies gelebt. Sie nahmen die Schaufel oder die Hacke nur in die Hand, wenn ihnen der Aufseher im Nacken saß.

Cornwallis und Bulkeley hatten ihre ganze Tatkraft und ihren Ruf, befeuert von der Hoffnung, im Staatsdienst aufzusteigen, dafür eingesetzt, die werdende Kolonie zu Gewinn und Erfolg zu führen. Noch war das erste halbe Jahr nach der Landung in der Bucht von Chebucto nicht vergangen. Der Gouverneur und sein Stellvertreter hatten sich endgültig zu der Erkenntnis durchringen müssen, daß mit den armseligen Menschen, die man nach dem fernen Neu-Schottland abgeschoben hatte, nichts anzufangen war. Hätten nicht die vielen Soldaten und Seeleute zur Verfügung gestanden, die der Gouverneur zum Bau der Schanzen und Palisaden, der wehrhaften Blockhäuser im weiteren Umkreis, aber auch der Straßen, Landungsstege und Unterkünfte kommandieren konnte, ja, wären die Männer nicht gewesen, die schon damals unter dem halb verächtlich, halb vertraulich gemeinten Spitznamen ›Tommies‹ segelten – Halifax und die dazugehörige Kolonie wären nie gegründet worden.

Nicht glücklich war der Gouverneur weiterhin über das ständige Einsickern von Leuten aus den bereits kräftig entfalteten Kolonien Englands im Süden von Nova Scotia. Über mangelnden Unternehmungsgeist oder gar Zaghaftigkeit konnte man sich bei diesen Männern wahrlich nicht beklagen. Schon bis zum Winter des ersten Jahres hatten mehr als tausend dieser hartgesottenen Männer in Halifax Fuß gefaßt. Doch wollten sie alle nicht eigentlich roden, einen Acker aus der Einöde schlagen, siedeln, das Land sich zu eigen machen – sie wollten vielmehr verdienen, wollten ›einen schnellen Bock drehen‹, wie es hieß, also leichtes Geld machen, wo und wie immer sich das bewerkstelligen ließ, sei es, daß sie die schwerfälligen Regierungsstellen schröpften, bestechliche Beamte nutzten, den Cockneys aus London schlechten Rum und Trödel aufschwatzten oder heimatlosen Landsknechten in roten Röcken, Matrosen von Seiner Majestät Schiffen mit geteertem Zopf den schwer erworbenen Sold abschwatzten. Diese ›Yankees‹ dachten nur an den eigenen Vorteil, hatten keinen Respekt vor Titeln und Tressen und ließen sich von keinem Offizier oder Beamten Vorschriften machen. Und wenn es ihnen zu dumm wurde, so nahmen sie nicht lange

Abschied, sondern gingen über Nacht an Bord ihrer kleinen, tüchtigen Segler und waren verschwunden. Manche von ihnen entwickelten sich mit List, von Gewissensbedenken nicht im geringsten geplagt, zu geschickten Ausbeutern der wirren Verhältnisse und wurden reich und mächtig. Sie hatten ›ihre Finger in jedem Kuchen‹, so ein gewisser Joshua Mauger, der über viele schwarze Sklaven verfügte, wie er denn überhaupt das Betriebskapital für seine in der jungen Kolonie tüchtig florierenden Geschäfte im westindischen Sklavenhandel erworben hatte.

Cornwallis mußte sich eingestehen, daß das ganze Unternehmen Nova Scotia/Halifax früher oder später wie eine Seifenblase platzen würde, wenn es nicht gelänge, verläßliche Siedler bäuerlicher Herkunft – keine Fischer, Händler, Soldaten, Geschäftemacher, Eckensteher und Gelegenheitsarbeiter –, ruhige, arbeitsame Leute mit ihren Familien aufzutreiben. Schon im Herbst des ersten Jahres schrieb Cornwallis an die ihm vorgesetzten ›Lords of Trade and Plantations‹, man solle ihm deutsche Siedler schicken – wobei die Erfahrungen, die er mit Leuten wie Jonas von Hestergart, Hans Haubolt aus Celle, Walther und Anke Corssen, lauter Reisegefährten von der ›Sphinx‹, gemacht hatte, eine Rolle gespielt haben mögen.

Ursprünglich hatte Cornwallis gehofft, all die französisch sprechenden Akadiern, die auf der neuschottländischen Erde als erste Europäer Fuß gefaßt und durch die Tat bewiesen hatten, daß dieser rauhe Grund sich in blühende Gefilde verwandeln ließ, gleichsam zum Kernvolk Neu-Schottlands machen zu können. Sie hatten scheinbar mühelos mit den indianischen Ureinwohnern ein schiedlich-friedliches Nebeneinander hergestellt. Deshalb hatte sich der Gouverneur von Beginn an bemüht, von Halifax her auf der atlantischen Seite Neu-Schottlands den wohl schon ein wenig ausgetretenen Wildnispfad zur westlichen Küste, zum Minas-Becken der Bay of Fundy, in eine befahrbare Straße zu verwandeln. Dadurch wollte er Zugang zu den akadischen Siedlungen im Annapolis-Tal und auch nach Annapolis selbst gewinnen, um die beiden Küsten der neuschottländischen Halbinsel zu einem Ganzen zu vereinen.

Die Franzosen wußten diese durchaus sinnvoll geplante

Entwicklung von Paris, Québec und Louisbourg her mit Geschick und Tücke zu unterlaufen. Zwar herrschte, nach der Rückgabe der Festung Louisbourg an Frankreich, offiziell Friede zwischen den beiden Anwärtern auf den Besitz des noch immer weithin in unerforschtes Dunkel gehüllten Kontinents Nordamerika. Aber im Untergrund ging der Krieg mit unverminderter Schärfe weiter. Da den Akadiern das Recht zugebilligt war, sich ihre – katholischen – Priester aus Frankreich kommen zu lassen, besaß die französische Regierung die Möglichkeit, Agenten in geistlichem Gewand nach Akadien einzuschleusen. Und das nutzte sie weidlich aus. Alle diese Priester wurden von Le Loutre an die Leine genommen, der nicht nur – mit dem Kruzifix in der Hand – den Haß der Indianer gegen die Engländer nährte, sondern über Kanzel und Beichtstuhl auch die Akadier aufstachelte, die in ihrer großen Mehrzahl nichts weiter als Ruhe und Frieden wünschten und den König von Frankreich ebenso sauertöpfisch und mißtrauisch ablehnten wie den von England.

Die Akadier hielten nicht viel von Fürsten und Königen; sie hatten das süße Blut der freien Wildnis schon zu lange geleckt. Aber sie waren fromme Katholiken, und ein Priester vermochte nach ihrer Überzeugung nichts anderes als die lautere Wahrheit zu verkünden – und die lautete: Die Engländer sind Ketzer!

Die Akadier bestanden also auf ihrem alten Vorrecht als Katholiken, niemals zum Dienst unter Waffen gegen das katholische Frankreich herangezogen zu werden. Ansonsten meinten sie es mit ihrer Ergebenheit gegenüber England durchaus ernst, das hatten sie auch vierzig Jahre lang bewiesen. Leute wie Cornwallis, Bulkeley, Gates oder der sich langsam in den Vordergrund schiebende grobschlächtige Lawrence hatten sich jedoch der Gefahr, die von Québec oder Louisbourg drohte, ständig bewußt zu sein und wollten sich auf die süßsaure Loyalität der Akadier nicht verlassen. Die Akadier mochten von heut auf morgen umschwenken, und dann würden sie, da sie an die zehntausend mit den Indianern befreundete, landeskundige Männer aufstellen konnten, wahrlich zu einer Gefahr im Rücken werden. Zum Teufel mit den Akadiern!

Cornwallis entsann sich der Forderung, die schon William

Shirley, der Gouverneur von Massachusetts, gestellt hatte: Englische oder deutsche Protestanten nach Nova Scotia zu verpflanzen. Nach den Erfahrungen, die Cornwallis mit den Cockneys in Halifax gemacht hatte, beschränkte er seine Anforderung auf ›deutsche Protestanten‹.

Freilich wurde es Frühling 1750, ehe in den hannoverschen Landen Seiner Majestät Georgs II., aber auch im deutschen Südwesten bis an die Burgundische Pforte und in die Schweiz hinein für die große Reise übers Meer geworben werden konnte.

Cornwallis vermochte allerdings nicht zu warten, bis die Campagne der ›Lords of Trade and Plantations‹ ihm neue, bessere Siedler zuführte. Mit Schaudern dachte er an den bevorstehenden Winter. Die Blockhäuser und die Quartiere auf den Schiffen mußten mit Brettern verkleidet werden, damit sie der Zugluft nicht überall Durchlaß gewährten. Aber Bretter und Planken aus Boston oder Portsmouth heranzuschaffen, das nahm auf die Dauer zuviel Zeit in Anspruch und war vor allem zu kostspielig. Also erbot sich Basford, der endlich Geld verdienen wollte, auf der anderen Seite der Meeresstraße, zu der sich bis zu den Narrows die Chebucto-Bucht landein verengt, auf eigene Kosten einen Sägeplatz anzulegen, um Halifax noch vor dem Winter mit Brettern, Balken und Planken zu versorgen. Drüben, über der hübschen Dartmouth-Bucht, stand eine besonders reiche Auswahl an prächtigen Schwarzfichten, Ulmen, Ahorn und Eichen zur Verfügung.

Tatsächlich war schon nach wenigen Wochen die Sägearbeit mit einem halben Dutzend Arbeitern voll im Gange. Die blanken, frischen Hölzer, nach Wald und Harz duftend, schwammen in schweren Stößen von der Dartmouth- zur Halifax-Seite der Bucht hinüber. Die Sägestätte lehnte sich an ein dort munter zur See hinunterspringendes Flüßchen. Was keiner wußte, war dies: Das Flüßchen bildete das Schlußstück der uralten indianischen Kanuroute, die neben der anderen, der Sackville-Route, die Verbindung des Minas-Beckens im Westen mit der atlantischen Küste herstellte. Früher oder später also mußten die Indianer auf die Sägemühle stoßen. Es lag dann nahe für sie, anzunehmen, daß man ihnen den Zugang zu den fischreichen Buchten am Atlantik endgültig sperren wollte, nachdem Gorham schon mit seinem Urwaldfort am fernen Ende des Bedford-Beckens die andere Route über die Sackville-Seen blockierte.

Wieder hatte Kokwee eines Nachts seine Freunde Walther und Anke Corssen ins Vertrauen gezogen. Er hatte ihnen gesagt, daß die Indianer den Bau der Sägestätte am Dartmouth-Flüßchen nicht dulden würden. Walther hatte ohne besondere Absicht den Namen Basfords als den des eigentlichen Urhebers und Besitzers erwähnt. Er war erstaunt und horchte auf, als Kokwee in seinem mageren, aber nicht mißzuverstehenden Französisch zur Antwort gab: »Basford, ich weiß, das ist der Mann, der das Kind nicht haben wollte, das ist der schlechte Mann, der Anke belästigt hat.«

Walther erwiderte betroffen: »Das ist dir alles bekannt, Kokwee? Woher?«

Aber der Indianer zog den ledernen Umhang fester um die Schultern und wich der Frage aus: »Deine Leute sind laut und wissen nichts von Vorsicht. Meine Leute sind leise und bleiben unsichtbar, aber ihre Augen und Ohren sind immer offen. Wir wissen nicht alles, was bei euch vorgeht. Aber das, was wir über euch wissen müssen, das wissen wir.«

Wieder hatte der Indianer die Pflegeeltern seines Sohnes gedrängt, den Umkreis von Halifax zu verlassen und sich irgendwo in der Stille bei den Akadiern oder auch im Bereich seines auf wenige Familien geschrumpften Stammes niederzulassen. Er hatte hinzugefügt: »Du bist ein Ranger, Walther, und die Künste des Waldes sind dir schon vertraut. Was du noch nicht gelernt hast – wir würden es dir gerne beibringen. Die Ranger sind die einzigen, die wir achten. Wir fürchten sie, wenn sie unsere Feinde, und sind stolz, wenn sie unsere Freunde sind. Ihr gehört nicht zu den Engländern. Wir brauchen einen Freund und Lehrmeister, der uns die Absichten und die Lebensweise der Weißen erklärt.«

Aber Walther hatte auch diesmal wieder ablehnen müssen. Ihm war – Anke spürte es und fühlte eine wachsende Unruhe – bei den Rangers eine andere Welt aufgegangen. Vielmehr: Er fing erst jetzt an, zu begreifen, in welche ganz neue Welt er auf diesem amerikanischen Boden geraten war.

Patrick O'Gilcock und Niscayu, der Cayuga-Indianer, aber auch Gorham und andere Rangers hatten den allmählich in ihre Gemeinschaft hineinwachsenden Walther mit den hundert und aberhundert kleinen und großen Geheimnissen, den Tücken, aber auch dem helfenden und schützenden Zauber der Wälder, der felsigen Küsten, der heimlichen Buchten, der Seen und Flüsse vertraut gemacht. Walther verstand sich nun auf die Gewohnheiten der Elche, der Rothirsche, er hatte die Lebensweise der klugen, kunstreichen Biber kennengelernt, er wußte, wie man die schlangengleich schnellen und mißtrauischen Seeotter überlistete. Er hatte Anke das Fell eines Braunbären mitgebracht, den er eines frühen Morgens bei dem Abfallhaufen des Rangerlagers überrascht und mit einem einzigen Schuß zwischen die Augen erlegt hatte, als das schwere Tier ihn angreifen wollte.

Walther hatte die eßbaren, köstlichen Beeren dieser Wälder von den ungenießbaren unterscheiden gelernt und seine Kenntnisse an Anke weitergegeben. Die Indianer hatten ihn auch auf einige Pilzarten hingewiesen, die ein schmackhaftes Mahl ergaben. Er wußte, wie man sich in einer knappen halben Stunde auf besonders geschickte Art aus Fichtenzweigen ein wind- und regensicheres Obdach schichten und flechten konnte. Er verstand es, ein leckgestoßenes Rindenkanu mit Birkenbast und Fichtensaft zu flicken und abzudichten.

Vor allem aber hatte er gelernt, im Wald, an den Ufern der Seen und Flüsse auf leiseste Zeichen der Unregelmäßigkeit zu achten: ein geknicktes Kraut, einen aus seiner Lage gerollten Stein oder Kiesel, auf Gras oder Blätter, die des Morgens vor allen anderen den Tau abgeschüttelt hatten, auf den Abdruck eines tierischen oder menschlichen Fußes im weichen Moos oder Sand, auf den Ruf eines Vogels, das Quaken eines Frosches zur unrechten Zeit, auf den Wind, ob er neben dem Ruch des Harzes und feuchter Erde vielleicht den eines offenen Feuers herantrug. Er hatte gelernt, sich leise im Unterholz so langsam und zögernd zu bewegen, daß er sich dem Freund und Lehrmeister Cock auf zwei Schritte genähert hatte, ehe dieser seine Anwesenheit gewahr wurde. Mit einem Wort: Er war auf dem besten Wege, ein Waldläufer, ein ›Pfadfinder‹ zu werden. Das neue Land hatte sich ihm geöffnet. Die Angst war gewichen. Verloren hatte die neue Welt ihre feindliche Fremdheit; von Tag zu Tag wurde sie zu einem freundlicheren Gefilde, in dem er sich bald ebenso sicher bewegen würde wie in einem heimatlichen Garten.

Gerade dies, daß ihm die Fremde nicht mehr fremd war, daß er sich ihr und ihren ›Eingeweihten‹, wie Cock oder Niscayu oder Gorham, nicht mehr unterlegen fühlte, sondern offenbar gute Aussicht hatte, das Unbekannte und Ungewohnte zu meistern, dieses allmählich sein ganzes Innere durchtränkende Bewußtsein war ihm manchmal wie ein Rausch, ein Rausch der Freiheit, des Könnens, der ungemein verfeinerten und geschärften Sinne, der Gewißheit, daß ihm nun wahrhaft unermeßliche Wälder und Wildnisse zur Verfügung standen, die ihn schützen, nährten, wärmten, wenn er nur wollte und sich ihnen einfügte.

Auch jagten ihm die wilden Burschen, mit denen er zusammengespannt war, längst keinen Schrecken mehr ein. Sie mochten für ›militärische Manneszucht‹ nur ein ironisches Grinsen übrig haben, aber sie waren unerhört verläßlich, waren furchtlos und vorsichtig zugleich. Was sie alle einte, war eine Art von Vernarrtheit in die Wildnis, in ihre Schrecken und ihre heimlichen Beglückungen. Diese Narrheit beruhte auf der Überzeugung, daß sie frei waren, sich jeden Augenblick die langläufige Büchse über die Schulter, das Pulverhorn an den Gürtel zu hängen und hundert oder tausend Meilen weiter nach Norden, nach Westen, nach Süden zu ziehen, in den Ödnissen daheim, niemandem untertan, unzähliger neuer Chancen nie ermangelnd – Kinder und Eroberer eines sich kaum erst entschleiernden, wahrhaft grenzenlosen Erdteils: Amerikaner! Unmerklich hatte diese Narrheit auch von Walther Corssen Besitz ergriffen.

Walther bemühte sich, seiner Anke diese neue Welt näherzubringen. Er vermochte, ihr Einzelheiten mitzuteilen, diese oder jene Erfahrung weiterzugeben, wurde aber das lähmende Gefühl nicht los, daß er am ›Eigentlichen‹ vorbeiredete, nämlich an der überwältigenden Erkenntnis, daß eine neue, ungeahnt freie und weite Welt ihn aufgenommen hatte. Denn Ankes Alltag war der alte geblieben. Sie war eingespannt in den harten Rhythmus nüchterner Pflichten, die sich nur wenig von der Arbeit in der alten Heimat unterschieden. Bei Licht besehen, war sie sogar eine oder mehrere Stufen abwärts gestiegen, war nicht mehr Tochter eines großen Hofes, sondern kaum angesehener als eine Magd.

Je kürzer die Tage wurden, desto weniger gefiel sie sich in

dieser Stellung. Zu ertragen war sie nur, weil sie lediglich einen Übergang darstellen sollte. Wenn sie über die bis zum Rande mit Arbeit, Ärger und Pflichten angefüllte Gegenwart hinausdachte, so erschien ihr als Wunschbild für die Zukunft der große eigene Bauernhof, in die Wälder und das Ödland gebettet wie daheim, mit Vieh und Pferden, Schafen und blanken Feldern, auf denen reifendes Korn sich im Sonnenwind wiegte. Kinder sollten sein und Gärten voller Gemüse und Obst, der Grund und Boden, der Bach durch die Wiesen und die Lämmer und Kälber auf den Weiden sollten ihr Eigentum sein, ihr und Walthers Eigentum – und der Kinder und Enkel Erbteil. Die alte Heimat wieder auferstehen zu sehen in der neuen – das war es, woran ihr Herz hing, was sie alle bittere Mühe und Unbill in diesem ersten Jahr vergessen ließ.

Noch immer wußte Walther es einzurichten, jede dritte oder vierte Nacht bei Anke und dem Kind zu verbringen. War doch das Haus winterfest zu machen, das Dach zu verstärken und abzudichten, ein tüchtiger Vorrat an Brennholz anzulegen.

Gorham, der es zu schätzen wußte, daß Walther ihn über alle wichtigen Geschehnisse im Hauptquartier des Gouverneurs auf dem laufenden hielt, drückte beide Augen zu, wenn Walther für die Nächte Urlaub nahm; die Indianer unter den Rangers fragten ohnehin nicht um Erlaubnis, wenn sie für einen oder auch mehrere Tage nicht verfügbar sein wollten. An einem dieser Abende hatte Walther seiner Frau darüber berichtet, wieviel Geld mit dem Fang von Pelztieren oder auch nur dem Eintauschen der Felle von den Indianern zu verdienen wäre. Er bemühe sich gerade, zu erfahren, was es mit der Fallenstellerei auf sich habe, wie und wo die ›trapping lines‹, die Fallenstrecken, auszulegen, die Köder zu setzen, die verschiedenen Arten von Fallen zu verankern und zu spannen wären, wie man mit den Indianern und dann mit den Aufkäufern, meist Yankees aus Boston, handeln müßte. Cock habe ihm gesagt, auch er habe sich nur bis Ende 51 bei den Rangers verpflichtet. Danach könnte er sich vielleicht mit Walther zusammentun, um sich gemeinsam mit ihm auf Pelzfang und Handel zu verlegen.

Anke hatte zunächst neugierig, dann aber mit zunehmender Angst den Worten ihres Mannes gelauscht. Sie unterbrach ihn schließlich. Der besorgte, beinahe zornige Unterton in ihrer Stimme dämpfte seine Begeisterung sofort.

»Ich dachte, Walther, wir wollten so bald wie möglich brauchbares Land unter die Füße bekommen, damit wir wissen, wo wir hingehören und wo unsere Kinder aufwachsen. Statt dessen denkst du an Pelzhandel, wovon du nichts verstehst und ich auch nichts verstehe. Der würde uns noch viel länger voneinander trennen, als es jetzt schon der Fall ist! Ach, Walther, davon will ich nichts hören!«

Er erwiderte lahm: »Vielleicht ließe sich damit das Geld verdienen, mit dem wir einen fertigen Hof in den älteren Kolonien weiter im Süden kaufen könnten. Das würde uns, besonders auch dir, den Anfang außerordentlich erleichtern.«

Nicht ohne Schärfe gab sie zur Antwort: »Gut, das läßt sich hören. Aber du vergißt, daß wir immer noch das Beutelchen mit den Dukaten im Hinterhalt haben; für solchen Zweck wäre es gut verwendet. Hast du die Dukaten vergessen?«

In der Tat, er hatte sie vergessen. Sie waren nicht hier erworben, sie gehörten nicht hierher; sie stammten aus einer vergangenen Welt. Doch, ganz gewiß: er hatte sich zur Ordnung zu rufen. Die Dukaten waren vorhanden, und sicherlich ließe sich hier noch viel mehr dafür kaufen als im alten Lande.

Bedrückt gingen sie schlafen, und es dauerte lange, bis sie wieder Trost in der Umarmung fanden.

Doch aus einer ganz anderen Richtung, als Anke auch nur hätte ahnen können, brach bestürzend Neues über sie und Walther herein.

Wenige Tage nach jener Auseinandersetzung begann es zu regnen. Der Himmel hatte sich schon seit Tagen eingetrübt. Das Gold der Birken und Espen, das leuchtende Purpur des Ahorns und der Eschen, all die starken Farben, die der Herbst über Berg und Tal verschüttet hatte, ermatteten über Nacht. Die Blätter sanken, ihr Glanz war erloschen, Girlanden und Wimpel eines längst gefeierten Festes. Als der Regen versiegte: Nebel!

Anke hatte nie für möglich gehalten, daß es solchen Nebel überhaupt geben könne. Gewiß, auch in der alten Heimat, in der Heide, hatte sie Nebeltage erlebt. Der Morgen nach einer mondlosen Nacht und allerdichtesten Nebels war es ja gewesen, der ihr den schon so gut wie verlorenen Walther zugeführt hatte.

Dieser Nebel war anders. Von der See her wälzte er sich unaufhaltsam heran, wie eine riesige, schwärzlichgraue Wand des Unheils, begrub das Licht und alle Farben unter sich, verwandelte den Tag in eine lähmend lastende Dämmerung. Alle Dinge vergingen in diesem Nebel, die Wälder, die Felsen. Wer sich entfernte, der war nach drei, vier Schritten so ganz und gar von den träge wallenden Schwaden verschluckt, als sei er nie vorhanden gewesen. Und wer von ferne rief, der hörte sich an, als presse sich ihm eine grobe Hand um die Kehle und würge ihn, so daß er sich kaum noch bemerkbar machen konnte. Der Nebel hüllte jedes Ding und alles Lebendige mit schleimiger Nässe. Die Feuchte durchtränkte die Kleider bis auf die Haut und machte sie schwer wie gewässerte Lumpen und kalt, sehr kalt. Es war, als sei die ganze Welt erblindet, als ertrinke sie in einem seltsam schwerelosen, oben und unten vertauschenden und jedes Gleichgewichtsgefühl aufhebenden Ozean.

Anke hatte ihre ganze Überredungskunst, auch all ihren Zorn aufzubieten, die Leute am Bach bei der Arbeit zu halten. Denn obgleich sich alle kräftig bewegten, war die nasse Kälte des quellenden, wogenden Nebels nicht abzuwehren. Die Bäume rings um den Waschplatz trieften. Jeder Grashalm und jedes Kraut hatten auf den welkenden Blättern Tropfen eingefangen. Die Frauen fürchteten sich und machten sich schon früh am Nachmittag auf den Heimweg; sie wollten vor Dunkelheit den schützenden Bezirk der Stadt erreicht haben, denn die Nacht mußte finster werden wie ein klammer Kohlensack.

Wie gut, dachte Anke, daß Walther gestern schon fortgegangen ist, als die Sicht eben noch ausgereicht haben mußte, ihm im Kanu den Weg über das Bedford-Becken zu weisen. Heimlich kam der Gedanke hinterher: Wenn er hiergeblieben wäre – heute hätte er nicht fortgehen können, hätte bei solchem Nebel bei mir bleiben müssen. Ich wäre nicht so allein gewesen mit mir und dem Kind – in dieser nassen Nacht, in der jeder Schrei erstickt, in der auch die schärfsten Sinne nicht auszumachen vermögen, wer oder was sich in den lichtlosen Schwaden verbirgt – oder heranschleicht.

Anke trat in ihre feste Hütte, zog die Tür hinter sich zu und schob die beiden schweren Riegel vor; sie waren so stark, daß ein Eindringling schon Tür und Haus hätte zerstören müssen, um sich Zugang zu verschaffen. Jeden Abend, wenn Anke allein war und die groben Eisen vorlegte, dachte sie das gleiche: Wie gut, daß Walther uns so gesichert hat – wieviel besser wäre es, er wäre bei uns!

Sie stand ganz still in dem dunklen Raum, in dem es immer noch nach dem Saft der Fichten roch, aus denen die Wände gefügt waren. Sie horchte – nichts! Der Nebel war wie schweres, weiches Tuch um das Haus gelegt, verschluckte jeden Laut. Sie war allein. Wenn erst der letzte schüchterne Rest des Tageslichts vergangen sein würde, sollte niemand mehr den Weg zu ihr finden. Dann war sie geborgen, tief im Schoß der Nacht. Bin ich wirklich geborgen? Ach, wenn doch Walther bei uns wäre!

Von der Herdstatt her glomm, kaum erkennbar, ein rötlicher Schein. Dort war noch Glut unter der Asche. Anke tastete sich um den klobigen Tisch, den Walther ihr in die Mitte des Raums gezimmert hatte. Sie kniete sich vor den Feuerplatz, griff nach zwei, drei Schnitzeln Kienholz, die an der Seite bereitlagen, schob damit die dünne Aschendecke beiseite, legte den Kien ins Rote und blies vorsichtig darüber hin. Heller leuchtete die entfachte Glut, die Kienspäne begannen weißlich zu rauchen – und schon sprang ein erstes Flämmchen auf, das schnell an Kraft gewann und auch ein wenig Licht gab. Anke baute einige Scheite trockenen Holzes, die an der Kaminwand der Hütte geschichtet lagen, über die knackend den Kien verzehrenden Flammen; bald fingen auch sie Feuer und verbreiteten Wärme und ein waberndes, rotes Licht, das Anke für das, was sie nun zu tun hatte, allerdings nicht genügte. Sie hätte eines der Talglichter entzünden können, die Hestergart ihr vor einigen Tagen aus dem immer reichlicher fließenden Nachschub mitgebracht hatte, der Halifax aus England, vor allem aber aus den amerikanischen Kolonien Englands weiter im Süden, aus Boston, erreichte.

Aber Anke wollte sich die gleichmäßig und rauchlos brennenden Talglichter für die Abende aufheben, an denen Walther bei ihr war. Ach, Walther, warum läßt du mich so allein in dieser totenstillen Nacht?

Anke entzündete einen der armlangen kienigen Knüppel, die Walther aus gestürzten Fichten herausgeschlagen hatte. Sie waren leicht zu entflammen und brannten lange. Walther hatte für einen guten Vorrat solcher Fackeln gesorgt. Anke hielt ein Scheit in das munter brennende Feuer. Sofort flammte die Fackel auf. Anke steckte sie in einen dafür vorgesehenen Spalt zwischen den Kaminsteinen. Von dort leuchtete ihr rotgelbes Licht in den Hüttenraum hinein, der streng duftende Rauch wurde jedoch noch in den Kamin gesogen.

Anke beugte sich über das Körbchen, in welchem auf lockeren Fichtenzweigen und weichem, trockenem Moos unter einem warmen Umschlagtuch aus grober Heidschnuckenwolle der kleine Indo auf seine Pflegemutter wartete. Der Kleine war, wie Anke meinte, ›aus dem Gröbsten heraus‹, und sie war stolz darauf, daß sie dies kleine Wesen dem Tode entrissen hatte. Längst sagte sie sich: Ich liebe dies Kind, wie ich mein eigenes lieben werde. Wieder einmal rechnete sie nach. Dreieinhalb Monate ist es jetzt her, daß Indo geboren und mir anvertraut wurde – und genau ebenso lange, daß ich mein eigenes Kind empfing. Gerade jetzt ist mein Monatliches zum vierten Mal ausgeblieben. Noch merke ich so gut wie nichts. Aber du wirst bald einen kleinen Bruder oder eine kleine Schwester bekommen, Indo. Ach, hoffentlich kann ich dich für immer behalten, mein Kleiner! Ohne mich wärst du gar nicht am Leben. Wie artig du bist! Komm, ich will dich trokkenlegen. Was machte ich ohne dich! Wie allein wäre ich dann! Ach, Walther, warum läßt du mich so viel allein? Ich weiß ja, daß dir keine andere Wahl bleibt, ich weiß. Hestergart sieht am Tage jetzt beinahe öfter nach mir als du. Des Nachts, Walther, bin ich zu oft allein.

Der kleine Indo blickte mit weit offenen dunklen Augen zu Anke auf. Nur äußerst selten schrie das Kind, ungebärdig oder ungeduldig, wie Anke kleine Kinder in der Heimat kennengelernt hatte. Wenn es wach war, so probierte es wohl seine Stimme, stieß kleine, vergnügte und auch energische, manchmal sehr drollige Laute aus, spielte mit seinen Händchen und Füßchen, fühlte sich offenbar wohl und einig mit der Welt, die Anke ihm bereitete. Wenn aber die Stunden der

Fütterung nahten, dann lag es still und wartend da, mit weit geöffneten Augen, und nur wenn Anke einmal nicht pünktlich sein konnte, verzerrte sich das bräunliche Gesichtchen zu kläglichem Quarren, schließlich auch zu hallendem Protest.

Anke hob das Kind auf und legte es auf den großen Tisch. Der kleine wohlgeformte Leib war nackt. Aber der Hüttenraum, der ohnehin nicht ausgekühlt gewesen war, hatte sich schnell erwärmt. Anke behielt das Kind im Auge; es lag still auf dem Rücken, ruderte nur hier und da ein wenig mit Ärmchen und Beinchen. Anke raffte das durchnäßte Moos aus dem Körbchen zusammen und warf es ins Herdfeuer. Bunt und hell flammte es auf und war verschwunden. Anke überkam jedesmal, wenn sie dies tat, ein lautloses Gelächter. Das war wirklich eine wesentlich einfachere Methode, gebrauchte Windeln loszuwerden, als die daheim übliche! Frisches Moos ins Körbchen – und frisches Moos über den Körper des Kindes gebreitet, wenn es wieder auf sein Lager gebracht wurde, ein Tuch oder eine Decke darüber, fertig! So übe ich mich für mein eigenes Kind, dachte sie, und dann hatte sie den winzigen Indo nur noch lieber.

Der rußige Kessel, den Anke über das Feuer gehängt hatte, summte schon. Das Wasser war warm. Sie schöpfte aus der Bütte in der Ecke kaltes Wasser in die einzige Schüssel, die sie besaß, tat heißes aus dem Kessel dazu und wusch ihr Indianerlein, das die milden Hände der Mutter und das laue Naß wohlig über sich ergehen ließ. Als aber Indo in sein frisches duftendes Bett zurückgelegt wurde, fing er an, ungeduldig zu werden und zu weinen; nun wollte er gespeist werden.

»Ja nun, Kleiner, zaubern kann ich nicht. Ein Weilchen mußt du noch warten!« rief Anke. Und wirklich verstummte das Kind, als es die vertraute Stimme hörte. Anke hängte einen Topf mit Milch und Haferschleim übers Feuer. Fünf Minuten später schon konnte sie das Kind damit tränken. Gierig sog der Kleine die warme Nahrung ein, bis er sich immer häufiger unterbrach, die Augen wandern ließ, sich noch zwei-, dreimal kräftig versorgte – und mit einem Mal eingeschlafen war. Anke deckte ihn nochmals zu, legte ihm auch ein Tuch über Haar und Augen, um das Köpfchen vor Zugwind zu schützen. Danach erst ging sie daran, sich selbst ein Mahl zu bereiten, wärmte sich den Rest der Fischsuppe, die sie am Abend zuvor für Walther gekocht hatte, und aß dazu ein Stück des groben Gerstenbrotes, das sie in einem großen eisernen Tiegel in der heißen Asche des Herdes zu backen pflegte. Walther versah sich gern mit dieser Nahrung nach heimatlicher Art. Bei den Rangers waren Gorham und vor allem der muntere Patrick O'Gilcock zu Liebhabern der Ankeschen Bäckerkünste geworden – und Gorham hatte Walther, durchaus ernsthaft, darauf hingewiesen, daß Anke, begabt mit solchen Fähigkeiten und sicherlich noch weiteren, ähnlichen, sehr wohl in Halifax einen Laden aufmachen könnte. Zweifelsohne würde sie reichlichen Zuspruch finden und könnte sich ihr Brot leichter und schneller verdienen, als sich ›mit anderer Leute schmutziger Wäsche und einem halben Dutzend widerspenstiger Weiber und Kerle abzuplacken‹, wie Gorham sich ausgedrückt hatte.

»Auf diesem Kontinent, Walther, läßt sich auf vielerlei Weise Geld verdienen, weil das meiste fehlt und vieles andere minderwertig ist. Ihr müßt lernen, die Augen offenzuhalten und eure Chance wahrzunehmen. Man kommt hier auch mit der Ochsentour weiter, viel fixer aber mit Grips.«

Es kam Walther vor, als sei ihm wiederum eine der vielen unsichtbaren Fesseln abgenommen worden, die er noch aus der alten Welt mit sich herumgeschleppt hatte.

Aber Anke hatte dem Vorschlag keinen Geschmack abgewonnen: »Ich will den Gouverneur vorläufig nicht im Stich lassen. Dies hier wird nicht ewig dauern. Und dann will ich weg von hier, will Land haben und einen Hof, unseren Hof, und dann wollen wir und die Kinder das werden, wozu wir hergekommen sind und bestimmt sind: Bauern. Nichts anderes will ich, Walther!«

Es schien ihr aus tiefstem Herzen zu kommen. Aber waren sie wirklich ›dazu bestimmt‹? Walther hätte nicht zu den Rangers gehen sollen. Dort denkt man anders, denkt so – ja, wie? Amerikanisch, so könnte man es nennen. In Ankes Hirn ging das Wort um, beunruhigte sie. Walther schien es zu mögen. Sie wußte nicht recht, ob es Gutes oder Schlechtes war, was da angesprochen wurde. Der Liebe ihres Mannes war sie sicher. Anderes hätte ihr Stolz gar nicht ertragen. Und doch ...

Anke fachte das Feuer auf der Herdstatt noch einmal zu

stärkerer Flamme an. Die großen Steine des Kamins sollten sich voll Hitze saugen. Als die Scheite verbrannt waren, schob Anke die Glut zu einem dichten Haufen zusammen und deckte Asche darüber. Den eisernen Schieber, den Walther in den Schornstein eingebaut hatte, schob sie bis auf einen schmalen Schlitz über der Herdstatt zu. Die Hütte würde warm bleiben.

Sie wusch sich und legte sich auf das breite Lager an der Schmalseite der Hütte. Walther hatte die Bettstatt sorgfältig ausgepolstert mit Zweigen, Moos und trockenem Waldgras.

Die Fackel war gelöscht. Was von ihr noch übrig war, lag griffbereit auf der Herdstatt neben der sorgsam behüteten Glut. Nach Mitternacht würde das Kind sie wecken. Anke würde aufstehen und dem Kind die fällige Mahlzeit bereiten. Das Süppchen brauchte nur gewärmt zu werden.

Anke lag lange wach, obgleich ihre Glieder schmerzten vor Müdigkeit. So ungeheuer lastete die Stille der Nebelnacht, daß es war, als dröhne sie in den Ohren; doch vernahmen sie nichts weiter als den eigenen Herzschlag. Eine Last lag auf Ankes Brust. Was ist das, fragte sie sich. Warum kann ich nicht einschlafen? Irgend etwas geschieht in dieser Nacht. Ist Walther ein Unheil zugestoßen?

Sie faltete die Hände.

Bis dann der Schlaf sie so plötzlich übermannte, als zöge ein schwerer Stein sie in die tiefste Tiefe des Vergessens.

So vernahm sie nicht den Ruf der wilden Taube vor der Hütte, vernahm nicht Kokwees leises Kratzen am Holz der Tür, nahm auch nicht wahr, daß der vertraute Ruf noch ein zweites Mal hörbar wurde. Ihr Körper ließ sich nicht hindern, Kraft für den kommenden Tag zu sammeln. Ihre Sinne blieben für die Warnung verschlossen. Sie schlief.

Die fünf Männer, die Basford auf seinem Sägeplatz an der anderen Seite der Chebucto-Bucht, Halifax gerade gegenüber, oberhalb der Dartmouth-Bucht, beschäftigte, hatten diesen Abend eigentlich in Halifax verbringen wollen, um einmal wieder andere Gesichter zu sehen und sich einen Abend lustig zu machen. Denn sehr kurzweilig ging es unter Basfords harter Fuchtel nicht zu. Aston Basford, Sir, sah darauf, daß stramm gearbeitet wurde. Wer nicht parierte, war die Stellung schnell wieder los. Es gab Männer genug, die den vom Gouverneur verordneten Pflichtarbeiten abhold waren und sich gern anderswo besseren Verdienst suchten. Basford bot solchen Verdienst; mit ungeschickten und langsamen Arbeitern wußte er nichts anzufangen. Jeden Tag ein oder zweimal tauchte er, stets ohne Vorwarnung, bei der Sägemühle auf und überzeugte sich von den Fortschritten der Arbeit. Bald hatte er in einem gewissen Jim Carp einen Vormann gefunden, der noch besser antreiben konnte als er selber. Den Lohn zahlte Basford pünktlich aus – und den Lohn hatten die Männer, mit Ausnahme von Jim Carp, der auf dem Platz zu bleiben hatte, an jenem Abend verjubeln wollen, an dem sich, zum erstenmal in diesem Jahr, der Seenebel hereinwälzte.

Trotz des Nebels war das Boot mit den vier Männern vom Ufer abgestoßen, um den Weg nach Halifax hinüber zu nehmen. Carp war mit zum Landeplatz gestiefelt, da er der Meinung war, bei solchem Nebel ließe sich die Wasserstraße von Chebucto nicht überqueren; die Männer täten also besser, bei der Sägemühle auf der Dartmouth-Seite zu bleiben. Doch die vier Arbeiter, die den Vormann und Antreiber Carp haßten, verlangten danach, wenigstens für einen Abend seinen ewig gespitzten Ohren und seiner Klugschnackerei zu entgehen.

»Am Wasser ist der Nebel vielleicht gar nicht so dick wie hier oben im Wald«, hatten sie gemeint und waren abgezogen. Allerdings hatten sie Carp nicht hindern können, ihnen zum Landeplatz zu folgen.

Der Nebel wogte – die Flut zog sachte landein – wie Milchsuppe sämig und schwer. Die Männer hätten vielleicht von selbst auf die Überfahrt nach Halifax verzichtet, aber Carps: »Ich hab's ja gleich gesagt, es geht nicht!« machte sie trotzig. Schimpfend stiegen sie ins Boot. Nach ein paar Sekunden schon hatte das träge wabernde Nichts sie vollständig verschluckt.

Carp blieb am Ufer zurück, hilflos und voller Wut darüber, daß die Männer seine Warnung nicht respektiert, ihm sogar ihre Verachtung vor die Stiefel gespuckt hatten. Er beschloß, ›die Burschen zu zwiebeln, daß ihnen Hören und Sehen vergeht, und wehe ihnen, wenn sie blau oder zu spät zur Arbeit antreten, dann muß Basford ihnen den Sack geben, sie achtkant rausschmeißen; dafür werde ich sorgen!‹

Verärgert wollte er sich auf den Rückweg machen, als ihm plötzlich der Triumph geschenkt wurde, ein viel schnöderer noch, als wenn die Männer ihm gefolgt wären. Er blieb stehen und lauschte: Vom Wasser her klangen Rufe, kaum vernehmbar, als wären sie halb erstickt: »Carp! Carp! Wo bist du? Carp!«

Carp begriff sofort, was sich ereignet hatte: Die Männer hatten jede Richtung verloren und wollten verängstigt ans Ufer zurückkehren. Wenn Carp nicht antwortete und ihnen mit seiner Stimme den Rückweg zum Ufer wies, dann mochte die Strömung sie – wenn die Ebbe zu laufen begann – auf die hohe See hinaustreiben.

Carp kämpfte mit sich: Ich sollte sie krepieren lassen, sie haben mich geärgert. Aber schließlich: Jetzt hatte er handfesten Grund, den Burschen ihre Dummheit in die Haut zu reiben. Das würde Spaß machen und ihm Genugtuung verschaffen. Also wölbte er die Hände um den Mund und brüllte in den Nebel: »Hier bin ich, hier bin ich! Hört ihr mich?«

»Ja, wir hören dich. Wir kommen. Rufe nur weiter!« klang es matt zurück.

Es dauerte geraume Zeit, ehe Carps Stimme die Männer wieder zum Landeplatz gelotst hatte. Auf den Gesichtern der vier stand der überstandene Schrecken zu lesen. Einer bekannte: »Wir waren kaum unterwegs, da wußten wir schon nicht mehr, wo Nord oder Süd, West oder Ost ist. Ganz verdammt war das. Konnten bloß noch rufen.«

»Ihr habt's ja nicht glauben wollen, ihr Dummköpfe. Ihr könnt von Glück sagen, daß ich noch etwas länger hiergeblieben bin. Aber umsonst ist das nicht. Die Rettung kostet euch mindestens eine Bottel Schnaps!«

»Auf den Schreck hin, Carp, müssen wir sowieso einen trinken. Ich habe noch eine Flasche Rum.«

»Und ich Gin.«

»Ich auch! Klar, feiern wir eben hier!«

»Schade bloß, daß wir hier keine Weiber haben, mit so viel Geld in der Tasche!«

»Ach was! Saufen wir eben alles aus, was wir haben. Dann merken wir gar nicht mehr, daß die Weiber fehlen.«

Die Männer merkten auch anderes nicht. Die Furcht war ihnen auf dem Nebelstrom so heftig in die Glieder gefahren, daß es einer Menge Alkohol bedurfte, sie wieder zu ersäufen. Nur Carp hielt sich zurück. Er wußte, was er sich und seiner Stellung schuldig war.

Deshalb zog er auch noch vor Mitternacht aus der Hütte aus, in welcher die fünf Männer sonst gemeinsam schliefen. Die vier waren schon zwei Stunden später so randvoll betrunken, daß sie lallend und grölend ihre Pritschen nur noch mit Mühe erreichen konnten. Sie fielen sofort in einen bleiernen Schlaf, aus dem sie nicht einmal die Trompete des Jüngsten Gerichts geweckt hätte. Zwei hatten sich übergeben; ein durchdringender Gestank wie nach säuerlich fauligem Schnaps verbreitete sich in der Hütte. Carp vermochte den eklen Geruch nicht zu ertragen. Auch er war nicht mehr ganz nüchtern, aber er wußte noch sehr genau, was er tat und was um ihn her geschah. Er raffte seine Decken zusammen und stolperte durch die Nacht zu dem überdachten Schuppen hinüber, in dem die zugeschnittenen Bretter trockneten, zu Stapeln getürmt. Die Gänge zwischen den Stapeln waren mit Sägemehl angeschüttet, um den Pflanzenwuchs zu unterdrükken.

Zwischen den Bretterstapeln lag man zwar windgeschützt. Auch an frischer Luft war kein Mangel. Aber über allzuviel Wärme, konnte man sich in der feuchten Nebelnacht des beginnenden Oktobers nicht beklagen. Außerdem gehörte Jim Carp zu jener Minderheit von Leuten, die der Alkohol, wenn er nicht gerade im Übermaß genossen wird, eher erregt und wach als schläfrig macht. Jim Carp hatte solchen Zustand von jeher gehaßt und verwünscht. In dieser Nacht jedoch sollte er ihm das Leben sichern.

Unbestimmt lange schon hatte sich Carp auf seinem harten Lager hin und her gewälzt, zuweilen für ein paar Minuten schlafend, aber immer wieder erwachend, weil Kälte über seinen Rücken oder über Knie und Schultern kroch.

So war er gerade wieder wachgeworden, als ihn ein unwirklich schauriger Laut erstarren machte. Die Hütte, in der die vier Betrunkenen schliefen, stand kaum weiter als zehn Schritte von Carps Lager zwischen den Bretterstapeln entfernt. Einer der Betrunkenen hatte geschnarcht, als wollte er es der Säge, an welche die Männer tagsüber gefesselt waren, nachtun. Diese Töne hatten Carp nicht gestört; er hatte sie kaum noch wahrgenommen.

Der neue Ton aber, mitten in der Nacht, laut und grausig, ein stöhnender Schrei, der zu einem dumpfen Gegurgel verging ... Carp hatte sich aufgesetzt, als habe ihn eine grobe Faust hochgestoßen. Um alles in der Welt: was war das? Noch nie in seinem Leben hatte ein so fürchterlicher Laut sein Ohr erreicht. In der Hütte ging irgend etwas Entsetzliches vor! Carps Haare standen zu Berge. Er dachte nichts, er fragte nichts, eine riesige Faust schüttelte ihn. In seinem Hirn dröhnte eine Stimme: Fort von hier! Mach, daß du wegkommst!

Auf allen vieren kroch er davon, wählte, ohne zu überlegen, die Richtung, die ihn zum Rande des Waldes führen mußte. Das welke Kraut am Boden, das zertretene Gras auf dem Stapelplatz waren triefend naß von den Nebelschwaden. Carps schwere Kleider saugten sich voll mit kaltem Wasser. Er merkte es nicht. Der fürchterliche Schrei hatte ihn wie ein Peitschenhieb getroffen und trieb ihn an: fort, fort!

Er stieß mit dem Kopf an einen Baum. Er hatte den Wald erreicht. Es war nicht mehr so dunkel wie vorhin. Carp kam zum erstenmal wieder zu sich. Ob der Mond über dem Nebel aufgegangen ist? fragte er sich. Es ließen sich Bäume und Gebüsche unterscheiden. Schon wollte er sich beruhigen: Was ist denn in mich gefahren, daß ich wie besessen losgekrochen bin? Habe ich nur schlecht geträumt?

Jetzt aber hörte er von der Hütte her durch die schweigende Nacht herausfordernd und gellend ein unbeschreiblich wildes Geheul, keinen Laut der Klage diesmal, sondern die Stimme eines maßlosen Triumphes, einen Schrei der Rache und des Sieges. Dem armseligen Carp stockte der Herzschlag. Er drückte sich flach in eine nasse Bodenmulde, hinter den Stamm einer gewaltigen Fichte. Er preßte sein Gesicht ins Moos. Nichts hören, nichts sehen! Vielleicht fand ihn das Schicksal nicht, das über die Gefährten hereingebrochen war. Was, was war da geschehen? Das Siegesgeheul klang noch dreimal auf, dann wurde es durch unbekümmert laute Stimmen abgelöst.

Englisch war es nicht, was da geredet, gerufen wurde, auch

nicht französisch. Es waren rauhe, ganz und gar fremde Worte. Indianer also! All die nur halb geglaubten, oft belachten Schauergeschichten, die Carp auf dem Schiff und in der Stadt vernommen hatte, fielen ihm wieder ein – und steigerten sein Entsetzen.

Die Indianer mußten die Asche des Kochfeuers angeblasen und ein hellauf loderndes Scheit entzündet haben. Carp erkannte das alles nur undeutlich, wie hinter einer Milchglasscheibe, durch die wabernden Schwaden des Nebels.

Ein großes, zunächst rötliches, dann gelbes Licht flammte auf, schien den Nebel anzusaugen, die Schwaden flossen hinein, schnell und schneller. Carp hob den Kopf aus seinem Versteck: Soll doch die Hölle ... Die Teufel haben unsere Hütte angesteckt! Alles verbrennt mit! Was haben sie mit Pat und Joe, mit John und Bob gemacht? Ich kann hier nicht bleiben. Wenn sie mich finden ... Es wird wohl schon hell?

Gehetzt kroch er weiter, schließlich erhob er sich und lief immer tiefer in den Wald hinein.

Plötzlich stand er am Ufer der Bucht. Im dichten Wald hatte er einen weiten Halbkreis geschlagen. Es war sehr viel heller geworden. Ein Wind hatte sich erhoben. Der Nebel war in Bewegung geraten, trieb in dicht gepreßten Schwaden, dann wieder so aufgelockert an ihm vorüber, daß er hundert Schritte und weiter das Ufer der Bucht zu überblicken vermochte.

Ich kann nicht allzuweit von der Landestelle entfernt sein! Vielleicht erreiche ich das Boot und fliehe damit.

Der Nebel verwehte. Von Minute zu Minute wurde es lichter. Vorsichtig, ohne die Deckung der Bäume zu verlassen, schob sich Carp der Landestelle zu. Er hatte vor, das letzte Stück des Strandes, das ihn noch von dem Boot trennte, in schnellem Anlauf zu überwinden, sich in das Boot zu werfen und davonzurudern. Er zitterte vor Aufregung. Er war kein Held. Das rettete ihm das Leben. Er stand im Schutz des Unterholzes und bebte davor zurück, auf den freien Strand hinauszutreten und zum Boot zu springen, zögerte, zögerte – und wäre den Indianern in die Hände gelaufen, wenn er nicht gezögert hätte.

Denn auf einmal waren fünf Gestalten am Ufer, halbnackt

bis zum Gürtel; ihre Oberkörper und Gesichter waren mit hellroten und schwarzen Streifen bemalt. Ihr schwarzes Haar war am Hinterkopf zu einem Knoten gebunden. Eine Feder schwankte darin. Sie sprachen unbekümmert laut; sie fühlten sich vollkommen sicher. Carp erkannte aus dem Versteck, aus welkem Laub, in das er sich drückte, daß die Indianer die Äxte und Beile vom Sägeplatz in das Boot hinuntertrugen, Decken und Kleider, den Wasserkrug, die eisernen Töpfe und Pfannen, dazu das Zinngeschirr. Mit der langen Zweimann-Säge wußten sie offenbar nichts anzufangen. Die Säge konnte Carp unter der Beute nicht entdecken. Was aber hing den Kerlen am Gürtel? Waren es Beutel, waren es Lappen? Carp gelang es nicht, sich darüber klarzuwerden.

Endlich waren die Indianer fertig. Vier von ihnen stiegen in das kräftige Boot, das von einem der Transportschiffe stammte. Der fünfte schob das Boot ins tiefe Wasser und kletterte dann erst hinein. Mit den bereitliegenden Riemen kamen die Indianer zunächst nicht klar, sie wollten sie nach ihrer Manier als Paddel benutzen. Aber dazu eigneten sich die langen Marine-Riemen schlecht. Das Boot drehte sich im Kreise, trieb mit der wieder laufenden Flut langsam landein, so daß seine Umrisse im immer noch wogenden feuchten Dunst zu verschwimmen begannen. Die Indianer stritten sich und lachten, fanden dies sonderbare Kanu ebenso aufregend wie erheiternd. Doch schließlich begriffen sie, wie es angetrieben werden mußte, legten die Riemen in die Dollen und waren bald in der diesigen Morgenluft verschwunden.

Jetzt bin ich hier gefangen, sagte sich Carp, muß warten, bis jemand von Halifax mit einem anderen Boot herüberkommt. Von Halifax würden die den Narrows zustrebenden Indianer nicht zu entdecken sein. Dazu war es immer noch viel zu dunstig.

Ob ich mich ins Lager zurücktraue? Sie werden keine Posten hinterlassen haben. Was sie ausrichten wollten, haben sie vollbracht. Was haben sie angestellt, die wilden Hunde? Ob von den anderen noch ein einziger ...

Der Gedanke war allzu furchtbar, als daß Carp ihn zu Ende denken konnte.

Er wagte nicht, den kurzen, breit gebahnten Pfad zum Sägeplatz zu benutzen, wand sich seitab durch die Büsche, lugte auf die Lichtung hinaus, auf welcher am Dartmouth-Flüßchen die Hütte und das hohe Gerüst für die Brettersäge errichtet waren. Die Reste der Hütte qualmten noch. Die Stapel der Bretter waren unversehrt, ebenso der hohe Sägebock. Die lange Zweimann-Säge hing in dem Stamm, der hoch über dem Erdboden schon zur Hälfte zerlegt war. Carp hielt sich eine Weile im Versteck und starrte, wartete. Aber es regte sich nichts. Der Platz blieb tot und verlassen. Er durfte sich ins Freie trauen.

Wo waren Joe und Bob, Pat und John? Carp entdeckte sie nicht gleich. Aber dann fand er sie. Quer über den hintersten Bretterstapeln lagen sie aufgereiht, mit verdrehten Gliedmaßen. Ihre Gesichter waren durch fürchterliche Axthiebe bis zur Unkenntlichkeit entstellt. Carp vermochte die vier nur noch an ihren blutbesudelten Kleidern zu unterscheiden. Die Schädel sahen aus, als habe man ihnen eine blutrote enganliegende Kappe aufgestülpt. Kreisrund um Stirn und Hinterkopf war mit scharfem Messer ein Schnitt gezogen, das Haar ergriffen und mit hartem Ruck samt der Kopfhaut vom Schädel gerissen worden. Danach hatte das hervorstürzende Blut eine rote Kappe um den Kopf geklebt.

Carp stand mit weit aufgerissenen Augen. So entsetzlichem Tod war er entgangen! Er stöhnte auf. Dann wandte er sich um und erbrach sich, wieder und wieder.

Er taumelte zum Landeplatz hinunter, hockte sich abseits auf einen Stein. Wann würde einer kommen, ihn von diesem grausigen Ort abzuholen? Wann, wann? Wie lange muß ich warten? Alles war verloren. Die ganze Habe geraubt, verbrannt. Hätte ich heute nicht woanders geschlafen, läge auch ich auf den Stapeln – mit blutrot kahlem Schädel. Er fror bis ins Mark.

Das Gegenufer war nun zu ahnen. Der Wind hatte sich verstärkt. Ein Segel, ein Schemen? Nein, ein Segel! Es hielt auf die Landestelle zu. Das konnte nur der Master sein, Basford.

Ein Seufzer der Erleichterung entrang sich der Brust des geängsteten Mannes.

Anke war damit beschäftigt, mit einer zweiten Frau Wäsche aufzuhängen. Über Nacht wäre sie in dem nässenden Nebel keinesfalls getrocknet. Doch jetzt hatten sich die Schwaden gehoben, verhüllten zwar noch den Himmel, aber der kühle Wind, der von der Kuppe des Berges das Bachtal entlang herniederwehte, würde die Hemden, die Laken, die Mund- und Schnupftücher der Herren Offiziere und Beamten wohl in wenigen Stunden trocknen.

Eine der Frauen entfachte unter dem großen eisernen Kessel ein kräftiges Feuer. Die am Tag zuvor eingeweichte Wäsche sollte darin gekocht werden. Am Bach hockten zwei Frauen auf den Knien und spülten im klaren Wasser schon gewaschenes Leinen. Sie schwatzten laut, aber Anke verstand nicht, worum es dabei ging. Sie gab sich auch keine besondere Mühe hinzuhören. Es lohnte sich nur selten, dem endlosen Klatsch Aufmerksamkeit zu schenken.

Anke überlegte, wie sie die Männer einsetzen sollte, wenn die aus der Stadt und von den Schiffen, wo sie fertige Wäsche abzuliefern, andere einzusammeln hatten, zurückgekehrt sein würden. Ein großer Verschlag, besser ein Schuppen, war zu errichten. Das Wetter schien umschlagen zu wollen. Sollte es ausdauernd regnen, so würden sie und ihre Frauen am Bach nur noch spülen können – das ließ sich nirgendwo anders verrichten. Aber die gesamte übrige Arbeit mußte unter Dach gebracht werden.

Ob es sich wirklich lohnte, sich so an diesem Ort festzusetzen und sogar auszubreiten, fragte sie sich. Wenn die Befestigung oben auf dem Berg vorangetrieben wird, dann sitze ich hier dicht am Wege von der Zitadelle zu der weiter unten gelegenen Stadt, und die Unruhe wird noch viel größer sein, als sie jetzt schon ist. Ich sollte mich nach einem ruhigeren Arbeitsplatz umsehen. Ich muß das mit Hestergart besprechen, wenn er nächstens ...

Sie hob den Kopf. Was bedeutete das? Von der Stadt her war ein wirres Geräusch hörbar geworden, schien langsam lauter zu werden, sich zu nähern. Es klang, als schrien viele Stimmen aufgeregt durcheinander. War etwas Schreckliches geschehen in der Stadt? Was mochte es sein? Es hatte schon mehr als einmal Auflauf und Schlägerei gegeben. Die Wache hatte beinahe jeden Tag irgendwo einzuschreiten, um Ruhe und Frieden zu stiften. Seit einigen Wochen war Jonas von Hestergart für die öffentliche Ordnung in der Stadt mit ihren wohl schon fünftausend Soldaten und Zivilisten verantwortlich und hatte der Obrigkeit Respekt zu verschaffen – womit er sich nicht besonders beliebt machte, wie Anke von ihren Helfern erfahren hatte.

Kein Zweifel, das wütende Geschrei kam den Berg herauf. Was konnte die Leute hier auf dem Wäscheplatz erzürnt haben? Nasse Wäsche und siedende Kochkessel erregen keinen Haß. Und doch – so wüst war das Gebrüll, als sei die Hölle los!

Sie kommen! Am Rand der Lichtung weiter unterhalb waren einige Leute aufgetaucht, fuchtelten mit den Armen, brüllten, immer mehr Menschen wälzten sich heran, langsam, denn der Berg unterhalb des Trockenplatzes war ziemlich steil. Was schreien sie! Revenge, revenge!

Revenge? Anke stand hoch aufgerichtet, erstarrt. Revenge? Das heißt Rache. Wofür? Was wollen die Leute bei mir? Haben sie es auf meine Frauen abgesehen, auf mich – oder, o Gott, etwa auf das Kind? Ihr Herz krampfte sich zusammen: Das Kind, der kleine Indo! Immer wieder haben sie nach dem ›Indianerbalg‹ gefragt und mich dabei verächtlich angeschaut. Wollen sie dem Kind etwas antun? Wie ein elektrischer Schlag fuhr es ihr durch die Glieder. Sie ließ fallen, was sie in der Hand hielt, schrie die Frau an, die mit ihr Wäsche gehängt hatte: »Bleib hier, Dilly, und paß auf die Stücke auf!« und hastete zur Hütte hinüber. Das Kind war wach, lag auf dem Rücken, zappelte mit den Händchen, ließ ab und zu ein leises Krähen und Juchzen hören und war offenbar bester Stimmung. Der Kleine bot so deutlich ein Bild munteren Glücks, daß Ankes Furcht zunächst verging. So drollig-unschuldiger Anmut konnte niemand etwas Böses wollen.

»Revenge, revenge!«

Das Gebrüll rollte heran, eine schmutzige, tobende Flut. Dutzende, nein Hunderte von Menschen, eine schreckliche Rotte! Sie zielte nicht auf den Wäscheplatz, auch nicht weiter den Berg hinauf, nein, sie bogen vom Wege zu Ankes Hütte hinunter. Außer sich schien das Volk. Zwei Männer voran, mit erhobenen Fäusten, einer in schlotterndem Arbeitskleid. Anke wußte nicht, wer das war. Der andere aber war ein Herr.

Basford! Fast hätte Anke ihn nicht erkannt, so verzerrt war sein Gesicht.

»Revenge, revenge!«

Zu spät dachte sie daran, die Tür zu verriegeln. Basford und der andere hatten den Eingang schon erreicht; sie drängten sich zwischen die Pfosten. Draußen tobte die Menge.

»Was wollt ihr von mir?«

Basford schien seiner Sache vollkommen sicher. Im Befehlston wandte er sich an seinen Begleiter: »Da ist das Kind, Carp! Nimm es dir und macht mit ihm, was ihr wollt. Dann raus mit dir und Tür zu, bis ich sie selber wieder öffne!«

Mit einem Sprung war Carp bei dem Lager des Kindes, faßte es an beiden Beinen, riß es hoch und war im Nu aus der Hütte.

Im ersten Augenblick war Anke wie gelähmt. Dann schrie sie: »Mein Kind!« und wollte hinterher. Doch Basford hatte die Tür hinter Carp zugeworfen. Breitbeinig stand er davor. Das Grinsen auf seinem Gesicht entsetzte Anke. Fast von Sinnen schrie sie: »Was wollt ihr mit dem Kind?«

Das höhnische Grinsen auf Basfords Gesicht vertiefte sich noch: »Das Kind werden sie draußen ein bißchen aufschneiden, zur Vergeltung, Anke! Letzte Nacht haben die Indianer vier meiner Leute im Schlaf gemetzelt und bis zur Unkenntlichkeit verstümmelt. Haben ihnen die Kopfhaut abgezogen, haben sie skalpiert, während sie noch lebten. Vielleicht war der Vater deines Wurms unter den Tätern. Die Leute haben die haarlosen Leichen gesehen und rasen. Sie wollen wenigstens einen Indianer umbringen. Du hast einen großgepäppelt. Also her damit, damit sie Rache nehmen können! Und dich werden sie ebenfalls zerreißen, weil du mit den Indianern unter einer Decke steckst. Ich brauche nur ein Wort zu sagen, und auch du bist des Todes. Aber dazu bist du mir zu schade. Was ich von dir will? Was ich schon immer gewollt habe: Dich. Und das sofort!«

Er hatte immer langsamer gesprochen, immer leiser. Aus seinen Augen glühten der Wahnsinn, der Alkohol, die Gier. Das Blut, die zerschmetterten Gesichter, die er hatte sehen müssen, hatten ihn aller Hemmungen beraubt. Mit schreckensweiten Augen wich Anke einige Schritte zurück. Ihr

Mund klaffte, doch brachte sie keinen Schrei heraus. In der Ecke stand die Bettstatt. Mit den Kniekehlen stieß sie an den Rand. Weiter zurück konnte sie nicht ausweichen. In diesem Augenblick sprang Basford sie an und warf sie rücklings aufs Lager, warf sich über sie.

Doch sie war nicht schwach. Die widerliche Berührung entfachte den Widerstand, den der Schrecken gelähmt hatte.

Keuchend rangen sie miteinander. Basford war im Vorteil. Schließlich war er der Stärkere.

Sie fühlte sich schon erlahmen, stützte sich aber noch auf die aufgestemmten Ellenbogen.

Basford lastete mit seinem ganzen Gewicht auf ihrem Leib, bekam eine Hand frei, griff in den Halsausschnitt und riß ihr Kleid bis zu den Brüsten auf. Es war, als hätte das knirschende Geräusch ihre Kraft urplötzlich verdoppelt. Es gelang ihr, sich höher aufzurichten.

Aber auch Basfords Wut war durch das vor ihm aufleuchtende Fleisch aufs äußerste entfacht. Er gewann die Oberhand. Die Wurzel der rechten Hand schob er unter Ankes Kinn und drückte mit aller Gewalt ihren Kopf langsam nach hinten. Schon drohte sie, der erbarmungslosen Gewalt zu erliegen, als die Hand abrutschte und ihr zwischen die Zähne geriet.

Es war der Instinkt des vom Tode bedrohten Tieres, der sie zubeißen ließ. Sie biß mit solcher Gewalt in die Handkante, daß ihre scharfen Zähne das Fleisch aus der Hand fetzten. Sofort stürzte das Blut nach, wie aus einer platzenden Blase, besudelte Anke im Gesicht, am Hals, an den Schultern.

Basford hatte mit einem wilden Schrei des Schmerzes von ihr abgelassen, war beiseite gerollt, versuchte, mit der linken Hand den Blutstrom abzudämmen. Auf seiner Zunge lag ein fahler, ekler Geschmack. Er war jäh ernüchtert. Ich muß den Verstand verloren haben ...

Anke war befreit, riß die Tür auf, stürzte nach draußen. Mit einem einzigen Blick erfaßte sie, was die aufgewiegelte Menge vorhatte. Carp stand auf einem kniehohen Baumstumpf abseits der Hütte, hielt das braune nackte Indianerkind an einem Bein in die Höhe, wie einen toten Hasen und schrie über die johlenden Menschen hin: »Hier, seht das indianische Ferkel! Wir werden ihm die Beine und die Arme ausreißen – für jeden,

den sie von uns umgebracht haben, ein Glied! Seht es euch an! Noch lebt es! Bald wird es nicht mehr leben! Dann ist einer weniger von dieser Brut! Rache! Rache!«

Er tanzte auf seinem Baumstumpf, und das Kind baumelte an seinem ausgestreckten Arm hin und her. Carp präsentierte sich, er spielte ein fürchterliches Theater, und die Menge spielte, wie von Sinnen, das grausige Schauspiel gierig heulend mit.

Wie eine Tigerin fuhr Anke dazwischen. Ihre blutbeschmierte Gestalt, ihr zerrissenes Kleid brachten Carp aus dem Konzept. Und schon hatte sie ihm das Kind entrissen und barg es in ihren Armen. Es hatte keinen Laut von sich gegeben, starrte aber mit weit geöffneten Augen.

Die Leute im inneren Kreis des großen Haufens schwiegen überrumpelt, während die Menge fortfuhr zu lärmen. Längs der Hütte war eine schmale Gasse frei – sie rannte wie besessen, das Kind im Arm, aber sie wäre nicht weit gekommen, denn Carp hatte sich schnell gefaßt. Er schrie: »Haltet sie! Festhal . . .«

Der Rest war ein Gurgeln. Mit einem erstaunten Gesichtsausdruck griff Carp an seinen Hals. Über die Köpfe der Menge hinweg, vom nahen Wald her, war er angezischt: ein gefiederter Pfeil. Wie aus dem Nichts war er gekommen, hatte Carps Hals durchbohrt, von einer Seite zur anderen, er hatte die Schlagader durchschlagen, die Spitze ragte heraus. In rhythmischen Stößen quoll hellrot das Blut hervor. Carps Augen weiteten sich, als wollten sie aus den Höhlen springen. Die Sinne schwanden ihm. Er schwankte und stürzte zu Boden. Das Ende des Pfeils bohrte sich in die Erde, brach aber nicht, sondern drehte den Kopf windschief ab, die Wunde schrecklich erweiternd.

Alle hatten es mitangesehen. Alle standen erstarrt. Allen hatte der furchtbare Anblick die Mäuler gestopft. Auch Anke hatte aus den Augenwinkeln wahrgenommen, was sich ereignet hatte. Als sie begriff, daß sie keiner beachtete, hetzte sie um die Hütte herum, umging den Menschenauflauf und gewann den Weg bergab zur Stadt. Da erschienen, vom Rande der Lichtung her, Soldaten. Sie bewegten sich im Laufschritt bergan, geführt von einem Offizier mit entblößtem Degen in der Faust. Der Führer verhielt für einen Augenblick. Seine

Stimme donnerte über die Lichtung: »Halt! Hier kommt die Wache. Keiner rührt sich. Oder ich lasse schießen!«

Anke erkannte die Stimme sofort.

Jonas von Hestergart hatte die Wache ins Gewehr gerufen und war der tobenden Menge mit den Bewaffneten in höchster Eile gefolgt. Die Leute hatten die verstümmelten Leichname zu Gesicht bekommen; Basford hatte die Toten in seinem Boot nach Halifax gebracht. Die Leute waren außer sich geraten vor Zorn und Grausen. »Rache!« hatte Carp geschrien, und Basford hatte der Wut die Richtung gewiesen: Da oben bei der Wäscherei, das indianische Kind!

Es war eine Weile vergangen, ehe ein Vernünftiger Hestergart benachrichtigt hatte, daß die Leute sich zusammengerottet hatten und bergauf gezogen waren, zur Wäscherei. Herr Gott, zu Anke! Er war auf die Wache gestürzt, hatte ein Dutzend Soldaten aufgescheucht und war mit ihnen der Menge hinterhergestürmt.

Anke flog ihm entgegen. Wie sah sie aus! Blutete sie oder war es fremdes Blut? Aber sie lebte, Gott sei Dank! Und barg das Kind im Arm.

»Jonas, sie wollten das Kind zerreißen. Basford hat mir Gewalt antun wollen. Ich habe ihn gebissen. Ein Mann ist erschossen. Mit einem Pfeil quer durch den Hals. Die Indianer . . .«

»Indianer, Indianer«! gellte eine Stimme aus dem Menschenhaufen, dem Anke entronnen war. Jetzt erst hatte einer begriffen, was geschehen war. Indianer! – Aber wo?

Hestergart faßte sich schnell: »Du bist verletzt, Anke? Oder das Kind?«

»Nein, das ist Basfords Blut.«

»Wo ist er?«

»Noch in der Hütte. Vielleicht. Ich weiß es nicht.«

»Der Gouverneur muß sofort benachrichtigt werden.« Er wies auf einen der Soldaten: »Du bringst diese Frau zum Gouverneur. Ohne Aufenthalt! Du bist für ihren Schutz verantwortlich.«

Er wandte sich an Anke: »Berichte dem Gouverneur alles genau. Du sagst, Basford hat dir Gewalt antun wollen?«

»Ja, Jonas. Er überließ das Kind dem Mann, den der Pfeil getroffen hat. Das Kind sollte sterben als Vergeltung für den

Tod von vier Männern. Dann fiel Basford über mich her. In meiner Hütte, hinter geschlossener Tür. Aber ich konnte mich befreien und das Kind retten, bevor es zerrissen wurde.«

Hestergart knirschte: »So, das genügt! Endlich bringe ich den Burschen zur Strecke. Beeile dich! Laß dich beim Gouverneur nicht abweisen. Ich löse den Haufen auf und werde dann den Wald durchkämmen nach Indianern. Basford wird verhaftet, das kannst du dem Gouverneur gleich sagen.«

Anke vernahm noch mit halbem Ohr, wie Jonas – ich habe ihn ›Jonas‹ genannt, fiel ihr ein, zum erstenmal! – die Soldaten ausschwärmen ließ, und dann hörte sie noch einmal seine Stimme, hart und laut: »Keiner rührt sich vom Platz. Sie eingeschlossen, Basford. Der Tote bleibt liegen, wie er liegt. Basford, Sie sind unter Arrest!«

Als fliege sie, war Anke die George-Straße hinuntergeeilt. Kaum vermochte der baumlange Soldat, das Gewehr mit aufgepflanztem Bajonett im Arm, mit seiner Schutzbefohlenen Schritt zu halten. Anke hielt das Kind an sich gepreßt, als sollte es ihr noch einmal geraubt werden. Ihr Haar hatte sich aufgelöst. Dunkel flatterte es von ihren Schultern. Die Leute blieben stehen und blickten ihr nach. Die großen schwarzroten Flecken auf ihrem Kleid, der tief eingerissene Ausschnitt – Anke hatte ihn vergessen –, das nackte braune Kind in ihren Armen, blutbesudelt Mund und Kinn und Hals . . . Vier Skalpierte in der vergangenen Nacht – und schon wieder Blut an dieser jungen Frau . . . Die Leute blickten beklommen.

Sie stürmte in das mit Brettern verkleidete Blockhaus, das, größer als die anderen Hütten und Häuser der Stadt, den vorläufigen Amtssitz des Gouverneurs darstellte. Die Wache vor der Tür hatte nicht gewagt, sie aufzuhalten. Ein kurzes Wort ihres Begleiters hatte ihr Einlaß verschafft. Im Vorraum stieß sie auf Bulkeley, den Adjutanten.

»Anke, was ist geschehen? Du siehst schrecklich aus.«

»Ich muß den Gouverneur sprechen, sofort. Er hat mir gesagt, noch auf der ›Sphinx‹, ich könne zu ihm kommen, jederzeit, wenn ich in Not bin. Jetzt bin ich in Not!«

»Warte eine Minute, Anke, ich melde dich an.«

In der Tat, nicht einmal eine Minute brauchte sie zu warten. Cornwallis erhob sich erschrocken, als er die Besucherin sah, die er nie anders als mit sorgsam gekämmtem Haar und streng geordneten, sauberen Kleidern erlebt hatte. Er kam hinter seinem Tisch hervor und ließ einen schnellen Blick über Ankes Gestalt gleiten, von den wirren dunklen Haaren bis zu den Holzschuhen.

»Anke, was ist passiert? Du siehst fürchterlich aus.« Und als sie nicht gleich antwortete, fügte er hinzu: »Du bist sehr aufgeregt. Was hat sich bei dir ereignet? Kannst du zusammenhängend berichten?«

»Yes, Sir, das kann ich.«

Sie hatte sich wieder in der Gewalt, wenn sie auch nicht danach aussah. Eine merkwürdige Ruhe hatte von ihr Besitz ergriffen. Ihr Herz schlug im starken, gleichmäßigen Takt. Ganz klar, als habe sie es in Feuerbuchstaben an der Wand gelesen, begriff sie, daß wieder ein Abschnitt ihres Lebens sich dem Ende zuneigte. Sie blickte auf das Kind hinunter – ach, gütiger Himmel, der Kleine ist eingeschlafen, schläft ganz still in meiner Wärme. Dann hob sie die Augen und berichtete. ›Zusammenhängend‹, wie es von ihr erwartet wurde. Sie schloß: »Die Soldaten suchen jetzt den Waldrand ab nach Indianern. Aber sie werden niemand finden. Das könnten nur die Rangers. Hestergart hat den Basford verhaftet und wird ihn einbringen. Der Mann, der das Kind unter die Leute werfen wollte, ist tot.« Sie stockte.

Cornwallis bedeckte seine Augen mit der Hand, als sei er sehr müde. Dann wandte er sich an Bulkeley: »Ein Kurier an Gorham, Bulkeley! Gorham soll sich ohne Verzug mit einigen guten Fährtenlesern hier einfinden, auch Captain How, noch heute nachmittag oder abend.« Bulkeley deutete einen militärischen Gruß an und wollte den Raum verlassen. Cornwallis hielt ihn zurück: »Gorham soll auch Walther Corssen mitbringen. Bereiten Sie Walther auf das vor, was seiner Frau passiert ist.«

»Yes, Sir!« Bulkeley trat ab.

Der Gouverneur und Anke waren allein. Das Kind in Ankes Armen schlief, ein bräunlicher Engel. Anke war noch nicht entlassen. Sie stand wartend. Der Gouverneur ließ noch einmal seinen Blick über sie hingleiten.

»Und du, Anke? Was verlangst du jetzt von mir?« Er sagte es leise und sehr milde.

Anke war, als habe ein warmer Hauch ihr Herz angerührt. Jetzt lächelte sie sogar. »Daß ich mich setzen darf, Sir. Ich kann mich kaum noch auf den Füßen halten.«

Cornwallis rief: »Natürlich, Anke! Das hätte ich nicht vergessen dürfen.« Er schob ihr den Stuhl zurecht, der vor seinem Schreibtisch stand, und Anke nahm aufatmend Platz. Sie konnte nun ihre Arme entlasten und das Kind in den Schoß betten.

Sie begann zögernd, doch dann fuhr sie ruhig und entschlossen fort: »Mein Mann hat es mir vorausgesagt, daß der Krieg beginnen wird. Die Indianer haben den Frieden nicht bestätigt, als sie auf die ›Beaufort‹ gekommen waren. Nun hat das Töten angefangen. Die Wäscherei kann dort oben nicht bleiben, Sir. Mir selbst wird nichts passieren. Aber die anderen . . .«

»Du hast sicher recht. Die Arbeit muß hinter die Wälle der Stadt verlegt werden. Du könntest wieder die Hütte beziehen, die Walther und du am Anfang gebaut haben, ganz hier in der Nähe.«

»Ich nicht mehr, Sir. Ich wollte dies sagen: Es sind jetzt viele Menschen in der Stadt. Es kann sich jemand anders um die Arbeit kümmern. Ich will es nicht mehr tun. Ich will diese Stadt verlassen. Wir sind nicht über das Meer gekommen, um uns von dieser abscheulichen Stadt festhalten zu lassen, wo man mich und das Kind bedroht.«

»Wo willst du hin, Anke? Hier kann ich dir Schutz gewähren. Außerhalb der Stadt nicht. Das hat sich ja erwiesen. Die Indianer werden dich überfallen und umbringen.«

Anke blickte auf das Kind in ihrem Schoß hinunter. Sie erwiderte leise, aber bestimmt:

»Mich nicht, Sir. Die Akadier wohnen unangefochten in den Wäldern, drüben auf der anderen Seite im Annapolis-Tal. Und auch hier in der Gegend von Merliguesche, wo Walther sie zuerst gefunden hat. Warum sollte uns das nicht ebenso gelingen, Sir? Sie haben mir auf der ›Sphinx‹ gesagt, ich dürfe mich an Sie wenden. Nun habe ich eine Bitte: Geben Sie meinen Mann von den Soldaten frei! Wir werden Sie niemals enttäuschen, Sir!«

Die Brauen des Gouverneurs zogen sich zusammen. Cornwallis hatte bis dahin vor Ankes Stuhl gestanden. Jetzt wandte er sich ab, trat an das niedrige Fenster, blickte hinaus und trommelte an die Scheiben.

Es vergingen Minuten – nur Minuten, aber für Anke dehnten sie sich zur Ewigkeit. Es war so still in dem großen niedrigen Raum, daß man durch die geschlossenen Fenster die Möwen kreischen hörte, die sich am Ufer der Bucht bei der Landestelle um einen Fetzen Abfall stritten.

Cornwallis wendete sich wieder ins Zimmer, er lehnte den Rücken ans Fensterkreuz, sein Gesicht lag im Schatten; Anke konnte seinen Ausdruck nicht erkennen. Aber aus seiner Stimme war die Freundlichkeit gewichen, die bis dahin zu spüren gewesen war: »Dich kann ich nicht halten, Anke. Wenn du glaubst, daß du im Wald besser aufgehoben bist als in meiner Nähe – gut, das ist deine Sache. Die Zahlmeisterei wird mit dir abrechnen, was du noch an Lohn zu bekommen hast. Was deinen Mann anbelangt, verlangst du jedoch zuviel von mir. Ich kann ihn nicht entlassen. Ich will es auch nicht. Ich habe nur wenige brauchbare Leute zur Verfügung. Walther gehört dazu – und er wird noch brauchbarer werden, meine ich. Deine Bitte ist nicht erfüllbar. Walther bleibt bei den Rangers. Außerdem fühlt er sich unter Gorham wohl. Ich bin überzeugt, daß er gar nicht weggehen will.«

Trotz und Zorn wallten in Anke auf. Sie nahm das Kind in die Arme und erhob sich: »Wir sind gekommen, Sir, um in diesem Lande zu siedeln. Daß das möglich ist, hat man uns versprochen. In zwei Jahren ist Walthers Zeit ohnehin vorbei. Dann ist er frei.«

Kalt kam die Antwort des Gouverneurs: »Richtig! Aber in zwei Jahren kann sich manches ändern. Wenn es soweit ist, wird Walther sich zu entscheiden haben, vorher nicht. Sonst noch etwas?«

Anke war zurechtgewiesen. Sie fragte scheu, fast beschämt: »Wo kann ich bleiben, Sir, bis ich mich mit Walther besprochen habe? Ich habe Angst um das Kind. Ich will in der Hütte oben nicht weiter wohnen. Die Leute könnten kommen und es noch einmal versuchen . . .«

Sie blickte auf den kleinen Indo hinunter, der in ihren Armen schlief. Die Stimme des Gouverneurs klang weniger hart: »Hier in diesem Haus bist du ganz sicher, Anke. Es steht immer eine Wache vor der Tür. Die Bedientenzimmer sind frei, weil ich noch auf der ›Beaufort‹ wohne. Ich werde Bulkeley anweisen, daß er dich dort unterbringt. Du kannst dir den Raum gleich ansehen. Und, Anke, du kannst dich dort auch waschen. Du siehst schrecklich aus. Weißt du das gar nicht?«

Sie erschrak, erblaßte, sah an sich hinunter, fuhr sich mit der Hand übers Gesicht: »Himmel, ja, ich muß mich waschen!«

Walther und Anke saßen spät am Abend des gleichen Tages vor der Rückwand des Blockhauses, in dem über Tag der Gouverneur residierte. Anke hatte im Haus eine Kammer bezogen. Hestergart hatte dafür gesorgt, daß ihre Habe von der Hütte am Berg heruntergeschafft worden war.

Walther flüsterte: »Morgen früh, auf dem Rückmarsch, werde ich unsern Schatz bergen, den wir unter dem Kaminstein versteckt haben. Vorläufig werde ich ihn bewahren. Ach, Anke, Kokwee hat recht gehabt: Ich hätte dich und das Kind längst fern von der Stadt in Sicherheit bringen müssen. Aber dazu ist es noch nicht zu spät. Die Maillets hinter der Merliguesche-Bucht haben mich erst neulich durch Kokwee grüßen lassen. Sie haben gefragt, wann wir in ihre Gegend kommen. Die Maillets werden dich gern aufnehmen, Anke, und das Kind auch. Du kannst ihnen auf der Farm helfen. Und wenn nicht anders, dann holen wir wieder einen Dukaten aus unserem Beutelchen.«

Anke flüsterte zurück: »Das werden wir nicht tun, Walther. Ich werde mich nützlich machen. Auf einem Hof gibt es immer mehr Arbeit, als zu bewältigen ist. Aber wie komme ich von hier zu den Maillets?«

»Niscayu oder Kokwee werden einen Weg wissen, sicherlich im Kanu. Gorham gibt mir Urlaub. Ich bringe dich hin. Kokwee wird uns führen. Irgendwie wird er sich schon mit mir oder dir in Verbindung setzen, wenn er merkt, daß du nicht mehr oben am Bach zu finden bist. Vielleicht wartet er dort schon auf mich, morgen früh. Er wird sich sagen, daß ich dorthin noch einmal zurückkehre. Es mögen sechzig oder siebzig Meilen sein nach Merliguesche – viele davon am Ufer der See entlang. Wenn das Wetter still bleibt, wie jetzt, könnten wir in drei Tagen bei den Maillets sein. Zu Fuß würden wir vier oder fünf Tage brauchen. Anke, dann werde ich nicht mehr so häufig bei dir einkehren können wie bisher.«

Sie saßen aneinandergelehnt und spürten ihre Wärme und schwiegen lange. Dann sagte Anke, sehr verhalten: »Ende März nächsten Jahres kommt unser Kind, Walther. Ich bin froh, daß es nicht in dieser Stadt geboren wird. Wirst du dann bei mir sein, Walther?«

»Und wenn die Welt untergeht, ich werde bei dir sein.«

Genau um die gleiche Stunde war der Rat des Gouverneurs auf der ›Beaufort‹ zusammengetreten, darunter Gorham, How und Hestergart.

Jetzt erst kam der erfahrene Rangerführer Gorham dazu, auseinanderzusetzen, daß die Indianer bei der vergangenen Zeremonie in diesem gleichen Raum hier an Bord der ›Beaufort‹ nicht etwa den Frieden bestätigt hatten. Sie hatten sich vielmehr den Krieg, den wir in ihren Augen längst begonnen haben, abkaufen lassen wollen. Statt dessen haben wir ihnen unseren ›Schutz‹ angeboten. Das ist ihnen ebenso unverständlich wie lächerlich vorgekommen. Sie haben nun auf ihre Art den Krieg ebenfalls begonnen. Wir werden noch einiges erleben. Ich kann nur größte Wachsamkeit empfehlen.«

Die Londoner Herren schwiegen betreten. Fünf Leichen bewiesen, daß Gorham die Lage richtig einschätzte. Der Gouverneur hatte sich böse getäuscht. Die Indianer hatten ihm den Kriegstanz auf das Deck der ›Sphinx‹ gestampft, die Kriegserklärung.

Sollte man sich auf neue Verhandlungen einlassen? Unsinn, das hätte dem Ansehen der Krone von England nur geschadet. Sollte man den Stämmen also in aller Form den Krieg erklären? Gorham versuchte vergeblich, klarzumachen, daß in den Augen der Eingeborenen England längst die Feindseligkeiten eröffnet hatte, indem es sich, ohne zu fragen, mit viel Aufwand in den Stammesgebieten breitmachte.

Jetzt erst erkannte Cornwallis, daß er sich von Wünschen und Vorurteilen hatte leiten lassen, die der nüchternen Wirklichkeit nicht entsprachen. Doch es durfte kein Zurück mehr geben. Die Macht war das Recht. Und die Macht hatte England. Die Last und die Folgen der eigenen Fehler hatten demzufolge die Schwächeren zu tragen. Die Schwächeren waren die Indianer. Daran zu zweifeln, war weder erlaubt noch möglich.

Cornwallis schnitt schließlich jede weitere Debatte ab: »Den Indianern offiziell den Krieg zu erklären, Gentlemen, das würde die Wilden lediglich über ihren Zustand täuschen. Wir haben die Eingeborenen nie als Eigentümer dieser Gebiete anerkannt. Es gibt keinen indianischen Staat, mit dem man verhandeln oder dem man den Krieg erklären könnte. Wenn wir die Häuptlinge auf die ›Beaufort‹ eingeladen haben, so war das ausschließlich ein Gnadenbeweis Seiner Majestät. Die Indianer bilden kein freies Volk. Sie sind vom Tage der Inbesitznahme dieses Landes durch uns Untertanen Seiner Majestät. Wissen sie die Gnade Seiner Majestät nicht zu würdigen, lassen sie sich zu feindlichen Handlungen hinreißen, erheben sie sogar die Waffen gegen unsere Außenposten wie in den letzten vierundzwanzig Stunden, so führen sie nicht Krieg, sondern begehen ein schweres Verbrechen. Sie sind keine Gegner in einem Krieg, sondern erklären sich damit selbst zu Aufrührern, Räubern, Mördern, Wegelagerern, die nach den Gesetzen der Krone verfolgt und bestraft werden müssen. Ich darf Sie bitten, Gentlemen, sich fortan dieser Auffassung der Situation vorbehaltlos anzuschließen.«

Die Gentlemen schlossen sich dieser Auffassung an, ausdrücklich oder stillschweigend. Es ergab sich danach beinahe von selbst, daß der Beschluß gefaßt wurde, die Indianer zu ›zerstören‹, wo immer man ihrer habhaft würde. Indianer seien nicht frei, sie seien vogelfrei. In dem Erlaß, der sodann formuliert wurde, hieß es, daß für jeden Indianer, ob lebendig oder tot eingebracht, zehn Guineen gleich zweihundertundzehn Schillingen, ein Haufen Geld also, von Amts wegen gezahlt werden würde. »Oder auch nur für einen Skalp, wie es in Amerika Sitte ist«, so hieß es wörtlich.

Was blieb dem Gouverneur anderes übrig, als sich so – und nicht etwa ein wenig ›christlicher‹ – zu entscheiden? Er war mit seinen fünf- oder sechstausend Menschen – weit über die Hälfte davon durchaus unbrauchbar! – an der fernen Küste eines sturmreichen Weltmeers ausgesetzt. Indianer, die ihm seine Sägemüller abschlachteten, das war gefährliches Gewürm. Und Gewürm mußte zertreten werden.

Mehr noch: Mit den Franzosen war zwar ein – nicht gerade sehr ruhmvoller – Friede geschlossen worden, der jedoch die Kernfrage keineswegs geklärt hatte, ob nämlich England oder

Frankreich von der Vorsehung ausersehen sei, Nordamerika zu beherrschen. Frankreich setzte den Krieg im Untergrund mit den von ihm bestochenen oder durch katholische ›Missionare‹ wie Le Loutre aufgestachelten Indianern gegen England fort. Da England gegen Frankreich nicht offen angehen durfte – es herrschte ja ›Frieden‹ –, mußten um so schonungsloser die Indianer ›zerstört‹ werden. Von der Staatsräson her gesehen, blieb dem Cornwallis keine andere Wahl. Auf die Staatsräson war er vereidigt.

Gegen Schluß der langen, weinbeflügelten Ratssitzung warf Gorham die Frage auf, was, erstens, mit dem Indianerkind zu geschehen habe, das von Anke Corssen versorgt werde, und wie, zweitens, mit Basford zu verfahren sei, der sich doch zweifellos der Anstiftung eines Aufruhrs schuldig gemacht habe.

Der Gouverneur fertigte den Frager ab, nicht ohne Ungeduld: »Anke und das Kind verschwinden aus der Stadt, auf Ankes eigenen Wunsch übrigens. Das ist die beste Lösung, denn auf jeden Indianer stehen ja fortab zehn Guineen, und das Kind ist ein Indianer. Ich habe nichts dagegen, Gorham, wenn Ankes Mann Frau und Kind einige Tage begleitet, bis sie anderswo Unterschlupf gefunden haben. Was Basford anbelangt: Von außen droht uns Gefahr. Um so strenger muß im Innern Zucht gewahrt werden. Aufruhr können wir uns nicht leisten. Da Basford jedoch zu den Herren gehört, kann ich ihn an Leib und Leben nicht strafen. Ich kann ihn nur öffentlich bloßstellen und dann ausweisen. Das wird geschehen. Noch etwas?«

Nein, keiner hatte noch etwas zu fragen. Die Herren des Rats waren sehr betroffen, befriedigt nur wenige, darunter Gorham und Hestergart. Doch nahmen sie die Entscheidung hin, ohne Zustimmung oder Ablehnung laut werden zu lassen.

Walther Corssen brachte es nicht über sich, Anke und das Kind zu den Maillets zu bringen, ohne vorher bei den akadischen Freunden um Erlaubnis gefragt zu haben. Gorham allerdings zweifelte keinen Augenblick daran, daß die Maillets ihr Haus öffnen würden; er kannte die Akadier und ihre Gastlichkeit. Wenn Anke sich ihren Sitten und ihrer Lebensweise anpaßte, sollte sie gut aufgehoben sein, versicherte Gorham seinem ›Kurier‹ Walther Corssen, was dem das Herz ein wenig leichter machte.

Unter den Rangers war erörtert worden, ob es sich nicht lohnte, den Dienst zu quittieren und sich lieber auf die Indianerjagd zu verlegen. Zehn Guineen für einen Micmac-Skalp – bei einigem Glück und Geschick mußte eine Menge Geld zu verdienen sein. Gorham hatte es vorausgesehen, daß sich eine Anzahl seiner wilden Männer würde verlocken lassen, den Micmacs nachzustellen. Er gab bekannt: »Ich halte niemand, der Skalpe jagen will; er kann gehen. Wer bei mir und den Rangers bleibt, nimmt Skalpe nur, wenn der Gegner in einem militärisch notwendigen und ehrlichen Kampf gefallen ist.«

Unter den wenigen Männern, die danach die Truppe verließen, befand sich auch der muntere Pat O'Gilcock, genannt ›Cock‹, einer der Lehrmeister Walthers. Er verabschiedete sich von Walther mit den Worten: »Du wirst das schon noch lernen, Walther – sie oder wir! Was anderes gibt es nicht. Ich bin für wir. Und je schneller es dahin kommt, um so besser! Doch wir sehen uns wieder, Walther, irgendwann. Du hättest dir auch die zwei Jahre bis Ende 51 sparen sollen!«

In der Nacht, die dem Tag der Trennung von ›Cock‹, dem Iren, folgte, empfing Walther die Nachricht, daß die Maillets sich freuen würden, Anke aufzunehmen und daß sie darüber hinaus den Corssens behilflich sein wollten, sich in ihrer Gegend niederzulassen. Walther hatte sich ganz am Rande des Ranger-Lagers, am landinneren Ende des Bedford-Beckens, ein eigenes unauffälliges Quartier geschaffen, damit Kokwee sich ihm stets des Nachts bemerkbar machen konnte. Walther hielt Gorham ständig über seine Begegnungen mit dem Indianer auf dem laufenden. Gorham war damit einverstanden. Als ein erfahrener Kenner der Wildnis und ihrer Kinder wußte er nur zu gut, wie wichtig es war, Querverbindungen zu ihnen zu pflegen. Stets ließen sich Schlüsse ziehen aus solchen Mitteilungen; der Kommandant wurde so – in klarem Text oder auch verschlüsselt – über die Absichten und Stimmungen der Indianer ins Bild gesetzt.

Als Walther am Morgen darauf in seinem hirschledernen Rangerrock mit langen Schritten vom Berg her die George-Street hinuntereilte, um Anke zu unterrichten und ihre Abreise vorzubereiten – Zeit war nicht mehr zu verlieren, schon hatte es die ersten Frostnächte gegeben –, kam ihm ein Zug von Menschen entgegen, der die ganze Breite der schlammigen Straße füllte. An der Spitze des Auflaufs schritt zwischen zwei eifrig ihre Schlegel schwingenden Trommlerbuben in roten Röcken ein barhäuptiger Mann in Zivil. Ein Sergeant mit achtunggebietender Hellebarde wanderte gewichtig einige Schritte voraus. Drei Soldaten mit blankem Bajonett an den gefällten Gewehren folgten dem Gefangenen dicht auf dem Fuße. Der Mann war nicht gefesselt. Doch trug er ein großes Schild um den Hals.

Walther drückte sich an den Straßenrand und ließ die langsam rasselnden Trommeln heranrücken. Herr im Himmel, das ist Basford! Walthers scharfen Augen gelang es, den mit Teer auf die Tafel gepinselten Text zu entziffern. Er las:

»Dieser Mann, Aston Basford, ehemaliger Hauptmann im Zweiten Dragoner-Regiment Seiner Majestät, ist für schuldig befunden worden, gegebenem Befehl nicht gehorcht, einen Aufruhr angezettelt, zur Ermordung eines Kindes aufgehetzt, einer verheirateten Frau Gewalt angetan zu haben. Dieser Mann wird deshalb für alle und jeden an den Pranger gestellt und verurteilt, den Umkreis dieser Stadt Halifax innerhalb 24 Stunden hiernach zu verlassen. Andernfalls ihm die Strafe sofortigen Erschießens angedroht wird.

Auf Befehl des Gouverneurs von Nova Scotia.«

Es fiel Walther nicht leicht, Anke zu berichten, was er auf dem Weg zu ihr mitangesehen hatte. Bitter fügte er hinzu: »Einen von uns, aus dem ›gemeinen Volk‹, hätten sie an den Galgen gehängt.«

Aber Anke widersprach: »Ist er nicht außerhalb der Stadt zu einem viel schlimmeren Tod verurteilt?«

Bei regnerisch kaltem, aber beinahe windlosem Wetter geleiteten Walther und Kokwee die zuweilen schon von Schwangerschaftsbeschwerden geplagte Anke und den stets stillvergnügten kleinen Indo über herbstliche Hügel, gleichmütig rauschende Flüsse, verhangene Seen, an nur lässig atmenden

Meeresküsten entlang um die Bucht von St. Margareten und die von Mahone* ins Land hinter die Bucht von Merliguesche.

Jeanne Maillet schloß Anke in ihre Arme: »Sois la bien venue, Anké!« und küßte sie.

Die beiden dunkelhaarigen, feinknochigen Frauen mit der pfirsichsamtenen bräunlichen Haut hätten Schwestern sein können.

Anfang November – plötzlich und ohne Übergang war die Kälte eingefallen – meldete Walther sich wieder bei Gorham am Bedford-Basin. Dabei erfuhr er in der ersten halben Stunde zwei wichtige Neuigkeiten – und war froh, daß Anke sie vorläufig nicht zu erfahren brauchte.

Basford hatte sich mit seinem Gepäck und einem schwarzen Diener, den er erst kurz zuvor einem Yankee aus New York abgekauft hatte, auf die Dartmouth-Seite der Chebucto-Bucht zurückgezogen. Sie lag außerhalb des Bezirks von Halifax. Das Gelände um die Sägemühle hatte er sich rechtens überschreiben lassen; es war ihm auch nicht abgesprochen worden. Er wollte die Sägemühle, die ihm gutes Geld gebracht hatte, wieder in Gang setzen und sah sich nach neuen Arbeitern um.

In der dritten Nacht nach seiner Ankunft wurden er und der Schwarze von Indianern entführt. Sie blieben für immer spurlos verschwunden. Sie mögen irgendwo in der Tiefe der Wälder am Shubenacadie- oder Musquodoboit-River ein schreckliches Ende gefunden haben. Ihre Skalpe werden nach Louisbourg gewandert und dort in Louisdor verwandelt worden sein.

Die zweite Nachricht erfüllte Walther mit Besorgnis. Um so erleichterter war er, daß Anke, sein werdendes Kind und der kleine Indo außer Gefahr waren.

Unter dem armseligen Volk aus Londons Elendsvierteln, das bei der unerbittlich zunehmenden Kälte immer enger zusammenrücken mußte, sich immer seltener reinigte, kaum noch aus den Kleidern kam, war die gleiche Seuche ausgebro-

* So heißen sie heute.

chen, die drei Jahre zuvor die Expedition des französischen Admirals d'Anville vernichtet hatte: Das ›Schiffsfieber‹ oder ›Gefängnis-Fieber‹, der Typhus. Zitternd vor Furcht drängten sich die Menschen in die feuchtkalten Winkel ihrer Hütten, in die stickigen, klammen Decks einiger Transporter, die immer noch im Hafen lagen. Niemand verspürte Lust, die Toten anzurühren, und bald mußte der Gouverneur jedem, der sich weigerte, die Typhusleichen zu Grabe zu tragen, strenge Strafen androhen.

Der Tod rüstete sich zu einer neuen Ernte. Die Schwachen, die Schmutzigen, die Kranken, die von der Trunksucht Ausgemergelten – er hatte sie alle schon in seine Listen eingetragen.

Zweites Buch

Ankunft

13

Im Schornstein über dem flackernden Feuer orgelte der Sturm, johlte zuweilen wie eine Horde Wölfe, um dann wieder zu sanftem Seufzen, verhaltenem Weinen abzusinken, als klage in weiter Ferne eine Flöte. – Vor dem viergeteilten einzigen Fensterchen des weiten, niedrigen Raums mit den Wänden aus entrindeten Fichtenstämmen hing lichtlos die Nacht. Keine Kerze brannte, kein Kienspan. Doch war es nicht dunkel um den Kamin her. Das Herdfeuer verbreitete ein warmes, goldenes, wenn auch unsicheres Licht. In den Ecken des Raums behauptete sich das Dunkel, umdämmerte dort zwei Kinderbetten mit hohen Flanken.

Walther saß auf einem Schemel an der rechten Seite des Kamins. Er hatte einige fingerstarke Weidenruten neben sich auf den flachen Steinen liegen, die den Vorplatz des Kamins bildeten. Er schnitzte an den Zinken für einen neuen Heurechen. Das Querholz der Harke, in dem die Löcher für die Zinken in gleichmäßigen Abständen bereits vorgebohrt waren, lehnte griffbereit an dem steinernen Eckpfeiler der Herdstatt. Ab und zu paßte er die geschabten Zinken in die Löcher des Querholzes; sie mußten so stramm wie nur möglich darin sitzen. Langsam wuchs das Gerät unter seinen Händen. Den Harkenstiel, lang, glatt, gut daumenstark, hatte er schon vorbereitet. Querholz und Stiel fügten sich ausgewogen aneinander. Um das Querholz schrägwinklig gegen den Stiel abzustützen, waren noch Hilfsstreben aus kräftigen Weidenruten einzusetzen, die mit Stiel und Querholz ungleichseitige Dreiecke bildeten. Auch dafür waren die Löcher schon vorgezeichnet. Walther freute sich über das gleichmäßig fortschreitende Werk seiner Hände, Anke würde damit gut arbeiten können. Als ein besonders wilder, wie Donner rollender Sturmwind Funken aus dem Feuer vor Walthers Füße blies und ein blaues Wölkchen herb duftenden Holzrauchs in die Stube drückte, sagte Walther: »Frühlingsanfang ist heute, Anke. Es hört sich nicht danach an. Welch ein Sturm! Es ist zwar nicht sehr kalt. Aber der Schnee wird morgen früh wieder drei Fuß hoch vor der Tür liegen.«

Anke erwiderte mit leisem Lächeln von der anderen Flanke des Kamins her: »Was macht es schon aus, Walther! Wir sind beisammen! Der Winter spielt sich noch einmal auf. Aber im Frühling wirst du merken, wie schön es bei uns ist. Du hast es bisher nie richtig erlebt. Ach, Walther, solche Abende wie dieser! Ich bin allen Heiligen dankbar, daß wir für uns sind, endlich, und keiner kann uns stören. Ich bin glücklich.«

Sie hatte ihre Arbeit nicht unterbrochen. Sie spann, zum erstenmal in diesen Wochen des vergehenden Winters spann sie Wolle von den Rücken ihrer eigenen fünf Schafe. Wenn der Sturm für ein paar Herzschläge lang Atem holte und verstummte, wurde das freundliche Schnurren des Spinnrads vernehmbar; auch das Hebelholz, mit dem Anke das Rad in Schwung hielt, ächzte ein wenig.

Walther hatte sein Schnitzmesser sinken lassen und blickte zu ihr hinüber. Sie spürte es und schlug ihre Augen zu ihm auf, mußte sie aber gleich wieder ihren Fingern zuwenden, die aus dem Spinnrocken die Wolle zu feinem, gleichmäßigem Faden drehten. Eine warme Welle der Zuneigung und des Einverständnisses umspülte sie beide in ihrer weltentlegenen Hütte inmitten der in diesem Winter zum letztenmal im Schnee versinkenden Wälder. – Walther rührte sich nicht, trank sich satt an dem rötlich überhuschten Bild der jungen Frau, und wieder überwältigte es ihn. Es gibt keinen schöneren Menschen unter der Sonne als sie!

Kaum merklich stahl sich ein Lächeln um Ankes Mundwinkel. Sie wußte, daß er sie betrachtete. Sie hielt gern seinen Augen stand. Schließlich sagte er: »Allen Heiligen bist du dankbar, daß wir allein sind? Anke, was würde wohl der gute Pastor Burmeester aus Haselgönne sagen, wenn er hören müßte, daß eine brave Lutheranerin aus seiner Gemeinde die katholischen Heiligen anruft! Anke, Anke, was soll daraus werden!«

Und tief prägte sich ihm ein, wie sie die Spindel hielt, sie langsam senkte, wie sie ihm den dunklen schmalen Kopf zuwandte, anmutig und streng zugleich – eine seltene Blume. Ihre Hände und Arme ruhten im Schoß, braun und zierlich, doch unverkennbar kräftig. Straff spannte sich das Kleid um die Hüften. Der schwere braune Rock fiel fast bis zum Boden. Der Fuß im Holzschuh lugte darunter hervor, er ruhte noch auf dem Trethebel des Spinnrads.

»Sehr brave Lutheraner sind wir ohnehin nicht mehr«, sagte Anke. »Die Katholiken haben immer irgendeinen freundlichen Heiligen zur Hand, der sich helfend ins Mittel legen kann oder soll, wenn Not am Mann ist. Jeanne Maillet hat die Heiligen jeden Tag ein paarmal bemüht. Zuerst habe ich mich ein bißchen darüber geärgert, dann habe ich lachen müssen, und schließlich habe ich's mir selber angewöhnt, mich nach Möglichkeit mit den Heiligen gutzustellen. Man kann nie wissen! Hilft es nicht, so schadet es auch nicht.«

Und dann erinnerte sie sich an den gütigen Pastor Bosson, Père Bosson aus La Have. Sie hatte Walther schon viel von ihm erzählt. Als der kleine William geboren war und Charles Maillet sich aufgemacht hatte, Père Bosson zu Boot und zu Pferd heranzuholen, damit das Kind getauft würde – als Père Bosson erfuhr, daß noch nicht einmal der kleine Indo die Taufe empfangen hatte, wurde er zornig und betrübt zugleich. Also taufte man Indo und William zur gleichen Zeit, katholisch natürlich. Anke dachte sich: Es wird dem lieben Gott wohl gleich sein, wenn es nur ehrlich und ernst gemeint ist. Père Bosson, die Maillets und noch einige andere hier, das sind gute Menschen und Nachbarn. Es kümmert mich längst nicht mehr, daß sie katholisch sind. Ich kann nicht glauben, daß das so wichtig ist. Wie ernst sie es meinen, das ist mir wichtiger!

Sie sprachen es nicht aus, aber sie empfanden diese Nacht und die Einsamkeit mit jeder Faser: Um sie her weithin der Sturm vom nahen Meer, Gebirge von wässrigem Schnee türmend, die noch für viele Stunden kein lebendes Wesen würde überwinden können. Wenn der Sturm nicht so wütend im Kamin rumoren würde, müßte auch das brüllende Donnern der fernen Brandung zu vernehmen sein, auf- und abschwellend, wie das drohende Murren eines riesenhaften Raubtiers. Grenzenlos erstreckten sich die Barrikaden der Wälder hinter der Lichtung, die sie mit der Hilfe der Nachbarn gerodet hatten. Auch die Nächsten, die Familie Maillet, zu der man bei gutem Wetter nur eine halbe Stunde brauchte, waren in solcher Nacht so unerreichbar, als wohnten sie auf einem anderen Stern. Und mit den Wäldern und hinter ihnen dehnte sich ins

Ungeahnte, ins Endlose ein fremder, riesiger Kontinent, nur hier und da durchschweift von Menschen einer anderen, schwer begreiflichen Rasse und Lebensart. Mühsam und zaghaft tasteten sich die Kinder Europas mit ihren Rodungen und Siedlungen in diesen leeren, schweigenden Erdteil vor. Und auf einer der winzigsten, entlegensten Inseln jenseits des Ozeans der Wogen und Winde, wie versprengt in die schon an den Meeresküsten beginnenden unermeßlichen Wälder: Vier Menschen, Walther und Anke, Indo und William.

Nichts sonst, dachte Walther, ist Wahrheit und hat Bestand in dieser heulend leeren Sturmnacht, auf dieser so übermächtig fremden Erde, als du und ich – und die Kinder.

Nur mit Mühe löste Anke sich aus der Verzauberung. Ihre schnellen Finger nahmen die Arbeit wieder auf und zwirbelten den Faden. Ihr Fuß setzte das Rad wieder ins Kreiseln. Sie war – anders als Walther – nicht bereit, sich länger als ein paar Minuten an uferlos verschwebende Gefühle zu verlieren. »Ich glaube, Walther, du mußt Holz nachlegen. Sonst wird es zu dunkel und kalt.«

Er kümmerte sich um das Feuer. An der Kaminwand türmte sich ein Stapel festen Kernholzes. Das Feuer flackerte von neuem hoch, erfüllte den Raum bis in den hintersten Winkel mit waberndem rotgelbem Licht. Bald verstrahlte es solche Hitze, daß die Spinnerin in den Hintergrund der Stube ausweichen mußte.

Sie lachte dabei: »Du meinst es zu gut, Walther, sei sparsam mit dem Brennholz, du mußt es selber hauen! Aber im Grunde habe ich nichts dagegen, daß du es so gut meinst. Seit zwei Monaten bist du jetzt zu Hause. Und in dieser Zeit hatten wir nichts als Eis, Schnee oder Regen und grundlosen Morast. Es ist kaum zu glauben, wie schnell das Wetter hier umschlägt. Aber mir setzt das alles nicht mehr so zu wie im ersten Winter, als ich mit dem Kind ging, mich bei den Maillets erst eingewöhnen mußte und mir fast ständig übel war. Und du warst weit weg, irgendwo unterwegs. Ich wußte nicht, wo ich dich mit meinen Gedanken suchen sollte.«

Sie hatte zweimal durch Kokwee Nachricht bekommen, daß in Halifax die Seuche wütete, daß Hunderte von dem Volk aus London starben. Die Beschwerden, die ihr der kleine William vor der Geburt bereitete, die Angst, daß die Krankheit auch Walther anfallen könnte – dieser erste Winter war eine schlimme Zeit für Anke gewesen. Jeanne Maillet stand ihr mit viel Geduld zur Seite. Es war Anke schwergefallen, die französische Sprache zu erlernen. Dann aber kam Walther, zur verabredeten Zeit. Und er war gesund!

»Sonderbar«, sagte Anke, »du warst den Maillets von Anfang an wie ein Bruder. Das muß wohl daher kommen, daß wir, wie sie, vom Lande sind und deshalb die gleiche Sprache sprechen, wenn auch die Worte anders klingen. Nun bist du da, Walther, und brauchst nicht mehr fort. Vielleicht wird dir das Haus schon eng nach diesen zwei Monaten? Das Wetter war auch zu schlecht. Du konntest draußen so gut wie nichts verrichten. Aber bald werden wir mehr zu tun haben, als uns lieb ist. Und immer bist du frei, Walther. Seit wir uns kennen zum erstenmal: Frei nur für uns! Niemand kann uns etwas vorschreiben. Du bist endlich bei mir, bei uns, und bist gesund geblieben. Wir wollen dankbar dafür sein, Walther!«

»Ich bin es, Anke. Aber ich muß auch sagen, Anke, daß ich nie Grund gehabt habe, mich über den Kommandanten zu beklagen, über Gorham. Ich war ja ›Kurier‹ und blieb es, und er vermied es sorgfältig, mich einzusetzen, wenn Gefahr bestand, daß ich dabei mit den Indianern zusammenstoßen könnte. Es war ihm viel wichtiger, über mich die Beziehung zu Kokwee und den anderen Micmac- und Maleciten-Häuptlingen aufrechtzuerhalten. Nur der fürchterliche Cope vom Shubenacadie, mit dem war und ist nicht zu reden. Der läßt sich alles, was er tut, von dem bösen Pater Le Loutre und seinem Haß vorschreiben. Wenn also Gorham etwas gegen die Indianer unternehmen mußte, weil sie wieder einen unvorsichtigen Seemann oder eine leichtsinnige Jagdpartie abgefangen, gemartet und umgebracht hatten, so wurde ich hierher oder ins Annapolis-Tal geschickt, um die Stimmung unter den Akadiern zu erkunden. Wozu doch das bißchen Französisch, das ich in der Gefangenschaft gelernt habe, schon alles gut gewesen ist! Nun, inzwischen habe ich mir soviel akadisches Französisch angeeignet, daß die Akadier mich fast für einen Akadier halten, auf alle Fälle für einen, der zu ihnen gehört. Wenn ich es recht bedenke, Anke, wir haben eigentlich viel Glück gehabt in diesem neuen Land, mehr, als wir je im alten gehabt haben. Und haben Haus und Hof. Viel Staat ist zwar noch nicht damit zu machen. Aber wenn das Wetter besser wird – du wirst dich wundern, Anke, was wir hier noch alles auf die Beine stellen werden!«

Er lachte. »Sieh sie dir an, Anke, die Harke! Ein Prachtstück! Für unsere erste gemeinsame Heuernte. Wird dir gut in der Hand liegen. Wenn wir gesund bleiben, Anke, und sonst nichts Übles passiert, es müßte schon mit dem Teufel zugehen, ob auf katholisch oder lutherisch, wenn wir uns hier nicht einen Hof schafften, um den uns jeder in der alten Heimat beneiden würde.«

»Wenn wir gesund bleiben«, wiederholte Anke leise. »Allein wäre ich hier verloren mit den Kindern. Deshalb haben mich auch die Nachrichten von der Seuche in Halifax in so große Angst versetzt.«

»Ja, als ich mich im letzten November bei der Zahlmeisterei in Halifax meldete, um abzurechnen, war ich noch einmal mit Jonas von Hestergart zusammen. Das habe ich dir schon erzählt. Aber noch nicht erzählt habe ich dir – weil ich dich nicht unnötig beunruhigen wollte –, daß Jonas mir sagte, von den Cockneys aus London hat kaum einer die Seuche überlebt. Die ein wenig Stärkeren und Unternehmungslustigeren haben sich schon anfangs aus dem Staube gemacht; sie haben sich auf den Yankee-Schiffen nach Massachusetts oder New York verdingt und kamen nicht wieder. Die Armseligsten blieben zurück, konnten dem ersten harten Winter nicht standhalten und starben wie die Fliegen am Schiffsfieber. Von diesen Leuten, meint Jonas, der es wissen muß, sind kaum noch einige übrig. Seine Majestät in London ist einen gehörigen Teil seines Elendsvolkes endgültig los und düngt damit die Küsten von Nova Scotia.«

Anke blickte auf, erstaunt und auch beunruhigt. »Du sprichst bitter, Walther. Früher hättest du nicht so geredet.«

Er besann sich einen Augenblick. »Meinst du wirklich? Ja, du hast wahrscheinlich recht. Wir nahmen die Zustände hin, wie sie waren, hörten ja immer wieder, auch von der Kanzel, daß alles von Gott-Vater weise und unabänderlich eingerichtet sei. Aber dann bin ich zu den Rangers gekommen, zu Cock und Gorham, zu Ingleside und zum langen Berty, lauter Leute aus den englischen Kolonien weiter im Süden, Amerikaner, wie sie sich am liebsten nennen. Bei ihnen habe ich gelernt, daß es mit der Wahrheit der Lords in London und der ›von Gottes Gnaden‹ Seiner Majestät nicht allzu weit her sein kann. Die Männer sind in die Wälder und Wildnisse geworfen worden, am Hudson, am Potomac, am Susquehanna und wie die großen Ströme im Süden alle heißen, mußten sich mit den Indianern herumbalgen und sich gegen eine wilde Natur durchsetzen – und kein König und kein Lord, kein Amt und keine amtliche Verordnung konnten ihnen dabei helfen. Wenn sie am Leben bleiben und vorankommen wollten, so hatten sie sich allein auf die eigene Courage und das eigene Glück zu verlassen. Und da dieser Erdteil voll ungeahnter Möglichkeiten steckt, bringt es jeder zu etwas, der nicht auf den Kopf gefallen ist. Auf alle Fälle aber will und kann ein jeder sein Leben leben, wie's ihm gefällt; der eine verdient Geld, der andere verludert, und es hilft ihm keiner, und das mit Recht, der dritte schafft sich einen großen Hof, ein anderer zieht durch die Wälder, stellt den Pelztieren nach, paktiert irgendwie mit den Indianern und abenteuert durchs Leben, solange es ihm Spaß macht – und kann dabei genug auf die hohe Kante bringen, um in seinen alten Tagen nicht gerade hungern zu müssen. Wenn man beweglich bleibt und nicht zu früh vor Anker geht, dann kann man, dann muß man beinahe auf dieser Erde zehnmal, hundertmal mehr erschaffen und erraffen als im alten Land. Leute wie Cock oder Gorham, auch die reichen Akadier am Minas-Becken und im Annapolis-Tal haben mich das gelehrt. Ich bin nicht mehr der, der aus der Lüneburger Heide ausrücken mußte, weil da für uns kein Platz mehr war, Anke!«

Anke hatte mit großen Augen diesem sie völlig überraschenden Bekenntnis zugehört, wenn auch die Spindel in ihren Händen keinen Augenblick lang zur Ruhe kam.

»Du erschreckst mich, Walther. Erschaffen und erraffen, sagst du. Als ob es darauf ankäme! Boden unter die Füße für uns und die Kinder, auch für die, die wir noch erwarten – und viel Platz um uns herum, daß uns keiner zu nahe kommen kann. Das ist es, worauf wir aus waren. Und wir haben nun einen guten Anfang gemacht. Dabei bleibe ich. Ich merke es nicht erst jetzt, daß die zweieinhalb Jahre bei den Rangers dich verändert haben. Walther, Lieber, glaubst du nicht, daß es besser ist, festzuhalten, was wir uns vorgenommen haben? Du bist jetzt ein freier Mann und nur noch dir und uns verantwortlich. Allein kann ich dies Besitztum nicht ertragreich machen. Du mußt bei mir bleiben, Walther, bei mir und den Kindern!« Verhalten fuhr sie fort: »Damit du es gleich weißt: Der kleine William wird in acht oder neun Monaten ein Geschwisterchen bekommen.«

Walther richtete sich auf. Große Heiterkeit erfüllte ihn plötzlich. Seine Augen lachten. Aber er brachte nichts weiter heraus als: »Ach, Anke!« Und erst nach weiteren Sekunden: »Anke, ich verspreche es dir: Dieses Jahr gehört nur unserem Hof – und wenn ich zwanzig Stunden am Tag für ihn arbeiten muß. Ich habe keine Angst vor der Zukunft, gar keine! Dies Land ist jung. Wer da der erste ist, der erntet viel. Man sieht es in Halifax: Die Lücken, die das armselige Volk dort hinterlassen hat, sind von den Yankees ausgefüllt worden, hartgesottenen Burschen, das weiß der liebe Himmel! Und seit dem letzten Jahr auch von Leuten aus dem Hannoverschen, aus dem Badischen und aus der Schweiz. Wenn du das sehen würdest in Halifax, Anke, du würdest die Stadt nicht wiedererkennen!«

»Mir liegt nicht viel daran. Ich habe keine guten Erinnerungen an Halifax und bin froh, daß ich es nicht wiederzusehen brauche. Hier bei den Akadiern ist man uns von Anfang an freundlich und gastlich begegnet. Diese Leute gehören zusammen, vergessen nie, daß sie aufeinander angewiesen sind und verwalten ihre Angelegenheiten selbst, schiedlich und friedlich. Sie kennen sich gründlich aus mit dem Land und seinen Bewohnern. Wenn erst der Frühling kommt, Walther – es ist schön hier bei uns. Jeden Morgen geht dir das Herz auf. Hier sind wir zu Hause, Walther!«

»Ja, so ist es, Anke. Trotzdem: Auch dir würde es gefallen, wenn du in Halifax erleben würdest, wie da die Göttingen-Straße entsteht, die Dresden-, Hannover- und Braunschweig-Straße, und lauter blitzsaubere Häuser daran, mit Blumen davor wie zu Hause, und die Leute arbeiten wie von Sinnen und kommen voran. Das ist schon was! Und du hörst nichts als Deutsch in manchen Stadtgegenden. Hestergart meinte, den Engländern wird das bald nicht mehr geheuer sein. Schließlich liegt ihnen an einer englischen Kolonie, nicht an einer deutschen.«

Anke lachte: »Sollen doch die Leute sich hier niederlassen! Auf der anderen Seite der Bucht ist noch Platz genug. Und Neu-Lüneburg gründen! Das klingt bescheidener als Braunschweig, Hannover und Göttingen. Aber wir reden und reden, Walther. Es wird Zeit, ins Bett zu gehen. Hoffentlich sind wir morgen nicht völlig zugeschneit und du mußt schaufeln und schaufeln, um nur bis zum Kuhstall zu kommen!«

14

Anke hatte ihrem Walther nicht zuviel versprochen an jenem Sturmabend um die Tagundnachtgleiche im Frühling des Jahres 1752. Die Landschaft, in der sich die Corssens niedergelassen hatten, war von großartig einfacher, oftmals strahlender Schönheit. Die Corssens hatten sich, beraten von den ihnen getreulich beistehenden Maillets, einen Platz gesucht, von dem aus der Mailletsche Hof und die übrigen fünf akadischen Höfe auf der Westseite der Merliguesche-Bucht leicht zu erreichen waren. Hier mußte man zuverlässige Nachbarschaft halten; davon hing Erfolg oder Mißerfolg solcher Einöd-Siedlung in hohem Maße ab. Vor allem mußte ackerbarer Boden vorhanden sein. Den aber gab es nicht allzu reichlich auf der atlantischen Seite von Nova Scotia. Nur die Auen der Bäche und Flüsse boten ihn an und manche Plateaus zwischen den Wasserläufen. Corssens Platz lag zwischen zwei Bächen, die sich, kurz bevor sie die Meeresbucht erreichten, vereinten. Ein Riegel dichten Waldes schirmte die sich wohl dreißig bis vierzig Fuß über den Meeresspiegel hebende geräumige Dreiecksebene gegen die Stürme der hohen See. Eine kleine Lichtung hatte sich schon vorgefunden; es sah fast aus, als habe an dieser Stelle schon einmal jemand versucht, zu siedeln. Doch wußten die Maillets nichts von solchen Vorgängern.

Walther und Anke waren sich von Anfang an im klaren darüber, daß sie von den Maillets viel zu lernen hatten. Und so lernten sie mit großem Eifer. Und die Maillets, deren Urgroßeltern einst aus der Normandie an den unteren Sankt Lorenz gezogen waren, geizten nicht mit Rat und Tat. Walther hatte in den Jahren 50 und 51 seinen neuen Hof jeweils nur dann besuchen können, wenn Gorham ihn von den Rangers auf Kundschaft oder als Kurier zu den Akadiern oder ins Indianerland sandte. Stets auch hatte Walther eine verwertbare Nachricht mitzubringen, um Gorhams militärisches Gewissen zu beruhigen, zumal Gorham Walthers lange Abwesenheiten auch gegenüber dem Gouverneur zu vertreten hatte. Cornwallis fragte oft, wie es den Corssens ginge – halb aus Freundschaft, halb aus Mißtrauen.

In den letzten Jahren seiner Dienstpflicht hatte Walther also den neuen Hof jedesmal wieder verlassen müssen, ehe er richtig warm geworden war. Stets wartete dort auf ihn eine besondere Aufgabe, die den Nachbarn nicht zuzumuten war und die Anke allein nicht bewältigen konnte; sei es, daß der Brunnen gegraben, die Firstwand des Schafstalles aufgerichtet, der Wurzelstock besonders grober Stämme ausgerodet werden mußte. Schnell verrann jedesmal Walthers Zeit; eilig mußte er sich wieder auf den Weg machen, nachdem er sich vielleicht noch vor Morgengrauen bemüht hatte, mit der Angel eine oder zwei Mahlzeiten aus dem Wasser der Bucht zu fangen. Die Fische bissen dort leicht und schmeckten herrlich. – Walthers ersparte Löhnung hatte ausgereicht, von den Nachbarn in der Nähe, und von weiter her, von La Have an der anderen Seite des mächtigen La Have Flusses im Südwesten, einige Schafe und Schweine, dazu Enten, Gänse, Hühner zu kaufen. In das geheime Beutelchen aber hatte er greifen müssen, um in Halifax zwei kräftige Jersey-Kühe zu erwerben, die dann von einem Segler bei gutem Wetter in die Merliguesche-Bucht gebracht worden waren. Die Kühe waren gewohnt, im Joch zu gehen. Sie ließen sich anspannen, machten sich beim Pflügen und Eggen, beim Roden und Frachten nützlich, spendeten Milch für die Kinder, weiterhin Butter und Käse und würden, da es in La Have einen prächtigen Stier gab, irgendwann auch für den Nachwuchs an Kälbern sorgen.

Mit einem Wort: die Corssens hatten sich nach akadischen Maßstäben schon innerhalb der ersten zwei Jahre als ein höchst ansehnlicher Zuwachs der kleinen Urwaldgemeinde zwischen La Have River und der Merliguesche-Bucht erwiesen. Sie bemühten sich, akadisches Französisch zu sprechen und würden es bald ganz beherrschen. Die Maillets waren nach Bauernart sogar stolz darauf, daß sie es gewesen waren, die einen so offenbar weltläufigen Mann wie Walther Corssen und eine so tüchtige und kluge Person wie Anke in ihre Gegend geladen hatten. Es war gute akadische Tradition, jeden mit offenen Armen aufzunehmen, der bereit war, sich akadischer Sitte, Sprache und Unabhängigkeit einzufügen, ob er nun aus Frankreich, Irland oder England kam, aus Deutschland oder der Schweiz.

Walther hatte seinen Anspruch auf das Wald-Plateau zwischen den ›Ruisseaus des Mouettes‹, wie seine Bäche nach den vielen Möwen genannt wurden, die sich dort von Zeit zu Zeit versammelten, ins Landregister zu Halifax eintragen lassen. Eine genaue Vermessung hatte nicht stattgefunden. Auf der Behörde, welcher Walther als der ›deutsche Ranger‹ wohlbekannt war, hatte man sich mit den Orts- und Grenzbezeichnungen, die er angab, ohne weitere Fragen begnügt. Walther hatte keineswegs gezögert, sich ein gehöriges Stück jungfräulicher Erde – von der Küste des Salzwassers bis zur Höhe des Landrückens, einer bescheidenen Wasserscheide, die das ganze Tal der beiden ›Möwenbäche‹ umfaßte, zuschreiben zu lassen. Erst nachträglich begriff er, daß man auf der Regierung froh gewesen war, einem Hannoveraner unter den Akadiern Siedelrecht zu gewähren, hielt man doch ihn, einen Protestanten, der im alten Land zweifelsfrei Untertan Seiner Majestät Georgs II. gewesen war, für einen zuverlässigen Verfechter der englischen Sache.

Was die Beamten und Militärs in Halifax nicht ahnen konnten, was sie auch gar nicht begriffen hätten, war, daß Anke unter den Akadiern vom La Have River zum erstenmal das gefunden hatte, was ihr in ihren Träumen vorgeschwebt hatte: Sie wohnte auf eigenem weiten Grund und Boden – und keinem Menschen untertan. Daß es so war, verdankte sie Walther, schließlich aber auch den treuen Nachbarn, bäuerlichen Menschen wie sie selbst, ohne die sie in den ersten zwei Jahren nie soweit gekommen wäre. Walthers Anwesenheit hatte sich ja nur selten nach den Ansprüchen und Notwendigkeiten des werdenden Hofes richten dürfen. Stets hatte er fremder Ordre zu folgen. Die Maillets vor allem waren für ihn eingesprungen, sie hatten sich nie versagt. Anke war ihren akadischen

Nachbarn aus tiefstem Herzen dankbar dafür, daß sie Walther und sie so ehrlich willkommen geheißen und ihnen die ersten Schritte in der neuen Heimat erleichtert hatten. Anke – Anké, wie die Maillets den Namen aussprachen – war in diesen beiden Jahren mit fliegenden Fahnen zu den Akadiern übergegangen.

Diese wiederum – begabt mit der Zähigkeit, Schläue und Nüchternheit, die alle echten Bauern auszeichnet – rechneten sich früh die Vorteile aus, die es mit sich bringen mochte, wenn einer aus ihrer Mitte, der sich ihnen verpflichtet fühlte, sie über alles auf dem laufenden hielt, was bei der fernen, nicht unbedingt wohlwollenden Regierung in Halifax vorging. Sie begriffen schnell, daß Walther, wollte er seine Rolle als ›Kurier‹, als ›Rapporteur‹, wie sie verständnisinnig sagten, bei den Rangers, bei Gorham und dem Gouverneur Cornwallis weiter spielen, immer wieder etwas zu berichten haben mußte. Deshalb sorgten sie dafür, daß die Quellen der ›richtigen‹ und ›wünschenswerten‹ Neuigkeiten nicht versiegten. Anké lebte ja in ihrer Mitte, und Anké bot Gewähr dafür, daß Walther das Wohl und Wehe der akadischen Nachbarn nie aus den Augen verlor.

Also vergaßen die Maillets und selbst der gute Pater Bosson in La Have auch weiterhin nicht, Kokwee zu ermuntern, dies und das von der indianischen Seite mitzuteilen, was sich zur Weitergabe an die englischen Oberen verwenden ließ. Kokwees Leute hatten die Hoffnung aufgegeben, jemals wieder an ihre alten Zeltplätze im Bereich der Bucht von Chebucto, wofür nun schon der fremde Name Halifax stand, zurückzukehren. Sie wollten es nicht und wagten es auch nicht mehr, denn von den Franzosen unter d'Anville ebenso wie von den trinkwütigen Leuten, die Cornwallis aus London mitgebracht hatte, waren Hunderte an der bösartigen Seuche gestorben. Auch viele Indianer waren ihr wieder zum Opfer gefallen. Die Weißen hatten Unheil über die alte Heimat der Chebucto-Micmacs heraufbeschworen. Also blieben die Entwurzelten an der Zufluchtsstätte sitzen, die der Rest des Stammes am Ponhook-See gefunden hatte, verloren sich an die Nachbarstämme, vergingen vor Heimweh nach den alten Stammesplätzen und den Gräbern der Ahnen. Kokwee war in das Niemandsland zwischen Weiß und Rot geraten, dort wanderte er nun her und hin. Anke, die nach der Weise der Weißen seinen Sohn pflegte und erzog, war für Kokwee mit der Zeit zu einer ›Großen Mutter‹ geworden, der er heimlich und scheu, aber mit bedingungsloser Ergebenheit anhing. Er sorgte dafür, daß Walther wenigstens in großen Zügen erfuhr, was bei den Stämmen geschah, insbesondere, was Le Loutre und der finster-gefährliche Häuptling Cope vom Shubenacadie im Schilde führten. Die Indianer von Chebucto – der letzte ihres Häuptlingsgeschlechtes war Kokwee – wurden von den übrigen Stämmen nicht mehr für voll genommen, hatten sie doch ihre Stammessitze verloren und waren auf ein schmales Häuflein zusammengeschrumpft. Manchmal wußte Kokwee nicht, wen er heftiger haßte: die anderen Häuptlinge, Cope voran, die ihn und die Seinen nicht mehr anerkannten, oder die Engländer in Halifax . . .

Als der Winter vergangen und der Frühling seine bunten Wimpel über dem Land von Merliguesche gehißt hatte, war es Walther, als überkomme ihn ein leichter Rausch; willenlos und dankbar gab er sich ihm hin. Die beunruhigenden Pflichten der Vergangenheit waren von ihm abgefallen, wie man verbrauchte Kleider ablegt und vergißt. Er brauchte nicht mehr zu denken: Dann und dann muß ich mich spätestens wieder auf den Weg machen, das und das wollte Gorham noch geklärt haben, den und den muß ich noch aufspüren. Es war nicht mehr nötig, sich für Anke, für Haus und Hof die Stunden abzustehlen. Nein, die Tage erstreckten sich nun vor ihm wie eine lange sonnenbeschienene Straße. Und ein Ende war nicht abzusehen.

Wenn Anke morgens aus der Tür trat, ihn von fern grüßte mit einem Wink der Hand und diese verhaltene Bewegung ihm ihre Zuneigung, auch ihre nur selten versiegende Heiterkeit anzeigte, dann wurde das klare Morgenlicht noch heller und die Bläue des Himmels so strahlend ›wie der Mantel Unserer Lieben Frau‹. Das war ein Ausdruck, den Jeanne Maillet manchmal gebrauchte, denn was konnte es strahlend Blaueres und Reineres geben als den Mantel der Jungfrau Maria!

Rings um das langgestreckte Blockhaus der Corssens mit seinen stattlichen Räumen, einem für Kochen, Essen, Werken und Wirtschaften, dem anderen für Wohnen und Schlafen, um die festen Wände aus sorgsam entrindeten und geglätteten Fichtenstämmen dehnte sich die Lichtung in sattestem Grün. Üppiges Wildgras und die Wildkräuter, die sofort aufkamen, wenn der Wald geschlagen war, machten, daß Kühe und Schafe prächtig gediehen. Walther hatte sie anpflocken müssen; sie vertrampelten sonst in ihrer Gier auf all die Leckerbissen der Wildweide zu viel gutes Gras.

Wenn Anke sich abends auf den dreibeinigen Schemel hockte, um die Milch in den großen Melkeimer zwischen ihren Knien schäumen zu lassen, wenn die auf dem Rücken der Schafe sprießende Wolle ein dichtes, seidenweiches Vlies versprach, wenn die Hühner sich mit durchdringendem Gegacker beim Eierlegen wichtig taten, an solch einem lauen Abend trat zuweilen Kokwee aus dem Wald. Er brachte dann in einem locker aus Weiden geflochtenen Korb ein gutes Dutzend würzig duftender Waben wilder Bienen oder einen großen Vorrat saftiger großer Krannbeeren, die in manchen Waldsümpfen in unglaublicher Fülle vorkamen – gleichsam als Beitrag zum Unterhalt seines fröhlich gedeihenden Sohnes Indo. Dann entsann sich Walther des uralten Wortes, daß im Lande der Verheißung Milch und Honig fließen würden – und er wußte, daß er sein Land gefunden hatte.

Die Tage hoben sich strahlend aus den Sternennächten. Und wenn Regenschwaden wie hohe graue Fahnen über Wald und Feld, Strände und Buchten hinwallten, wenn die schweren Seenebel oder die lichteren Landnebel alle Farben zu Silber dämpften und alle Fernen eifersüchtig verschleierten, dann war es, als wolle das jungfräuliche Land Atem holen, weil es sich mit der lückenlosen Reihe blausonniger Tage, die vorausgegangen waren, allzusehr verausgabt hatte.

Alle Tage aber, die regnerischen, sturmdurchtosten ebenso wie die wolkenlos strahlenden, gehörten ihm und Anke und der Arbeit, die Schweiß, viel Überlegung und muskelzerrende Mühe kostete und doch unendlich willkommen war, weil sie die eigene Kraft herausforderte und bestätigte. Anke lobte solche Mühe, denn nur sie machte jeden Tag die Äcker ein wenig fruchtbarer, das Haus ein wenig wohnlicher, die Ställe sicherer, die Lichtung in der Einöde wieder um einige Dutzend Fuß weiter. Die harte Plackerei kam ihnen allein zugute. Ihre

Ergebnisse waren sichtbar, fühlbar, schmeckbar. Und die Arbeit verband ihn immer enger mit Anke.

Jetzt erst, da nichts ihn mehr ablenkte, erfuhr Walther die ganze Freiheit an Leib und Seele, die dieses junge Land zu schenken vermochte. Er war nicht nur frei geworden von alten Verkettungen, sondern frei für eine bessere Zukunft. Schon der Sonnenaufgang fand ihn beim Werken. Wenn Anke, nachdem sie die Kühe gemolken und die Kinder gewaschen und angezogen hatte, Walther zum Frühstück an den schweren Tisch neben der Herdstatt rief – Hafergrütze gab es, Speck und Brot mit Beerenmus oder Honig, Milch dazu oder auch einfach einen Becher mit Wasser aus dem glasklaren Bach –, wenn sie sich dann zum kräftig duftenden Mahle niederließen – nicht ohne die Kinder, den schon dreijährigen Indo und den zweieinhalb Jahre alten William, mit einem besonders delikaten Brocken von ›Vaters Frühstück‹ zu erfreuen, dann spürte Walther manchmal eine so überwältigende Einigkeit mit sich, mit Anke und den Umständen, in denen sie nun heimisch geworden waren, daß er mitten im Essen zum Staunen der Kleinen den Löffel beiseite legte, den Schemel zurückschob, sich den Mund abwischte, um den Tisch kam, sich zu Anke niederbeugte, den Arm auf ihre Schulter legte und ihr einen herzhaften Kuß auf den roten Mund setzte.

Dann, als sei Unaufschiebbares nun zu voller Zufriedenheit erledigt worden, verfügte er sich wieder an seinen Platz, als habe er sich nur die Salzbüchse vom Bord geholt.

Anke, ein wenig durcheinander: »Nanu, Walther! Warum denn das?«

Walther kratzte eifrig seinen Holzteller aus – mit unnötig viel Geräusch. »Ach, nur so, Anke. Nur so . . .«

Und die ganze niedrige Stube mit dem groben Kamin aus Felsbrocken und dem darin hängenden rußigen Kartoffelkessel, dem Tisch, den Bänken, den simplen Borden und Gestellen, der langläufigen Flinte am Türpfosten, den Kleidern an den Wänden, dem aus Lehm gestampften Estrich, dem Butterfaß in der einen, dem Spinnrocken in der anderen Ecke, den Satten mit säuernder Milch auf dem Wandbrett, dem Zinngeschirr, den Tiegeln und Töpfen an der Wand, dem Stapel von Birken- und Fichtenscheiten neben der Herdstatt – diese simple, nur nach den Bedürfnissen des Alltags eingerichtete Stube im groben Blockhaus der Corssens inmitten der Einöde schien bersten zu wollen vor Heiterkeit und vergnügtem Tatendrang. – – Später, wenn Walther die Kühe einspannte, um von der Meeresküste im zweirädrigen Karren eine Ladung Seetang einzubringen, wollten sich die beiden Knäblein die kurze Reise durch den Wald zur Bucht nicht entgehen lassen. Und natürlich vermochte Walther den zurückhaltend vorgetragenen Bitten des kleinen Indo ebensowenig zu widerstehen, wie der wesentlich lautstärkeren Forderung des eigenen Sprößlings. Also hob er die beiden in den Wagenkasten und nahm sie mit auf die stuckernde Lustfahrt ans blitzende Wasser der schon zur offenen See sich erweiternden Bucht. Wenn es wieder heimwärts ging, würden die beiden auf dem nach Meer duftenden, goldbraunen Tanggeschlinge wie auf einem Polster sitzen. Für den Gemüsegarten gab es keinen besseren Dünger als den vom Meer an die Küste gespülten Seetang. Nach windigen Tagen mit starker Brandung brauchte man nur hinzufahren und die großzügige Gabe des Meeres aufzuladen.

Die beiden Kinder waren Walthers Freude. In den Wintermonaten hatte er Zeit gehabt, sich mit den beiden Purzeln zu befreunden. Sie waren ganz verschieden geartet, ergänzten sich aber gerade deshalb vorzüglich und waren ein Herz und eine Seele. Der jüngere, William, zeigte sich stürmisch und eigenwillig. Indo ließ sich von ihm geduldig herumkommandieren. Trieb William es gar zu grob oder toll, so wurde Indo urplötzlich böse und schlug hart zu. Gewöhnlich war William dann so verdutzt und erschrocken, daß er ein wildes Geheul erhob und zur Mutter lief, um sich zu beklagen. Aber die kluge Anke kannte ihren Sprößling, sie zuckte mit den Achseln und meinte ungerührt: »Du wirst schon wissen, womit du's verdient hast. Geh hin und vertrag dich!«

Nach und nach war Walther auch mit jenen Nachbarn, die jenseits von den Maillets wohnten – das waren sechs Familien – und auch mit einigen Leuten aus den schon seit drei oder vier Generationen bestehenden Siedlungen La Have und Petite Rivière bekannt geworden. Sie hatten stets auf eine neugierig-freundliche Art wissen wollen, wo er und Anke herstammten. Völlig begriffen hatte sie es wohl nie, denn ihre geographischen Vorstellungen gingen, was Europa anbetraf, über Bretagne, Normandie, Flandern, Paris, London und natürlich Rom nicht wesentlich hinaus. Es genügte ihnen zu erfahren, daß sie Freunde von Charles und Jeanne Maillet vor sich hatten, die sich bemühten, akadisches Französisch zu sprechen. Entscheidend war, daß der von ihnen liebevoll verehrte Père Bosson, der Leutepriester von La Have, die Corssens für ›bon gens‹, für ›gute Leute‹ hielt. Dieser alte Vater Bosson, ein zarter, zierlicher Mann, der aber eine unheimlich anmutende Zähigkeit entwickeln konnte, hatte sein ganzes erwachsenes Dasein unter den Akadiern an der atlantischen Küste verbracht. Nichts war ihm dabei fremd geblieben, er hatte eine untrügliche Menschenkenntnis entwickelt. Seine weit über die Wälder und Buchten verstreute Gemeinde von Bauern und Fischern hatte wieder und wieder erlebt, daß sie sich auf das Urteil ihres zwar liebevollen, aber auch illusionslosen Beichtvaters unbesehen verlassen konnten.

Père Bossons Urteil über Walther und Anke stammte aus verschiedenen Quellen. Der kluge alte Mann hatte sich zunächst auf den Augenschein verlassen: Dieser Walther war offenbar ein ehrlicher, sauberer Bursche, tapfer, geschickt und mit klarem Verstand begabt. Man traute ihm allerdings auch zu, daß er jederzeit aus dem gewohnten Geleise ausbrechen und der eigenen Nase in eine ganz andere Richtung folgen konnte. Und Anke? Das war eine gefährlich schöne Frau, der es aber offenbar überhaupt nicht einfiel, ihre Schönheit als Waffe oder Lockmittel zu nutzen. Anke, noch klarer und nüchterner im Denken als ihr Mann, war ebenso fähig zu unwandelbarer Treue wie zu sich verschwendender Leidenschaft. – Das glaubte der erfahrene Menschenkenner Bosson aus den Gesichtern der beiden ›Deutschen‹ zu lesen, aus dem Klang ihrer Stimmen, aus ihrem Verhalten zu erkennen, als die Maillets die Corssens zum erstenmal in die Messe mitgenommen und danach dem Geistlichen vorgestellt hatten. Was sein Urteil weiter bestimmte, war der Umstand, daß Anke sich des verlorenen Indianerkindes angenommen hatte, als sei es ihr eigenes. Denn Père Bosson betrachtete nicht nur die Akadier vom La Have River und von der Merliguesche-Bucht als seine geistlichen Kinder, sondern auch die Ureinwohner dieser Gebiete. Zu ihnen aber hatten auch Kokwee und seine Leute gehört. Er hatte Kokwee und manchen inzwischen längst der Seuche erlegenen Angehörigen der Chebucto-Micmacs getauft und war nach wie vor bemüht, die dünnen Fäden zu den Resten des Stammes nicht abreißen zu lassen. Das Beichtkind Kokwee aber hatte seinem mit schier grenzenlosem Respekt verehrten Beichtiger, eben dem Pater Bosson, nur Gutes über Walther und Anke Corssen berichtet, hatte ihm sogar, sehr scheu und verlegen, nahegelegt, die beiden in seine Gebete einzuschließen – was Père Bosson, mit leisem Lächeln in einem Antlitz wie aus gefälteltem Seidenpapier, zugesagt hatte.

Père Bosson, der nicht nur am Priesterseminar von Notre Dame, sondern auch an der Sorbonne studiert hatte, um dann seine Lebensaufgabe im weltentlegenen Akadien zu finden, hatte einen genaueren Begriff davon, was ›les Allemands‹ von den Engländern unterschied. Er wußte, daß sie viel bereitwilliger, oft zu bereitwillig, auf Menschen anderer Lebensart eingehen als die Engländer, denen sich die Akadier mehr oder weniger ausgeliefert fühlten. Denn die französischen Ludwige, mochten sie sich auch die ›Allerchristlichsten‹ nennen, waren viel zu sehr mit sich selbst beschäftigt, als daß die Handvoll nicht einmal gut französisch sprechender Akadier ihnen ein wohlwollendes Interesse abgenötigt hätten.

Père Bosson sagte sich also: Ein Mann wie dieser ehrliche, aber deshalb keineswegs begriffsstutzige ›Allemand‹ kommt uns gerade recht. Je schneller seine Familie mit unserem Kreis verwächst, desto zuverlässiger wird er uns über alles ins Bild setzen, was im Zentrum der örtlichen Macht, in Halifax, vorgeht und für uns wichtig ist. Und um so überzeugter wird er sich zu unserem Anwalt machen, wenn er über uns befragt wird. Zudem, ›die Deutschen‹ sind im allgemeinen fleißig, auch bescheiden und gehorsam – so können die Corssens meinen Akadiern vielleicht sogar noch einiges beibringen . . .

Anke und Walther hatten einen inneren Widerstand zu überwinden gehabt, als sie zum erstenmal – und es blieb nicht bei einem Mal – an einem katholischen Hochamt teilnahmen. Aber gerade die Feierlichkeit der unverständlichen lateinischen Texte, die Glöcklein, die stolzen Meßgewänder, die großen Gebärden des plötzlich erhöhten, weit entrückten Père Bosson, die demütige Aufmerksamkeit der Gemeinde, die Pausen völligen Schweigens während der ›Wandlung‹, in welcher Walther und Anke ihre Herzen schlagen hörten – all dies machte tiefen Eindruck auf die Corssens. Sie hatten den Gottesdienst, an den sie doch seit frühester Jugend wie durch ein strenges Gesetz verpflichtet gewöhnt waren, schon lange entbehrt. Es erschien ihnen jetzt auf geheimnisvolle, verführerische Weise richtig, daß sie auf ihrer neuen Erde auch eine neue Form der Lehre und Anbetung des Gekreuzigten erfuhren. An das, was im alten Land zurückgeblieben war, was sie von dort vertrieben hatte, erinnerten sich die Corssens stets nur mit Zorn, Bitterkeit und Sehnsucht; daran hatte sich in all den Jahren nichts geändert. In dem hölzernen, weißgetünchten Kirchlein von La Have wurde nicht viel gefragt und nicht viel gefordert. Sie waren dort so selbstverständlich willkommen, wie sie im weltlichen Alltag bei den Maillets, den Dauphinés, den Carbots, den Biencourts und den anderen Nachbarn willkommen geheißen wurden. Denn sie bestanden nicht auf ihrer Fremdheit, sondern hatten beide bewiesen, daß sie bereit waren, sich willig einzufügen.

Bald kamen Walther und Anke auch hinter den Sinn der lateinischen Worte – das Vaterunser war ohnedies das gleiche –, und schließlich waren die Riten der Taufe und des Abendmahls nicht gar so anders als die ihnen vertrauten Gebräuche – wenn auch der Gemeinde der Wein vorenthalten wurde.

»Gewiß«, gestand Walther am Abend eines Spätsommer-Sonntags seiner Anke. Die Kinder spielten noch im Gras; wie Vogellaute hallten ihre Rufe über die von goldenem Sonnenschein überflutete Lichtung. »Gewiß, Anke, wäre ein lutherischer Pastor hier, der würde uns haargenau auseinandersetzen, was Vater Bosson in seiner Predigt heute vormittag alles falsch und verkehrt gesagt hat. Und daß der Papst der Antichrist ist und die Patres und die Katholiken überhaupt allesamt Götzendiener, da sie die Heilige Jungfrau anbeten und den Sankt Michael um Beistand bitten. Aber es ist kein lutherischer Pastor hier und auch keiner in Aussicht. Und als gottloses Volk fühlen wir uns nicht wohl, und unsere Kinder sollen erst recht nicht aufwachsen wie die Heiden. Außerdem, so freundlich wie hier sind wir noch nirgendwo aufgenommen worden. Jedermann freut sich, wenn wir mit den Maillets zur Messe erscheinen. Und Vater Bosson hat sicherlich die Weisung ausgegeben, daß man uns schon als Akadier ansehen soll, wie ja auch die beiden irischen Familien in Petite Rivière, die O'Duffys und die Maccarthys, schon ganz und gar als Akadier gelten.« – Anke erwiderte: »Ich denke darüber nicht nach, Walther. Dies ist unser Land und unser Hof. Hier gehören wir her. Wir wollen nicht anders sein als die guten Leute, die uns hier als Nachbarn beschert sind.«

Es war ein Tag spät im September des gleichen Jahres 1752, ein Tag so vollkommen, als hätte es den großen Sündenfall nie gegeben und die Menschen lebten noch im Paradiese, einig mit ihrem Schöpfer. Es war ein Tag wie aus schierer Seide, schimmernd in reinem Glanz, kostbar in seiner unvergleichlichen Klarheit und Stille. Noch wärmte die Sonne, und die Luft glitt weich um die Stirn und den Nacken des Pflügers wie eine zärtliche Frauenhand. Knirschend brach die rötliche Erde in blanken Schollen zur Seite, und selbst die beiden schwarzbunten Rinder, die schwer im Joch dahinstampften, schienen den Tag zu genießen und brauchten nicht angetrieben zu werden.

Ein halbes Dutzend weißer Wolkenschiffe mit geblähten Segeln schwebte im tiefen Blau des Himmels. Der Ahorn am Rande der Rodung hatte schon sein feuerrotes Staatskleid angelegt, stand aber noch voll im Laub, denn es hatte lange keinen Wind mehr gegeben. Die Espen und die Birken hatten ihre duftigeren Blattgewänder mit Gold durchwoben und würden, sollte die nächste Nacht kalt werden, goldenen Fakkeln gleichen. Nur die Fichten beharrten auf ihrem schattenfarbenen Ernst.

Walther schritt langsam und gleichmäßig hinter dem Pfluge her. Er brauchte kaum zu lenken. Es gab keine Steine in diesem sandig-lehmigen Boden, die die Schar hätten aus der Richtung werfen können. Mit nackten Füßen ging er in der schmalen Furche aufgeschnittener Erde hinter der Pflugschar, wie auf einem kühlen, festen Teppich. Es bereitete Lust, die bloße Erde unter den nackten Sohlen zu fühlen. Walther schnellte mit hartem Ruck die Peitschenschnur hoch durch die Luft, daß sie knallte wie ein Pistolenschuß. Die Kühe vor dem Pflug gingen deshalb um kein Deut schneller, als begriffen sie, daß ihr Herr die Peitsche nur aus Vergnügen schwang. – Dies ist mein bester Acker, dachte Walther. Er schmiegte sich in eine flache Senke, die von dem Haus durch eine runde Kuppe steinigen Buschlandes getrennt war und von dort nicht eingesehen werden konnte. Wahrscheinlich hatte an dieser Stelle vor Zeiten ein flacher See seinen Spiegel gebreitet, war dann aber langsam verlandet und hatte vielleicht sein Wasser durch eine sich allmählich – oder auch plötzlich – bildende Untergrundspalte an tieferes Gelände meerwärts abgegeben. Jedenfalls hatte sich der ebene Boden, dessen Umrisse einem schiefen Viereck mit abgestumpften Ecken glichen – verhältnismäßig leicht klären lassen und hatte schon im ersten Jahr eine so gute Ernte an Buchweizen gegeben, daß Anke und Walther den von daheim so vertrauten ›Hirsebrei‹ das ganze Jahr über nicht zu entbehren brauchten. Sie hatten sogar einen beträchtlichen Überschuß an einen akadischen Aufkäufer in La Have losschlagen können. Im zweiten Jahr hatte das Feld Kartoffeln getragen. Im dritten, das sich eben jetzt dem letzten Viertel zuneigte, hatte Walther, nachdem der Boden reichlich mit Kelp gedüngt worden war, eine wunderbare rotgoldene Gerste geerntet, die nicht nur reichlich Grütze und Brot für die Familie spenden, sondern sich auch noch in vielen prallen Säcken an Monsieur Quenneville, den akadischen Händler in La Have, verkaufen lassen würde.

Zunächst hatte sich Walther nicht den Kopf zerbrochen, für wen wohl Monsieur Quenneville die Produkte der akadischen Bauern am unteren La Have Fluß und im Hinterland von Merliguesche aufkaufte und wohin er sie weiterlieferte. Für ihn war es selbstverständlich, daß die nahrhaften Sachen in das nur einige Dutzend Meilen entfernte Halifax gesegelt wurden, in dessen näherer Umgebung längst noch nicht genug an Lebensmitteln erzeugt wurde, um die ständig wachsende Garnison und das zivile Volk satt zu machen.

Ein Zufall hatte ihn schließlich darüber augeklärt, daß Monsieur Quenneville alles nach Louisbourg an die große französische Garnison lieferte.

Am Sonntag nach dieser Eröffnung befand sich Walther mit seinem Freund und Nachbarn Charles Maillet auf dem langen Rückweg von der Messe in La Have. Fast zwei Stunden brauchte man dazu; bei widrigem Wind und Wasser in der La Have-Mündung auch noch länger.

»Lieber Charles, Monsieur Quenneville könnte doch alles, was er uns abnimmt – für gutes Geld, das gebe ich zu –, mit Leichtigkeit auch in Halifax an den Mann bringen. Warum frachtet er das Zeug soviel weiter, bis nach Louisbourg? Er verliert doch mindestens eine Woche dabei.«

Es war Walther vorgekommen, als sei der Freund ein wenig verlegen geworden bei dieser Frage. Aber dann hatte Charles nur mit den Achseln gezuckt und gemeint: »Manchmal kommen auch Händler aus Halifax, Beauftragte von Joshua Mauger oder Michael Francklin, und fragen, was wir anzubieten haben. Aber sie sprechen kein Französisch und behandeln uns von oben herab. Das gefällt uns nicht. Es würde auch dir nicht gefallen, Walther, und Anke schon gar nicht. Da handeln wir lieber mit Quenneville. Der zahlt gut und bar auf die Hand, ist einer von uns. Man kennt sich aus mit ihm. Wenn es ihm Spaß macht, nach Louisbourg zu liefern, was geht es uns an? Verboten ist es nicht. Es herrscht Friede zwischen England und Frankreich.«

Dagegen war nichts einzuwenden. Aber Walther hatte doch zu bedenken gegeben: »Wäre es nicht klüger für uns, Charles, auch nach Halifax zu liefern? Ein vernünftiger Händler ist dort sicherlich zu finden. Ich kenne die Engländer. Sie sind voll Mißtrauen gegenüber den Akadiern. Und der französische König Ludwig und der englische König Georg sind sich nicht grün – trotz des Friedens. Warum soll man dem Mißtrauen Nahrung geben?«

Aber Charles Maillet war nicht darauf eingegangen.

»Das nimmst du zu wichtig, Walther. Wir sind friedliche Leute und wohnen am Ende der Welt. Vor uns braucht sich niemand zu fürchten. Aber natürlich hängen wir es nicht an die große Glocke, daß wir Quenneville bevorzugen. Und wir wissen auch gar nichts davon, daß, was wir zu verkaufen haben, den Weg nach Louisbourg findet. Nein, davon wissen wir nichts.« – »Nun, wenn es so ist, dann weiß ich auch nichts davon. Mich kümmern die Georgs in London und die Ludwigs in Paris ebenso wenig, wie sie sich um mich kümmern. Für uns hier ist nur wichtig, daß wir zusammenhalten«, hatte Walther erwidert.

Und Charles hatte die Sache lachend beschlossen: »Das ist perfekt akadisch gedacht, Walther. Wir verstehen uns. Père Bosson meint das auch, und deswegen meinen es auch alle anderen. Und sieh dir unsere Frauen an, die verstehen sich auch!«

Die Sonne neigte sich zum dunklen Saum der Wälder. Vielleicht noch zehnmal auf und ab, schätzte Walther, dann ist das Stoppel geschält. Ich komme früher nach Hause, als ich gerechnet habe, kann Anke gleich beim Füttern helfen. Wir haben rechtzeitig Feierabend, wenn sie sich nichts Besonderes vorgenommen hat.

Der Rand des Ackers war wieder einmal erreicht. Walther hob den Pflug aus der Erde und warf ihn zur Seite. Die Zugtiere schwenkten auf den Ruf ihres Herrn herum und setzten zur nächsten Furche an. Sie wußten, was sie zu tun hatten. Walther hob den Pflug von neuem ein, ließ ihn in den Boden knirschen, rief dann aber »Hooo!«, um die Tiere anzuhalten. Sie sollten sich vor den letzten Furchen noch einmal verschnaufen. Der Pflug saß fest in der Erde. Walther konnte sich zwischen die hölzernen Griffe lehnen und die Gedanken ein wenig schweifen lassen. Fliegen und stechendes Geschmeiß, die im Frühsommer die Arbeit auf dem Feld für Mensch und Tier oft genug zur Qual gemacht hatten, waren, trotz der beinahe noch sommerlich lauen Luft, nicht mehr unterwegs; zwei überraschend frühe Frostnächte mochten das bewirkt haben.

Da nun das Knirschen des Pfluges, das Schnaufen der Zugtiere, das Knarren der Joche an der Zugdeichsel verstummt waren, empfand Walther die ungeheure Stille dieses herbstlich goldenen Tages. Auf geheimnisvolle Weise schienen alle Dinge durchsichtig zu werden, und er meinte sich selbst wie aus weiter Ferne zu sehen, so daß er sich fragte: Bin ich es, Walther Corssen, der hier auf der Rodung im Urwald die Furchen zieht? Rollt wirklich das Meer nicht weit von hier seine Silberzeilen den Strand hinauf? Und dann fand er plötzlich zu sich zurück und wußte wieder:

Jenseits des Hügels steht mein Haus, steht auf einem Grund, der Anke gehört und mir und den Kindern. Dövenbostel an der Wilze und Haselgönne an der Wiecke – gab es je Orte, die so geheißen hatten? Anke, so heißt die wunderbare Wirklichkeit, und William und Indo und auch Charles und Jeanne und Père Bosson gehören dazu, und diese meine Farm, mein Hof, die ›Ferme Corssen‹. Wie hübsch es der Zufall gefügt hat, daß sich mein Name so gut auf französisch aussprechen läßt! Ankes Vatersnamen, Hörblacher, den kann weder ein Engländer noch ein Franzose aussprechen, nicht einmal falsch. Und ›Corssen's Farm‹ wird wachsen jedes Jahr, und die Kinder werden nichts anderes mehr kennen als diese Wälder und Gewässer und werden glücklich sein in diesem freien Land, wo jedermann Platz hat. Und meine eigenen Tage werden ablaufen, wie ich es mir gewünscht habe: Arbeit am Tage für mich und die Meinen, und Freude am Abend, und ein wenig Ärger und Kummer als Gewürz, und des Nachts die große Stille über der ›Ferme Corssen‹ und Ankes Schulter an der meinen. Ist das nun das Glück?

Walther hatte die Arme übereinandergeschlagen und blickte zu dem Hügel hinüber, der ihm den Blick auf seinen Hof verwehrte. Und plötzlich war ihm, als habe jemand eine schwere Hand drückend auf seine Schulter gelegt. Durfte man so kühne Fragen stellen?

Der Atem stockte ihm. Er sah es unheimlich klar: Immer, ein Leben lang, an diesem Platz in den Wäldern über der See? Gab es nicht tausend andere Plätze, vielleicht bessere, reichere? Ich weiß es nicht. Dies ist mein Platz, meiner! Das ist das Entscheidende. Ja, aber bleibt nicht doch etwas leer? Ist dies wirklich meine Erde? Wer vermag sie mir rechtens zu schenken? Oder durfte ich sie einfach nehmen? Ich weiß auch das nicht genau. Es bleibt in der Schwebe. Niemals darf Anke dies wissen. Was ist denn leer geblieben? Was muß ich mir noch erwandern? Sollte er fortan sein Leben, dem Jonas von Hestergart damals, vor dem Rathaus von Celle, einen so entscheidenden Anstoß gegeben hatte, hier in Merliguesche, auf der ›Farm Corssen‹, ohne neue Impulse in behaglichem Besitzerstolz dahinrinnen lassen?

Walther seufzte. Nie durfte Anke etwas von diesen Zweifeln erfahren. Doch er rastete schon länger als erlaubt. Er faßte die Griffe des Pfluges und wollte die Tiere gerade mit einem Peitschenknall zur letzten Arbeitsrunde anfeuern, ließ noch einmal den Blick zu dem Hügel schweifen, der das Feld von der Farm trennte. – Hatte er sich nicht eben noch an Jonas von Hestergart erinnert?

Der Mann, der mit wehendem Umhang über den Hügel stiefelte und mit hoch erhobener Hand winkte, war kein anderer als Jonas von Hestergart. Walther erkannte ihn an seinen weit ausholenden, aber ein wenig ungelenk wirkenden Schritten und den beim Gehen leicht abgewinkelten Ellenbogen – und selbstverständlich hatte er den leichten Degen aus dem Gehenk genommen und trug ihn wie ein Spielzeug in der Linken.

Die Sonne war schon hinter dem Wald versunken. Walther stand regungslos, leicht vorgeneigt, als falle es ihm schwer, dem Sturm von Fragen und Empfindungen standzuhalten, der ihn bedrängte.

Jonas ... Was will der hier bei mir? Haben wir uns noch immer nicht weit genug abgesetzt? Mag dies hier auch nicht unsere letzte Station sein – mit dem, wofür Jonas von Hestergart stand und sicherlich noch steht, will ich nichts mehr zu tun haben. Warum läßt man uns nicht in Ruhe!

Jonas war so nahe herangekommen, daß Walther erkennen konnte, wie er gekleidet war. Und das war wahrlich kaum zu glauben: Hestergart trug nicht mehr den langen Rock aus Tuch mit den silbernen Knöpfen, den Tressen und den breiten Umschlägen an den Ärmeln, nicht mehr den Dreispitz und die blanken hohen Stiefel. Er war vielmehr in weiches Leder gekleidet, mit ein paar Fransen längs der Nähte und Taschen. Die Unterschenkel und Füße steckten in Mokassins und ledernen Leggings. War Jonas unter die Rangers geraten? Sieh da – der Jonas von Hestergart! Ein Ranger?

»He, Walther, kennst mich nicht mehr? Freust dich wohl gar nicht, mich wiederzusehen?«

Es war die gleiche Stimme wie früher, herrisch, zupackend, aber nicht unfreundlich. Ob Walther es wollte oder nicht – er fühlte sich von dieser Stimme angerührt. Wie lange war es her, daß er deutsche Worte aus dem Munde eines Mannes gehört hatte! Er mußte lachen, als er antwortete: »Doch, Jonas!« Sie schüttelten sich die Hände. »Aber ich ahnte nicht, daß du zu den Rangers gegangen bist. Hat der Gouverneur dich aus seinem Stab entlassen?«

»Ja und nein, Walther!« Auch Jonas lachte, und die Freude in seinen Augen war ehrlich. »Du bist an allem schuld, Walther – und weißt es nicht einmal! Ich habe damals erlebt, wie du dich bei den Rangers verwandelt hast. Das hat mir schwer zu denken gegeben. Als du dann darauf bestandest, Ende 51 aus der Truppe auszuscheiden und Cornwallis mir anvertraute, daß er niemand habe, der Verbindung zu den Rangers halten könnte, war mir das ein Wink des Himmels, und ich erbot mich, in deine Fußstapfen zu treten. Dem Gouverneur war das erst gar nicht recht; er meinte, ich hätte den Verstand verloren. Er gab erst nach, als er merkte, daß ich ihn wirklich verloren hatte. Aber er zwang mich, mein Offizierspatent nicht aufzugeben. Weshalb ich auch immer noch mit diesem Ding herumlaufe.« Er schlug auf seinen zierlichen Degen und fuhr fort: »Meine Gefährten bei den Rangers tragen das lange Bowie-Messer. Mir haben sie den Spitznamen ›Swordy‹, ›Schwertchen‹, gegeben und mich damit in ihre Kumpanei aufgenommen. Ich komme mit Gorham ausgezeichnet aus und mit den anderen auch. Gorham vermeidet es, mich gegen die Indianer einzusetzen, und Cornwallis ist damit einverstanden. Es wird mir statt dessen aufgetragen, bei den Akadiern gut Wetter zu machen. Das ist mir ebenfalls recht. Ich finde, daß die Akadier tüchtige Bauern sind und eigentlich nichts weiter wollen, als in Ruhe gelassen zu werden und ungestört zu arbeiten. Ich bin froh, daß ich den inzwischen sehr aufgeblasenen Pomp und Zauber um den Gouverneur, die Beamtenschaft und die reichen Geldmacher hinter mich gebracht habe und die längste Zeit in den Wäldern stecke, wo keine Dienstordnung und keine Kavalierssitten gelten.«

Das war als Bekenntnis gemeint, und Walther begriff es auf der Stelle.

»Du bist also ein Amerikaner geworden!«

»Ja!« erwiderte Jonas. »Richtige Engländer werden wir doch nie. Nicht, weil wir nicht wollten. Wir wollen schon. Aber sie erkennen uns nicht an, nehmen uns nie für voll. Aber was soll's! Dieser Erdteil ist groß. Wenn man schon hier ist, kann man auch gleich Amerikaner werden, da man nicht mehr Deutscher ist und Engländer nicht sein kann. Amerikaner also. Ohne all den alten Schwindel aus Europa. Hier ist jeder nur das, was er wirklich wert ist!«

»Das stimmt. Auch hier unter den Akadiern ist niemand, Jonas, der uns über die Achsel ansieht. Von Anfang an waren wir willkommen. Gewiß, man muß Französisch sprechen. Aber wir alle sind Bauern und Siedler und haben die gleichen Sorgen. Es gibt keine Herren. Als ich dich hier auftauchen sah, Jonas, bekam ich zuerst einen Schrecken. Ich dachte, man könnte wieder etwas von mir wollen und mich von hier wegrufen.«

Jonas wurde ernst. Ruhig sah er Walther in die Augen: »Der Gouverneur will auch etwas von dir. Aber wegholen will ich dich nicht.«

»Also, was ist es?«

»Hör zu, ich setze dir die Sache auseinander. Seit 1750 wird nicht nur im Hannoverschen für die Auswanderung nach Nova Scotia geworben, sondern auch weiter im deutschen Südwesten unter Protestanten. Fünfzig Acker Land und je zehn dazu für jedes Familienglied werden den Leuten versprochen, dazu Befreiung von allen Steuern und Pachtzinsen für zehn Jahre, Waffen, Ausrüstung und Proviant für das erste Jahr. Die Überfahrt muß abverdient werden mit Arbeiten, die der Gouverneur festsetzt. Viele haben die große Reise gewagt. Aber viele sind auch von dem Agenten, einem Mann namens Johann Dick aus Frankfurt am Main bei der Sachsenhausener Brücke, elend betrogen worden. Der Kerl überredete sie, all ihr Gepäck und Bettzeug, soweit es größeren Platz beanspruchte, in Rotterdam zurückzulassen. Das tat er aber nur, damit er möglichst viele Passagiere in die Schiffe stopfen konnte. Die Leute kamen halb tot in Halifax an, mit nicht viel mehr an Eigentum, als was sie auf dem Leibe trugen. Cornwallis hat graue Haare bekommen, da er dafür sorgen mußte, die Leute unterzubringen und vernünftig einzusetzen. Aber ich muß sagen, die Lüneburger und auch die Lutheraner aus Montbéliard haben sich gut bewährt. Sie warteten nicht erst darauf, daß einer kam und ihnen sagte, was sie tun sollten. Als sie erst einmal das richtige Werkzeug in der Hand hatten, ließen sie sich über dem Südufer der Narrows nieder – du kennst sie ja, die Wasserenge von der Chebucto-Bucht zum Bedford-Becken – und fingen an, sich Häuser zu bauen, damit sie erst einmal ein Dach über den Kopf bekamen. Sie rodeten den Wald, legten Felder und Gärten an und ernteten schon im ersten Jahr so reichlich, daß sie einen Teil der Ernte verkaufen konnten.«

Walther hatte mit steigender Aufmerksamkeit zugehört. Andere Bauersleute und sicherlich auch Handwerker aus dem Lüneburgischen hatten es also den Corssens nachgetan und waren nach Halifax gesegelt. Ganz plötzlich sprang ihn die Frage an: Ob Leute dabei sind, die uns kennen? »Wie viele mögen mit der Zeit gekommen sein, Jonas?«

»Auf dem ersten Schiff, der ›Anne‹ unter Kapitän John Spurier, kamen einhundertunddreißig Männer, Frauen und Kinder. Aber dabei blieb es nicht. Die ›Pearl‹, die ›Gale‹, die ›Sally‹, die ›Betty‹, ›Murdoch‹, ›Swan‹ brachten weitere. Mittlerweile müssen schon weit über anderthalbtausend Deutsche eingetroffen sein. Du kannst es dir kaum vorstellen: Entlang der Göttingen- und der Braunschweig-Straße bis weit hinaus ist alles deutsch. Da liegt ein deutsches Gehöft am anderen, und überall siehst du die neuen Gärten und Felder. Zwar stehen noch überall die Stümpfe der Urwaldbäume, aber dazwischen wachsen Gerste und Hafer, Kartoffeln und Kohl, Bohnen und Erbsen und wer weiß, was noch alles. Manchmal kommt es mir vor, als hörte man heute in Halifax mehr Deutsch als Englisch – und wenn nicht die vielen englischen Soldaten dort in Garnison lägen, wäre das wohl auch so. Bulkeley, der es wissen muß – und der mich für mehr oder weniger geistesgestört hält, seit ich zu den Rangers gegangen bin – hat mir vor vierzehn Tagen erst zugegeben, daß die Garnison einen großen Teil ihres Proviants von den deutschen Gehöften über dem Südufer der Narrows bezogen hat. Und es kommen immer noch Deutsche nach, und die allermeisten nehmen gleich am Rande von Halifax Land auf und fangen an, sich nützlich zu machen. Es bleibt ihnen auch gar nichts weiter übrig. Sie hätten sich längst auch auf der Dartmouth-Seite ausgebreitet, wo Basfords Sägemühle lag. Aber dort ist noch immer niemand vor den Indianern sicher. Wenn Cornwallis jetzt fortgeht, dann weiß er wenigstens, daß er nun die richtige Sorte von Siedlern nach Nova Scotia gebracht hat. Das hat er mir selber gesagt.«

»Cornwallis geht fort? Das ist keine gute Nachricht, Jonas.«

»Wie man's nimmt, Walther. Er fühlt sich krank und ist

sehr müde. Er hat zu hart arbeiten müssen und ewig Ärger und Aufregung gehabt und wenig Dank von oben. Die Verantwortung hat ihn zermürbt. Dabei ist er noch nicht einmal vierzig. Bulkeley will bleiben. Hopson soll Cornwallis zunächst ersetzen. Aber auch Hopson will auf keinen Fall länger als ein Jahr den Gouverneur spielen. Er sehnt sich nach London zurück. Dann hat es der grobe Lawrence geschafft und wird das Oberkommando übernehmen. Und wehe dem, der dann nicht pariert! Lawrence ist ein harter Mann, er mischt sich schon jetzt überall ein. Er bedrängt Cornwallis und Hopson und weist immer wieder darauf hin, daß es an diesen Küsten nicht bei der einen Siedlung und dem einen befestigten Hafen Halifax bleiben dürfe, wenn das Land englisch bleiben soll. Das kann Cornwallis natürlich nicht abstreiten. Die vielen Yankees, die von Süden heraufkommen, sind meistens keine Siedler; sie sind Fischer und Händler und wollen Geschäfte machen. Die Stadt Halifax mit der großen Garnison bleibt ohnehin für lange Zeit auf den Nachschub aus England angewiesen. Man will auch die Soldaten, wenn sie aus dem aktiven Dienst entlassen werden, möglichst in Halifax behalten – und wenn sie bis dahin noch keine Familie haben, so sollen sie nach der Entlassung möglichst bald heiraten, damit sie in Halifax bleiben, eine jederzeit bereite und militärisch ausgebildete Reserve. Alles schön und gut – aber vielleicht hast du schon gemerkt, Walther, wohin der Hase in Wahrheit läuft?«

Die Sonne hatte sich hinter den Wald gesenkt und war in einem Aufruhr aus Gold, Purpur und Orange vergangen. Die Zugtiere standen geduldig unter ihrem Joch, sie verkörperten den Gleichmut, der alles Rindvieh, solange es nicht erzürnt wird, auszeichnet. Nach wie vor waren die letzten Furchen nicht gezogen, deren der Acker noch bedurfte. Es wurde dunkel. Walther nahm es plötzlich wahr; die alarmierende Frage des Besuchers hatte ihn in seinen Alltag zurückgerufen. Er hob den Pflug aus der Furche, legte ihn auf die Seite, klatschte der Leitkuh die Leine auf die Flanke und rief die Tiere an. Sie setzten sich gemächlich in Bewegung; sie wußten, daß es heimwärts ging.

»Bald ist es Nacht, Jonas. Ich werde mit dem Feld nicht mehr fertig, muß machen, daß ich auf den Hof komme, um Anke beim Füttern zu helfen. Du bleibst über Nacht!«

Dem Jonas von Hestergart paßte die Unterbrechung nicht recht ins Konzept, aber er fügte sich. Er schritt neben Walther her, der dem lässig geschleppten Pflug aufmerksam folgte, damit er nicht an einem Stein festhakte oder sich in einer Baumwurzel verfing. Es wurde kühl, beinahe kalt. Er sagte: »Erzähle ruhig weiter, Jonas. Ich weiß zwar nicht, wohin dein Hase läuft. Aber ich würde es gern erfahren.«

»Ja nun, ich habe den Eindruck, daß die Deutschen in Halifax mit ihrer ständig steigenden Zahl und ihrer Emsigkeit den Engländern unheimlich werden. Ich verstehe das ganz gut. Die französisch sprechenden Akadier machen den Engländern Sorgen genug, besonders, wenn es wieder zum offenen Krieg zwischen England und Frankreich kommen sollte. Es sind viel mehr Akadier im Land als Engländer, wenn man vom englischen Militär absieht. Und nun sind auch schon mehr Deutsche im Lande als Engländer. Deutsch ist noch schwerer zu verstehen als Französisch. Wenn die Deutschen sich darauf besännen, daß sie genauso ein besonderes Volk sind wie die Akadier und daß sie auch ohne englischen Gouverneur und ohne englische Beamtenschaft auskämen, dann könnten sie sich auch mit den Indianern einigen. Sie wollen es mit niemand verderben, weder mit den Akadiern noch mit Franzosen und Indianern. Natürlich auch nicht mit den Engländern – aber besonders verpflichtet will man diesen hochmütigen Herrschaften möglichst nicht sein. Mit einem Wort: Cornwallis, Bulkeley, Hopson und Lawrence sind übereingekommen, mehrere Fliegen mit einer Klappe zu schlagen. Erstens müssen die Deutschen, soweit sie nicht schon gut englisch sprechen, aus Halifax wieder hinausgeschafft werden, damit die Hauptstadt der Kolonie den englischen Yankees aus dem Süden, den englischen Beamten und Militärs, den entlassenen englischen Soldaten und ihren Familien und weiteren Einwanderern aus Schottland und Irland vorbehalten bleibt. Zweitens muß eine weitere feste Ansiedlung an der gleichen Küste, jedoch südlicher gelegen, gegründet werden, um für Halifax Rückendekkung zu schaffen. Drittens haben die Lüneburger und die übrigen deutschsprachigen Protestanten bereits bewiesen, daß sie aus der Wildnis etwas Brauchbares zu machen imstande sind. Also wird man die Deutschen wieder auf ein paar Schiffe packen und weiter im Süden an einer guten Bucht aussetzen.

Da wird ihnen Hören und Sehen vergehen. Sie werden wieder alle Hände voll zu tun haben, müssen roden, bauen und akkern, wenn sie nicht verhungern wollen. Und sie werden für jeden englischen Soldaten dankbar sein, der sie vor den Indianern schützt. Sie werden keine Zeit mehr haben, auf dumme Gedanken zu kommen, sie werden auch, was Vieh, Saatgut und Geräte betrifft, auf die Engländer angewiesen und deshalb leicht zu kontrollieren sein. Noch unter Cornwallis also ist beschlossen worden, die Deutschen im kommenden Jahr, 1753, aus Halifax abzuschieben und sie hier an der Merliguesche-Bucht der Wildnis zu überantworten – man kann auch sagen: Der Wildnis in den Rachen werfen.«

Walther war so bestürzt, daß er stehenblieb. Die Kühe zogen von allein weiter. Sie verlangten nach dem Platz neben dem Wohnhaus, wo ihnen das Joch abgenommen wurde, wo ihnen Anke auch gleich die Milch aus den ziehenden Eutern molk.

»Hier in Merliguesche? Bei uns? Wie viele denn?«

»Die erste Ladung ist schon ausgesucht: etwa vierhundertundfünfzig gesunde Leute, die auch mit der Waffe vertraut sind. Aber insgesamt sollen an die vierzehnhundert hierher verladen werden im Laufe des Jahres 53. Sie sollen gut versorgt und auch reichlich mit Vieh versehen werden. Dafür verbürgt sich Cornwallis. Aber noch wissen die Deutschen nichts von ihrem Glück. Es wird ihnen nichts verraten, damit sie nicht etwa irgendwie Widerstand organisieren. Nun weißt du also Bescheid, Walther – und kannst dir alles Übrige denken.«

Walther beeilte sich; er durfte die Kühe unter dem Joch nicht sich selber überlassen. Eine Woge von Sorge und Unmut wälzte sich über ihn und preßte seine Brust.

»So viele Menschen, Jonas? Mit den Soldaten, die sie mitschicken werden, vielleicht zweitausend Seelen! Der Friede, der jetzt hier herrscht, wird dann vorbei sein. Ob die hiesigen Akadier damit einverstanden sein werden, sich plötzlich mit einer großen Mehrheit von Deutschen abfinden zu müssen, das weiß ich nicht. Und wie werden sich die Indianer verhalten? Bisher waren wir wenigen Siedler mit ihnen gut Freund. Und der alte Pater Bosson in La Have betrachtet sie als seine Kinder. Aber werden sie zulassen, daß ein so großer Schwarm von Neusiedlern sie von der Merliguesche-Bucht verdrängt? Sie werden sich rächen und den Deutschen Schaden tun, wo immer sie können. Hast du mit Anke schon über die Sache gesprochen?«

Jonas gab bedrückt zur Antwort: »Ja. Sie war entsetzt. Sie sagte, ihr gehört zu den Akadiern von La Have, und sie sehe keinen Grund, das zu ändern. Und sie wollte gleich wissen, ob ich nur gekommen sei, euch die Neuigkeit mitzuteilen, oder ob ich sonst noch etwas von euch wollte. Ihr wolltet mit der englischen Verwaltung nichts mehr zu schaffen haben, wenn es sich irgend vermeiden ließe.« – »Ich kann mir denken, daß sie so geantwortet hat. Die Akadier hier sind unsere Freunde. Sie haben uns geholfen und uns aufgenommen, als gehörten wir zu ihnen. Und jetzt gehören wir zu ihnen.«

Das Gespann und die beiden Männer dahinter hatten die Bodenwelle, die sich zwischen Corssens bestem Acker und dem Gehöft erhob, überwunden. Von der kleinen Anhöhe blickten sie auf die bescheidene ›Ferme Corssen‹ hinunter. Im rötlichen Abendlicht duckten sich die niedrigen Blockhütten an den Boden, eine kleine Herde ruhender Tiere. Ein Schwarm riesig aufgeschossener Sonnenblumen mit tellergroßen Sonnen hob sich an der Ecke des Wohnhauses über den unteren Rand des Daches hinaus. Höher als das Haus reckte sich eine Feldscheune auf, nichts weiter eigentlich als ein Gerüst von kräftigen Pfosten, die ein Dach mit großen Schindeln aus Birkenrinde trugen. Jetzt aber stand sie gleich einem mächtigen massiven Würfel neben dem Wohnhaus; sie war bis unter die Dachsparren mit noch ungedroschenem Korn gefüllt. Um kleinere Bauten drängte sich ein gutes Dutzend Schafe. Hinter einem lockeren Plankenzaun waren Schweine zu vermuten. Hühner und anderes Geflügel waren noch eifrig damit beschäftigt, ein letztes Korn oder einen Wurm aus dem kurzen Gras, vom Rand der Pfade zu picken, die sich von der Wohnhaustür zu den Schuppen und Ställen schlängelten. Vor dem Haus mit dem niedrigen Dach – man brauchte kein Riese zu sein, um mit der Hand seinen Rand zu erreichen – war ein schmaler Ziergarten abgegrenzt. Ein Staket aus Fichtenstangen hielt die Tiere fern. Hinter den Häusern, auch durch einen dichten Zaun gesichert, war in gleichmäßigen Beeten der Gemüsegarten ausgelegt.

Und um dies alles herum einige Felder. Hier welkte Kartoffelkraut und zeigte an, daß die Ernte reif war, ›ausgemacht‹ zu werden. Dort war das Getreidestoppel schon umgeschält, wie es sich nach der Kornernte gehört. Sonst nur gute Viehweide, auf der noch die Stümpfe der Waldbäume aus dem noch immer üppigen Gras und Kraut aufragten.

Im weiteren Umkreis aber lagerten die dunklen Wälle der Wälder, die kleine Insel menschlichen Daseins und menschlicher Arbeit wie ein grenzenloses, unergründliches Meer umzingelnd. Die Siedelflecken der Maillets und weiterer Nachbarn, die in diesem Waldozean verborgen waren, verrieten sich durch kein noch so geringes Zeichen. Lediglich die beiden Wegspuren, die von dem Gehöft über die Lichtung zum Waldrand zogen, die eine nach Süden zu den Maillets, die andere durch den die Stürme abwehrenden Waldriegel zum Ufer der Bucht von Merliguesche, nur diese beiden Radzeilen verrieten, daß die Menschen, die hier wohnten, mit dem Rest der Welt verbunden bleiben wollten, wenn auch gewiß nicht zu fest. Jonas erkannte den Weg, den er von der Bucht heraufgestiegen war. Der Segler, der ihn an Land gesetzt hatte, mußte inzwischen die Heimfahrt nach Halifax angetreten haben. So war es mit dem Schiffer verabredet gewesen für den Fall, daß Jonas sich bis Sonnenuntergang nicht wieder am Ufer einstellen sollte.

Ich bin auf Walther und Anke angewiesen, dachte er, für diese Nacht und vielleicht auch noch die kommenden Nächte. Er wußte nicht recht, ob er sich darüber freuen sollte. Oder hatte er Grund, sich davor zu fürchten?

Walther verhielt zum zweitenmal den Schritt. Das Gespann stapfte gleichmütig weiter. Im letzten Abendschein bot die Lichtung mit der Ferme Corssen in ihrer Mitte ein unendlich friedliches, trostreiches Bild.

»Sieh, Jonas, es ist noch nicht viel, was wir geschafft haben. Aber es ist ein guter Anfang. Anke hat ihr ganzes Herz daran gehängt. Wir wollen dabei bleiben. Und nun kommst du und bringst solche Nachrichten. Es braucht dich kaum zu verwundern, daß wir nicht sehr glücklich darüber sind.«

»Walther, ihr nehmt die Sache zu ernst. Von Anfang an standen für die Besiedlung an dieser Küste zwei Plätze zur engeren Wahl: Chebucto und Merliguesche. In Chebucto ist

Halifax entstanden. Nun will man dort die Deutschen loswerden und sich gleichzeitig einen zweiten guten Hafen sichern, der sich vielleicht auch zur Festung ausbauen läßt. Dafür kommt also Merliguesche in Frage. Ich bin hergeschickt worden, um mit dir, der du diese Gegend kennst, den geeigneten Platz auszusuchen, wo im nächsten Jahr, 1753 also, die Deutschen an Land gesetzt werden können. Und zugleich läßt dir Cornwallis noch kurz vor seiner Abreise sagen, er erwarte von dir, daß du den Neusiedlern Hilfe leistest, daß du deine Beziehungen zu den Indianern ausnutzt, um für die Sicherheit der Leute zu sorgen, daß du die Akadier freundlich stimmst und daß du gemeinsam mit mir und einem Dutzend anderer Rangers im weiteren Vorfeld der neuen Stadt für die Sicherheit der Siedler und ihrer Familien sorgst. Du siehst: Cornwallis traut dir viel zu!«

Sie näherten sich dem Hof. Anke war aus der Tür des Wohnhauses getreten. Sie trug einen Eimer, um die Kühe zu melken, wenn Walther sie abgeschirrt haben würde. Die beiden Männer konnten die Augen nicht von der reglosen Gestalt wenden. Anke wußte nichts davon, wie schön sie in der sinkenden Dämmerung anzuschauen war. Aber die Augen der Männer verrieten ihr, daß sie bewundert wurde. Sie bückte sich und griff nach dem Melkschemel, der neben der Tür an der Hauswand lehnte.

»Ihr kommt spät. Bist du mit dem Acker fertig geworden, Walther?« – Walther war damit beschäftigt, den Kühen das Joch abzunehmen. Jonas lehnte abseits an der Hauswand. Es wurde offenbar von ihm nicht erwartet, daß er zugriff. Er versuchte auch nichts dergleichen. Walther sagte: »Ich muß morgen noch einmal hinüber. Jonas kam, und wir haben miteinander gesprochen. So blieb noch ein Streifen ungepflügt. Sind die Schweine versorgt?«

»Nein. Es sind noch Kartoffeln in der Dämpfe von gestern. Nimm dazu von der Kleie aus dem hintersten Kasten. Die Kleie kommt mir vor, als würde sie dumpf. Wir müssen sie schnell verfüttern, damit nichts umkommt.«

Sie saß neben der Leitkuh, lehnte die rechte Schulter an den breiten Tierschenkel und ließ die Milch in den schnell sich mit weißem Schaum bedeckenden Eimer schießen.

Jonas blieb abseits. Er gehörte nicht dazu. Die Welt der

Ferme Corssen ruhte sicher in sich selbst, sie bedurfte fremder Hilfe nicht; alles, was von außen kam, konnte nur stören. Jonas empfand dies mit solcher Deutlichkeit, als lese er es von einer großen Wandtafel ab.

Eine Verrichtung folgte der anderen, bis alles besorgt war. Die Nacht trat ihre Herrschaft an. Ein schon deutlich abnehmender Mond stieg als riesengroßer dunkelroter Ball über den Wäldern auf. Walther hatte sich noch irgendwo im Dunkeln zu schaffen gemacht. Schließlich vernahm Jonas, der sich neben dem Holzschuppen auf einem Sägebock niedergelassen hatte, Ankes Stimme: »Walther, Jonas! Kommt herein! Das Abendbrot ist fertig!«

Walther sprach einen einfachen Segen nach lutherischer Art, wie sie auch Jonas von Jugend an vertraut war. Dann griffen sie alle drei hungrig zu. Die Kinder hatte Anke schon zuvor in der Schlafkammer zur Ruhe gelegt. Milchsuppe gab es mit Grütze, Gerstenbrot, Butter, dazu eine Scheibe durchwachsenen Speck. Das Mahl behagte Jonas; sie beschlossen es mit einer Danksagung. Anke räumte ab. Jonas folgte ihr mit den Augen. Täuschte er sich? Nein, es stimmte: Ihr Leib war ein wenig vorgewölbt. Sie ging mit einem Kind. Die Erkenntnis traf Jonas wie ein Schlag. Walther und Anke merkten es nicht. Kein Wort wurde darüber verloren. Es ging den Gast nichts an.

Schweigen senkte sich um den schweren Tisch aus blank gescheuerten Planken. Der Kienspan in seinem Eisenring an der Herdstatt brannte beinahe reglos. Der dünne Rauchfaden, den die Flamme entließ, wurde, eine schön geschwungene Schnur, in den Kamin gesogen. Sonst hätte Anke vielleicht noch das wenige Geschirr gespült, hätte mit Walther ein paar Worte gewechselt über die kleinen Ereignisse des vergangenen Tages, über die Aufgaben, die der nächste Morgen bringen würde, auch ein weniges über die Nachbarn, die kranke Madame Carbot und über Père Bosson, der am vergangenen Sonntag wieder darauf zu sprechen gekommen war, ob ›Anké‹ und ›Walthère‹ nicht doch in den Schoß der alleinseligmachenden katholischen Kirche zurückkehren wollten. Aber länger als zwanzig, dreißig Minuten hätten Walther und Anke an einem Alltagsabend kaum miteinander geplaudert. Die müden Muskeln und Sehnen hätten ihr Recht verlangt, das

Paar hätte sich gelegt, hätte sich in die warmen Arme genommen, sich suchend, gerne sich findend – um sich schließlich der Nacht anheimzugeben, der makellosen Stille, dem Sternenschimmer und dem Silbermond vor dem kleinen, viergeteilten Fenster. – An diesem Abend aber war ein Dritter am Tisch. Die Welt da draußen hatte eingegriffen. Keiner dachte ans Schlafengehen. Es gab kein Ausweichen mehr. Es mußte gesprochen werden.

Jonas sprang auf und begann, vor dem offenen Kamin auf und ab zu schreiten. Die Augen der beiden anderen folgten ihm, ließen die Gestalt im hirschledernen Rock nicht los: Das war also der Herr von Hestergart, vormals ›Euer Gnaden‹, der sich in einen Jonas von Hestergart, in einen schlichten Jonas und nun in ›Swordy‹, einen Ranger, verwandelt hatte, der nur noch als Jonas Hestergart in der Soldliste stand.

»Ich kann verstehen, daß euch meine Nachricht nicht willkommen ist. Aber ihr wißt, daß ich dazu befohlen worden bin. Mich braucht ihr nicht abzulehnen. Ich war immer euer Freund, und bin es auch jetzt noch.«

Anke nahm das Wort – leise; sie wollte den alten Freund gewiß nicht verletzen: »Wir lehnen dich nicht ab, Jonas. Aber mit dem, was du uns gebracht hast, reißt du uns wieder dorthin zurück, woher wir gekommen sind. Wir dachten, daß wir fortan nur noch mit uns selber zu tun haben, nachdem Walther seine Zeit abgedient hatte. Wir haben uns den Akadiern angeschlossen. Die leben ihr Leben auf ihre Weise und kümmern sich nicht um die übrige Welt. Das wollten wir auch tun, nichts anderes. Und nun brichst du mit deinen Befehlen und Ankündigungen bei uns ein – und schon ist nichts mehr so, wie es war. Ich möchte dir eine Frage stellen, Jonas, und du mußt sie mir ganz ehrlich beantworten: Was würde geschehen, wenn Walther sich weigerte, der Anweisung des Gouverneurs zu gehorchen? Wenn er einfach erklärte: Ich will mit der Ansiedlung der Deutschen aus Halifax an dieser Bucht von Merliguesche nichts zu tun haben? Ich bin Bauer in der akadischen Siedlung Ost-La Have und habe mit meinem Hof übergenug zu tun. Ich kann und will also den Auftrag des Gouverneurs nicht ausführen?«

Jonas lehnte sich an den aus groben Felsbrocken gemauerten Seitenpfeiler des Kamins und blickte in die glühende

Asche. So, halb abgewendet, als wage er nicht, den beiden Corssens ins Gesicht zu sehen, begann er zögernd: »Mußt du es so auf die Spitze treiben, Anke? Warum wollt ihr nicht die Dinge sich entwickeln lassen? Vielleicht läßt sich später erträglicher an, was euch jetzt noch Sorge macht. Aber ich soll dir ehrlich auf deine Frage antworten. Nun gut: Wenn Walther den Auftrag ablehnt – es ist ja ein ehrenvoller Auftrag –, dann wird die Regierung ihn verhaften, wegen Rebellion zu Zwangsarbeit verurteilen oder ihn, wenn sie Gnade vor Recht ergehen läßt, aus der Kolonie verbannen und Gott weiß wohin verschicken, ohne daß du, Anke, überhaupt erfährst, wohin man ihn verfrachtet hat. Ihr dürft nicht vergessen: Wir leben hier im Krieg, im Krieg gegen die Indianer, die im Hinterland von Halifax jedem den Skalp abziehen, dessen sie habhaft werden. Wir sollen auf dieser wilden Erde eine neue Kolonie aufbauen, haben uns die Erlaubnis dazu einfach genommen. Das hat schon Blut und Jammer genug gekostet und wird noch mehr kosten. Auch das ist so gut wie Krieg. Und im Hintergrund warten die Franzosen nur darauf, uns früher oder später an dieser Küste den Hals umzudrehen. Dem Namen nach haben wir Frieden mit ihnen. Aber wie lange noch? Unter der Decke schwelt der Krieg weiter und kann jeden Tag wieder offen ausbrechen. In Wahrheit hat der Krieg gegen Frankreich überhaupt nicht aufgehört. Dreißig Guineen werden jetzt schon in Halifax für einen indianischen oder französischen Skalp gezahlt. Im Krieg aber darf es keine privaten Wünsche geben, weil alles auf dem Spiel steht, das private ebenso wie das gemeine Wohl. Wer da widerstrebt, der wird gebrochen. So ist es im Krieg – und ich weiß auch nichts Besseres!«

Jonas hatte gespürt, wie Ankes Augen auf ihm brannten, und hatte sich in eine Erregung hineingeredet, die ihn selbst bestürzte. Hatte er allzu harte Worte gebraucht? Das hatte er nicht gewollt. Wenn er zu irgend jemand unter der Sonne freundlich sein wollte, dann zu Anke. Er atmete auf, als er nach einer Weile des Schweigens ihre Stimme hörte. Kein Vorwurf schwang darin, nur Trauer: »Wir hier, wir hatten Frieden. Wir sind aber – wie sich jetzt zeigt – nicht weit genug entfernt von den Leuten, denen nichts am Frieden liegt. Es sind immer die Oberen, die Leute, die mehr und anderes haben wollen, als sie haben! Sie sind es, die die ewige Unruhe machen und all die anderen, die ganz zufrieden sind mit ihrem Los, bedrücken und erpressen, damit es ihnen niemals an Handlangern und Soldaten mangelt. Soldaten, bah! Knüppel der Oberen und Mächtigen, das sind sie! Gäbe es die Mächtigen nicht, dann brauchte kein guter Mann mehr seine Zeit und seine Knochen an die Uniform zu verschwenden. Ich werde dir etwas sagen, Jonas: Wenn es nach mir ginge, würde ich – sosehr dieser Hof und die guten Nachbarn mir lieb geworden sind –, ja, wenn es nach mir ginge, würde ich noch heute nacht damit anfangen, unsere Siebensachen zusammenzupacken, um mit Walther und den Kindern – und wer sonst noch mitkommen will – ins tiefe Innere des Landes zu ziehen, wohin es keinen Weg gibt und keinen Steg und wo uns, solange wir leben, niemand finden sollte, der etwas von uns will, was wir nicht wollen.«

Der Kienspan hatte sich so gut wie verzehrt und brannte dürftig mit matter Flamme. Das Feuer im Kamin war zu grauer Asche geworden; unter ihr hielt sich Glut die Nacht über, aber Helligkeit spendete sie nicht mehr.

In diesen totenstillen Minuten vollzogen sich zwei Entscheidungen. Jonas gab es sich endlich ohne Rückhalt zu: Ich liebe diese Frau. Sie ist stark. Ich würde ihr folgen bis ans Ende der Welt. – Walther dachte: Wiederum neu beginnen, wie sie es will? Nein, nicht noch einmal! Widerstand ist sinnlos. Die äußeren Mächte sind stärker. Wenn wir uns anderswo eingraben, werden wir auch dort wieder bedrängt oder ausgehoben. Das beste wäre, keinen Halt mehr zu suchen, keinen! Dann wäre man nicht zu fassen. Das Kanu loswerfen. Es in die Strömung stoßen, treiben lassen, Gott wird wissen, wohin. Nirgendwo mehr zu Hause sein! Das wäre die einzige Heimat, die niemand rauben kann. So stark zu sein wie Anke – das bringt nur immer neue Not!

Ehe einer der drei Menschen seine Gedanken in Worte zu fassen vermochte, unterbrach ein winziges Geräusch die lastende Stille. Nur Walther hörte es. Er bückte sich in die Mauerecke neben dem Kamin, ertastete eines der bereitliegenden Kienscheite, entzündete es an dem spärlichen Rest des anderen und steckte die knisternd aufflammende Leuchte an seine Stelle. Er kratzte die Asche auseinander, legte eine

Handvoll Reisig in die Glut, blies vorsichtig hinein. Sofort war ein Flämmchen geboren. Trockenes Holz darüber. Bald flackerte das Feuer hoch. Im Raum wurde es hell bis in den letzten Winkel.

Dann öffnete Walther die Haustür weit, so daß eine breite Lichtbahn aus der Hütte ins Freie fiel. Jetzt hörten auch Jonas ihn und Anke: den Lockruf der großen Waldtaube.

»Kokwee!« sagte Anke, wie aus einem Traum erwachend.

Seit Wochen hatte er sich nicht gezeigt.

In dieser Nacht knüpften sich viele Fäden. Auch Kokwee war gekommen, um seine Freunde davon zu unterrichten, daß geplant war, irgendwo in der Gegend von Merliguesche nach Halifax einen zweiten befestigten Posten zu errichten und von Anfang an mit vielen hundert neuen Siedlern, überwiegend solchen mit deutscher Muttersprache, auszustatten.

Der breitschultrige Mann mit der schwarzen Vogelfeder im straff geschürzten Knoten des schwarzen Haares hatte in der Wärme des Hüttenraums den weiten Umhang aus leichtem Leder abgelegt und lehnte sich wie Jonas Hestergart an den zweiten der steinernen Seitenpfeiler des mächtigen Kamins. Unter dem Schulterhang trug der Indianer nichts weiter als eine eng auf den Hüften sitzende, die Schenkel bis zu den Knöcheln dicht einhüllende Hose und Mokassins. Als Kokwee seinen Mantel an einen Zapfen neben der Tür aufgehängt hatte, war den drei Weißen ein unverkennbarer, jedoch nicht unangenehmer Wildgeruch in die Nase gestiegen, ein Hauch aus einer anderen Menschenwelt. Der nackte Oberkörper des Indianers war völlig glatt und unbehaart. Zwei hellrote Querstreifen waren breit über die Brust gezogen. Im flackernden Licht des Holzfeuers und der mit ruhiger Flamme brennenden Kienfackel schimmerte die Haut an Schultern, Stirn und Brust, als sei der Leib aus Bronze.

Die Corssens saßen an beiden Enden des Tisches in der Mitte des Hüttenraums. Der Indianer und Jonas flankierten die Herdstatt. Es war wie eine gestellte Szene, aber nur Jonas Hestergart empfand ihre sonderbare Künstlichkeit; er spürte sie von dem Augenblick an, da ihm der feine, ganz besondere Geruch der nackten Haut des Indianers bewußt geworden war. Was ihn, den stolzen Herrn von einem anderen Erdteil, zu den Rangers gelockt hatte, dieses Verlangen, sich der neuen Erde ganz dicht einzuschmiegen, das ließ ihn jetzt das Bild dieses halbnackten Mannes mit seiner leisen, fremdartigen Ausdünstung beinahe gierig aufnehmen.

Als Kokwee seinen kurzen Bericht beendet hatte, konnte sich Jonas nicht enthalten zu fragen: »Woher weißt du das alles, Häuptling? Auch ich kam hierher, um Walther davon zu erzählen. In Halifax ahnen nicht einmal die Deutschen, die es am meisten betrifft, daß sie hierher verpflanzt werden sollen. Wie kommen die Indianer zu diesem Wissen?«

Der Indianer streckte seine Rechte gegen das Feuer, als wolle er sie wärmen. Er starrte in die Flammen, kein Muskel regte sich in seinem Gesicht. Aber im Ton seiner Antwort waren Hohn und Hochmut nicht zu überhören.

»Die Weißen sind laut, verbergen nichts, streiten sich vor fremden Ohren. Du bist ein Ranger. Ich kenne dich. Du warst früher einer der Helfer des Gouverneurs. Du bist zu den Rangers gegangen, weil du die Gesichter und die Künste meines Landes kennenlernen willst. Du bist ein Ranger und weißt, daß die Deutschen hier angesiedelt werden sollen. Aber was die Rangers wissen, das wissen wir Indianer auch. Alles, was die Rangers vor den dummen Soldaten und den hartherzigen Offizieren auszeichnet, das haben sie von uns, den Indianern, gelernt. Seit wann weiß der Schüler mehr als der Lehrmeister?«

Jonas gab keine Antwort. Er war zurechtgewiesen und steckte es ein. – Walther hatte längst vorausgedacht. Es mußte zur Sache geredet werden. Kokwee würde nicht lange bleiben, und man wußte nie vorauszusagen, wann er wieder auftauchen mochte.

»Was werden deine Leute tun, Kokwee, wenn tausend oder zweitausend Menschen, die nicht gefragt haben, ob es erlaubt ist, und die ihr nicht gerufen habt, sich hier in eurem Lande niederlassen?«

Der Indianer hob den Kopf und blickte zu Walther und Anke hinüber. Es wurde deutlich, daß er Jonas nicht mehr einbeziehen wollte. – Walther merkte es sofort und griff nochmals ein: »Du kannst ohne jeden Rückhalt sprechen, Kokwee! Jonas ist unser treuer Freund und deshalb auch ein Freund der Indianer. Er verrät uns nicht, wozu immer wir uns entschließen. Du kannst ihm vertrauen wie uns selbst. Sage uns offen: Was werden deine Leute tun?«

Kokwee hob die schweren Augenlider und faßte sein Gegenüber am Sims des Kamins in den Blick, drohend fast, wie es schien. Er erwiderte: »Was sollen wir tun, Walther? Ihr zählt eure Leute nach Hunderten, und alle sind mit Feuerwaffen ausgerüstet und mit Pulver und Blei, soviel sie haben wollen. Von uns sind nur noch zwei, drei Dutzend Männer übrig. Ihre Waffen sind Bogen und Pfeil und die Streitaxt. Mit Flinten wissen sie nicht gut umzugehen. Und vor dem Donner der Kanonen fürchten sie sich. Wir können also die Übermacht nicht angreifen. Ja, wenn sich alle Stämme Akadiens vereinen würden, dann könnten wir die Engländer aufs Meer hinaustreiben, woher sie gekommen sind. Aber das wird nie geschehen. Wir haben es nie gelernt. Wir waren immer zerstritten. So werden wir, wie bei Halifax, der neuen Siedlung nur Abbruch tun können – vom Rande her. Wer den Umkreis der Siedlung verläßt, den werden wir auf unsere Weise zu Tode bringen.«

Kokwee hatte gemessen, mit verhaltener Stimme gesprochen, als hätte er Alltägliches mitzuteilen. Walther gab ebenso zur Antwort: »Ich werde dazu befohlen, Kokwee, mit diesem meinem Gefährten Jonas« – er wies mit einer Handbewegung auf den Mann an der anderen Kante des Kamins, als gehöre Jonas selbstverständlich dazu – »für die Sicherheit der Leute in der neuen Siedlung besorgt zu sein. Dir brauche ich nicht zu erklären, mein Freund Kokwee, Vater unseres Indo, den wir lieben, als wäre er unser eigener Sohn, daß ich dem Befehl gehorchen muß.« Walther hielt inne, als müßte er überlegen, wie er fortfahren könnte.

Anke wurde hellhörig. Hatte Walther sich schon entschlossen? Hatte er ihren Wunsch und Rat nicht aufgenommen? War der Augenblick da, in dem sie sich zum ersten Male nicht über den einzuschlagenden Weg einig sein würden? Sie sagte kein Wort. – Auch Jonas hatte die Augen auf Walther gerichtet. Es ging ihm durch den Sinn: Walther ist klug, er gibt nach, aber Anke hat recht!

Walther hatte nichts gemerkt. Er fuhr fort: »Wenn deine Leute, Kokwee, mich und einige der Ansiedler, um die ich mich werde kümmern müssen, auf der Jagd antreffen oder beim Fischen, fern von der Stadt, werdet ihr uns dann vom Leben zum Tode bringen?« – »Nein!« erwiderte Kokwee ohne Zögern. »Dich betrachten wir als einen von uns, und wer mit dir ist, der ist gleich dir geschützt. Alle anderen sind unsere Feinde. Wir werden sie verfolgen und vernichten, wo immer wir Gelegenheit dazu finden.«

»Es sind meine Landsleute. Es sind Stammesbrüder von mir, Kokwee!« gab Walther zu bedenken, wenn auch nur mit verhaltener Stimme, beinahe zaghaft. Auch der Indianer senkte seine Stimme, als er zögernd antwortete. Es war, als bitte er um Verständnis. Dem Jonas Hestergart war, als öffne sich vor seinem inneren Auge eine grau verhangene, von Regenschwaden überwallte Landschaft; in ihre ferne Tiefe flohen ungewisse Gestalten, ein Bild von trostloser Trauer.

»Deine Stammesbrüder, Walther? Für uns sind es Fremde, die wir nicht eingeladen haben. Deine Stammesbrüder – warum bist du dann nicht mit ihnen gemeinsam gekommen? Warum habt ihr euch hier bei den Akadiern niedergelassen, die von jeher unsere Freunde sind? Nein, für uns bist du einer von uns. Ich und meine Leute, wir bieten euch und den Kindern abermals an: Kommt zu uns in die Tiefe der Wälder. Wir zeigen euch herrliches Land, wo ihr ackern könnt nach eurer Weise und uns lehren sollt, wie ihr der Erde Nahrung abgewinnt. Und wir werden euch so fern und heimlich verbergen im tiefen Inneren Akadiens, daß weder ihr noch eure Kindeskinder je wieder zu entdecken wären.«

War Kokwee erschienen, um Ankes Worte zu bestätigen?

Eine lange Stille folgte den Worten des Indianers. Keiner mochte sich regen. Die verglühten Scheite sanken mit seidenem Knistern mehr und mehr in sich zusammen. – An Walther richtete sich das Schweigen der übrigen drei, fragend und fordernd. Gegen ihn richtete es sich. Er saß vorgeneigt auf seinem Schemel, hatte die Hände zwischen den Knieen verschränkt. Schließlich räusperte er sich, richtete sich auf, blickte aber an allen vorbei.

»Es ist so, Kokwee, mein Freund, wie es schon einmal zwischen uns war vor Jahren. Du wirst es nicht vergessen haben. Ich entgehe dem Zugriff meiner Oberen nicht, damals nicht – und heute auch nicht. Was du vorschlägst, würde nur einen Aufschub bedeuten. Früher oder später würden sie uns wieder einfangen. Wir gehören zu euch, Kokwee – und das ist, als hätte ich ein zweites Leben geschenkt bekommen. Deshalb meine ich, ich kann dir und deinen Leuten und das heißt ja auch Anke, den Kindern und mir, viel besser dienlich sein, wenn ich die Bande, die mich an jene fesseln, die die Macht haben, nicht zerreiße. Dann werde ich fortlaufend und rechtzeitig erfahren, was sie vorhaben.«

Er erhob sich langsam, griff nach ein paar Scheiten und brachte das Herdfeuer abermals in Gang. Der Kienspan im Eisenring war abgebrannt und erloschen. Walther war zum Herrn dieser Stunde geworden. Die anderen drei spürten es. Er wandte sich an Jonas:

»Morgen zeige ich dir einen steilen Höhenrücken auf der anderen, der Nordseite der Bucht, auf einer Landenge, mit geschütztem Wasser an beiden Ufern. Für eine befestigte Siedlung gibt es keinen günstigeren Platz weit und breit. Er ist gegen das Hinterland sicher abzuriegeln. Die Meeresarme in seinem Nordosten wie in seinem Südwesten sind weithin zu beobachten. Die Halbinsel, an deren Hals die Höhe liegt, die ich meine, erweitert sich seewärts beträchtlich, wiederum mit geschützten kleinen Buchten, so daß die Siedlung nicht unmittelbar auf die Kante der hohen See zu liegen käme, sondern über einen guten Reserveraum vor sich verfügte. Außerdem . . .« Ein Lächeln breitete sich plötzlich über sein Gesicht. Er blickte zu Anke hinüber: »Außerdem liegt der Platz so weit über See und erst recht über Land von uns hier entfernt, einige Stunden weit, daß wir und unsere Nachbarn von der neuen Siedlung nichts sehen und nichts hören werden, es sei denn, wir legten Wert darauf!«

Am 15. Dezember des gleichen Jahres 1752 gebar Anke ihr zweites Kind, ein Mädchen. Père Bosson kam trotz Schnee und Eis von La Have herüber und taufte das gesunde kleine Wesen auf den Namen Anna. Es hatte der Mutter kaum Schwierigkeiten und Schmerzen bereitet. Die beiden Maillets standen Pate. Walther war selig, daß ihm eine Tochter geschenkt war. Die Eheleute sagten sich: Gut, daß unsere Anna im Winter gekommen ist, wenn die Arbeit nicht so drängt wie im Sommer. Jetzt haben wir mehr Zeit für die offenbar sehr leutselig geartete kleine Dame.

15

Die Deutschen, die aus Halifax entfernt und weiter nach Süden an die Küste verschifft werden sollten, wurden am 28. Mai 1753 auf vierzehn Transporter verladen, von denen der größte eine Tragfähigkeit von 98 Tonnen aufwies, winzige Schiffchen also, auf welchen nicht nur die Deutschen, eintausendvierhundertdreiundfünfzig an der Zahl, sondern auch noch zweiundneunzig Soldaten und sechsundsechzig Ranger (unter ihnen Jonas Hestergart), dazu die Besatzungen der Schiffe, sich fürchterlich drängten. Viel Federlesens wurde nicht gemacht. Jeder hatte sich, ob es ihm paßte oder nicht, in die Enge, die Kälte, die schlechte Luft, das Spritzwasser auf Deck, die Seekrankheit, die eigene wie die der Nachbarn, zu schicken. Zum Schutz wurde den vierzehn Transportern und der sie begleitenden Regierungs-Schaluppe ›York‹ unter Kapitän Sylvanus Cobb auch noch die mit Kanonen bestückte Schaluppe der Königlichen Marine, ›Albany‹, beigegeben, Kapitän John Rous.

Es ist kaum zu glauben, aber es ist doch wahr und beweist, wie unzuverlässig und launisch sich Wind und Wetter an dieser Küste benehmen, daß diese sechzehn kleinen Schiffe zehn volle Tage brauchten, um die vierzig, höchstens fünfzig Seemeilen* zwischen Halifax an der Bucht von Chebucto und der Bucht und Gegend von Merliguesche zu überwinden. Zehn lange Tage, bei kargem Essen und wenig Wasser, schaukelten die übervoll gepackten hölzernen Fahrzeuge ständig kreuzend umher, bis sie endlich unter jenem Höhenrücken vor Anker gehen konnten, den Walther Corssen im Herbst zuvor dem Ranger Jonas Hestergart bezeichnet hatte.

Die Deutschen atmeten erleichtert auf, als sie schließlich in stillem Wasser in einer von allen Seiten gegen die offene See geschützten Bucht landeten und mit Sack und Pack wieder festen Boden unter den Füßen gewannen. Es hatte unterwegs trotz starken Seegangs und widrigen Wetters keinen Todesfall, nicht einmal ein Unglück gegeben.

Dankbar für die glücklich verlaufene Passage verliehen sie

* Eine Strecke, die ein Auto bequem in einer Stunde zurücklegt.

schon am Tage ihrer Ankunft, am 7. Juni 1753, jenem klaren Bach, der an der Landestelle von der Höhe ins Salzwasser hinunterplätscherte, den Namen ›Rous's Brook‹, Roussens Bach – nach John Rous, dem Kommandanten des bescheidenen Kriegsschiffchens ›Albany‹, das der Flottille das Geleit gegeben hatte.

Zum Befehlshaber des ganzen Landeunternehmens hatte Gouverneur Hopson (nachdem Cornwallis als ein kranker Mann nach London zurückgekehrt war) einen groben Haudegen, den Oberst Charles Lawrence, bestimmt, wie es Hestergart vorausgesagt hatte. Ein Jahr später wurde er Gouverneur der Kolonie und sollte bald darauf (1755) seinen Namen mit einer der übelsten Gewaltaktionen der englischen Kolonialgeschichte beflecken.

Lawrence hatte den Auftrag, die Stadt an der vorbestimmten Stelle, auf dem kräftig erhöhten Landrücken, der Landenge zwischen einem geräumigen Seitenarm der Mahone-Bucht im Nordosten und einem noch zuverlässiger gegen die offene See abgeschirmten Zipfel der Merliguesche-Bucht im Südwesten, gleichmäßig auszulegen, jedem Siedler außerhalb des geschlossenen Stadtbezirks guten Grund und Boden für Felder und Gärten anzuweisen und weiter im Vorfeld Wiesen und Weiden zu bezeichnen, damit die Siedler dort gemeinsam ihr Vieh hüten ließen. Die Ufer der Bucht aber wurden nicht ausgeteilt, sondern blieben ›der Krone‹ vorbehalten. Jeder Siedler mit Familie war angehalten, sofort mit dem Bau eines Hauses zu beginnen, dazu wurden ihm von Amts wegen siebenhundert Quadratfuß an bereits zugeschnittenen Brettern, fünfhundert Ziegel und ein gehöriger Vorrat an Nägeln ausgehändigt. Wenn auch die Deutschen reichlich überstürzt aus Halifax verfrachtet worden waren, hatten Cornwallis und nach ihm Hopson doch dafür gesorgt, ihnen genügend Waffen, Proviant und Material mitzugeben, damit sie den Kampf mit der Wildnis erfolgreich bestehen konnten. Denn es war dem Gouverneur voller Ernst damit, an der Küste weiter südlich von Halifax einen neuen Stützpunkt anzulegen, der notfalls die in Halifax zusammengezogenen Land- und Seestreitkräfte auffangen konnte. Den deutschen Siedlern traute man zu, einen solchen festen Platz sozusagen im Handumdrehen aus dem Busch zu schlagen, ihn abzusichern und so entschieden zu halten, daß die Indianer gar nicht wagen würden, ihn mit geschlossener Streitmacht anzugreifen.

In der Tat hatte der Gouverneur in Halifax Grund zu der Vermutung, daß die Indianer versuchen würden, die Landung der Deutschen am Ufer der Merliguesche-Bucht gewaltsam zu verhindern. Die Rangers unter Gorham hatten in Erfahrung gebracht – Jonas Hestergart, Walther Corssen und auf Umwegen auch Kokwee, der Chebucto-Micmac, waren daran beteiligt –, daß die Stämme weiter im Innern des Landes sich angesichts der immer deutlicher werdenden Bedrohung ihrer Existenz durch die Engländer darauf geeinigt hatten, keine weitere Ansiedlung von Europäern an der atlantischen Küste Akadiens mehr zu dulden. Die Indianer hatten etwa dreißig Meilen nordwestlich von Halifax an die dreihundert Krieger zusammengezogen, die nur darauf warteten, daß die Schiffe mit den deutschen Siedlern in See stechen würden. Dann wollten die dreihundert sich aufmachen, den Siedlern einen heißen Empfang bereiten, sie aufreiben oder wieder aufs Meer zurücktreiben.

Gouverneur Hopson jedoch setzte die Anführer der indianischen Streitmacht, allen voran den grimmigen Cope vom Shubenacadie, durch eine Kriegslist matt. Er ließ – auch wieder durch die Ranger; durch wen sonst? – eine Eilmeldung an den Kommandanten des kleinen englischen Außenpostens Pisiquid (heute Windsor) in die Hände der Indianer fallen, nach welcher eine starke englische Truppe in Marsch gesetzt sei, mit dem Auftrag, die Indianer zu blockieren und, wenn nötig, zusammenzuhauen. Die Indianer mußten sich also verraten oder durchschaut fühlen und sahen sich gezwungen, einen ganz anderen, viel gefährlicheren Waffengang vorzubereiten.

Inzwischen aber hatte Hopson die Schiffe mit den deutschen Siedlern auf die Reise nach Süden geschickt, ohne daß die verwirrten Indianer unter Cope dies gewahr wurden. Wenn es die Segler auch zehn Tage kostete, die Bucht von Merliguesche zu erreichen, so fanden sie doch reichlich Zeit, sich auf jenem hohen Landrücken festzusetzen. Unter dem unerbittlichen Lawrence begann schon am Tage der Landung die Arbeit des Rodens, auch eine Anzahl von starken Blockhäusern wurde errichtet, welche die werdende Siedlung gegen das Inland abschirmten. In kürzester Frist entstanden dreizehn solcher Urwaldforts, aus schweren Stämmen des Waldes gefügt, doppelgeschossig, um eine weite Sicht zu gewähren, mit dicken Wänden, die nur durch Schießscharten unterbrochen wurden, und umgeben von doppelten Palisaden mit zugespitzten Enden.

Jedermann unter den Siedlern wie unter den im Vorfeld verteilten Soldaten und Rangers war sich im klaren: Je schneller wir wehrhaft werden, je fester wir uns in diese Erde eingraben, desto geringere Lust werden die Indianer verspüren, uns anzugreifen.

Die Indianer begriffen viel zu spät, daß sie genasführt waren. Die angeblich gegen sie ausgesandte englische Truppe nahm vielen von ihnen vorweg den Mut. Sie verliefen sich zu ihren Stammessitzen. Die Späher, die der harte Kern aussandte, wurden von den Rangers, denen Walther und Jonas die Waldpfade und Kanurouten wiesen, abgefangen und glaubhaft darüber belehrt, daß die neue Siedlung in Merliguesche festen Fuß gefaßt hätte, daß jeder sich einen blutigen Kopf holen würde, der es wagen sollte, sie anzugreifen. Und Walther wußte einen der Späher so geschickt unter die Schießscharten eines der vorgeschobenen Blockhäuser zu führen, daß dem erschrockenen Eingeborenen die Kugeln um die Ohren sausten, ehe er überhaupt gewahr geworden war, daß er bereits in die Schußlinie geraten war. Allerdings hatte Walther vorher die Besatzung des Blockturms angewiesen, die Musketen über seinen und des Spähers Kopf hinweg zu richten. So zu verfahren, hatte ihm Kokwee angeraten. Kokwee hatte sich von seinem Freund Walther überzeugen lassen, daß es auf die Dauer sinnlos war, sich der ›höheren Gewalt‹, dargestellt durch den britischen Gouverneur in Halifax, zu widersetzen.

Anke hatte diesem entscheidenden Gespräch zwischen Walther und Kokwee beigewohnt, hatte die Mitternachtsstunde damit verbracht, am Spinnrad zu sitzen und mit anscheinend unbeirrbarer Aufmerksamkeit den Wollfaden zu drehen und aufzuspulen. Kein Wort war ihr entgangen, aber sie hatte nicht eingegriffen. Sie war nicht überzeugt worden, wie Kokwee sich hatte überzeugen lassen. In ihrer Gewissensnot hatte sie bei nächster Gelegenheit den lebensklugen Pater Bosson in La Have um Rat gefragt, heimlich, nach Art der Ohrenbeichte. Sie hatte die strenge Weisung erhalten, sich dem Willen ihres Mannes zu fügen, wie es von Gott und der Kirche einer christlichen Ehefrau vorgeschrieben sei. Nun wohl, sie hatte sich gefügt und nicht mehr widersprochen. Sie bemühte sich mit allen Kräften, die sie besaß, die ›Ferme Corssen‹ weiter voranzubringen. Sie konnte sich über Walther nicht beklagen, wandte er doch jeden Tag und jede Stunde, die er dem Dienst für die Sicherheit der jungen Ansiedlung auf der anderen Seite der Merliguesche-Bucht abgewinnen konnte, ohne Rücksicht auf seine Kraft und Gesundheit an den Auf- und Ausbau des Bauernhofes in Ost-La Have und nahm Anke alle schweren Arbeiten ab.

Die pausenlose, geradezu zornwütig angepackte Arbeit in Haus, Hof und Feld war wohl dazu angetan, die beiden darüber hinwegzutäuschen, daß die frühere, ganz bedingungslose Einigkeit verlorengegangen war. Walther wußte besser noch, als Anke selbst es wußte, daß sie in ihrem Herzen rebellisch geblieben war. Sie nahm die neue Stadt, die ihren Walther und auch den Jonas von Hestergart in Dienst genommen hatte und einen großen Teil ihrer Zeit mit Beschlag belegte, gleichsam nicht zur Kenntnis. Sie hatte sich entschieden, eine unabhängige Akadierin zu werden. Dabei blieb sie, keinem Einwand zugänglich, starr, unbelehrbar – und sie hatte auch begonnen, Walther zu bedrängen, mit ihr und den Kindern katholisch zu werden, um sich akadischem Wesen völlig anzupassen. Die Einsicht, daß Anke nicht mehr vorbehaltlos an seiner Seite wanderte, bedrückte Walther und beunruhigte sein Herz.

In diesen Jahren 1753 und 1754 gruben sich tiefere Falten in sein Gesicht. Er stand in seinem dreißigsten Jahr. Nichts Jünglinghaftes war mehr an ihm. Das Bewußtsein, daß die geliebte Frau in einer Grundfrage der gemeinsam angelegten Existenz mit ihm nicht mehr einig schien, machte ihn hart und verbittert.

Ankes Antlitz aber wurde von einem kühlen Stolz gezeichnet, der Fremden gegenüber zu wortkargem Hochmut werden konnte. Da sie fast so hart wie ein Mann zu arbeiten gezwungen war – die Umstände und die häufige Abwesenheit Walthers ließen ihr gar keine andere Wahl –, verlor auch ihr Körper die weichen Umrisse, die ihn früher so zärtlich umschrieben hatten. Walther nahm es von Zeit zu Zeit wahr. Trauer fiel ihn dann an und Sehnsucht nach einem unwiederbringlich verlorenen Anfang.

Für Jonas aber wurde Anke in ihrer langsamen Verwandlung nur immer schöner, als käme erst jetzt ihr Wesen an den Tag, ein Wesen, das er dunkel als eine Entsprechung seines eigenen empfand – wie er es bis dahin nie erlebt, wohl aber unbewußt gesucht hatte.

Und es verwunderte Jonas nicht – während es Walther fast verletzte –, daß Anke nur mit einem knappen Lächeln und sonst mit keinem Wort die Nachricht aufnahm, die Walther und Jonas an einem Sonnabendnachmittag vom jenseitigen Ufer der Merliguesche-Bucht mitbrachten: Daß nämlich die Siedler der neuen Siedlung den Namen ›Lüneburg‹* gegeben hatten, um den schönsten Ort ihrer alten Heimat zu ehren.

Obwohl Walther von Jonas und anderen, darunter auch von Gorham, gedrängt wurde, wieder bei den ›Gorhams Rangers‹ Sold zu nehmen, hütete er sich, der Verlockung des Werbegeldes nachzugehen. Jonas begriff seine Zurückhaltung nicht. Er selber war sozusagen mit fliegenden Fahnen zu dem scheinbar undisziplinierten Freibeuter-Leben der Rangers übergegangen; er empfand es als eine Ehre – und das mit gutem Recht –, einer von ›Gorhams Rangers‹ geworden zu sein und unter den rauhen Waldläufern sogar mit der Zeit eine besonders wichtige Rolle zu spielen. Seine Klugheit und Wendigkeit standen außer Zweifel. Er sprach ein gebildetes Französisch, womit er bei den Akadiern nicht geringen Eindruck machte. Er verfügte aber auch über eine würdige und respektgebietende Art, mit indianischen Abgesandten und Häuptlingen umzugehen, ohne sich jemals durch Ungeduld oder Überheblichkeit zu schaden. Er legte es bewußt darauf an, die Indianer davon zu überzeugen, daß er keineswegs grundsätzlich ihr Feind sei, daß sie vielmehr in ihm einen ehrlichen

* Aus Lüneburg wurde im Laufe des vorigen Jahrhunderts, da es im Englischen den Umlaut ü nicht gibt, zunächst Luneburg und dann, um der leichteren Aussprache willen, Lunenburg. So heißt die Stadt noch heute.

Mittler sehen sollten. Sein von Natur freundliches und wohlwollendes Wesen überzeugte die Indianer. Dies um so eher, als er seine Kühnheit und Furchtlosigkeit mehr als einmal bewiesen hatte. Obgleich er äußerlich längst zum Waldläufer oder, wie die Akadier es nannten, zum ›Coureur de bois‹ geworden war, verzichtete er nie darauf, seinen Offiziers-Degen, und zwar als ernst zu nehmende Waffe, bei sich zu führen. Der war sein Abzeichen geworden, das ihn aus der Menge der anderen Ranger hervorhob. Der ihm spöttisch verliehene Spitzname ›Swordy‹ wandelte sich unmerklich zu einem Ehrentitel.

Walther hätte es nie vor Anke zu vertreten gewagt, sich über den Auftrag des Gouverneurs hinaus wieder bei Gorham zu verpflichten. Das hätte auch gleich eine Verpflichtung für Jahre bedeutet. So blieb sein Wirkungskreis auf die weitere Umgebung, das ausgedehnte Vorfeld der schnell wachsenden Siedlung Lüneburg beschränkt. Er sah darauf, daß sich die Siedler nicht aus dem Bereich der befestigten Blockhäuser entfernten, die ständig von Soldaten oder Rangers besetzt blieben. Sollte in der abgelegenen Wildnis ein Hirsch geschossen oder ein feister Bär eingebracht werden, so suchte sich Walther die drei, vier Männer, derer er dazu bedurfte, selbständig aus und wußte jeden Zusammenstoß mit Indianern zu vermeiden. Kokwee hatte nichts Falsches prophezeit: Wenn Walther mit von der Partie war, passierte den Jägern oder den Fischern nie das geringste. Walther hatte dem Oberst-Verantwortlichen für dies Neu-Lüneburg, dem Oberstleutnant Sutherland (Lawrence war schon bald nach Halifax zurückgekehrt und 1754 zum Gouverneur der Kolonie aufgestiegen) dringend nahegelegt, die Fischerei von Lüneburg aus nur seewärts, also vom Bereich der Indianer sich entfernend, und keinesfalls landeinwärts zu gestatten.

Walthers Verhalten und seine Ratschläge gewannen außerordentlich an Gewicht, als sich ergab, daß stets dann und dort, wo sie nicht befolgt wurden, die Besserwisser einen hohen Preis für ihren Vorwitz bezahlen mußten. Einige verschwanden so spurlos, als hätte die Erde sie verschlungen. Andere wurden von schwer bewaffneten Such-Patrouillen schließlich wiedergefunden, entsetzlich zugerichtet, nicht nur ihrer Kleider und Werkzeuge, sondern auch ihrer Kopfhäute beraubt.

Die Indianer wagten indessen nicht, das sich entfaltende Lüneburg auf der Landenge zwischen der Mahone- und der Merliguesche-Bucht als Ganzes anzugreifen. Dazu waren Übermacht und Feuerkraft der ›Blaßgesichter‹ viel zu beträchtlich. Aber ›an den Rändern‹ taten sie, wie Kokwee es damals Walther, Anke und Jonas vorausgesagt hatte, den Siedlern Abbruch, wo immer sie konnten, so daß in der Stadt das Gefühl nicht versiegen wollte, von unerbittlichen Feinden, wenn auch nur in weitem Umkreis, belagert zu werden.

Für die vielen Bauern aus dem Hannoverschen und die wenigen vom Oberrhein war diese ständige, gewiß nicht eingebildete Spannung schwer zu ertragen. Hinzu kam, daß die Siedler, ohne daß man auch nur im geringsten auf ihre Familien und ihre privaten Wünsche Rücksicht nahm, von den englischen Vorgesetzten aufs äußerste beansprucht wurden. Hatten sie sich nicht vor der Ausreise in die ferne Kolonie verpflichtet, jede Arbeit auszuführen, die ihnen von dem Gouverneur Seiner Majestät zugewiesen wurde? Jetzt also waren, als gälte es das Leben – und tatsächlich galt es das Leben! –, Straßen anzulegen, den Berg hinauf und hinunter, war eine Landepier zu bauen in jenem geschützten Zipfel der großen Bucht, der sich zu einem sicheren Schiffshafen ausbauen ließ, waren feste Blockhäuser nicht nur zu errichten, sondern ständig zu verstärken, waren die Wälle, Gräben und Palisaden zu vertiefen oder zu erhöhen, war ein Wohnhaus nach dem anderen in der Stadt zu errichten, waren Wach- und Patrouillendienst in der gleich nach der Ankunft einberufenen ›Militia‹, der Bürgerwehr, zu leisten, waren schließlich die einem jeden zugeteilten Felder und Gärten zu roden, zu ebnen und zu bepflanzen – eine nackenkrümmende Arbeit; aber die von Amts wegen gewährten Rationen waren nur karg bemessen – und es hieß bereits, daß im nächsten Jahr, also 1754, überhaupt nicht mehr mit freiem Proviant oder auch nur mit einem Zuschuß zur Ernährung zu rechnen sein würde.

Walther Corssen wollte in dieses wirre Gespinst von Problemen, Sorgen und Nöten der Siedler nicht hineingezogen werden; ihre Ängste sollten ihn nicht beunruhigen; er hielt sich ganz entschieden abseits. Er rapportierte nur den englischen Offizieren, vorwiegend dem Oberstleutnant Sutherland oder dem Leutnant Adams. Da Walthers militärisches

Englisch jeden deutschen Anklang längst verloren hatte, wurde er von den Befehlshabern wie ein Engländer angesehen und manchmal auf eine Weise ins Vertrauen gezogen, die ihm peinlich war. Aber auch in solchen Situationen hielt er sich innerlich abseits, vergab sich nichts, hielt den Mund. Er legte Wert darauf, klare Befehle und Anweisungen zu erhalten, wiederholte sie genau und führte sie mit all der ihm zu Gebote stehenden Gewissenhaftigkeit aus.

Es wurmte ihn mit der Zeit bitter, daß Anke ihren ständigen stummen, nur selten deutlich ausgesprochenen Vorwurf durchaus nicht einschlafen ließ, er habe ohne Not der Anforderung des Gouverneurs nachgegeben, er hätte bei einigem Mut und Trotz auf dem schwer genug errungenen Dasein, das nur ihm und ihr gehörte, bestehen müssen. Gegen seinen Willen hätte man ihn schließlich nicht abermals zum ›Kurier‹, zum Laufjungen der Oberen, machen können. Beständen nicht auch die Akadier auf ihrem Recht und kämen damit durch? Behaupteten sie nicht furchtlos ihr Französisch? Blieben sie nicht bei ihrer Weigerung, gegen Frankreich Waffen zu tragen? Und seien sie, Walther und Anke und die Kinder, nicht durchaus entschlossen gewesen, ebenfalls Akadier zu werden, seien sie es nicht schon geworden? Und seien sie deshalb nicht schon aus purem Anstand gehalten, die ruhige und bestimmte Zurückhaltung der Akadier – bei aller gebotenen Loyalität – auch zu ihrer eigenen zu machen?

Da Anke ihren Vorbehalt gegenüber Walthers militärischer oder halbmilitärischer Tätigkeit nicht aufgeben wollte, geriet Walther nicht in die Versuchung, sich in den vordersten Rang der Neusiedler befördern zu lassen, was ihn wenig Mühe gekostet hätte, wurde es ihm doch wiederholt von Sutherland selbst angetragen. Damit hätte er die Bindung an die junge Siedlung Lüneburg zu einer bleibenden gemacht. Das aber hätte den Bruch mit Anke bedeutet, darüber gab sich Walther keiner Täuschung hin. Mit Anke zu brechen jedoch, mit den Kindern, der ›Ferme Corssen‹, die wuchs und wuchs – das war ein undenkbarer Gedanke!

Walther war und blieb also nach jener nächtlichen Auseinandersetzung zwischen ihm auf der einen, und Anke, Jonas und Kokwee auf der anderen Seite im Grunde uneins mit sich und seiner Umwelt. Er tat zwar, was ihm nach wie vor als das einzig Richtige und Vernünftige erschien: Er stellte seine bei den Rangers und den Akadiern erworbenen Kenntnisse und Erfahrungen den Lüneburger Neusiedlern zur Verfügung – aber die Dienste, die er leistete, befriedigten ihn keineswegs. Bedeuteten sie doch, daß er sich in der dafür aufzuwendenden Zeit nicht mit seinem Hof, mit seiner und der Seinen Zukunft befassen konnte, und, was verhängnisvoller als alles andere war: Daß Ankes geheimer Widerstand nicht nachließ, sondern sich eher verstärkte.

Was eigentlich dazu angetan gewesen wäre, ihm Freude oder Genugtuung zu bereiten: daß nämlich um ihn her im neuen Lüneburg jedermann deutsch redete, daß der Mehrzahl der Siedler sogar das niedersächsische Platt geläufig war, dieser Umstand, der doch wie kein anderer geeignet war, ihm die alte, schöne Heimat wieder in den Sinn zu rufen, störte, ja verstörte ihn manchmal. Er hatte die Brücken zur Vergangenheit schon lange zuvor abgebrochen. In dieser Hinsicht wußte er sich mit Anke einig. Hier, nur hier in Akadien, in Nova Scotia, in Amerika war das Land, in dem Anke wohnen und wurzeln wollte.

Sie waren beide in diesen Jahren umgeprägt worden, Walther stärker als Anke. Sie hatten erfahren, was auch Jonas Hestergart erfahren hatte, daß ihr ›Deutschtum‹ ihnen weder Schutz gewährt noch Erleichterung verschafft oder Bürgschaft für den Bestand und Erfolg ihres Mühens geleistet hatte. Alles für die gemeinsame Existenz Wesentliche vollzog sich im Bereich des Englischen, Französischen, Indianischen. Alle Anweisungen, auf die es ankam, alle Vorschriften wurden auch im weit überwiegend deutschen Lüneburg auf englisch erteilt. Es bedurfte keiner Prophetengabe, um vorauszusagen, daß die Sprache der wenigen Oberen sich gegen die der hundertfach zahlreicheren Unteren unvermeidlich durchsetzen würde.

Etwas anderes trat hinzu, und das reizte und erzürnte Walther mehr noch als alles andere: Es gab unter den Deutschen einige wenige Männer, die, besser vorbereitet oder gebildet als die Masse, die englische Sprache schon einigermaßen beherrschten, so einen gewissen Strassburg, einen Hoffmann, einen Steinfort, einen Rudolf und einen Sauberbühler. Es verstand sich von selbst, daß diese Männer in erster Linie zur

Wahl standen, als die englischen Oberen nach kurzer Zeit Unterführer zu ernennen hatten, um die vielen Hundertschaften der Siedler einzusetzen und zu beaufsichtigen und die Bürgerwehr zu exerzieren und zu kommandieren. Der wakkere Herr Rudolf sah sich im Handumdrehen zum ›Major‹ befördert, Johannes Wilhelm Hoffmann zum Friedensrichter und Sebastian Sauberbühler, ein Mann mit Familie aus dem Badischen, verstand es bald vorzüglich, sich überall zur Geltung zu bringen, sich großen Waldbesitz zuschreiben zu lassen und sich den Engländern unentbehrlich zu machen.

Was die Engländer in ihrer Reserviertheit nicht besonders schätzten: nämlich notfalls – und Veranlassung ergab sich oft genug – mit den Siedlern kräftig herumzuschreien, sie lauthals anzufeuern oder auch auszuschimpfen, das übernahmen die von den englischen Oberen ausgesuchten deutschen Unterführer gern. Und die Menge der Deutschen fügte sich und gehorchte. In der Tat gaben sie ihr Äußerstes, denn auch noch der Dümmste mußte einsehen, daß angesichts der ungezähmten Wildnis ringsum, aus welcher jederzeit der tückische Angriff der Rothäute hervorbrechen konnte, das ›Äußerste‹ nichts als das unbedingt Notwendige war. Außerdem waren die an dieses dunkle Ufer versetzten Deutschen gewohnt, zu gehorchen; sie hatten sich auch in Rotterdam vor ihrer Ausreise schriftlich verpflichtet, und zwar jeder einzeln für sich und zugleich für die Gesamtheit (wörtlich so): »sich ohne Verzug zu jeder Arbeit anstellen zu lassen, die Seine Exzellenz, der Herr Gouverneur, uns zuzuweisen für angemessen befinden wird, wofür uns ein Shilling am Tag angerechnet werden soll, bis wir alle unsere Schulden, die wir für die Seereise, Unterhalt etc. eingegangen sind, in vollem Umfang bezahlt haben.«

Mit Walther Corssen vermochten die von den Engländern eingesetzten deutschen Unterführer nichts anzufangen. Er paßte in keines der Fächer, in welche nach ihren immer noch deutschen Vorstellungen die Menschheit einzuordnen ist. Er war kein ›Vorgesetzter‹, aber er war auch kein ›Untergebener‹, er gehörte nicht zu den zum Gehorsam verpflichteten Neusiedlern, er war kein Handwerker, kein Soldat und kein Beamter der königlichen Behörde. Er kam und ging fast immer, wann er wollte. Irgendwo fern im Wald, jenseits der weiten Bucht, sollte er einen großen Hof sein Eigen nennen, anscheinend mitten im Indianerland, wohin sich sonst kein Deutscher trauen mochte. Er erstattete seine Meldungen stets dem englischen Kommandanten unmittelbar und erhielt nur von ihm seine Weisungen. Griff er einmal in Aktionen außerhalb des engeren Stadtbezirks ein, dann stets nur als ›Ratgeber‹ und nicht als ›Befehlshaber‹. Aber es empfahl sich dringend, seinen ›Vorschlägen‹ prompt zu folgen, sonst gab es peinliche Weiterungen mit dem Kommandanten, Oberstleutnant Sutherland. Dabei war dieser Corssen zweifelsfrei kein Engländer, sondern Deutscher, dem allerdings die englische Sprache ebenso leicht von den Lippen floß wie die französische und vielleicht sogar, wie vermutet wurde, auch die indianische der Micmacs. Und Deutsch und Plattdeutsch redete er auch vortrefflich. Es hieß, er sei einmal einer von Gorhams berühmten Rangers gewesen, wie es auch der sonderbare Herr von Hestergart war, der sich merkwürdigerweise ohne Widerspruch ›Jonas‹ oder ›Swordy‹ nennen ließ.

Nach allem ergab es sich, daß der ›Major‹ Rudolf und die anderen deutschen ›Vorgesetzten‹ von Englands Gnaden den Walther Corssen mit jener echt deutschen Mischung von angestrengter Freundlichkeit, Mißtrauen und widerwilligem Respekt behandelten, die gegenüber unscharf definierten Personen mit undeutlich umrissenem Einfluß ratsam ist.

Walther empfand die geheime Unsicherheit, welche die deutschen Unterführer beschlich, wenn sie ihm begegneten, mit beinah schmerzhaftem Unbehagen. Das war die Manier der alten Welt, der er ohne Bedauern entflohen war. Diese Feststellung machte ihn zornig, auch traurig; sie minderte auch seine Hochachtung vor der Masse der deutschen Neusiedler. Gewiß, hier gab es kein wüstes, betrunkenes Durcheinander, auch nicht die auftrumpfende Rechthaberei, die für den Londoner Pöbel in der Anfangszeit von Halifax so bezeichnend gewesen war. Dergleichen hatte in Neu-Lüneburg (oder Lunenburg, wie es die bequemen englischen Zungen aussprachen) gar keinen Platz. Von der allerersten Stunde an wurde, da für strenge Aufsicht und genaue Anweisung gesorgt war, bienenfleißig gearbeitet. Vom ersten Morgengrauen bis in die sinkende Nacht war jedermann, Mann und Frau und Kind, eifrig tätig. Die Stadt legte sich mit rechtwinklig verschränkten Straßen quer über den Höhenrücken. Sehr viel näher der Merliguesche- als der Mahone-Bucht, erstand sie in großer Geschwindigkeit wie aus dem Nichts. Doch fand es der kühl beobachtende Walther bezeichnend – und das sagte er auch Anke –, daß nicht eine einzige Straße dieser von Deutschen für Deutsche erbauten Stadt (in der damals die Nichtdeutschen nur etwa einen unter zwölf stellten) einen deutschen Namen erhielt. Sie hießen Cornwallis-, Duke-, King-, Prince-, Hobson-, York-, Townsend- oder Pelham-Street. (Erst sehr viel später erschienen auch eine Kaulbach-, eine Kempt- und eine Linden-Street.)

Es ging sehr brav und ordentlich zu in der werdenden Stadt, und die alte englische, in England selbst aber nur sehr unvollkommen befolgte Weisheit: ›Early to bed and early to rise, makes a man healthy and wealthy and wise‹ bewährte sich in Lunenburg überzeugend, da die Engländer für eine straffe Führung sorgten und die deutschen Unterführer ihre Befehle in kleinerer Münze weitergaben.

Walther Corssen hatte sich viel zu bewußt und viel zu gern diesem wilden, vogelfreien Land angeglichen, als daß ihm der befohlene Bienenfleiß der Deutschen, ihr eifriger Gehorsam, ihre schicksalsergebene Bescheidenheit etwas anderes als Staunen abnötigen konnte – ganz sicher keine Bewunderung.

So sah er ohne Bedauern zu, wie die Stadtgrundstücke und die Areale weiter im Vorfeld ausgelost und verteilt wurden. Es gab den üblichen Zank und Neid und Klatsch. Die englischen Oberen nahmen das nur aus der Ferne zur Kenntnis. Sie stellten fest – auch schriftlich und in vertraulichen Berichten nach London –, daß die Deutschen sehr fleißig seien, daß sie Beachtliches leisteten, daß aber der Neid offenbar zu ihren nationalen Eigenschaften gehörte. Die Engländer griffen jedoch erst ein, als die durch die pausenlose Schufterei, durch die von allen Seiten drohenden Gefahren und die vielen kleinlichen Streitereien unerträglich gespannten Nerven der Siedler zu reißen drohten. Und zwar richtete sich ihr Zorn bezeichnenderweise nicht gegen die englische oberste Führung der Stadt, sondern gegen die deutschen Unterführer.

Ein gewisser Jean Peterquin, ein Franzose, sollte – dieses Gerücht verbreitete sich unter den Deutschen – einen Brief aus London erhalten haben, nach welchem das englische Parlament jedem Lunenburgischen Siedler Brot, Fleisch, Erbsen, Reis, Hafergrütze, Rohrzucker, von allem je ein Pfund für die Person, dazu Rum, Strümpfe, Schuhe, Hemden, Kleider, alle Haus- und landwirtschaftlichen Geräte und zu allem Überfluß auch noch fünf Pfund Sterling in bar pro Lunenburger Nase, sozusagen als Bonus für gut geleistete Arbeit, zugesprochen hatte.

Diese kaum glaubliche Freudenbotschaft verbreitete sich gegen Mitte Dezember 1753 unter den Lunenburger Siedlern wie ein Lauffeuer. Der Winter mit eisigem Regen, jähem Wechsel von grimmiger Kälte, die selbst das Meer in den Buchten gefrieren ließ, zu milder, frühlingshafter Luft, die Fluten von Tauwasser entfesselte, hatte die Deutschen in ihren oft allzu hastig errichteten Hütten bald vor Kälte zittern lassen, bald hatte er ihnen geschmolzenen Schnee durch die undichten Dächer auf den Tisch oder die harten Pritschen getropft. Dazu die nicht endenwollende Plackerei vor der Stadt und in der Stadt! Das Maß selbst der deutschen Willigkeit und Geduld, von den Engländern stets hoch gelobt, schien bis zum Rande gefüllt und bedurfte nur noch eines Tropfens, um überzulaufen.

Der Brief, den jener Franzose Jean Peterquin erhalten haben sollte, lieferte diesen letzten Tropfen. Endlich schien man also, wenn auch vielleicht nicht am Ort oder in Halifax, so doch am Sitz des britischen Parlaments, in London, begriffen zu haben, welch außerordentliche Leistung die Deutschen an der Bucht von Merliguesche, die nun schon zur Bucht von Lunenburg geworden war, vollbracht hatten. Endlich wurde anerkannt, daß man bisher nur kümmerlich versorgt worden, daß die Kleidung verbraucht und zerlumpt, die Armut unerträglich und daher ein einigermaßen großzügiges Weihnachtsgeschenk fällig war.

Gegen jede bessere Einsicht bemächtigte sich die Nachricht von dem glückverheißenden Brief der ganzen, in einem eisigen Morast versinkenden Siedlung wie ein Fieber. Walther Corssen befand sich gerade in der Stadt. Er hatte dem Kommandanten Sutherland berichtet, daß sich trotz oder auch wegen des unerträglichen Übergangswetters vom späten Herbst zum vollen Winter im Nordwesten der neuen Stadt, abseits des mittleren La Have River, einige Banden von Indianern vereinigt hätten, daß sie vorläufig noch unentschlossen zögerten, weil auch ihnen das grausame Wetter zusetzte. Jedoch sei zu vermuten, daß sie die ermatteten Siedler vor oder in Lunenburg belauern und angreifen würden.

Ehe sich Sutherland entschieden hatte, wie der aus dem Indianerland drohenden Gefahr zu begegnen wäre, hatten die Deutschen in der Stadt sich des armseligen Franzosen Peterquin bemächtigt, um ihn zur Herausgabe des Briefes aus London zu zwingen. Die Leute waren plötzlich wie von Sinnen. Ihr Gefühl für Ordnung, ihre handfeste Nüchternheit schienen sie gänzlich im Stich zu lassen.

Walther Corssen war, als er gerade vom Kommandanten kam, unversehens in die Menge geraten und mußte mit ansehen, wie die Leute den unglückseligen Franzosen in eines der befestigten Blockhäuser schleppten und dort in den Keller stießen, da er sich – wie es hieß – weigerte, den Brief herauszugeben. Vergebens hatte Walther auf hochdeutsch und auf platt den aufgebrachten Siedlern klarzumachen versucht, daß die Regierung in London – sofern es mit der Bewilligung der Sach- und Geldspende an die Lunenburger überhaupt seine Richtigkeit habe – sicherlich einen anderen Weg wählen würde, die Begünstigten von ihrem Glück in Kenntnis zu setzen, als einen belanglosen und unbefugten kleinen Franzosen zu benachrichtigen.

Aber die Aufrührer – Aufruhr lag in der Luft, ganz ohne Zweifel! – hatten Walther bedeutet, er solle sich zum Teufel scheren, er verstehe die Nöte der Siedler ohnehin nicht, er sei nur ein ›Hanswurst des Kommandanten‹ und habe ›dreimal so viel zu fressen wie sie selber‹. Walther hatte sich ohne Gegenrede davongemacht, hatte dem Kommandanten kurz Bericht erstattet, hatte sich nochmals sagen lassen, daß er die Indianer im Auge zu behalten habe, war dann, ohne sich noch einmal um die Vorgänge in der Stadt zu kümmern, zu der im Bau befindlichen Schiffsanlage neben ›Roussens Bach‹ hinuntergestiegen, hatte sein Kanu vom Pfosten gelöst, war eingestiegen, hatte es von dem diesmal ganz menschenleeren, aus schweren Planken erbauten Steg abgestoßen und war in den dicht, naß und beklemmend kalt von See her anwogenden Nebel hinausgeglitten. Nach wenigen Paddelschlägen schon hatte er sich jeder Sicht vom Ufer her entzogen.

Er hatte inzwischen verlernt, sich vor dem Nebel zu fürchten. Gewiß: wurde man auf offenem Wasser von ihm überfallen, dann verlor man allzuleicht die Richtung. Hier aber konnte er sich unter dem Ufer halten. Er kannte die Route zur Landestelle seiner ›Ferme Corssen‹ so genau wie die Taschen seines Lederrocks und durfte selbst bei Nebel manche Abkürzung über offenes Wasser riskieren, nicht ohne wenigstens noch eine Ahnung davon zu behalten, wo das Ufer war.

Während sein Paddel bald rechts, bald links in das bleistille Wasser tauchte und die beiden Bugzeilen schnurgerade hinter dem Kanu herfächerten, wanderten ihm ein paar Gedanken zusammenhanglos durchs Hirn: In zwei Stunden bin ich bei Anke – heute abend oder morgen, wenn ich nicht irre, wollte Kokwee kommen – er wird wissen, ob die Indianer am mittleren La Have etwas Böses gegen Lunenburg im Schilde führen – was soll ich noch einmal dort? Ich mache mich nur verdächtig – was meinte Kokwee neulich, als er uns zu bedenken gab, sein Sohn müsse nicht nur französisch und englisch sprechen lernen, sondern auch Micmac? Will er uns Indo nehmen und ihn zu seinen Leuten bringen, wo er niemand hat, der sich des Kindes annähme, wie Anke sich seiner angenommen hat? – Anke wird es nicht zulassen, aber können wir das Kind seiner väterlichen und mütterlichen Welt verweigern? Alles, was einfach anfängt, wird mit der Zeit schwierig; es kann nicht einfach bleiben, da sich stets das Unvorhergesehene einmischt. – Wer hätte den Lunenburgern zugetraut, daß sie plötzlich verrückt spielen! – Peterquin und fünf Pfund Sterling in bar für jede Nase in Lunenburg, welch ein Unsinn! Die Engländer zahlen nichts, wenn die Arbeit schon geleistet ist und die Leute ohnehin bei der Stange bleiben müssen, ob sie wollen oder nicht! Dann noch Geld drauf zahlen? Goddamn no, das tun sie nicht! – Mit all dem will ich nichts mehr zu schaffen haben, ich mach' mich beiseite! Das alles geht mich nichts mehr an, und Gott sei Dank, daß mich bei diesem Nebel niemand auf meinem Platz mehr findet, es sei denn Kokwee, und der ist uns willkommen. Ja, was will er wohl? Uns Indo wieder nehmen? Das wäre schrecklich für Anke. Auch für mich. Er ist längst mehr unser Kind als Kokwees. Was mag jetzt in Lunenburg passieren? Nun, was auch immer, ich werde es noch früh genug erfahren ...

Und er erfuhr es, als er eine Woche später die Cumberland-Straße hinaufstiefelte, um im Blockhaus des Kommandanten auf dem Hügel zu berichten, daß die Indianer am mittleren La Have sich wieder zerstreut hätten (Kokwee hatte es dem Freunde Walther noch am Abend seiner Ankunft auf der Ferme Corssen vorausgesagt). Die Führer der Indianerstämme aus dem Innern Akadiens hatten sich nicht darüber einigen können, wie gegen Lunenburg am besten vorzugehen wäre, ob man es frontal angreifen sollte, vom Lande her, ob man's vom Wasser her über die Mahone-Bucht versuchen, ob man die vorgeschobenen Blockhäuser einzeln oder alle zur gleichen Zeit ausheben sollte. Ein gemeinsamer Plan war nicht zustande gekommen. Als der Häuptling Mius von den La Have-Indianern verärgert in seine Winterquartiere am See Upsim abgezogen war und auch Cope vom Shubenacadie seinem Beispiel folgte, war der große Plan, Lunenburg und die Lunenburger vom Erdboden zu vertilgen, zerplatzt – wie die Seifenblase, die er von Anfang an gewesen war.

Auch der Aufruhr der Lunenburger Deutschen war gekommen und vergangen wie ein Schwank auf dem Schmieren-Theater. Der arme Peterquin war so verstört gewesen von den ihn wütend umbrüllenden Deutschen, zumal er kein Wort verstand, daß er im Keller des Blockhauses saß und um sein Leben bangte ohne die geringste Ahnung, was man von ihm wollte.

Dann aber erschien, von Walther Corssen alarmiert, Kommandant Sutherland mit seinen deutschen Unterhäuptlingen Sauberbühler, Strassburg und Rudolf auf dem Plan. Sutherland verließ sich darauf, daß seine bislang unangefochtene Autorität die außer sich geratenen Deutschen wieder zur Raison bringen würde. Das bestätigte sich zunächst. Niemand wagte, ihn daran zu hindern, den Peterquin aus seiner Kellerhaft zu befreien. Der Franzose hätte sich schleunigst davonmachen sollen, doch fühlte er sich im Schutze von Sutherland und seiner deutschen Adjutanten sicher und fing an, einige der Deutschen als Rädelsführer des Aufruhrs anzuklagen. Sutherland hatte sich schon vorher, angewidert von der wüsten Szene im naßkalten Dezemberwind, abgewandt, um wieder in seine ›Residenz‹ zurückzukehren. Mochten die deutschen Unterleutnants mit dem dummen deutschen Pöbel fertig werden, wie sie wollten. Er vergaß, daß es allein der Nimbus des englischen Kommandanten gewesen war, der den verzweifelten Zorn der Deutschen zunächst blockiert hatte.

Kaum war Sutherland der Menge aus den Augen, so ließ ›Major‹ Rudolf, der bis dahin nur den Dolmetscher für den Kommandanten gemacht hatte, seinem Ärger freien Lauf. Er begann, die aufgestörten Leute, die sich, zu einem Haufen geballt, um einige Schritte zurückgezogen hatten, lauthals, wie auf dem Drillplatz, zu beschimpfen. Er spürte nicht, daß an diesem Tage die Leute die äußerste Grenze ihrer Geduld erreicht und überschritten hatten; er begriff nicht, daß man ihnen nun ruhig und vernünftig hätte zureden und ihnen erklären müssen, daß die gebratenen Tauben niemandem in den Mund fliegen – am wenigsten einem armen Teufel.

Von dem befehlssicheren Engländer in seinem feinen Tuchrock hatte sich das frierende Volk etwas sagen lassen. Er verkörperte die Autorität, der sich die Leute freiwillig ausgeliefert hatten; er sprach englisch und vertrat den König von England. Aber wer, zum Teufel, war dieser im Handumdrehen produzierte ›Major‹ Rudolf, der seine geborgte Wichtigkeit den Leuten so aufdringlich unter die Nase rieb? Der Rudolf, so schrie einer aus der Menge, ist auch nichts Besseres als wir, kommt auch bloß von der Ilmenau; der soll sich nur nicht aufspielen!

Und der Sauberbühler ist überhaupt kein Lüneburger, schrie ein anderer, was hat der uns schon zu sagen! Überhaupt sie alle, die bloß was geworden sind, weil sie dem Engländer in den Hintern kriechen! Und jetzt kujonieren sie uns, damit sie weiter lieb Kind sind beim Engländer! Und ausgerechnet die wollen uns jetzt verheimlichen, daß man uns in London endlich einen handfesten Zuschuß bewilligt hat!

Schon rückte die Menge langsam vor. Peterquin wollte fliehen. Aber nach wenigen Sprüngen hatte man ihn beim Kragen. »Der Franzose soll uns den Brief ausliefern!« hieß es. »Will er nicht? Dann wieder ins Loch mit ihm! Und ihr, ihr feinen Pinkels, schert euch zum Teufel, aber schleunigst, sonst hauen wir euch die Jacke voll!«

Strassburg hatte sich schon aus dem Staube gemacht. Die Aufrührer waren bereit zur Gewalttat. Nur ein Dummkopf mochte noch daran zweifeln. Sauberbühler und Rudolf waren keine Dummköpfe. Auch sie machten, daß sie davonkamen. Rudolf konnte sich nicht enthalten, aus der Ferne zu drohen. Er brachte die Wildgewordenen damit nur zum Lachen.

Peterquin, der magere Franzose, saß wieder im Keller. Aber über ihm in der Wachstube ließen sich zehn Mann häuslich nieder, und weitere zehn zogen rings um das Blockhaus auf Posten. Zum zweitenmal sollte ihnen der verdammte Franzose nicht wieder abhanden kommen!

Der Kommandant runzelte die Stirn, als er von den deutschen Unterführern hörte, was sich ereignet hatte. Das schmeckte in der Tat nach blanker Meuterei. Er begriff sofort, daß die Lage mißlich wurde. Die wenigen Dutzend Soldaten und Rangers, über die er verfügte, lagen weit gefächert in den vorgeschobenen Blockhäusern. Doch mußten gerade die Blockhäuser besetzt bleiben, wenn es stimmte, was Walther Corssen berichtet hatte: daß nämlich verschiedene Indianerhorden sich am mittleren La Have River versammelt hätten, ohne Zweifel in der Absicht anzugreifen. Die Deutschen in der Stadt hatten offenbar den Verstand verloren. Vielleicht war ihnen zuviel zugemutet worden! Wenn sie jetzt das Gesetz des Handelns in ihre eigenen Hände nahmen, so blieb dem Kommandanten zunächst nur übrig, sie gewähren zu lassen, in der Hoffnung, daß ihre Wut von selber ausbrennen würde, wenn sie keine neue Nahrung erhielt.

Peterquin in seinem dunklen Keller sann auf Flucht. Am Sonntag nach seiner Inhaftnahme wäre sie ihm beinahe geglückt. Er hatte sich in den nahen Wald führen lassen, um seine Notdurft zu verrichten. Die beiden deutschen Wachen hatten sich abgewandt. Peterquin hatte solche Diskretion jedoch nicht zu würdigen gewußt, sondern den unbeobachteten Augenblick benutzt, Reißaus zu nehmen.

Es half ihm nichts. Nach wilder Jagd wurde er mit viel Hallo wieder eingefangen und in die von den Aufrührern besetzte Hauptwache der Stadt zurückgebracht, nun aber nicht wieder in den Keller gesperrt, sondern an Händen und Füßen gefesselt und im Wachraum selbst verwahrt, wo er ständig unter Aufsicht war.

Inzwischen hatte Sutherland seinen Adjutanten, Leutnant Adams, mit einem schnellen Segler nach Halifax gesandt, um den Gouverneur – Lawrence war schon in diese Stellung aufgerückt – zu benachrichtigen und um ein Hilfskommando zu ersuchen. Die Deutschen strebten offenbar danach, sich wie die Akadier ihre eigenen Gesetze zu geben und die englische Bevormundung in den Wind zu schlagen. Sie glaubten vielleicht sogar, daß sie sich ohne die Engländer leichter mit den Indianern würden einigen können. Sie müßten – so Sutherland an Lawrence – so schnell wie möglich zur Raison gebracht, vor allem entwaffnet werden. – Schon am Montag, dem 17. Dezember des Jahres 1753, gingen vier Segler mit zweihundert Soldaten der regulären Truppe unter Führung des Oberst Monckton in See und nahmen Kurs auf die Bucht von Merliguesche/Lunenburg.

Peterquin hatte endlich begriffen, weshalb die wild blikkenden, laut redenden Deutschen ihn so schmachvoll und grob behandelten. Außerdem schmerzten ihn die Fesseln. So gab er plötzlich zu verstehen, daß er den Brief gar nicht mehr besitze, sondern ihn längst an Mister Sauberbühler weitergegeben habe.

Die deutschen Aufrührer fühlten sich für dumm verkauft. Sauberbühler also, dieser saubere Herr aus dem Badischen, der sich so gerne aufspielte, der also hatte den armen Peterquin einfach schmoren lassen! Die ganze Stadt wurde auf dem Paradeplatz zusammengetrommelt; dann wurde den Leuten auseinandergesetzt, wie die Dinge standen. Es wurde endlos hin und her geredet und schließlich eine Abordnung an den Kommandanten geschickt und gefordert, er möge entweder Sauberbühler zum Verhör auf den Paradeplatz schicken oder den Brief aus London aushändigen, damit das Volk erfahre, was ihm zustand.

Den ganzen Tag gingen die Botschafter zwischen der Residenz des Kommandanten und der erregten Menge hin und her. Sauberbühler mußte für sein Leben fürchten. Hatten doch die Meuterer in ihm nicht mehr einen Fremden vor sich, wie den stammelnden kleinen Jean Peterquin oder den arrogant sicheren Sutherland, sondern einen ohnehin höchst ungeliebten Burschen aus den eigenen Reihen, der sich den Engländern als Aufpasser und Antreiber hergab und den man endlich einmal mit der Nase in den Dreck stoßen sollte, in dem sie selber, die Masse der Lüneburger, von früh bis spät zu wühlen hatten.

Sauberbühler versteckte sich im Stern-Fort auf dem abgelegenen Galgenhügel (den gab es schon!) und dachte nicht daran, sich außerhalb der mit einem Dutzend Soldaten bemannten Palisaden blicken zu lassen. Sutherland bewies in diesen gespannten Tagen und Nächten, daß er aus hartem Holz geschnitzt war. Nicht einen Augenblick lang verlor er die Nerven, auch nicht als sich die Situation gefährlich zuspitzte. Ein Kurier von einem der landein vorgeschobenen Außenforts brachte die Meldung, daß im Vorgelände ein größerer Pulk von Indianern gesichtet worden wäre. (Wie Walther Corssen später feststellte, handelte es sich um die Rothäute vom Minampkeak-See, die nach der aufgeflogenen Aktion gegen Lunenburg wieder nach Hause zogen, sich aber mangels strahlender Heldentaten wenigstens den Spaß erlaubt hatten, die Engländer ein wenig zum Narren zu halten.)

Für alle Fälle ließ Sutherland vor der Stadt einige Kanonen in Stellung bringen, um den Indianern notfalls einen heißen Empfang zu bereiten. Die Meuterer nahmen indessen die Kanonen krumm, konnten sie doch in wenigen Minuten umgedreht und gegen die Stadt gekehrt werden. Auch gegen die Indianer sollten die Geschütze unter keinen Umständen eingesetzt werden – mit den Indianern würden sie, die Deutschen, die von den Engländern ebenso hochnäsig behandelt wurden wie die Indianer, schon irgendwie einig werden ... Der Kommandant erfaßte, daß es in seiner prekären Situation auf zweierlei ankam: erstens darauf, Zeit zu gewinnen, bis die Verstärkung aus Halifax eintraf; zweitens, der, wie Sutherland einräumte, wahrscheinlich berechtigten Erbitterung und Verzweiflung der Deutschen den Wind aus den Segeln zu nehmen. Auch jetzt noch, da sich die Siedlung in den Händen der Meuterer befand, verlor Sutherland nicht völlig den Glauben an den gesunden Menschenverstand und die Friedfertigkeit der Siedler. Er zog die Kanonen wieder zurück.

Die zweihundert regulären Soldaten unter Monckton auf ihren vier Schiffen hatten guten Wind gehabt. Sie trafen schon in der zweiten Nacht nach ihrer Ausreise von Halifax im Hafen von Lunenburg ein, gingen in aller Stille an Land und umzingelten das schlafende Städtchen.

Am nächsten Morgen, als sich endlich die Nacht aus dem kalten Nebel hob, sah plötzlich alles anders aus. Die zweihundert schußbereiten Rotröcke bewiesen den Deutschen mit aller nur wünschenswerten Deutlichkeit, daß sich Meuterei und Widerborstigkeit nicht auszahlen. Monckton, dem Range nach Sutherland vorgesetzt, übernahm die weitere Verhandlung. Klugerweise verzichtete er zunächst auf jede Anklage, versuchte vielmehr, und zwar öffentlich, den Sachverhalt zu klären, als hätten sich die Deutschen niemals gegen die Autorität des englischen Kommandanten erhoben. Peterquin erklärte nochmals, daß er den ominösen Brief dem Sauberbühler ausgehändigt habe, daß er auch allen Respekt vor der englischen Verwaltung hege und nie daran denken würde, ihr Widerstand zu leisten. Diese Aussage wurde den Deutschen übersetzt und bestürzte sie, hatten sie doch den armseligen Franzosen übel genug behandelt.

Aber dann kam Peterquin noch mit einer weiteren Neuigkeit heraus. Der von den Engländern eingesetzte deutsche Friedensrichter Hoffmann hatte Peterquin einen Brief gezeigt, dessen Inhalt mit dem von Peterquin an Sauberbühler weitergereichten Brief übereinstimmte. Peterquin war daraufhin von Hoffmann genau angewiesen worden – ein paar Goldstücke hatten dabei den Besitzer gewechselt –, wie er sich zu verhalten hätte, um den Zorn der Deutschen zur Weißglut anzuheizen. Hoffmann wiederum habe den Brief von einem Seemann bekommen, der ihn aus London mitgebracht haben wollte. Die Vermutung lag sehr nahe, daß der Brief oder die Briefe aus einer französischen Quelle stammten und dazu dienen sollten, die neue Siedlung Lunenburg von innen her aufzusprengen und damit den Indianern zu überantworten. Der Plan wäre beinahe geglückt.

Monckton wußte, daß er nicht die Masse der Lunenburger zu Meuterern erklären und bestrafen konnte. Das hätte das Ende der vielversprechenden Siedlung bedeutet, in der so Erstaunliches schon geleistet worden war. Aber man hatte nun einen Sündenbock gefunden. Es konnte zwar nicht bewiesen werden, daß Hoffmann von den Franzosen bestochen worden war, den Aufruhr anzuzetteln. Peterquin als einziger Schuldzeuge genügte nicht für die Anklage auf Hochverrat. Aber immerhin hatte er Unruhe gestiftet und Anlaß zu großem öffentlichen Ärgernis gegeben. Hoffmann wurde verhaftet, später in Halifax zu hoher Geldstrafe verurteilt, für zwei

Jahre auf George's Eiland im Hafen von Halifax eingesperrt, und danach des Landes verwiesen.

Schon am 15. Januar 1754 konnte Monckton nach Halifax zurückkehren. Vierzig Mann ließ er zur Stärkung der kleinen Lunenburger Garnison zurück. Nichts rührte sich mehr in der Stadt. Die Deutschen sahen sich frierend aus hohlen Augen an. Der vergebliche Aufruhr hatte eine große Leere in ihren Herzen und Hirnen zurückgelassen. Sie waren betrogen worden, verstanden nicht, wozu und von wem. Sie hatten ohne eine Regung des Widerspruchs ihre Waffen abgeliefert. Sauberbühler hatte recht gehabt, als er sich ihnen entzog und den Brief verweigerte. Peterquin hatte sich seitwärts in die Büsche geschlagen und ward nicht mehr gesehen. Walther Corssen schritt von Zeit zu Zeit so gleichmütig die Straßen hinauf zum Amtssitz des Kommandanten, als hätte es die aberwitzigen Tage des Aufruhrs nicht gegeben. Von fünf Pfund Sterling in bar für jeden Lunenburger war keine Rede mehr. Wie hatte man dergleichen auch glauben können! Doch das Strafgericht über die Meuterer, das viele heimlich fürchteten, blieb aus. Die Engländer hatten ihr Exempel an Hoffmann statuiert – und ließen im übrigen die wilden Reden auf sich beruhen. Vielleicht lebte es sich nicht gar so schlecht unter englischer Herrschaft . . .

Einiges Gute hatte die böse Geschichte immerhin: ›Major‹ Rudolf hatte seinen Glanz verloren und benahm sich fortan sehr viel ›ziviler‹. Auch Sauberbühler spielte nicht mehr den großen Herrn. Und den keineswegs erfreulichen ›Friedensrichter‹ Hoffmann war man gänzlich losgeworden!

Nach allem: Schicken wir uns also in die Verhältnisse! Die Sache hätte ein viel schlimmeres Ende nehmen können, als sie genommen hat. Vielleicht kommen wir nächstes Jahr über den Berg. Das sagten sich die Lunenburger.

Walther Corssen jedoch, der den Ablauf der Ereignisse aus deutscher wie aus englischer Sicht verfolgt hatte, sagte sich: Was da vorging, berührt mich nicht mehr. Es geht mich nichts mehr an. Anke hat recht. Wenn man sich hier selbst treu bleiben will, dann geht das nur auf die Weise der Akadier. Oder sollte man lieber gleich ›Amerikaner‹ sagen?

Seit Charles Lawrence zum Gouverneur von Nova Scotia bestellt worden war – die Franzosen und alle anderen, die französisch sprachen, fuhren, sehr zu Lawrences Ärger, fort, die Kolonie ›L'Acadie‹ zu nennen – wehte im Lande ein schärferer Wind. Lawrence war kein Diplomat und Beamter wie Cornwallis, kein gemäßigter und vorsichtiger Verwalter wie Peregrine Hopson, der Nachfolger des Cornwallis für wenig mehr als ein Jahr. Lawrence war eigentlich nur eins: Soldat.

Von jeher hatte er gegen die Franzosen gefochten, war in der großen Schlacht von Fontenay verwundet worden und trug die Narbe mit Stolz. Lawrence neigte nicht zu freundlich-friedlichen Illusionen. Ebenso wie seine vorgesetzte Behörde, die ›Lords of Trade and Plantations‹ in London, war er sich darüber im klaren, daß früher oder später zwischen Frankreich und England wieder der offene Krieg ausbrechen mußte. War doch die welthistorische Streitfrage, ob über dem ungeheuren, noch verschleierten und verschlossenen Kontinent Nordamerika das Lilienbanner der französischen Könige oder der Union Jack Englands wehen sollte, keineswegs eindeutig entschieden. Und Neu-Schottland bildete den Angelpunkt in der mühsam vertagten, aber letztlich unaufschiebbaren Auseinandersetzung zwischen den beiden stärksten Mächten des Westens. Lag es doch gerade in dem Winkel der sich südlich von Neufundland trennenden Zufahrtsstraßen zum französischen Amerika am Sankt Lorenz und zum englischen Amerika weiter im Süden, an und hinter der atlantischen Küste.

Die Franzosen sorgten dafür, daß trotz des offiziellen Friedens Akadien nicht zur Ruhe kam. Die Landenge, die verhältnismäßig schmale Verbindung zwischen der großen Halbinsel Neu-Schottland und dem eigentlichen Festland, der Isthmus von Chignecto, war von den Franzosen durch geschickt angelegte kleine Festungen verbarrikadiert worden. Louisbourg wurde mit großem Nachdruck ausgebaut. Die Festung lag auf der mächtigen Cape-Breton-Insel, der Insel des Bretonischen Kaps, die nur durch einen schmalen Meeresarm von der Halbinsel Nova Scotia getrennt war. Hier wie auf Chignecto sorgten der unermüdliche Abbé Le Loutre und seine Agenten dafür – und nicht nur hier, sondern bis vor die Tore von Halifax –, daß die Indianer den Haß gegen England und die

Engländer nicht verlernten. Das offizielle Frankreich konnte seine Hände in Unschuld waschen, wenn die Indianer die Außenbezirke von Annapolis, von Lunenburg, von Windsor oder Halifax unsicher machten.

Lawrence verstand Nova Scotia nicht als eine pfleglich zu entwickelnde Siedlungs-Kolonie wie die älteren englischen Besitzungen weiter im Süden, Massachusetts oder Virginia, sondern in erster Linie als ein strategisches Bollwerk gegen Louisbourg, den südlichen Eckpfeiler der französischen Verteidigung der Sankt-Lorenz-Mündung. Halifax war für ihn eine vorgeschobene Bastion des englischen Kolonialbesitzes um Boston, New York, Philadelphia – durchaus aber auch ein festes Sprungbrett, von dem aus das französisch-amerikanische Kernland mit der Hauptstadt Québec (und nur für dieses Land war der Name Canada üblich geworden) anzugreifen und zu erobern sein würde (was dann etwa ein Jahrzehnt später auch geschah).

Wenn aber Neu-Schottland bei dem mit Sicherheit zu erwartenden neuen Konflikt mit Frankreich zugleich für die Verteidigung wie für den Angriff so bedeutsam werden würde, wie Lawrence und mit ihm die Minister Seiner Majestät Georgs des Zweiten in London vermuteten, dann mußte vor allem seine innere Standfestigkeit zweifelsfrei gewährleistet sein. Das bedeutete: Es mußte weiterhin versucht werden, die Landplage der Indianer auszuräumen, oder, falls dazu die Machtmittel nicht ausreichten, die Indianer zu beruhigen, zu neutralisieren. Weiterhin mußten die nichtenglischen Elemente in der Kolonie streng kontrolliert und zugleich nach Möglichkeit auf die englische Seite hinübergezogen werden.

Da waren vor allem die ›Foreign Protestants‹, die ›fremden Protestanten‹ in Halifax und Lunenburg, weit überwiegend Deutsche, aber auch einige Schweizer, Franzosen aus der Burgundischen Pforte, der Gegend von Montbéliard, endlich auch Franzosen, die sich dem harten Militär-Regime in Louisbourg, also der eigenen Regierung, entzogen hatten. Sie hatten dem englischen König den Treueid geschworen und fanden nun in Halifax und Lunenburg Aufnahme. Dazu gehörten die Bourneuf, Boutin, Gédris, Hériot und andere, die dann in Lunenburg deutsch lernten. Die Deutschen hatten nur einmal Anlaß zu Mißtrauen gegeben, damals, als Peterquin und Hoffmann sie genasführt hatten. Seither scheuten sie jeden Widerstand, ja auch die Bekundung eines eigenen Willens wie gebrannte Kinder das Feuer und zeigten sich bräver als brav. Man konnte daran denken, ihnen ihre Waffen wieder zurückzugeben; sie ließen sich notfalls von heut auf morgen zu Soldaten machen.

Nach der Meuterei hatte der Gouverneur die Lunenburger noch einmal von Amts wegen mit vierundsiebzig Kühen, fast tausend Schafen, über hundert Schweinen und Ziegen und reichlich Federvieh versehen, was alles nach Würdigkeit und Billigkeit unter ihnen verteilt worden war. Damit hatte er ihnen bewiesen, daß man die Meuterei als zeitweilige Geistesverwirrung eingestuft hatte und bei weiterem Wohlverhalten bereit war, sie zu vergessen. Die Deutschen also, so hieß es in jedem Bericht aus Lunenburg, seien überaus fleißig, auch besonders erfinderisch. Sie hätten im Jahr 1754 schon mehr als dreihundert Häuser unter Dach und Fach gebracht, hielten unermüdlich Wache in den wehrhaften Außenforts, machten ihre Patrouillen im Vorgelände, wagten sich auch in groben Booten auf die See hinaus, um zu fischen, und das mit Erfolg. Sie seien, was mehrfach hervorgehoben wurde, mit einem Mut, der eher tollkühn sei, überall drauf und dran, das Ackerland in die Wälder vorzuschieben, was bedeutete, daß sie stets die schußbereite Büchse über der Schulter haben mußten, wenn sie den Pflug durch die jungfräuliche Erde einer neuen Rodung lenkten. Nein, mit den Deutschen, meinten sowohl Sutherland wie Lawrence, hatte man gewiß keinen schlechten Griff getan. Wenn sie nur ihre Felder, Ställe und Scheunen wachsen sahen, so war ihnen die Politik herzlich gleichgültig. Außerdem waren sie ja – und konnten es sich gar nicht anders vorstellen – zweifelsfrei nach Recht und Gesetz von jeher Untertanen Georgs des Zweiten aus seinen hannoverschen und lüneburgischen Stammlanden. Sie würden also, wenn man sie nur richtig, das heißt mit einer Mischung von Strenge und Wohlwollen behandelte, im Kriegsfall brav und bieder für England kämpfen, weil das ihren eigenen Interessen entspreche.

Ganz anders lagen die Dinge bei den Akadiern. Die waren schon lange vor den Engländern im Lande ansässig gewesen, hatten – das mußte man zugeben, wenn man sie in ihrer vorsichtigen Zurückhaltung verstehen wollte – die politische Herrschaft im Lande Akadien (besser: nur den Anspruch darauf) im Laufe der letzten hundert Jahre nicht weniger als vierzehnmal zwischen England und Frankreich wechseln sehen. Was war ihnen anderes übriggeblieben, als dahin zu streben, es niemals, weder mit der einen noch der anderen Macht, ganz zu verderben, unverbindlich zu bleiben und sich aus den Händeln der Großen soweit nur menschenmöglich herauszuhalten? So lernten es die Akadier, sich abzuschließen. Sie sorgten für sich selbst, brauchten keine Hilfe von außen, regierten und verwalteten sich nach eigenem Gutdünken in ihren weitgespannten Sippen und Großfamilien. Bei dieser ›Regierung‹ kamen sie gewöhnlich mit gutem Zureden aus, scheuten aber auch vor erbarmungsloser Strenge nicht zurück, wenn keine andere Wahl mehr blieb.

Solange die Akadier mehr oder weniger die einzigen weißen Siedler in Neu-Schottland/Akadien gewesen waren, solange auch die strategische Bedeutung des Landes, dieser weit in den Atlantischen Ozean vorgereckten Halbinsel, weder in London noch in Paris richtig begriffen worden war – (es mangelte ja in Europa immer noch an den einfachsten geographischen Kenntnissen) – solange war dem hinter den dunklen Küsten verlorenen Häuflein der Akadier sozusagen Narrenfreiheit gewährt worden. Da man sie einerseits nicht schützen, sie andererseits nicht zu folgsamer Untertänigkeit zwingen wollte oder konnte, hatte man in London die Vorrechte, die sich die Akadier mit der Zeit ›angemaßt‹ hatten, nicht sonderlich ernst genommen. Verstanden sie sich zu aktiver, etwa gar bewaffneter Hilfe für England, so schickten ihnen die Franzosen sofort die Indianer auf den Hals, gegen die ein friedliches Bauernvölkchen wie die Akadier sich nur unzulänglich wehren konnte.

Jetzt aber, 1754/55, stand, für alle Unterrichteten klar voraussehbar, der Entscheidungskampf um Nordamerika zwischen England und Frankreich unmittelbar bevor. Der nüchterne, harte Soldat Lawrence glaubte, von Woche zu Woche, von Monat zu Monat deutlicher zu erkennen, daß zehn- bis zwanzigtausend ›neutrale‹ Akadier (es hatte sie bisher niemand gezählt) inmitten seines ohnehin von feindlichen Indianern durchstreiften Aufmarschgebietes keinesfalls länger geduldet werden durften. Wenn die Akadier nicht endlich ohne jede Einschränkung den Treueid auf den König von England schwören wollten, so würden sie sich damit abfinden müssen, daß mit ihnen kurzer Prozeß gemacht wurde.

Walther Corssen spürte deutlich, wie im Laufe des Jahres 1754, und erst recht seit 1755, der Wind sich drehte. Gewiß, es wurde weiter von ihm verlangt, die Indianer im Auge zu behalten und durch seine Freunde und Vertrauensleute bei den restlichen Chebucto-Micmacs wie Kokwee und auch bei den selbstbewußten La Have-Micmacs unter dem klugen Häuptling Mius die Stimmung und die Absichten der Eingeborenen in Erfahrung zu bringen. Doch wurde Walther jetzt dringlich auch zu anderer Erkundung angehalten. Offenbar war bei den englischen Oberen die militärische und politische Verläßlichkeit der guten Leute von Petite Rivière, von Ost- und West-, Ober- und Unter-La Have, also auch die seiner unmittelbaren Nachbarn, wie der Maillets, Dauphinés, Biencourts, ins Zwielicht geraten. Sie alle hatten, ohne allerdings jemals aufzutrumpfen, genau wie ihre Verwandten und Glaubensgenossen im Annapolis-Tal und am Minas-Becken, an die Gültigkeit ihrer seit vielen Jahrzehnten bestehenden Vorrechte geglaubt. Im übrigen hatten sie den Kopf eingezogen und sich bei den erfreulicherweise ziemlich weit entfernten englischen Behörden nicht mausig gemacht.

Walther wußte natürlich, wenn er es auch nicht wie Anke für selbstverständlich hielt, daß seine akadischen Freunde und Nachbarn noch nicht recht an die Dauerhaftigkeit der englischen Herrschaft glauben wollten. Ihm leuchtete ein, daß sie lieber mit französischen Händlern als mit englischen oder mit Yankees ihre bescheidenen Geschäfte machten und daß sie, wenn auch nur, um die Freundschaft der Indianer nicht zu verlieren, keinesfalls für England Waffen tragen durften. Ja, Père Bosson hatte Walther eines Tages sogar voller Besorgnis, Angst und Unwillen anvertraut, daß drei junge Leute aus Petite Rivière heimlich auf und davon gegangen wären, um sich dem québec-französischen Hilfskorps der ›Coureurs de bois‹ (die bei den Franzosen etwa den ›Rangers‹ entsprachen) in Beauséjour auf der Chignecto-Enge anzuschließen.

Wenn Anke nicht gewesen wäre, hätte Walther seine Doppelrolle als ehrlicher Freund und Gefährte der Akadier sowohl wie auch als Beauftragter der englischen Behörde für den Ausgleich mit den Akadiern und Indianern in der Gegend von Merliguesche wohl kaum unangefochten weiterspielen können. Anke bot den akadischen Nachbarn die Garantie, daß Walther die akadischen Belange niemals verraten würde. Anke war aufs engste mit der sich prächtig entfaltenden ›Ferme Corssen‹ verwachsen; die aber gehörte ganz ins Akadische. Lunenburg mit seinen vielen Menschen, seinen Soldaten, mit der jederzeit fühlbar bleibenden englischen Bevormundung – nein, nachdem Anke erst einmal die volle Freiheit und Unabhängigkeit der akadischen Lebensart kennengelernt und sich freudig angeeignet hatte, bildete Lunenburg für sie keine Verlockung! Auch begriff sie mit der Zeit, daß Walther den Akadiern nicht abtrünnig geworden war, seit er dem Auftrag des Gouverneurs folgte, für die Sicherheit Lunenburgs im weiteren Vorfeld Späherdienste zu leisten. Denn Walther brachte umgekehrt viele vertrauliche Nachrichten zu den Akadiern, aus denen sie ersehen konnten, was in Halifax und Lunenburg gespielt wurde.

Jonas Hestergart war als Ranger-Adjutant zu Sutherland nach Lunenburg kommandiert worden. Er sprach deutsch, hatte von Anfang an zum Stabe des Gouverneurs gehört und war des Vertrauens der englischen Führung würdig und sicher. Walther versäumte es nie, sich bei Jonas zu melden, wenn ihn der Weg nach Lunenburg führte, ermutigte ihn aber nie, die ›Ferme Corssen‹ gelegentlich wieder zu besuchen. Es lag Spannung in der Luft – und sie wuchs. Ein Ranger der Engländer, seinem Auftreten und seiner Sprechweise nach unverkennbar Aristokrat und Offizier, der französisch und deutsch sprechen konnte, ein solcher Mann bei den Corssens auf der Farm – das konnte das Mißtrauen der akadischen Nachbarn wecken.

Walther hatte diese Möglichkeit ganz offen mit Jonas erörtert, und Jonas hatte gesagt: »Es ist wichtiger, daß du das Vertrauen der Akadier in eurer Gegend behältst, als daß ich mir das Vergnügen gestatte, euch wieder zu besuchen und Anke wiederzusehen – was ich gerne täte, Walther, das gestehe ich. So mußt du sie also herzlich von mir grüßen. Vergiß es nicht!«

Walther versprach es. Jonas war ihm, ohne daß je darüber

geredet wurde, über die alte Kameradschaft hinaus zum Freund geworden. Ihr Verhältnis zueinander hatte sich merkwürdig verkehrt, ohne daß es ihnen recht bewußt wurde. War ursprünglich Jonas der Überlegene, der Tonangebende gewesen, so hatte Walther dafür weniger Hemmungen und Vorurteile zu überwinden gehabt, als es darauf ankam, sich zum ›Amerikaner‹ zu wandeln. Und so war er dabei dem Jonas Hestergart mit seinem Beispiel vorangegangen.

Jonas war es, von dem Walther im Frühling 1755 beim Blockhaus von Mush-a-Mush die Nachricht empfing, daß England und Frankreich die weitere Vorspiegelung eines ohnehin nie recht geglaubten Friedens aufgegeben und sich nun wieder zum offenen Krieg entschlossen hätten. Aus Halifax sei die Anweisung gekommen, Stadt und Hafen Lunenburg abwehrbereit zu machen. Eine französische Flotte mit viertausend Soldaten an Bord sei bereits auf dem Wege nach Louisbourg. Neu-Schottland sollte von dieser starken Streitmacht noch im gleichen Sommer angegriffen werden. Walther Corssen habe sich ohne Verzug nach La Have zu verfügen und sofort zu berichten, falls die dortigen Akadier etwa Miene machen sollten, sich zu erheben und vielleicht sogar zu versuchen, die Lunenburger Deutschen, unter denen es vielleicht noch einige unsichere Kantonisten gäbe, erneut gegen die Engländer aufzuwiegeln.

Walther wußte sehr genau, daß seine akadischen Nachbarn weder Aufruhr- noch Aufwiegelungs-Gelüste hegten, aber es war ihm sehr recht, daß Jonas ihn nach La Hâve zu den Nachbarn und den Seinen zurückbeordert hatte.

Es traf sich gut, daß Walther sein Kanu in der dicht verwachsenen Mündung eines Baches, der in die Merliguesche-Bucht floß, verborgen hatte, ein gutes und schnelles Kanu aus Birkenrinde, das Walther ans Herz gewachsen war und das er mit großer Sorgfalt pflegte. Er hatte es zusammen mit Charles Maillet und Kokwee nach allen Regeln der bootskundigen Micmacs und der Akadier selbst gebaut. Das Kanu ersparte Walther an diesem blauleuchtenden Frühlingstag den weiten Umweg über Land am Ufer der Bucht entlang zu seinem Hof, der ihn gewöhnlich, wenn alles gutging, drei Stunden kostete. Mit dem Kanu erreichte er die Landestelle seiner ›Ferme Corssen‹ in einer einzigen knappen Stunde, sofern ihn Wind und Wellengang nicht allzusehr behinderten.

Während Walther das schlanke, hochbordige Boot mit gleichmäßigen Zügen des Paddels an stillen, bewaldeten Inseln vorbei über die Bucht nach Süden trieb – das Wasser am Bug rauschte jedesmal ein wenig stärker auf, wenn sich das Paddel in das leicht gekräuselte Wasser stemmte –, fragte er sich, was es für sie alle bedeuten mochte, daß nun England und Frankreich aus dem ›kleinen‹ Krieg in den ›großen‹ hinübergewechselt waren. Wer von den beiden starken Mächten schließlich Sieger bleiben würde, war keineswegs vorauszusagen. Nur zweierlei war sicher: Sie würden sich erbarmungslos bekämpfen. Viel Haß war aufgestaut und von beiden Seiten noch geschürt worden. Die Franzosen hatten – nicht bei allen Stämmen und Unterstämmen mit gleichem Erfolg – die Indianer gegen die Engländer aufgehetzt, sie hatten alle Greuel an Engländern und ihren Genossen gutgeheißen. Die Engländer hatten Freikorps aus Yankee- und anderen Abenteurern zugelassen, allein zu dem Zweck gegründet, französische und indianische Skalpe zu erbeuten und dreißig Guineen für jeden blutverschmierten Haarschopf zu kassieren, der den ›Sammelstellen‹ präsentiert wurde.

Das zweite war: Die Akadier, Walthers Freunde und Nachbarn, die Vertrauten und treuen Helfer seiner Anke, schwebten in großer Gefahr, seit der Krieg zwischen England und Frankreich ›offiziell‹ geworden war. Gewiß, jene Franzosen, die sich dem Druck der arroganten französischen Offiziere und Beamten in Louisbourg entzogen und als Protestanten um Aufnahme in Lunenburg gebeten hatten, waren willkommen geheißen worden. Aber erst nachdem sie sich bereit erklärt hatten, ohne jede Einschränkung den Treueid auf König Georg von England zu schwören – was die Pflicht einschloß, für ihn Waffen zu tragen und zu kämpfen, wenn er oder seine Stellvertreter es verlangten. Die Akadier aber ...

Walther erlaubte sich nicht, nachdem er an Land gesprungen war, zuerst zu Anke hinaufzueilen und sie zu begrüßen. Statt dessen nahm er sofort den Pfad zu den Maillets unter die

Füße. Er traf Charles und Jeanne Maillet beim Heumachen. Charles ließ mit spielerisch anmutendem, in Wahrheit kraftvollem Schwung die Sense durchs kniehohe saftige Gras rauschen, und Jeanne harkte das duftende Grün zu langen lockeren Schwatts.

Charles erkannte Walther schon von fern und ließ die Sense ruhen. Der hastig heranschreitende Besucher schien seine Erregung weit voraus zu schicken; sie sprang sofort auf die beiden Maillets über. Doch kamen sie ihrem Nachbarn nicht entgegen. Sie standen reglos und erwarteten ihn.

Jeanne brach das Schweigen, noch ehe Walther die beiden erreicht hatte: »Was ist, Walther? Du kommst so unerwartet. Bei allen Heiligen, bringst du schlechte Nachrichten?«

»Ja, Jeanne, Charles, böse Nachrichten! Es ist Krieg zwischen England und Frankreich!«

Jeanne faßte mit ihrer freien Hand nach dem Herzen, der anderen entglitt die Harke: »Krieg, oh, mon Dieu, Krieg! Sie werden uns nicht mehr trauen! Was werden sie mit uns machen?«

»Sie« – damit waren die Englischen gemeint. Das bedurfte keiner Erläuterung. Charles blickte finster zu Boden, war wie erstarrt. Walther mochte keine Zeit verlieren. Er kam sofort zum Eigentlichen: »Charles, hör genau zu! Ich habe Befehl, die Leute von La Have und Petite Rivière zu beobachten und alles Ungewöhnliche, was sich unter ihnen ereignet hat, sofort zu melden. Die Engländer mißtrauen allen Akadiern, auch euch, obgleich ich nie etwas Verdächtiges zu berichten hatte. Jetzt wird es gefährlich, weil es vielleicht gar nicht mehr darauf ankommt, ob ich Gutes oder Schlechtes berichte, sondern weil von ganz oben her, von Halifax oder von Boston oder von London, aus Furcht Gewalt befohlen wird. Wir müssen beraten, Charles, wie wir uns dann verhalten. Je früher, je besser, Charles, sonst ist es vielleicht zu spät! Ich meine, du solltest alles stehen und liegen lassen und dich zu Pater Bosson auf den Weg machen. Auf dem Weg dorthin fordere gleich die anderen Nachbarn auf, heute abend nach Sonnenuntergang in La Have in der Kirche zu sein. Die Frauen sollen möglichst mitkommen. Die Alten und Kinder bleiben zu Hause. Ich hole inzwischen Anke und bringe unsere Kinder zu Großmutter Dauphiné. Das Ganze geht aber nur, wenn wir Akadier ganz unter uns sind. Wenn Fremde im Ort sind, womöglich Engländer oder Yankees, dann darf nichts geschehen, dann darfst du nur Père Bosson ins Vertrauen ziehen. Der soll dann unsere Leute erst zusammenrufen, wenn die Luft rein ist. Charles, ich warne dich, ein falscher Schritt kann uns alle ins Unglück stürzen. Wir dürfen uns jetzt um alles in der Welt nicht verdächtig machen!«

Charles Maillet hatte diese schnelle, dringliche Rede angehört, ohne sich zu regen. Er stützte sich auf seine Sense. Er hatte auf Walthers Füße gestarrt, als gebe es dort etwas Besonderes zu sehen. Jetzt hob er langsam den Blick.

»›Wir Akadier‹ hast du gesagt, Walther. Warum willst du dich mit uns verbinden? Das brauchst du doch nicht. Vielleicht wärt ihr jetzt viel besser dran, wenn ihr euch nicht zu uns Französischen zähltet.«

Die Worte trafen ins Schwarze. Aber Walther Corssen brauchte nicht nachzudenken. Die Sache war längst entschieden, hatte sich ganz leise, aber unwiderruflich im Laufe der letzten fünf Jahre geklärt:

»Du hast ›zu uns Französischen‹ gesagt, Charles. Das stimmt nicht. Akadier seid ihr, seit drei oder vier Generationen. Ihr habt uns aufgenommen, und wir sind auch Akadier geworden, weil wir nur noch in dieses Land gehören wollen, Anke und ich! Wir gehören hierher wie ihr. Das Französische ist nur ein Zufall. Ich dachte, das wäre längst klar. Père Bosson weiß, daß es so ist. Ich dachte, du wüßtest es auch.«

»Ich weiß es auch, Walther, ich wollte es nur von dir ausgesprochen hören. Gut also, ich breche sofort auf. Jeanne kann sich euch anschließen, wenn sie die Kinder versorgt hat.«

Das Kirchlein von La Have war bis zur letzten harten Holzbank gefüllt. In den Seitengängen standen einige Männer, die zu spät gekommen und keinen Platz mehr gefunden hatten. Es waren die O'Duffys, die MacCarthys und die Guiclans, die noch jenseits von Petite Rivière sich über der Küste in dichtem Wald niedergelassen hatten. Sie waren vernarrt in die Schönheit und Fruchtbarkeit der Landschaft, die sie sich zur Heimat erkoren hatten. Es machte ihnen nichts aus, es machte sie vielmehr glücklich, am ›Ende der bewohnten Welt‹ zu wohnen, reinblütige Kelten, die sie waren.

Walther hatte nicht selbst das Wort ergriffen. In der Kirche stand das Wort nur dem von jedermann verehrten und respektierten Abbé zu, dem Père André Bosson, einem wahrhaften Vater seiner Gemeinde, dem selbst die gröbsten Bauern und Jäger unter seinen Beichtkindern gehorchten, gerade weil der zarte, zierliche alte Mann niemals zu befehlen schien, sondern immer nur bat und sich für jeden Gehorsam so überaus dankbar zeigte, als wäre ihm damit eine ganz besondere Gunst erwiesen worden. Der Geistliche hatte nicht von der Kanzel, sondern vom Altar-Vorraum her gesprochen.

Vater Bosson schloß: »Man wird uns also fragen, liebe Kinder, ob wir den vollen Treueid auf den englischen König schwören wollen oder ob wir nach wie vor auf unserem alten Eid beharren, der uns zwar bindet, der englischen Verwaltung zu gehorchen, uns aber unseren katholischen Glauben und unsere französische Sprache, auch französische Seelsorger beläßt, uns insbesondere von jedem Kriegsdienst gegen Frankreich freistellt. Im Krieg gibt es keine Gnade und keine Nachsicht. Die Kriegführenden sagen, wie es auch in der Heiligen Schrift heißt: Wer nicht für mich ist, der ist wider mich. Wenn einer von euch hierzu etwas zu fragen oder zu erklären hat, so möge er sich jetzt melden.«

Die Versammlung verharrte in Schweigen. Keiner rührte sich. Bauern lassen gern anderen den Vortritt, wenn es ans Reden geht. Man ist vorsichtig und bekennt sich nicht gern in aller Öffentlichkeit. Pater Bosson kannte seine Bauern, diese etwas schwerblütigen Männer, deren Voreltern aus dem Artois, der Picardie, der Normandie und Bretagne stammten. Der Seelsorger wußte, daß es jetzt in den Hirnen und Herzen seiner Leute arbeitete. Man mußte ihnen Zeit lassen. Aber als er bemerkte, daß der alte Yves Picquingy den Kopf hob, mit seinen Gedanken also ins reine gekommen zu sein schien, faßte er sofort zu: »Yves, du hast etwas beizutragen?«

Dem Abbé kam dieser Yves Picquingy gerade recht. Der saß mit seiner Frau allein auf seinem großen Hof, hatte, was unter Akadiern höchst ungewöhnlich war, keine Kinder und genoß wegen seiner Umsicht und Tüchtigkeit, auch wegen seiner unnachgiebigen Härte allgemeines Ansehen.

Picquingy hob seinen riesigen, breitschultrigen Leib, an dem die schwere Hof- und Feldarbeit keine Unze überflüssigen Fetts bestehen ließ, aus der für ihn viel zu kleinen Bank, den weißhaarigen Kopf wie immer steil im Nacken: »Man müßte wissen, Hochwürden, wie sich unsere Landsleute und Verwandten drüben im Annapolis-Tal und am Minas-Becken verhalten. Dort ist die Menge der Akadier zu Hause. Wir sind hier nur wenige. Ich meine, wir sollten uns nach unseren Leuten dort richten. Wenn zum Beispiel die Leute in Grand Pré den vollen Eid ablegen, dann hätte es keinen Sinn, wenn wir ihn verweigern.« – Das war eine kluge Bemerkung, und manch einer nickte mit dem Kopf. Père Bosson drängte weiter: »Der einzige, der uns hierüber vielleicht Auskunft geben kann, ist Walther Corssen.«

Walther erhob sich aus einer der hinteren Bänke. »Soviel ich weiß, Hochwürden, haben die akadischen Siedlungen im Annapolis-Tal und um das Minas-Becken den bedingungslosen Eid stets abgelehnt. Auch jetzt sind sie wieder befragt worden. Es wurde ihnen klargemacht, daß die Zeiten sich geändert haben und daß die Vorbehalte, die den Akadiern seit bald fünfzig Jahren gestattet worden sind, jetzt nicht mehr gewährt werden können. Akadien sei nun ein für allemal zur englischen Kolonie geworden, und Sonderrechte seien somit gegenstandslos. Alle Bewohner der Kolonie seien britische Bürger mit gleichen Rechten und also auch mit gleichen Pflichten. Zu diesen Pflichten gehöre es, die Kolonie, falls die Regierung es für notwendig hält, mit der Waffe zu verteidigen. Erst letzthin ist eine Abordnung der Minas-Akadier längere Zeit in Halifax festgehalten worden, da die Männer darauf bestanden, die alten Vorrechte der Akadier könnten nicht ohne ihre Zustimmung beseitigt werden. Es ist der englischen Verwaltung nicht gelungen, die Akadier umzustimmen. Die beiden Auffassungen stehen unversöhnt einander gegenüber. Eine Entscheidung ist noch nicht gefallen.«

Wieder erhob sich Picquingy, ohne diesmal die Erlaubnis des Geistlichen abzuwarten: »So dachte ich es mir. Freunde und Nachbarn! Wenn unsere Brüder von der anderen Seite unserer großen Halbinsel auf unseren alten Rechten beharren, dann dürfen wir ihnen nicht in den Rücken fallen und müssen die ungerechten Forderungen der Engländer ebenfalls zurückweisen. Man kann uns nicht vorwerfen, je gegen England agiert zu haben. Aber man soll uns nicht zwingen, gegen

Frankreich zu agieren. Wir brauchen weder England, noch brauchen wir Frankreich. Wir sind uns selbst genug. Darum keinen neuen Eid!«

Die letzten Worte hatte er mit starker Stimme über die Versammlung hinweggerufen. Père Bosson allerdings wollte bei der Vernunft und Sachlichkeit bleiben: »Im Herzen stimmen wir alle, meine Kinder, mit Yves Picquingy überein. Wir müssen aber prüfen, welche praktischen Folgen solche Hartnäkkigkeit für uns haben könnte. Ich habe das schon vor Beginn dieser Versammlung mit Walther Corssen erörtert. Wiederhole es nochmals, Walther, und beschönige nichts.«

Walther zögerte mit der Antwort. Warum gerade er? Konnte Père Bosson das nicht selbst besorgen? Oder wollte der Pater sich das letzte Wort vorbehalten? Da Walther nicht sofort Bescheid gab, wandten sich alle Köpfe zu ihm um. Schließlich sagte er nüchtern und bestimmt: »Wer sich dem Eid widersetzt, begeht nach englischer Auffassung von heute Hochverrat. Darauf steht unter Umständen der Tod. Doch würde es nichts nutzen, die Anführer hinzurichten. Die Übrigbleibenden wären erst recht unzuverlässig. Einsperren kann man sie auch nicht. Dazu sind es zu viele. Also bleibt nur übrig, sie aus dem Lande auszuweisen, um Platz zu machen für verläßliche Untertanen Seiner Majestät Georgs des Zweiten.«

Eine bleierne Stille breitete sich über die Versammlung. Vor den schmalen, hohen Kirchenfestern stand blauschwarz die Sommernacht. Père Bosson hatte sich dem Altar zugewendet, sein Käppchen abgezogen und schien zu beten. Auch andere hatten die Augen geschlossen und beteten. Nicht alle. In manchem bohrte der Widerstand.

Eine halblaute Stimme kam aus einer Bank an der Seitenwand; jedes Wort war zu verstehen: »Die Deutschen in Lunenburg, das sind verläßliche Untertanen. Sie sind schon viel zahlreicher als wir hier in La Have und Petite Rivière. Wir waren hier lange vor den Deutschen.«

Ging das gegen Walther? Und Anke? Walther ließ sich nicht verwirren. Er erwiderte ebenso nüchtern wie zuvor: »Die Deutschen sind hannoversche Untertanen des englischen Königs. Sie werden ebensowenig gefragt wie wir, ob ihnen das Spaß macht. Und es kommen immer noch weitere ins Land

– und wissen nicht einmal, daß sie nur dazu da sind, ein Gegengewicht zu den Akadiern zu bilden. Aber das braucht uns nicht zu kümmern. Es ist ja noch Platz im Überfluß vorhanden, hier und anderswo.«

Ein jüngerer Mann in der vordersten Bank sprang plötzlich auf, wandte sich nach hinten und schrie über alle hinweg – der junge Pierre Callac von Ober-La Have, ein Hitzkopf: »Was soll dies Gerede! Dies ist unser Land! Wir haben es zu dem gemacht, was es ist. Keiner hat uns geholfen. Wir bleiben hier und schwören auch keine Eide, weder solche noch solche. Sollen sie nur kommen und was von uns wollen!«

Die Luft in der Kirche ließ sich plötzlich leichter atmen. Doch nahm keiner diesen Ausbruch ganz ernst. Einer stand auf, der stämmige, verständige Dauphiné. »Liebe Freunde und Nachbarn, ich bin dafür, daß wir auf alle Fälle unsere schlachtbaren Schweine schlachten und die Schafe scheren, soweit das noch nicht geschehen ist. Das kann auf keinen Fall etwas schaden. Und unsere guten Sachen zusammenpacken. Wenn wir wandern müssen – aber sie werden uns nicht wegschicken, sie brauchen uns viel zu sehr –, dann wollen wir wenigstens möglichst viel mitnehmen. Und darauf muß man sich rechtzeitig vorbereiten!«

So handfester Ratschlag leuchtete ein. Eine versteckte Heiterkeit wollte sich ausbreiten. Die Suppe wird nie so heiß gegessen, wie sie gekocht wird. Die ferne Regierung hatte schon manchmal machtbewußt und gefährlich dahergeredet, und nachher war nicht viel dabei herausgekommen. Aber sich einen gehörigen Berg von Vorräten anzulegen, das konnte niemals schaden.

Père Bosson merkte zu seinem Erstaunen, zu seinem Schrecken, daß seine Leute es bei einigen vorbeugenden Maßnahmen bewenden lassen wollten. Die Warnung, die den Worten Walther Corssens zu entnehmen war – den Leuten mochte sie aberwitzig vorkommen. Hochverrat, Deportation – große Worte, unverständliche! Sie passen nicht auf uns. Wir sind kleine akadische Bauern und tun keiner Fliege was zuleide! Dergleichen geht uns einfach nichts an!

Habe ich es falsch angefangen? fragte sich Pater Bosson. Ich hätte Walther nicht zur nackten Wahrheit herausfordern sollen. Die geht meinen Leuten nicht ein.

Hilfe kam dem tiefbesorgten Geistlichen aus einer Ecke, aus der er sie nicht erwartet hatte. Er bemerkte, daß sich im Hintergrund ein Arm erhoben hatte. Niemand kümmerte sich darum. Man redete durcheinander. Anke war es, die sich meldete. Frauen redeten sonst nicht in solchen Versammlungen. Aber Anke spielte eine besondere Rolle unter den Frauen. Sie klatschte nie und schwatzte ungern, aber sie war immer da, wenn guter Rat und schnelle Tat gebraucht wurden.

Père Bosson rief in den Wirrwarr: »Gebt Ruhe! Anké Corssen will etwas sagen.«

Der Lärm erstarb allmählich. Anke, zuerst noch leise und stockend, redete: »Freunde und Nachbarn! Unser Freund, der Häuptling Kokwee von den Chebucto-Micmacs, die seinerzeit von der Seuche fast ausgerottet wurden, hat uns schon immer angeboten, uns Siedelgebiete tief im Innern Akadiens zu zeigen, wo wir wohnen und arbeiten könnten, ohne daß uns ein Engländer oder ein Franzose jemals wieder aufspürt. Warum nehmen wir diesen Ratschlag nicht an? Kokwee und seine Leute werden uns nie verraten. Er gab uns seinen Sohn, den letzten aus der Häuptlingssippe, zum Pfand. Und wir hätten, solange wir leben, alle Abhängigkeiten von uns abgeschüttelt.«

Es war, als begriffen die Leute erst nach diesen Worten, welches Verhängnis sich vor ihnen aufhob, wie eine schwarze Gewitterwand. Es wurden keine weiteren Beschlüsse gefaßt. Père Bosson brauchte die Versammlung nicht aufzulösen. Keiner zeigte mehr Lust, viel zu reden oder sich gar zu streiten. Jeder dachte an sich und die Seinen und den eigenen Hof. Jeder machte sich ohne viel Aufhebens durch die sternklare Nacht davon. Und jeder ahnte, daß das Morgen niemals mehr so sein würde, wie das Gestern gewesen war.

Père Bosson lag in seiner Kammer auf den Knien und betete bis über die Mitternacht hinaus, und immer nur das eine: Herr im Himmel, laß mich noch so lange am Leben, bis ich mit deiner Hilfe meine Kinder in einer anderen Wildnis abermals heimisch gemacht habe.

Drittes Buch
Einlaß

16

Der Tag trat aus den leichten Frühnebeln über dem Land von Merliguesche in das goldene Licht. Ein wolkenloser, tief blauender Himmel überwölbte die Weite. Sachte und lässig nur rollte die Brandung des Atlantischen Meeres die Küstensände hinauf, schäumte spielerisch zwischen den Uferfelsen, wo sie das Festland ungehindert erreichen konnte. In den zahllosen kleinen und großen Buchten dieser Küste, hinter den vorgelagerten Inseln ruhten die Wasser wie stille, dunkle Spiegel, nur selten von einem Windhauch überhuscht. Es war der 20. Juli des Jahres 1755.

Der Sommer war eingekehrt. Wärme überall. Aus den Wäldern duftete es nach Harz und wunderbarer Frische. Die Bäche sprangen glasklar von den Höhen zur großen Mutter Meer hinunter. Aus den ›Ruisseaux des Mouettes‹, den ›Möwenbächen‹, stoben die weiß und grau gefiederten Vögel wie Wolken von Schneegestöber ein ums andere Mal hoch über den Wald hinauf. Die Möwenbäche – sie bildeten das Wahrzeichen der Ferme Corssen. Walther und Anke liebten es, wenn sich die Vögel von der Bucht herüber zu ihren regelmäßigen, geräuschvollen Besuchen einstellten.

An diesem Nachmittag waren die Möwenschwärme nicht willkommen wie sonst. Walther mähte nämlich seine Sommergerste jenseits der Bodenwelle auf seinem besten Acker, von dem aus die Farm nicht zu erblicken war. Die ganze Familie Corssen war am Werk, die dichtstehende kniehohe Gerste mit den langen Grannen an den Ähren einzuheimsen – so schwer waren sie im Korn, daß sie hier und da fast die Erde erreichten. Der makellose Sommertag mußte genutzt werden. Walther mähte, Anke nahm dicht hinter dem Mäher das Korn auf und band es zu Garben, die Kinder aber, Indo und William, zwei gelenkige Bürschlein von nun schon sechs und fünf Jahren, hatten den Auftrag, die allzu aufdringlichen Möwen fernzuhalten. Die Vögel haschten hinter dem Mäher gern nach aufgestörten Insekten oder pickten die Körner auf, die sich hier und da aus den reifen Ähren lösten. Hinter den Möwen herzujagen und sie immer wieder ›auf Trab zu bringen‹, wie Walther es von den Söhnen verlangt hatte, das war ganz und gar nach dem Geschmack der beiden Knaben. Beide waren von Sonne, von See- und Wälderluft dunkel gebrannt, so war kaum an ihrer Hautfarbe, sondern nur an der Farbe des Haares, jettschwarz hier, kastanienbraun dort, und am Schnitt der Augen zu erkennen, daß sie nicht von der gleichen Mutter stammten. Die kleine Anna mit ihren gut zweieinhalb Jahren auf den rundlichen Schultern trudelte aufgeregt und vergnügt hinter den eifrig ihr Wächteramt betreibenden Brüdern her, mit spitzen hellen Jauchzern – die dem gleichmäßig mähenden Vater immer wieder ein heiteres Lächeln entlockten.

Gestern erst war Charles Maillet zu seinem Freund Walther gekommen, um ihm vorzuschlagen, sich gegenseitig beim Dreschen der Gerste zu helfen, die Garben also gar nicht erst in der Scheune zu stapeln. Und dabei hatte er gesagt: »Vielleicht war alles nur falscher Alarm. Es regt sich nichts. Wieviel Menschen sind wir schon am unteren La Have? Vielleicht hundert Erwachsene. Mit den Kindern zweihundert. Wir sind keine Gefahr, selbst wenn wir eine sein wollten. Man wird uns in Ruhe lassen, man vergißt uns vielleicht ganz und gar.«

Ja, vielleicht hat Charles damit recht. Gebe es Gott! Wir könnten es gebrauchen. Wir kommen gut voran. Unsere Gegend liegt abseits, viel mehr noch als Lunenburg. Sollen sich die Engländer in Louisbourg oder in Québec mit den Franzosen herumschlagen. Bis hierher braucht niemand zu kommen. Und ich kann meinen Dienst langsam ganz einschlafen lassen. Eine Verpflichtung bin ich sowieso nicht eingegangen. Man hat mich nur immer wieder herangezogen. Vielleicht wird das dann vergessen!

Doch war es noch nicht soweit! Ein Mann tauchte über dem Hügel auf, kam schnell heran. Walther erkannte ihn schon von fern: Es war ein Meldegänger des Kommandanten Sutherland von Lunenburg, ein Vollmatrose von der leichten Regierungs-Schaluppe, die stets in Lunenburg bereit lag. Dieser Mike Donnell hatte schon mehr als einmal als Bote gedient, wenn der Kommandant seinen Vorfeldspäher Walther Corssen heranzitieren wollte.

Walther hatte die Sense sinken lassen und streckte dem Seemann mit dem steif nach hinten abstehenden geteerten Zöpfchen unter der bepommelten Wollkappe die Hand entgegen: »Guten Tag, Mike! Was bringst du?«

Mike war wie gewöhnlich sauertöpfischer Stimmung. Er lüftete seine Kappe um einen knappen Zoll: »Guten Nachmittag, Missis! Guten Nachmittag, Walther! Du sollst dich ohne Aufenthalt zum Kommandanten verfügen. Noch heute, auch wenn es spät wird. Du sollst dich darauf einrichten, eine Woche von zu Hause wegzubleiben, auch wenn es dir nicht in den Kram paßt. Du sollst gleich mit mir in der Schaluppe zurücksegeln nach Lunenburg. Wir haben leidlichen Wind, das heißt, wenn er am Abend nicht einschläft.«

Mike hatte seinen Auftrag gut memoriert und ihn ohne Flausen an den Mann gebracht, wie es sich für einen wacker gedrillten ›Jack Tar‹* der Marine Seiner Britannischen Majestät gehört. Man merkte ihm an, daß er erleichtert war, nichts vergessen zu haben. Mit einem scheuen Seitenblick streifte er Anke, die sich aufgerichtet und das dunkle Haar aus der Stirn gewischt hatte. Feine Schweißperlen standen an ihren Schläfen. Es war nicht ganz einfach, das Tempo, das Walther beim Mähen vorlegte, als Rafferin und Binderin der Garben mitzuhalten. Anke dehnte sich unbewußt ein wenig, nachdem sie sich so lange gebückt hatte mühen müssen. Ihre schönen Brüste zeichneten sich ab unter dem groben Leinenkleid – für einen Augenblick nur. Mike blickte beiseite und ließ sich am Feldrain ins Gras fallen. Wir armen Schweine auf See, wir haben keine Frauen, philosophierte er im stillen. Walther hatte nichts bemerkt. Anke indessen wendete sich fort und sah bei den Kindern nach dem Rechten; die waren neugierig herbeigerannt. Die kleine braunlockige Anna hatte den Brüdern nicht schnell genug folgen können und zeigte sich sehr beleidigt.

Walther hatte den Wetzstein aus der kurzen Lederscheide gezogen, die ihm am Gürtel hing, und begann, seine Sense mit langen, knirschenden Strichen erneut zu schärfen. Zwischendurch erklärte er mißmutig: »Ich hab's vernommen, Mike! Aber das laß dir gesagt sein, so dringlich ist nichts auf der Kommandantur, als daß mir meine schöne Gerste nicht noch

* Jack Tar = Jakob Teer; Spitzname für englische Matrosen, noch heute.

dringlicher wäre. Da hinten steht unser Futterkorb. Anke, du solltest Mike ein wenig entschädigen für seine eilige Reise. Es wird noch Buttermilch da sein, Brot und Käse. Und ein Schluck Rum wird auch noch in der Flasche sein. Zuerst will ich mit unserer Gerste fertig werden. Das dauert nicht mehr lange. Danach werden wir weitersehen. Der Herr Kommandant kann auch nicht hexen.«

Mike grinste, hatte sich wieder aus dem Gras erhoben und ließ sich die herzhafte Speise munden, die Anke ihm reichte. Das Rumfläschchen leerte er mit einem prächtigen Zug, was ihn, seinem strahlenden Gesicht nach zu urteilen, höchlichst befriedigte. So handfeste Genüsse waren ihm wichtiger als sämtliche Ankes der Welt, die doch unerreichbaren . . .

Walther ging dem Rest seiner Gerste mit mächtigen Schwüngen der Sense zu Leibe. Anke blieb ihm dicht auf den Fersen. Eine ungewisse Furcht beengte ihr Herz. Walther muß uns allein lassen für eine Woche. Es werden zehn Tage daraus werden, wie meistens, wenn der Kommandant von ›einer Woche‹ spricht. Und was kommt danach? Rückt sie näher, die dunkle Wolkenwand? Unsere Gerste muß bis dahin gedroschen sein – und wenn ich mich dabei zerreiße!

Mitternacht war schon vergangen, als Walther den Hang über Rous's Creek in Lunenburg hinanstieg, um das Blockhaus auf der höchsten Erhebung zu erreichen, das dem Kommandanten als Stabsquartier diente. Walther hatte nicht mehr damit gerechnet, Sutherland noch in der Amtsstube zu finden. Mit Absicht hatte er sich nicht beeilt, denn er war nach dem langen, allzulangen Arbeitstag todmüde.

Aber in dem doppelgeschossigen wehrhaften Blockhaus hinter den Palisaden, durch dessen Schießscharten am Tage vom Wasser im Nordosten bis zu dem Wasser im Südwesten das weite Land ungehindert zu überblicken war, zeigte sich im unteren Stockwerk noch gelbes Licht hinter einem Fensterkreuz.

Die Wache ließ Walther passieren. Er wurde erwartet.

Er wurde erwartet von Sutherland, dem Lunenburger Stadtkommandanten, von Jonas Hestergart, dem Ranger, und von dem ›Major‹ Rudolf, dem Anführer der auf Weisung der Engländer gebildeten Bürgerwehr.

»Zur Stelle, Sir!« grüßte Walther.

Sutherland war ungnädiger Laune: »Verdammt spät, daß du kommst, Walther Corssen. Ich bitte mir aus, daß meine Befehle prompter erfüllt werden!«

Walther richtete sich auf. Das war der Ton, der ihm stets das Blut heiß machte: »Wir hatten nur sehr geringen Wind, Sir, noch dazu aus verschiedenen Richtungen, mußten ständig halsen. Es war nicht schneller zu machen, Sir!«

Der Kommandant schien sich vor dieser einigermaßen unfreundlich vorgebrachten Auskunft zurückzuziehen. Er ging sofort zur Sache über: »Gut, gut, lassen wir das auf sich beruhen. Hestergart ist letzten Morgen aus Halifax hier aufgekreuzt, mit einem Befehl Seiner Exzellenz, des Gouverneurs der Kolonie. Ich habe mich sobald wie möglich in Halifax zu einer kriegswichtigen Beratung einzufinden. Ich soll jedoch zwei Leute mitbringen, die über die Stimmung unter den hiesigen Deutschen und über die bei den Akadiern und möglichst auch den Indianern aus eigener Anschauung informiert sind. Für das zweite kommst du in Frage. Über die Deutschen weiß Major Rudolf zur Genüge Bescheid. Wir segeln morgen früh beim ersten Tageslicht, benutzen das Fahrzeug, mit dem Hestergart von Halifax hergekommen ist. Also morgen bei der Dämmerung an der Landstelle in der Mahone-Bucht! Wie steht es in La Have und Petite Rivière?«

»Alles ruhig wie immer, Sir. Die Leute wissen von nichts. Wir haben seit Wochen kein Schiff mehr gehabt in der La Have-Mündung. Ich habe keine Anzeichen dafür, daß die Akadier den Krieg ernst nehmen. Ich glaube, sie halten ihn nur wieder für eins der üblichen Gerüchte. Die Indianer reden sowieso immer von Krieg. Aber eine große Aktion, die gefährlich werden könnte, bringen sie nicht auf die Beine, weder jetzt noch in Zukunft.«

»Gut. Du hast also den La Have-Akadiern nicht mitgeteilt, daß es sich diesmal bei der Nachricht vom Kriege nicht um ein Gerücht handelt?«

»Nein, Sir. Es schien mir ratsamer, ihnen den Kriegszustand nicht ausdrücklich zu bestätigen. Das könnte sie zu unerwünschten Abenteuern verführen, ehe wir Zeit gefunden haben, dergleichen abzufangen. In La Have und in Petite Rivière läuft alles wie immer.«

Sutherlands finsteres Gesicht hatte sich bei dieser Erklärung entspannt. Er erhob sich: »Mir scheint, daß ich mich auf deine Umsicht verlassen kann. Nun ja, das war bisher nie anders. Heben wir die Sitzung auf! Wo wirst du schlafen, Walther? Du kannst hier bei der Wache bleiben, wenn du willst.«

Ehe noch Walther antworten konnte, fiel Jonas Hestergart ein: »Er könnte gleich mit mir aufs Schiff kommen, Sir. Dann ist er morgen früh an Bord und kann die Abfahrt nicht verschlafen. Oder wir müssen wieder auf ihn warten, wie heute abend.«

Sutherland war nun sogar zu einem Gelächter bereit. »Verschlafen? Das fehlte noch! Aber in Gottes Namen! Damit wir den Kerl nicht standrechtlich zu erschießen brauchen, soll er an Bord schlafen!«

Während Jonas und Walther auf gewundenem Pfad durch die beinahe windstille Sommernacht zum Ufer der Mahone-Bucht hinunterstolperten, versuchte Jonas, Walther ein wenig ins Bild zu setzen:

»Ganz genau weiß ich auch nicht Bescheid, Walther. Ich habe keine Ahnung, was der Gouverneur und der Rat der Kolonie vorhaben. Aber ich weiß doch einiges, was geschehen ist, und was dir sehr zu denken geben wird. Es hat sich herausgestellt, daß die Nachricht, wonach die Franzosen eine große Flotte mit viertausend Mann ausgesuchter Truppen an Bord nach Louisbourg in Marsch gesetzt haben, richtig gewesen ist. Die viertausend Mann sollten, wenn sie sich in Louisbourg von der Seereise erholt hatten, gegen Nova Scotia eingesetzt werden. Wenn es dazu gekommen wäre, hätten wir sicherlich unsere liebe Not gehabt, uns ihrer zu erwehren, denn Gouverneur Lawrence hat nur etwa dreitausend Mann bereit. Halifax ist noch keine Festung, die sich entfernt mit Louisbourg vergleichen ließe, von Lunenburg gar nicht zu reden. Aber die Engländer haben Glück, mehr Glück als Verstand, wie ich schon oft genug gedacht habe, weswegen ich mich auch, anders als du und Anke, niemals versucht fühle, mich auf die französische Seite zu schlagen.«

Walther fand keinen Geschmack an dieser Bemerkung. Die Augen der beiden Männer hatten sich inzwischen der Dunkelheit angepaßt. Der Weg über die stille Höhe bot sich deutlich dar in dieser herrlich klaren Sternennacht, die nirgendwo durch ein künstliches Licht aus Menschenhand verletzt wurde. Schon war das Meer auszumachen, zu dessen Küste die beiden abstiegen. In der äußersten Ferne verschwamm das samtene tiefe Schwarz des großen Wassers mit dem ebenso samtigen, aber dunkelviolett getönten Himmel. Rötliche Sternenfunken schimmerten darin und bezeichneten den Beginn der Himmelsregion. Man konnte sie ›aufgehen‹ sehen, die Sterne, in der unendlich klaren, reinen Luft aus den Wäldern und von der hohen See. Die beiden nächtlichen Wanderer nahmen diese Einzelheiten nicht wahr. Aber die Wunder der hohen Nacht drangen mit lautlosem Flügelschlag auf sie ein, schenkten ihnen nach einem verhetzten Tage Gleichmut und die Bereitschaft, aufeinander einzugehen. Walther also unterbrach den Berichterstatter freundlich: »Jonas, ich glaube, du irrst dich da. Wir haben uns keineswegs auf die französische Seite geschlagen. Was sollte ich wohl an dem fünfzehnten Ludwig in Paris, verglichen mit dem zweiten Georg in London, Verführerisches finden? Nein, wir haben uns auf die akadische Seite geschlagen. Du wirst das begreifen, Jonas, früher oder später. Du bist ein Ranger geworden, wie ich einer war und noch bin und bleiben werde, wenn ich auch nicht mehr zu Gorhams Leuten gehöre. Die Rangers bilden eine Truppe, die sich ganz und gar den amerikanischen Wäldern und Wildnissen angepaßt hat. Die Akadier, das ist mir klargeworden, verhalten sich als Bauern auf diesem Boden ganz ähnlich wie die Rangers in ihrem militärischen Bereich. Sie wollen nur den Gesetzen gehorchen, die sich aus dieser Erde herleiten lassen, wollen sich nicht von ahnungslosen Leuten aus dem fernen Europa hineinreden lassen. Die Akadier wollen und sie müssen Amerikaner sein. Sie sind im Grunde allein sich selbst verantwortlich, wenn sie mit der Wildnis und den Indianern fertig werden wollen. Und weil wir spüren, Anke noch mehr als ich, daß der akadische Weg der einzig richtige ist, haben wir uns auf die akadische Seite geschlagen. Und die Akadier haben uns aufgenommen, als hätten wir schon immer zu ihnen gehört. Du hast dich, Jonas, genau wie wir von der alten Heimat lossagen müssen. Was sagt dir noch der Name Gandersheim? Nicht mehr als uns Haselgönne oder Dövenbostel! Wir gehören hierher. Auch du, längst, Jonas! Und du wirst früher oder später auch die

Akadier begreifen. Nur wenn man frei ist und auf sich selber steht, kann man auf dieser Erde Fuß fassen. Davon ahnen die Ludwige und die Georgs nichts, und auch ihre Beauftragten, mit denen wir es hier zu tun haben, haben davon keine Ahnung.«

Die beiden jungen Männer schritten ohne Hast bergab. Sie schwiegen. Noch nie hatte Walther auch nur versucht, solche Einsichten in Worte zu fassen. Jetzt war es ihm unerwartet gelungen, ohne daß er es eigentlich gewollt hatte.

Schon war das Schiff zu erkennen auf dem stillen Wasser, als Jonas endlich zu sprechen begann:

»Es ist sonderbar, Walther, du scheinst mir in diesem Lande immer einen Schritt voraus zu sein. Und Anke ebenso. Aber ob ich mich, wie ihr, zu den Akadiern entschließe? Ich glaube kaum. Habe kein Talent zum Bauern. Außerdem, Walther, wenn man will, kann man aus deinen Worten Aufruhr heraushören, Auflehnung gegen die bestehende Gewalt. Ich werde dich nicht verraten. Das weißt du. Aber sei vorsichtig! Man ist jetzt sehr hellhörig bei den Engländern. Es ist Krieg, Walther. Und Lawrence ist erbarmungslos. Er muß es sein, wenn er sich mit seinen schwachen Kräften behaupten will.«

»Dank für die Warnung, Jonas. Ich beachte sie. Aber ich habe dich vorhin unterbrochen. Was wolltest du berichten? Wieso haben die Engländer wieder einmal mehr Glück als Verstand gehabt?«

»Eine kleine englische Flotte unter dem großartigen Boscawen hat sich bei den Neufundland-Bänken auf die Lauer gelegt. Es gelang ihr tatsächlich, die französischen Schiffe abzufangen und zum Gefecht zu stellen. Zwar hatte Boscawen nicht die Möglichkeit, das französische Geschwader zu vernichten. Aber er brachte es doch fertig, zwei der besten französischen Schiffe, die ›Alcide‹ und die ›Lys‹, zu kapern und sie mit zwölfhundert Seeleuten und Soldaten an Bord nach Halifax einzubringen. Das war genau heute vor zehn Tagen. Die Mannschaften und Offiziere wurden auf der Georgs-Insel interniert. Die Gefangenen haben auch gleich ihr Verpflegungsgeld mitgebracht. Wir haben nämlich auf den beiden Schiffen nicht nur den Gouverneur von Louisbourg miterwischt, sondern auch seine Kriegskasse, große Mengen von

Gold- und Silbergeld, das einen Wert von über dreißigtausend Pfund Sterling ausmachen soll, einen riesigen Betrag, mit dem man ganz Halifax aufkaufen könnte.«

»Hoffentlich geht das viele Geld nicht nur für Pulver, Blei und Kanonen drauf, sondern kommt auch den Siedlern von Lunenburg und Halifax zugute. Da fehlt es für viele noch am Allernotwendigsten, seit die amtlichen Beihilfen im vorigen Jahr vollkommen eingestellt worden sind.«

»Sage nichts gegen Pulver und Blei, Walther. Vielleicht wird jeder von uns sehr bald dankbar dafür sein, wenn daran kein Mangel herrscht. Der französische Gouverneur hatte nämlich auf seiner ›Alcide‹ noch etwas anderes unter Verschluß – außer der Kriegskasse. Und das machte uns deutlich, wie die Franzosen den Krieg zu führen gedenken.«

»Wo willst du hinaus, Jonas?«

»Stelle dir vor: Bei der gründlichen Durchsuchung der Schiffe entdeckte Richard Bulkeley, der sich von Halifax und Nova Scotia nicht trennen kann, obgleich er sich längst nach London zurückversetzen lassen könnte – er entdeckte also hinter der Staatskajüte in einem verborgenen Kabinett nicht weniger als zwanzig Ledersäcke, von denen ein jeder fünfhundert Messer enthielt, zusammen also zehntausend Messer. Nicht Messer zum Käseschneiden, sage ich dir. Du wirst dir denken können, mit welcher Sorte von Messern Seine Exzellenz, der Monsieur Gouverneur von Louisbourg, für seinen fünfzehnten Ludwig in den Krieg ziehen wollte?«

»Hol's der Teufel, Skalpiermesser etwa?«

»Allerdings, Skalpiermesser, mit denen sich ein schneller, sauberer Schnitt um die Kopfhaut ziehen läßt und die den Indianern, aber auch anderen Interessenten hoch willkommen wären. Zehntausend Stück davon! Es war auch nicht allzu schwer, den Offizier der Marine-Infanterie ausfindig zu machen, der die Messersache zu verwalten hatte. Das französische Hauptquartier hatte musterhaft gearbeitet. Der Herr Hauptmann hatte sogar eine lange Liste mitbekommen, an wen die Messer auszuhändigen wären, damit sie weiter verteilt würden. Cope, der Micmac-Häuptling am Shubenacadie, sollte den größten Posten bekommen. Das war zu erwarten. Auch Broussard, der Akadier, der die französischen Ranger auf der Chignecto-Halbinsel führt, ist als Empfänger aufgeführt. Aber der Flaschenhals von Chignecto, der Neu-Schottland mit dem Festland verbindet, ist so gut wie freigekämpft, seit Fort Beauséjour gefallen ist. – Und das war ja schon im Juni. Cope und Broussard sollten mit je tausend Messern bedacht werden. Auch Mius sollte eine Menge erhalten. Aber dann waren auch Leute auf der Liste, denen nur eine sehr bescheidene Anzahl zugebilligt war. Und damit, Walther, bin ich endlich bei dem, was ich dir sagen wollte, solange wir hier unterwegs und allein sind und niemand uns belauschen kann.«

Walther war sehr unruhig geworden. Die großen Worte und Gedanken von zuvor waren vergessen. Der böse Alltag, das nackte Hier und Jetzt, starrte ihn an.

»Warum zögerst du, Jonas? Rück heraus damit! Wer steht sonst noch auf der Liste?«

»Ich werd's dir sagen: Dein Freund Charles Maillet, dein Freund, der Indianer Kokwee und ein gewisser Pierre Callac aus La Have oder Petite Rivière, den ich nicht kenne. Auch ein René Plonaret.«

Walther war vor Schrecken stehengeblieben. Er rief: »Unmöglich! Das ist ja Irrsinn! Maillet hat nie ein Messer zum Skalpieren in der Hand gehabt und wird auch nie eins in die Hand nehmen. Auch Kokwee nicht. Dazu kenne ich beide zu gut. Callac ist ein Hitzkopf, aber daß er auf Skalpe aus ist, kann ich mir nicht vorstellen!«

»Vielleicht! Vielleicht auch nicht! Keiner kennt bis jetzt die Liste außer Lawrence, Bulkeley, Gorham und mir. Es kann sein, daß man die Namen der unbedeutenden Franzosen und Indianer nur deswegen aufgenommen hat, weil man mutmaßte, sie würden ein Skalpiermesser nicht gerade ablehnen. Immerhin sind alle, die auf der Liste stehen, auch soweit sie bisher nicht aufgefallen sind, verdächtig. Ich wollte, daß du es weißt, Walther: Deine Freunde sind in Gefahr. Offiziell darfst du natürlich von nichts wissen!«

»Ich verstehe. Am liebsten würde ich auf der Stelle umdrehen, um Charles, Pierre und Kokwee in die Wälder zu schikken; die sind ja groß genug.«

»Unmöglich, Walther. Du mußt morgen früh in Halifax dabeisein. Doch brauchst du vorläufig keine Sorge zu haben. Noch bleibt alles in der Schwebe. Frühestens fällt eine Entscheidung in Halifax, wenn wir eingetroffen sind und Bericht erstattet haben.«

Die Sterne kreisten um die Polaris wie jede Nacht. Die beiden Männer blickten nicht mehr zu ihnen auf.

›Wind and weather permitting‹ heißt die altehrwürdige englische Seefahrtsformel. Sie galt für den Sommer des Jahres 1755 genauso, wie sie tausend Jahre zuvor gegolten hatte – und heute noch gilt. ›Wenn Wind und Wetter gestatten‹, ja, dann kann ein Ziel über See zur erwünschten Zeit erreicht werden. Andernfalls ergeht es den Schiffen und den Seefahrern so, wie es der kleinen Schaluppe ›Betty‹, Kapitän Patrick O'Donovan, erging, die den Auftrag hatte, die vier Lunenburger Vertrauensleute des Gouverneurs, Sutherland, Rudolf, Hestergart und Corssen, so eilig wie möglich von Lunenburg nach Halifax zu schaffen.

Die Nacht hatte sich in großer Klarheit und Stille nach Westen über die atlantische Küste Neu-Schottlands hinweggleiten lassen. Dann, gegen Morgen, kam Wind auf, wurde hart, wehte aus Ost. Aus Ost, von den offenen Weiten des Atlantik her, wo er sich vollkommen ungehindert zu voller grober Stärke aufzugeilen vermag.

Sutherland und Rudolf waren, wie verabredet, früh am Morgen auf dem Deck der ›Betty‹ erschienen. Die Sonne ging gerade auf, goß Fluten eines fahlen Rots vor sich her bis in die Höhe des Himmels. Von Osten aufwehendes fasriges Gewölk verschmierte und verschluckte die Farben bald und beherrschte nach einer halben Stunde schon den ganzen Himmel mit fahlem Grau.

Der Kapitän trat zu seinen vier Passagieren. Er war ein rundlicher schwerer Mann mit schütterem, rotem Haar über strohfarbenen Brauen und wasserhellen Augen, aus denen chronischer Mißmut blickte.

Sutherland rief dem Seemann entgegen – ein herrischer Unterton war in seiner Stimme nicht zu überhören: »Wann legen wir endlich ab, Master? Wir haben keine Zeit zu verlieren!«

»Gentlemen, der Wind bläst uns genau in die Zähne. Vorläufig läßt er uns nicht einmal aus dieser verdammten Bucht auslaufen. Wenn sich dieses Ostwind-Wetter einschaukelt, dann kommen wir erst Gott weiß wann nach Halifax. Fassen Sie sich in Geduld! Die grobe See, die jetzt draußen aufkommt, würde Ihnen sehr zu schaffen machen.«

Damit wandte er sich ab und ward nicht mehr gesehen. Sein Mißmut hatte sich den vier Männern mitgeteilt. Es blieb nur übrig, die Achseln zu zucken und abzuwarten. Walther, der von den vergangenen vierundzwanzig Stunden kaum drei geschlafen hatte, zog sich in die schmale Koje zurück, die ihm in Hestergarts Kammer am Abend zuvor angewiesen worden war. Er war keineswegs darauf aus, mit Sutherland und dem ›Major‹ Rudolf die sogenannte ›Lage‹ durchzukauen. Statt dessen holte er lieber den versäumten Schlaf nach. Das Schiff zerrte im harten Wind an seiner Vertäuung und rieb knarrend seinen Rumpf an den Pfählen der kurzen Landepier. Walther ließ sich von dieser melancholischen Musik in Träume wiegen, die von ungewissen Ängsten erfüllt waren.

Erst am Tage darauf wagte es der Kapitän, seine wackere kleine ›Betty‹ in die offene Mahone-Bucht hinauszusteuern, wahrscheinlich, so mutmaßte Jonas, um dem ungeduldig nörgelnden Sutherland eine Lehre zu erteilen. Die ›Betty‹ tanzte wie ein Ball in der aufgewühlten See. Sutherland und Rudolf lagen bald auf der Nase, hüteten ihre Kojen, konnten nicht leben und nicht sterben. An Deck vermochte sich erst recht niemand zu halten. Über das Deck fegten die Spritzer wie Peitschenschnüre, und wenn die Brecher darüberdonnerten, dann war das wie ein Faustschlag. Auch Walther und Jonas fühlten sich nicht sehr wohl. Aber da sie klug genug gewesen waren, nichts zu sich zu nehmen, ging es ihnen leidlich.

Walther lag in seiner Koje auf dem Rücken, hatte die Füße gespreizt und gegen die Seitenbretter gestemmt, um nicht bei dem weitausholenden Rollen des Schiffes von seinem Lager geschleudert zu werden. Seine Gedanken kreisten, wenn auch immer wieder von den wilden Bewegungen des Schiffes unterbrochen, ständig um ein- und dieselbe Frage: Wie komme ich am schnellsten wieder aus Halifax nach Lunenburg oder La Have zurück? Zu Schiff bei gutem Wetter und günstigem Wind brauche ich dazu nur einen Tag. Zu Fuß über Land mindestens zwei oder drei Tage, selbst wenn ich mir große

Mühe gebe. Allerdings bin ich dabei ziemlich unabhängig vom Wetter. Schlechtes Wetter würde die Abreise zu Schiff endlos verzögern oder die Reise selbst zu vielen schrecklichen Segeltagen auf offener See dehnen. Wenn dies Wetter sich einspielt und die See vielleicht auf Wochen hinaus ungnädig bleibt, dann sollte man lieber zu Fuß . . .

Warum denke ich darüber so angestrengt nach? Warum sollte es nötig werden, so schnell wie möglich nach La Have zurückzukehren? Nur wegen Pierre und Charles? Jonas Hestergart hat mir doch versichert . . .

Er kam nicht weiter. Das Schiff hatte einen Satz gemacht und knallte ächzend in den nächsten Wellenrücken, so daß Walther nicht nur die Beine, sondern auch seine Arme einstemmen mußte, um seinen Platz in der Koje zu behaupten. Aber wenige Minuten später nahmen die Gedanken den Faden wieder auf.

Über Nacht steigerte sich der Wind zu solcher Wut, daß der nicht gerade ängstliche Master der ›Betty‹ froh war, sich im Lee der Kleinen Tancook-Insel vor Anker legen zu können. Mannschaft und Passagiere atmeten auf. Die Bewegungen des Schiffes waren milder und gleichmäßiger geworden. Der Koch konnte zum erstenmal seit der Ausfahrt eine warme Suppe auf den Tisch bringen. Sutherland wollte noch nichts davon wissen.

Der Kapitän grinste Walther an, der sich, wenn auch seines Magens noch nicht ganz sicher, ebenfalls an den Tisch gesetzt hatte: »Seine Gnaden, der Herr Oberstleutnant, matt gesetzt, außer Gefecht! Ja, ja, das sind die Freuden einer christlichen Seefahrt! Jetzt wird er wohl dafür sein, daß wir noch ein Weilchen hier im Lee liegen bleiben. Die See stopft den Besserwissern das Maul. Ist nun mal so: Rauf schmeckt's nie so gut wie runter!«

Walther lachte ein wenig gequält, merkte aber zu seiner Beruhigung, daß die grobe Suppe aus Kohl, Kartoffeln und Salzfleisch ihm nicht übel mundete.

Es dauerte zwei Tage, ehe die ›Betty‹ sich aus dem Windschatten von Little Tancook Island wieder ins Freie wagte. Erst am vierten Tag konnte das tapfere Schiffchen an der längst gut ausgebauten Pier von Halifax festmachen. Hinter dem Kap Sambre hatte Kapitän Pat O'Donovan noch einmal für dreißig Stunden Schutz suchen müssen, ehe er endlich in das große Becken von Chebucto eindrehen konnte.

Walther war ebenso froh wie die drei Gefährten, daß er wieder festen Boden unter den Füßen hatte – festen? Noch eine Stunde nach der Ankunft schien sich die Erde rhythmisch vor ihm aufzubäumen, schien sie hinter ihm wegzusacken, so daß er sich sehr beherrschen mußte, nicht zu taumeln.

Jedesmal, wenn Walther wieder nach Halifax kam – es geschah nicht allzu häufig –, mochte er seinen Augen nicht trauen, sosehr hatte sich während seiner Abwesenheit die Stadt verändert. Es gab nun schon lange recht stolze Steinhäuser, auch Kirchen, an den allerdings immer noch ungepflasterten Straßen. Erstaunlich auch, wie schnell die Leute gelernt hatten, den groben Blockhäusern ein schmuckes Aussehen zu verleihen. Stets schien sich eine Menge von Fremden in den Hauptstraßen zu drängen, der knarrenden, lässigen Redeweise nach zumeist Yankees, aber auch Nachschub aus den hannoverschen Stammlanden des englischen Königs.

Die vier Passagiere der ›Betty‹, denen die schwankenden Planken des Schiffes für eine Weile aufs feste Land gefolgt zu sein schienen, schritten langsam die Sackville Street hangauf, gefolgt von zwei Matrosen des Schiffes, die Oberstleutnant Sutherland und dem ›Major‹ Rudolf das Gepäck ins Quartier nachtrugen. Jonas und Walther, nur Ranger ohne jeden Rang, trugen ihre wenigen Habseligkeiten selbst. Die Herren Offiziere würden in dem schlichten, aber seinen Zweck erfüllenden Gästehaus des Gouverneurs unweit seines Amtssitzes an der Garden Road ihre Zimmer vorbereitet finden. Jonas und Walther waren, wie sie schon auf der Wache erfahren hatten, in ›Crouse's Inn‹ untergebracht, in der Brunswick-, der Braunschweig-Straße.

Jonas erklärte: »Crouse's Inn – tüchtiger Mann, der Inhaber! Er hat begriffen, daß man seinen Namen auf englische Weise schreiben muß, damit er richtig ausgesprochen wird. Er hieß natürlich ›Krause‹, als er sich aus Wolfenbüttel ins gelobte Land Nova Scotia auf den Weg machte. Der ist gut angekommen. In ›Krauses Gasthof‹ sind wir gut aufgehoben.

Wenn irgendwo, Walther, dann erfährt man dort etwas aus erster Hand über die alte Heimat. Es kommen jetzt nicht selten Deutsche herüber, die sich nicht zur Pflichtarbeit verdingen mußten, um ihre Überfahrt abzuverdienen, sondern ihre Passage regulär bezahlt haben. Solche trifft man in ›Crouse's Inn‹.«*

Sutherland hatte die beiden Rangers angewiesen, sich für den Nachmittag auf Abruf bereit zu halten; bis dahin würde er erfahren haben, wann der Gouverneur die vier Männer aus Lunenburg zu sehen wünschte.

Ein recht ansehnlicher Raum war schon seit Tagen für Jonas und Walther in ›Crouse's Inn‹ vorbereitet. Jonas Hestergart – hier hieß er sogar noch gelegentlich ›Herr von Hestergart‹ – war dem ohnehin allwissenden Mister Karl Krause, pardon, Charles Crouse, gut bekannt als ein irgendwie einflußreicher Mann, der offenbar dem Gouverneur unmittelbar berichtete. Walther Corssen war den schon länger ansässigen Haligoniern (als ›Halifaxers‹ mochte kein Mensch die Bewohner der in ihrer Sünden Maienblüte sich überaus munter entfaltenden Stadt bezeichnen, am wenigsten die Halifaxer selbst; aber ›Haligonier‹, ›Haligonians‹, das ließ sich hören!) – Walther also war dem Mister Crouse ebenfalls ein Begriff: Er und seine Frau hatten ja das allererste Blockhaus der Stadt errichtet. Es stand noch neben der jetzigen Stadtwache und diente dort als Lagerraum für Waffen und Munition. Walther, das war der ›German Ranger‹, der erste Deutsche – inzwischen waren es mehr geworden –, der zu ›Gorhams Rangers‹ übergewechselt war und nun das Land und die ›Wilden‹ besser kannte als irgendwer sonst. So hieß es. Auch Walther also wurde in Crouse's Inn mit gebührender Achtung behandelt.

Als Walther und Jonas sich in einer Ecke der niedrigen und verräucherten Gaststube zum Mittagessen niedergelassen hatten – Mehlsuppe mit Grieben wurde aufgetragen, Hammelfleisch, Grüne Bohnen, Kartoffeln folgten – trat Mr. Krause an den Tisch seiner Gäste und genügte seiner Pflicht, der gern geübten, ihnen die neuesten Neuigkeiten als Nachtisch zu servieren.

* Crousetown, also ›Krausestadt‹, heißt noch heute ein Dorf bei Petite Rivière.

»Wissen Sie schon, Gentlemen, was die Brigg ›Lily‹ vor fünf Tagen – ja, vor fünf Tagen, – heute schreiben wir den 28. Juli – aus New York für Hiobsbotschaften mitgebracht hat? Ich will es Ihnen erzählen: Der englische General Braddock ist mit der regulären Armee am Monongahela in Pennsylvanien von einem Heerhaufen aus Franzosen und Indianern ganz übel aufs Haupt geschlagen worden und selbst in der Schlacht umgekommen. Das hat hier, in den Kreisen des Gouverneurs, große Bestürzung hervorgerufen. So wird es wenigstens überall erzählt. Wenn solch halbwildes Pack wie die Franzosen aus Québec mit ihren nackten Indianern eine gut gedrillte englische Armee unter einem waschechten General in die Pfanne hauen – was soll dann erst hier passieren, wenn es ernst wird!

Wir haben zwar die beiden französischen Kriegsschiffe eingebracht, die ›Alcide‹ und die ›Lys‹, dazu den Gouverneur von Louisbourg und seine Kriegskasse. Aber die Hauptmacht haben wir nicht vernichtet. Halifax ist kaum richtig befestigt. Die Stadt wimmelt zwar von Soldaten. Einige Kriegsschiffe unter Boscawen liegen im Hafen. Aber was nutzt das viel, wenn die Franzosen über Land kommen? Unsere Rangers sollen jetzt an der Westseite der Bay of Fundy entlangziehen, um die dortigen französischen Stützpunkte bis zur Mündung des St. John River auszuheben. Wir haben hier für den Waldkrieg bloß noch die halbverrückten Yankees unter Winslow zur Verfügung. Man hat auch schon davon gesprochen, daß die Deutschen, die immer noch ab und zu aus Rotterdam hier ankommen, gleich ins Heer eingereiht werden sollen. Aber das gibt so bald keine brauchbaren Soldaten. Und vom Waldkrieg verstehen sie gar nichts. Die sollten lieber als Siedler angesetzt werden, draußen! Für ihre Höfe werden sie sich wakker schlagen und können als Puffer dienen für die Stadt. Land, Land, das wollen sie alle haben. Können sie ja kriegen. Ist ja genug davon da. Dann hätten wir auch gleich ein Gegengewicht. Denn, wissen Sie, meine Herren, was bei weitem das Schlimmste ist?«

Der gesprächige Mann schien endlich den Punkt erreicht zu haben, auf den er von Anfang an gezielt hatte. Die Aufmerksamkeit, mit welcher seine Gäste ihm zugehört hatten – sie hatten sogar das gute Essen vernachlässigt –, befriedigte Mr.

Crouse außerordentlich, ja, zwang ihn geradezu, den Höhepunkt seines Berichts besonders herauszuheben.

Jonas tat ihm den ersehnten Gefallen. »Spannen Sie uns nicht auf die Folter, Mr. Crouse! Was kann es noch Schlimmeres geben als Braddocks Niederlage?«

»Ach, Braddock ist weit, Herr von Hestergart, Euer Gnaden, und tot ist er obendrein. Aber andere sind nahe und sitzen uns dicht auf der Pelle!«

Wieder zögerte der gute Mann. Jonas wurde ungeduldig: »Wo wollen Sie hinaus, Krause? Reden Sie schon!«

»Na, die Akadier, meine ich! Die sind doch im Herzen alle Franzosen geblieben. In Beauséjour auf der Chignecto-Landenge und in Fort Gaspereau sollen eine ganze Menge von jungen akadischen Leuten hier aus unserem Neu-Schottland in Oberst Moncktons Hände gefallen sein, lauter Landesverräter! Kein Mensch weiß genau, wie viele Akadier wir eigentlich hier bei uns in Neu-Schottland wohnen haben. Manche sagen zehn-, manche zwanzigtausend und manche noch mehr. Der Gouverneur hat viel Geduld mit ihnen gehabt und ihnen immer wieder nahegelegt, den vollen Eid auf den König zu schwören. Sie haben zwar ihre Waffen abgeliefert. Aber wie viele mögen sie versteckt haben! Jeden Tag können sie sich heimlich mit den Indianern zusammentun und über uns herfallen. Sie sind ja viel zahlreicher als wir. Und die Geschichte mit den Skalpiermessern, die brauche ich Ihnen wohl nicht mehr zu erzählen. Die kennen Sie bestimmt schon. Aber unser Gouverneur, Oberst Lawrence, der läßt, Gott sei Dank, nicht mit sich spaßen. Jetzt ist Braddock besiegt, und die Akadier denken, sie kommen damit durch, sich neutral zu halten, was sie in Wahrheit gar nicht sind. Jetzt sind ihre Vertreter aus dem Annapolis-Tal und vom Minas-Becken wieder in die Stadt befohlen. Heute vormittag stehen sie vor dem Gouverneur und dem Rat der Kolonie. Wenn sie immer noch glauben, sie könnten den vollen Treueid verweigern – ich glaube, dann hat es geschnappt.«

Wieder schwieg der breite Mann in der großen blauen Leinenschürze. Ein grimmiges Lächeln zerrte ihm die Mundwinkel auseinander. Jonas war keineswegs zufrieden. »Was hat geschnappt? Was meinen Sie damit, Krause?«

»Ist doch klar wie Kloßbrüh', Herr von Hestergart! Wir

wollen alle nicht unsere Geschäfte zerstören lassen, die wir aufgebaut haben. Und die Farmen, die haben Schweiß genug gekostet – und manchen Skalp auch. Und die Herren Offiziere und Beamten aus England oder Boston wollen ihre schönen Stellungen und Nebengeschäfte auch nicht verlieren, bloß weil die verflixten Akadier sich nach wie vor mausig machen. Nein, wenn sie diesmal wieder auf ihre sogenannten alten Vorrechte pochen und nicht die Treue schwören wollen, die wir ja auch haben schwören müssen, und wir sind ja auch keine Engländer, dann müssen sie eben raus! Dann müssen sie über die älteren Kolonien weit nach Süden verstreut werden. Am besten, wir liefern sie den Franzosen wieder zurück. Aber die wollen sie vielleicht gar nicht mehr haben. Was willst du, Erna?«

Der Gastwirt wandte sich unwillig nach einer der Bedienerinnen um, die von der Tür herangelaufen war. Das etwas plump geratene Mädchen, mit roten Backen unter dem weißleinenen Häubchen, zupfte ihn schon zum zweitenmal am Ärmel: »Herr Krause, Herr Krause, sie kommen jetzt – von der Kommandantur – die Akadier! Die Leute laufen zusammen.«

Auch Walther und Jonas traten mit dem Gastwirt vor die Tür.

Die Straße entlang kam eine Gruppe von dunkel gekleideten Männern, die sich eng beieinander hielten. Sie hatten sich abgesondert, sie waren abgesondert. Man merkte ihnen an, daß sie das Gefühl hatten, sich unter Feinden zu befinden. Sie sahen auch nicht zur Seite, wo an den Straßenrändern Leute stehengeblieben waren und sie stumm und finster blickend passieren ließen, sie, die Akadier von Minas und Annapolis. Sie hatten sich ihre schwärzlichen Hüte mit den breiten, steifen Krempen und den runden, niedrigen Köpfen tief in die Stirn gezogen, so daß von den Gesichtern nicht viel zu erkennen war. Schnell verschwanden sie um die Ecke zum Rainie-Weg, der zur Stadt hinausführte.

»Das war ja wie eine Trauergemeinde!« meinte Jonas. Und Walther fügte hinzu: »Geschlagenes Volk!«

Während Walther sich anschickte, mit Jonas und dem Gastwirt wieder in den Speiseraum zurückzukehren, fiel sein Blick auf einige Männer, Deutsche offenbar, nach ihren bauschigen Leinenhemden aus ungefärbtem, nur gebleichtem

Flachs zu schließen. Es mußte sich wohl um Neuankömmlinge handeln; sie machten keinen ärmlichen Eindruck. Unter ihnen befand sich ein kräftig gebauter Mann mit fahlblondem Haar. Sein Anblick traf Walther wie ein Schlag. Woher kenne ich den? Den habe ich doch schon irgendwo gesehen? Wer ist das? Oder täusche ich mich?

Jonas wunderte sich, daß Walther für den Rest der Mahlzeit merkwürdig wortkarg und nicht bei der Sache war.

Kurz darauf erschien ein Soldat der Stadtwache an ihrem Tisch und übergab Jonas Hestergart eine Notiz Sutherlands, welche die beiden Ranger für den halben Nachmittag auf die Kommandantur zu Gouverneur Lawrence befahl.

Im geräumigen Amtsraum des Gouverneurs hatten sich unter der niedrigen Decke etwa ein Dutzend Männer in englischer Uniform, in Zivil oder auch in verschabtem Leder zu einem Halbkreis geordnet. Mit einigen Schritten Zwischenraum standen sie alle in dienstlicher Haltung vor dem Schreibtisch des höchsten Befehlshabers der Kolonie Nova Scotia, des unbeugsamen Charles Lawrence. Der Gouverneur hatte seinen Stuhl unter den Schreibtisch geschoben, hatte sich dahinter aufgebaut und stützte sich mit beiden Händen auf die Lehne des zierlichen Möbels, dessen Standhaftigkeit durch den vierschrötigen, bis zum Hals in seinen roten Uniformrock gezwängten Mann einiges zugemutet wurde. Auch der Schreibtisch war kein grobes Machwerk, nicht etwa in der Kolonie mit Säge, Hammer und Stemmeisen schnell zusammengefügt. Hopson, der Vorgänger von Lawrence, war ein Mann von Geschmack gewesen und hatte sich das schöne Stück von einem berühmten Londoner Modetischler über den Ozean kommen lassen. Seinem Nachfolger war es gleichgültig, wo er seine Berichte und Befehle unterzeichnete, solange er sich in der Lage wußte, seinen Anordnungen Nachdruck zu verleihen.

Der Gouverneur hatte seinen Zuhörern – die kleine Gruppe der Lunenburger, Sutherland, Rudolf, Hestergart und Corssen hatte sich etwas abseits am linken Flügel des Halbkreises aufgestellt – soeben mit dürren Worten erklärt, warum der Hohe Rat am verflossenen Vormittag den Abgesandten aus Annapolis und Minas die sofortige Ausweisung aller Akadier vom Boden dieser Kolonie Nova Scotia hatte ankündigen müssen. Die Abgesandten hätten für ihre Dörfer und Siedlungen den durch keine Vorbehalte eingeschränkten Treueid auf ihren allergnädigsten König, Seine Majestät Georg den Zweiten von Großbritannien und Irland, nach wie vor, und diesmal endgültig, abgelehnt. Diese Wahnsinnigen – der Zorn des Gouverneurs durchbrach den sonst gleichmütig harten Ton der Ansprache – hätten sich sogar erfrecht, darauf hinzuweisen, daß kein noch so umfänglicher Eid sie daran hindern könnte zu rebellieren, daß sie aber ihre Loyalität und ihre Friedfertigkeit in der Vergangenheit eindeutig bewiesen hätten, denn sie hätten tatsächlich nie rebelliert und was die Zukunft betreffe: Sie hätten ja alle ihre Waffen abgeliefert. Mit so auftrumpfenden Reden hätten die Burschen natürlich ihre Aussichten nur verschlechtert. Der Hohe Rat, erweitert um Boscawen und Mostyn, die ranghöchsten Offiziere der im Hafen liegenden Kriegsschiffe, hätte also um der inneren Sicherheit der Kolonie willen den Akadiern mit der nötigen Strenge zur Kenntnis gebracht, daß dies Land Nova Scotia fortab für sie verschlossen sei und daß man sie allesamt, Mann, Weib und Kind, außer Landes schaffen werde.

»Hierzu noch irgendwelche Fragen?« Mit diesen Worten schloß der Gouverneur den ersten Teil seiner Instruktionen ab.

Walther stand wie erstarrt. Sein Hirn war leer. Ein lautloser Sturm umfegte ihn und machte ihn schwanken. Was hätte er fragen sollen! Die Würfel waren gefallen.

Ein Captain Murray, den Walther vom Sehen kannte, erhob die Stimme: »Wenn Widerstand geleistet werden sollte, Exzellenz, wie weit darf gegangen werden, ihn zu brechen?«

Der Gouverneur: »Jeder Widerstand ist sofort und mit jedem geeignet erscheinenden Mittel zu brechen. Wir sind im Kriege. Zimperlichkeit ist fehl am Platze. Den Leuten darf keine Zeit gelassen werden, sich zu besinnen. Notfalls sind ihnen die Häuser über dem Kopf anzustecken, ihre Gärten und Vorräte zu vernichten, ihre Frauen und Kinder gesondert abzutransportieren. Es hängt alles davon ab, daß die Aktion schnell und gründlich, vor allen Dingen gründlich, ins Werk gesetzt und abgeschlossen wird.«

Sutherland ließ sich vernehmen: »Wir haben acht Tage für

die Fahrt von Lunenburg hierher gebraucht, Exzellenz. Der Sturm hat inzwischen nicht nachgelassen, sondern, wie ich vorhin von Admiral Boscawen gehört habe, noch zugenommen. Es ist also unsicher, wann wir wieder in Lunenburg eintreffen können. Für mich erhebt sich die Frage, ob die Deportationen an bestimmte Termine gebunden sind.«

Lawrence wandte sich der Gruppe der vier Lunenburger am linken Flügel des Halbkreises zu: »Ihre Frage ist berechtigt, Sutherland. Ich habe sie vorausgesehen und habe Sie deshalb drei Ihrer Leute mitbringen lassen. Alle Siedlungen der Akadier lassen sich auf dem Landweg erreichen. Es gibt Wege oder wenigstens Pfade, über die ich Truppen in Marsch setzen kann. Ich bin damit schon beim zweiten Teil dessen, was ich Ihnen zu sagen habe, meine Herren. Es kostet natürlich einige Vorbereitung, genügend Transportschiffe und Kriegsschiffe als Bewacher bereitzustellen und nach Annapolis und Minas in Marsch zu setzen. Die Kommandanten der Garnisonen an der Westseite brauchen Verstärkung, um jeden Aufruhr sofort unterdrücken zu können. Wir haben die Abgesandten der Akadier über den Termin der Deportation absichtlich im dunklen gelassen. Die Akadier werden meinen, daß wir ihnen ein paar Monate Zeit geben, daß das Ganze vielleicht noch abgeblasen wird. Wenn wir ihnen keine Zeit lassen, sich zu besinnen, geben wir erstens den Franzosen in Louisbourg keine Chance, gewaltsam einzugreifen, und zweitens den Akadiern keine Möglichkeit, sich unseren Truppen zu entziehen. Als erstes müssen die Männer von den Frauen getrennt, zusammengesperrt und unter Kontrolle und strenge Bewachung gestellt werden. Die entsprechenden Befehle werden bereits ausgefertigt. Admiral Boscawen arbeitet schon an den Segelanweisungen für die Transporter. Sie, meine Herren, werden die Befehle an die Befehlshaber im Annapolis-Tal und am Minas-Becken zu überbringen und ihre korrekte Befolgung zu überwachen haben. Ich mache darauf aufmerksam, daß man sich vor allem der Familien-Oberhäupter bemächtigen muß, damit den Akadiern die Führer genommen werden. Das gesamte Vieh und die Vorräte an Korn sind zu Gunsten der Krone zu beschlagnahmen. Nach dem Ratsbeschluß ist das Eigentum am gesamten Inventar der Farmen erloschen. Die Erlöse daraus sind dazu bestimmt, die Kosten des Abtransports der Akadier zu decken. Die Akadier sind für diese Kosten haftbar, da sie nicht den von der Regierung vorgeschriebenen Treueid ablegen wollen. Sie dürfen nur ihr Bargeld mitnehmen und von ihrem Haushalt nur, was den Transportraum auf den Schiffen nicht einengt.«

Er unterbrach sich für einen Augenblick und wandte sich abermals an Sutherland: »In Ihrem Bezirk, Sutherland, liegen die Verhältnisse etwas anders. Die Zahl der dortigen Akadier ist gegenüber der Ihrer Lunenburger Deutschen nur gering. Die Akadier von Petite Rivière und La Have sind obendrein von der Masse der Akadier in der Annapolis- und Minas-Region durch die ganze Breite der Halbinsel getrennt. Ich vermute, daß sie von ihrem Glück nichts ahnen. Sie brauchen auch vorläufig nichts von der Deportation zu erfahren. Selbstverständlich müssen auch sie noch vor dem Herbst das Land verlassen haben. Wie sieht es jetzt dort aus, Sutherland?«

Sutherland wies auf Walter: »Walther Corssen kann darüber zuverlässig Auskunft geben, Exzellenz!«

Walther richtete sich auf. »In Petite Rivière und La Have alles ruhig, Exzellenz. Die Leute haben jetzt alle Hände voll mit der Ernte zu tun und haben gar keine Zeit für andere Gedanken.«

»Gut. Ich habe jetzt ohnehin kein Schiff frei, sie abzuholen. Das wird erst in drei bis vier Wochen der Fall sein. Sorgen Sie dafür, daß sie weiter in Unkenntnis über ihr Schicksal bleiben. Übrigens sollen die akadischen Farmen am Atlantik umgehend mit verläßlichen Siedlern besetzt werden, vor allem mit Deutschen. Andere, die wir abkommandieren könnten, stehen uns nicht zur Verfügung. Wir haben bereits eine Liste angefertigt, an wen die freiwerdenden Farmen nach Möglichkeit zu vergeben sind. Mein Sekretär wird sie Ihnen nachher aushändigen, Sutherland. Es steht Ihnen frei; sie abzuändern, wenn Sie bewährten Leuten aus Lunenburg den Vorzug geben wollen. Es kommt darauf an, die atlantische Küste der Kolonie ausschließlich mit absolut loyalen Siedlern auszustatten. – Sie sind nun entlassen, meine Herren. Die genauen Anweisungen werden jetzt für jeden Posten an der Westküste abgestimmt und abgeschlossen. Spätestens in drei Tagen werden Sie sich auf den Weg machen können. Die Schiffe werden dann bereits zu den Einschiffungshäfen an der Bay of Fundy in See gegangen sein. Das schlechte Wetter kann um diese Jahreszeit nicht ewig dauern. Ihnen, Sutherland, empfehle ich, hier ebenfalls Ihre Anweisungen abzuwarten, obgleich in Ihrem Fall keine besondere Eile geboten ist. Corssen allerdings sollte auf alle Fälle seinen Beobachtungsposten im La Have-Gebiet schleunigst wieder beziehen. Und Sie, Hestergart, behalten weiter die Indianer im Vorfeld von Lunenburg im Auge. Guten Tag, meine Herren!«

Der Gouverneur wartete keine weitere Äußerung ab und verließ den Raum durch eine Seitentür. Die Männer waren zunächst wie benommen. Jeder von ihnen begriff, daß die Staatsraison sie dazu bestimmt hatte, eine – vielleicht – von der Staatsraison geforderte, ganz gewiß aber unmenschliche Maßnahme durchzusetzen. Keiner war glücklich darüber. Keiner sah einen Ausweg, sich dem Befehl zu entziehen. Es gab keine andere Wahl als den Gehorsam. Selbst der eisenharte Winslow fühlte sich nicht wohl in seiner Haut.

Sutherland wies seine drei Gefährten an, auf ihn zu warten; er würde sich im Sekretariat die Liste der Neusiedler geben lassen, von welcher der Gouverneur gesprochen hatte. Dann sollte man sich in Sutherlands Quartier zusammensetzen.

Eine Stunde später waren alle Einzelheiten geklärt. Sutherland schloß: »Alles also klar! Du machst dich zu Fuß auf, Corssen. Es ist richtig, was du sagst, daß du zu Fuß in zwei bis drei Tagen mit Sicherheit wieder in La Have sein kannst. Die Schiffsreise mag sich noch um Tage verzögern. Es stürmt draußen immer noch. Wann willst du abmarschieren, Walther?«

»Heute abend, Kommandant. Es ist lange hell. Ich könnte noch einige Meilen hinter mich bringen.«

»Das ist richtig. Ich selbst habe hierzubleiben, bis die Deportationsbefehle und -termine für La Have und Petite Rivière ausgefertigt sind. Sie leisten mir dabei am besten Gesellschaft, Rudolf. Wir haben eine Menge beim Gouvernement zu erledigen. Und Sie, Hestergart?«

Hestergart hatte die Antwort parat: »Ich meine, Sir, ich schließe mich Walther Corssen an, jedoch nur bis zum nördlichsten Zipfel der Mahone-Bay. Dort muß sich Walther nach

Süden wenden. Ich jedoch will von dort aus einen Bogen weit nach Westen schlagen – über den mittleren La Have River hinweg – und zu erkunden versuchen, was unser wenig zuverlässiger Freund Mius beabsichtigt, falls er etwas im Schilde führt, was ich nicht glaube. Von dort könnte ich mich nach Süden bewegen und Anschluß an Corssens Gebiet am La Have gewinnen. So hätten wir das ganze Vorfeld von Lunenburg leidlich aufgeklärt, denn Walther wird inzwischen sicherlich Verbindung mit den Kokwee-Leuten aufgenommen haben und wissen, was bis zum Minampkeak-See hinüber gespielt wird. Wenn dann Sie, Sir, und Rudolf Lunenburg erreicht haben – heute ist Montag, ich schätze, übernächsten Donnerstag spätestens –, dann ist bereits geklärt, ob wir in unserer Gegend mit Ruhe rechnen können oder nicht. Soweit sich das bei der Unübersichtlichkeit der Gesamtlage überhaupt voraussagen läßt.«

Sutherland überlegte ein paar Sekunden, dann stimmte er zu: »Einverstanden, Hestergart! Mir gefällt nur nicht, daß Lunenburg so lange ohne wenigstens einen von uns auskommen muß. Aber ich nehme an, daß Leutnant Adams und Sauberbühler Manns genug sind, einen Monat lang auch ohne uns das Notwendige zu veranlassen. Jetzt wollen wir noch einen Blick in die Liste der Neusiedler werfen, die mir auf dem Sekretariat ausgehändigt worden ist – für den Fall, daß sich daraus vielleicht für einen von uns Weiterungen ergeben.«

Er zog aus der weiten Seitentasche seines Rocks ein Papier hervor, entfaltete es und strich es auf dem Tisch glatt. Die vier Männer beugten sich über die mit klarer Kanzleischrift beschriebenen Seiten.

Die Liste trug die Überschrift ›Resettlement of Petite Rivière and La Have after deportation of Acadians‹ – ›Wiederbesiedlung von Petite Rivière und La Have nach Abtransport der Akadier‹. In einer ersten Spalte links waren die Namen der bisherigen Besitzer aufgeführt, in einer nächsten die Größe der einzelnen Farmen. Eine dritte Spalte trug die Kennzeichnung ›to be taken over by:‹. Hierunter waren also die Namen der Leute zu finden, welche die Regierung zur Übernahme der akadischen Farmen ausgesucht hatte. Im ganzen waren auf den beiden Innenseiten des großen Kanzleibogens zweiunddreißig Farmen angegeben, die auf Weisung der Regierung den Besitzer zu wechseln hatten.

Die Liste begann mit den Betrieben von Petite Rivière und endete auf der rechten Seite unten mit den Farmen von Ost-La Have (zu denen auch die ›Ferme Corssen‹ zu rechnen war).

Walther hatte den ranghöheren Gefährten den Vortritt gelassen. Doch bald rief ihn ein lautes »Sieh da!« Sutherlands vor das Papier. Der Engländer zeigte auf die beiden Namen ›Charles Maillet‹ und ›Jacques Dauphiné‹, also Walthers und Ankes unmittelbare Nachbarn. Die beiden Namen waren in der Spalte rechts ›to be taken by‹: (›Ist zu übernehmen von‹) durch eine Klammer zusammengefaßt, neben die der Name des Neubesitzers gesetzt war. Er lautete ›Walther Corssen‹.

Walther begriff nicht gleich und starrte ungläubig auf das Papier hinunter. Endlich dämmerte ihm, daß er von der englischen Regierung der Kolonie für würdig befunden war, die Farmen seiner guten Freunde und Nachbarn Charles und Jacques zu übernehmen, das hieß: sich anzueignen. Man wollte ihn also mit dem Eigentum anderer Leute für die von ihm geleisteten Dienste belohnen, wollte ihn damit zur Dankbarkeit verpflichten. Sehr geschickt – und sehr billig obendrein. Man nahm an, daß er mit Freude und Dank einverstanden sein würde, wenn man ihm erlaubte, auf Kosten der ›Deportierten‹ den eigenen Besitz zu verdreifachen. Eine Stimme in seinem Innern warnte ihn plötzlich unüberhörbar: Vorsicht, Walther! Vorsicht, verrate dich nicht! Vielleicht sollst du aufs Glatteis geführt werden.

Sutherland fragte: »Scheint dir keinen Eindruck zu machen, Walther. Du freust dich gar nicht, einen so großen Besitz einzuheimsen?«

Walther riß sich zusammen. »Well, ich weiß nicht! Ich bin vollkommen überrascht. Ich muß mich erst an diese Vorstellung gewöhnen.«

Sutherland schien befriedigt. Er lachte: »Nun ja, kann ich mir denken. Übrigens bist du nicht der einzige!«

Er zeigte auf die ersten Zeilen der linken Seite. Dort unten waren die beiden irischen Siedler in Petite Rivière, Pat O'Duffy und Brian Maccarthy, ebenfalls mit den Farmen ihrer akadischen Nachbarn bedacht. Als Walther dies las, fuhr ihm durch den Kopf: Die Englischen haben keine Ahnung, keine blasse Ahnung, was eigentlich bei uns los ist.

Er überflog die Liste noch einmal. Alle waren sie aufgeführt, die Namen seiner akadischen Nachbarn, Carbot, Picquingy, Guiclan, Callac und an die fünfundzwanzig andere. Père Bosson, der Priester, fehlte in der Liste – er besaß kein Land. Die Namen der Neubesitzer, die an die Stelle der akadischen Familien rücken sollten, deutsche Namen zumeist, aber auch zwei schottische und zwei englische, sagten Walther nichts. Bei der allerletzten Zeile unten rechts, in welcher der Hof verzeichnet war, der am weitesten außerhalb, am südlichsten also, in Ost-La Have gelegen war – er gehörte den Biencourts – stutzte Walther, als habe ihn ein Schlag vor die Stirn getroffen. Als Neubesitzer des Biencourtschen Anwesens war dort der Name ›Henry Luders‹ eingetragen.

Henry Luders? Henry, das ist Heinrich. Und Luders, das muß Lüders heißen. Die Engländer wissen mit den deutschen ä, ö und ü nichts anzufangen. Heinrich Lüders? Ein ziemlich alltäglicher Name, gewiß! Aber könnte das nicht jener Heinrich Lüders aus Haselgönne sein, aus Ankes Heimat, dem Anke versprochen gewesen ist, ehe wir das alte Land verließen? Wenn er es wäre . . . Heinrich Lüders aus Haselgönne in Nova Scotia – und vielleicht bald in La Have? Was soll das bedeuten?

Walther hatte seine Umgebung vergessen und starrte mit zusammengezogenen Brauen auf den Schriftzug in der unteren rechten Ecke der rechten Seite. Sutherlands Stimme erst brachte ihn wieder zu sich: »Well, Walther, lassen wir die Liste auf sich beruhen. Es wird ein paar Wochen dauern, ehe es ernst damit wird. Er faltete das Blatt wieder zusammen und legte es beiseite. »Wenn ihr heute noch die Stadt verlassen wollt, wird es Zeit, daß ihr euch aufmacht. Der Abend läßt nicht mehr lange auf sich warten.«

Als Jonas und Walther in die Brunswick Street einbogen, um in ›Crouse's Inn‹ ihr geringes Gepäck aufzunehmen, fiel es Walther plötzlich wie Schuppen von den Augen: Der Mann, den ich heute vormittag hier in der Brunswick-Straße gesehen habe, das war – gar keine Frage! – das war Heinrich Lüders! Er blieb stehen.

»Was hast du, Walther?« fragte Jonas erstaunt.

Walther faßte den Arm des Freundes. »Jonas, ich bitte dich um einen Dienst, an dem mir – und auch Anke ganz gewiß! – sehr viel liegt, den ich aber nicht selbst versehen kann. Ich fand auf der Liste der begünstigten Neusiedler den Namen ›Heinrich Lüders‹. Jonas, ich bitte dich, versuche noch heute oder morgen herauszufinden, ob der Mann aus Ankes Heimatort Haselgönne stammt, was ihn nach Nova Scotia gebracht hat und ob er nach mir oder Anke gefragt hat. Erwähne aber nicht, daß du uns kennst! Und dann, wenn du etwas erfahren hast, versuche, ich bitte dich, uns in La Have so bald wie möglich zu unterrichten.«

Jonas Hestergart konnte schwerlich im Zweifel darüber sein, daß Walther im Innersten aufgestört war. Er fragte ruhig zurück: »Was hat es mit diesem Heinrich Lüders für eine Bewandtnis?«

»Jonas, das kann ich dir nicht erklären, noch nicht. Anke muß erst damit einverstanden sein. Aber eines kann, eines muß ich dir schon jetzt sagen: Dieser Heinrich Lüders, Henry Luders, wie er auf der Liste stand, wird niemals unser Freund sein, meiner nicht und Ankes nicht.«

Die beiden hatten sich wieder in Bewegung gesetzt. Crouse's Inn war nicht mehr weit. Jonas: »Es wäre an der Zeit, daß uns das alte Land in Ruhe ließe. Es gibt hier Sorgen und Ärger genug. Also gut, Walther, ich will versuchen, diesen Mann aus Haselgönne aufzutreiben, ich will ihm auf den Zahn fühlen, soweit er sich dazu hergibt. Schade, ich wäre gern mit dir zur Mahone-Bucht marschiert. Aber ich merke, wieviel dir offenbar daran liegt, über diesen Lüders und seine Absichten etwas zu erfahren. Schon, um Anke zu beruhigen, werde ich mir alle Mühe geben.«

17

Walther taumelte vor Müdigkeit, als er zwei Tage später auf die Lichtung hinaustrat. In der Ferne zeichneten sich die Giebel seiner Farm gegen den dunklen Waldrand ab. Regenschwaden wanderten windschief über die Rodung. Bald würde die Nacht einfallen. Walther war bis auf die Haut durchnäßt. Der Lederrock klebte ihm am Leibe. Obgleich er vor Überanstrengung ächzte, hob ihm doch ein Gefühl des Triumphes das Herz: Er hatte es geschafft – in zwei Tagen – und das schlechte Wetter hatte nicht nachgelassen! Selbst wenn es sich morgen beruhigen sollte, würden Sutherland und Rudolf noch nicht von Halifax absegeln. Sie würden mindestens einen weiteren Tag warten müssen, ehe die aufgewühlte See die Rückreise nach Lunenburg gestattete. Die Fahrt würde wiederum mindestens einen Tag kosten, falls Sutherland bis dahin überhaupt schon seine Befehle ausgefertigt bekommen hatte.

Also verbleiben uns am La Have mindestens drei Tage, um der Deportation zuvorzukommen, zu fliehen, der Gewalt auszuweichen, dorthin, wohin wir wollen, wir selbst, um uns nicht einsperren zu lassen wie Vieh, um nicht irgendwo in der Fremde an Land getrieben zu werden. Drei Tage! Das muß uns reichen! Gott im Himmel, ich danke dir!

Nun, als er sein Haus vor sich sah, war ihm plötzlich, als wollten ihn im letzten Augenblick die Kräfte verlassen. Der Pfad um die Mahone-Bucht, den Kokwee mir vor Jahren gezeigt hat – ohne ihn hätte ich den Gewaltmarsch hierher nicht bestanden! Aber jetzt erst fängt das Eigentliche an: Wie benachrichtige ich die anderen? Alle hier, bis nach Petite Rivière! Noch heute abend muß es geschehen. Ich vermag es nicht mehr. Maillet muß heute abend noch losgeschickt werden. Morgen früh: Alle in der Kirche! Eine Nacht muß ich schlafen. Wenn Kokwee inzwischen gekommen ist – vielleicht hat Anke ihn festgehalten. Vielleicht weiß er schon etwas. Die Indianer wissen alles früher als wir. Oder ahnen es. Wenn nur Kokwee da wäre!

Walther lehnte sich an den Türpfosten. Fast wäre er dicht vor dem Ziel gestürzt. Mit letzter Kraft klopfte er an die verschlossene Tür. Er mochte Anke nicht erschrecken. »Ich bin es, Walther!« rief er. Der Riegel wurde zurückgeschoben ... Knarrend öffnete sich die Tür. Im Innern brannte der Kienspan am Kamin. Kokwee stand in der Tür! Er hatte sie geöffnet. Walther taumelte ins Zimmer und sank auf die Bank an der Wand. »Kokwee, Kokwee, gut, daß du da bist!«

Er schloß die Augen und lehnte den Kopf an die Wand.

Bald brachte ihn ein leiser Schreckensruf wieder zu sich. Anke hatte vom rückwärtigen Eingang her den Raum betreten. Sie hatte gerade das Vieh versorgt.

»Walther, was ist? Wie siehst du aus?«

Ankes Stimme wieder zu hören, das war wie ein wundertätiger Balsam. Walther richtete sich auf. »Nur naß und müde, Anke. Kam in zwei Tagen von Halifax über Kokwees Pfad um die Mahone-Bucht. Überall Wasser! Aber, Gott sei Dank, das gab mir Vorsprung. Anke, Maillet muß sofort her! Er muß noch heute abend zu Père Bosson. Alle müssen zusammengetrommelt werden, für morgen früh, in der Kirche! Holst du mir Maillet herüber, Anke? Oder Kokwee, du?«

Er hatte französisch gesprochen, um von Kokwee verstanden zu werden.

»Ich bringe Maillet her, sogleich!« sagte der Indianer und zog die Tür hinter sich zu.

Anke hatte sich nach dem ersten Schrecken schnell gefaßt. Sie rief: »Ihr Kinder, schnell ins Bett mit euch! Gegessen habt ihr schon. Indo, du sorgst mir dafür, daß Anna nicht mehr lange umhertanzt. Ich sehe nachher noch einmal nach euch.«

Die drei Kleinen hatten sich beim plötzlichen Auftauchen des Vaters verstört in eine Ecke des großen Hüttenraums gedrängt. Den Vater so erschöpft zu sehen, bis auf die Haut durchnäßt, mit Morast verschmiert bis zu den Hüften – das hatte ihnen eine lähmende Furcht eingeflößt, obwohl sie nicht begriffen, um was es sich handelte. Sie verschwanden ohne ein Wort des Widerspruchs in den Nebenraum des Blockhauses, in dem sie schliefen: Indo und William gemeinsam auf einer Pritsche und die kleine Anna in einem vom Vater gezimmerten Gitterbettchen.

»Die Kinder sind aus dem Wege, Walther. Du mußt das nasse Leder von der Haut schälen, dich waschen. Warmes Wasser ist genug da. Und dann einen heißen Grog. Das hilft dir wieder auf.«

»Ach, Anke!« sagte er nur. In den drei Silben schwang soviel Dankbarkeit, Verehrung, auch Not, daß Anke sich abwenden mußte, damit er nicht wahrnahm, wie ihre Augen feucht wurden. Am besten war es, sich tatkräftig zu regen. Sie goß heißes Wasser in die große Schüssel, half ihm, das schmierige Leder vom Leibe zu zerren, mischte in einem Krug Rum und heißes Wasser, tat einen Löffel Honig hinzu. Wie seit langem nicht, waren sich die Eheleute einig ohne jede verstohlene Einschränkung. Die große Gemeinsamkeit, die sie aus dem alten in dies neue Land getragen hatte, sie war wieder aufgeblüht, lautlos, wie ein Wunder. Sie spürten es. Alles war wieder einfach und klar in ihnen, zwischen ihnen, um sie her. Es gab nichts mehr, was sie trennte. Ankes Wahrheit hatte sich als die stärkere erwiesen, stärker als Walthers Wahrheit.

Welch ein Labsal, sich zu waschen. Ein großer, nasser Fleck bildete sich auf dem Plankenboden der Hütte. Anke sah es lächelnd und hielt sich wohlweislich außerhalb der Spritzer, die der schnell wieder zu sich kommende Walther mit Lust versprühte. Mit Lust – ja, so war es! Er spürte, wie eine außerordentliche Kraft und Selbstgewißheit von ihm Besitz nahm. Was ihn in den vergangenen zwei Tagen vorangetrieben hatte, als sei er von Furien gehetzt, hatte sich in der Tat in eine lustvolle Sicherheit verwandelt: Anke war neben ihm, fürchtete nichts, bewirkte das Notwendige und Nächstliegende und war ganz selbstverständlich überzeugt, daß Walther das Richtige zu tun wußte. Sie warf sich mit ihm ohne Angst und Rückhalt in die Arme des Kommenden, des Unvermeidlichen. Sie konnte warten. Sie fragte nicht. Und sie wußte, wann nicht länger gewartet werden durfte!

Eine Viertelstunde später hatte Walther ein trockenes Hemd und trockene Hosen auf dem Leibe; er fühlte sich durch und durch erfrischt – Ankes Gegenwart war wie eine stärkende Arznei. Jetzt fiel es ihm leicht, in beinahe alltäglichem Ton zu berichten, was sie vor allem anderen wissen mußte: »Anke, es ist entschieden. Alle Akadier werden mit Gewalt außer Landes gebracht. Sobald wie möglich, damit sie keine Zeit finden, sich zu sammeln und zu wehren. La Have und Petite Rivière kommen auch an die Reihe, aber wahrscheinlich ganz zuletzt. Die Schiffe werden mit Menschen vollgestopft. Hunderte werden sterben. Irgendwo in Carolina oder Gott weiß wo wird man die Deportierten an Land setzen, aussetzen! Wir haben drei bis fünf Tage Zeit, dem Abtransport zuvorzukommen. Wir lassen uns nicht verladen wie eine Herde Vieh. Wir, du und ich und die Kinder, wir könnten allerdings hierbleiben. Die akadischen Farmen sind schon vergeben. Die Farmen unserer Nachbarn Maillet und Dauphiné sind bereits ...« Er lachte: »Sind bereits, ob du es glaubst oder nicht, auf unseren Namen umgeschrieben. Die Engländer haben offenbar keine Vorstellung davon, wie es bei uns aussieht. Sie zwingen uns, irgendwohin auszuweichen, wo uns niemand mehr findet. Gott sei Dank, dies Land ist groß genug, und seine Wälder haben kein Ende. Ich denke, alle unsere Leute hier haben es begriffen: Wir müssen uns einen Platz suchen, wo uns keiner mehr aufspürt, wo uns keiner mehr dreinredet. Wir haben den schweren Anfang in Halifax bestanden, Anke, dann den zweiten Anfang hier. Wir werden ihn auch zum drittenmal bestehen. Kein einziger hat uns hier geholfen, außer den Nachbarn, denen es genauso gegangen ist wie uns. Die Regierung behandelt uns wie Vieh. Das ging im alten Land. Hier geht es nicht. Es ist ungeheuer viel Platz vorhanden. Das macht uns frei.«

Sie antwortete nicht. Aber ihre Augen senkten sich für ein paar Herzschläge in die seinen. Sie lächelte, wie er sie noch nie lächeln gesehen hatte, triumphierend fast: Dieses Lächeln verriet einen ruhigen, durch nichts mehr zu verwirrenden Stolz.

Walther griff nach dem Becher dampfenden Grogs, den Anke ihm reichte – er trank ihr zu, leerte ihn auf einen Zug. Wie mildes Feuer rann ihm das goldbraune Getränk durch die Kehle.

Jetzt konnte er auch sagen, was viel schwerer zu sagen war: »Anke, noch etwas, was du kaum glauben wirst. Ich habe in Halifax einen Mann aus deiner alten Heimat gesehen. Ich wollte zuerst meinen Augen nicht trauen. Aber dann sah ich seinen Namen auf der Liste der Neusiedler, die in die Farmen der Akadier einrücken sollen. Jonas geht der Sache nach, ohne uns zu verraten. Aber ich kann nicht daran zweifeln, daß der Deutsche, den ich auf der Brunswick Street in Halifax gesehen habe, Heinrich Lüders aus Haselgönne gewesen ist.«

Erschreckend war die Veränderung, die sich an Anke vollzog, als sie erst ganz erfaßt hatte, was diese Nachricht bedeutete. Alle Farbe wich aus ihrem Gesicht. Was eben noch wie Triumph und Stolz erschienen war, erlosch, wie eine Kerzenflamme unter dem blechernen Löschhütchen stirbt. Ihre Augen wurden groß und leer. Walther hatte nicht ahnen können, welch tiefen Schrecken seine Nachricht heraufbeschwor.

Der Schrecken sprang auf ihn über. Warum war sie so entsetzt?

Sie stammelte: »Heinrich Lüders? Wie kommt der nach Nova Scotia? Was will er hier? Sucht er nach mir, nach uns? O mein Gott, ich hatte alles vergessen. Es war nicht mehr wahr. Ich will nichts mehr davon wissen. Holt es uns ein? Ach, Walther!«

Plötzlich lag sie an seiner Brust und schluchzte. Nichts hätte ihn mehr bestürzen können als diese Tränen. Sie war plötzlich wieder das blutjunge Ding aus dem abgelegenen Dorf, das sich ihm anvertraut hatte, das mit ihm geflohen war, ohne sich noch einmal umzublicken – und dann hatte das große Abenteuer, der erbarmungslose Zwang, sich bewähren zu müssen, sie und ihn verschlungen. Und nicht ein einzigesmal hatten sie zurückblicken können, zurückblicken dürfen. Und nun: »Holt es uns ein«? hatte sie gefragt. Jetzt erst wurde ihm klar, was das Auftauchen des Heinrich Lüders bedeutete.

Er versuchte, sie zu beruhigen: »Warum hast du Angst, Anke? Es kommen viele Deutsche aus dem hannoverschen Stammland herüber. Warum nicht auch er? Vielleicht hat das gar nichts mit uns zu tun. Sicher wird Jonas uns Genaueres berichten.«

Sie nahm sich wieder zusammen, richtete sich auf. »Vielleicht, Walther! Es ist wie eine Fügung. Wir wollen mit den Akadiern unsere Farmen verlassen, um irgendwo neu zu beginnen, wo uns keiner findet. Das wollten wir. Jetzt müssen wir es. Ich will dem Heinrich Lüders nicht mehr begegnen. Ich darf es nicht. Ich war ihm versprochen.«

»Was braucht dich das noch zu kümmern, Anke! Gewiß, du warst ihm versprochen, wie man sagt. Die Väter hatten sich geeinigt. Du selbst bist nicht viel gefragt worden. Und dann: Wir haben geheiratet, wie es sich gehört. Wir haben Kinder. An all dem ist nichts mehr zu rütteln!«

Sie wandte sich ab. Ihre Augenbrauen waren zusammengezogen. Tiefer Ernst beschattete ihr Gesicht. Sie gab zu bedenken, sehr gefaßt jetzt, beinahe nüchtern: »Hast du vergessen, Walther, was bei uns in der Heide gilt? Ich bin ihm davongelaufen, dazu meinem Vater und seinem Vater. Du weißt doch – oder muß ich dich erst daran erinnern? –, daß ich damit ihn und die Väter vor aller Welt lächerlich gemacht habe! Daß ich ihm die Möglichkeit genommen habe, ein anderes Mädchen von einem der großen Höfe zu heiraten? Daß ihm nur die Wahl blieb, eine Fremde oder eine Magd zu heiraten, die ihn – und die er – immer heimlich mißachten würde? Ich habe nichts davon vergessen, wie bei uns daheim das Gemunkel und das Gerede die Leute hinrichten kann, ohne daß ein einziger Tropfen Blut dabei fließt. Wir haben nie überlegt, was alles passiert sein mag, seit wir aus Haselgönne geflohen sind. Wir hatten an uns zu denken und damit genug zu tun. Ich habe mich manchmal im stillen gefragt, ob ich richtig gehandelt habe, besonders damals, als du dich von den Engländern für Lunenburg wieder in Dienst nehmen ließest. Und Heinrich Lüders tat mir dann leid. Aber das ist alles müßig. Wir sind längst hunderttausend Meilen weiter, als wir damals in Haselgönne gewesen sind. Ich will nichts mehr davon wissen. Ich will diesen Mann vom Nachbarhof nicht wiedersehen. Unser Land Amerika ist groß. Wir wollen fort von hier.«

Walther hatte den Ausbruch regungslos angehört. Sie war also nie ganz freigeworden von der heimlichen Vorstellung, an den Vätern und an dem Nachbarssohn, dem sie versprochen worden war, ohne rechten Widerstand zu leisten, schuldig geworden zu sein, schuldig! Sie hatte die Bindungen der Vergangenheit nie vollständig abgestreift, wie er. So war es nämlich: ihn hatte im Grunde niemand in der Heimat festhalten wollen. Aber sie war nach alter Sitte und starrem Brauch eingeordnet gewesen – und war ausgebrochen. Um seinetwillen. Niemals durfte er sie im Stich lassen.

Plötzlich vermochte er sich der verzwickten Lächerlichkeit ihrer Lage nicht mehr zu erwehren. Unwillkürlich verzog er den Mund, als erheitere ihn ein grimmiger Scherz.

Anke nahm es wahr, verstand es nicht, wurde unwillig: »Was gibt es da zu lachen, Walther? Ich wüßte nicht, was daran so lustig wäre.«

Er nahm sie fest in den Arm. »Ach, Anke, doch! Bis jetzt schien es uns freigestellt, ob wir unseren Nachbarn zureden sollen, sich der Ausweisung zu entziehen, ob wir ihnen vorangehen oder uns ihnen anschließen. Der liebe Gott hat uns sogar in Versuchung geführt, am Ort zu bleiben und mit den beiden Nachbarfarmen von Maillet und Dauphiné zu reichen Leuten zu werden. Nun gibt es gar nichts mehr zu entscheiden, und versucht werden wir auch nicht. Der Heinrich Lüders treibt uns in die Flucht. Der Krieg zwischen England und Frankreich und der Hinauswurf der Akadier – das kommt uns gerade recht. Wir brauchen bloß mitzuschwimmen. Als ob es uns so bestimmt wäre!«

Anke löste sich aus seinen Armen. Sie mochte zu überraschen, auch zu erschrecken sein; aber auf längere Zeit verwirren, ließ sie sich längst nicht mehr. Auch sie lächelte jetzt, wenn auch mit traurigen Augen.

»Es ist uns wohl bestimmt, Walther. Packen wir also abermals unsere Sachen und ziehen wir weiter! Vielleicht gehört das zu diesem Land. Es ist leer und groß, man kann hier sein, kann dort sein; es bleibt sich gleich, wo.«

Schon besann sie sich auf ihre Pflichten: »Du hast nichts gegessen. Aber es dauert nicht lange. Bald steht etwas auf dem Tisch.« – Walther legte die Glut unter der Herdasche bloß, packte Holz auf, blies ein wenig, schon flackerte das Feuer hoch. Anke bereitete das verspätete Abendbrot. Draußen plätscherte das Regenwasser aus der Raufe vom Dach. Kokwee und Maillet mußten bald erscheinen, wenn sich Maillet dem Indianer für den Rückweg zur Ferme Corssen angeschlossen hatte.

Immerhin saß Walther schon zu Tisch und löffelte die heiße Gerstensuppe – reichlich Wildfleisch war hineingeschnitten und mitgesotten –, als die Tür aufgestoßen wurde, und der Indianer mit Charles Maillet den Raum betrat.

»Endlich!« sagte Anke. »Wir haben schon auf euch gewartet! Laßt Walther essen. Er hat für den Weg über Land von Halifax hierher nur wenig mehr als zwei Tage gebraucht, damit wir Zeit gewinnen. Er muß sich jetzt ausruhen, damit er morgen in aller Frühe wieder beieinander ist. Ich weiß über alles Bescheid. Charles, höre genau zu. Du mußt noch heute abend – es wird ja Nacht werden – Pater Bosson in La Have alarmieren. Wir müssen uns alle, wir hier und die Leute von La Have und Petite Rivière, in der Kirche versammeln, um zu beschließen, was wir tun wollen. Die Leute von Petite Rivière werden die Nachricht vielleicht erst morgen früh bekommen. Aber dann können sie immer noch lange vor Mittag in La Have erscheinen. Was du Père Bosson zu sagen hast, ist dies . . .«

In knappen Worten erläuterte sie, daß die Austreibung aller Akadier aus Neu-Schottland beschlossene Sache sei, daß das Schicksalsrad sich bereits knarrend in Gang gesetzt habe, daß aber die Umstände und Walthers Gewaltmarsch den Leuten von La Have eine Frist gewährt hätten, die es ihnen ermögliche, der Deportation zuvorzukommen.

Sie schloß: »Ich weiß nicht, ob wir einfach von hier in die Wälder gehen oder ob wir erst mit den Kanus den La Have aufwärts ziehen wollen, um dann auf der Höhe des Landes nach Westen zu biegen. Das müssen die Männer morgen in der Kirche beraten und beschließen. Kokwee kennt jeden Fluß und jeden See im Inneren. Er wird uns helfen!«

Walther hatte den geleerten Teller beiseite geschoben. »Charles«, sagte er, »die Engländer haben zwei französische Kriegsschiffe, die ›Alcide‹ und die ›Lys‹, eingebracht, mitsamt dem Gouverneur von Louisbourg, der französischen Kriegskasse und einem Dutzend Säcke mit je vierhundert Skalpiermessern. Auch wurde die Liste mit den Namen der Leute entdeckt, an welche die Skalpiermesser ausgegeben werden sollten. Auf der Liste steht sowohl dein Name wie der von Pierre Callac. Du mußt dir klar darüber sein: Die Engländer werden glauben, du stehst im geheimen, landesverräterischen Einvernehmen mit den Franzosen. Es besteht also die Gefahr, daß du mit den Deinen nicht nur wie alle anderen Akadier deportiert, sondern mit Callac verhaftet und vor ein Kriegsgericht gestellt wirst. Mit der Begründung, du habest, ebenso wie die jungen Akadier, die den Engländern in Beauséjour in die Hände gefallen sind, auch den eingeschränkten Treueid auf die Krone von England gebrochen. Irgendwelche Flausen und gutgläubigen Hoffnungen, Charles, nutzen uns jetzt nichts mehr. Wenn wir uns nicht aufraffen und unser Schicksal selbst in die Hand nehmen, werden wir vernichtet und verlieren alles. Wenn wir aber – es ist gerade noch Zeit dazu! – kühne und schnelle Entschlüsse fassen, retten wir nicht nur unsere Freiheit, sondern sicherlich weit mehr. Mach das Père Bosson ganz deutlich.«

Maillet war einen Schritt zurückgewichen; diese Nachrichten hatten ihn wie Faustschläge getroffen. Er stammelte: »Skalpiermesser? An mich? Das ist ja Wahnsinn! Ich habe nie skalpiert und werde es nie tun. Aber das bekenne ich: Mein jüngerer Bruder ist zu den ›Coureurs de bois‹ gelaufen und kämpft auf französischer Seite. Deswegen mögen die Franzosen geglaubt haben, auch ich wäre ihr Mann. Ich nicht! Ich hasse sie ebenso, wie ich die Engländer hasse. Für beide sind wir Akadier nur Dreck, den man sich vom Stiefel streift, wie sich's gerade ergibt. Deportieren? Mich nicht! Sie werden nicht dazu kommen, Hand an uns ...« Er unterbrach sich plötzlich, trat an den Tisch, hinter dem Walther saß, stützte sich schwer auf. »Walther, wir dürfen nicht in dieser Gegend bleiben. Hier findet man uns über kurz oder lang. Wir müssen viel weiter fortgehen, müssen die Spuren hinter uns verwischen. Ich weiß etwas Besseres. Seit mehr als zehn Tagen liegt Quenneville, der akadische Händler, der uns immer unsere Produkte abgenommen hat, mit zwei kleinen Schiffen bei Petite Rivière und kann nicht weiter wegen des schlechten Wetters. Er muß uns an Bord nehmen und irgendwohin bringen, wo man uns nicht wiederfindet.«

Walther erwiderte: »Das ist es, was mir die meiste Sorge macht: ›Wo man uns nicht wiederfindet.‹ Wo ist das?«

Kokwee, der sich sonst niemals in die Gespräche der Weißen mischte, lehnte noch immer an der Hüttenwand. Auf seinem nackten Oberkörper perlten Regentropfen. Obwohl er leise sprach, füllte seine Stimme den Raum: »Meine Leute werden mit euch kommen. Wir sind vier Familien. Wir wollen nicht allein bleiben oder nur geduldet sein bei den Mius-Leuten. Ihr seid unsere Freunde und die Pflegeeltern meines Sohnes. Wenn wir zwei Schiffe haben, und wenn der Sturm nachläßt, können wir zu einem Platz an der Küste weiter im Westen fahren. Von dort führt ein alter Pfad ins Innere des Landes zu einem großen See namens Kagetoksa, den außer meinen Leuten noch nie ein Mensch gesehen hat. Und doch ist die nordwestliche Küste der Fundy-Bay von dort nur zwei Tage entfernt.«

Alle blickten auf Kokwee. Walther war aufgesprungen: »Kokwee, wenn du und die Deinen sich uns anschlössen, das wäre der halbe Erfolg! Willkommen seid ihr uns, willkommen! Damit ist alles entschieden! Charles, verliere keine Zeit weiter! Es wird schon dunkel. Mache dich auf den Weg zu Père Bosson! Du, Kokwee, brauchst nicht zu zögern oder zu fragen. Bringe deine Leute her, so schnell wie möglich. Ihr gehört zu uns!«

Wenige Minuten später waren Charles Maillet und Kokwee im Regen, im Sturm, in der einbrechenden Dunkelheit verschwunden, der eine nach Norden, der andere nach Süden.

Ehe Walther und Anke sich zur Ruhe legten, traten sie noch einmal in den Nebenraum, in dem die Kinder schliefen. Anke hatte eine der Kerzen aus Unschlitt entzündet, mit denen sie sonst sehr sparsam umging. Die beiden Knaben ruhten einträchtig beieinander, der braune und der bräunliche. Williams Hand ruhte auf Indos Schulter, als wollte er sich des Gefährten noch im Schlaf versichern. Die kleine Anna hatte sich eingekringelt wie ein Kätzchen.

Anke flüsterte: »Wieder ein neuer Anfang, Walther! Für uns und die Kinder.«

Er fügte hinzu: »Gebe Gott, daß es der letzte ist!«

In dieser Nacht war es, als hätten sie sich noch nie erkannt.

18

Hätten die akadischen Siedlungen am Petite Rivière, dem ›Flüßchen‹, und am großen La Have-Fluß nicht das Glück gehabt, in ihrem Père Bosson einen ebenso tatkräftigen wie weitblickenden geistlichen und geistigen Führer zu besitzen – sie wären wahrscheinlich ebenso in den Strudel der Ereignisse gerissen und von ihm verschlungen worden wie die Mehrzahl der akadischen Dörfer und Städtchen auf dem Boden der englischen Kolonie Nova Scotia. Es ging in die harten Bauernköpfe der Akadier nicht hinein, daß der Gouverneur eines fremden Staates, eines noch fremderen als es selbst Frankreich schon für sie war, ihnen, die seit Generationen die Wildnis in blühende Gefilde verwandelt hatten, befehlen wollte, ihr Land zu verlassen. Konnte man denn diese unglaubliche Anmaßung eines Beamten aus einer ganz anderen Welt überhaupt ernst nehmen? Man war beunruhigt, gewiß. Aber wer würde sich schließlich getrauen, sie, die selbstgenügsamen

Herren und Diener dieser Erde, die nur in Ruhe und Frieden leben und arbeiten wollten, gleichsam mit den Wurzeln aus ihrem ureigenen Boden auszureißen?!

Sie warteten, bis es zu spät war. Vor allem jene, die, wie im Annapolis-Tal und um das Minas-Becken der Bay of Fundy, etwas dichter saßen und sich, in Dutzenden von Sippen hundertfach miteinander verwandt und verschwägert, sicher fühlten. Sie glaubten nicht, was ihren Abgesandten an jenem schicksalsträchtigen 28. Juli 1755 in Halifax verordnet worden war: daß sie allesamt mit Kind und Kegel des Landes verwiesen, daß ihre Besitztümer beschlagnahmt, ihre Farmen enteignet waren – und dies alles nur, weil sie auf ihrem alten, stets eingehaltenen Treueid bestanden und einen neuen, erweiterten, für überflüssig hielten.

Sie warteten, bis die rotröckigen Soldaten des englischen Königs anrückten, zunächst die jüngeren Männer, dann die Frauen, die Alten und die Kinder, zusammentrieben und einhürdeten wie die Schafe. Wer Widerstand leistete, wurde geschlagen, notfalls erschlagen. Wer sich nicht beeilte, wer halsstarrig blieb, dem wurde das Dach über dem Kopf angezündet.

Die Schiffe erschienen, nach sorgfältig vorbereitetem Plan, vor der Küste der Bay of Fundy. Mit dem Verladen der Akadier wurde sofort begonnen. Wo sich Widerstand geregt hatte oder im letzten Augenblick noch befürchtet wurde, war der jeweilige englische Standort-Offizier bemüht, sich auf alle Fälle erst einmal die Männer vom Halse zu schaffen. Waren die Schiffe bis zum letzten Platz gefüllt, so lichteten sie sofort die Anker und nahmen Kurs auf die offene See, auch wenn die zu den Männern gehörigen Frauen und Kinder noch längst nicht verladen waren. Viele Familien wurden so zerrissen. Eltern fanden ihre Kinder, Frauen ihre Männer, Familien ihre Anverwandten niemals wieder.

Der Gouverneur von Nova Scotia, Charles Lawrence, hatte die Kapitäne der Transporter mit Handschreiben an die Gouverneure der weiter im Süden längs der amerikanischen Ostküste sich aufreihenden älteren Kolonien, von Massachusetts über Connecticut, Rhode Island, New York und andere, bis hinunter nach Carolina und Georgia versehen. In diesen Begleitbriefen wurden die Gouverneure der südlichen Kolonien darüber ins Bild gesetzt, daß die Deportierten um der militärischen Sicherheit der neuen Kolonie Nova Scotia willen hätten vertrieben werden müssen, daß man sie aber auch den Franzosen nicht habe überstellen dürfen, da sie von diesen wahrscheinlich sofort bewaffnet und gegen England eingesetzt worden wären.

Deshalb – so wörtlich – »wurde es für notwendig befunden und als einzig brauchbare Maßnahme, die Leute auf die anderen Kolonien aufzuteilen. Sie mögen dort von einigem Nutzen sein, denn die meisten von ihnen sind gesundes, starkes Volk. Sie mögen gewinnbringend zu verwenden sein und mit der Zeit möglicherweise treue Untertanen werden.«

Die Gouverneure im Süden waren nicht entzückt, als die Schiffe in ihren Häfen erschienen, die Kapitäne die Schreiben ablieferten und ihre menschliche Fracht an Land setzten, und das möglichst ohne Aufenthalt. Wollten und mußten sie doch die nur gecharterten Schiffe schleunigst wieder freibekommen! Was fragten die Gouverneure nach den unglückseligen Akadiern! Die hätten eben den Treueid schwören sollen! Dann wären sie nicht deportiert worden! Was war nur mit diesen so gut wie mittellosen, total verelendeten Menschen anzufangen? Die ohnehin überfüllten Armenhäuser vollends sprengen? Allerdings – aber das war nur ein schwacher Trost: Keiner der Kapitäne lieferte die Zahl der Deportierten in den Bestimmungshäfen ab, die in den Begleitbriefen angegeben war. Die Seereise auf den erbarmungslos vollgestopften Schiffen hatte viel mehr Opfer gefordert als an Land das Einsammeln der Akadier, ihre Internierung und die Einschiffung. Verzweiflung und Hunger, Seekrankheit und Typhus hatten unterwegs die Vertriebenen in Scharen vom Leben zum Tode gebracht.

Die ›Cornwallis‹ zum Beispiel verließ Chignecto am äußersten Ostende der Bay of Fundy mit vierhundertundsiebzehn Akadiern an Bord, die von Süd-Karolina aufgenommen werden sollten. Als das Schiff sich in der schönen Stadt Charleston an den Kai legte, waren es nur noch zweihundertzehn Unglückliche, die da entkräftet an Land wankten. Sie gerieten in eine Welt, die ihnen vollkommen fremd, ja, unverständlich erscheinen mußte: Eine dünne weiße Oberschicht, stolz auf ihre Bildung, ihren Geschmack, ihren Reichtum, gab allein den Ton an und führte ein Leben in Muße und Luxus. Denn in ihren stolzen, gepflegten Stadthäusern sowohl wie auf ihren riesigen Plantagen vor der Stadt und weiter im Lande sorgten Tausende von schwarzen Sklaven, daß das Leben der Herren in den ›Großen Häusern‹, trotz der schwülen, heißen, schweren Luft bei Tag und Nacht angenehm blieb, und der Reichtum stetig zunahm. Die einst unabhängigen Bauern aus dem kühlen Akadien – was hatten sie in dieser Welt zu suchen?

Einige Gouverneure schickten die für ihre Kolonie bestimmten Transporter gleich weiter nach England, mit der Begründung, die Akadier seien zwar Rebellen, auf alle Fälle aber Untertanen des Königs von England. Die Kolonien hätten schon genug fremdes Pack zu verdauen. Mochte also das Mutterland sich dieses groben Volks, das Englisch nicht einmal radebrechen konnte, nach Belieben annehmen. So geschah es in Virginia. Selbst in der katholischen Kolonie Maryland vermochten die immerhin katholischen Akadier nicht Fuß zu fassen. Was von ihnen dort übrigblieb, driftete schließlich auf Umwegen nach dem französischen Louisiana an der Mündung des Mississippi*.

Massachusetts, Connecticut, New York und Pennsylvania versuchten, die ihnen ausgelieferten Akadier anzusiedeln – mit nur geringem Erfolg. Denn da beinahe jede Familie bei der gewaltsamen Vertreibung auseinandergerissen war, mochte kein Akadier auf der ihm zugewiesenen neuen Heimstatt bleiben. Viele wanderten ziellos von Kolonie zu Kolonie, wurden von der vagen Hoffnung, die Frau oder die verlorenen Kinder wiederzufinden, endlos weitergelockt, verkamen und gingen zugrunde.

Aber trotz noch so geschickt geplanter Gewaltmaßnahmen – das Netz der Engländer, mit dem sie die Akadier einfangen wollten, war doch nicht eng genug geknüpft. Etwa ein Drittel der neun- bis zehntausend Akadier entzog sich dem englischen Zugriff. Wo die Akadier allerdings schon zu geschlossenen Siedlungen an den wenigen Hauptstraßen des Landes und längs des Annapolis-Tals zusammengerückt waren, entgingen sie den englischen Eintreibe-Kommandos nicht. Flohen sie

* Im Delta des Mississippi wird heute noch ein verderbtes Französisch gesprochen.

dort noch im letzten Augenblick, so wurden die Höfe der Flüchtigen mit allem Inventar eingeäschert.

Abgelegene kleinere Siedlungen jedoch, im Wald verlorene Einödhöfe bekamen in zahlreichen Fällen rechtzeitig Wind von dem Schicksal, zu dem auch sie verurteilt waren. In fliegender Eile packten die Bedrohten ihr Hab und Gut zusammen und zogen mit ihrem Vieh in die unermeßlichen Wälder, die sie sehr wohl zu nutzen wußten. Denn seit drei oder vier Generationen schon war die Wildnis ihre Heimat, während sie den Engländern und den von ihnen ins Land gebrachten Einwanderern aus Europa noch immer unheimlich vorkam, grenzenlos und wegelos, wie sie war. Manche dieser Gruppen haben die neun Jahre der Verbannung in der Wildnis nicht nur bestanden, sondern kamen, kräftig und an Zahl noch gewachsen, wieder zum Vorschein, als 1764 den Resten der Akadier die Siedlung in Nova Scotia von neuem gestattet wurde. Allerdings durften sie nicht auf ihre inzwischen längst vergebenen alten Plätze zurückkehren. Sie hatten wieder einmal von vorn anzufangen. Immerhin waren es etwa tausend, die in ihre geliebte Heimat Akadien zurückkehren konnten. Ihre Nachfahren leben, verhundertfacht, dort noch heute.

Obgleich die Akadier in gutem Glauben an ihr Recht und die ohne ihre Zustimmung nicht aufhebbare Gültigkeit des alten Eides ihre Waffen abgeliefert hatten – Lawrence hatte sie ihnen klugerweise abverlangt, bevor er mit der Austreibung ernst machte –, setzten sie doch in mehr als einem Falle Gewalt gegen Gewalt. Sechsundachtzig akadische Männer zum Beispiel, die schon zum Abtransport in ein Lager im Fort Lawrence (nahe der heutigen New-Brunswick-Grenze) eingesperrt waren, gruben sich vom Innern ihrer Baracke her einen Tunnel unter dem hohen Palisadenzaun hindurch und entkamen. In dem Bericht des Lagerkommandanten heißt es: »... Sie gruben sich unter der Südschanze eine Röhre ins Freie. Die Sache ist um so schlimmer, als die Frauen aller dieser Männer noch nicht in Gewahrsam genommen waren ...«. Die sechsundachtzig schlugen sich zu Fuß mit den Ihren nach Québec ins Franko-Kanadische durch, und die Engländer hatten das Nachsehen.

Andere bemächtigten sich unterwegs ihrer Transportschiffe und lenkten sie nach Frankreich um. Dort empfing man die

Akadier zunächst mit großen Ehren. Doch waren sie nur Bauern und wollten nichts anderes sein. Bauern aber brauchen – so meinte das königliche Frankreich – einen adligen Feudalherrn. Es gab manch einen Aristokraten, der die kräftigen, mutigen Männer gern in Dienst und Leibeigenschaft genommen hätte. Aber die Akadier fühlten sich ganz und gar als Freibauern, was sie wahrhaft gewesen waren. Sie wollten ihr Land vom König unmittelbar zu Lehen erhalten, wollten nicht Hintersassen oder Unfreie eines Klosters oder hohen Herrn werden. Sie alle sind nach und nach wieder nach Amerika zurückgekehrt, sei es ins Québecische, sei es in den fernen Nordwesten des Kontinents, sei es nach Neufundland, nach St. Pierre und Miquelon (die heute noch französisch sind), sei es schließlich ins geliebte Akadien selbst, nachdem die Akadier dort wieder siedeln durften. Im königlichen Frankreich mochten die freien Akadier nicht mehr Wurzel schlagen.

Klüger und kühner zeigte sich eine Gruppe von einigen Dutzend akadischer Männer, die glücklicher daran waren als viele andere, da ihre Frauen und Kinder mit ihnen auf dem gleichen Schiff verladen und nach Süden in Marsch gesetzt worden waren. Die Männer überwältigten, nach genau vorbereiteten Plan, in plötzlichem Überfall die Besatzung des Schiffes und versicherten sich der Offiziere als Geiseln. Sie zwangen den Kapitän, das Schiff auf Gegenkurs zu legen und wieder in die Bay of Fundy zurückzukehren. Dort ließen sie sich an der Mündung des St. John River an Land setzen, umgingen die kleine Urwaldfestung der ahnungslosen Engländer und zogen, den mächtigen St. John aufwärts, tief ins Innere (des heutigen New Brunswick). Erst nach Jahrzehnten erfuhren die Engländer etwas von dem Verbleib dieses kühnen akadischen Haufens – als dies längst für die Akadier keine Gefahr mehr bedeutete.

Die Masse jener Akadier, deren die Engländer habhaft werden konnten, wurde in der zweiten Hälfte des Jahres 1755 aus der Heimat vertrieben. Doch ging der Abtransport noch in den anschließenden Jahren weiter, je nachdem, ob hier ein verlorenes Trüppchen aufgestöbert, dort ein Versteck verraten wurde.

Die von dem zweiten Georg und seinen ›Lords of Trade and Plantations‹ nach Nova Scotia verpflanzten Deutschen wurden von der gewaltsamen Aussiedlung der Akadier kaum berührt. Zwar gab es auch unter ihnen – wie aus den vertraulichen Berichten der englischen Beamten und Militärs hervorgeht – eine Anzahl von Männern und Frauen, die von der Freiheit und Weite des neuen Erdteils nach kurzer Zeit verwandelt wurden und die der hier wie im erzfeudalen Europa von ihnen erwarteten Untertänigkeit keinen Geschmack mehr abgewannen. Sie wollten nicht mehr nur Werkzeuge in der Hand der Mächtigen sein. Ob sie sich von dem Vorbild der Akadier verlocken ließen, ob die Freiheit, die Gesetzlosigkeit der unermeßlichen Wälder, die nie zu bändigende Gewalt der kristallenen Bäche und Ströme, die stählerne Härte der Winter, das überwältigende Leuchten der Frühlinge, Sommer und Herbste, der üppige Boden der jungen Rodungen – ob all diese verschwenderisch dargebotene Fülle ihr eigenes Freiheitsbedürfnis erst erweckte und somit alles in Frage stellte, was sie an Demut und Untertanengeist aus Europa mitgebracht hatten – wer wollte das heute, mehr als zweihundert Jahre danach, entscheiden!

In einem Bericht über die Außenposten des britischen Einflusses in Nova Scotia vom 30. März 1755 heißt es: »Die reguläre Truppe kann (in Lunenburg) keinesfalls entbehrt werden, einerseits um die Siedler zu schützen, andererseits, um jene unter ihnen, die von aufrührerischer Natur sind, eingeschüchtert zu halten.«

Es hat auch Deutsche gegeben, die sich früh schon der englischen Bevormundung und Überheblichkeit in Halifax und Lunenburg entzogen. Wenn sie nicht durch Weib und Kind gebunden waren, schlugen sie sich in die Büsche, verlegten sich auf den Pelztierfang und Pelzhandel und machten Geschäfte mit den Indianern. Oder sie fanden Anschluß an eine akadische Siedlung, die einem jeden jungen Mann aus dem feudal verschachtelten Europa wie ein Paradies der Selbstbestimmung und Unabhängigkeit erscheinen mußte, gleich weit entfernt von königlich englischer wie von königlich französischer Bevormundung. – Von einzelnen, allerdings bemerkenswerten Ausnahmen abgesehen, galten den Indianern die Deutschen, anders als die schon vor den Engländern im Land eingesessenen Akadier, als eine Art von minderen Engländern – wodurch wiederum die Deutschen in ihrer großen Mehrheit auf die Seite der Engländer gedrängt wurden. Denn die Überfälle der Indianer auf die aus der Stadt Lunenburg sich in das Umland hinausschiebenden Höfe und Felder wollten nicht aufhören. Mancher deutsche Skalp gelangte auf Umwegen nach Louisbourg zu den Franzosen und wurde mit zwanzig und schließlich dreißig Louisdor bezahlt.

Abgesehen von der Indianergefahr vermochten sich die Deutschen – anders als die Akadier, die sich in der Tat viele Jahrzehnte lang praktisch allein regiert hatten und großartig dabei gefahren waren – als nichts anderes zu betrachten, denn nur als Subjekte Georgs des Zweiten, des Kurfürsten von Hannover, zugleich aber auch des Königs von England.

Wie stark trotz allem die Deutschen gespürt haben müssen – und wie früh schon! –, daß in der klaren, harten Luft des amerikanischen Erdteils die alten, aus Europa mitgeschleppten Fesseln brüchig wurden, geht aus einem Bericht des Oberst Monckton hervor, den dieser schon Ende 1753 aus Lunenburg nach Halifax sandte.

Dort heißt es: »Unter den Deutschen ist eine starke Neigung festzustellen, jeder Obrigkeit, welcher Art auch immer, den Gehorsam aufzusagen und sich der gleichen Manier von Unabhängigkeit zu verschreiben, die von den Akadiern zur Schau getragen wird. Die Deutschen sind auch davon überzeugt, daß die Indianer lernen würden, sie von den Engländern zu unterscheiden und schließlich nicht mehr zu befehden – eine Einbildung, die ihnen möglicherweise von akadischen oder französischen Agenten vermittelt worden ist, wofür es allerdings an eindeutigen Beweisen mangelt.«

Nach allem kann wohl kaum ein Zweifel daran bestehen, daß das erbarmungslose Exempel, das der Gouverneur Lawrence an den Akadiern Neu-Schottlands statuieren ließ – daß diese unmenschliche Enteignung und Vertreibung der Akadier von der Erde, die sie als erste Europäer in eine blühende Heimat verwandelt hatten, auch dazu bestimmt war, der zweiten großen Gruppe von Siedlern, den Deutschen in und um Halifax und Lunenburg, jede Lust zu nehmen, aufzumukken und nach ihrer eigenen Fasson selig zu werden.

Da die deutschen Neusiedler sich schon nach wenigen Jahren als bemerkenswert tüchtige, mutige und erfolgreiche Landnehmer erwiesen, bestand auf englischer Seite kein

Grund, sie nicht, allerdings vereinzelt und niemals mehr in geschlossenen Gruppen, auf freigewordene akadische Höfe nachrücken zu lassen – was allerdings erst drei bis fünf Jahre nach dem Hinauswurf der Akadier geschah, im wesentlichen erst, als 1760 die Indianer in Nova Scotia einsahen, daß Frankreich den Krieg nicht mehr gewinnen konnte und daß es sich deshalb empfahl, wenn sie nicht vernichtet oder wie die Akadier vertrieben werden wollten, die Übermacht Englands anzuerkennen und Frieden zu schließen.

Die Engländer durften, aufs Ganze gesehen, mit der Ansiedlung von Deutschen in der als Aufmarschgebiet gegen Frankreich geplanten neuen Kolonie Nova Scotia durchaus zufrieden sein. So schufen sie ein protestantisches Gegengewicht zu den katholischen, französisch sprechenden Akadiern. Zehn Jahre nach dem allerersten mühseligen, ja, eigentlich tollkühnen Anfang in Lunenburg konnte den ›Lords of Trade and Plantations‹ in London mitgeteilt werden: »Ich verfehle nicht, Eure Lordschaften darauf hinzuweisen, daß die Verhältnisse in der Siedlung Lunenburg und Umgegend (bis zu vierzig Meilen Entfernung) sich ausnehmend gedeihlich anlassen. Von den Kranken und Gebrechlichen abgesehen, gibt es dort niemand mehr, dem es schlecht ginge. Niemand leidet Mangel.«

So lautet es in einem Bericht des ›Präsidenten‹ Belcher aus dem Jahre 1760. Und im gleichen Jahr schreibt einer der Lunenburger Siedler, Andreas Young (Jung) an seine Verwandten nach Deutschland, daß jedermann weit und breit aus dem vollen schöpfe und daß er und seine Freunde und Nachbarn nichts weiter entbehrten als einen lutherischen Pastor.

Die Deutschen verwuchsen also früh mit ihrer englisch sprechenden Umwelt, die sich sehr bald durch zahlreiche Zuwanderer aus Schottland und viele entlassene Soldaten, die im Lande blieben und Familien gründeten, kräftig auffüllte. Die Akadier dagegen, denen eigentlich das Erstgeburtsrecht in Neu-Schottland zustand, wurden entwurzelt und blieben – auch als sie wieder in ihr geliebtes Akadien zurückkehren konnten – ein Fremdkörper, ein deutlich abgesonderter, der sich gleichsam als eine eigenständige ›Nation‹ nun schon über zweihundert Jahre lang und bis in unsere Gegenwart lebendig hält.

Was also Walther Corssen und seine akadischen Gefährten – er und Anke hatten sich zu ihrem, dem akadischen Schicksal frei entschlossen – 1755 und danach in den Urwäldern Neu-Schottlands erlebten, wie sie versuchten, sich dem Zugriff der imperialen Macht Englands zu entziehen und die Eigenständigkeit ihrer kleinen ›Nation‹ zu behaupten, ja, sie nun erst bewußt zu gründen, das fügte sich wie selbstverständlich in das Schicksal aller übrigen Akadier ein. Und wenn es schließlich scheiterte, so nicht, weil es aus sich selbst nicht lebens- und entwicklungsfähig gewesen wäre, sondern weil es von dem Übergewicht der schon bestehenden, eingefahrenen Zwänge und Mächte erdrückt oder aufgesogen wurde.

Auch unter den Leuten von La Have und Petite Rivière überwog die Auffassung, daß es doch ›wohl so schlimm nicht kommen werde‹, daß man ›sitzenbleiben sollte, wo man saß‹, daß ›mit den Engländern schon irgendwie zu reden sein würde‹, hätten sie sich doch bisher kaum um die abgelegenen akadischen Siedlungen gekümmert und außerdem, wann hätten die Bauern an den beiden Flüssen jemals der englischen Krone Anlaß gegeben, die akadische Harmlosigkeit zu bezweifeln!?

Indessen kamen die Vertrauensseligen gegen die ernsten, bald auch erbitterten und zornigen Einreden des geistlichen Hirten der Gemeinde, des Père Bosson, und des immer wieder von ihm als Zeugen aufgerufenen Walther Corssen nicht an. Vater Bosson stand auf den Stufen vor dem Altar, Walther Corssen hatte ganz im Hintergrund des Kirchenraums mit Anke und den Maillets Platz gefunden. So konnten die Leute sozusagen von vorn und vom Rücken her ins Kreuzfeuer genommen werden. Der alte Mann im Silberhaar mit den klugen Augen und der, wenn er wollte, keineswegs sehr sanften, vielmehr starken, ja dröhnenden Stimme hatte den ganzen Ernst der Stunde schonungslos deutlich gemacht: Diese eure angestammte Heimat ist schon verloren; euer Eigentum ist nicht mehr euer eigen; ihr werdet, wir werden ausgestoßen wie Adam und Eva aus dem Paradiese, und es gibt keine Berufung und keine Gnade. Wir haben nur die Wahl, uns wie Vieh eintreiben und verschicken zu lassen – Gott allein weiß, in welche feindliche Fremde – oder der Deportation zuvorzukommen und irgendwo in einem verborgenen Winkel, aber auf dem Boden der geliebten Heimat, einen neuen Anfang zu versuchen.

Walther Corssen war von Père Bosson aufgefordert worden, sich zu äußern. Er hatte es erwartet und war darauf vorbereitet. Er erhob sich, blieb aber, wo er war, in der hintersten Kirchenbank, zwang also, wie schon einmal zuvor, die ganze Versammlung, sich nach ihm umzudrehen. Er schaute über sie hinweg, als spreche er allein zu dem schmalschultrigen alten Mann, der vorn vom Altar her über die Leute blickte. Eher gedämpft als laut begann Walther:

»Glaubt mir doch, Freunde und Nachbarn! Wäre ich sonst in zwei Tagen bei schlechtem Wetter von Halifax hierher gekommen, wenn ich nicht wüßte, daß unser Haus schon brennt über dem Kopf und daß uns das Dach begraben wird,. wenn wir uns nicht im letzten Augenblick in Sicherheit bringen? Wenn wir uns freiwillig eine neue Heimat suchen, aber immer noch auf der Erde Akadiens, dann können wir wenigstens einen Teil unseres Besitzes retten und mitnehmen. Vor allem aber bleiben unsere Familien beieinander, die Männer bei ihren Frauen, die Eltern bei ihren Kindern, und die Großeltern brauchen nicht zu fürchten, verlassen zurückzustehen. Ich weiß, daß zuerst die Männer eingetrieben und verschickt werden sollen. Wohin aber? Das wird uns keiner verraten. Werden wir uns jemals wiederfinden? Wenn wir sichergehen wollen, so haben wir noch zwei oder drei Tage Zeit, unseren Auszug vorzubereiten. Kokwee, der Indianer, dessen Kind mit den meinen groß wird, will sich uns mit seinen Leuten anschließen. Er will uns zu einer fruchtbaren Gegend im Innern führen, wo kein Fremder uns findet. Freunde und Nachbarn, der Himmel ist auf unserer Seite: darauf deutet nicht nur, daß ich in Halifax frühzeitig Wind davon bekam, was an Gewalt gegen uns geplant ist, sondern auch der Umstand, daß Freund Quenneville, der Händler, mit seinen zwei Schiffen bei uns im Hafen liegt. Das beweist mir, daß wir davonkommen können, wenn wir nur wollen – und das auf eine Weise, die keine Spuren hinterläßt. Aber wir haben keine Zeit zu verlieren. Vielleicht bringt Quenneville mit seinen Schiffen nicht alle auf einmal weg. Dann muß uns eine Frist bleiben, die es ihm erlaubt, zweimal zu fahren. Kokwee sagt mir, daß wir bei leidlichem Wind nur einen Segeltag brauchen, um den Ort zu erreichen, den er im Auge hat. Das schlechte Wetter kann in dieser Jahreszeit nicht ewig dauern. Ist es vorbei, so können wir danach noch mit etwa zwei Tagen rechnen, in denen wir vor Besuchern sicher sind; diese Tage müssen wir nutzen. Quenneville ist unter uns. Was habt Ihr uns zu sagen, Quenneville?«

Der allen Versammelten wohlbekannte Händler, ein schwerer, breiter Mann mit rundem, kahlem Kopf, um den sich wie ein Reif eine Krause schwarzen, schon mit Grau vermischten Haares kringelte, erhob sich langsam von einer Seitenbank. Alle Köpfe wandten sich ihm zu.

Der Händler räusperte sich umständlich, wohl auch verlegen, ein großer Redner war er nicht. »Ja, liebe Leute, der Sturm hat mich hergetrieben, daß meine beiden Segler ihn hier im Schutz der Bucht abreiten. Aber auch die Angst trieb mich her. Die Engländer – und mehr noch die Yankees – verstehen sich auf die Kaperei. Gewiß, ich war immer britischer Untertan aus Annapolis Royal. Aber ich bin auch Akadier wie ihr. Und wie ihr wißt, habe ich auch gute Geschäfte mit den Franzosen in Louisbourg gemacht. Wie soll ich jetzt wissen, ob die Engländer mir das nachtragen, ob sie mir meine Schiffe wegnehmen, ob ich für sie ein Akadier bin wie die Bauern und ob ich und die Meinen auch deportiert werden? Ich muß daran denken, meine Familie und mein Geld abzuholen aus Annapolis Royal, bevor die große Hetzjagd beginnt. Vielleicht schaffe ich es den Sankt Lorenz aufwärts bis nach Québec oder nach Süden. Aber bis zu den französischen Antillen, das ist ein weiter Weg. Liebe Leute, ihr seht, auch ich bin in Not. Ihr seid mir alle lieb und wert. Aber vier Segeltage – und die Kaperschiffe der Engländer lauern vielleicht schon! Wer bezahlt mir das alles? Ich habe nichts zu verschenken. Bei diesen unsicheren Zeiten noch viel weniger als sonst!«

Lähmung bereitete sich aus, Schweigen. Bargeld gab es nicht viel in den Truhen der Bauern. Aber jeder hatte seit Jahr und Tag einen Notgroschen nach dem anderen beiseite getan; die meisten davon stammten von Quenneville, dem Händler. Nun sollte die Heimat Hals über Kopf verlassen werden. War nicht das kleine Säckchen mit den Silbermünzen der einzige

Besitz, den man sich auf alle Fälle auf den Leib binden und mitnehmen konnte?

Auch Père Bosson schien keinen Rat zu wissen. Walther spürte unbestimmt, daß neben ihm Anke mit sich kämpfte, ob sie nicht in die Debatte eingreifen sollte, wenn es auch nicht erwünscht war, daß die Frauen sich in die ›Angelegenheiten der Männer‹ einmischten. Es bedeutete schon eine Gunst, daß sie überhaupt an dieser Versammlung teilnehmen durften. Walther legte seine Hand auf ihre Hand, die leicht geballt neben ihm auf der Bank lag, hielt sie fest.

Jedermann fuhr zusammen, als plötzlich der unbändige Pierre Callac auf die Bank hinaufsprang, auf der er mit anderen gesessen hatte und mit schräg erhobenen Armen über die Versammelten hinschrie: »Was brauchen wir lange zu fragen, Leute! Wenn Quenneville hier Bedingungen stellt, dann werden wir ihm die Faust unter die Nase halten. Jetzt kann er mit seinen Schiffen nicht weg! Und später wird er gefälligst die Schiffe dorthin segeln, wohin wir sie gesegelt haben wollen! Was reden wir über Geld, wenn uns allen der Untergang droht? Charles Maillet, René Plouaret und ich, wir stehen auf der Liste, die den Engländern in die Hände gefallen ist. Wir sollten mit Skalpiermessern bedacht werden. Ich weiß nicht, wie ich zu der Ehre komme. Charles und René wissen es auch nicht. Trotzdem werden uns die Engländer, wenn sie uns erst am Wickel haben, hinter Schloß und Riegel setzen oder viel lieber noch an den Galgen hängen. Wenn uns Quenneville nicht die Schiffe gibt, das schwöre ich, dann kommt er gar nicht erst aus dieser Versammlung heraus. Charles und René werden mir helfen und viele andere auch, das weiß ich!«

»So ist es richtig, Pierre Callac!« schrie der angesprochene René Plouaret, ein schwärzlicher Mann von mittelgroßer, stämmiger Figur, und sprang ebenfalls auf seine Sitzbank: »So ist es richtig! Wir lassen uns nicht fangen! Wenn er uns die Schiffe nicht gibt, dann werden wir sie uns nehmen!«

Die Stimme des zierlichen Père Bosson vom Altar her füllte den ganzen hohen Raum, verfehlte auch jetzt ihren Eindruck nicht, so gewaltig war sie: »Pierre, René, seit wann stellt man sich in der Kirche auf die Bänke! Dies ist ein Haus Gottes, und es wird darin nicht geschrien und gedroht. Die Sorgen und Nöte unseres Freundes Quenneville müssen ebenso bedacht werden wie die unseren. Er hat uns bisher ehrlich bedient und wird es auch weiter tun, soweit das in seiner Macht steht. Auch er ist ein Akadier. Dasselbe Schicksal bedroht ihn und uns. Auch muß er seine Matrosen beköstigen und bezahlen. Wir müssen ihn also angemessen entschädigen.«

Das leuchtete den bedrängten Menschen ein. Pierre Callac und René Plouaret waren von ihren Bänken herabgestiegen und hatten sich wieder gesetzt. Sie sagten nichts mehr.

Der Graukopf Picquingy, auf der vordersten Bank, richtete sich auf, nachdem er sich zum Wort gemeldet hatte. »Ihr guten Leute von Petite Rivière und La Have, wir haben nun alles angehört. Es ist viel hin und her geredet worden. Wenn wir wirklich keine Zeit zu verlieren haben, wie uns Walther Corssen vielfach versichert hat, dann sollten wir jetzt zu Entschlüssen kommen, damit wir möglichst schon morgen früh, wenn das Wetter es irgend erlaubt, einen ersten Schub in Marsch setzen können. Zuvor aber müssen wir, glaube ich, noch einiges entscheiden, um reinen Tisch zu machen. Meine erste Frage lautet: Die O'Duffys und die Maccarthys aus Petite Rivière und die Corssens aus Ost-La-Have sind nicht mit französischer Sprache geboren. Sie werden nicht mit uns Akadiern zwangsweise ausgetrieben. Sie brauchten nicht zu fliehen. Noch bleibt ihnen Zeit, sich anders zu entscheiden. Wollen sie hierbleiben oder mit uns ziehen?«

Walther hatte sich schon erhoben; sehr ruhig und fest kam seine Stimme: »Anke und ich und die Kinder, wir sind Akadier. Habe ich das nicht heute und gestern bewiesen? Was wir vor Jahren waren, das haben wir vergessen.«

Pat O'Duffy ließ sich vernehmen: »Ich und die Meinen, wir sind Akadier. Dies ist unser Land!«

Brian Maccarthy verhehlte nicht seinen Zorn: »Wenn wir nicht in der Kirche wären, Yves Picquingy, würde ich dir mit der Faust Antwort darauf geben, daß du uns Verrat an der uns allen gemeinsamen Sache zutraust! Wir sind ebenso gute Akadier wie irgendwer, und wenn wir auch zehnmal zu Hause noch gälisch sprechen. Unser aller Art zu leben und unsere Unabhängigkeit zu lieben, das hat mit der Sprache nichts zu tun, gar nichts!«

»Gut!« sagte Picquingy. »Ich habe es nicht anders erwartet. Und ich wollte auch niemand verletzen. Meine zweite Frage lautet: »Will irgendwer sonst am Orte bleiben, weil er glaubt, sich auf die Gnade der Engländer verlassen zu können – oder weil er glaubt, daß das, was ihm hier blüht, nicht schlimmer sein kann als das, was uns bevorsteht, wenn wir wieder ins völlig Ungewisse ziehen?«

Sehr groß wurde das Schweigen in der Kirche. Nur die Atemzüge der hundert Männer und Frauen waren vernehmbar. Keiner rührte sich.

Fast unnatürlich laut klang in die gespannte Stille die jedermann vertraute Stimme des Geistlichen: »Wir wollen alle im Stillen ein Paternoster und ein Ave Maria beten für die unter uns, die sich noch nicht schlüssig sind, ob sie unsere geliebte Heimat verlassen sollen.«

Die Köpfe senkten sich. Walther Corssen in der hintersten Bank spürte jenen leisen Widerstand in seinem Innern, der ihn nie ganz verließ, wenn Père Bosson, als müßte es so sein, die Entschlüsse und das Verhalten seiner Beichtkinder lenkte. Stets war der Priester der Gebende, der Bestimmende – alle anderen waren die Empfangenden. Walther wurde auch, ohne zur Seite zu blicken, einer leisen Bewegung inne: Anke hatte, wie alle anderen, das Haupt gesenkt und die Hände gefaltet. Wärme überflutete Walther: So war sie, seine Anke: Was sie tat, das tat sie ohne Rückhalt. So tief fühlte sie sich mit den Akadiern einig, wollte selbst Akadierin sein, daß das Katholische eingeschlossen wurde. Walther lächelte ein wenig, ohne sich dessen bewußt zu werden. Er dachte: Père Bosson, wie er die Frage gedreht hat! Läßt jedem die freie Wahl – und läßt ihm doch keine Wahl. Ein lutherischer Prediger hätte anders – oder gar nicht gefragt. Nun, wie dem auch sei, ich entscheide mich allein.

Die Stimme des immer noch stehenden Yves Picquingy durchbrach die Starre. »Keiner meldet sich. Es will also keiner zurückbleiben. Wir verlassen die Heimat gemeinsam. Das ist gut. So fällt den Engländern niemand in die Hände, der uns verraten könnte. Ich habe aber weitere Fragen. Eine richte ich an Quenneville. Wieviel Geld verlangst du, Quenneville, um uns sechzig oder hundert Meilen an der Küste weiterzubringen, zweimal hin und her mit deinen Schiffen?«

Der Händler blieb sitzen, murmelte vor sich hin, rechnete ohne Verlegenheit an den Fingern. Schließlich sagte er mit rauher Stimme: »Achtzig Pfund Sterling in Silber. Billiger kann ich es nicht machen. Ich verdiene so gut wie nichts daran.«

Achtzig Pfund Sterling! Eine riesige Summe, so erschien es den Bauern. Ein Stöhnen ging durch die Reihen. Um Pierre Callac entstand Unruhe. Der Hitzkopf wollte aufspringen, seinem Unmut Luft zu verschaffen. Nur mit Mühe hielten ihn die Umsitzenden fest.

Picquingy wieder: »Ruhe, Leute! Es sind gute Schiffe, und wir können Vieh und Werkzeuge und Vorräte mitnehmen, die wir sonst zurücklassen müßten. Achtzig Pfund – lassen wir uns davon nicht schrecken. Wenn jeder Hof drei Pfund beisteuert, dann haben wir die Passage bezahlt. Wer kann die drei Pfund je Hof nicht aufbringen?«

Zögernd erhoben sich drei Hände. Es waren die des Brian Maccarthy, des Joseph Aumale und des Philippe Quillebœuf.

Nun ja, wie sollte es anders sein! Es wußte ein jeder, daß den dreien von jeher das Wasser bis zum Halse stand. Sie hatten ewig Pech mit den Kindern, mit dem Vieh und mit den Feldern, waren auch den Nachbarn eine Last, da sie nur allzu gern um Hilfe bettelten, Geräte ausborgten, aber auch gern vergaßen, sie zurückzugeben. Auch hatten sie, das stand fest, die Arbeit nicht erfunden und schlampten dahin, so gut es eben ging – und das war nicht sehr gut.

Aber sie gehörten dazu. Waren nicht wegzudenken. Man brauchte jemand, dem man ab und zu etwas Gutes antun konnte. Außerdem spielte Brian Maccarthy die Fiedel. Wer konnte sonst zum Tanz aufspielen? Keiner! Und die alte Mutter Quillebœuf war eine stets vergnügte und auch geschickte Hebamme. Und der alte Aumale hielt zwar nicht seinen jämmerlichen Hof, wohl aber den Friedhof in Ordnung, grub die Gräber, wußte einen Sarg zusammenzunageln, die Toten zu waschen und aufzubahren. Es verstand sich von selbst, daß die Maccarthys, die Aumales, die Quillebœufs dabei zu sein hatten, wenn sich das Volk von Petite Rivière und La Have auf Wanderschaft begab.

Anke Corssen in der hintersten Reihe hatte sich plötzlich erhoben.

»Ich muß einmal etwas für uns Frauen sagen. Ich weiß, daß

Jeanne Maillet und Therèse Biencourt auf meiner Seite sind und gewiß viele der anderen Frauen auch. Es wird zuviel geredet. Die Zeit drängt. Keiner bleibt zurück. Für die drei, die ihren Anteil nicht aufbringen können, gibt es ein Dutzend andere, die sind in der Lage, mehr als das Doppelte aufzubringen. Wir müssen weiterkommen. Wir Frauen haben noch viele Stunden zu sortieren und zu packen, und die Männer werden auch alle Hände voll zu tun haben. Wir sagen jetzt und hier Quenneville zu: Du bekommst deine achtzig Pfund – und was fehlt, dafür bürgen zunächst einmal mein Mann und ich – und legen es aus, wenn nötig. Das ist also erledigt. Und nun muß ich auch einige Fragen stellen, damit wir uns entsprechend einrichten können. Wie lange werden wir unterwegs sein? Wer soll unser Führer sein? Was müssen und was dürfen wir mitnehmen – und was nicht? Und dann noch eins: Die Matrosen auf den Schiffen Quennevilles – werden die nicht später verraten, wohin sie uns gebracht haben? Es kommt ja alles darauf an, daß die Engländer uns nicht wiederfinden! Die Engländer dürfen nicht einmal ahnen, daß wir überhaupt noch im Lande sind. In zehn Jahren oder in zwanzig ist vielleicht längst alles anders. Dann haben wir bewiesen, daß wir nicht auf der Seite der Franzosen gewesen sind und daß wir in dieses Land gehören so gut wie jeder andere, der es fruchtbar macht. Und das eine will ich auch noch sagen: Von uns Frauen hängt es ebenso ab wie von den Männern, ob es uns gelingen wird, in den Wäldern ein neues Petite Rivière und La Have zu bauen. Also soll man uns in Zukunft mitreden lassen oder uns wenigstens anhören.«

Sie setzte sich wieder. Die Frauen hatten sich nach ihr umgedreht, mit großen Augen; nicht aus allen sprach Zustimmung. Die Männer, so schien es, waren in ihrer großen Mehrheit viel eher bereit, ja zu sagen. Aber alles in allem mochte es jedem vorkommen, als wären plötzlich Türen und Fenster weit aufgerissen. Ein frischer Wind fegte die staubige Luft davon, und mit ihr die Bedenken, die Ängste, die Sorgen. Hier war eine, die sich nicht fürchtete, die schon die Zukunft vorwegnahm und sie auf ihre Weise auch schon gemeistert und angesichts der drohenden Gefahr neue Selbstsicherheit gewonnen hatte. – Walther suchte nach Ankes Hand und preßte sie zärtlich und zustimmend.

Père Bosson, mit dem Auf und Ab in menschlichen Seelen wohl vertraut, hatte sofort erfaßt, daß die entscheidende Wende in der Versammlung bevorstand. Und das nutzte er aus, ehe sich ein anderer melden konnte. Die mächtige Stimme des zierlichen Mannes duldete keinen Widerspruch: »Mulier taceat in ecclesia, heißt es zwar in der Schrift, und ich brauche es nicht zu übersetzen. Wer wollte etwas gegen Anke vorbringen?! Sie hat uns gesagt, worauf alles ankommt: daß wir keine Zeit zu verlieren haben. Also können wir im Handumdrehen zum Schluß kommen: Wer kann mir sagen, wie lange wir unterwegs sein werden?«

»Ich!« Walther hatte sich erhoben. »Mein Freund Kokwee, der mit den Seinen mit uns ziehen will, sagte mir, einen Tag zu Wasser bei richtigem Wind, danach sieben bis zehn Tage zu Land. Rechnen wir also, um sicher zu gehen, mit vierzehn Tagen, ehe wir an Ort und Stelle sind.«

»Das ist also klar«, sagte Père Bosson. »Wer soll fortan und später unser Führer sein?« Eine Weile Schweigen. Dann erhob sich Charles Maillet: »Ich denke, jeder hat denselben im Sinn: Yves Picquingy. Jeder achtet ihn. Er ist besonnen und fürchtet sich doch vor nichts und niemand. Er braucht Berater, mit denen er sich bereden kann. Der eine davon, meine ich, muß Père Bosson sein, der uns durch und durch kennt und der auch weiß, was jedem von uns zugemutet werden kann. Der andere sollte der sein, dem wir es verdanken, daß man uns nicht einfach von heut auf morgen hier austreibt wie Verbrecher, sondern daß wir unsere eigenen Wege ziehen: Walther Corssen.«

Charles Maillet setzte sich nicht nach diesen Worten, so, als wäre er bereit, mit jedem, der ihm widersprechen wollte, den Streit aufzunehmen. Doch kam der Widerspruch von einer Seite, von der er ihn sicherlich nicht erwartet hatte.

Von seiner Bank her rief Jeanne Maillet, seine Frau: »Warum Walther? Warum wählen wir nicht Anke Corssen? Wenn wir ihrem Rat gefolgt wären, als wir das letztemal hier versammelt waren, vor drei Wochen, dann hätten wir in aller Ruhe unseren Aufbruch vorbereiten können und hätten die Angst und Hast nicht nötig gehabt, die uns jetzt zu schaffen macht. Anke hat einen klaren Verstand. Das hat sie eben erst wieder gezeigt. Auf sie kann man sich verlassen. Sie verliert so schnell nicht den Kopf. Dafür ist sie unter ihren Nachbarn in Ost-La Have bekannt. Und dann: Vor uns liegt eine schwere Zeit. Wir Frauen müssen alles mittragen. Wir wollen, daß unsere Stimme im Rat gehört wird.«

Charles Maillet war so verdutzt, daß er sich setzte. Es gab kaum Ehen in dieser weiten akadischen Welt, die nicht in Ordnung waren. Lodernde Liebesbrände – sie flammten höchstens einmal ganz im geheimen. Im allgemeinen kannten sich die jungen Leute von Kindheitstagen an, wußten, woran sie mit jedem waren, folgten auch dem Rat der Eltern und lernten, sich zu lieben, wenn sie verheiratet waren. Und das eine Paar weit und breit, das, ewig verzankt wie Hund und Katze, sich nicht schämte, seine Mißhelligkeiten offen auszubreiten, Robert Plélot und seine nie um eine spitze Antwort verlegene Frau Cathérine, – nun, diese beiden boten schier unerschöpflich Stoff zu Klatsch und Gelächter, und niemand schenkte ihnen groß Beachtung, schon gar nicht Achtung.

Die akadische Welt – eine heile Welt war es, soweit Menschen überhaupt imstande sind, eine heile Welt zu schaffen. Die Bauern wissen und erfahren es jeden Morgen neu, daß ohne die Bäuerin kein Hof gedeiht, kein Vieh gesund bleibt, kein Garten Frucht schenkt und kein Kind gerät. Zwar behielten die Männer das letzte Wort – vor der Tür. Hinter der Tür, da war es oftmals anders – und warum auch nicht! Aber nun eine Frau in den Rat?

Die Frauen waren dafür! Das spürte jeder. Ringsumher wuchsen die Sorgen und Gefahren auf, riesengroß. Streit mit den Frauen? Jetzt? Um alles in der Welt, nein! Und sie haben ja recht. Es geht nicht ohne sie, so nicht und so nicht.

Père Bosson las in den Gemütern seiner Gemeinde wie in einem großgedruckten Buch. Keiner würde jetzt Ja oder Nein sagen. Die Frauen wollten ihre Männer nicht herabsetzen, die Männer ihre Frauen nicht kränken. Also war es an Vater Bosson, die Entscheidung auszusprechen, die im Grunde von allen gutgeheißen wurde.

Als verstünde es sich ganz von selbst, sagte er: »Yves Picquingy, Anke Corssen und ich selbst – ist irgendwer nicht einverstanden? – Das ist also beschlossen! Und sicherlich: Wer sonst guten Rat zu geben hat, der soll damit nicht hinterm Berge halten. Das war schon immer so. Darüber ist kein Wort zu verlieren. – Anke hat weiter danach gefragt, was ein jeder mitnehmen darf und soll. Meine Kinder, eins ist wohl jedem klar: Das allermeiste müssen wir zurücklassen. Worauf wir nicht verzichten können, ist Saatgut für den nächsten Frühling und so viel Vieh, daß wir uns mit der Zeit wieder einen Bestand heranzüchten können. Vorräte, die uns über den ersten Winter bringen, alle Acker-, Garten- und Hausgeräte, Kleidung. Nachher, vor der Kirche, sollen Anke Corssen und Jeanne Maillet ansagen, was die Frauen und Kinder zu verrichten und mitzunehmen haben. Yves Picquingy und Walther Corssen werden angeben, wofür die Männer zu sorgen haben. Wer fertig ist, bricht auf und verfügt sich mit Sack und Pack zur Schiffslände hier unter der Kirche. Alles Vieh, das wir nicht mitnehmen können, kommt ins Freie, damit es sich selbst sein Futter sucht. Der Wind scheint seit heute früh schwächer werden zu wollen und allmählich von Ost auf Süd zu drehen. Vielleicht können wir schon morgen abend den ersten Transport auf den Weg bringen. Das werden wohl die Leute von La Have sein. Die haben den kürzesten Weg zur Schiffslände. – Nun bleibt noch eine Frage übrig, die Anke gestellt hat: Quenneville, sind deine Seeleute vertrauenswürdig? Oder werden sie den Engländern verraten, wo ihr uns an Land gesetzt habt?«

Der Händler erhob sich. »Auf jedem Segler habe ich fünf Leute, außer den beiden Schiffern. Sie sind alle Akadier und sprechen nur Französisch; die Schiffer können sich zur Not auch auf Englisch verständigen. Alle meine Leute stammen aus Annapolis oder aus Lequille, wo ich und meine Frau herstammen – und alle sind mit mir oder meiner Frau verwandt. Keiner soll sich Sorge machen, Leute. Wenn wir nur unsere Frauen und Kinder rechtzeitig an Bord nehmen könnten, wir würden mit euch kommen. Und vielleicht ist es nicht zu spät dazu!«

Man mußte ihm Glauben schenken. Quenneville war ein gewitzter Händler. Das hatten die Leute oft genug erfahren, manchmal zu ihrem Schaden. Aber jetzt meinte er es ernst. Jetzt war auch er nur noch Akadier.

Walther Corssen wurde neben Anke, deren gespannte Aufmerksamkeit keinen Augenblick nachließ, von dem sonderbaren, ein wenig quälenden Gefühl beherrscht, als sei die

Versammlung ihm –, nein, als sei er der Versammlung entglitten, als stehe er daneben. Er raffte sich auf und meldete sich nochmals zum Wort: »Quenneville, gewiß werden wir eure Familien aufnehmen, wenn ihr sie uns bringen könnt. Du und deine Segler aber – ihr solltet, wenn irgend möglich, unterwegs bleiben und weiter euren Geschäften nachgehen, soweit es der Krieg erlaubt. Du sprichst englisch, ihr seid britische Untertanen und habt den vollen Eid geschworen. Vielleicht kommt ihr damit durch. Wir wissen dann, daß jemand, der verläßlich ist, weiß, wohin wir verschwunden sind. Aus dieser Welt können wir nicht hinaus. Kriege können Jahre dauern – ewig währen sie nicht. Und unsere Kinder werden irgendwann wissen wollen, wie es anderswo auf der Welt aussieht. Das gebe ich zu bedenken, dir, Quenneville, und uns allen!«

Das waren harte Worte. Ihr Schicksal stand auf des Messers Schneide. Das wußten sie alle.

Walther hatte aus seiner Bank treten wollen, um die Kirche zu verlassen. Er meinte, es sei nun genug geredet worden. Aber Père Bossons Stimme hielt ihn zurück: »Bevor wir, meine Kinder, hier unsere Zelte abbrechen, unstet wie alle Menschen auf dieser Erde seit Adams Fall, wollen wir beten. In der Stille jeder für sich und die Seinen, und jeder für uns alle und für mich, euren Hirten!«

Es rumpelte in den Bänken, als Männer und Frauen an ihren Pulten auf die Knie sanken.

Die Zeit hielt für eine Weile den Atem an. Dann erhob sich Père Bosson von den Stufen des Altars und wandte sich wieder seiner Gemeinde zu. Seine starke Stimme setzte den Schlußpunkt: »Dona nobis pacem, Domine! Ite, missa est!«

»Gib uns Frieden, Herr! Geht nun, ihr seid entlassen.« Er hob die Hände zum Segen.

Es gelang. Aber es gelang nur unter unsäglichen Mühen und unter schmerzlichen, bitteren Verzichten. Am zweiten Abend nach jener Morgenversammlung in der Kirche gingen die beiden Quennevilleschen Segler in See, bis in den letzten Winkel angefüllt mit Hausgerät, Vieh, Vorräten, Kindern und einigen Dutzend Männern und Frauen, dazu einer Gruppe von etwa zwanzig Indianern, vorwiegend Frauen und Kindern, die sich scheu und wortkarg abseits hielten, sich auch sofort unter Deck verfügten und sich im Heck dicht gedrängt niederließen, als müßten sie Schutz beieinander suchen. Das waren die Leute Kokwees, der traurige, verschüchterte Rest des Stammes der Micmac, der an der Bucht von Chebucto beheimatet gewesen und vom Typhus, dem von den Franzosen eingeschleppten ›Schiffsfieber‹, so gut wie vernichtet worden war.

Kokwee und die Seinen hatten auf die Weisung des Yves Picquingy den Segler bestiegen, der als erster fertig wurde, den Anker hievte und sich seewärts in den Wind legte. Das Wetter hatte sich so weit beruhigt, daß der Schiffer keine Bedenken trug, als die Sonne sank, die Reise anzutreten. Er hatte lange mit Kokwee und dem Skipper des zweiten Seglers hin und her geredet, auch ein erfahrener Fischer aus La Have, Bernard Anessac, war hinzugezogen worden, um aus Kokwee herauszufragen, an welcher Stelle der Küste, weiter im Südwesten, die Flüchtlinge gelandet werden sollten. Kokwee redete von einem ›Spacieuse Rivière‹, einem ›geräumigen‹, einem breiten Fluß, und Bernard Anessac glaubte zu wissen, welche Flußmündung der Indianer meinte. Dort aber, so gab Bernard zu bedenken, könnten die Schiffe nicht dicht genug unter Land gehen, das Wasser habe nicht genügend Tiefe, aber etwa zwei Meilen weiter westlich gebe es einen vorzüglichen und dazu gut versteckten natürlichen Hafen, wo eine mannshoch über Mittelwasser hinausragende Felswand kleineren Schiffen eine völlig sichere Anlege biete, ganz so, als habe die Natur hier eine kunstgerechte Pier aufbauen wollen. Der Platz trage, so Bernard Anessac, bei den Fischern den Namen ›Hammelhafen‹, weil dort ein leck geschlagenes Schiff vor Jahren seine Ladung lebender Hammel an Land gebracht hatte, bevor es sich eine halbe Meile weiter gerade noch auf Strand setzen konnte. Die Männer beschlossen, diesen Hafen, Port Mouton, als Ziel der Seereise anzusteuern. Der Wind hatte in der Tat auf Süden gedreht. In acht bis zwölf Stunden sollte die Gegend an der Mündung des Spacieuse Rivière zu erreichen sein.

Es war vorauszusehen gewesen, daß die Verschiffung so vieler Menschen, Tiere und Sachen in so knapper Zeit nicht ohne Zank und Streit abgehen würde. Picquingy, Père Bosson, Anke Corssen, aber auch andere wie Charles Maillet, Walther Corssen, Jacques Biencourt und Pierre Guiclan, waren sich von vornherein darin einig, daß ihnen bestimmt sein mußte, den heimatlichen Strand als letzte zu verlassen.

Jeder Hof war der Meinung, daß seine Kühe und Schafe auf keinen Fall zurückbleiben durften. Aber ebenso klar lag auf der Hand, daß nur ein geringer Teil des Viehbestandes mitgenommen werden konnte. Kein Mensch vermochte vorauszusagen, ob man an dem Ort der neuen Siedlung – o mein Gott, in welcher weltverlorenen Einöde mochte der zu finden sein! – auch nur für die wenigen Tiere, aus denen sich vielleicht eine neue Herde heranzüchten ließ, genügend Futter für den Winter würde sammeln können.

Ohne die Autorität des Yves Picquingy und des Père Bosson hätte sich wohl niemand überzeugen lassen, daß gerade seine Kühe oder Schafe nicht mit auf die Reise gehen sollten. Nur kräftige junge Muttertiere und ein Stier, ein Schafbock, ein Eber durften an Bord geschafft werden – eine schwierige, auch gefährliche Arbeit. Besonders die Schweine wehrten sich aus Leibeskräften, quiekten, schrieen, machten einen Höllenlärm und konnten oft nicht einmal von starken Männern gehalten werden. Aber es war nicht das erstemal, daß Quennevilles Leute Vieh verluden, und die akadischen Bauern wußten ebenfalls damit umzugehen.

Walther wunderte sich mehr als einmal darüber, mit welcher Gelassenheit, ja, Heiterkeit seine Frau, unterstützt von Jeanne Maillet, die anderen Frauen zu bewegen wußte, nur das Allernotwendigste an Hausrat und liebgewordener Einrichtung mitzunehmen, jedoch an Proviant, warmer Kleidung und Gartensaaten nicht zu sparen. Anke wußte den Frauen die Sorge und die Angst vor der entsetzlich ungewissen Zukunft fast völlig zu nehmen, was ihm, Walther, bei den Männern nicht ohne weiteres gelingen wollte, was auch Père Bosson mit seinen Hinweisen auf die Gnade Gottes und Yves Picquingy mit zornigen Einreden nicht bewirkte. Anke zeigte immer wieder lächelnd auf das geringe Gepäck, das sie selbst für sich, ihren Mann und drei Kinder zur Schiffslände geschafft, aber noch nicht an Bord gebracht hatte. Nur eine der schönen Kühe von der Ferme Corssen und nur zwei der Mutterschafe mit zwei Lämmern waren für wert befunden worden, die Familie zu begleiten. Ankes drei Kinder hüpften mit den Lämmern umher und entfernten sich so nicht allzu weit, denn Walther hatte die Mutterschafe auf einem grasigen Hang angepflockt. Indo, William und die kleine Anna schienen die ganze Aktion für ein herrliches und aufregendes Abenteuer zu halten, bei dem die sonst keineswegs sehr nachsichtige Mutter fünfe gerade sein ließ.

Walther fragte sich: Was macht sie so heiter, so freundlich, daß selbst die ewig mißmutige, zänkische Cathérine Plélot, die ihr ganz gewiß die Führerschaft neidete, sich ohne viel Widerspruch herbeiließ, von den fünfzehn Hühnern, die sie herbeigeschleppt hatte, dreizehn aufzugeben. Ja, sie lachte sogar, als die Befreiten aufgeregt gackernd in die Büsche entwichen.

»Dir fällt es gar nicht schwer, Abschied zu nehmen?« fragte Walther, als das wühlende Hin und Her an der Schiffslände ihn am zweiten Tag der Einschiffung für kurze Zeit in Ankes Nähe verschlagen hatte.

»Ach, Walther, Vater Bosson hat gesagt, wir müssen fliehen, wie die Kinder Israels aus Ägypten. Aber vor uns liegt, so Gott will, das gelobte Land Kanaan. Ich sehe bloß nach vorn, Walther, nicht zurück. Wir werden gezwungen, ganz aus Eigenem zu leben. Wir werden ganz allein über unser Wohl und Wehe bestimmen und dafür verantwortlich sein. Das habe ich mir von jeher gewünscht. Jetzt läßt uns das neue Land in seine innerste Kammer ein. Deshalb bin ich nicht traurig, ich bin froh.«

Walther wurde von André Carbot abgerufen. »Wir kriegen den Hengst von Yves nicht an Bord. Du verstehst dich auf Pferde. Yves sagt, du solltest uns beistehen.«

Nur der Hengst und die beiden Fuchsstuten von Pat O'Duffy durften mitgenommen werden. Pferde waren das Kostbarste. Walther kam nicht dazu, Anke zu antworten, aber er vergaß ihr Bekenntnis nie, erörterte es nie mehr mit ihr, wurde nicht recht damit fertig, in Monaten nicht und nicht in Jahren. Aber er war Anke fortan zugetan wie nie zuvor.

Zwischenfälle hatte es genug gegeben in den zwei Nächten und drei Tagen, an denen die Leute aus La Have und Petite Rivière ihr Hab und Gut den zwei Schiffen Quenneville's anvertrauten, um nach Südwesten zu segeln und die Mündung des Spacieuse zu erreichen. Doch keiner dieser Zwischenfälle hatte das große Unternehmen ernsthaft bedroht.

Erst ganz am Schluß, bei Anbruch des dritten Abends nach der Versammlung in der Kirche, passierte etwas, was den Erfolg des Auszugs der Akadier vom La Have und Petite Rivière in Frage stellen konnte.

Père Bosson war mit Picquingy und Jean Dauphiné zur Kirche hinaufgepilgert, um jetzt erst, als allerletzte Handlung, die Heiligen Geräte, das Tabernakel, das Ewige Lämpchen, das Kruzifix, die Altarkerzen sorglich in Tücher zu wickeln und zum Schiff zu tragen. Damit erst, so hatte Vater Bosson erklärt, brächen sie alle Brücken hinter sich ab, nähmen aber zugleich das innerste Herz der alten Heimat an sich, damit es sie alle begleite und in der neuen Heimat, wo immer das sein möge, auch weiterhin lebendig bleibe.

Walther hatte Anke, die Kinder und das restliche Gepäck an Bord des Seglers geschafft – der andere hatte sich bereits auf die Reise begeben –, war aber ans Ufer zurückgekehrt, um sich bereit zu halten, falls er noch gebraucht wurde.

Picquingy hatte, bevor er sich mit dem Priester und Dauphiné zum letzten Mal auf den Weg zur Kirche gemacht hatte, vier junge Männer zurückgehalten und sie angewiesen, noch einmal auszuschwärmen und den grünen, nun arg zertretenen Hügel zwischen La Have und dem Strand abzustreifen, ob etwas Wichtiges vergessen worden war.

Als Walther sich gerade auf einem großen Stein ein wenig hangauf niedergelassen hatte, kehrten die vier von ihrer Uferstreife nach Osten zurück, hielten sich nicht auf, sondern fächerten sofort nach Westen aus. Außer einem dunklen Umschlagetuch und einer messingenen Schuhspange hatten sie bis dahin nichts gefunden.

Walther rief ihnen scherzend hinterher: »Paßt nur gut auf! Vielleicht hat einer einen Beutel mit Silberlingen verloren!«, und dachte dabei an das eigene Beutelchen mit Goldstücken, das schon an Bord sicher verwahrt war. Anke hatte es in ein Kesselchen gesteckt, den Deckel festgebunden und das Ganze in einen Sack mit Hafergrütze versenkt, den sie nicht aus den Augen lassen würde.

Walther war allein. Er blickte über die verödeten Anhöhen, die am Ufer entlang den dunklen Wäldern zuwogten. In der

Ferne schrumpften die Gestalten der vier Männer zu schmalen Figürchen zusammen. Walther dachte: Wieder ein Stück Leben zu Ende. Was wird das nächste bringen? Aber Anke ist mit mir – und die Kinder! Anke hält stand. Anke kennt keine Furcht.

Oder fürchtete sie sich doch – und ich weiß es nur nicht? Vor diesem Heinrich Lüders? Ist froh, daß sie ihm nun für immer entrinnt? Ach, das kann nicht sein. Sie fürchtet keinen Menschen, auch diesen nicht.

Plötzlich sah er die vier Männer in der Ferne zueinanderlaufen. Da war, wie aus dem Nichts, eine fünfte Gestalt aufgetaucht! Wer konnte das sein? Alle Leute aus La Have und Petite Rivière waren entweder schon abgefahren oder bereits an Bord gegangen. Père Bosson hatte es übernommen, die Abreisenden zu zählen und hatte erst vor einer halben Stunde bestätigt, daß kein einziges Glied seiner Gemeinde fehlte.

Wer also war dort erschienen? Die vier Männer hatten sich anscheinend ohne viel Federlesens seiner bemächtigt. Etwa ein Bote aus Lunenburg oder Halifax? Ein Späher?

Habe ich mich in der Zeit verkalkuliert, fragte sich Walther, aufs äußerste beunruhigt. Ein Späher, vielleicht von Lawrence oder Sutherland ihm hinterhergehetzt? Das würde übel ausgehen!

Es konnte doch nicht Jonas Hestergart sein? Der hatte den weiten Umweg über den mittleren La Have vorgehabt, zu den Mius-Leuten. Vor drei, vier weiteren Tagen konnte er hier nicht auftauchen. Er sollte, so hatte Walther gerechnet, ein leeres Nest vorfinden, sollte guten Glaubens vor seinen englischen Oberen erklären können, das Verschwinden der La Have-Akadier, der Corssens und der beiden irischen Familien O'Duffy und Maccarthy sei vollkommen rätselhaft. Nein, Jonas, dem Walther nichts Übles wollte, Jonas konnte es nicht sein, der da von ferne inmitten seiner ›Häscher‹ eilig heranmarschierte.

Es war Jonas Hestergart!

Sie erkannten einander zur gleichen Zeit. Jonas rief dem Freund entgegen: »Walther, was soll das! Die vier wilden Männer haben mich verhaftet. Habt ihr hier alle den Verstand verloren?«

Er hatte englisch gesprochen, und Walther begriff sofort, daß Jonas damit einen Fehler begangen hatte. Die vier jungen Akadier verstanden kein Englisch. Die Nerven aller Leute von La Have und Petite Rivière waren seit Tagen wie Bogensehnen gespannt. Jeder wußte, wieviel davon abhing, die große, trotz aller angestrebten Ordnung überstürzte Aktion der Auswanderung geheimzuhalten.

Walther versuchte abzuwiegeln: »Er will wissen, warum ihr ihn festgenommen habt. Er hat nichts Böses im Sinn. Er ist ein alter Freund von Anke und mir. Ihr braucht ihn nicht mehr festzuhalten!« Und zu Jonas, auf englisch: »Hör auf, englisch zu reden. Die Burschen sind aufgeregt und verstehen dich nicht.«

Jonas war keineswegs schwer von Begriff. Er sagte, jetzt auf französisch: »Was ist hier im Gange? Kann man nicht einmal mehr alte Freunde besuchen?«

Die vier Burschen ließen betreten von ihm ab. Der Verhaftete sprach französisch! Und, unüberhörbar, ein besseres als sie. Was hatte das auf sich?

In dieser Minute stiegen Père Bosson, Picquingy und Walthers ehemaliger Nachbar Jean Dauphiné den Hang herunter. Sie trugen, in zwei Weidenkörben sorgsam verpackt, die kirchlichen Geräte, um sie als letzte Fracht an Bord des letzten Seglers zu bringen und damit den Abschied von der alten Wohnstatt zu besiegeln.

Yves Picquingy machte ein ernstes, Vater Bosson sogar ein entsetztes Gesicht, als Walther bekennen mußte, daß ein Fremder, ein Außenstehender, zum Zeugen ihres Aufbruchs aus der bisherigen vertrauten Heimat und damit aus dem Machtbereich der britischen Verwaltung geworden war.

Père Bosson bemächtigte sich sofort der Situation. Er wies die vier jungen Männer an: »Ihr habt richtig gehandelt, den Mann einzubringen. Aber jetzt nehmt uns die Kirchengeräte ab, und du, Jean, haftest mir dafür, daß ihr alles vorsichtig aufs Schiff befördert. Wir werden uns hier mit dem Fremden beschäftigen und beschließen, was zu tun ist.«

Wenn Père Bosson in solchem Tone sprach, dann hatte es, solange die vier jungen Burschen denken konnten, in La Have und Petite Rivière keine Widerrede gegeben – und es gab auch jetzt keine.

Walther hatte zu erklären, daß er zwar mit Jonas verabredet gewesen war, aber seinen Besuch erst in einigen Tagen erwartet hatte. Dann wäre also Jonas auf ein leeres Nest gestoßen und hätte nach Lunenburg melden müssen – und weiter nach Halifax –, daß sich diese akadische Siedlung verflüchtigt hatte, daß die Bewohner spurlos verschwunden waren. Walther hatte damit gerechnet, daß auf eine solche Nachricht hin eine Suche gar nicht erst eingeleitet werden würde. Hatte man doch sicherlich in Halifax genug damit zu tun, die Masse der Akadier außer Landes zu schaffen. Die Leute von La Have hatten sich, so würde man dort gewiß denken, auf eigene Faust davongemacht und die Corssens mitgehen heißen, sicherlich mit Gewalt.

Schade um Walther Corssen! Vielleicht ist er nicht einmal mehr am Leben. So ungefähr hatte Walther den verabredeten Besuch des Jonas Hestergart in den Gesamtplan des Auszugs einkalkuliert. Dies legte er offen dar.

Picquingy und Père Bosson zweifelten nicht daran, daß Walthers Berechnung richtig gewesen wäre, hätte Jonas Hestergart den Zeitplan eingehalten.

Jonas merkte, daß Walther gegenüber den beiden Akadiern in eine Bedrängnis geraten war, die auch ihm, Jonas, schaden konnte. Er kam dem Freund zu Hilfe: »Die Sache klärt sich ziemlich leicht, Walther. Es dauerte einige Zeit, bis ich jenen Heinrich Lüders auftrieb und ihn zum Reden brachte. Inzwischen hatte Sutherland Wind davon bekommen, daß ich Halifax noch gar nicht verlassen hatte. Er fand es sehr vernünftig, daß ich mir von deinem künftigen Nachbarn in Ost-La Have ein Bild zu machen suchte und beauftragte mich, auch die anderen Neusiedler aus den hannoverschen Stammländern des Königs etwas genauer anzusehen. Darüber gingen mehrere Tage hin. Schließlich legte sich das schlechte Wetter. Wir sind gestern in einem Tag von Halifax nach Lunenburg zurückgesegelt. Heute wurde ich ausgesandt, um zu verrichten, was ursprünglich meine Aufgabe gewesen war: die Indianer am mittleren La Have zu beobachten. Ich nahm den Weg über die Ferme Corssen, um zu hören, ob Walther von Kokwee etwas Neues gehört hatte. Ich fand die Ferme leer, die Nachbarhöfe ebenfalls. Ich kam hierher, um zu sehen, was das alles auf sich hätte – und lief den vier Burschen in die Hände.«

Die Zusammenhänge lagen völlig klar und leuchteten ein. Was nun?

Picquingy meinte: »Es kann uns eigentlich gleich sein, ob die Engländer einen Tag früher oder später erfahren, daß wir ihnen zuvorgekommen sind. Wir sollten Jonas Hestergart laufenlassen. Aber zuvor soll er uns noch sagen, ob die Deportation der Akadier bereits in Gang gebracht worden ist.«

Jonas antwortete: »Der Gouverneur Lawrence treibt seine Leute hart an. Alles ist in vollem Gange. Es wird in absehbarer Zeit keine Akadier mehr auf dem Boden Neu-Schottlands geben.«

Picquingy fügte bitter hinzu: »Es sei denn solche, die dem Herrn Gouverneur durch die Lappen gegangen sind, zum Beispiel die Leute von La Have und Petite Rivière.«

Ruhig und klar wandte Père Bosson ein: »Ich stimme dir nicht zu, Yves Picquingy. Wenn wir Hestergart laufen lassen, erfährt Sutherland noch heute nacht, daß wir fortgegangen sind. Dann könnte er sofort ein bewaffnetes Schiff ausschikken, uns wieder einzufangen. Wir können nur nach Südwesten gesegelt sein. Jonas hat unser Schiff gesehen; es ist klein. Trotzdem war die Menge unserer Leute mit viel Vieh und Hausrat nicht mehr hier. Es muß also hin und hergefahren worden sein, mit einem oder mit zwei Schiffen. Wir können also höchstens einen halben Segeltag entfernt sein, sind noch auf dem Boden Neu-Schottlands, können aufgegriffen und abtransportiert werden. Dieser Mann hier, Picquingy, ist kein Dummkopf, und Sutherland ist es auch nicht. Wir dürfen hier nichts anderes hinterlassen als ein großes, unlösbares Fragezeichen. Wir sollten nicht riskieren, Jonas Hestergart zu den Engländern zurückkehren zu lassen. Das ist meine Meinung.«

Die vier Männer blickten zu Boden. Jonas zu verhaften, ihn in Fesseln zu legen, ihn ständig zu bewachen, das war nicht in ihrem Sinne. Sie wollten ihre Welt und ihre Freiheit retten; sie wollten keinem anderen seine Freiheit nehmen. Die Wende kam unerwartet. Jonas räusperte sich.

»Das ist auch meine Meinung! Aber ihr braucht mich nicht zu zwingen. Ich komme freiwillig mit euch, wenn ihr mich haben wollt. Vielleicht kann ich euch von Nutzen sein. Seit nicht mehr zu bezweifeln ist, daß gegen die Akadier erbarmungslos vorgegangen wird, seit ich hier gesehen habe, was das selbst für die bedeutet, die sich nicht von den Soldaten eintreiben lassen, kann ich nicht mehr auf der englischen Seite bleiben. Jetzt bietet sich mir die Gelegenheit abzuspringen. Nehmt mich mit! Als Helfer und Späher!«

Walther lächelte in sich hinein. Es ist schon so: Jonas trifft stets ein paar Tage später als ich an meinen Stationen ein. Laut sagte er: »Ich kenne Jonas seit vielen Jahren. Wenn ihr mir glaubt, könnt ihr ihm auch glauben. Ich übernehme für ihn die Bürgschaft. Bricht Jonas das Vertrauen, so könnt ihr euch an mir schadlos halten!«

Die Sache war entschieden. Sie hatten einen ersten echten Bundesgenossen von draußen! Vielleicht lief alles viel besser aus, als man gedacht hatte!

Am gleichen Abend, als der Segler schon die hohe See gewonnen hatte und mühelos die nach dem großen Sturm immer noch weithin und wölbend sich schwingende Dünung abritt, berichtete Jonas Hestergart dem Ehepaar, daß jener Heinrich Lüders kein Hehl daraus gemacht hatte, nach Amerika gekommen zu sein, um seine versprochene Braut, eine gewisse Anke Hörblacher, zu suchen. Er habe gewußt, daß diese Anke Hörblacher, wie hundert und tausend andere im Hannoverschen, der Aufforderung der englischen Regierung, sich in der neuen Kolonie Neu-Schottland niederzulassen, gefolgt wäre.

Die bittersten Prüfungen wurden den Flüchtenden erst abverlangt, als sie nach der Landung im ›Hammelhafen‹ den Spacieuse-Fluß aufwärts ihren Zug ins Innere des Landes antraten.

Kokwee war es, der von Anfang an darauf gedrungen hatte, an der Landestelle sowenig Spuren wie nur irgend möglich zu hinterlassen, die noch für Wochen oder gar Monate erkennbar bleiben würden. Der jedem Waldindianer eingeborene Zwang, sich unsichtbar zu machen, bewährte sich auch hier. Sollten die Engländer versuchen, nach den verschwundenen Leuten von La Have zu suchen, so durfte man ihnen keinen Fingerzeig liefern. Jede der ankommenden Gruppen hatte also auf dem Gestein am Ufer so lange zu warten, bis die nächste Ebbe die Ufersände freilegte. Dann hatte sie sich dicht über dem Wasser sofort in die etwa zwei Meilen entfernte Mündung des Spacieuse aufzumachen und dort dem flachen Flußufer so weit stromauf zu folgen, wie die Gezeiten ins Land hinaufreichten. Auf diese Weise wurden die Spuren der Anwandernden von der vordringenden Flut verwischt und getilgt. Auf keinen Fall durften im ›Hammelhafen‹ selbst Zeichen zurückbleiben, aus denen man folgern konnte, daß hier in vier Schüben an die zweihundert Menschen und wohl fünfzig bis achtzig große Haustiere an Land gegangen waren. Was die Kühe, die wenigen Pferde, die Schafe fallen ließen, wenn sie die breiten Felsen der Landestelle betreten hatten, mußte auf die dringlichen Mahnungen Kokwees hin stets gewissenhaft abgespült werden. Hatte man erst die Mündung des Spacieuse erreicht, der breit und flach über eine sandige Barre hinweg sich ins Meer hinaus mühte, so kam es nicht mehr darauf an, Spuren zu vermeiden, denn hier konnte sich kein größeres Schiff in die Nähe des Ufers wagen, wenn es nicht auf Sand laufen wollte.

Kokwee selbst hätte die akadischen Bauern kaum veranlassen können, nach der Weise von Waldläufern alle Spuren zu tilgen. Aber Père Bosson und Picquingy hatten den Befehl an der Landestelle im Hammelhafen wohlüberlegt dem Hitzkopf Pierre Callac übertragen, ihn aber zugleich vertraulich angewiesen, den Ratschlägen Kokwees unbedingt zu folgen und sie unnachgiebig durchzusetzen.

Pierre Callac, heißblütig zwar, aber mit schnellem Verstand ausgestattet, hatte begriffen, worauf es ankam. Er hatte ein Schiff nach dem andern in Empfang genommen und dafür gesorgt, daß die nach der nächtlichen Seereise aufatmend an Land steigenden Gefährten sich unverzüglich weiter in Marsch setzten und mit Vieh und Sack und Pack und Kind und Kegel über die flachen, von der Ebbe entblößten Sände zur Mündung des Spacieuse und ins Innere des Landes entschwanden, bis sie hinter den ersten Riegeln des Waldes unsichtbar wurden. Die Ankömmlinge hatten sich in der Tat bemüht, die offen daliegende Küste schnell hinter sich zu bringen.

Mit dem letzten Schiff erst – es hatte sich beinahe von selbst so ergeben – stiegen jene Männer an das neue Ufer, die von allen anderen als Führer anerkannt worden waren: Yves Picquingy, Père Bosson, Walther Corssen, Charles Maillet, René Plouaret, Pierre Guiclan, André Carbot sowie Anke Corssen und die ihr fast wie eine Schwester ähnliche Jeanne Maillet.

Mit Jonas Hestergart waren es zehn Menschen, die als allerletzte hinter den anderen herzogen, um von der Landestelle bis tief in die Mündung des Spacieuse hinein den Strand abzuschreiten und scharf nach verräterischen Spuren Ausschau zu halten, die verraten konnten, daß hier an die zweihundert Akadier vorbeigezogen waren. Wie klug war es von Kokwee gewesen, den Abmarsch nur bei tiefer Ebbe und nur dicht über der Wasserlinie zu gestatten! Die Gezeiten würden dafür sorgen, daß alle Wanderspuren ganz und gar verschwanden.

Quenneville hatte sein Geld bar auf die Hand gezahlt bekommen, und jedem seiner Seeleute waren zehn Shillinge extra bewilligt worden. War es doch ihnen zu verdanken, daß der gesamte Transport trotz überfüllter Schiffe ohne ernsthaften Unfall vonstatten gegangen war. Daß die Bauern und ihre Frauen und Kinder fast ohne Ausnahme auf den schwanken Planken der Schiffe von der Seekrankheit geplagt worden waren, hatten allerdings auch die wohlwollendsten Matrosen nicht verhindern können. Doch hatte das Elend nur eine Nacht gedauert und war bald wieder vergessen.

Auf Vorschlag des Jonas Hestergart war mit Quenneville verabredet worden, daß man sich einen Monat nach der Frühlings-Tagundnachtgleiche, also am 21. April 1756, wieder an der Mündung des Spacieuse treffen wollte.

Quenneville hatte hinzugefügt: »Ich will's versuchen, aber es weiß natürlich niemand, wie es dann hier und an der Küste überhaupt aussehen wird. Ob ich unbehelligt bleibe, weiß ich auch nicht. Sagen wir gleich: Sollte ich bis Ende April nicht erschienen sein, so werde ich mein Bestes tun, nächstes Jahr um die Herbst-Tagundnachtgleiche hier aufzukreuzen.«

Damit hatte man sich getrennt. Als die Segel der beiden Quennevilleschen Schiffe um die ferne ›Hammelinsel‹ herum außer Sicht gerieten, verschlug es den zehn Menschen, die den nassen Sand über dem schmalen Schaumstreifen des Meeresufers entlangschritten, die Sprache. Nun gab es kein Zurück mehr. Nun waren sie in unerhörter Weise auf sich selbst gestellt. Die übrige Welt – im weitesten Verstande – tauchte hinter den Horizont. Die Leute vom La Have trieben hinaus auf einen Ozean des Nirgendwann und Nirgendwo. Ihnen allen war das Herz sehr schwer.

Es dauerte nicht zehn, es dauerte zwanzig Tage, ehe die Wanderer ihr Ziel auf der Höhe des Landrückens im Westen der Halbinsel Neu-Schottland erreichten, jenen See tief in den Wäldern, der, wie Kokwee sagte, von jeher den Namen Kagetoksa getragen hatte. So feindlich legte das wilde Land sich quer mit seinen Stromschnellen, seinen dicht verwachsenen Flußufern und undurchdringlichen Wald-Barrieren – so ausdauernd leistete es Widerstand – seit der Spacieuse die Wandernden bis zu dem klaren See geführt hatte, aus dem er stammte, und seit Kokwee allein sie zu einem anderen, besonders riesigen See führen konnte, an dessen Ufer man leichter vorankommen würde. Dieser See öffnete sich den Blicken weit wie ein Meer; aber sein Wasser schmeckte süß. Der indianische Name, den Kokwee dem See zuordnete, war für eine ans Französische gewohnte Zunge kaum aussprechbar. Aber hatten die Wandernden nicht gleich an seinem Ufer eine Fülle wohlklingender Vogelstimmen vernommen, was für die vorgeschrittene Jahreszeit ganz ungewöhnlich war? Jeanne Maillet kam darauf, den See »Rossignol« zu nennen – und gleich blieb der schöne Name haften: Nachtigallen-See!

Endlich der Kagetoksa, in seine Wälder gebettet: sein Wasser war so klar, daß noch in dreißig Fuß Tiefe jeder Stein am Boden zu erkennen war!

Eine Kuh hatte sich unterwegs in einem steinigen Bachbett ein Bein gebrochen und hatte geschlachtet werden müssen. Vier der Schweine, denen die langwierigen Tagesmärsche am schwersten fielen, hatten vor Verzweiflung und Entkräftung schon vor dem Lac Rossignol den Geist aufgegeben.

Das Wetter hatte die Wandernden mit goldenen Tagen begünstigt. Die zweite Hälfte des August ist in jenen Gefilden eine der zuverlässigsten Jahreszeiten.

Als Kokwee endlich dorthin weisen konnte, wo zwischen den Bäumen und Büschen ein großes Wasser aufblitzte: »Voilà, le Lac Kagetoksa!« – da war es allen, als hätten sie das Leben noch einmal geschenkt bekommen.

Zu spät war es, um in diesem Jahr noch irgend etwas anzupflanzen. Aber um mit dem Roden zu beginnen und gut zwei Dutzend Blockhütten unter Dach und Fach zu bringen, dazu war noch reichlich Zeit.

Der See wimmelte von Fischen. Waldbeeren waren in Fülle einzuheimsen. Das Wild, den Menschen gegenüber ahnungslos, war nach Kokwees Manier lautlos zu erlegen: mit Pfeil und Bogen. Die Fische ließen sich trocknen, ebenso das zu langen Streifen aufgeschnittene Wildfleisch. Niemand würde Hunger leiden im kommenden Winter. Zudem konnten die mitgebrachten Vorräte reichlich ergänzen, was das Land selber im Überfluß anbot.

Père Bosson wanderte von einer Familie zur anderen, ermunterte die Verzagten, besänftigte die Zornigen, wies die Nörgelnden zurecht und zeigte sich als das, was er immer schon gewesen war, der geistige, mehr noch der seelische Mittelpunkt der Gemeinde.

Père Bosson erholte sich langsam nur von den Strapazen der Umsiedlung. Er war auf der langen Wanderung noch schmaler und durchsichtiger geworden, hatte sich aber mit leidenschaftlichem Willen aufrecht gehalten. Nun kehrte allmählich ein schüchternes Rot in seine meist weißstoppeligen Wangen zurück.

Jonas Hestergart griff überall zu, wo Hilfe gebraucht wurde. Die Leute merkten kaum, wie schnell er sich in ihren Bund hineinstahl. Sein Französisch entzückte sie. Er hatte zwar nicht zu den Akadiern am La Have-Strom gehört, aber zu denen am Kagetoksa-See gehörte er vom ersten Tage an, als wäre es das Selbstverständlichste von der Welt.

Die Winter würden sich hier im Innern härter anlassen als an der Küste. Picquingy und Anke drängten bei Männern und Frauen darauf, überreichlich Feuerholz für den Winter neben die Häuser zu stapeln und die Hüttenwände sorgfältig abzudichten.

Noch ehe der erste Schnee die Wälder in glitzerndes Weiß

hüllte, noch ehe sich auf dem See die Eisdecke schloß, sagte Walther eines Abends: »Wir schaffen es. Wir werden den ersten Winter bestehen – und der dürfte der schwerste sein. Père Bosson weiß es, und Picquingy weiß es, eigentlich wissen es alle: Kagetoksa ist unsere neue Heimstatt und wird es bleiben.«

19

Der Krieg zwischen England und Frankreich schleppte sich hin, ohne daß es zu einer klaren Entscheidung kommen wollte. William Pitt der Ältere, der große englische Staatsmann, hatte schon bei Ausbruch des Krieges erkannt, daß Frankreich auf dem Boden Amerikas getroffen, daß ihm sein ›Canada‹ am unteren Sankt Lorenz entwunden werden mußte, wenn England sich zum Herrn Amerikas aufschwingen und Frankreich, den anderen Bewerber um die Weltmacht, abschlagen wollte. Die Sterne Spaniens und Portugals sanken bereits; diese Länder hatten ihre Kraft verhängnisvoll überfordert. Aber noch war William Pitt nicht an die Macht gelangt. England ergab sich also vorläufig seiner Lieblings-Beschäftigung, ›to muddle through‹ – irgendwie fortzuwursteln.

Immerhin, wenn je an der taktischen und strategischen Bedeutung des gegen Louisbourg errichteten Halifax ein Zweifel geherrscht hatte, so konnte jetzt davon keine Rede mehr sein. Man hatte sich mit Halifax am Südpfeiler des Sankt Lorenz-Ausgangs, der Zufahrt ins Herz des französischen Canada, eine starke Bastion geschaffen und sich den Franzosen unmittelbar vor die Nase gesetzt. Man hatte, weiter im Süden, als Rückhalt Lunenburg begründet, hatte sich von Rebellen, Verrätern und ›Neutralen‹ im eigenen Hinterland, den Akadiern, mit einem Federstrich und dem Beistand einiger hundert Bajonette befreit. Boscawens Flotte lag im Hafen; der ›Alte Fürchtenichts‹ hatte den Franzosen beigebracht, daß mit ihm durchaus nicht zu spaßen war.

Ein Brief brauchte – und das galt auch für jede königliche

Ordre – sechs oder acht Wochen von Halifax nach London, von Louisbourg nach Paris – sea and weather permitting. Alles hing von den Befehlshabern am Orte ab, denn wenn man erst in der fernen Hauptstadt um Erlaubnis fragen wollte, so mußte man wohl ein halbes Jahr auf Antwort warten – falls nicht überhaupt die fürchterlichen Winterstürme des Nordatlantik Schiff und Ordre auf Nimmerwiedersehen verschlangen.

Wenn sich auch die Flotte zunächst nicht auf größere Unternehmungen einließ, so konnte der Herr Gouverneur doch beutelüsternen Kapitänen und Handelsherren, wie etwa Malachi Salter und Michael Francklin, natürlich auch dem völlig bedenkenlosen Joshua Mauger, feierlich gestatten, Kaperschiffe auszurüsten und auf französische Segler, Frachten und Waren Jagd zu machen. Vor solchen Freibeutern hatte Quenneville sich gefürchtet, als die Akadier ihn hatten bereden wollen, für sie an der Küste hin- und herzufahren. Er hätte sich nicht zu fürchten brauchen, da er – mit dem ironischen Achselzucken des echten Händlers – den vorbehaltlosen Treueid auf Georg den Zweiten längst geschworen hatte, was ihn freilich nicht abhielt, der akadischen Sache treu zu bleiben.

1757 erschienen Lord Loudon mit einer großen Armee und Lord Holborne mit einer großen Flotte in Halifax. Nun wurde es ernst: Louisbourg sollte zum zweitenmal erobert werden. Die Straßen wimmelten von roten Uniformen, und die Grog- und Rumläden an der Braunschweig-Straße verdienten sich ein Vermögen. Zahlreiche unternehmende Damen, zumeist von tüchtigen Yankees aus Boston herangeschafft, versuchten sich auf die ihnen gemäße Weise.

Ende 1757 tauchte zum erstenmal eine Truppe in den Straßen von Halifax auf, die noch viele gleichgeartete Nachfolger finden sollte, bis auf den heutigen Tag. Die hageren, streitlustigen Männer prunkten nicht in dem leuchtenden Rot der regulären englischen Armee, sondern schwenkten knielange Falten-Röcke aus buntkariertem Wollstoff, zeigten ihre nackten Knie über strammen Waden und waren mit mancherlei merkwürdigen Zutaten behängt, deren Bedeutung jedem braven rotberockten Infanteristen rätselhaft blieb. Sie hielten gewöhnlich fest zusammen, rollten, wenn sie überhaupt englisch sprachen, die R's auf höchst kuriose Weise und nahmen jeden auf die Hörner, der sich über ihre Röcke lustig zu machen wagte oder gar die Frage riskierte, ob sie wohl unter den Rökken noch Hosen trugen: Montgomery's Highlanders! Die Schotten hatten den Engländern durch Jahrhunderte die Hölle heißgemacht. Nun waren sie endlich besiegt. Das beste war, die streitbaren Burschen aus dem Hochland zu stolzen Regimentern zusammenzufassen und in die Armee einzureihen. Da konnten sie dann ihrer Leidenschaft für Rauferei und Schädelknacken zur höheren Ehre Seiner Majestät die Zügel schießen lassen. Und wenn man sie schon in Alt-Schottland möglichst nicht mehr haben wollte – in Neu-Schottland sollten sie wohl zu gebrauchen sein. Und das waren sie auch, ebenso wie ihre keltischen Brüder, die Iren.

Lord Loudon war zaghaft wie ein altes Weib, und die Franzosen merkten bald, wie leicht er zu düpieren war, und sie nützten das aus. Loudon exerzierte seine Truppen weidlich, jagte sie unermüdlich über den Halifax-Hügel, aber mit den Franzosen ließ er sich lieber nicht ernsthaft ein. Die Indianer verloren jeden Respekt vor dem Militär und fingen sich ihre Opfer dicht vor den Toren der Stadt Halifax. Auch die Bürger und Siedler um Lunenburg hatten viel zu leiden; die Skalpe saßen unsicher auf den Lunenburger Köpfen. Mehr denn je waren die Deutschen auf die englische Hilfe, auf das englische Militär angewiesen. Ob sie wollten oder nicht, sie mußten sich auf Gedeih und Verderb auf die englische Seite schlagen. Das Schicksal der Akadier hatten sie sich als Warnung dienen lassen.

In der zweiten Hälfte der fünfziger Jahre kamen auch einige angenehme Nachrichten nach Halifax und Lunenburg. Es sprach sich herum – und niemand vermochte anzugeben, woher die Kunde gedrungen war; doch galt sie als zuverlässig –, daß jener gefürchtete Häuptling der Micmacs vom Shubenacadie, der unter dem Namen Cope berüchtigt war, bei einem Überfall auf einige vorwitzig durch die Wälder streifende Seeleute getötet und gar nicht weit entfernt von der Stadt an der Südspitze der Halifax-Halbinsel verscharrt worden sei. Wie viele englische und deutsche Skalpe mochten Cope und seine wilden Krieger den Franzosen in Louisbourg für gute goldene Dukaten verkauft haben? Cope war tot, er war verschwunden, als hätte ihn die Erde verschluckt. Cope tot – das war beinahe soviel wert wie eine gewonnene Schlacht!

1756 übernahm William Pitt in London die Regierung. ›Männer machen Geschichte!‹ Nach und nach wurde es bis in den fernsten Winkel des englischen Machtbereichs spürbar, daß fortan das Kommando in den Händen eines Mannes lag, der wußte, was er wollte und der dies auch dem König beizubringen verstand. Der unfähige Lord Loudon wurde abberufen. Das Kommando über die Armee in Neu-Schottland wurde zwei in mancher Schlacht bewährten Soldaten anvertraut: dem kaltblütigen Jeffrey Amherst und dem feurigen, ja tollkühnen James Wolfe. Die beiden so verschieden gearteten Männer ergänzten sich vorzüglich. Abermals erlebte Halifax eine Invasion von britischen Soldaten und Seeleuten, die nach ihrer langen, scheußlichen Schiffsreise den schon an die Stadt gewöhnten Truppen den Platz streitig machten: in den Kneipen, in den Trödelläden und bei den Mädchen, denn die Burschen in den knallroten Röcken hatten unterwegs nichts ausgeben können, und der Sold juckte in den Taschen. Nicht weniger als einundvierzig Kriegsschiffe und einhundertzwanzig Transporter hatten die Streitmacht Amhersts und Wolfes über den großen Teich herangefrachtet, zwölftausend Mann an Soldaten, sechstausend an Seeleuten. Diese machten aus ihrer Verachtung für die ewig gedrillten und geschurigelten Landratten kein Hehl. Selbst allerhärteste Strafen vermochten nicht, den nie abreißenden Schlägereien, dem betrunkenen Randalieren Einhalt zu gebieten. So gab es für die Kriegsgerichte keinen Feiertag, und für die Profossen erst recht nicht.

Die Galgen am Rande des Exerzierplatzes und vor der Zitadelle (die nur langsam Gestalt annahm) blieben niemals leer. Die ›neunschwänzige Katze‹ machte Überstunden. Hundert Schläge galten als milde Strafe; tausend endeten meistens mit dem Exitus des Übeltäters. Besonders gefürchtet war der ›Ritt auf dem Pferd‹, einem scharfkantigen Holzbalken. Der Grenadier, der gestern noch vergnügt gejohlt und endlich einmal dem verhaßten Sergeanten eins saftig hinter die Löffel verpaßt hatte, mußte sich, splitterfasernackt, rittlings auf das Marterholz setzen, seine Füße wurden mit großen Steinen beschwert. Den Balken nahmen ein paar kräftige, dazu abkommandierte Kameraden auf die Schultern und schaukelten den Unglückseligen durch die Straßen, allen zum Spott und allen zur Warnung. Nach drei oder vier Stunden solcher Qual saß der Gestrafte auf den nackten Oberschenkelknochen, war längst ohnmächtig vor Schmerzen und wurde nur noch von den Gewichten an seinen Beinen auf dem Balken festgehalten.

Seeleute, die über die Stränge geschlagen oder – das schwerste aller Verbrechen – sich gegen einen Offizier aufgelehnt hatten, wurden in einem Beiboot von Kriegsschiff zu Kriegsschiff gerudert und an jedem Fallreep wartete der Bootsmann mit der ›Neunschwänzigen‹ und strich dem an die Bank gefesselten Übeltäter ein Dutzend auf. Gehängt wurden die Seeleute an den Rahen ihrer Schiffe. Dort konnten sie auf die Dauer nicht hängenbleiben. Also verhängte man sie in Ketten an die eigens für diesen Zweck errichteten Schandbalken am Hafenausgang, der Mannschaft jedes Schiffes Seiner Majestät, das hereinkam oder ausfuhr, zur Warnung. Wer wollte seine leeren Knochen da im Winde klappern lassen!

Ja, ›the good old days‹, wie Thomas A. Raddall in seiner Geschichte der Stadt Halifax anzüglich bemerkt: die ›gute, alte Zeit‹!

Wolfe ließ die Truppen auf der Dartmouth-Seite der Halifax-Bucht den Angriff auf Louisbourg üben, bis jeder Rotrock noch im Schlaf wußte, wie Sturmleitern am besten an hohe Mauern anzulegen sind. Um die Sümpfe zu überwinden, die sich um die Festung Louisbourg weithin ausbreiteten, wurden Gefährte mit besonders riesigen und breiten Rädern gezimmert, auf denen bei der Belagerung der französischen Bastionen die Kanonen über die Moräste auf Schußweite vorangebracht werden sollten.

Am 28. Mai 1758 verließen die Flotte und die mit Soldaten vollgestopften Transporter den Hafen von Halifax und nahmen bei gutem Wind Kurs nach Nordosten, nach Louisbourg. Die Franzosen scheinen keine Anstalten gemacht zu haben, die Flotte abzufangen oder die Landung der Belagerer zu verhindern. Doch hatten sie es diesmal nicht mit einem ängstlichen Zauderer wie dem ruhmlos entschwundenen Lord Loudon zu tun, sondern mit den zähen Kämpfern Amherst und Wolfe. Amherst, der kühle, skeptische, wollte sich nicht mit kühnen Voraussagen festlegen, der bravouröse Wolfe jedoch hatte verkündigt: »In zehn Tagen haben wir Louisbourg erobert!« Das war allzu schneidig! Es dauerte viele Wochen, ehe der französische Kommandant sich bereiterklärte, seinen Degen abzuliefern.

Als es endlich geschah – Angreifer wie Verteidiger waren abgekämpft –, war es schon zu spät im Jahr, als daß die Engländer den Angriff ins Herz des französischen Canada, nach Québec hätten vortragen können. Soweit die Truppen nicht Louisbourg zu besetzen hatten, kehrten sie nach Halifax zurück, um wieder aufgefüllt und aufgefrischt zu werden.

Louisbourg sollte dem Erdboden gleichgemacht werden. Nie wieder durfte es die Vormacht Britanniens an der atlantischen Küste Amerikas bedrohen. Buchstäblich kein Stein wurde auf dem anderen gelassen. Die Franzosen hatten die mächtigen Blöcke zum Bau der Festung allesamt aus der Normandie über den Ozean gesegelt. Nun segelten die Steine weiter nach Halifax in Nova Scotia, und die vielen inzwischen dort reich gewordenen Kriegslieferanten bauten sich daraus prächtige Häuser, so zum Beispiel der tüchtige Richard Bulkeley, der, wie Walther Corssen und Jonas von Hestergart, zu den allerersten gehört hatte, die mit Cornwallis auf der ›Sphinx‹ in die Bucht von Chignecto eingelaufen waren. Bulkeley hatte Amy Rous geheiratet, die Tochter jenes Kapitäns Rous, nach welchem die Lunenburger den Bach an der Landestelle in ihrer neuen Heimat benannt hatten. Das schöne Haus steht noch heute und bildet einen Teil des jetzigen Charleton-Hotels.

Selbst die Deutschen hatten Anteil an der Beute, die in Louisbourg gemacht worden war. Sie hatten sich in der Braunschweig-Straße eine Lutherische Kirche gebaut, schämten sich aber, noch keine vernünftige Glocke in den Turm hängen zu können. Jetzt bot sich eine gute Gelegenheit; sie erstanden für wenig Geld die Glocke, die in der Garnisonkirche von Louisbourg die Franzosen zum Gottesdienst gerufen hatte. Eine andere Glocke aus dieser Kirche wanderte über Halifax in den Turm der Lutherischen Kirche von Lunenburg und ruft dort bis zum heutigen Tag die Protestanten ebenso wohlklingend zum Gottesdienst wie vor mehr als zweihundert Jahren die Katholiken.

1758 hatte der Gouverneur Lawrence der Stadt Halifax eine Stadtverordneten-Versammlung bewilligt, sehr gegen seinen Willen. Lawrence blieb sein Leben lang Soldat und hielt wenig von der ›Schwätzerei in den Parlamenten‹. Aber es waren, verlockt durch die leicht zu pflückenden Kriegsgewinne, viele Yankees aus den alten englischen Kolonien im Süden nach Nova Scotia geströmt und hatten ihre sehr massiven Vorstellungen von Selbstverwaltung mitgebracht – Vorstellungen, die in weniger als zwanzig Jahren dazu führen sollten, daß die dreizehn englischen Kolonien im Süden sich von England lossagten und einen Staat begründeten, der sich zur – vorläufig – stärksten Weltmacht der Geschichte entwickeln sollte.

Halifax hatte für den Winter 1758/59 nur zwei englische Regimenter und zwei königlich amerikanische Bataillone aufgenommen. Die übrigen Truppen, soweit sie nicht mit dem Abbruch der Feste Louisbourg beschäftigt waren, hatten sich weiter im Süden ins Quartier begeben. Die Soldaten in Halifax wurden so erbärmlich besoldet, daß ihnen erlaubt war, sich in der Stadt als Arbeiter zu verdingen. Anderthalb Shilling am Tag erhielt ein vom Militär beurlaubter Handwerker, einen halben Shilling, wer nur mit Hacke und Schaufel umzugehen oder nur seinen breiten Rücken einzusetzen wußte.

Im Frühling 1759 endlich war es soweit: Der große Angriff auf Québec konnte beginnen. Aber es wurde September, ehe die starke Bergfestung über dem Sankt Lorenz-Strom schließlich das Lilienbanner senkte. Am 18. September hatte Wolfe mit seinen im allerersten Morgengrauen heimlich an Land gesetzten Truppen die steilen Uferhänge unterhalb der Festung erklommen und stellte die völlig überraschten Franzosen vor den Mauern auf den Abrahamshöhen zum Kampf. Ehe der aus den Toren hervorströmende Feind sich zur Schlacht entfalten und ordnen konnte, fielen die Engländer wie Wölfe über ihn her und zerschlugen ihn. Auch die französischen Verstärkungen, die einige Stunden entfernt am Fluß bereitgestanden hatten, um zu verhindern, daß die Engländer der Festung von Land her in den Rücken fielen, kamen viel zu spät, wurden eine nach der anderen abgefangen und vernichtet.

Die Schlacht von Québec ist von nicht mehr als etwa zweimal zehntausend Mann ausgefochten worden, um einen ganzen Ozean von London und Paris entfernt, und doch erwies sie sich als eine der wichtigsten Entscheidungen der neueren Geschichte. Sie beendete den Kampf um Nordamerika mit dem Siege Englands.*

In der Tat, Frankreich war so geschlagen, wie eine Großmacht überhaupt geschlagen werden kann. Am französischen Hofe Louis XV. merkten weder der König noch seine Mätressen und Höflinge, befangen in ihrer Eitelkeit, Großmanns- und Verschwendungssucht, daß Frankreich seinen Weltmachts-Anspruch mit dem Verlust Amerikas für alle Zeiten verspielt hatte.

Aber nicht nur Frankreich war geschlagen, sondern – auf amerikanischem Boden – alle jene indianischen Stämme, die sich zu Bundesgenossen Frankreichs hatten anwerben und als erbarmungslose ›Partisanen‹ benutzen lassen, darunter die Micmacs Neu-Schottlands. Sie besonders hatten sich stets und mit Stolz als halbe oder ganze Franzosen gefühlt; und wer in ihrem Kreise eine Rolle spielen wollte, der mußte Französisch wenigstens radebrechen. Der französische Abbé und Missionar Le Loutre hatte es verstanden, den Haß der Indianer auf die Engländer zur Weißglut zu entfachen; er hatte ihnen die Überzeugung eingepflanzt, es sei nur eine Frage der Zeit, bis die französische Gloire, der Ruhm des Lilienbanners obsiegen und die Engländer ins Meer werfen würde. Reiche Beute, Feuerwasser in Strömen, Skalpe in dicken Bündeln würden dann den roten Freunden zufallen.

Statt dessen hatten die groben Engländer den Sieg über die liebenswürdigen Franzosen erfochten, und das beinahe im Handumdrehen, seitdem sie erst einmal ernstgemacht hatten. Im großmächtigen Louisbourg war kein Stein auf dem anderen geblieben, das uneinnehmbare Québec war nach wenigen

* Der ›Siebenjährige Krieg‹ fand erst 1763 ein Ende: für Sachsen, Österreich und Preußen, das auf dem Boden Europas auch für die Interessen Englands gefochten hatte, im Frieden zu Hubertusburg; für England, Frankreich und Spanien in Paris. Frankreich verlor sein ›Canada‹ an England, dazu seinen indischen Besitz. Louisiana fiel an England und Spanien. Florida wurde englisch, so daß nun die ganze atlantische Ostküste Nordamerikas vom hohen Norden, der Hudson-Bay, bis hinunter zum Golf von Mexico unter der englischen Flagge vereint war.

Stunden des Kampfes eingenommen, das ganze französische ›Canada‹ am Sankt Lorenz von den Engländern besetzt worden. Die französischen Lilien lagen zertreten am Boden. Und was war aus dem Prediger des Hasses, aus Le Loutre geworden? Auch mit ihm hatte es ein schlechtes Ende genommen. Sein Bischof, der in der Stadt Québec residierte, hatte nichts mehr mit dem hemmungslosen Aufwiegler zu tun haben wollen; er hatte sich von ihm abgewandt. Le Loutre blieb keine andere Wahl, als die Indianer, die er länger als ein Jahrzehnt um Sinn und Verstand geredet hatte, im Stich zu lassen und nach Frankreich zurückzukehren. Das Schiff jedoch, dem er sich für die Heimkehr in das vergötterte Frankreich anvertraut hatte, wurde unterwegs von den Engländern gekapert. Man hat nie wieder etwas von Le Loutre gehört.

Cope, der Häuptling vom Shubenacadie, war das indianische Gegenstück zu Le Loutre gewesen. Auch er war verschollen. Da niemand mehr den Micmacs bedingungslosen Haß predigte, wurde eine andere Stimme hörbar, eine leisere, angenehmere, die bisher überschrien worden war. Seit mehr als einem Vierteljahrhundert predigte ein anderer französischer Priester, Père Maillard, den Micmacs das Evangelium. Jetzt erst, da die Indianer sich verraten fühlten, da die pompösen Franzosen jämmerlich gedemütigt schienen, jetzt erst fand Vater Maillard Gehör, als er den Häuptlingen nahelegte, den Ausgleich mit dem Weißen Mann zu suchen und sich nicht als Handlanger des einen oder des anderen mißbrauchen zu lassen.

Den Engländern lag am Wohlergehen der Indianer genauso wenig, wie den Franzosen daran gelegen hatte. Aber noch war der Krieg gegen Frankreich, sosehr er auch bisher zu Englands Gunsten verlaufen war, nicht abgeschlossen. Nichts also konnte den Engländern willkommener sein, als daß Père Maillard die Indianer bewog, mit England Frieden zu schließen. (Die Engländer haben es ihm gedankt, haben ihm, einem französischen katholischen Priester, nach dem Friedensschluß mit den Indianern sogar eine Staatspension bewilligt, eine unerhörte Auszeichnung! Denn französisch und katholisch, das bildete für englische Gemüter damals den Inbegriff des Bösen. Pater Maillard hat sein Lebenswerk nicht lange überlebt. Im August 1762 ist er in Halifax gestorben und wurde feierlich auf dem Friedhof von St. Paul, der anglikanischen Kirche im Herzen von Halifax, in die Erde gesenkt, knapp zweiundeinhalb Jahre nach dem Friedensschluß mit den Indianern.)

Agrimault, der Häuptling der Monguash-Micmacs, hat im März 1760 für alle anderen mit ihm einigen Häuptlinge im Garten des Gouverneurs Charles Lawrence das Kriegsbeil für immer begraben. Die Grube war in einem der Blumenbeete des Gouverneurgartens ausgehoben worden. Alle hohen Beamten und Offiziere des Heeres und der Marine, alle angesehenen Bürger und Gäste der Stadt haben, während die Ehrenkompanien präsentierten, in voller Gala zum Klang der Trommeln und Querpfeifen an der prunkenden Zeremonie teilgenommen. Agrimault selbst hat die Erde über den zwischen die Beete gesenkten Tomahawk geschüttet – für sich, für die anderen Häuptlinge, für sein Gefolge und alle Indianer Neu-Schottlands.

Die Indianer haben ihren Friedensschwur nie gebrochen. Jetzt erst durften sich die Siedlungen und Einzelgehöfte über die Gemarkung von Halifax und Lunenburg hinaus, längs der Küste und den fruchtbaren Stromtälern folgend, langsam ins Innere des Landes vorschieben, ohne daß die Bauern und Händler fürchten mußten, bei erstem Morgengrauen vom gellenden Kriegsruf der ›Wilden‹ aus dem Schlaf geweckt zu werden.

Die Akadier allerdings, wenn man ihrer in den nun nicht mehr feindlichen Wildnissen habhaft wurde, fanden auch jetzt keine Gnade, sondern wurden auch weiterhin ohne viel Federlesens deportiert. Ihnen, die ihre Waffen abgeliefert und nirgendwo Gewalt gegen England versucht hatten, wie es von ihnen in ihrem alten Eid beschworen war, wurde viel übler mitgespielt als den Indianern, die bis zum Schluß unnachsichtig gekämpft und wahrlich kein Pardon gegeben hatten.

Georg der Zweite starb 1760. Georg der Dritte folgte ihm auf den englischen Thron. Für Nova Scotia änderte sich dadurch nichts.

Ein Jahr nach dem Friedensschluß von Paris, unter dem 16. Juli 1764, erhielt der neue Gouverneur von Nova Scotia, Wilmot (Lawrence, der alte Soldat, hatte sich auf einem Gala-Ball erkältet und war an der Lungenentzündung, die sich anschloß, einen kümmerlichen Strohtod gestorben), die Anweisung von den ›Lords of Trade and Plantations‹, die Reste der Akadier, soweit sie noch aufzutreiben waren, wieder in Neu-Schottland siedeln zu lassen. Doch hätten sie jeden Anspruch auf ihre früheren Farmen verloren.

Um 1770 hatten etwa zweitausend Akadier den Weg nach Nova Scotia zurückgefunden – oder waren aus der Tiefe der Wälder wieder aufgetaucht.

Die Leute, die am unteren La Have und am Petite Rivière gesiedelt und sich der Deportation durch die Flucht an den weit entlegenen Kagetoksa-See entzogen hatten, erfuhren von allen diesen Entwicklungen in der näheren und weiteren Welt nur mit monate- oder gar jahrelanger Verspätung. Der Strom der Zeit lief an ihrer winzigen Insel lautlos und unbeachtet vorbei; er beschäftigte ihre Gedanken kaum. Die Leute von Kagetoksa hatten genug mit sich selbst zu tun.

20

Die ersten Jahre waren die schwersten – und sie waren auch die leichtesten. Die schwersten, weil Häuser, Felder, Scheunen, Gärten aus dem Urwald herauszuschlagen waren, weil Boote, Krippen, Schlitten, Tische, Bänke gezimmert werden mußten, und zwar aus Brettern, die man aus hoch über dem Erdboden aufgebockten Stämmen sägte. Und das alles wurde eigentlich sofort gebraucht, man konnte nicht darauf warten. Denn wo sollte man sitzen, schlafen, spinnen, weben, das Korn mahlen und die Butter stampfen? Manches Gerät hatte aus der alten Heimat den Weg nach Kagetoksa gefunden, vieles war aber auf der qualvoll mühsamen Anreise zerbrochen oder verloren worden. Aber gebraucht wurde es unerbittlich – vom ersten Tage an!

Mit dem ersten Frühlicht erhoben sich die Leute von ihren harten Lagern aus Fichtenzweigen oder aus Binsenstroh vom Seeufer. Und wenn es dunkelte, sanken sie wieder hin; Arme, Beine und Rücken schmerzten vor Müdigkeit. Die ersten Jahre waren die schwersten, weil dem wilden Wald, dem leeren Land, den harten Wintern – sie waren viel härter hier als an der Küste! – die neue Heimat Stück für Stück erst abgerungen werden mußte. Die nackenkrümmende Arbeit fand kein Ende.

Die ersten Jahre waren aber auch die leichtesten, weil es niemals zweifelhaft war, was getan werden mußte. Weil die Anweisungen oder Ratschläge von Yves Picquingy oder Père Bosson, weil das Beispiel und Vorbild von Anke Corssen oder Jeanne Maillet, auch wohl von Walther, Jonas und Kokwee jedermann einleuchtete. Und wurde nicht den Leuten von Kagetoksa in diesen Jahren die herrlichste Genugtuung, die schönste Befriedigung zuteil, die dem Menschen auf Erden geschenkt werden kann? – – Auf dieser Erde, die sich nie wieder in einen Garten Eden zurückverwandeln läßt, die mit Schweiß gedüngt werden muß, sonst gibt sie nichts her? Die Leute von Kagetoksa sahen ihr Werk wachsen, langsam zwar, von bösen Rückschlägen nicht verschont – aber doch von Monat zu Monat, von Jahr zu Jahr sich entfaltend. War im ersten Winter noch das Viehfutter knapp gewesen, da man nur einen geringen Vorrat hatte mitbringen können und die wenigen Wildwiesen um den Kagetoksa nur ein grobes, wenig nahrhaftes Heu ergeben hatten, da sie allzu spät im Jahr gemäht worden waren, so war diese Sorge im zweiten Winter längst vergessen. Denn nun waren die Wiesen schon einmal geschnitten. Der Nachwuchs im nächsten Frühling war zart und kräftig aufgekommen, wurde vom Vieh voller Gier angenommen, ihm aber bald wieder entzogen. Der zweite und sogar noch ein dritter Schnitt wurden getrocknet – es regnete hier nicht so viel wie an der Küste, und es nebelte auch weniger. Er wurde eingebracht, zu duftenden Schobern getürmt und bot so die Gewähr, daß im zweiten Winter Milch und Butter nicht so knapp werden würden wie im ersten.

Hatten Ankes drei Kinder im ersten Jahr noch alle zusammen auf der gleichen Pritsche schlafen und sich oft genug eng zusammendrängen müssen, um sich zu wärmen, so war im dritten ein jedes längst in eine eigene Bettstatt umgezogen. Und sie fanden es ebenso wunderbar wie selbstverständlich, daß jedes im Sommer eine eigene, aus grober Wolle gestrickte Decke besaß, über die im Winter ein rechteckig zugeschnittenes Bärenfell gebreitet wurde. Darunter hatten es die beiden

Bürschlein und das quirlige Schwesterchen so warm wie im Mutterleib.

Père Bosson hatte anfangs die Messe im Freien gelesen, später im Wohnraum des Blockhauses von Picquingy, das dieser, ganz nach seiner Art, sehr behäbig und weiträumig errichtet hatte. Der gewaltige Yves, der im Umgang eher bedächtig wirkte, konnte mit einer solchen Geschwindigkeit arbeiten, vermochte so mächtige Kraft einzusetzen, daß ihm niemand gleichkam. Er hatte sich bei weitem das größte Haus gebaut in der jungen Siedlung Kagetoksa – wie anders sollte sie heißen! – und er hatte dafür weniger Zeit gebraucht als die anderen für ihre kleineren Häuser.

Außer einem guten Dutzend junger Männer und ebenso vieler Mädchen in der Gemeinde, die zwar schon miteinander plänkelten, aber noch nicht recht die Zustimmung und den Segen der Eltern für eine Verbindung hatten erwirken können, gab es unter den älteren Erwachsenen nur zwei, die nicht verheiratet waren – und deren Ehelosigkeit auch jedermann sonst respektierte. Ein sehr ungleiches Paar: Père Bosson, der geistliche Vater der Gemeinde, und der unerwartet zugelaufene Jonas Hestergart. Diese beiden Männer entdeckten mit der Zeit, daß sie unter all den anderen die einzigen waren, die sich auf europäisch gebildete Weise miteinander verständigen konnten, denn Jonas von Hestergart hatte von Hause aus eine ausgezeichnete Erziehung genossen, ehe er gegen den Wunsch seiner Eltern den Lehrern davongelaufen war und sich dem Abenteuerleben eines Soldaten und Offiziers in der britischen Armee verschrieben hatte.

Jonas hatte den zartgliedrigen Geistlichen mit der Zeit nicht nur schätzen, sondern beinahe lieben gelernt wie einen – nun ja, eben wie einen Vater. ›Père‹ Bosson – er hatte sich seinen Titel verdient. Jonas erkannte auch, daß er selbst nur deshalb so merkwürdig vorbehaltlos von den Leuten von Kagetoksa anerkannt worden war, weil Père Bosson von Anfang an seine Bereitschaft, die Sache der Akadier zu seiner eigenen zu machen, für ehrlich und wahrhaftig genommen hatte. Die Leute waren gewohnt, ihrem Père Bosson in solchen Dingen blindlings zu vertrauen.

Jonas gewann allmählich großen Respekt vor dem Wissen und der Gelehrsamkeit dieses an der Sorbonne gebildeten alten Mannes. Mehr noch, die illusionslose, skeptische Weisheit, mit welcher Père Bosson die Menschen beobachtete und beurteilte, erfüllte Jonas um so mehr mit Bewunderung, als sie stets mit freundlicher Nachsicht verbunden war. Bosson hörte offenbar nie auf, die Menschen trotz allem liebenswert zu finden. Im Gespräch mit Bosson erwachte von neuem Hestergarts Fähigkeit, sie hätte lange brach gelegen, sich über Gott, die Welt und die Menschen Gedanken zu machen und seine Erfahrungen mit einem Gleichgesinnten zu erörtern. Dem alten Franzosen andererseits bereitete es großes Vergnügen, mit einem Menschen, der die Bildung einer fremden, wenn auch nach französischer Meinung nur halbwegs gleichwertigen Kultur genossen hatte, Einsichten und Erkenntnisse auszutauschen, ohne sich dem Aufnahmevermögen einfacher Bauerngehirne anpassen zu müssen.

Père Bosson hatte es nur zu natürlich gefunden, daß die Familienväter sich zunächst darum bemühten, für Frau und Kind und Vieh ein Obdach zu errichten. Er hatte sich in seiner großen Bescheidenheit damit abgefunden, irgendwo nebenbei unterzukommen. Bis dann eines Tages Jonas Hestergart feststellte: »Mon Père, so geht das nicht weiter! Sie mühen sich von früh bis spät und sogar mit leidlichem Erfolg, in dieser Horde arbeitswütiger Bauern die Fahne des menschlichen Anstands hochzuhalten – und haben selber nicht einmal ein Dach über dem Kopf! Wenn Sie nichts dagegen haben, werde ich mir einige Helfer beschaffen und Ihnen eine eigene Hütte bauen, damit Sie die Tür hinter sich abschließen können, wenn Sie wollen. Und vielleicht wäre es sogar gut, wenn ich mich Wand an Wand mit Ihnen niederließe. Ich werde Sie nur stören, wenn Sie mich dazu auffordern, stünde Ihnen aber jederzeit zur Verfügung.«

Père Bosson hatte mit einem liebenswürdigen Lächeln auf dem schmalen Greisengesicht geantwortet: »Mit Vergnügen werde ich Wand an Wand mit Ihnen hausen, und bei jedem neuen philosophischen Gedanken werde ich dreimal anklopfen, damit Sie herüberkommen und wir der Sache auf den Grund gehen können. Aber vordringlicher erscheint mir, daß Sie, lieber Jonas, mit ein paar tüchtigen Gefährten uns eine kleine Kapelle bauen, damit das Allerheiligste wieder eine angemessene Wohnung bekommt.«

Jetzt mußte Jonas lächeln. »Eins nach dem andern, mon Père! Da Sie schon mehr als einmal festgestellt haben, daß ich ein lutherischer, völlig hoffnungsloser Höllenbraten bin, beharre ich darauf, zunächst Ihrem alten Adam eine warme Unterkunft zu verschaffen. Dann kann das Allerheiligste bei Ihnen selbst einquartiert werden und ist damit so gut wie zu Hause. Gleich darauf trommle ich mir unsere besten Männer zusammen, und wir bauen eine Kirche mit hundert oder mehr Sitzen, damit die Leute von Kagetoksa wissen, daß sie nun wirklich in Kagetoksa am Kagetoksa daheim sind.«

Nur wenn sie unter sich waren, sprachen Père Bosson und Jonas Hestergart auf diese lockere Weise miteinander.

Im fünften Jahr nach der Ankunft in der Einsamkeit vereinte das Kirchlein zum erstenmal die ganze Gemeinde beim Hochamt. Eine Glocke, die das Volk hätte herbeirufen können, gab es nicht. Ein großes Krautfaß, über dessen Öffnung ein Hirschfell gespannt war, diente als weithin hörbare Pauke. Sie war selbst noch auf dem Hof der Corssens hörbar, die sich am weitesten westwärts, am Seeufer, niedergelassen hatten.

Als der Gottesdienst beendet war, hörten viele, wie der alte Picquingy zu seiner Frau Marianne und den Nachbarn Anessac und Ceangens sagte, geradezu auftrumpfend, wie man es von ihm gar nicht gewohnt war: »Jetzt haben wir die Kirche von Kagetoksa eingeweiht. Jetzt sind wir die Leute von Kagetoksa vor Gott und der Welt.«

Damit hatte er ausgedrückt, was die meisten empfanden. Allerdings gab es auch ein paar Außenseiter wie Bernard Anessac. Der knurrte als Antwort und machte sich nichts daraus, daß es die Näherstehenden hörten: »Vor Gott schon – aber vor der Welt? Die Welt ahnt nicht einmal, wo Kagetoksa liegt!«

Bernard Anessac war Zeit seines Lebens ein Fischer gewesen und übte sein Handwerk natürlich auch am Kagetoksa-See aus. Die Lachse und Forellen aus diesem süßen Wasser schmeckten besser noch als die Fische aus dem Meer. Die hohe See jedoch hatte Anessac früh darüber belehrt, daß man ihr niemals trauen durfte, auch dann nicht, wenn sie sich wunderbar friedlich gab. Zurückhaltung, ja, eine Neigung zu Zweifelsucht und Schwarzseherei, waren dem Bernard Anessac zur zweiten Natur geworden. Die Leute schätzten ihn nicht sehr in seiner Rolle als männliche Kassandra, aber sie hörten doch hin, wenn er etwas zu sagen hatte. Wo hat es je Bauern und Fischer unter der Sonne gegeben, die Vorsicht und Mißtrauen nicht für den besseren Teil der Tapferkeit halten? Anessac hatte sicherlich recht gehabt, als er sagte, die Welt habe keine Ahnung, wo Kagetoksa zu suchen wäre.

Auch viele Indianer wußten nichts von seiner Existenz. Der blinkende, bis in seine große Tiefe makellos reine See, in dem wohl entlegensten Gebiet der Jagdgründe der Chignecto-Leute, Kokwees Stamm, gelegen, war höchstens von ihnen, und auch nur alle paar Jahre einmal, aufgesucht worden. An seinem Ostufer stiegen die Felsen steil aus der klaren Flut, aber gegen Westen flachten die Ufer weithin aus zu üppig grünen Wildwiesen, die gegen den Kranz der dunklen Wälder hin trockenere Böden boten, ehemaligen Seegrund, fruchtbarste Erde; sie schien nur auf den Pflug zu warten, wie die akadischen Bauern sofort erkannten.

Doch von Anfang an war sich die kleine Gruppe der Anführer – stillschweigend erweitert um Charles Maillet, Walther Corssen, Bernard Anessac und bald auch Jonas Hestergart – darüber im klaren, daß man zwar aus der Welt war, aber doch auf die Dauer nicht gänzlich ohne die Außenwelt würde bestehen können. Was geschieht, fragten sich Picquingy und Maillet, wenn unsere Sensen schartig werden und nicht mehr zu schleifen sind? Wenn eine Axt zerspringt oder ein verborgener Felsbrocken in den jungen Feldern die Pflugschar verbiegt? Gewiß, Raymond Sizun ist nicht nur ein tüchtiger Bauer, sondern auch ein vorzüglicher Schmied, ein wahrer Zauberer mit seinen langen und kurzen Zangen, seinen leichten und schweren Hämmern. Aber so weit reicht auch seine Kunst nicht, daß er Holz in Eisen verwandeln könnte oder Moos in Messing. Einige Jahre würden die Geräte vorhalten, aber irgendwann mußten sie durch neue ersetzt werden. Und gerade die harte Arbeit des Rodens und des Hausbaus spielte den Werkzeugen übel mit.

Walther und Jonas waren sich im geheimen darüber einig, und auch der kluge Père Bosson zweifelte nicht daran, daß Fortbestand und Erfolg von Kagetoksa davon abhingen, ob sich ein wenn auch noch so schmales und geheimes Schlupfloch zur Außenwelt offenhalten ließ, durch das sich die Leute von Kagetoksa wenigstens die allerwichtigsten, von ihnen selber nicht herzustellenden Dinge beschaffen konnten.

Groß war deshalb die Enttäuschung, ja, Furcht regte sich in einigen Herzen – wenn sie auch niemand zugegeben hätte –, als das für den Frühling 1756 verabredete Treffen mit dem Händler Quenneville nicht zustande kam. Die drei unruhigsten unter den Männern von Kagetoksa waren Pierre Callac, Walther Corssen und Jonas Hestergart. Sie hatten sich, geführt von Kokwee, der sich mit seinen Leuten am äußersten Westrand der neuen Siedlung, an Corssens Rodung dicht anschließend, niedergelassen hatte, geradezu vorgedrängt, als es galt, mit Quenneville an der Meeresküste beim ›Hammelhafen‹ Port Mouton Verbindung aufzunehmen. Kokwee hätte nicht mitzukommen brauchen. Die drei Weißen reisten leicht im Rindenkanu, hoben das Fahrzeug aus dem Wasser, wenn Tragestrecken zu überwinden waren und hatten sich, wildniskundig, wie sie alle längst geworden waren, den Weg zur Küste unvergeßbar eingeprägt. Dennoch war Kokwee auf solchen Reisen stets willkommen. Niemand verstand sich besser darauf, ein Rindenkanu zu flicken oder einen genau richtig gekrümmten Eschenzweig zu finden und einzupassen, wenn eine gebrochene Spante zu ersetzen war.

Seinerzeit hatte man zwanzig Tage gebraucht, um sich mit Sack und Pack und Vieh von der Küste ins Innere zum Kagetoksa durchzuschlagen. Die vier Männer, die keine nennenswerte Last mit sich führten, legten die gleiche Strecke in umgekehrter Richtung in drei Tagen zurück.

Von der Mündung des Spacieuse bis zu der Stelle, wo die Flüchtenden damals gelandet waren, hatte selbst Kokwee kein Anzeichen mehr entdeckt, das den Durchzug der Leute vom La Have einem Neugierigen verraten hätte, und alle vier waren davon befriedigt. Falls also die Engländer nach den Verschwundenen gesucht hatten – an dieser Stelle war ihnen kein Hinweis zu Hilfe gekommen.

Quenneville ließ nichts von sich hören. Die Männer schlugen am Waldrand über den hohen Uferfelsen, an denen Quennevilles Segler mit den Umsiedlern damals längsseit gegangen waren, ein Lager auf, versteckt zwar, aber so gelegen, daß sie die große Bucht bis auf die offene See hinaus überblikken konnten. Doch das Wasser blieb leer Tag um Tag. Kein Segel wollte über die Kimm tauchen, wollte den Boten ankündigen, der ihnen hätte erzählen können, was inzwischen in der fernen Welt passiert war.

So hockten die vier am Waldrand über rauchlosem Feuer und warteten. Lässige Gespräche gingen her und hin, und die Gedanken wanderten noch viel weiter fort ins Ungewisse.

Der hitzige Pierre Callac, der auf Quenneville nie sehr gut zu sprechen gewesen war, meinte eines Abends: »So wie ich Quenneville kenne, könnte ich mir denken, daß er sich sagt: Was soll ich wieder nach Port Mouton fahren? Die Leute werden da sein und auf mich warten. Aber was könnten sie zum Verkauf anzubieten haben – nach dem ersten Winter! –, falls sie nicht überhaupt verhungert oder sonstwie umgekommen sind? Sie werden etwas von mir haben wollen, und sicherlich auf Kredit. Da fahre ich lieber erst gar nicht hin. – Vielleicht, daß sie im Herbst etwas vorzuweisen haben, wofür ich ihnen den Preis diktieren kann. – Ich glaube also, wir werden umsonst hierhergekommen sein. Quenneville erscheint frühestens im Herbst – wenn er überhaupt kommt.«

Jonas Hestergart lächelte in sich hinein bei diesen Worten und dachte: Sieh da, der alte Vater Bosson! Der hat genau das Gleiche gemutmaßt, hat es freilich nur mit mir vertraulich besprochen, als wir darauf drängten, nach Port Mouton zu reisen, um Quenneville nicht zu verpassen. Illusionen macht er sich nicht, der kluge Vater Bosson. Und Pierre Callac ist auch kein Dummkopf!

Walther nahm das Wort: »Pierre, du magst recht haben. Auf Quenneville werden wir uns erst dann verlassen können, wenn wir ihm etwas anbieten, das Gewinn verspricht. Aber was sollte das sein? Unsere Vorräte sind so gut wie verbraucht. Und was wir in diesem Sommer ernten werden – ich meine, wir sollten froh sein, wenn es uns mit Wildfleisch und Wildbeeren über den nächsten Winter bringt. Ich glaube, ich weiß eine Lösung. Wir müßten Pelztiere fangen und Quenneville die Pelze anbieten. Sicherlich würde ihn das locken, wiederzukommen. Aber im Sommer sind die Felle nichts wert. Erst im nächsten Winter würde es sich lohnen, ein paar Trapplinien einzurichten. Kommt Quenneville im Herbst, so könnte er uns auf die im nächsten Frühling zu liefernden Pelze Vorschuß geben – oder wir müssen wieder unsere geringen Vorräte an Bargeld angreifen.«

Nach einer Pause ließ sich Jonas vernehmen: »Sind wir erst einmal bei Quenneville im Vorschuß, so setzt er uns in Zukunft die Daumenschrauben an. Ich bin für Bargeld. Ich könnte notfalls einspringen. Ich habe mir in den vergangenen Jahren einiges beiseite gelegt. Es bleibt die Frage, ob wir in der weiteren Umgebung von Kagetoksa genügend Pelztiere vorfinden.«

Das ging Kokwee an. Der Indianer hatte aufmerksam zugehört. »Pelze genug! Biber, Flußotter, Füchse, Bären, Marder. Ich weiß sie auch zu finden – und wie man sie fängt.«

Walther sagte: »Gut, Kokwee, du bist mit von der Partie. Ich habe einige Fallen mitgebracht.«

Pierre Callac fuhr fort: »Ich auch. Aber es ist harte und gefährliche Arbeit. Nur gut, daß uns keiner nach unseren Waffen gefragt hatte, ehe wir vom La Have abzogen. Ohne Waffen auf der Trapplinie – das wäre nicht mein Fall. Ich verstehe sowieso nichts von Trappen, lasse lieber die Finger davon. René Plouaret, der hinten am Petite Rivière gewohnt hat, der hat schon immer getrappt. Der wäre sicherlich gern dabei, wenn ihr es nächsten Winter versucht. Aber was haben die anderen, die nicht trappen, von euren Fängen? Das Geld, das aus ihnen zu erlösen ist, wird nur den Fängern zugute kommen.«

Walther Corssen schien auf diesen Einwand gewartet zu haben. Er sagte sehr ernst, sagte es scheinbar nur vor sich hin, aber in Wahrheit sagte er es allen in Kagetoksa, obgleich außer den drei Gefährten am Feuer ihn keiner hören konnte: »Pierre, ich glaube, wir müssen uns allmählich darüber klarwerden, daß wir wenigen Leute tief im Wald, wo uns keiner finden darf, anders denken müssen, als uns das früher selbstverständlich war. Entweder kommen wir alle durch, oder wir gehen alle unter. Ich habe mit Anke besprochen, mehr als einmal – und sie hat es vertraulich mit den meisten anderen Frauen besprochen, auch mit deiner, Pierre. Und die Frauen sind sich darin einig, daß jedem geholfen werden muß, der mit seiner Familie in Bedrängnis gerät. Das bedeutet aber, daß jeder, der zu besonderen Vorteilen oder Gewinnen kommt, den größten Teil davon den weniger Begünstigten oder Notleidenden abtritt. Der Rat muß entscheiden, also Picquingy, Père Bosson und Anke, wem jeweils unter die Arme gegriffen werden muß. Irgendwann einmal wird eine Zeit kommen, in der wenigstens für ein paar Jahre Friede herrscht. Vielleicht können wir uns dann freier bewegen. Dann mag jeder für sich selber sorgen und seiner Wege gehen. Aber davon ist noch keine Rede. Vielleicht dürfen erst unsere Kinder im Frieden leben.«

Jetzt ließ sich Kokwee aus dem Hintergrund mit leiser Stimme vernehmen: »Bei uns ist es immer so gewesen: Im Krieg oder in Zeiten großen Hungers darf einer nicht mehr haben als der andere, oder, wie man bei uns sagt, dann sind wir alle gleiche Kinder des gleichen Vaters.«

»Die Kinder, ja!« Pierre Callac hatte mit großer Spannung zugehört. »Unsere Kinder – was soll aus ihnen werden? Père Bosson wird immer älter und ganz gewiß nicht kräftiger. Er muß sich vor allem um die Alten und Kranken kümmern. Die kommen ohnehin schlecht weg, da die Erwachsenen alle Hände voll zu tun haben. Und es gibt obendrein manche Familie, die Père Bosson Sorge bereitet, das wissen wir ja. Wer kümmert sich also um die Kinder? Wer bringt ihnen das Schreiben und Lesen bei und ein bißchen Rechnen, und die Furcht des Herrn? Père Bosson vermag es nicht mehr.«

Fast war es Nacht. Das Feuer war zusammengesunken, es glühte nur noch dunkelrot. Auch dieser schöne Tag, mit blauem Himmel und weißen Wolken, hatte sich sachte davongemacht. Kein Schiff war die Bucht heraufgesegelt. Die Männer schwiegen bedrückt vor sich hin. Jonas stocherte in der Glut, als gehe ihn das Gespräch nichts an. In Wahrheit kämpfte er mit sich, ob er aussprechen sollte, was er zu sagen hatte. Es war nicht so leicht, sich selbst zu überwinden. Aber er hatte sich nun einmal der ›akadischen Nation von Kagetoksa‹ anvertraut – diesen komisch anspruchsvollen Namen hatte Picquingy der Siedlung vor einigen Tagen bei einer Sitzung des erweiterten Dorfrats verliehen, halb im Ernst, halb sich selbst und die Gemeinschaft verspottend. Und Jonas war in der Tat von heut auf morgen ein Glied dieses auf sich selbst zurückgeworfenen Gemeinwesens geworden, so daß es keinen Sinn mehr hatte, gegenüber seinen Anforderungen Vorbehalte zu machen. So faßte er sich ein Herz und bekannte:

»Sollte deine Frage anzüglich gemeint und auf mich gemünzt sein, Pierre, der ich außer Vater Bosson der einzige in Kagetoksa bin, der weder für eine Frau noch für Kinder sorgen muß, so lehne ich sie ab. Was ein jeder an besonderen Pflichten oder Aufgaben zu übernehmen hat, das kann nur mit seiner ausdrücklichen Einwilligung beschlossen werden. Aber ich glaube zu wissen, worauf du hinauswillst. Père Bosson hat schon mit mir darüber gesprochen. Ich sehe allmählich ein, daß ich mich seinen Bitten nicht verschließen darf, weil, soweit ich weiß, ich allein sie erfüllen kann. Wir wollen, wenn der kommende Sommer und die Hauptarbeit vorbei ist, für die Kinder über sechs oder sieben Jahre eine Schule einrichten. Das Klassenzimmer für zwanzig Schüler bauen wir gleich hinter die Kirche. Und ich werde der Lehrer in dieser Schule sein und werde euren Kindern Lesen, Schreiben und Rechnen beibringen.«

»Und manchen von uns Älteren würde das auch nichts schaden!« setzte der hingerissen lauschende Pierre Callac die Ankündigung auf seine Weise fort, was Walther und Jonas mit einem Gelächter quittierten.

Auch Kokwee hatte genau zugehört. Es fiel ihm sichtlich schwer, aus seiner Scheu hervorzutreten. Aber dann sagte er doch: »Was ist dann mit Indo, meinem Sohn? Und wir haben noch drei Kinder bei uns?«

»Ich wundere mich, daß du überhaupt fragst, Kokwee«, gab Jonas mit einer Bestimmtheit, die ihn selbst verwunderte, zur Antwort. »Du und deine Leute, Kokwee, ihr gehört in dieses Land seit unzähligen Menschenaltern. Ohne dich hätten wir den großen See voller Fische und die fruchtbaren Niederungen an seinem Westende niemals gefunden. Wenn einer zu uns gehört, dann bist du es und deine Sippe. Selbstverständlich werden Indo und eure anderen Kinder mit in die Schule gehen. Was meinst du, was Anke sonst dazu sagen würde! Ich werde mir mit ihnen sogar besondere Mühe geben, damit sie bald lernen, sich auf Französisch auszudrücken.«

Kokwee setzte mit etwas lauterer Stimme einen Schlußpunkt. »Du bist der Freund meiner Freunde Anke und Walther Corssen, Jonas. Du bist auch mein Freund, und meine Leute werden dich als ihren Bruder betrachten.«

Jonas hob ernst die rechte Hand auf und bestätigte die

Worte des Indianers mit einem leichten Neigen des Kopfes.

Pierre Callac hatte die stumme Geste nicht wahrgenommen. Er dachte weiter voraus. Geduld gehörte nicht zu seinen hervorstechenden Eigenschaften. »Aber wir haben keine Bücher und keine Tafeln. Wie willst du da die Kinder unterrichten?«

»Für den Anfang können wir uns behelfen. Wir haben Holzkohle und Birkenrinde. Père Bosson hat die alten Fibeln aus La Have herübergerettet. Und später muß uns Quenneville das Nötige beschaffen!«

Quenneville – da war der Name wieder! Die Männer sahen sich an in der vom Flackerlicht des Feuers ungewiß erhellten, nun schon voll hereingebrochenen Nacht. Quenneville! Die einzige schwanke, schmale Brücke zur Welt! Würde Kagetoksa zu halten sein, wenn diese Brücke Hoffnung und Einbildung blieb und niemals Wirklichkeit wurde? Schwer legte sich den Männern die Ungewißheit auf die Seele. Zehn Tage warteten sie schon. Sie wollten noch vier weitere warten.

Sie verwarteten auch diese vier vergeblich, machten sich dann, müde und widerwillig, auf den Heimweg, nachdem sie alle Spuren ihres Aufenthalts bei den Felsen des ›Hammelhafens‹ sorgfältig beseitigt hatten.

Die Rückreise führte sie durch ein im vollen Frühling beinahe überirdisch leuchtendes Land, durch eine von tausend Vogelstimmen und Blütenduft, durch laue Winde, durch das dunkle Rauschen in den Fichten, das helle Wispern in den Erlen, Espen, Pappeln, Birken geheimnisvoll und zugleich anheimelnd belebte Einsamkeit. Ja, sie waren alle vier noch gesund und jung genug, und so kehrten auf dieser schnellen, mit sicherem Geschick gemeisterten Fahrt über Ströme, Felsen und weite Seen bald wieder Lust und Mut zu ihrem kühnen und selbstbewußten Dasein zurück!

Sie hatten in langatmigen Gesprächen an den verwarteten Tagen so viele Fragen geklärt, hatten in der erzwungenen Muße so viele Einsichten gewonnen, hatten Beschlüsse gefaßt, die sich erst in Monaten, vielleicht Jahren auswirken würden, daß sie die Tage der vergeblichen Reise an die Küste keineswegs für nutzlos vertan anzusehen brauchten.

Walther sprach es aus, als der Rat nach der Rückkehr der vier die Zukunft der ›Nation Kagetoksa‹ erörterte: »Er wird schon kommen, der Quenneville. Wenn nicht jetzt, dann im Herbst oder im nächsten Frühjahr. Er ist ein Händler, wie er sein muß. Die Neugier wird ihn treiben, die Aussicht auf Gewinn – und wahrscheinlich möchte er sich doch auch weiterhin als Akadier fühlen. Wer in unsere Gemeinschaft hineingeboren ist oder sich ihr freiwillig angeschlossen hat, der kommt nicht davon los. Ich bin der Meinung, wir sollten uns so einrichten, als ob es sicher ist, daß Quenneville wieder mit uns Verbindung aufnimmt. Bis wir Genaueres von der Außenwelt erfahren, muß unsere Siedlung unter allen Umständen geheimgehalten werden.«

Keiner widersprach. Alle waren sich einig. Nur Anke wollte wissen: »Wenn sich aber doch irgendein Fremder hierher verirren sollte? Was dann?« – Schweigen.

Yves Picquingy räusperte sich schließlich. Schatten zogen über sein Gesicht. »Dann müssen wir ihn zwingen, hierzubleiben. Eine andere Wahl haben wir nicht.«

Am Abend des gleichen Tages saßen Walther und Anke auf der Bank neben der Tür vor ihrem Blockhaus und genossen die Stille der heraufdämmernden Nacht. Die kleine Anna war längst zur Ruhe gelegt, und auch Indo und William hatten sich schon von den Eltern verabschiedet: zärtlich der jüngere, gemessen, aber ebenso herzlich der ältere. Zuvor hatten sie noch die Kuh und das höchst willkommene Kuhkalb eingetrieben, die sie am Waldrand gehütet hatten. Walther hörte, während Anke die Kuh molk, die beiden Knaben noch eine Weile schwatzen – sie hatten ständig vielerlei zu bereden –, aber dann waren sie beide offenbar mit einem Schlage von der Müdigkeit übermannt worden und eingeschlafen.

Zumeist saßen die Eheleute stumm nebeneinander in dieser letzten Viertelstunde des Feierabends, bevor auch sie ihr Lager aufsuchten. Die große, ruhevolle Einigkeit, die sie dann verspürten, bedurfte keiner Worte. Höchstens daß mit ein paar Sätzen die Geschehnisse des vergangenen, die Aufgaben des kommenden Tages besprochen wurden.

An diesem Abend, nicht lange nach der Rückkehr der vier Männer von der Küste, war es anders. Zwar nahm auch diesmal Walther ein Wort des vergangenen Tages wieder auf, aber Anke merkte sofort, daß er beunruhigt war.

»Wie bist du darauf gekommen, Anke, Picquingy zu fragen, was nach seiner Meinung zu geschehen hätte, wenn sich ein Fremder zu unserem entlegenen Platz verirrte?«

Anke gab lange keine Antwort. Plötzlich lehnte sie sich schwer an die Schulter ihres Mannes, und der Klang ihrer Stimme schien gepreßt, als kämpfte sie mit den Tränen: »Walther, ich komme nicht davon los, und manchmal liege ich des Nachts wach und denke daran. Wenn Heinrich Lüders sechs Jahre hindurch nach unserem Fortgang aus der Heide nicht vergessen hat, daß ich ihm versprochen gewesen bin – wenn er sich nach Nova Scotia hat anwerben lassen, dann wird er es niemals aufgeben, mich zu suchen, bis er mich gefunden hat. Wer will wissen, was nach unserer Flucht in Haselgönne passiert ist, wie es auf unseren Höfen ausgesehen hat, bei seinem Vater und meinem Vater? Die Leute aus der Heide sind hartnäckig und engherzig, Walther. Seit Heinrich auf diesem amerikanischen Boden umgeht, fürchte ich mich. Vielleicht erfährt er erst hier, daß ich verheiratet bin. Dann wird er außer sich sein!«

Walther wußte nichts weiter zu entgegnen als: »Das wird ihm wenig helfen. Die starren Sitten aus der Heide, hier gelten sie nicht mehr. Sollte er etwas von dir wollen – nur über meine Leiche!«

Ein guter Trost war das nicht. Aber besser als gar keiner. Anke lehnte lange an seiner Schulter. Dann – die Sterne glitzerten schon – richtete sie sich auf und flüsterte: »Komm! Es wird schon spät!«

Für den Herbst des Jahres 1756 bereitete Walther die Reise zur Küste sorgfältig, ja mit beinahe umständlicher Genauigkeit vor. Es hatte niemand in Kagetoksa zu fragen für nötig befunden, ob es wiederum wie schon bei der ergebnislosen Frühjahrsfahrt Walther Corssen sein sollte, dem die Führung des Unternehmens anzuvertrauen wäre. Gewiß, Walther hatte sich längst als ein fleißiger und tüchtiger Bauer bewiesen, der Hof und Feld und Weide gut in Ordnung hielt. Was die Landwirtschaft anbetraf, machte ihm niemand etwas vor – und mit dem Groß- und Kleinvieh hatte Anke – ebenso wie mit ihren Kindern – eine ebenso feste wie gute Hand, die auch nie dort zögerte oder versagte, wo es galt, einer anderen Familie aus einer Verlegenheit oder gar aus einer Not zu helfen. Anke zauderte nicht lange, redete nicht viel, sondern griff zu, wenn es darauf ankam. Die Achtung und das Wohlwollen der Leute war ihr mit der Zeit fast von selbst zugewachsen; sie war längst so fest in der Gemeinschaft verwurzelt, als sei sie hineingeboren.

Walther indessen stand ständig ein wenig außerhalb des engsten Kreises. Er war eben nicht nur Bauer, sondern war auch in Gefilden heimisch, die den Bauern fremd, ja unheimlich waren. Er kannte sich aus in den Wäldern und Wildnissen, und selbst die Indianer beherrschten die Kunst des Überlebens in der ungebändigten Einöde kaum sicherer als er. Er hatte den Engländern gedient und hatte sich doch als eigenständig genug erwiesen, diese Bindung wieder abzuschütteln. Er sprach nicht nur seine Muttersprache, sondern noch zwei weitere und wußte sich sogar auf Micmac verständlich zu machen. Er war so verläßlich wie irgendein Akadier von Geblüt – Père Bosson, Yves Picquingy und Charles Maillet schworen darauf; niemand hatte Grund, daran zu zweifeln. Und doch blieb er irgendwie am Rande, wollte sich eben nicht damit begnügen, ›nur‹ ein Bauer zu sein, stand immer mit einem Bein außerhalb der nur um Saat und Ernte, Frost und Hitze, Regen und Dürre kreisenden Welt der Bauern von Kagetoksa.

Er war unentbehrlich, wenn auch in manchen Augen nur deshalb, weil er sich vieler Aufgaben annahm, welche die Bauern von ihrer Arbeit für das tägliche Brot abgehalten hätten, die für sie den Sinn des Daseins ausmachte.

Wenn also Walther sich offenbar danach drängte, die beschwerliche Reise zur Küste abermals zu wagen, so wollte man ihm ganz gewiß keine Steine in den Weg legen.

Walther hatte den Leuten, besonders aber dem Rat von Kagetoksa, auseinandergesetzt, daß man sich des Händlers Quenneville nur versichern konnte, wenn man ihm, wie in früherer Zeit, Produkte anzubieten hatte, die sich mit Gewinn anderswo weiterverkaufen ließen. Walther hatte sich mit Hilfe der drei gewählten Ratsmitglieder Picquingy, Père Bosson und Anke auch durchgesetzt. So stapelte er also in seinem Kanu einige Ballen jenes groben Tweed aus ungefärbter

Wolle, aus dem die Akadier ihre warmen und kräftigen Kleider, Jacken, Hosen verfertigten. Die Schafe hatten nach einem recht harten Winter dichte, langhaarige Vliese geliefert, und Walther hatte Picquingy zu einer Anordnung bewogen, wonach in diesem Jahr 1756 kein neuer Anzug, kein neues Kleid geschneidert werden durfte. Jeder hatte sich mit dem alten Gewand, und sei es noch so geflickt, zu behelfen. Was die schmalen Webstühle der Akadier hergaben, war dazu bestimmt, Quennevilles Begehrlichkeit und Gewinnlust wachzurufen.

An Korn gab es noch längst keine Überschüsse, die man hätte entbehren können. Wohl aber ließen sich einige Säcke mit getrockneten Wildbeeren, vor allem mit Krannbeeren füllen, einige andere mit luftgetrocknetem Wildfleisch. Im kommenden Jahr würde man vielleicht Leinen an die Küste mitnehmen. Aber der Flachs dazu mußte erst im laufenden Jahr wachsen, und es war fraglich, ob man mit der Rodung so schnell vorankommen würde, daß einige Äcker dem Anbau von Korn und Kartoffeln entzogen werden konnten. Walther machte sich keine falschen Hoffnungen. Wenn er für sein Kagetoksa Baumwolle einkaufen wollte, vor allem aber Pulver und Blei und Pelztierfallen, wenn er ein paar gebrochene Sägeblätter und Sensen ersetzen wollte, so würden die kümmerlichen Erzeugnisse von Kagetoksa, die er Quenneville zu liefern vermochte, auch nicht annähernd als Gegenleistung ausreichen. Deshalb hatte er sich auch mit Bargeld versehen. Picquingy, Charles Maillet, Jonas Hestergart und er selbst hatten jeder ein halbes Dutzend goldene Sovereigns oder Louisdors beigesteuert. Die vier hatten es für aussichtslos angesehen, von den Bauern, etwa von Guiclan oder den Caengens, Bargeld zu erhalten. Die gaben nichts für das Vielleicht und die Zukunft. Die würden sehen und fühlen wollen, was sie einhandelten. Also mußte man sie bevorschussen.

Maillet hatte gemeint: »Warum allein wir vier? Wir sollten dann wenigstens ein bißchen Gewinn dabei haben.«

Aber Walther hatte wiederum abgewinkt. Ihm kam es zunächst auf wichtigere Dinge an. »Vielleicht, Charles. Aber darüber kann nur im Rat entschieden werden. Wir von uns aus dürfen nichts aufschlagen.«

Etwas anderes wollte er wissen, und so fragte er Jonas bei

passender Gelegenheit unter vier Augen: »Hattest du dein Erspartes bei dir, Jonas, als du uns am letzten Tag unseres Auszugs aus La Have in die Hände fielst? Oder woher sonst stammen die Sovereigns, die du jetzt zugeschossen hast?«

Jonas lachte: »Ich dachte mir, daß du irgendwann darauf kommen würdest, Walther. Und heute kann ich es gestehen. Ich ahnte damals nach deinen Andeutungen in Halifax, daß ihr euch auf die Flucht machen würdet. Ich wäre sicherlich den Winslowschen Rangers zugeteilt worden, die am Minas-Bekken die Akadier zusammentreiben mußten. Das ging mir gegen den Strich. Ich beschloß, mich von euch verschlucken zu lassen. Das war dann höhere Gewalt. Ich wurde dankenswerterweise damit bedacht. Aber mein Beutelchen mit Gold hatte ich mir vorsorglich auf den Leib gebunden. Die Bauern haben mehr Respekt, wenn sie merken, der hat was in der Tasche.«

Auch Walther lachte: »Stimmt! Man lernt nie aus. Ich komme erst allmählich dahinter, daß du es faustdick hinter den Ohren hast.«

Sie sahen sich an und spürten, daß sie sich aufeinander verlassen konnten: Freunde endlich, ohne Vorbehalte und Vorurteile.

»Ja«, beschloß Jonas das Gespräch. »Jetzt brauchte nur noch Quenneville in der Hammelbucht aufzukreuzen, und Kagetoksa könnte ein paar erste Fäden nach draußen spinnen, worüber ich sehr froh wäre.«

»Ich nicht minder!« sagte Walther und dachte an Anke, die dergleichen wahrscheinlich nicht gesagt hätte.

Quenneville lag schon an den großen Felsen, über welche die Leute von Kagetoksa ein gutes Jahr zuvor an Land gestiegen waren. Kokwee war diesmal nicht mit auf die Bootsreise gegangen. Seine Leute brauchten einen Vormann, der ihnen beim Fangen und Trocknen der Lachse beistand und das Einsammeln des Beerenvorrats für den Winter überwachte. Auch Pierre Callac hatte abgelehnt. Der launische Mann, ebenso schnell entflammt wie entmutigt, wollte »nicht zum zweitenmal vergeblich unterwegs sein, wenn auf dem Hof noch soviel zu verrichten ist«. Doch Charles Maillet war gern mitgefahren

– und natürlich der andere »Ranger«, Jonas Hestergart (der den Sommer über mit jedem, der ein paar Stunden erübrigen konnte, die neue Schule bei der Kirche aufgebaut und, so gut es ging, eingerichtet hatte).

Quenneville hatte nicht viel zu erzählen. Der Krieg schleppe sich hin. Kaperschiffe seien unterwegs. Doch von irgendeiner Entscheidung sei keine Rede. Er selbst sei bisher leidlich durchgekommen. Den Franzosen gäbe er sich als Akadier und Franzose. Das war kein Kunststück. Sie ließen sich sowieso auf hoher See kaum blicken. Nein, Ärger hätte man nur mit den Engländern, und mehr noch den Yankees. Aber er hätte den verlangten vollen Eid längst geschworen, sacré nom de dieu!, seine Mannschaft hätte es auch, und er hütete sich, Waren an Bord zu haben, die auf französische Herkunft schließen ließen. Im übrigen wären seine Leute verschwiegen – und die leere See sei es ebenfalls.

Als Quenneville merkte, daß die drei Männer von Kagetoksa nicht mit leeren Händen gekommen waren, auch keinen Kredit erwarteten, blühte er sichtlich auf. Und als ihm Walther für das Frühjahr 1757 – und jedes weitere danach – versprach, ihm einen tüchtigen Posten von edlen Fellen anzudienen, brauchten die Männer von Kagetoksa nicht mehr daran zu zweifeln, daß der Händler sich mit Vergnügen wieder einfinden würde.

21

Gegen Ende der fünfziger Jahre hatte sich das Zusammenwirken der Leute von Kagetoksa und des Seehändlers Quenneville längst eingespielt. Jeden Sonntag aufs neue verwies Père Bosson mit frommem Eifer auf die Güte des allmächtigen Gottes, der die kleine Menschensiedlung in der wegelosen Einöde so sicher ruhen ließ, als hielte er sie in seiner rechten Hand geborgen. Sie sprachen nun alle gern von der ›Nation‹ Kagetoksa. Das Wort hatte nicht mehr den spöttischen, närrischen Beiklang, den es ursprünglich gehabt hatte. Dieser Unterton, der mangelndes Selbstbewußtsein verraten hatte, war mit der Zeit abhanden geraten. Über alles Erwarten gut war es ausgegangen, dies Unternehmen Kagetoksa.

Fünf Jahre schon wohnten die Leute in der Tiefe der unermeßlich leeren Wälder. Kein neugieriger Besucher hatte den Frieden und die Sicherheit der Siedlung gestört. Dieser See hatte ja auch für die Indianer wie ein kostbares Kleinod versteckt gelegen. Zwar lag der Kagetoksa nur höchstens zwei Tagesmärsche von den Küsten im Westen und Osten entfernt. Aber quer durch die undurchdringlichen Wälder war er eben nicht zu erreichen. Die Flüsse und Seen aber mit ihren Stromschnellen, ihren umständlichen Tragestrecken, deren Ort und Verlauf man genau kennen mußte, ihren weiten, das Ziel scheinbar ganz aus dem Auge verlierenden Umwegen – nein, daß ein Landfremder den Wasserweg von der Küste nach Kagetoksa einmal ›zufällig‹ fände, das war so gut wie ausgeschlossen. Und die Bauern sagten sich, was Bauern immer sagen: Wir sitzen hier und sitzen fest. Ewig kann der Krieg nicht dauern. Dann kommen wieder andere Zeiten – und man wird weitersehen. Inzwischen richten wir uns ein, als wollten wir nie wieder fort.

Warum sollten wir das auch wollen? Die Felder geben Frucht, reichere als jene kargeren Äcker am La Have und Petite Rivière mit ihren harten Stürmen von See her und ihrer dünnen Ackerkrume. Unser Vieh gedeiht, und längst hat jeder so viel Kühe auf der Weide, wie er früher besessen hat. Das Wasser ist frisch und gesund. Der See spendet so viel an Fischen, daß wir allein von ihnen leben könnten. Die jungen Leute wollen die schönen Forellen und Hechte gar nicht mehr auf dem Tische sehen, so selbstverständlich ist ihnen dieser Reichtum geworden.

Die Schinken hängen im Rauch, und von Anke haben wir gelernt, wie man Mett- und Leberwurst macht, eine großartige Sache, an die man sich schnell gewöhnt.

Die Bären im Herbst geben das schöne Bärenfett, das beste, das sich denken läßt. Und wem der harte bretonische Käse zum duftenden Gerstenbrot oder der Hirsebrei mit Wildhonig oder Heidelbeermus über ist, der geht in den Wald und kommt noch am gleichen Tag, wenn er Glück hat, mit einem feisten Stück Wild wieder heim.

Die trockeneren Buschwälder weiter im Westen auf der

Höhe des Landes bieten den Schafen vorzügliche Weide. Die harten Winter machen die Wolle lang, lockig und dicht. So reichlich liefern die Tiere ihre flaumigen Hüllen zur Schurzeit unter die großen Scheren, daß die Wolle über den Eigenbedarf hinaus in vielen Ballen an die Küste geliefert werden kann. Ja, sagten die Leute von Kagetoksa manchmal voller Übermut, die Engländer haben uns mit der Vertreibung einen Gefallen getan. Hier leben wir fetter als zuvor!

Am meisten aber brachten die Pelze ein, die ringsum im leeren Land zur Winterszeit ›geerntet‹ wurden. Nur wenige der Bauern waren dem Beispiel des Charles Maillet, Walther Corssen, Jonas Hestergart und des Indianers Kokwee gefolgt. Im tiefen Schnee bei eisiger Kälte die Trappstrecken durch die wildesten Dickichte auszulegen, sie jeden zweiten Tag abzuwandern, die gefangenen Tiere aus den Fallen zu lösen, nach verschneiten oder verschleppten Fallen zu suchen – Vorsicht, Vorsicht! Daß man nicht selber in sie hineintappt! . . . Die Fallen zu spannen, neue Köder anzubringen, die Witterung der eigenen Schuhe und Hände mit Blut und Fleisch zu verwischen, die Felle abzuziehen, zu spannen, zu trocknen – in der Tat, das war eine beschwerliche und gewiß auch gefährliche Arbeit, und den richtigen Bauern behagte sie keineswegs. Bauer und Jäger – das geht schlecht Hand in Hand. Lieber half man dem knappen halben Dutzend Trapper auf dem Hof, in den Ställen und Scheunen, als daß man den Kampf mit den eisig schweigenden Wäldern aufnahm.

Denn jedermann hatte begriffen: wegen der Tweedballen, der Trockenfische und getrockneten Wildbeeren kam der Händler Quenneville nicht zuverlässig und regelmäßig in die Hammelbucht, sondern vor allem wegen der Ballen von weichen, schimmernden Otter-, Biber-, Marder-, auch der Bären- und Fuchspelze, die ihm jedes Frühjahr an die Küste gebracht wurden. Gegen Ende des Jahrzehntes erforderte es schon drei große Kanus und sechs Mann, um die kostbare Fracht über Stock und Stein, durch Busch und Wald und Dickicht, über die stillen Wasser tiefer Seen und über eilige Wildflüsse an den Treffpunkt bei den vierkantigen Landefelsen zu befördern.

Über Quenneville ließen sich nicht nur Gegenstände des täglichen Bedarfs bestellen, wie Messer, Äxte oder Schießpulver, sondern auch Dinge, die das Leben angenehmer und freundlicher machten, wie etwa Indigo oder ein seidenes Halstuch oder – natürlich – ein Fäßchen mit achtzigprozentigem Jamaica-Rum, damit man sich winters von innen her erwärmen konnte.

Ja, die Leute von Kagetoksa spürten es alle: der kühne Versuch, von heute auf morgen in der leeren Wildnis ganz aus eigener Kraft Fuß zu fassen, war über Erwarten gut gelungen. Die Männer und Frauen hatten vom La Have und vom Petite Rivière eine Fülle von Erfahrungen und Fertigkeiten mitgebracht; sie waren dicht beieinander geblieben und hatten glücklicherweise einiges mitbringen können, um sich den Anfang zu erleichtern: Werkzeuge, Vieh, Vorräte und eine kleine Reserve an Silber und Gold. Sie wußten, warum sie den harten Entschluß, die bisherige Heimat zu verlassen, hatten fassen müssen – und fühlten sich in dieser Entscheidung bestätigt, wenn Quenneville berichtete, daß die Akadier nach wie vor verschickt wurden – Gott weiß, wohin! –, wenn die britische Verwaltung der Kolonie Nova Scotia ihrer habhaft wurde.

Es blieb gar keine andere Wahl, als die Fühler nach wie vor einzuziehen und Gott dankbar zu sein, daß man den Boden des heimatlichen Akadien, des so geliebten Landes, nicht hatte verlassen müssen. Und der eine oder der andere spürte wohl auch, daß sie nicht nur äußerlich zu einer lebendigen Gemeinschaft zusammengewachsen waren, sondern daß stärker noch innere Bande das Wohlergehen des Ganzen sicherten. Ein Sinnbild dafür war der alte Vater Bosson, der auf seine leise, aber notfalls sehr bestimmte Art die Leute ermahnte und ihnen unermüdlich die Güte, aber auch die Strenge Gottes vorhielt. Er machte ihnen stets von neuem deutlich, daß niemand um seiner selbst willen auf dieser Erde lebt, und daß wir uns alle auf einer Wanderung befinden, deren Ziel weit jenseits unserer Zeit zu suchen ist. Dieses Ziel aber kann nur gewonnen werden, wenn wir es schon im Hier und Jetzt ansteuern.

Picquingy, der ernste und nachdenkliche Mann, hatte in kleinem Kreise die Frage erhoben: »Was aber wird, wenn Vater Bosson einmal sterben sollte? Er ist alt und gebrechlich.«

Niemand hatte eine Antwort gewußt.

Es starben die Menschen, und neue wurden geboren. Die alte Madame Dauphiné, die sich oft genug der Kinder Ankes und der Mailletschen Kinder angenommen hatte, war die erste, welche die Leute von Kagetoksa zwang, sich über die Anlage eines Friedhofes Gedanken zu machen. Rings um die Kirche bot sich kein offener Platz. Dort wollte man sich den Raum freihalten, um öffentliche Versammlungen der ganzen Gemeinde oder auch ein Fest veranstalten zu können. Die Kirchweihe hatte gleich den Anfang gemacht.

Bei hellem Licht betrachtet war es sonderbar, daß die Männer sich scheuten, einen Platz für einen Friedhof auszusuchen, daß sie, als verstünde sich das von selbst, diese Aufgabe den Frauen zuordneten, womit sowohl die Vorwahl als auch die letzte Entscheidung der Jeanne Maillet und der Anke Corssen abverlangt wurde.

Die Frauen überlegten lange. Der Friedhof durfte nicht allzuweit von der Ortschaft entfernt sein, weil es sonst zu umständlich werden würde, die Gräber zu pflegen – aber auch wiederum nicht zu nahe, ›damit die Toten ihre Ruhe haben‹. Schließlich entschieden sich die Frauen für eine flache Anhöhe, die auf der Grenze zwischen der Rodung Picquingy's und den Wäldern lag. Die Männer errichteten im Geviert einen Zaun um diese Kuppe und stellten auf den höchsten Punkt ein großes, hölzernes Kreuz. In seinem Schatten wurde die alte Madame Dauphiné beerdigt und zugleich der Friedhof von Père Bosson feierlich geweiht. Außer den Kranken und den kleinen Kindern nebst ihren Wärterinnen war die ganze ›Nation‹ Kagetoksa versammelt.

Père Bosson verkündete in seiner Predigt: »Die Mutter Gottes ist die heiligste aller Mütter, und ein wenig nehmen alle irdischen Mütter an ihrer Heiligkeit teil, denn sie schenken neuen Menschen das Leben, das irdische Leben, das von dem Sohn der Heiligen Mutter Gottes in das ewige Leben verwandelt worden ist. Deshalb bezeichnet ein Friedhof kein Ende, sondern einen Übergang, einen neuen Anfang. Und deshalb sind es auch unsere Frauen gewesen, die diesen Friedhof ausgesucht haben, diesen Gottesacker, auf welchem alles endet, was aus dem Mutterleibe kommt. Seht euch nur um, meine Kinder: Wir werden gut ruhen hier auf dieser Anhöhe, von welcher der Blick weit über Seen und Wälder reicht, als flöge er schon in die Unendlichkeit und Ewigkeit unseres himmlischen Vaters.«

Alle meinten hinterher, so wahr habe Père Bosson noch nie zu ihnen gesprochen und die gute Madame Dauphiné habe das schönste Begräbnis gehabt seit Menschengedenken.

Und wieder war den Leuten von Kagetoksa ihre winzige, weltverlorene Insel im Ozean der unermeßlichen Wälder noch um einiges mehr zur Heimat geworden. – – –

Sehr verspätet erfuhren die Leute von Kagetoksa, daß die französische Feste Louisbourg erobert und geschleift worden war und daß die Engländer unter Wolfe sogar das ferne Québec und damit schließlich das ganze französische Canada in ihren Besitz gebracht hatten. Auch sollten die Indianer Akadiens im Sommer 1760 mit den Engländern Frieden geschlossen und das Kriegsbeil begraben haben.

Aber alle diese Nachrichten kamen den Leuten von Kagetoksa vor, als stammten sie von einem anderen Stern. Sie hatten immer in Frieden mit den Indianern gelebt, und jetzt hatten sie sogar Indianer in ihre kleine ›Nation‹ miteingeschlossen. Nicht nur der kleine Indo, sondern auch drei andere Indianerkinder, friedliche und leicht lenkbare kleine Geschöpfe mit pechschwarzen, glatten Haaren und großen, schwarzen Mandelaugen, saßen mit den anderen Kindern auf der Schulbank und bemühten sich beim ›Lehrer Jonas‹ (Hestergart – wer vermochte das auszusprechen, ohne mit der französischen Zunge zu stolpern!), mit gerunzelten Brauen, die Buchstaben auseinanderzuhalten und das kleine Einmaleins zu exerzieren.

Ob die Engländer Sieger blieben oder die Franzosen – die Leute von Kagetoksa waren beiden gleich weit entrückt. Mochten sich die Großen streiten – bei uns hier in Kagetoksa herrscht Frieden und Ruhe. Und wenn sich wirklich wer nicht einigen kann mit seinem Nachbarn oder aus anderem Grund unzufrieden ist, dann gab es ja den Rat, bestehend aus so unantastbar gerechten und klugen Menschen wie dem alten Picquingy, ihrem Père Bosson und der Vertreterin aller Frauen, Anke Corssen. Der Rat hatte bisher noch jeden Streit geschlichtet, hatte, wenn er sich überfordert fühlte, Beisitzer herangezogen und sogar schon zweimal eine allgemeine Volksversammlung einberufen, um der Gesamtheit der Erwachsenen zwei besonders wichtige Fragen zur Entscheidung vorzulegen.

Dabei war es einmal um Jonas Hestergart gegangen, das andere Mal um den langsam wachsenden Besitz der Leute von Kagetoksa.

Viel selbstbewußter als etwa die Corssens, hatte Jonas Hestergart keine Anstalten gemacht, katholisch zu werden, hatte es sogar ausdrücklich verweigert, als er von seinem Freund und Hausgenossen, Père Bosson, dazu aufgefordert wurde. Die Corssens waren nach und nach ins Katholische hinübergeglitten, ohne daß Père Bosson hatte eingreifen müssen; er hatte ihnen in aller Stille goldene Brücken gebaut. Selbst zur Beichte hatten sie sich schließlich durchgerungen: Walther, weil er eine ruhige Aussprache mit dem wahrhaft weisen Geistlichen – die der dann ›Beichte‹ nannte – zu schätzen wußte, Anke, weil es sie im geheimen unendlich erleichterte, sich von einem verehrungswürdigen Menschen freisprechen zu lassen und jedesmal wieder neu beginnen zu können. Über Papst und Dogma dachten Walther und Anke nicht nach; die waren weltenfern. Nah aber waren die treuen Freunde und guten Nachbarn; es ihnen auch in Gedanken gleichzutun – was konnte daran Böses zu finden sein?

Jonas dagegen war besser geschult, kannte den Sinn der Unterschiede, wußte auch, wie und warum sie nicht ohne weiteres auf die leichte Schulter genommen werden durften. Auch lag es ihm nach Wesen und Herkunft, auf dem zu bestehen, was er war und darstellte. Wenn er in Kagetoksa Trapper, Späher, Coureur de bois und Schulmeister geworden war, so nur mit einer gewissen Selbstironie, einem unsichtbaren Achselzucken: Warum nicht? Ich bleibe, der ich bin, in jeder Verkleidung. Außerdem, auch das gab er sich selten, aber dann doch sehr ehrlich zu: Hier bin ich in Ankes Nähe, sehe sie ab und zu, kann erleben, wie sie ihrer seltsamen Rolle gerecht wird. Wenn also die Leute von Kagetoksa nicht anerkennen wollen, daß ich, so wie ich bin, ganz auf ihrer Seite stehe, dann sollen sie mich kreuzweise . . .!

Père Bosson hätte diese Dinge gern auf sich beruhen lassen. Die Zeit – das hatte er oft genug erlebt – gleicht vieles aus, was anfangs als unauflösbarer Widerspruch erscheint. Aber Jonas lehrte die Kinder – im Winter jeden Wochentag drei Stunden und im Sommer zwei, wenn er nicht in den Wäldern unterwegs war –, und die Kinder liebten ihn heiß, obgleich er nicht sonderlich sanft mit ihnen verfuhr. Picquingy, dazu O'Duffy, Maccarthy und einige andere hatten Bedenken.

Picquingy (der kinderlos war, also auch nicht hörte, was die Blagen zu Hause aus der Schule erzählten) sprach es offen und ohne Umschweife aus, wie es seine Art war: »Wer wirklich zu unserer ›Nation‹ gehören will, der muß katholisch sein.«

Damit hatten sich weder Père Bosson noch Anke Corssen einverstanden erklärt. Sie hatten darauf bestanden, daß nur eine große Volksversammlung diesen Grundsatz annehmen oder ablehnen konnte.

Auf der Versammlung vor der Kirche war eine Weile hin- und hergeredet worden, bis alle, die sich gerne reden hörten – und das waren gar nicht wenige – ihr Sprüchlein von sich gegeben hatten.

Dann hatte der Fischer Bernard Anessac, der sonst gern zauderte und der Zukunft ständig mißtraute, mit wenigen Sätzen den Ausschlag gegeben, so daß es gar nicht mehr zu einer Abstimmung gekommen war: »Der Lehrer Jonas ist uns allen unentbehrlich, so oder so. Er ist immer hilfsbereit, wo oder wie man ihn auch um Hilfe bittet. Was die Religion anbelangt, so sorgt Père Bosson dafür, daß die Kinder auf dem richtigen Wege bleiben. Wir wissen, denn wir sind in sie hineingeboren, daß wir der allein selig machenden Kirche angehören. Lehrer Jonas kann das nicht wissen. Er ist in eine andere Kirche hineingeboren. Wir müssen also Geduld üben. Zu unserer ›Nation‹ gehört, wer sich zu ihr bekennt und für sie tätig ist. Niemand bezweifelt, daß das für Lehrer Jonas gilt. Darüber hinaus darf nichts erzwungen werden. Oder wollen wir es auch so machen wie der König von England oder der König von Frankreich? Ich meine, vor denen wären wir geflohen!«

Picquingy, Maccarthy, O'Duffy und die drei anderen allzu eifrigen Katholiken waren geschlagen. Père Bosson hatte mit keinem Wort Partei ergriffen. Er hatte die Versammlung entscheiden lassen. Aber er ließ deutlich werden, daß Bernard Anessac ihm aus der Seele gesprochen hatte. Picquingy war weitherzig genug, Jonas fortan gewähren zu lassen. In Kagetoksa sollte jedermann das Recht haben zu glauben, was er wollte, solange er niemanden kränkte.

Schwierig und immer schwieriger stellte sich für die ›Nation‹ die zweite Frage. Ihr konnte sich niemand entziehen. Sie drohte schon nach den ersten fünf Jahren die Gemeinschaft zu sprengen. Die allgemeine Angst, entdeckt und deportiert zu werden, hatte sich mit den Jahren gelegt. Gewiß, man hörte von Quenneville, daß immer noch jeder Akadier verschickt wurde, den die Engländer zu fassen bekamen, aber man saß am entlegenen Kagetoksa so sicher und friedevoll, man achtete auch nach wie vor darauf, daß auf den Reisen zur Küste, zum Hammelhafen, keine Spuren zurückblieben. Allerdings fiel es den Führern der Küstenreisen von Jahr zu Jahr schwerer, solche Vorsicht durchzusetzen. Die Zahl der Kanus wuchs mit der Menge dessen, was Kagetoksa dem Händler Quenneville anzubieten hatte, und ebenso die Zahl der Ruderer, welche die Kanus und die Lasten über die Flüsse und Seen zu treiben und über die kräfteverzehrenden Tragestrecken zu schleppen hatten.

Zwei Parteien bildeten sich, zunächst ganz unmerklich, in Kagetoksa. Die Trennlinie verlief quer durch manche Familie, spaltete manche alte Freundschaft. Ohne es zu wollen, war Père Bosson zum Sprecher der einen Partei geworden, er hatte Anke hinter sich als entschlossene Bundesgenossin und mit ihr den größten Teil der Frauen (von denen allerdings die meisten nur im stillen auf Ankes Seite standen, um keinen Streit mit ihren Männern zu bekommen).

Wie hat es denn begonnen, pflegte Père Bosson zu fragen, wenn er einer Debatte nicht mehr ausweichen konnte. Seien sie nicht alle vor dem gleichen bösen Schicksal aus der alten Heimat am La Have und Petite Rivière geflohen? Hätten sie nicht alle gleich gelitten, die gleiche Angst ausgestanden, hätten sie nicht alle aus dem Nichts neu anfangen müssen? Hätte nicht jeder das Menschenmögliche vollbringen müssen, ein jeder dem andern helfend, wo immer die Kraft des einzelnen nicht ausreichte – sei es beim Aufrichten des Dachfirstes, sei es beim Herauswuchten des großen Felsblocks, der sich gerade in der Mitte des neuen Gerstenfeldes dem Pflug in den Weg legte, sei es beim Bau der Brücke über das tief eingeschnittene Bett des Baches, der die Gemarkung von Kagetoksa in zwei fast genau gleich große Hälften teilte?

Und wie war es mit dem Vieh gewesen und mit den Vorräten? Jede Familie hatte nur das Allernotwendigste mit auf die lange Reise nehmen können. Es hatte, wie jeder sich erinnerte, unglaubliche Mühe gekostet, von jeder Art ein männliches und einige weibliche Tiere mitzuführen, und es war mehr oder weniger Zufall gewesen, ob man sich für Corssens oder Guiclans Kühe, für Picquingys oder O'Duffys Hengst entschied. Also wäre, nachdem der große Umzug mit Gottes Hilfe geglückt war, alles Eigentum an dieser Kuh oder jenem Eber aufgehoben – und alle Familien müßten ungefähr den gleichen Anteil an dem langsam wieder nachwachsenden Viehbestand erhalten.

Wir haben, so sagte Père Bosson, uns alle ganz allein Gott anvertrauen müssen. Niemand sonst hätte uns helfen können. Daß wir uns selber helfen konnten, ist ein Zeichen der großen Gnade, die uns Gott erwiesen hat. Und keinem ist unterwegs ein Leid geschehen. Ist also nicht klargeworden, daß wir alle Gottes Kinder sind, ihm alle gleich wert? Deswegen sollten die Leute von Kagetoksa fortan wie die Kinder einer einzigen großen Familie miteinander verfahren, die Früchte ihrer Arbeit, die Ergebnisse ihrer Leistung in eine gemeinsame Familienkasse einbringen, um so den guten Geist des schweren Anfangs in der Wildnis auch in einer leichteren Zukunft zu bewahren.

Es gehe nicht an – diesen Standpunkt vertrat Père Bosson von Jahr zu Jahr eindringlicher und schließlich sogar mit einer bei ihm ganz ungewöhnlichen Heftigkeit –, daß zum Beispiel die Einnahmen aus dem Pelzfang den Trappern, also nur einem halben Dutzend geschickter, furchtloser Männer, ausschließlich zu eigener Verfügung verblieben. Alle hätten teil an dem gleichen Schicksal, und alle hätten die unerwarteten Gewinne aus dem gleichen Schicksal mit allen zu teilen.

Und wer früher fünf Kühe besessen habe, der dürfe nicht erwarten, wieder fünf Kühe sein Eigen zu nennen, bevor nicht Plélot und Quillebœuf wenigstens zwei auf ihrer Wiese stehen hätten. Und selbstverständlich wären die Höfe alle in gleicher Größe auszulegen; zum Wald könne jeder ohnehin seine Wiesen und Felder und Gärten so weit vorschieben, wie er nur wollte.

Vor allem aber – so Père Bosson – sollte von Anfang an verhindert werden, daß sich in der kleinen ›Nation‹ Kagetoksa nennenswerte Unterschiede des Besitzes und der Lebensweise entwickelten. Gott hat uns, wie Vater Bosson nicht müde wurde, den Alten wie den Jungen einzuschärfen, alle gemeinsam aus der Hand der Engländer gerettet und hat dabei keinen Unterschied zwischen klug und dumm, arm und reich, tüchtig und untüchtig gemacht. Als seine Kinder hat er uns angenommen. Dabei sollten wir bleiben, um Ihn nicht zu erzürnen, und wie rechte Kinder der eine dem andern abgeben, denn Gott stünden alle Kinder gleich nahe.

Den Frauen ging solche Rede leicht ein. Sie alle hatten Kinder in die Welt gesetzt, viele mehr als ein halbes Dutzend, und sie wußten, daß Kinder einander helfen mußten, groß und vernünftig zu werden, die älteren den jüngeren, die stärkeren den schwächeren. Denn die Mutter war zu beansprucht, als daß sie sich um jede kleine Not und Unlust kümmern konnte. – Anke ging mit gutem Beispiel voran. Sie sah darauf, daß Walther seine Erlöse aus der Pelztierjagd in die ›Nationskasse‹, wie sie anfangs spöttisch, bald aber ganz ernsthaft genannt wurde, einbrachte. Schließlich erfand sie eine Lösung, die allen Schwierigkeiten vorbeugte und die sie im Rat mit Père Bossons Hilfe gegen den wie üblich allzu bedachtsamen Picquingy durchzusetzen wußte – wodurch sie Gesetz wurde:

Die Felle wurden, wenn sie gegen Ende des Winters hereinkamen, sofort sortiert und zwar ohne Rücksicht darauf, von welcher Trapplinie sie stammten und wer ihren Fang und ihre Zurichtung bewirkt hatte. Es gab dann nicht mehr ›die Fänge‹ von Charles Maillet, von Kokwee, von Walther Corssen oder René Plouaret, sondern nur noch ›den‹ Fang von Kagetoksa.

Genauso, oder ähnlich, wurde verfahren, wenn die Frauen die Ballen kräftigen Tweeds ablieferten, die sie über Winter gewebt hatten, nachdem zuvor die Wolle der schnell an Zahl zunehmenden Schafe geschoren, gewaschen, gekämmt, gesponnen worden war. Auch mit den Säcken, die mit den Überschüssen an getrockneten Wildbeeren, schließlich auch an Gerste, Buchweizen, Hafer hereinkamen, hielt man es so.

So spielte sich die von Père Bosson und Anke erdachte neue Ordnung sachte ein – so wollte es wenigstens scheinen. Die Leute von Kagetoksa hatten, alle für einen und einer für alle, den Sprung ins Dunkel gewagt und hatten das Außergewöhnliche bewältigt. Keiner wollte etwas Besseres sein oder für etwas Besseres gehalten werden als der andere. Solange noch, wie in den ersten Jahren, an allen Ecken und Enden Mangel herrschte und jeder sich dutzendfach behelfen und bescheiden mußte, gab es zwar manchmal Widerrede und Ärger hier und da, aber keinen ernsthaften Widerstand.

Allerdings, wenn Walther und Charles Maillet mit einigen besonders unternehmungslustigen Gefährten auf dem Wege zur Küste waren, zweimal im Jahr, und dann die Männer oftmals noch Tage auf das Erscheinen von Quennevilles schnellem Segler warten mußten, ja, dann fiel es Walther nicht schwer, herauszuspüren, daß Père Bosson durchaus nicht überall so vorbehaltlos auf Zustimmung und Gehorsam rechnen durfte, wie es in Kagetoksa den Anschein hatte.

Charles Maillet hatte es eines Abends am Feuer ausgesprochen vor den Ohren der acht wahrscheinlich verwegensten Männer, die Kagetoksa aufzubieten hatte (es waren diesmal schon vier Kanus, mit denen sie sich zur Küste auf den Weg gemacht hatten): »Solange noch uns allen das Messer an der Kehle saß und wir nicht wußten, ob wir es schaffen, da war es richtig, daß niemand sich eine Extrawurst braten durfte. Aber jetzt? Was Père Bosson immer predigt, daß wir alle Kinder Gottes sind und deshalb keiner sich über den andern erheben soll, das stimmt ja gar nicht. Das kann nur jemand sagen, der selber nie Kinder gehabt hat. Meine sind alle so verschieden von Geburt an, daß man, wie Jeanne immer sagt, gar nicht glauben möchte, sie stammten alle von ihr ab, von der gleichen Mutter. Kinder sind sie alle, aber gleich sind sie nicht, weiß Gott nicht! Der eine faul und der andere fleißig, der eine langsam und der andere schnell, der eine anstellig und der andere kläglich. Es macht auf die Dauer einfach keinen Spaß, es verdirbt die Freude an dem, was man geschafft hat, wenn immerwährend andere davon zehren, die nichts dazu beigetragen haben. Nein, das macht keinen Spaß!«

»Anke würde dir antworten, Charles«, nahm Walther das Wort, »daß keiner etwas dafür kann, wenn er ungeschickter geboren ist als ein anderer, und daß es kein Verdienst ist, wenn einer mehr Verstand im Kopfe hat. Also wäre der Ausgleich nur gerecht.«

Damit wollte Charles Maillet keineswegs einverstanden sein und erst recht nicht der zuweilen zur Tollkühnheit neigende René Plouaret, der früher am hintersten Ende von Petite Rivière gesessen hatte, wo er und seine Frau Claudette der ungezähmten Wildnis Tag und Nacht hatten Widerpart leisten müssen.

Endlich sagte Jonas Hestergart freundlich, aber ein wenig ironisch, wie sooft: »Wenn der liebe Gott, auf den sich Père Bosson beruft, die Menschen hätte gleichmachen wollen, dann wäre ihm solches bei der Schöpfung sicherlich ein leichtes gewesen. Offensichtlich hat er sie nicht gleich gewollt. Was will er also, unser lieber, alter Père Bosson? Will er den lieben Gott eines Besseren belehren? Das wird ihm vielleicht eine Weile, aber nie auf das lange Rennen gelingen.«

Diese Partei der Zweifler meldete sich öffentlich zum Wort, als Quenneville die Nachricht mitbrachte, nach Louisbourg sei nun auch die Stadt Québec, das Kernstück der französischen Kolonien in Amerika, in englische Hände gefallen – am 18. September 1759. Nach Kagetoksa drang diese Kunde erst im Frühling des Jahres darauf.

Wiederum war es Charles Maillet, der die Dinge unverblümt beim Namen nannte. Er hatte sich in diesem Frühjahr geweigert, die von ihm im vergangenen Winter eingebrachten Felle mit der Beute der übrigen Jäger zusammenzuwerfen und im großen sortieren und bündeln zu lassen. Dazu hatte er erklärt, und jeder hatte es hören können: »Die Franzosen sind erledigt auf diesem Kontinent, und wir werden nie mehr in die Verlegenheit kommen, gegen sie kämpfen zu müssen. Es hat also gar keinen Sinn mehr, den Engländern den Treueid, so wie sie ihn von uns haben wollten, zu verweigern. Dann brauchten wir uns auch nicht mehr in der Wildnis zu verstekken. Natürlich müssen wir noch eine Zeit verstreichen lassen, bis der Friede geschlossen ist. Danach aber sollten wir wieder leben wie andere Menschen auch. Ich sage es ganz offen: Ich habe es satt, jeden Winter bei jedem Wetter durch den Schnee zu krauchen, mir von dem kalten Eisen der Fallen die Haut von den Fingern reißen zu lassen, nach verschleppten Fallen im Schnee zu wühlen, immer mit der Angst im Gebein, daß sie plötzlich über dem eigenen Unterarm zuschnappen – und schließlich hierher zurückzukommen, den Fang abzuliefern und mitanzusehen, wie andere, die den ganzen Winter lang am warmen Kamin gehockt und keine größere Gefahr erlebt haben, als von einem Schneeball getroffen zu werden, wie die dann von dem Erlös meiner Arbeit und Mühe miterhalten werden, – nur damit keiner von uns mehr hat als der andere! Davon will ich nichts mehr wissen. Jeder soll das verzehren, was er selbst erworben hat. Und wer nichts erwirbt – von den Alten, den Kranken, den Schwachen einmal abgesehen –, der soll hungern. Diesmal verkaufe ich meine Pelze auf eigene Faust und auf eigene Rechnung – und ich möchte einmal wissen, wer mich daran hindern könnte.«

»Niemand, Charles!« hatte Walther sehr ruhig geantwortet. »Soviel ich weiß, ist bei uns in der Nation noch niemand zu irgend etwas gezwungen worden. Vielmehr haben wir die Dinge besprochen, haben uns geeinigt, und dann hat jeder freiwillig seinen Anteil geleistet. Wir hatten uns vor der Welt zu hüten – und konnten das nur, wenn wir zusammenhielten. Wenn du meinst, daß das nicht mehr nötig ist, gut! Aber du mußt wissen: Kagetoksa ist damit schon aufgegeben!«

Maillet zuckte die Achseln. »Ich habe keinen Spaß mehr, Walther, wenn ich nie zu sehen bekomme, was ich zustande gebracht habe, ich, nicht irgendwer sonst, ich ganz allein! Und das soll mir und den Meinen zugute kommen.«

»Père Bosson wird traurig sein, Charles – auch Anke – wenn sie hören, daß die ›Nation‹ dir doch nur einen Übergang bedeutet. Mir hat es nicht viel ausgemacht, meinen Pelzfang in den allgemeinen Topf laufen zu lassen. Wir hatten alle genug, und jeder kam zurecht.«

»Wir hatten alle genug, stimmt, Walther. Eben das ist mir nicht genug. Durchaus nicht! Ich will mehr haben. Soviel mehr, wie mir zusteht, weil ich es eingebracht habe. Wie soll man sonst weiterkommen!«

Dabei blieb Charles Maillet und ließ sich nicht umstimmen, auch nicht von Père Bosson, der immer wieder mahnte, daß Kagetoksa nach wie vor bedroht wäre, daß der innere Friede unbedingt gestärkt werden müßte – und das ginge nur, wenn jeder den gleichen Anteil und die gleiche Bereitschaft aufbrächte – ein jeder nach seinen besten Kräften.

Es gab zwei Männer in Kagetoksa, die sich weder für die eine Partei entscheiden wollten, welche ›Nation Kagetoksa‹ auf ihre Fahne geschrieben hatte, noch für die andere, die da verkündete, daß jeder seines eigenen Glückes Schmied zu sein habe und nicht der des Glücks der anderen. Das waren Walther Corssen und Jonas Hestergart. Sie sagten beide, gestanden es sich beide im Vertrauen: ich kann das eine, ich kann auch das andere. Wer will sagen, was besser ist? Und wer will sagen, was recht ist? Beides ist recht.

Es war, als hätte Charles Maillet einen Damm zerstört. Picquingy stellte fest: »Es geht uns schon wieder zu gut!«

Innerhalb des Jahres 1760/61 veränderte sich die menschliche Landschaft von Kagetoksa von Grund auf. Keiner war verhungert, keiner war erfroren. Es brauchte nicht mehr darüber geredet zu werden, ob Kagetoksa ein Erfolg werden würde oder nur eine Atempause gewährt hatte. Es war ein Erfolg. Bescheidene, aber ganz unverkennbare Wohlhabenheit kündigte sich an. Das Gewitter war anderswo niedergegangen. Dank gebührte all denen, die es bewirkt hatten, daß man der Deportation entgangen, daß man nicht nur auf dem Boden der geliebten akadischen Heimat geblieben, sondern die ehemalige mit einer noch reicheren, vielfältigeren, fruchtbareren vertauscht hatte. Dank also Männern und Frauen wie Père Bosson, Yves Picquingy, Walther und Anke Corssen, Charles und Jeanne Maillet und – nicht zu vergessen! – Kokwee.

Der Krieg neigte sich seinem Ende zu, noch mußte man im Verborgenen bleiben, aber bald, vielleicht im nächsten oder übernächsten Jahr, durften die Brücken zur Welt ausgebaut werden. Die Gefahr war bestanden, die Herausforderung bewältigt. Jeder war nun frei und berechtigt zu nutzen, was sich dem Tüchtigen überall und überreichlich anbot.

Innerhalb eines einzigen Jahres also hatte sich die Szene verwandelt. Es gab wieder Reiche und Arme, es gab Bescheidene und Anspruchsvolle, es gab unruhig Unzufriedene und gemächlich Zufriedene.

Père Bosson sah einen Traum verwelken, den Traum, in dem alle für einen und einer für alle stehen. Der hatte nur solange Bestand gehabt, wie Angst und Sorge die Leute von Kagetoksa zusammengehalten hatten. Und er zersplitterte, als Angst und Sorge von ihnen gewichen waren.

Père Bosson fühlte sich manchmal sehr müde. Auch die liebevollen Boshaftigkeiten versagten, mit denen Freund Jonas, viel jünger an Jahren, viel älter an Zweifelsucht, ihn zu trösten suchte. Père Bosson mußte sich eingestehen – und gestand es auch Jonas ein, daß er sich wohl zum letztenmal von einem Phantom hatte blenden lassen: von dem Traum, seine Kinder, die Leute von Kagetoksa, zu bewegen, den anderen, also die Gemeinschaft wichtiger zu nehmen als sich selbst. Denn auch er konnte nicht leugnen, daß Kagetoksa florierte, wenn jeder eifrig nur zu seinen eigenen Gunsten tätig war. Zwar blieben die Liederlichen und Schwerfälligen arm und wurden ärmer, die Fleißigen, die Tüchtigen, die Schlauen aber bauten sich schönere Häuser. Joseph Aumale und Philippe Quillebœuf waren wieder zu den armen Teufeln geworden, die sie auch früher gewesen waren. Und Robert und Cathérine Plélot hatten in ihr altes, liebgewordenes Verhältnis ›wie Hund und Katze‹ zurückgefunden.

Père Bosson war sehr, sehr müde geworden.

Auch Anke Corssen fühlte sich zuweilen seltsam matt und müde, als zehre an ihr eine geheime Krankheit. Da niemand sich Mühe gab, noch groß an Kagetoksa zu denken oder gar an die ›Nation‹, dies närrische Ding, dachte auch sie nicht mehr daran. Sie begann sogar, eine seltsam zweiflerische Freude zu spüren, wenn Walther mit anscheinend ständig wachsender Leidenschaft für sich und die Seinen tätig war, auf dem Feld, im Wald und an der Küste. Die neue ›Ferme Corssen‹ wuchs von Sommer zu Sommer, und im Jahre des Friedensschlusses, 1763, bot sie sich bereits schmucker und weitläufiger dar als die alte Ferme in East La Have. Das Beutelchen mit den Dukaten war nicht nur wieder aufgefüllt; es floß schon über in einen zweiten.

Und die Kühe des Yves Picquingy und sein Stolz, der Hengst und zwei junge Fuchsstuten – eine Pracht wahrlich und ein Labsal fürs Auge! Yves wurde viel um seine Tiere beneidet. Aber niemand vermochte zu bestreiten, daß er der tüchtigste Landwirt von Kagetoksa war und mit Vieh und Pferden eine besonders glückliche Hand hatte.

Walther aber arbeitete, werkte, jagte, handelte, als gälte es sein Leben, bis er schließlich merkte: Ich will mich nur ablenken, um nicht eingestehen zu müssen, daß zwar nicht mein eigenes, wohl aber Ankes Leben immer tiefer verschattet wird.

22

Und dann starb Père Bosson. Ein ›starker Mann‹ war er nie gewesen. Wenn er die Flucht mit Sack und Pack ins Ungewisse, den fürchterlichen Marsch durch die Wildnis und schließlich die entbehrungsreichen Jahre des neuen Aufbaus überhaupt ausgehalten hatte, so lag das gewiß nicht an der Stärke seines Leibes – der war zart und schon früh gebrechlich –, sondern daran, daß in diesem schmächtigen Körper ein beinahe unheimlicher Wille steckte. Es ging ihm nur darum, dem Dienst an seinen ›Kindern‹, an seiner Gemeinde gerecht zu werden, so wie er ihn, als ein treuer Knecht der Kirche und ihres himmlischen Herrn, verstand.

Père Bosson hatte in der erzwungenen Flucht etwas wie einen Auszug der Kinder Israel aus Ägypten gesehen und sich selbst, mit einer ganz verborgenen und zugleich – wie Jonas meinte – unendlich liebenswerten geistlichen Eitelkeit, als Moses, dem aufgetragen war, sein Volk, seine ›Nation‹, nach Kanaan zu führen.

Trotz aller gegenüber Jonas zur Schau getragenen lächelnden Skepsis hatte er es im tiefsten Herzen für möglich gehalten, daß das von Gott verordnete harte Schicksal ›seine Leute‹ umschmieden würde. Er hoffte, die Liebe, die er unter ihnen ausgesät hatte, werde in der Not und Angst der Flucht wie unter einem warmen Regen aufsprießen und seine Kinder selbstlos und gutwillig machen. Solange die Bedrängnis anhielt und die Leute von Kagetoksa allein auf die Gnade Gottes bauen konnten, solange hatten sie die Mahnung ihres geistlichen Vaters, daß es wichtiger wäre, einander zu helfen als sich selbst, redlich befolgt. Père Bosson hatte damals sagen dürfen: Ich habe meinen Auftrag erfüllt, ein Menschenfischer zu sein. Ich habe meine kleine Herde für eine Weile wenigstens zu Menschen gemacht. In einer totenstillen Winternacht – nur der große Kagetoksa-See stöhnte zuweilen in der Ferne, wenn die Kälte lange Risse ins Eis sprengte – hatte er Freund Jonas diesen seinen liebsten Traum gestanden: Zu Menschen habe ich sie gemacht, und das heißt zu Kindern Gottes, ich, Hippolyte Bosson aus Ploërmel in der Bretagne. Gott hat mir geholfen.

Und sofort hatte er dieses Bekenntnis bereut, denn Jonas hatte, nach langem Schweigen, gesagt: »Es wird eine Zeit kommen, Lieber und Verehrter, da werden Sie nicht mehr sein. Sehr schnell wird sich dann erweisen, was geschrieben steht: Das Dichten und Trachten des menschlichen Herzens ist böse von Jugend an. Wenn es manchmal irgendwo so aussieht, als könnte es anders sein, so stellt sich doch früher oder später heraus, daß es sich nur um ein Zwischenspiel gehandelt hat, um eine Maskerade. Unvermeidlich kommt der Augenblick, an dem die Masken fallen.«

Dieser Augenblick ließ nicht einmal so lange auf sich warten, bis Père Bosson ›nicht mehr war‹, sondern er stellte sich bereits ein, als Charles Maillet verkündete, es mache ›mehr Spaß‹, in die eigene Tasche zu wirtschaften. Kaum war Kagetoksa über den Berg, kaum ließ sich ahnen, daß der Krieg und seine Bedrängnisse zu versickern begannen, da kehrte die alte Unordnung wieder ein. Die alte Ungleichheit stellte sich sogar krasser wieder her, als sie am La Have bestanden hatte. Denn Kagetoksa hatte alle Kräfte und Fähigkeiten angestachelt, entfaltet: zunächst die guten, weil den harten Notwendigkeiten anders nicht zu entsprechen war – und dadurch hatte Père Bosson sich täuschen lassen – er wollte so gern getäuscht werden auf seine alten Tage. Schließlich aber kam der ganze Alltagsplunder wieder hoch, und menschliche Unzulänglichkeit machte sich breiter denn je.

Eine Weile hatte Père Bosson dagegen angekämpft. Aber dann gab er es auf. Gerade den Tüchtigen mochte er den ›Spaß‹ nicht verderben – und die weniger Tüchtigen mußten sich eben bescheiden.

Das war der Lauf der Welt, und weder Gewalt noch Bitten vermochten ihm für länger als eine kurze Spanne Zeit Einhalt zu gebieten.

Ganz plötzlich dann war Père Bossons schmales Antlitz welk geworden. Die großen Augen blickten matt. Manche hatten diese Augen gefürchtet; man glaubte, sie könnten tief in die Herzen blicken. Er las die Messe noch am Tage vor seinem Tode. Aber von den Menschen hatte er sich zurückgezogen, er verkehrte mit ihnen nur noch wie durch eine Glasscheibe. Lediglich Jonas Hestergart machte da eine Ausnahme. Der gehörte nicht dazu, war kein Katholik, verwuchs niemals vollständig mit dieser Gemeinde von klugen und dummen, geschickten und ungeschickten Bauern, blieb ein, wenn auch sehr geschätzter, Außenseiter, nicht viel anders als Père Bosson selbst. Und das empfanden beide – aber sie sprachen es niemals aus.

Jonas war es auch, der als erster entdeckte, daß Vater Bosson von dem Mann mit der Sense eingeholt worden war. Er pflegte in der Frühe hinüberzugehen und dem alten Freund zur Hand zu sein, wenn er sich zur Kirche aufmachte. Kein Wort sprach er dabei, um den Geistlichen nicht bei der inneren Vorbereitung zur Meßfeier zu stören. Oftmals in letzter Zeit hatte sich Jonas auf der hintersten Kirchenbank niedergelassen und der Messe beigewohnt, hatte zur rechten Zeit gekniet, das Haupt gebeugt und auch ein Kreuz angedeutet, wie es sich gehört. Doch berührten ihn die uralten feierlichen Zeremonien kaum. Er saß dort nur, weil er fürchtete, der Freund könne mitten im Amt schwach werden, er könnte stürzen, die Kräfte würden ihn verlassen. Aber vor dem Altar versagte Père Bosson nicht.

An jenem Morgen fand ihn Jonas auf seinem schmalen Schragen und wußte sofort: Mein Freund, mein wunderbarer Freund, ist tot. Der Alte lag lang ausgestreckt auf dem Rükken, als habe er sich selber aufgebahrt. In den fest auf der Brust gefalteten Händen steckte sein kleines silbernes Kruzifix. Er war angekleidet, hatte die Alba und die Stola angelegt, als wollte er sich zur Messe bereiten.

Jetzt erst war zu erkennen, daß er fast nur noch aus Knochen und Haut bestand, einer Haut so sonderbar knitterig und zart wie leicht gespanntes Seidenpapier. Tief lagen die Augen in den Höhlen. Sie waren fest geschlossen – wie der Mund. Die Lippen bildeten zwei schmale Striche, scharf gezeichnet war die bretonische Nase, seltsam groß und spitz der Adamsapfel über dem Ansatz des Gewandes. Der Adel dieser Totenmaske – und eine kaum zu ahnende, erlöste Heiterkeit um den Mund – sie gehörten schon nicht mehr zu dieser Welt. Jonas stand lange, starrte und rührte sich nicht. Père Bosson, ach, Père Bosson war tot. Père Bosson war fortgegangen, um niemals wiederzukehren.

Solange Vater Bosson noch über der Erde war, wagte niemand in Kagetoksa laut zu sprechen. Die Kinder vergaßen ihre Spiele und schlichen mit scheuen Blicken an ihren Kameraden vorbei. Die Schule blieb geschlossen.

Es war, als faßte eine harte Faust die Leute von Kagetoksa beim Kragen und schüttelte sie. Gewiß, Père Bosson war schon sehr alt und hinfällig gewesen, und mancher hatte gewußt, daß ›er es nicht mehr lange machen‹ würde. Doch jetzt hatte er seine ›Kinder‹ einfach über Nacht verlassen, ohne Abschied, ohne sich noch einmal nach ihnen umzublikken.

Und nun? Wer sollte den Leichnam einsegnen, wer sollte die Totenmesse lesen, die Exequien halten? Kein anderer Geistlicher weit und breit im Umkreis!

Sie legten ihn in den Sarg, wie er war. Hatte er nicht selbst angedeutet, wie er bestattet werden wollte? Sie kamen alle in das ärmliche, schmucklose Blockhaus, in dem er gewohnt hatte, standen stumm und mit mutlosen Herzen vor der Hoheit dieses Todes, erkannten seine sich nur noch selbst darstellenden, dieser Welt nicht mehr zugehörigen Umrisse kaum noch als ›ihren‹ Père Bosson. Dieser Tote war der ›Ihre‹ nicht mehr.

Ives Picquingy las aus dem Brevier des Geistlichen einiges vor; aber er stockte häufig. Die lateinischen Worte bereiteten ihm Schwierigkeiten. Er gab nicht nach, kam schlecht und recht damit zu Ende. Dann beteten sie alle mit lauter Stimme, während der Sarg in das Grab gesenkt wurde und die ersten Erdbrocken mit dumpfem Kollern auf den Sargdeckel schlugen. Sie beteten ein Paternoster und ein Ave Maria.

Das geschah an einem Nachmittag im Herbst des Jahres 1762.

Eine Stunde später mußten die Kühe gefüttert, die kleinen Kinder zu Bett gebracht werden, war auf den Höfen das Abendbrot zu richten. Bald sollte auch die Reise zur Küste angetreten werden – diesmal mit fünf Kanus. Vieles war noch zu besorgen und zu besprechen.

Das Leben ging weiter.

Es war das alte Leben nicht mehr. Es hatte seine Mitte verloren, diese stille, freundliche Zone, in der immer Friede geherrscht hatte und ein sie alle umgreifender guter Wille. Die meisten spürten es dunkel. Hier und da versuchte einer auszudrücken, was er empfand, und murrte: »Ist nicht mehr so wie früher in Kagetoksa!«

Für einige Wochen versammelten sich die Leute zur gewohnten Stunde des Hochamts in der Kirche, rumpelten in die Bänke, knieten, schwiegen, beteten ein paar Vaterunser, und was sie sonst noch auf dem Herzen hatten. Aber das ließ allmählich nach, versickerte wie ein Bach im Sande, den in der Dürre kein Wasser von der Höhe her mehr füllt. Es hörte schließlich ganz auf.

Jonas stellte mit ehrlichem Erstaunen fest, wie stark selbst noch der in den letzten Jahren geschwächte, kaum noch tätig Anteil nehmende Père Bosson die Denk- und Lebensweise der Leute von Kagetoksa gelenkt hatte – durch sein bloßes Dasein, als ein stummer Zeuge nur, der gar nicht mehr handelnd eingriff.

Ein neues Kapitel des Buches Kagetoksa wurde aufgeschlagen, als Joseph Aumale dem Drängen seines großmächtigen Nachbarn Picquingy nachgab, ihm sein Anwesen, das nicht recht vorankommen wollte, verkaufte und gleichzeitig mit seiner Frau und zwei halbwüchsigen Töchtern in seine Dienste trat. Auch hatte Picquingy bereits ein Auge auf den Hof an der anderen Flanke seines Besitzes geworfen und machte den Plélots verlockende Angebote.

Es sprach sich herum, daß Robert Plélot verkaufen und sich auf die Pelzjagd verlegen wollte (wovon er nichts verstand und wozu ihm die Courage und Beständigkeit fehlten) – daß aber die ewig keifende und zänkische Cathérine Plélot sich wütend dagegen wehrte. Und was früher undenkbar gewesen wäre, trat ein: Das Ehepaar zerstritt sich endgültig. Robert verkaufte an Yves Picquingy, verlegte sich, mit dem vielen Geld in der Tasche, aufs Saufen und erfror in einer eisigen Winternacht im Schnee, in den er sich, benebelt wie er war, schlafen gelegt hatte. Cathérine führte fortan dem wortkargen André Carbot, dem besten Schafzüchter, dem die Frau gestorben war, die Wirtschaft. Die Zanksucht war ihr völlig abhanden geraten.

Nach und nach hatte sich in Kagetoksa die Meinung durchgesetzt, daß sich Picquingy zwar zum reichsten und größten Bauern aufgeschwungen, daß er aber all sein Geld in seine Höfe gesteckt hatte. Handelte es sich darum, wer das meiste Bargeld zusammengebracht hatte, so war niemand mit Charles Maillet und Walther Corssen zu vergleichen.

Es war der Fischer Bernard Anessac, der an einem Winterabend in seiner Blockhütte, bei einem steifen Grog, den Freunden Raymond Sizun, dem Schmied, und André Tapin, dem Stellmacher, auseinandersetzte, warum es den beiden, Charles und Walther hatte gelingen müssen, schneller und nachhaltiger Erfolg zu haben als die andern.

Ab und zu erhob sich Bernardine, Anessacs Frau, um den drei Männern heißes Wasser nachzuschenken. Mit Rum bedienten sie sich allein aus einem tönernen Krug, den ein hölzerner Deckel verschloß. Sie bedienten sich mit Maßen, geizig beinahe, denn sie waren mäßige Männer, alle drei, denen nichts ferner lag, als sich zu betrinken. Bernardine, eine wortkarge Frau mit grauem Haar und strengen, aber nicht unfreundlichen Zügen, hätte es auch durchaus nicht geduldet, daß in ihrem musterhaft ordentlichen Haus über den Durst getrunken wurde. Mochten die Männer reden; sie redeten ja gerne und nicht immer gescheit, wie Bernardine meinte. Aber man mußte sie gewähren lassen. Bernard hatte es schwer genug draußen auf dem See in der eisigen Morgenfrühe. Wenn sie nur den stetigen leichten Fischgeruch aus ihrem Hause verbannen könnte! Sie hatte sich zeit ihres Lebens nicht damit abgefunden. Aber man hat sich auf dieser Welt eben zu schikken. Und ihr Bernard, gewiß kein sehr unterhaltsamer und heiterer Ehegefährte, war doch ein guter Mann. Mit Bernardine redete er wenig, da verstand sich das meiste von selbst, und alles übrige war schon gesagt. Anders war es, wenn er an einem Abend wie diesem mit seinen Freunden zusammensaß, die gleich ihm einem Handwerk den Vorzug vor der Landwirtschaft gaben.

Man hatte – unerschöpfliches Thema! – über die Dorfbewohner gesprochen und war unvermeidlich darauf gekommen, daß Walther Corssen und Charles Maillet es zweifellos ›geschafft‹ hätten und nun die Wohlhabendsten in Kagetoksa waren. André Tapin hatte angedeutet, daß Corssen und Maillet wohl oftmals fünfe hätten gerade sein lassen, wenn es galt, zu ihrem Gelde zu kommen.

Aber der Fischer Anessac, zwar ein Zauderer und Zweifler vor dem Herrn, war eine ehrliche Haut, und Mißgunst war ihm zuwider. »Was regst du dich auf, André! Bei Walther und Charles braucht gar kein anrüchiges Geheimnis im Spiel zu sein. Sie brachten eben alles mit, was zum Reichwerden gehört. Ich werde dir sagen, was das ist, und es ist gar kein besonderer Trick dabei. Erstens kamen sie nicht als arme Schlukker hier an, sondern müssen schon einiges in der Hinterhand gehabt haben. Sie standen also gleich auf festem Boden. Zweitens sind sie fleißig und gönnen sich keine Ruhe. Drittens sind sie vorsichtig und riskieren nichts, was sie mit den möglichen Folgen nicht vorher genau überlegt haben. Viertens sind sie gescheit und schnell bei der Hand, so daß ihnen im richtigen Augenblick immer etwas einfällt, worauf andere noch nicht gekommen sind, und dann zögern sie nicht, wie ich meistens, sondern greifen zu. Fünftens haben sie Courage und nehmen ihre Chance wahr, wenn anderen das Herz längst in die Hose gefallen ist; sie wissen eben das Risiko abzuschätzen. Und sechstens, was niemals und nirgendwo zu entbehren ist: sie haben eine glückliche Hand. Man kann auch einfach sagen: Sie haben im richtigen Augenblick Glück – und nicht Pech, wie so viele andere. Und wenn du dir die Sache mit Walther Corssen und Charles Maillet überlegst, dann wirst du zugeben: Auf beide trifft das zu, was ich dir aufgeführt habe. Und, ja, eines habe ich noch vergessen: Sie haben die richtigen Frauen, die ihnen keine Knüppel zwischen die Beine werfen, sondern ihnen den Nacken steifen und notfalls Mut machen.«

Vom Kamin her, wo Bernardine saß und strickte – untätig war sie nie – kam eine weibliche Stimme. Zum erstenmal an diesem Abend mischte sie sich ins Gespräch: »Werf ich dir etwa Knüppel zwischen die Beine, Bernard? Dir muß man oft genug erst Mut machen – und Beine dazu, das weiß Gott!«

Begütigend kam die Antwort: »Ach, liebe Bernardine, wenn wir beide nicht viel vor uns gebracht und nur eben unser Auskommen haben und gelegentlich einen Schuß Rum dazu, so liegt das gewiß nicht an dir, sondern an mir, das leugne ich nicht. Ich denke immer nur nach über das, was gewesen ist, und nicht über das, was sein könnte. Gerade auf das kommt es aber an.«

»So, so!« murrte Bernardine und hatte damit alles gesagt, was nach ihrer Meinung zu sagen war.

Raymond Sizun, der Schmied, verschränkte seine riesigen behaarten Hände und stützte sich mit den mächtigen Unterarmen schwer auf den Tisch. »Ist euch noch gar nicht aufgefallen, Freunde, daß wir solche Reden – ich meine, wer am meisten verdient und ob das auch recht ist – also solche Reden führen wir erst – und was ist das für ein Unding, daß Charles Maillet dem Jacques Biencourt wegen der Summe, die er ihm vor einem Jahr geliehen hat – mein Gott, der Jacques hat eben Unglück gehabt, daß er sich das Bein brach und dann so lange nicht arbeiten konnte – und jetzt setzt ihm der Charles so zu – und will natürlich nur, daß ihm der Jacques die schöne Wiese abtritt, da hinten an Corssens Ostseite – und dann kann Walther sich nicht mehr ausdehnen – aber Anke sagt ja immer, wir haben alle genug, stimmt ja auch, und manche haben mehr, und gerade die wollen noch mehr – ja, was ich sagen wollte – das alles wäre nicht so, wenn Père Bosson noch lebte!«

Wahrlich, es gab nichts, worüber größere Einigkeit herrschen konnte! André Tapin, der Stellmacher, fügte hinzu, was längst viele in Kagetoksa dachten: »Was soll nur aus uns werden ohne einen Geistlichen und ohne Messe? Wer lehrt unsere Kinder das Credo? Die zehn Gebote, das macht Lehrer Jonas ja ganz gut. Aber vom Ave Maria will er nichts wissen. Das junge Volk gerät uns außer Rand und Band ohne Beichte. Und das alte Volk – na, einer haut den andern übers Ohr, daß es eine Schande ist, und keiner sagt was dazu. Wenn wir keinen Geistlichen kriegen, dann gewinnt der Teufel die Oberhand.«

André Tapin hatte es stets mit dem Teufel, aber trotzdem: Allen Besonnenen in Kagetoksa war klar, daß er von Monat zu Monat, von Jahr zu Jahr deutlicher recht zu behalten schien.

Walther und Anke hatten ihren Landbesitz nicht vermehrt. Der Hof war gerade so groß, daß Anke ihn mit dem kräftig heranwachsenden, oftmals unbändigen, aber gutherzigen William und mit tatkräftiger Hilfe der auch schon zwölf Jahre zählenden Anna einigermaßen auch ohne Walthers ständige Unterstützung bewältigen konnte. Denn Walther war viel unterwegs, betrieb den Pelztierfang, kaufte aber auch kleineren Leuten Felle und Tweed ab und gondelte zwischen der Küste und Kagetoksa hin und her, nun schon dreimal im Jahr; es lohnte sich auch für Quenneville.

Indo hatte Schwierigkeiten in der Schule. Mit Lesen und Schreiben und Auswendiglernen kam er gut zurecht. Aber mit dem Rechnen wurde es nichts – Lehrer Jonas mochte sich Mühe geben, soviel er wollte. Es kränkte Indo, daß er auf diesem Gebiet mit seinem jüngeren Bruder William und anderen Kindern nicht Schritt halten konnte. Es ergab sich unmerklich, daß er sich immer häufiger und länger bei seinem Vater Kokwee und den Leuten seines Vaters aufhielt. Die indianischen Künste in Wald und Wildnis verlockten ihn viel stärker als das Rechnen und Stillsitzen in der Schule. Er entschied sich, ohne sich dessen recht bewußt zu werden, allmählich für die Welt seines Vaters, und die Corssens hatten sich damit abzufinden. Dies fiel ihnen auch nicht allzu schwer, denn Indo war nicht kleinlich und gab alles, was er bei seinem Vater lernte, gern an William weiter – und William, der einen hellen Kopf hatte, verstand sich mit der Zeit ebenso auf Wald und Wildnis wie sein Pflegebruder. Walther kümmerte sich außerdem darum, daß William ein tüchtiger Bauer wurde.

Anke litt darunter, daß Indo sich anscheinend unaufhaltsam von dem Lebenskreis der Pflegeeltern abwandte. Dies trug dazu bei, ihr die helle Freude am Werk und an den Ihren zu trüben, von der sie in früheren Jahren so sicher getragen worden war. Manchmal kam sie sich vor wie gelähmt.

Was mochte dahinter stecken? Walther fragte sich oft genug danach, fand aber keine überzeugende Antwort. Es war unter den Eheleuten nicht üblich, nach dem inneren Zustand des anderen zu fragen. Man begriff sich ohne Worte und Fragen – oder man begriff sich nicht.

Als aber Walther im Sommer 1763 die Kunde von der Küste mitbrachte, der Krieg sei nun so gut wie beendet, und in Paris werde wohl bald über den Frieden verhandelt werden, kam Anke mit einer Bitte heraus – und Walther merkte sofort, daß er sich jetzt, wenigstens zum Teil, würde erklären können, weshalb das früher so helle Wesen seiner Frau Anke sich mit der Zeit mehr und mehr verschattet hatte.

Dies war ihre Bitte: »Lieber Walther, seit wir wissen, daß Heinrich Lüders im Lande ist, quält mich die Frage, was wohl aus meinem Vater und meiner Schwester geworden sein mag, und was aus dem Kleinen Lüdershof. Heinrich sollte ihn doch erben. Warum ist er dann hierhergewandert? Jetzt ist es wohl nicht mehr gefährlich, eine Brücke nach draußen zu bauen. Kannst du nicht Quenneville bitten, festzustellen, ob Heinrich wirklich auf den Hof in Ost-La Have gekommen ist, den ihm die Engländer damals, als die Austreibung der Akadier beschlossene Sache geworden war, zugeordnet haben. Und ob er inzwischen geheiratet hat? Wenn ja, kann er mich vielleicht wissen lassen, was bei uns zu Hause in Haselgönne geworden ist. Er versteht ja zu schreiben, das weiß ich. Wir sind bei Pastor Burmeester zusammen in die Schule gegangen.«

Walther überlegte nur einen Augenblick, obgleich ihm nicht wenig abverlangt wurde. Er erwiderte bedächtig: »Quenneville wäre geschickt genug, sich nach Heinrich Lüders zu erkundigen, ohne allzuviel von unserem Geheimnis preiszugeben. Er ist mir auch verpflichtet, und ich habe ihn in all den Jahren gut kennengelernt. Er weiß, daß er die Ausbreitung seiner Geschäfte mit Kagetoksa vor allem Charles und mir verdankt. Er hat mir erzählt, daß es sich wieder lohnt, bei unserem alten La Have vor Anker zu gehen. Unsere ehemaligen Höfe sind nicht alle wieder besetzt, aber es macht sich schon bezahlt, dort ein- oder zweimal im Jahr Handel zu treiben. Gut also, ich will mit Quenneville sprechen. Aber, Anke, auch ich möchte dich etwas fragen. Es ist jetzt bald fünfzehn Jahre her, daß wir aus der Heide fortgegangen sind, und wir haben inzwischen nicht viel Zeit gehabt, ins alte Land zurückzudenken. Wie kommt es, daß du gerade jetzt anfängst, danach zu fragen?«

Anke saß auf einem hölzernen Schemel neben dem Tisch und hatte Bohnen geschnitzelt. Jetzt ruhten ihre Hände im Schoß. Sie hatte die Schüssel und das Messer auf den Tisch gestellt und blickte auf ihre Hände hinunter. Das Licht des Tages, vom Fenster her, legte Glanz auf ihr dunkles Haar. Zum erstenmal glaubte Walther eine feine, graue Strähne über der linken Schläfe wahrzunehmen.

Sie sprach wie zu sich selbst: »Ganz verstehe auch ich mich nicht, Walther. Aber du sagst es, wir haben wenig Zeit gehabt, zurückzudenken. Jetzt haben wir nach und nach ein wenig mehr Zeit, sind aus dem Gröbsten heraus. Das ist es wohl. Und dann: Père Bosson ist tot, und es ist niemand mehr da, mit dem man reden kann, ohne fürchten zu müssen, daß es weitergetragen wird. Dich kann ich nicht ansprechen. Du hast deinen Kopf viel zu voll mit der vielen Arbeit und den Geschäften, die ja alle für uns und die Kinder betrieben werden. Die Kinder, ja, da ist wohl der Grund zu suchen, nach dem du fragst. Indo geht von uns fort. Er ist nicht mein richtiges Kind, aber er war doch mein erstes Kind. Und jetzt läßt er mich im Stich und wird bald bei den Leuten seines Vaters bleiben. Père Bosson würde vielleicht sagen: Indo geht von mir fort, damit ich erkenne, was ich wahrscheinlich meinem Vater zugemutet habe, als ich von ihm fortging, ohne auch nur ein Wort zu hinterlassen. Und was ist auf dem Kleinen Lüdershof geworden? Heinrich hat in der Heimat nicht geheiratet. Das wissen wir schon. Also hat er drüben keine Frau mehr bekommen oder keine haben wollen. Und was ist aus meiner Schwester geworden? Warum hat sie nicht den Heinrich geheiratet? Damit hätte Vater einverstanden sein können. So steht es also, Walther. Ich komme aus dem Grübeln nicht mehr heraus. Mich plagt mein Gewissen.«

Jetzt erst blickte sie auf. Über ihr Antlitz war ein so bitterer – ein so hilfloser Ernst gebreitet, daß Walther erschrak. Ihm blieb nichts weiter übrig, als zu versichern: »Ich werde alles tun, Anke, damit Quenneville sich Mühe gibt, nach Heinrich Lüders zu forschen.«

Als Walther beim übernächsten Mal von der Küste nach Kagetoksa wiederkehrte – im Herbst des Jahres 1764 –, brachte er zwei Nachrichten mit, sehr verschiedene zwar, von denen aber jede eine tiefgreifende Wende einleitete.

Die eine Nachricht lautete – und sie ließ die Leute zusammenlaufen: Nach dem Siege Englands über Frankreich und nachdem in Paris der Friede geschlossen war, sollte nun die weitere Besiedlung und Entwicklung Nova Scotias tatkräftig vorangetrieben werden. Den Akadiern sei die Rückkehr nach Neu-Schottland erlaubt. Doch würde nach wie vor von ihnen verlangt, den Treueid auf Seine Majestät Georg den Dritten, König von England aus dem Hause Hannover, ohne jede Einschränkung zu schwören. Doch dürften die Akadier – soweit sie den Wunsch hatten zurückzukehren, nicht damit rechnen, ihre früheren Besitzungen wiederzubekommen. Denn die waren inzwischen an andere Siedler gefallen.

So lautete die Kunde, und es gab niemand in Kagetoksa, der von ihr nicht in helle Aufregung versetzt wurde. Aber hatte sie jetzt überhaupt noch eine ernsthafte Bedeutung? Die Leute von Kagetoksa hatten ja nie aufgehört, auf dem Boden von Nova Scotia zu siedeln. Sie waren also nicht imstande zurückzukehren. Als Versteck jedoch brauchte Kagetoksa nicht mehr zu dienen. Es durfte sich in eine Siedlung wandeln von gleicher Art, wie La Have eine gewesen war oder Petite Rivière, oder eine solche wie Lunenburg oder Halifax. Aber würde das ohne weiteres möglich sein? Empfahl es sich, das Geheimnis zu lüften – oder sollte man abwarten, bis die englische Verwaltung selbst dahinterkam? Sollte man sich fortan allein, wie bisher, auf Quenneville verlassen? Wäre es nicht besser, daß Kagetoksa sich bekannt machte, damit auch andere Händler die Verbindung aufnähmen? Denn sicherlich – viele argwöhnten es schon seit längerer Zeit – hatte Quenneville sein Alleinrecht im Hammelhafen bedenkenlos genutzt und den Leuten von Kagetoksa die Preise diktiert!

Hundert Fragen – und weder Corssen noch Picquingy oder Maillet wußten zunächst eine Antwort.

Die andere Nachricht, die Walther Corssen von der Küste mitgebracht hatte, betraf nur Anke und ihn selber. Sie bestand in einem Brief aus grobem Papier, der mit Wachs gesiegelt war. Auf der Vorderseite stand in großen, kantig ungelenken Schriftzügen: An Anke Corssen, geborene Hörblacher.

Walther hatte den Brief nicht geöffnet, sondern ihn so belassen, wie er ihm von Quenneville ausgefolgt worden war.

»Ich habe einen Brief für dich, Anke. Quenneville hat ihn aus La Have mitgebracht. Er hat den Absender in Unklarheit darüber gelassen, wo du zur Zeit zu finden bist. Es ist Quenneville nicht schwergefallen, den Heinrich Lüders aufzutreiben. Quenneville hat sogar Gastfreundschaft bei ihm genossen.«

Alles Blut wich aus Ankes Antlitz. Furcht blickte aus ihren weit aufgerissenen Augen. Sie wehrte ab: »Behalte ihn noch, Walther. Heute abend erst, wenn der Tag zu Ende ist und wir die Tür hinter uns zumachen können, erst dann wollen wir den Brief zusammen lesen.«

Abends – Anke hatte ein Talglicht aus ihrem Vorrat hervorgeholt und den Leuchter auf den Tisch gestellt – zog Walther den Brief abermals aus seiner Rocktasche und wollte ihn Anke übergeben. Und wieder wehrte sie ab: »Öffne du ihn, Walther, und lies ihn vor!«

Die Eheleute ließen sich einander gegenüber am Tisch nieder. Mit einem Messer hob Walther das wächserne Siegel von der Rückseite des Briefes, entfaltete den Bogen – der knatterte widerwillig – und strich das Papier auf der Tischfläche glatt. Walther blickte eine Weile auf das Papier. Die Worte waren mit schwerer Hand gemalt und muteten zugleich sonderbar kindlich an. Aber sie waren deutlich zu lesen.

Walther räusperte sich und begann:

»East La Have, am 1. September 1764

Liebe Anke!

Der Händler Kennewill hat mir gesagt, daß du an dieser Küste zu finden bist, nur viel weiter nach Westen; er konnte mir nicht genau beschreiben, wo. Du heißt jetzt Corssen, hast also den Kerl geheiratet, der damals bei deinem Vater im Stall herumgelegen hat. Ich hätte es mir denken sollen. Viele haben das gesagt. Aber ich habe es nicht geglaubt. Ich habe gemeint, du hättest dich geschämt und wärst deshalb damals fortgelaufen. Ich habe herausgekriegt, daß du nach Neu-Schottland gegangen bist und bin dir nachgefahren, um dich zu suchen und dir zu sagen, daß ich nichts gegen dich habe und mich noch an unser Versprechen gebunden halte. Ich habe dich nicht gefunden. Du warst vom Erdboden verschluckt. Nun heißt du also schon lange Corssen, und es ist nur gut, daß ich mir schließlich eine andere Frau gesucht habe. Wie hätte ich sonst den Hof regieren können, den mir der Gouverneur zugewiesen hat. Es ist eine gute

Frau. Ihr Vater heißt Rehfuß und wohnt in Lunenburg. Sie hat mir auch Kinder geboren, Zwillinge, zwei Jungens, und geht wieder mit Kind.

Damit du auch weißt, was du zu Hause angerichtet hast: Mein Vater hat deinen Vater vor der Kirche beschuldigt, er hätte dich nicht streng genug erzogen, daß alle Leute es hören konnten. Da hat dein Vater im Zorn zugeschlagen. Aber mein Vater war der stärkere, hat zurückgeschlagen, und dein Vater tat einen schweren Fall, daß er vom Platz getragen werden mußte. Nichts kam davon an den Landvogt in Celle, denn die Leute sagen ja, was bei uns im Dorf unter uns passiert, das geht keinen von draußen was an. Dein Vater hat drei Monate im Bett gelegen und ist dann gestorben. An gebrochenem Herzen, sagten die Leute. Mein Vater konnte sich nicht mehr halten im Dorf, hat verkauft und ist mit mir weggezogen in die Lüchower Gegend. Dort hat er bei einer Witwe eingeheiratet. Aber die hatte schon einen Sohn von vierzehn Jahren, und ich war überflüssig. So habe ich mich also aufgemacht und wollte dich suchen, wo du mir doch nach Recht und Sitte zustandest. Und ich dachte mir, du hättest vielleicht inzwischen Vernunft angenommen und würdest nach all dem vielen Elend dein Versprechen halten. Nun kann ich bloß Gott danken, daß ich dich gar nicht erst gefunden habe, sondern schließlich glauben mußte, du wärst aus der Welt. Denn wer weiß, was alles geschehen wäre, wenn ich dich mit dem Kerl angetroffen hätte.

Es ist das beste, wir sehen uns nie wieder. Dies ist ein gutes, neues Land, und man kann von vorn anfangen, und keiner tritt einem in die Quere, wenn man sich ordentlich beträgt. Es hat wohl alles so kommen müssen, wie es gekommen ist. Für mich ist schließlich alles ganz gut ausgegangen – und für dich vielleicht auch.

Und damit Gott befohlen! Heinrich Lüders.«

Walther ließ seine Hände flach auf dem Schriftstück liegen und rührte sich nicht, nachdem er geendet hatte.

Als er die Augen nach langen Minuten zu Anke aufhob, sah er, daß sie die ihren geschlossen hielt. Sie saß starr aufgerichtet und umklammerte mit beiden Händen die Tischkante, als müßte sie sich festhalten.

Ein eisiger Schrecken legte sich wie ein Würgegriff um Walthers Hals. Hatte der Brief sie so fürchterlich getroffen? Die Bräune ihrer Haut vermochte nicht zu verbergen, daß jeder Tropfen Blut aus ihrem Gesicht gewichen war. Ein Gedanke durchfuhr ihn: Sie denkt, das alles habe sie allein ›angerichtet‹, wie Lüders schreibt. O mein Gott, ich bin auch dabei gewesen! Ich habe alles und jedes mitzuverantworten.

»Anke!« rief er leise.

Sie schlug die Augen zu ihm auf, große dunkle Augen, Augen voller Verzweiflung. Ihre Blicke sanken ineinander.

»Anke! Wir beide –«

Mehr wußte er nicht zu sagen. Ein Seufzer löste sich aus ihrer Brust. Eine Träne quoll ihr aus dem Augenwinkel, noch eine. Die Tropfen suchten sich langsam einen Weg abwärts und fielen auf den Tisch. Sie schien nichts davon zu merken.

»Meine Anke!« flüsterte er nochmals.

Sie erhob sich, und es wollte Walther scheinen, als schwanke sie. Er war bei ihr und nahm sie in seine Arme. Lange blieb sie so an ihn gelehnt. Es war sehr still. Draußen schwieg die mondlose Nacht. In den niedrigen, weiten Raum des Blockhauses mit den schweren Deckenbalken war sie eingekehrt, die erstarrte Schuld. Das, was sie ›angerichtet‹ hatten.

Wärme floß von einem zum anderen, während er sie stützte.

»Komm, Walther!« bat sie schließlich und richtete sich auf. Und die drei Silben ließen den Trost schon spüren, der nie versagt.

In dieser Nacht vom dreißigsten September zum ersten Oktober des Jahres 1764 empfing Anke ihr drittes Kind, wußte es auch, wie sie es schon zweimal gewußt hatte. Vierzehn Tage später wurde es ihr Bestätigung, daß sie sich nicht täuschte.

23

Die Leute von Kagetoksa vermochten sich lange Zeit nicht recht schlüssig darüber zu werden, ob sie aus ihrer selbstgewählten und, aufs Ganze gesehen, schon längst erträglich gewordenen Verbannung hervortreten sollten oder nicht. Gewiß, es herrschte wieder Frieden, und den Akadiern war die Rückkehr in ihre alte Heimat erlaubt worden. Aber befand man sich eigentlich nicht sehr wohl in Kagetoksa, inmitten der weiten grünen Wälder am blitzenden See, fern von aller Unruhe dieser verwirrten Zeit? Man war aus der Welt – aber wiederum nicht so vollständig, daß man nicht ab und zu erfahren hätte, was ›draußen‹ vorging – oder daß man nicht verkaufen konnte, was man im Überfluß besaß – oder daß man nicht erlangen konnte, worauf nicht zu verzichten war. Man saß so warm und sicher in Kagetoksa, war wieder arm und reich, wie es sich seit jeher gehört hatte, und überließ es gern den wenigen unruhigen Geistern wie Walther Corssen, Charles Maillet und zwei, drei anderen, die schmalen Brücken zur Außenwelt begehbar zu halten und mit dem Fang von Pelztieren, den anstrengenden Reisen zur Küste und dem leider unvermeidlichen Zwischenhandel mehr Geld zu verdienen, als es einem Bauern möglich war. Aber Kagetoksa, dieses herrliche Bauernland, war ihnen Heimat geworden. Man sollte also bleiben, wo man war und wo man wußte, was man hatte. Man rührte sich am besten nicht vom Fleck.

Der alte Picquingy stand immer noch dem Rat der Siedlung vor. Sein Haar war schneeweiß, aber unverändert dicht und buschig. Er besaß das schönste Vieh, sein Hof war der beste, dort lief alles wie am Schnürchen. Keiner hätte auch nur davon geträumt, ihm seinen Vorrang streitig zu machen. Dem stets besonnenen Mann wagte niemand zu widersprechen. Doch machten ihm einige der jungen Leute Sorge, welche die Gefahr und Mühsal des Auszugs ins Ungewisse nur als Kinder miterlebt und inzwischen vergessen hatten. Sie nahmen, was in Kagetoksa erreicht worden war, als selbstverständlich hin und zuckten mit den Achseln, wenn ihnen die Älteren vorhielten, daß man es nie besser gehabt hätte und daß es zu Hause, in Kagetoksa, am besten wäre. Die jungen Leute waren der Meinung, dergleichen sei keineswegs erwiesen, und hinterm Berg wohnten sicherlich auch gute Leute, vielleicht viel kurzweiligere und aufregendere als daheim, und es würde sich lohnen, die Nase in einen anderen Wind zu stecken als den, der über den See den Duft der großen Wälder mitbrachte.

An die Stelle des verstorbenen Père Bosson war im Rat Charles Maillet getreten, worüber es kaum eine Debatte gegeben hatte. Charles war unbestritten tüchtig und hatte es weit gebracht. Jonas Hestergart allerdings sagte sich: Charles an Stelle von Père Bosson – die Leute von Kagetoksa sind wieder auf das Hier und Jetzt gekommen, – alles andere heben sie für den Sonntag auf, wo es ja auch hingehört.

Anke war nicht mehr Mitglied des Rates. Sie war müde geworden. Der Hof und die Kinder nahmen sie allzusehr in Anspruch, da Walther häufig und lange abwesend zu sein hatte.

Daß Indo sich von ihr lossagte, bewegte sie viel stärker als die Wandlung von Kagetoksa. Sie hatte dieses Kind geliebt – beinahe mehr noch als die eigenen, wie sie manchmal meinte. Anke kehrte in ihre eigene, engere Welt zurück. Die öffentlichen Angelegenheiten wurden ihr weniger wichtig. Sie trat in den Hintergrund.

Bernard Anessac, der Fischer, wurde Ankes Nachfolger im Rat. Die Menge der Siedler und kleinen Leute hatte sich zusammengetan und ihm Eintritt in den Rat verschafft – gegen den Willen der kleinen Gruppe der Erfolg- und Einflußreichen. Picquingy hätte viel lieber den unternehmenden Plouaret im Rat gesehen als den Zauderer Anessac.

Ehe die Leute von Kagetoksa mit sich ins reine gekommen waren, ob es sich lohnte, die Tür nach draußen aufzustoßen, brach der Winter an, mit einem Schneesturm, der fünf Tage lang nicht aufhören wollte, der Wehen auftürmte wie Gebirge und die Wildnis unpassierbar machte. Als der Blizzard seine Wut verblasen hatte, fiel klirrende Kälte ein, bedeckte den See mit blauglasigem Eis und ließ die Stämme im Wald mit harten Donnerschlägen bersten.

Kagetoksa hatte sich auf die Wintermonate einzurichten, in

denen es auf sich allein angewiesen war. Die Leute bekamen Zeit zum Nachdenken.

In den langen, bedächtigen Gesprächen, zu denen die Nachbarn in den schneeverwehten Häusern sich zusammenfanden, drängte sich in diesen stillen, eingezogenen Monaten eine Sorge in den Vordergrund, die sich in der Geschäftigkeit des Sommers nur am Rande bemerkbar gemacht hatte.

Seit Père Bosson das Zeitliche gesegnet hatte, waren in Kagetoksa vier Kinder geboren worden – und keines war bisher getauft.

Die alte Madame Pernette war gestorben und ganz plötzlich der noch gar nicht so alte Emounot. Der Henry Leangille war verunglückt; ein gefällter Baum war beim Stürzen vom Wurzelstock abgefedert und hatte ihm das Rückgrat gebrochen. Und sie alle hatten begraben werden müssen, ohne daß ihnen die letzte Ölung gespendet, ohne daß die Totenmesse für sie gelesen war.

Und da waren Jacques und Doucette, Pasquale und Bernadette, der schon überfällige Frédéric Delong und seine schüchterne Louise – die wollten heiraten – und wie sie das wollten! – und es war niemand da, der sie vor dem Altar und der ganzen Gemeinde zusammengab. Die Leute von Kagetoksa nahmen es ›vorneherum‹ sehr genau mit Männlein und Weiblein, wenn sie auch ›hintenherum‹ gern fünf gerade sein ließen, solange das junge Volk wirklich die Ehe ansteuerte und sich nicht ins Gerede brachte, wenigstens nicht allzusehr – denn die Leute reden immer.

So hatte jede zweite Familie Anlaß genug, während des langen, strengen Winters 1764/65 bitter zu beklagen, daß Père Bosson seine ›Kinder‹ verlassen hatte, er, der doch das Herz und die Seele der Gemeinde von Kagetoksa gewesen war. Denn nicht nur, daß keiner da war, der des geistlichen Amtes walten konnte – es war mit Père Bosson der einzige Mensch gestorben, der nie an sich selber gedacht, der durch seine bloße Existenz, notfalls aber auch durch strenge Ermahnung die Leute angehalten hatte, zwischen Gut und Böse zu unterscheiden, wichtiger noch: zwischen Halbgut und Halbböse; der sich am Übermut des jungen Volkes erfreuen konnte, zugleich aber darauf achtete, daß es nicht zu Peinlichkeiten kam; und schließlich schon die kleinen Kinder mit den Lehren der

Heiligen Mutter Kirche vertraut machte, was Lehrer Jonas, so gewissenhaft er sonst auch war, keinesfalls übernehmen wollte.

Die Sonntage gingen hin und brachten keinen Aufschwung, keine Stunde ruhiger Besinnung. Sie wurden verschwatzt – oder, und das war häufiger, dazu benutzt, die minderen Arbeiten in Haus und Hof zu erledigen, zu denen man in der Woche nicht recht gekommen war.

Und dann – keiner gab es zu, aber es galt doch für viele und nicht für die Schlechtesten: Die Leute fingen an, sich unbehaglich zu fühlen, und manche, die von versteckter Schuld und Sorgen geplagt wurden, litten darunter, daß sie nicht mehr im Beichtstuhl ihr Herz ausschütten konnten, wo ihnen Trost, Strafe, Vergebung gespendet und damit ein neuer Anfang ermöglicht wurde.

Wie eine unaufhaltsam steigende Flut setzte sich während des Winters die Überzeugung durch, daß nicht länger ohne einen neuen Verwalter des geistlichen Amtes auszukommen war. Es mußte etwas unternommen werden, einen solchen zu gewinnen, auch auf die Gefahr hin – das gestanden sich die Leute mit Sorge –, daß Kagetoksa dadurch aus seiner Verborgenheit hervortreten mußte. Doch hatte ein Wort vom alten Picquingy die Runde gemacht, und wer sich ein wenig mitverantwortlich für das allgemeine Wohl fühlte, und das war die Mehrheit, der hatte mit dem Kopf genickt. Picquingy hatte geäußert – zu Jonas Hestergart übrigens, und der hatte es mit Bedacht und Vergnügen weitergesagt: »Wenn Père Bosson nicht bald einen Nachfolger bekommt, dann geht Kagetoksa vor die Hunde. Wenn keiner da ist, der einem die volle Wahrheit sagt, dann fängt man schließlich an, sich selber zu belügen. Und das ist der Anfang vom Ende.«

Die Leute rätselten viel herum an diesem Ausspruch.

Noch ehe der Winter sich verabschiedet hatte, war man übereingekommen, daß die Tür nach draußen nicht mehr länger verschlossen zu halten war. Im kommenden Frühjahr sollte der Händler Quenneville eine Abordnung der Leute von Kagetoksa nach Halifax bringen. Die sollte sich dort bei der englischen Verwaltung vorstellen und um die Zulassung eines neuen katholischen Geistlichen einkommen. Dieser würde dann vom katholischen Bischof von Québec zu entsenden sein – wenn es den überhaupt noch gab, wie sich nachdenkliche Leute heimlich fragten. Niemand wußte, wie gründlich die Engländer nach ihrem Siege mit den Franzosen und dem ganzen französischen Wesen, und dazu gehörte auch das Katholische, ›aufgeräumt‹ hatten.

Als mildere Lüfte einfielen und den Schnee vergehen ließen, als die schwellenden Flüsse und Bäche die starren Decken sprengten, als die Gewässer alle am gleichen Tage mit gewaltigem Getöse das Eis zu Stücken zerrissen, die sogleich ins Treiben gerieten, sich in den scharfen Windungen des Flußbetts zu Wällen türmten, um bald wieder überrollt und gestürzt zu werden, als schließlich in wenigen Tagen die hochgehenden Ströme freies Wasser boten, wenn auch auf den Seen das Eis noch standhielt, handhoch, fußhoch vom Schmelzwasser überspült, als die Leute von Kagetoksa sich einig geworden waren, daß ein weiteres Jahr ohne geistliche Fürsorge unerträglich wäre, da machte sich die Abordnung auf den Weg zur Küste, um Quenneville nicht zu verpassen, wenn er zum erstenmal in diesem Jahr 1765 in der Hammelbucht aufkreuzen würde.

Es hatte sich beinahe von selbst verstanden, daß die drei Männer des Rates, Yves Picquingy, Charles Maillet und Bernard Anessac, bevollmächtigt wurden, den Fall Kagetoksa vor der kolonialen Behörde der Engländer in Halifax darzulegen.

Den Dreien wurde zum Abschied kein Fest gegeben. Sang- und klanglos zogen sie davon, nicht weniger bedrückt als die Zurückbleibenden. Fast ganz Kagetoksa hatte sich am Ufer versammelt, um ihnen, denen das Schicksal aller anvertraut war, das Geleit zu geben.

Die Kanus mit der Pelzbeute des vergangenen Winters waren der Abordnung schon um Tage vorausgefahren, weil sie mit großer Last die schwierige Reise längst nicht so schnell zu bestehen vermochten wie die durch ihr knappes Handgepäck kaum beschwerten drei Männer des Rats von Kagetoksa.

Was die Leute von Kagetoksa fühlten, dunkel nur die einen, sehr deutlich andere, das drückte Jonas Hestergart aus, als er den ablegenden Kanus nachrief: »Kommt bald wieder! Und bringt uns den Frieden mit und einen neuen Père Bosson!«

Mitte April hatten sich die Männer auf den Weg gemacht. Erst zwei Monate später kehrten sie wieder zurück. Alles, was die Leute von Kagetoksa inzwischen verrichtet hatten, machte einen seltsam vorläufigen, unfertigen Eindruck. Hätte man nicht doch lieber warten sollen, bis die Engländer von sich aus gewahr wurden, daß da auf der Höhe des Landes eine unbekannte Siedlung Fuß gefaßt hatte? Hätte man nicht, da kein Krieg mehr war, einen Boten direkt nach Québec zum Bischof schicken können, um einen neuen Priester zu erbitten? Die Engländer hätten vielleicht gar nichts davon erfahren.

Dutzendfach wurde hin und her geredet, und keinem war wohl dabei. Statt dessen wuchs die Beklommenheit wie ein im Verborgenen schwelender Brand.

Anke hatte, als sie ihre ersten zwei Kinder austrug, kaum Beschwerden gekannt. Ihre dritte Leibesfrucht machte sie leiden, so daß sie für Tage und Wochen ihre Arbeit nicht mehr bewältigte. Aber sie hatte gute Kinder. William und auch die kleine Anna, die ins zwölfte Jahr ging, sprangen ein.

Eines Tages, als ihr sterbenselend zumute war, ertappte Anke sich bei dem Gedanken: Meine beiden könnten wirklich schon auf eigenen Füßen stehen, wenn ich nicht mehr da wäre. Sie sind gut geraten.

Walther zerbrach sich den Kopf, wie Anke zu helfen wäre. Er erhielt mancherlei Ratschläge von anderen Frauen, die sich um Anke bemühten. Aber keine Arznei, keine Kur wollte helfen.

»Laß nur, Walther!« sagte Anke. »Ich komme schon durch, irgendwie. Wir wissen ja, wann alles vorüber sein wird. Ich gebe nicht nach.«

Nein, sie gab nicht nach. Das hätte nicht zu ihr gepaßt.

Um die Mittagszeit des 16. Juni trafen Picquingy, Maillet und Anessac überraschend wieder in Kagetoksa ein. Nur wenige hatten ihre Ankunft wahrgenommen. Trotzdem verbreitete sich die Kunde davon wie ein Lauffeuer. Picquingy hatte alle erwachsenen Männer und Frauen für den Nachmittag auf den Platz vor der Kirche zusammengerufen. Sollte es wieder ein Gewitter geben, wie schon an den vorherigen Nachmittagen, so würde man sich in der Kirche behelfen müssen, so gut es ging.

Wenn der Rat gute Nachrichten mitgebracht hätte, sagten sich die Leute, dann hätte er gleich etwas verlauten lassen. Was werden unsere drei Männer zu berichten haben? Oh, mon Dieu, mach es gnädig!

Sie ließen alles stehen und liegen. Die Kinder wurden hereingerufen: »Paßt auf die Kleinen auf, macht keine Dummheiten! Wir müssen zur Versammlung!«

Noch nie hatten sich die Leute von Kagetoksa mit solcher Geschwindigkeit eingefunden wie an diesem schwülen Nachmittag im Juni 1765. Einige hatten im Heu gewerkelt. Auch sie hatten keine Minute gezögert, sich schleunigst auf den Weg zu machen, sie trugen noch die hölzernen Harken in der Hand, mit denen sie die duftenden Schwaden gewendet hatten.

Walther Corssen hatte am Seeufer gearbeitet; er war damit beschäftigt, seinen Bootssteg zu verbreitern und fester zu gründen. Schon seit drei Jahren war er nicht mehr auf die Bootslände des Dorfes, die dreißig Gehminuten von ihm entfernte, angewiesen. Er wollte seine Rindenkanus in leicht erreichbarer Nähe wissen.

Kokwee war ihm bei der Arbeit im Wasser und an Land zur Hand gegangen. Seine scharfen Augen hatten den winzigen Punkt auf der Seefläche im Westen zuerst entdeckt. Er hatte das Zimmermannsbeil sinken lassen. Auch Walther wurde aufmerksam.

»Drei Männer in dem Kanu«, stellte Kokwee fest.

Walther strengte seine Augen an. »Du hast recht. Das muß Picquingy sein und die beiden anderen!« Er legte sein Werkzeug beiseite. »Ich will hören, was sie ausgerichtet haben, die drei. Kommst du mit zur Bootslände, Kokwee?«

Der Indianer zögerte, wischte sich zwei Stechmücken von der kupferbraunen Brust. Das Geschmeiß zeigte sich in diesem Juni besonders lästig.

»Nein, ich erfahre von dir früh genug, was geschehen ist. Geh du allein. Ich mache den Steg inzwischen fertig.«

Kokwee hatte sein Beil wieder aufgenommen. Er war kein Freund von vielen Worten.

Als Walther sein Haus betrat, um Anke aufzufordern, ihn

zur Bootslände zu begleiten – sicherlich würde man gleich eine allgemeine Versammlung einberufen –, hatte Anke sich gerade gelegt.

»Anke, hast du Schmerzen?«

»Ja, es geht mir schlecht, Walther. Aber das ist nicht das erste Mal. Was ist geschehen? Warum kommst du vorzeitig?« Kleine Schweißtropfen standen auf ihrer Stirn. Ihre Augen waren sehr groß.

»Ich glaube, Picquingy, Maillet und Anessac sind zurückgekommen. Ich wollte dich zur Bootslände oder zum Kirchplatz mitnehmen, damit wir hören, was die drei erreicht haben – oder nicht erreicht haben.«

»Du mußt allein hingehen, Walther. Ich kann nicht mitkommen. Halte dich nicht auf. Laß mich nicht lange allein! Und wenn es möglich ist, bringe Jeanne Maillet mit oder die alte Quillebœuf. Es scheint mir so, als wollte unser Kind früher auf die Welt kommen, als wir erwarten.«

Sie versuchte ein Lächeln. Walthers Herz krampfte sich zusammen. »Soll ich nicht lieber zu Hause bleiben, Anke?«

»Nein, nein, gehe nur. Ich will wissen, was die drei mitgebracht haben. Komm nur bald zurück.«

»Ich werde die Kinder hereinschicken. Sie sollen in deiner Nähe bleiben. Indo ist auch draußen.«

»Schicke nur Anna zu mir, Walther. Die hat am meisten Geduld. Es genügt, wenn William und Indo sich in der Nähe des Hauses halten. Sie könnten weiter Holz hacken.«

»Ja, Anke. Ich bin bald wieder da.«

Yves Picquingy hatte die drei Stufen erstiegen, die zur Eingangstür der Kirche hinaufführten, und sich auf dem Podest vor der zweiflügeligen Pforte aufgebaut. Keiner fehlte in der dichtgedrängten Versammlung. Er konnte beginnen. Er hob die Hand. Das Gemurmel in der Menge erstarb. Aller Augen waren auf den riesigen, schweren Mann mit dem buschigen weißen Haar gerichtet. Des Alten Stimme fuhr hart über die Menge hin, und manche duckten unwillkürlich die Köpfe:

»Freunde und Nachbarn! Wir sind beim Gouverneur in Halifax gewesen. Man hat uns zuerst lange warten lassen. Dann hat man uns beschimpft, weil wir niemand mitgebracht hatten, der englisch reden konnte. Aber schließlich stellten sie uns einen Dolmetscher. Sie haben ja genug davon. Dann haben sie zuerst gar nicht hören wollen, daß wir nur gekommen waren, um einen neuen Geistlichen zu erbitten. Wir wurden ins Verhör genommen, wie wir es damals geschafft hätten, der Deportation auszuweichen, wer uns dabei geholfen habe und auf welche Weise wir die lange Abgeschiedenheit überstanden hätten. Wir haben die Wahrheit gesagt, denn sie können alles nachprüfen. Darauf wurden wir in Gewahrsam genommen. Der Gouverneur wollte sich erst schlüssig darüber werden, wie mit uns zu verfahren wäre. Inzwischen sollten wir in Haft bleiben, damit wir jederzeit wieder vorgeführt und befragt werden konnten. Schließlich wurde uns eröffnet, wie über uns entschieden worden ist. Wir sollten diesen Entscheid zur Kenntnis nehmen und wieder nach Hause reisen. In etwa einem Monat würde ein Offizier mit einer Abteilung von Soldaten bei uns ankommen und uns den Befehl des Gouverneurs auch schriftlich überbringen. Wir haben die Soldaten zu ernähren, bis alle Anordnungen von uns befolgt sind.«

Die Leute, die Picquingy am nächsten standen, merkten, wie aufgewühlt und erregt der sonst so ruhige und bedächtige Mann war. Der Alte hatte innegehalten, als müßte er Atem schöpfen. Wenn er Schlimmes zu berichten hatte, so heraus damit! Er trug die Schuld dafür nicht! Einer schrie: »Was für Anordnungen sind das?«

Der Alte hatte sich wieder aufgerafft, stellte sich breitbeinig hin, als bereite er sich auf einen Angriff vor. Und doch war nicht zu überhören, daß seine Stimme bebte, ja, daß er sich zusammennehmen mußte, damit sie ihm nicht brach.

»Anordnungen – die regieren die Welt! Wir sind sie nicht mehr gewohnt. Wir haben uns beinahe zehn Jahre lang selbst regiert – und es ging ganz gut. Wir kommen ohne großen Ärger miteinander aus – ohne viel anzuordnen. Aber ohne den Segen der Kirche, ohne unseren Père Bosson kommen wir nicht aus. Nicht ohne Taufe, Kommunion, die Letzte Ölung und die heilsame Zucht der Beichte. Deshalb haben wir ja die Reise nach Halifax gewagt. Und da hatten sie uns wieder beim Wickel! So hat es ein böser kleiner Sekretär beim Gouverneur dem Bernard Anessac gegenüber ausgedrückt. Also, Freunde, ich muß es nun sagen: Wir dürfen in Kagetoksa nicht bleiben. Wir müssen hier wieder fort. Bis zum Herbst haben wir Zeit, abzuernten und unsere Sachen zu packen. Wir haben uns – so heißt es – hier ohne Erlaubnis auf Kronland niedergelassen. Und die Erlaubnis wird auch nachträglich nicht erteilt. Die einzigen, die hier bleiben dürfen, sind Kokwee und seine Leute.«

Einer schrie dazwischen: »Ich denke, Akadier dürfen wieder in Akadien siedeln. Warum nicht wir?«

»Doch, wir dürfen. Aber nicht im Innern des Landes und schon gar nicht auf Land, das die Krone für sich beansprucht. An der Bay of Fundy-Küste, nordwestlich von hier, sind einige Bezirke abgesteckt. Dort können die Akadier, soweit sie sich noch anfinden, siedeln. Unsere alten Plätze sind besetzt. Wir Akadier sollen an der Küste zusammengefaßt werden, damit man uns besser unter Kontrolle halten kann. Und natürlich müssen wir zuvor den vollen Treueid auf den König von England schwören. Das können wir auch tun, denn die Franzosen haben hier oder in Kanada nichts mehr zu vermelden. Man hat uns in Halifax gesagt, die Regierung würde Gnade vor Recht ergehen lassen und davon absehen, uns zu bestrafen, denn wir hätten nicht gegen England gekämpft und wären niemand zur Last gefallen. Wenn wir also weiter keine Schwierigkeiten machten, so könnten wir mit wohlwollender Behandlung rechnen. Einen Nachfolger für Père Bosson könnte der römisch-katholische Bischof von Québec uns zuweisen, jedoch erst dann, wenn wir uns an unserem neuen Platz an der Bay of Fundy-Küste eingerichtet hätten. Denn, noch einmal: Hier in Kagetoksa befinden wir uns auf Kronland, das uns nicht gehört. Auf gestohlenem Land braucht man auch keinen Geistlichen, hieß es. Und wir müßten auch Steuern und Abgaben nachzahlen.«

Ein Stöhnen ging durch die Versammlung, als begriffen die Leute erst jetzt, da ›Steuern und Abgaben‹ erwähnt wurden, in vollem Umfang, was ihnen zugemutet wurde. Picquingy ließ sich nur ein paar Atemzüge lang unterbrechen. Mit seltsam drohender Stimme fuhr er fort:

»Im Herbst werden zwei größere Schiffe im Port Mouton erscheinen, um uns und unsere Habe auf die andere Seite, an die Bay of Fundy-Küste, zu frachten. Den Transport müssen wir bezahlen. Und was die zwei Schiffe nicht aufnehmen können, das muß zurückbleiben.«

»Müssen wir wieder ganz von vorn anfangen, oder ist an dem neuen Platz irgend etwas vorbereitet?« wollte einer wissen.

»Nichts ist vorbereitet, was wir nicht selber vorbereiten.«

»Dürfen wir was vorbereiten?« wollte der gleiche Frager wissen. Es war René Plouaret, der auf seine fixe, forsche Art den anderen weit vorausdachte.

»René, wir dürfen gar nichts mehr! Wir müssen abwarten, bis der Offizier mit den Soldaten kommt. Der hat dann das Sagen!« erwiderte Picquingy. »Daran müssen wir uns gewöhnen. Je weniger wir künftig von der Regierung wollen, desto weniger will sie vielleicht von uns. Aber sicher ist das nicht. Wir müssen alles tun, was wir allein tun können, wenn wir bleiben wollen, was wir sind, nämlich Akadier. Und dann noch etwas, Leute. Wir mußten eine Liste aufstellen mit sämtlichen Bewohnern von Kagetoksa. Dabei stießen sie dann auf zwei Namen, die sie stutzig machten, auf Walther Corssen und Jonas Hestergart. Wir wurden ausgefragt. Was sollten wir anders tun als die Wahrheit sagen? Wir erhielten den strengen Befehl, die beiden hier festzuhalten. Sie würden sich noch verantworten müssen. – Leute! Ohne Walther wären wir der Deportation nicht entgangen! Und Lehrer Jonas hat unseren Kindern viel Gutes und Nützliches beigebracht. Wir drei vom Rat, ich und Maillet und Anessac, waren uns einig, daß wir Walther und Jonas nicht festhalten werden, wenn sie gehen wollen. Wir sind in all den zehn Jahren ohne ein Gefängnis ausgekommen, und wir werden erst recht keines bauen, um Jonas und Walther darin einzusperren. Die Verantwortung dafür übernehme ich allein. Walther und Jonas bleiben, was sie waren, Leute von Kagetoksa, ebenso wie wir. Wer dagegen etwas zu sagen hat, der sage es jetzt!«

Schweigen senkte sich über die Menge, so tiefes Schweigen, daß man aus der Ferne den Whip-poor-will, den Ziegenmelker, rufen hörte. Jeder kannte den Vogelruf. Keiner sagte etwas.

Picquingy stand mit übereinandergeschlagenen Armen und blickte vor sich auf den Boden. Er wartete. Es regte sich kein Widerspruch. Er wartete länger, als es der stets ungeduldige Pierre Callac ertragen konnte. Seine Stimme hallte über die Versammlung, hart wie Peitschenknall: »Was zögern wir,

Leute! Die Sache liegt klar! Jonas, Walther und Anke gehören zu uns! Ohne sie wären wir nicht die Leute von Kagetoksa. Wenn sie jetzt der Wut der Engländer weichen müssen, so müssen wir den drei helfen, so wie sie uns geholfen haben, als wir vom La Have weichen mußten. Und wenn wir das später verantworten müssen, so werden wir es alle zusammen verantworten und nicht Picquingy allein. Ha, was sollen sie uns schon groß tun! Walther und Jonas sind die besten Waldläufer, die wir haben. Wenn die gehen wollen, dann können wir sie nicht halten. Daß wir das auch nicht wollen, brauchen wir später keinem Engländer auf die Nase zu binden.«

Eine ungewisse Heiterkeit, halblaute Zustimmung breitete sich aus. Der Pierre! Das war ein Kerl! Der traf den Nagel auf den Kopf.

Picquingy hob die Hand, um sich wieder Gehör zu verschaffen und den Beschluß zu bekräftigen.

Aber ehe er noch zu Wort kam, wurde es am Rand der Versammlung unruhig. Die Leute drehten die Köpfe.

Plötzlich hörte man die Stimme Walther Corssens, nüchtern und erregt zugleich: »Leute, soeben ist mein Sohn William gekommen! Anke geht es sehr schlecht, die Kinder wußten sich nicht mehr zu helfen. Ich muß sofort nach Hause. Und wenn Jeanne Maillet hier ist und Madame Quillebœuf, so bitte ich sie, sofort mitzukommen, damit sie uns helfen!«

Mit einem Schlage verging vor der unmittelbaren Not der Schwangeren, die man selber nie vergeblich um Hilfe gebeten hatte, die Sorge um die Zukunft des Gemeinwesens. Anke quälte sich und war in Gefahr. Wichtiger als alles andere war es nun, Anke zu retten, die Frau, die Mutter, stellvertretend für alle Frauen und Mütter von Kagetoksa!

Was war jetzt noch viel zu reden! Es war alles beschlossen. Die Versammlung löste sich auf. Walther, William, Jeanne Maillet und Madame Quillebœuf waren längst auf dem Wege zur Corssenschen Farm, so schnell Madame Quillebœuf nur vorankommen konnte – sie war eine schon etwas behäbige Frau.

24

Das Leben geht weiter. Noch immer ist es weitergegangen. Und wenn der Erzähler es wirklich abbilden wollte, so dürfte er nicht aufhören zu erzählen. Doch das ist unmöglich. Also bleibt jeder Abschluß willkürlich, bedeutet keine Rundung. Es rundet sich in Wahrheit nichts. Das meiste bleibt offen. So auch hier.

Anke gebar ein totes Kind. Die Leibesfrucht mußte schon seit einiger Zeit kein Leben mehr besessen haben. Sie hatte den mütterlichen Leib vergiftet. Anke starb zwei Tage später, ohne das Bewußtsein wiederzuerlangen.

Es war, als hätte Anke das Leben und den Sinn von ganz Kagetoksa mit sich genommen. Es war, als machte ihr Tod den Leuten von Kagetoksa klar, wie vergeblich die Kühnheit, all die unbeschreibliche Mühe und auch der Erfolg von Kagetoksa gewesen waren. Anke hatte ja als allererste die Leute aufgerufen, ihr Schicksal in die eigenen Hände zu nehmen und sich dem Zugriff von außen durch die Flucht in die Wildnis zu entziehen.

Nun war Anke gestorben – und mit ihr Kagetoksa.

Was sollte aus der kleinen Anna werden? Das brauchte nicht lange überlegt zu werden. Walther konnte das dreizehnjährige Mädchen nicht in eine ungewisse und sicherlich harte Zukunft entführen. Die Maillets hatten am Tage von Ankes Tod die kleine Anna zu sich genommen. Anna war mit der gleichaltrigen Danielle Maillet zusammen aufgewachsen. Eine enge Kinderfreundschaft hatte von jeher die beiden verbunden. Nun würden sie erst recht wie Schwestern zueinander gehören.

Jonas, Walther und der in der Wildnis längst wie ein Mann umsichtige, kräftige und kluge fünfzehnjährige William hielten es für wenig ratsam, Nova Scotia über den Hammelhafen zu verlassen. Daß sie sich aus der Kolonie entfernen mußten, um sich peinlichen Befragungen und vielleicht empfindlichen Strafen zu entziehen, darüber gab es keinen Zweifel. Die guten Landemöglichkeiten im Port Mouton waren den Engländern nun bekannt. Walther wollte sich dort nicht überraschen und verhaften lassen. Aber man konnte Quenneville auf der Nordwestseite der Halbinsel Nova Scotia, auf der Annapolis-Seite also, erwischen, wenn man die Sache vorsichtig anfing und Geduld walten ließ. Quenneville hatte sich im vergangenen Jahrzehnt als ein Mann erwiesen, der zwar jeden geschäftlichen Vorteil listig und bedenkenlos wahrnahm, aber im Grunde seines Herzens auf der Seite seiner akadischen Väter geblieben war. Außerdem waren Walther und Jonas keine armen Leute mehr; sie konnten jede Passage bezahlen.

Jonas Hestergart gelangte in die Kolonie New York und geriet bald in Berührung mit der sich schon gar nicht mehr sehr heimlich entfaltenden Unabhängigkeitsbewegung der älteren englischen Kolonien in Nordamerika. Jonas ist später zur Armee des George Washington gestoßen und hat schließlich im Stabe des ›Drillmeisters‹ der amerikanischen Armee, des ›Barons‹ von Steuben aus Preußen, der werdenden Freiheit der United States gedient. Zum Dank dafür wurde er, wie Steuben, nach dem Kriege mit prächtigem Landbesitz im Norden des Staates New-York ausgestattet. Er hat noch mit sechzig Jahren geheiratet und einen Sohn gezeugt. Seine Nachfahren leben noch heute in der Nähe der kleinen Stadt Potsdam im Norden des Staates New York – mit einem ins Englische verballhornten Namen.

Walther Corssen und sein Sohn William allerdings haben ganz andere Wege unter ihre Füße genommen.

Der Abschied von den Freunden und Nachbarn ist ihnen schwer geworden. Aber der schwerste Abschied, das war der von Kokwee, dem Indianer, und seinem Sohn, Williams Bruder, Indo.

Walther sagte: »Du warst es, Kokwee, der uns diesen Ort gezeigt hat. Ich wollte, ich könnte hierbleiben, nahe dem kleinen Hügel, unter dem Anke begraben liegt.«

»Wir bleiben hier als die einzigen – bei Ankes Grab. Vielleicht sollten auch wir fortziehen. Bald werden Fremde kommen, die wir nicht kennen. Dann werden wir verlassen sein und ohne Rat.«

Darauf gab es keine Antwort. William war es, der noch wissen wollte: »Bevor wir Abschied nehmen, Kokwee, möchte ich noch erfahren, was ›Kagetoksa‹ eigentlich bedeutet, damit ich es später nicht vergesse.«

Ein dünnes Lächeln spielte um die Lippen des Indianers. »Niemals hat mich einer danach gefragt. Du bist der erste, William. Jeder hat den Namen hingenommen als indianischen Namen eben. Wir geben den Flüssen, Bergen und Seen manchmal sonderbare Namen. Ich weiß es selbst nicht ganz genau, was ›Kagetoksa‹ bedeutet. Ich habe einmal meinen Vater danach gefragt, als er noch lebte. Mein Vater war kein Freund von vielen Worten. Er hat mir nur kurz zur Antwort gegeben: ›Nicht irgendwas und irgendwo!‹ Ein zweitesmal durfte ich nicht fragen. Mehr weiß ich auch nicht.«

Das war der Abschied.

Walther und William schlugen sich durch nach Montréal. Die Wälder und wilden Ströme besaßen für sie längst keine Schrecken mehr.

Indessen: Montréal, Kanus aus Birkenrinde, Athabasca, Hudson's Bay – das alles ist eine ganz andere Geschichte, die hier nicht mehr erzählt werden kann, aber in einem weiteren Buch, »Wälder hinter Wäldern«, erzählt werden soll.